AF830521

böhlau

Wissenschaft, Macht und Kultur in der modernen Geschichte

Herausgegeben von Mitchell G. Ash und Carola Sachse

Band 7

Ian Innerhofer

Kein Nutzen für die Wirtschaft

Das Konzept der „agrarischen Übervölkerung“ Südosteuropas vor und während des Zweiten Weltkriegs

Böhlau Verlag Wien Köln

Veröffentlicht mit der Unterstützung durch:
Zukunftsfonds der Republik Österreich,
Historisch-Kulturwissenschaftliche Fakultät der Universität Wien
Stadt Wien Kultur (MA 7)

Gefördert im Rahmen des Forschungsschwerpunkts der Universität Wien
„Europäische Integration und südöstliches/östliches Europa"

Bibliografische Information der Deutschen Nationalbibliothek:
Die Deutsche Nationalbibliothek verzeichnet diese Publikation
in der Deutschen Nationalbibliografie; detaillierte bibliografische Daten
sind im Internet über http://dnb.d-nb.de abrufbar.

Umschlagabbildung: „Oran/Ploughing" aus dem Visuellen Archiv Südöstliches Europa
(https://gams.uni-graz.at/o:vase.845) mit freundlicher Genehmigung des Instituts für Ethnologie
und Folkloristik mit Ethnographischem Museum, Sofia

© 2021 Böhlau Verlag, Zeltgasse 1, A-1080 Wien, ein Imprint der Brill-Gruppe
(Koninklijke Brill NV, Leiden, Niederlande; Brill USA Inc., Boston MA, USA; Brill Asia Pte Ltd,
Singapore; Brill Deutschland GmbH, Paderborn, Deutschland; Brill Österreich GmbH, Wien,
Österreich)
Koninklijke Brill NV umfasst die Imprints Brill, Brill Nijhoff, Brill Hotei, Brill Schöningh,
Brill Fink, Brill mentis, Vandenhoeck & Ruprecht, Böhlau, Verlag Antike und V&R unipress.
Alle Rechte vorbehalten. Das Werk und seine Teile sind urheberrechtlich geschützt.
Jede Verwertung in anderen als den gesetzlich zugelassenen Fällen bedarf der vorherigen
schriftlichen Einwilligung des Verlages.

Einbandgestaltung: Michael Haderer, Wien
Satz: le-tex publishing services, Leipzig
Druck und Bindung: Hubert & Co. BuchPartner, Göttingen
Gedruckt auf chlor- und säurefrei gebleichtem Papier
Printed in the EU

Vandenhoeck & Ruprecht Verlage | www.vandenhoeck-ruprecht-verlage.com

ISBN 978-3-205-21449-6

Inhalt

Vorbemerkungen des Autors

Übersetzungen im Text sind die des Autors. In Zitaten stammen die Hervorhebungen aus dem Original, wobei Sperrschrift hier in Kursivschrift wiedergegeben wird. Im Text selbst werden die Namen der vorkommenden Personen aus dem Rumänischen und Serbokroatischen wie im Original, aus dem Bulgarischen nach der heute üblichen Transliteration geschrieben. In den Quellenangaben und im Literaturverzeichnis stehen die Namen aber so wie sie in der Quelle stehen. Das führt zu Unterschieden wie Spasičev/Spassitschew, Danailov/Danaillow oder Manoilescu/Manoïlesco.

Geschlechtsneutrale Gruppenbezeichnungen (z. B. Wissenschaftlerinnen und Wissenschaftler) werden nur dann verwendet, wenn sich in diesen Gruppen tatsächlich auch ein signifikanter Anteil des jeweilig anderen Geschlechts befindet. Bis auf wenige Ausnahmen handelte es sich bei den untersuchten Akteuren um Männer, weshalb eine automatische Benutzung von neutralisierenden Gruppenbenennungen ahistorisch und irreführend wäre.

I. Einleitung

1. Forschungsgegenstand und Fragestellungen

> The problem of the industrialization of over-populated backward eastern and southeastern Europe, and the highly varying results of the economic policies of its governments became fashionable economic topics during the late 1930's, particularly at the time of the economic penetration of Nazi Germany in the area.[1]

Diese Zeilen schrieb der angesehene US-amerikanische Professor für Wirtschaftswissenschaften und Kenner der Ökonomie der sozialistischen Länder Osteuropas Nicolas Spulber im Jahr 1966. In kompakter Weise hob er damit bereits einige wichtige Aussagen hervor, welche in diesem Buch untersucht und hinterfragt werden. Zunächst, dass Ost- und Südosteuropa in den 1930er Jahren von der großen Mehrheit der Ökonomen als „übervölkert"[2] betrachtet wurde und dass Arbeiten zu diesem Thema gegen Ende der 1930er Jahre im Trend lagen. Mit der Industrialisierung sprach Spulber einen wichtigen jener Lösungsansätze des „Bevölkerungsproblems" an, die von den Ökonomen zu dieser Zeit vorgeschlagen wurden. Der Hinweis auf die damalige wirtschaftliche Durchdringung der Region durch das „Dritte Reich" macht darüber hinaus deutlich, dass wissenschaftliche Arbeiten zu Wirtschaft und Bevölkerung nicht „einfach so" entstanden, sondern von handfesten wirtschaftspolitischen Interessen geleitet und beeinflusst wurden.

In diesem Buch geht es vor allem darum, *wie* in Wissenschaft, Politik und Wirtschaft über die „agrarische Übervölkerung" Südosteuropas gesprochen und geforscht wurde. Sie untersucht, wie die „agrarische Übervölkerung" Südosteuropas konstruiert und zum dominierenden Erklärungsmodell für die als mangelhaft wahrgenommene wirtschaftliche und soziale Situation Südosteuropas wurde. Die Etablierung der Denkfigur „agrarische Übervölkerung" geschah in einem länger währenden Prozess der Akkumulierung, Diskussion und des Transfers wissenschaftlichen Wissens, dessen Anfang bis zu Malthus' „Essay on the Principle of Population"[3] zurückreicht und der sich schließlich in der kaum mehr hinterfragten

1 Spulber 1966, S. 161–162.

2 In der Literatur vor 1945 wurden in der deutschen Sprache öfter die Termini „Übervölkerung" und „übervölkert" gebraucht, nach 1945 verschob sich die Anwendung zugunsten der synonym verwendeten und heute üblicheren Begriffe „Überbevölkerung" und „überbevölkert" (vgl. Heim/Schaz 1996, S. 203).

3 Malthus 1986 [1798].

wissenschaftlich konstruierten Tatsache der „agrarischen Übervölkerung" als Dreh- und Angelpunkt zur Erklärung der wirtschaftlichen Misere Südosteuropas verdichtete. Darüber hinaus kann „agrarische Übervölkerung" als empirisch keineswegs evidenter Sachverhalt als Konstrukt bezeichnet werden. Das Konzept lässt sich als historisch gewachsenes Bevölkerungskonstrukt verstehen und analysieren.[4] Damit wird nicht in Abrede gestellt, dass es sehr wohl Zusammenhänge zwischen Bevölkerungswachstum und -struktur einerseits sowie wirtschaftlichen und sozialen Entwicklungen andererseits gibt, nur ist eine solche wirtschafts- und sozialhistorische Untersuchung nicht das Anliegen dieser wissenschaftshistorisch akzentuierten Arbeit.[5]

Die analysierten Texte über die „agrarische Übervölkerung" der Region stammen von Autoren mit unterschiedlichem nationalem und politischem Hintergrund. Obwohl die Nationalökonomie überwiegt, kommen die Autoren auch aus anderen Wissenschaftsbereichen. Ihre fächerübergreifende Beschäftigung mit Bevölkerungsfragen ist Teil der Disziplinenbildung der Demographie, welche sich nach 1945 etablieren wird. Den Kontext bilden die Modernisierungsbestrebungen der südosteuropäischen Länder, die deutsche Außenwirtschafts- und Entwicklungspolitik sowie das Agenda-Setting internationaler Organisationen. Grundlegend für die Arbeit ist der Vergleich der unterschiedlichen Perspektiven auf die „agrarische Übervölkerung" Südosteuropas. Diese stammen zum Großteil aus der Region selbst sowie aus dem deutschsprachigen und anglo-amerikanischen Raum und werden im Spannungsverhältnis zwischen nationalökonomischen Ansätzen, transnationalen Diskussionszusammenhängen und dem jeweiligen nationalen und politischen Hintergrund der Autoren analysiert. Das Buch hat den Anspruch, den historiographischen Forschungsstand zur Entwicklung der Denkfigur „Überbevölkerung" durch die Untersuchung dieser zentralen Diskussion zu erweitern.

Die daraus abgeleiteten Leitfragen lauten folglich:

4 Vgl. Hartmann/Unger 2010, S. 236. Zum Sozialkonstruktivismus siehe u. a. Hacking 2003 und Zittel 2014, S. 111–136.

5 Zur Auseinanderentwicklung der Wirtschafts- und Kulturgeschichte und einer erneuten Annäherung siehe Berghoff/Vogel 2004, S. 9–14, Hilger/Landwehr 2011 und Speich Chassé 2015. Auf eine stark zahlenbasierte Wirtschaftsgeschichte besteht hingegen Sundhaussen 2010–2011, S. 431–432. Eine rein quantitative Betrachtung birgt jedoch die Gefahr eines Verlustes an Erklärungskraft für komplexe wirtschafts- und gesellschaftshistorische Gesamtzusammenhänge, da die Koproduktion ökonomischer Praktiken, wirtschaftlicher Institutionen und vorherrschender Semantiken für quasi naturgesetzmäßige, mathematisch kalkulierbare Abläufe gehalten werden könnten (Sattler 2015). Zur kontroversen Diskussion über den Zusammenhang zwischen Bevölkerungswachstum und Wirtschaftsentwicklung existiert eine umfangreiche Literatur, siehe mit weiterführenden Literaturangaben u. a. Boserup 1965, Grigg 1980, Wrigley/Schofield 1981, Mokyr 1983, Ehrlich/Lui 1997, Kopsidis/Fertig 2004, Bengtsson/Saito 2000, Gould 2009 und Briggs/Kitson/Thompson 2014.

- Wie wurde „Bevölkerung" und insbesondere das Konzept „agrarische Übervölkerung" in der Nationalökonomie, aber auch disziplinübergreifend, konstruiert? In welcher Weise wurde es auf Südosteuropa angewendet? Wie entwickelte es sich in der Zwischenkriegszeit zum hegemonialen Erklärungsansatz der demographischen und wirtschaftlichen Lage in Südosteuropa? Welche Rolle spielten dabei die Verankerung des Begriffs und der Wissenstransfer auf internationaler Ebene?
- Welches Interesse bestand an der Beschäftigung mit Bevölkerungsfragen Südosteuropas? Welche Personen und Institutionen waren an der Debatte über die „agrarische Übervölkerung" Südosteuropas beteiligt? Von welchen Diskursen wurde die Diskussion beeinflusst? Welche Diskurse beeinflusste sie ihrerseits?
- Wie lässt sich die Diskussion in der Verflechtung zwischen Wissenschaft und Politik verorten? Welche Gemeinsamkeiten und Unterschiede – z.B. in den Lösungsvorschlägen – lassen sich in den Arbeiten verschiedenster Autoren über „agrarische Übervölkerung" Südosteuropas feststellen? Welche Argumentationsstränge lassen sich unterscheiden? Welche Funktion hatten demographische Argumente in Wissenschaft und Politik? Welche Rolle spielte „Expertenwissen" in den wirtschafts- und bevölkerungspolitischen Planungen? Welche persönlichen und politischen Interessen standen hinter den vorgeschlagenen Maßnahmen zur Lösung des Problems der „agrarischen Übervölkerung" Südosteuropas? Wie nutzte die Politik ihrerseits das wissenschaftliche Konzept?
- Welche Bedeutung kommt der Debatte bei der Weiterentwicklung des neomalthusianischen Paradigmas zu? Gab es Modifizierungen, wurden neue Standpunkte integriert? Existierten nationale Denkunterschiede innerhalb des Paradigmas und welche Varianten setzten sich durch?

Von großem Interesse ist das Verhältnis von Wissenschaft und Politik, so soll hier auch ein Beitrag zur Erforschung der Geschichte der Wirtschaftswissenschaften und Raumplanung in der Zeit des Nationalsozialismus geleistet werden. Eine Kontextualisierung der wissenschaftlichen Diskussion über die „agrarische Übervölkerung" Südosteuropas mit den wirtschaftspolitischen Interessen der verschiedenen Akteure soll so Aufschluss über das Verhältnis von Wissenschaft und Politik geben. Bereits Malthus verfasste seinen „Essay on the Principle of Population" als bevölkerungspolitische Argumentation gegen die Armenunterstützung in England, denn diese würde die arme Bevölkerung dazu ermutigen, mehr Kinder zu bekommen. Mit der noch frischen Erfahrung der Französischen Revolution sah er in der starken Vermehrung der armen Bevölkerung eine Gefährdung der politischen und sozialen Ordnung. Beeinflusst wurde Malthus von der 1792 veröffentlichten Studie über die Landwirtschaft des Königreichs Frankreich des englischen Agronomen Arthur Young (1741–1820). Ein wichtiger Grund der explosiven Lage der Jahre 1787–1789 sei Young zufolge der durch kleinbäuerliche Verfassung der Landwirtschaft hervorgerufene „Bevölkerungsüberschuss“ Frankreichs gewesen.[6] Da Malthus sowohl über Bevölkerungswachstum als auch über Landwirtschaft wenig wusste, waren die Gründe für die positive Rezeption seines Überbevölkerungsmodells eher politisch als wissenschaftlich.[7] Indem sich die Untersuchung zentral der Frage widmet, wie über „Bevölkerung“ gesprochen und geforscht wurde, stellt sie einen relevanten Bezug zur Gegenwart her. Zunächst ist die Diskussion über dieAgrarische Bevölkerung je Quadratkilometer Lage in Südosteuropa ein wichtiger Vorläufer im Diskurs über die Modernisierung „rückständiger“ Agrargesellschaften. Da in der untersuchten Diskussion die Kritik der kleinbäuerlichen Strukturen eine zentrale Rolle spielte, können Bezüge zu aktuellen Debatten wie *Land Grabbing* und Ernährungssouveränität hergestellt werden.[8]

2. Raum- und Zeitrahmen

Den Quellentexten folgend umfassen die Begriffe „Balkan“ und „Südosteuropa“[9] in diesem Buch die „Donau-Balkanländer“ Jugoslawien, Rumänien und Bulgarien. Ökonomen aus den Ländern selbst sowie aus dem deutsch- und englischsprachigen Raum hatten diese Auswahl nach und nach angesichts wirtschafts- und bevölkerungsstruktureller Ähnlichkeiten dieser Länder getroffen. Jugoslawien, Rumänien und Bulgarien waren Agrarländer mit geringem Industrieaufkommen und einer landwirtschaftlichen Bevölkerung mit niedrigem Lebensstandard, die ca. 80 % der Gesamtbevölkerung ausmachte.[10] Vorliegende Untersuchung folgt dieser in den Quellentexten vorgenommenen räumlichen Begrenzung und beschränkt sich

6 Young 1792, S. 406–412 und 469–472. Der französische Historiker Fernand Braudel vermutete überhaupt eine beispiellose „surpopulation de longue durée“ Frankreichs seit dem 16. Jahrhundert (Braudel 1986, S. 184).

7 Harvey 1974, S. 259; Ross 1998, S. 1–30; Stone 2001, S. 576.

8 So setzt sich die internationale Bewegung „Via Campesina“ für eine umweltfreundliche, kleinbäuerliche Landwirtschaft ein, die in erster Linie die Versorgung der lokalen Bevölkerung sicherstellen soll. In Ablehnung der von multinationalen Konzernen kontrollierten Handels- und Erzeugungssysteme soll die Bevölkerung das Recht erhalten, ihre Ernährung und Landwirtschaft selbst zu bestimmen. Siehe u. a. Choplin/Strickner/Trouvé 2011, Englert/Gärber 2014; für aktuelle Entwicklungen in Ost- und Südosteuropa siehe Reisenberger 2014.

9 Zu den Raumkonstruktionen „Balkan“ und „Südosteuropa“ siehe Ristović 1995; Todorova 2009 [1997] und 2002; Sundhaussen 1999, 2003 und 2005; Kaser/Gramshammer-Hohl/Pichler 2003; Müller, Dietmar 2003. Für damalige deutsche Arbeiten, welche anstatt des Begriffs „Balkan“ für die Verwendung eines „politischen Südosteuropa-Begriffs“ plädierten, siehe Valjavec 1942 und Ronneberger 1943.

10 Hoffman 1967, S. 640; Berend/Ránki 1977, S. 27. Zur Zusammenfassung Jugoslawiens, Rumäniens und Bulgariens zu einer demographisch einheitlichen Region siehe Melegh 2017.

geographisch auf diese drei Länder. Bei tiefer gehenden Betrachtungen wurde aus Platzgründen oftmals nur Jugoslawien als Beispiel ausgewählt.

In nichtökonomischen Betrachtungen waren die Grenzen Südosteuropas hingegen nicht so klar, so konnte je nach dem auch oft noch Ungarn, Griechenland, Albanien und/oder die Türkei zu Südosteuropa gezählt werden. Ungarn bildete jedoch wegen seiner großbetrieblichen Agrarstruktur und einem fortgeschrittenen Stand der Industrialisierung eine Ausnahme. Auch Griechenland besaß eine andere Wirtschaftsstruktur. Der Handel war als Wirtschaftssektor ausgeprägt, das Land war darüber hinaus auf den Import von Agrarprodukten angewiesen. Der landwirtschaftliche Boden machte nur 22 % des gesamten Territoriums aus.[11] Die wirtschaftliche Ausrichtung Griechenlands auf das Mittelmeer ließ in den Augen der damaligen Ökonomen dessen agraren Charakter verblassen.[12] In Albanien und der Türkei spielten nicht nur Ackerland, sondern auch die Gartenkulturen von Wein, Oliven, Feigen und Obst ein wichtige Rolle, weiters waren große Teile der landwirtschaftlichen Bevölkerung fast reine Viehzüchter. Albanien war wegen seiner kleinen Fläche und seiner geringen landwirtschaftlichen Produktion für eine größere wissenschaftliche Betrachtung weniger interessant.[13]

Das Buch trägt dem Umstand Rechnung, dass den Begriffen „Mitteleuropa" und „Südosteuropa" konkrete wirtschaftspolitische Interessen zugrunde lagen, und dass sie politisch höchst aufgeladen waren und es im Übrigen noch immer sind.[14] In Deutschland wurde von wirtschaftlicher Seite der Begriff „Mitteleuropa" in der Regel auf die Länder Südosteuropas ausgedehnt, in der Absicht, die Zugehörigkeit des Südostens zu einem von Deutschland dominierten „mitteleuropäischen" Wirtschaftsraum zu betonen. Die seit Ende des 19. Jahrhunderts ausgeprägte imperialistische Stigmatisierung Südosteuropas als Zielgebiet von „Zivilisierungsbemühungen", wie sie Maria Todorova in ihrem viel diskutierten Buch „Imagining the Balkans" darlegte, verlieh dieser Strategie zusätzliche Legitimierung als Entwicklungshilfe.[15]

Auch der Zeitrahmen begründet sich aus den Quellentexten. Die überwiegende Mehrheit der Arbeiten zur „agrarischen Übervölkerung" Südosteuropas entstand

---

11 Whipple 1945, S. 101; vgl. Roucek 1935, S. 93–94.

12 Hoffmann, Walter 1932, S. 9. Zu den Agrarverhältnissen im Griechenland der Zwischenkriegszeit siehe Seferiades 1999 und Petzemas 2009.

13 Zur landwirtschaftlichen Situation der Türkei der Zwischenkriegszeit siehe u. a. Keyder 1981, Köymen 1989 und Pamuk 2009; zu den Agrarverhältnissen in Albanien siehe Fishta 2000/2001. Der Handel Deutschlands mit Albanien war unbedeutend, aus diesem Grund fiel es den deutschen Machthabern auch leichter, es der Interessensphäre Italiens zu überlassen; siehe Kasmi 2013, S. 77–79.

14 Zu „Südosteuropa" als Begriff eines traditionellen Zielgebietes deutscher Expansion siehe Seckendorf 2005; zu „Mitteleuropa" als solchen siehe Sachse 2010.

15 Todorova 2009 [1997].

in den Jahren vor und während des Zweiten Weltkriegs. Der Fokus liegt dabei auf den Jahren 1938 bis 1942, da in diesem Zeitraum die Publikationstätigkeit über die „agrarische Übervölkerung“ Südosteuropas ihren Höchststand erreichte und auch die Planungseuphorie in Bezug auf Südosteuropa aufgrund einer Vielzahl politischer Umbrüche und Grenzverschiebungen ihren Höhepunkt erreichte. Eine Ausnahme bilden englischsprachige Publikationen, welche noch verstärkt in den Jahren 1943 bis 1945 erscheinen.

3. Quellen, Forschungsansatz und theoretischer Rahmen

Als Quellen dienen in erster Linie Arbeiten von Wissenschaftlern über die „agrarische Übervölkerung“ Südosteuropas, welche im untersuchten Zeitraum veröffentlicht worden sind. Um den disziplinären Diskurs in seiner vollen Breite zu untersuchen und seine Verzahnung mit anderen Debatten aufzuzeigen, wurden des Weiteren auch Schriften von Wissenschaftlern und Politikern herangezogen, in welchen die „agrarische Übervölkerung“ nicht nur in primär demographischen oder ökonomischen Zusammenhängen auftaucht. Geographisch stammen die Quellen hauptsächlich aus Regionen, in welchen am meisten über die „agrarische Übervölkerung“ Südosteuropas publiziert wurde: Das ist zum einen Südosteuropa selbst, zum anderen der deutschsprachige und der anglo-amerikanische Raum. Aus Deutschland kommen Berichte und Gutachten politikberatender Forschungseinrichtungen hinzu. Darüber hinaus wurden auch statistisches Material, offizielle Dokumente und Reiseberichte herangezogen. Verwendete Archivmaterialen stammen größtenteils vom Reichsfinanzministerium und der Südosteuropa-Gesellschaft (Bundesarchiv in Berlin) sowie dem Reichswirtschaftsministerium (Ehemaliges Sonderarchiv in Moskau). Im Politischen Archiv des Auswärtigen Amts in Berlin befindet sich vor allem Material über die Landwirtschaft der südosteuropäischen Staaten, das von Mitarbeitern des Amts in Deutschland und Südosteuropa verfasst oder zusammengetragen wurde. Das Material besteht größtenteils aus Berichten über die landwirtschaftliche Lage der Länder (Kritik der Agrarreformen, Steigerungsmöglichkeiten der südosteuropäischen Landwirtschaft, etc.), deutschen Zusammenfassungen dortiger Publikationen und ausgeschnittenen Artikeln aus dortigen Zeitungen. Auf das Zitieren dieses Materials wurde zugunsten der Originalbeiträge in südosteuropäischen Sprachen und den Publikationen der Mitarbeiter des Amts verzichtet. Im Archiv Jugoslawiens in Belgrad, im Kroatischen Staatsarchiv in Zagreb und im Rumänischen Nationalarchiv in Bukarest konnten persönliche Dokumente von an der Diskussion beteiligten Wissenschaftlern, jedoch keine Quellen aus Verwaltung und Politik zu dem Thema aufgefunden werden.

Ziel dieser Arbeit ist, diesen hybriden Textkorpus zu analysieren und zu kontextualisieren um die Koproduktion von Wissen, Sozialem, Ökonomischen und

Politischen anhand der Denkfigur „Überbevölkerung“ sichtbar zu machen. Zu diesem Zweck erschließt sie sich das Quellenmaterial anhand eines wissenshistorischen Zugangs, in dessen Breite sich Wissen im Zusammenspiel mit Politik und Gesellschaft erforschen lässt. Ähnlich anderen wissensgeschichtlichen Forschungen nimmt sie eine akzentuierte Gegenwartsrelevanz in Anspruch und richtet den Blick über die Grenzen von einzelnen Wissenschaftsdisziplinen hinaus. Wissensgeschichte spielt darüber hinaus in die politische und sozialhistorische Geschichtsschreibung hinein, insbesondere wenn es sich um politiknahe Wissensbestände wie der hier hauptsächlich im Fokus stehenden Nationalökonomie und deren Betrachtung von Bevölkerung handelt.[16]

Vorliegende Untersuchung ist auch als Geschichte des Begriffs der „agrarischen Übervölkerung“ zu sehen. Nach Reinhart Koselleck basieren die „Geschichtlichen Grundbegriffe“ auf der theoretischen Prämisse, dass „die Geschichte sich in bestimmten Begriffen niederschlägt und überhaupt zur Geschichte wird, wie sie jeweils begriffen wird“.[17] Bedauerlicherweise fehlt im von Koselleck mitherausgegebenen begriffsgeschichtlichen Lexikon „Geschichtliche Grundbegriffe“ ein Eintrag zum Begriff „Bevölkerung“, obwohl es in erster Linie die Entstehung der Begriffe in der Sattelzeit (1750–1850) untersucht. Die Begriffsgeschichte zielt als spezifischer Zugriff des Forschungsansatzes der historischen Semantik nicht wie das gleichnamige Arbeitsfeld der Linguistik auf eine sprachwissenschaftliche Analyse des Sprachwandels, sondern auf Geschichtlichkeit im Medium von Sprache und Begriffen. Sie setzt dabei stärker auf die Rekonstruktion und Deutung vergangener Interaktions- und Kommunikationsprozesse. Als neuere, breitere Forschungsperspektive (*conceptual history*) untersucht sie die Funktionalität und Konflikthaftigkeit in der Verhandlung von Konzepten und Begriffen in Hinblick auf die jeweils Sprechenden, das politische Regime und weiterer sozialer und historischer Bedingungen.[18] Das gegenwärtige Wiederaufkommen der Begriffsgeschichte geht über die Enge und Fragilität des ursprünglichen Konzepts hinaus hin zu Methodenpluralität. Diskursanalytische Zugänge werden mit begriffsgeschichtlichen verknüpft, um nicht zuletzt zu zeigen, wie aus Metaphern Begriffe wurden.[19] In vorliegendem Buch wird analysiert, wie sich in bestimmten Konstellationen generiertes

16 Die Wissensgeschichte sei deshalb im größeren Feld der kulturgeschichtlichen Ansätze zu verorten (Speich Chassé/Gugerli 2012, S. 85–86 und 93). Zur Wissensgeschichte siehe weiters u. a. Vogel 2004 und Sarasin 2011. Grundsätzliche Überlegungen, wie man eine Geschichte der Sozialwissenschaften schreiben kann, finden sich bei Raphael 2012.

17 Koselleck 1972, S. XXIII.

18 Kollmeier 2012, S. 2–3.

19 Geulen 2010, S. 93–97 und Schauz 2015, S. 53–54. Zur Begriffsgeschichte siehe weiters u. a. Eggers/Rothe 2009, Bavaj 2010, Dutt/Laube 2013 und Müller/Schmieder 2016.

Wissen über die sozioökonomische und demographische Lage in landwirtschaftlich geprägten Ländern im Begriff und Konzept der „agrarischen Übervölkerung“ ausdrückte und wiederum auf kollektive Vorstellungen und Problematisierungsweisen zurückwirkte. Die meist unkritische Übernahme des damals bemühten Konzepts der „agrarischen Übervölkerung“ als Erklärungsmodell für die als elend beschriebene wirtschaftliche Situation Südosteuropas in den 1930er Jahren in der gängigen wirtschafts- und sozialgeschichtlichen Sekundärliteratur ist als Ausdruck des Erfolgs des Überbevölkerungsbegriffs zu werten. In der Geschichtsschreibung ist es bisher selten gelungen, die realwirtschaftliche Entwicklung sauber von der zeitgenössischen Deutung der „agrarischen Übervölkerung“ zu trennen.[20] Sowohl die Geschichte als auch die Geschichtsschreibung des 20. Jahrhunderts wurden von denselben historisch-politischen Begriffen geprägt. Für eine mehrfach geforderte Historisierung dieser Zeit muss die Historiographie nun Distanz zu diesen Begriffen gewinnen und sie selbst zum Forschungsgegenstand machen.[21] Vorliegende Untersuchung kommt dieser Forderungen nach und schreibt die Begriffsgeschichte für die Hochmoderne (1890–1970) fort. In der Geschichtswissenschaft sollten zeitgenössische wirtschaftswissenschaftliche Konzepte nicht für die Darstellung der realen Umstände übernommen werden. Es gilt vielmehr danach zu fragen, mit welchen Intentionen und Implikationen diese (und nicht andere) Konzepte gewählt wurden. Eine begriffsgeschichtliche Analyse macht diese Entstehungsbedingungen wie auch ihre Verformungen sichtbar.[22] Christian Geulen brachte es auf den Punkt:

> Kein reflektierter Historiker wird die geschichtliche Wirklichkeit mit den Begriffen verwechseln, die sie beschreibbar machen. Denn Begriffe bleiben regelmäßig hinter dieser Wirklichkeit zurück und schießen ebenso regelmäßig über sie hinaus. Da wir uns aber nicht sprachlos in der Welt bewegen, gehören die Begriffe zugleich der Wirklichkeit an, die uns historisch interessiert. Sie sind Träger einer in diese Wirklichkeit verwobenen Bedeutungsdimension. Deshalb gibt es Begriffsgeschichte.[23]

Methodisch verknüpft die Begriffsgeschichte die historisch-kritische Text- und Kontextanalyse. Für vorliegenden Fall bedeutet es, dass epochen- und regionalspezifische Bedeutungsgehalte des Begriffs „Überbevölkerung“ identifiziert werden. Die Beleuchtung des persönlichen (professionellen, institutionellen, politischen,

---

20 Häufig wurde auf die Studie von Frangeš (1939) als Sekundärliteratur zur Analyse der tatsächlichen demographischen und wirtschaftlichen Verhältnisse in Südosteuropa verwiesen.

21 Geulen 2010, S. 80. Geulen erwägt „Bevölkerung“ als Grundbegriff des ersten Drittels des 20. Jahrhunderts (Ebd., S. 91 und 95).

22 Graf/Priemel 2011, S. 505.

23 Geulen 2010, S. 79. Das Konzept der „agrarischen Übervölkerung“ schoss deutlich über die Wirklichkeit hinaus.

nationalen) Hintergrunds der einzelnen Autoren gibt Aufschluss über ihre Positionierung innerhalb der Diskussion. Die Quantität und der Kontext der Bezugnahmen auf andere Debattenteilnehmer illustrieren die Verbreitungswege, den Einfluss und die Ausrichtung der einzelnen Aussagen sowie die Reichweite des gesamten Diskurses. Um die Beantwortung der Frage zu ermöglichen, wie „Bevölkerung“ und insbesondere „agrarische Übervölkerung“ konstruiert wurde und welche Bedeutung sie in der Modernisierungsdebatte für die bzw. in der Region hatte, werden die Beziehungen zwischen Aussagen über „agrarische Übervölkerung“ quer durch das hybride Textkonglomerat herausgearbeitet. Zentral ist die Beleuchtung der beteiligten Experten und Institutionen auch deshalb, weil sie die Begriffe und Konzepte popularisieren und in der Gesellschaft verankern.[24] Ihre nationalen und transnationalen Netzwerke – seien es akademische Freundschaften, Schüler-Lehrer-Beziehungen oder Zitierkartelle – werden u. a. anhand von Studienaufenthalte im Ausland, akademischen Freundschaften und Teilnahmen an internationalen Konferenzen herausgearbeitet. Von besonderem Interesse sind dabei die Gestaltung der Wissenstransferprozesse und die Beziehungen zwischen Forschern aus Ländern mit wirtschaftlichem Interesse an Südosteuropa und ihren Kollegen aus der Region. Welche Rolle spielten wissenschaftliche Hierarchien (In- und Exklusion) und regionale Disparitäten in den transnationalen Kontakten?[25] Auch soll die jeweils andere Perspektive der Experten auf ihr Forschungsobjekt, die südosteuropäische Bauernschaft beleuchtet werden. Weiters wird gezeigt, welche Verknüpfungen es zu anderen Debatten dieser Zeit gab und wie aus diesem Geflecht spezifische Vorstellungen hervorgingen. Die Debatte über die „agrarische Übervölkerung“ Südosteuropas stand in engem Verhältnis zu den historisch-politischen und wirtschaftlichen Entwicklungen sowie zu den Interessen der Akteure auf nationaler, transnationaler und internationaler Ebene. Diese wirtschafts- und politikgeschichtliche Kontextualisierung erfolgt mit Hilfe von Sekundärliteratur.

Darüber hinaus wird der transnationale Ansatz verwendet,[26] um die Verflechtungsgeschichte der verwendeten Begrifflichkeiten zwischen den unterschiedlichen Sprachräumen zu rekonstruieren.[27] Für die sowohl vergleichende als auch transfergeschichtliche Untersuchung des Begriffs „agrarische Übervölkerung“ ist es von Vorteil, dass sich das Konzept relativ spät und zugleich transnational etabliert hat,

24 Raphael 2012, S. 45.

25 Eine konzeptionelle Basis zur historiographischen Erforschung wissenschaftlicher Netzwerke zwischen Deutschland und Südosteuropa bietet Trubeta 2014.

26 Zum transnationalen Ansatz und zu den Theorien und Methoden der vergleichenden Historiographie siehe mit weiterführenden Literaturangaben u.a. Cohen/O'Connor 2004, Budde/Conrad/Janz 2006 und Haupt/Kocka 2009.

27 Marjanen 2009, S. 240.

sodass die Diskussionsteilnehmer aus verschiedenen Ländern mit unterschiedlichen Sprachen unter dem Begriff zumindest im Ansatz dasselbe verstanden. In ihren Schriften betrachteten die damaligen Überbevölkerungsexperten die Länder Jugoslawien, Rumänien und Bulgarien als Einheit. Dafür ist hier – wiederum den Quellentexten, aber auch der Sekundärliteratur folgend – stets der Vergleich zwischen der unterschiedlichen wirtschaftlichen und demographischen Entwicklung in Ost- und Südosteuropa auf der einen Seite, und West- und Nordeuropa auf der anderen Seite präsent. Im Speziellen konzentriert sich der Vergleich auf die verschiedenen oder ähnlichen Argumentationsweisen der einzelnen Wissenschaftler in ihren jeweiligen Hintergründen und den politischen Interessen der Staaten, denen sie sich zugehörig fühlten. Die Interessensgebundenheiten treten insbesondere im Vergleich der vorgeschlagenen Lösungsansätze für das Problem der „agrarischen Übervölkerung" zu Tage.

Gerade für die Analyse des wissenschaftlichen Bevölkerungsdiskurses erwiesen sich Ludwik Flecks wissenschaftstheoretische Konzepte des Denkstils und Denkkollektivs als hilfreich.[28] Obwohl sie ursprünglich auf naturwissenschaftliche Erkenntnisprozesse zugeschnitten wurden, lassen sie sich sehr gut auf die Geistes- und Sozialwissenschaften übertragen.[29] Die Wissenschaftstheorie Flecks hilft, die Entwicklung des Überbevölkerungskonzepts zu einem dominierenden Erklärungsmodell zu verstehen. Wissenschaftliche Tatsachen werden nicht vorgefunden sondern durch soziale Tätigkeiten, die wiederum durch Denkkollektiv und Denkstil gelenkt werden, konstruiert. Das Denkkollektiv wird als „*Gemeinschaft der Menschen, die im Gedankenaustausch oder in gedanklicher Wechselwirkung stehen*" durch einen Denkstil zusammengehalten. Der Denkstil bestimmt, was innerhalb dieser *scientific community* als wissenschaftliche Probleme, angemessene Methoden oder Wahrheit erachtet wird. Ganze Epochen können sogar einen Denkzwang erleben.[30] Für den Fall der „agrarischen Übervölkerung" ist festzuhalten, dass dieses sinnlich nicht unmittelbar wahrnehmbare Phänomen erst durch wissenschaftliche Prozeduren (demographische und geographische Erhebungen, statistische Aufbereitung, wirtschaftswissenschaftliche Interpretation) als Gegenstand konstituiert

---

28 Vor Fleck hatte der Wissenssoziologe Karl Mannheim (1893–1947) den Begriff „Denkstil" verwendet. Mannheim zeigte, dass jede wissenschaftliche Auseinandersetzung aufgrund der persönlichen Perspektive der Akteure durch weltanschauliche Ausrichtungen geprägt ist. Zu Leben und Werk Mannheims siehe Barboza 2009 [2020], zum Verhältnis seiner Wissenssoziologie zu jener Flecks siehe Neun 2017.

29 Siehe z. B. Hummel 2000, Etzemüller 2001, Rainer 2005 und Gutberger 2006. Zu Leben und Werk des polnischen Mediziners und Wissenschaftstheoretikers (1896–1961) siehe u. a. Chołuj/Joerden 2007 und Zittel 2014, S. 91–109.

30 Fleck 1980 [1935], S. 54 und 130–131.

wurde,[31] eine solche Konstruktion ist kein reines intellektuelles Produkt, sondern wird durch soziale Tätigkeiten gesteuert. Die kontinuierlich dominante Stellung des Deutungsmusters „Überbevölkerung“ innerhalb des demographischen Diskurses ist ein treffendes Beispiel für das von Fleck postulierte Beharrungsvermögen wissenschaftlicher Denkstile.[32]

Flecks Ausführungen inspirierten den US-amerikanischen Wissenschaftstheoretiker Thomas S. Kuhn zur Entwicklung seiner wissenschaftsphilosophischen Idee des Paradigmas.[33] In seinem einflussreichen Buch „Die Struktur wissenschaftlicher Revolutionen“ beschreibt Kuhn mit dem umstritten gebliebenen Begriff „Paradigma“ eine vorherrschende Denkweise in der Wissenschaft zu einer bestimmten Zeit. Paradigmen sind demnach Leitbild-ähnliche Modellvorstellungen, anhand derer man bestimmte Phänomene zu erklären versucht. Sie müssen sich ständig an die Realität anpassen. Ein Paradigma ist nach Kuhn solange anerkannt, bis Entdeckungen auftreten, die mit der bis dahin gültigen Lehrmeinung nicht vereinbar sind. In dieser Krisenzeit werden neue Theorien aufgestellt, setzt sich in Folge eine neue Lehrmeinung durch, spricht Kuhn von einem „Paradigmenwechsel“.[34] Laut Kuhn könne es in den Sozialwissenschaften wegen ihren verschiedenen kleineren, stark miteinander konkurrierenden und im Konflikt stehenden Denkschulen keine Paradigmen geben. Die Anwendung von Kuhns Theorie auf die Sozialwissenschaften hat im Vergleich zu den Naturwissenschaften folglich wenig Beachtung gefunden. Diskutiert wurde, ob sich das Paradigmen-Konzept überhaupt auf die Sozialwissenschaften anwenden lasse.[35] Jedoch gibt es gerade in der Nationalökonomie Denkrichtungen (Neoklassik, Keynesianismus, Entwicklung/Modernisierung, Neoliberalismus), welche in ihrer Wirkung naturwissenschaftlichen Paradigmen ähnlich sind.[36] Im Gegensatz zu Fleck stehen für Kuhn nicht mehr die Kontinuitäten, sondern die Brüche und Einschnitte im Mittelpunkt. Kuhns Theorie hat für vorliegende Betrachtung geringere Bedeutung, betont letztere doch die Kontinuität des neomalthusianischen Paradigmas, welches noch längere Zeit auf seine Revolution warten wird. Im Vergleich ist Flecks Theorie flexibler. Folglich wird der Begriff

31 Rainer 2005, S. 34.

32 Lengwiler 2007, S. 194; Fleck 1980 [1935], S. 40–53.

33 Siehe Graf/Mutter 2000 und Wegmarshaus 2007. Zu Kuhns Paradigmentheorie siehe u. a. Lakatos/Musgrave 1974 [1970]; Chalmers 2007 [1976], S. 87–106, Fuller 1992 und Hacking 2016.

34 Kuhn 2003 [1962], S. 25–122.

35 Der französische Soziologe Mattei Dogan war wie Kuhn der Ansicht, dass es wegen des polysemischen Charakters der Konzepte keine Paradigmen in den Sozialwissenschaften geben könne (Dogan 2001). Siehe auch Maasen/Weingart 2000, S. 63–90, Eberharter 2009 und Walker 2010.

36 Vgl. O'Brien 1976, S. 141–144. Zum Beharrungsvermögen des Gleichgewichtsparadigmas in den Wirtschaftswissenschaften siehe Fischer 1993, zu jenem des Entwicklungsparadigmas siehe Thornton 2001 und 2005.

„Paradigma" in diesem Buch nicht im starren Sinne Kuhns, sondern als Synonym für Denkstil verwendet.

Von Bedeutung sind auch Flecks Ausführungen über bereits bestehendes gesellschaftliches Wissen, „Präideen" genannt: Die Gesellschaft beeinflusst die Wissenschaft genauso wie die Wissenschaft eine zentrale Rolle im Aufbau von Anschauungen in der Gesellschaft hat.[37] Vorstellungen von „Überbevölkerung" als Bedrohung für knappe Ressourcen waren seit langem in Gesellschaft und Wissenschaft verankert. Entlang der Ausführungen Flecks und Kuhn über das Verhalten von Wissenschaftlern als soziale Gruppe („Denkkollektive", „Normalwissenschaft") lassen sich auch die wissenschaftlichen Akteure in ihren wechselseitigen Bezugnahmen und Abgrenzungen gruppieren, was u. a. eine Antwort auf die Frage ermöglicht, ob es bei den Überbevölkerungsexperten nationale und/oder disziplinäre Denkstildifferenzen gab.

In Anlehnung an Fleck lässt sich das anerkannte Modell der „agrarischen Überbevölkerung" in die Schnittmenge der dominanten Strömungen Neomalthusianismus und Modernisierung einordnen. Unter Wirtschaftstheoretikern bestand Konsens darüber, dass Agrargesellschaften mit einer hohen Dichte landwirtschaftlicher Bevölkerung „unterentwickelt" waren. Das Modernisierungsparadigma mit seinen zentralen Kategorien „Modernisierung" und „Fortschritt/Entwicklung" war dabei von einem Weltbild geprägt, in welchem die westliche Welt als Vorbild für Moderne im Zentrum stand. So sollte die „Unterentwicklung" in den Ländern der Peripherie auch durch Transfer von Wissen, Technologie und nicht zuletzt Kapital aus dem Westen überwunden werden. Entwicklung implizierte demnach einen Prozess der Annäherung der Agrarländer an das wirtschaftliche Niveau der Industrieländer mithilfe der Implementation westlicher Vorstellungen, Methoden und Instrumentarien.[38]

Mit den imperialistischen Machtbeziehungen zwischen Zentren und Peripherien hat sich am intensivsten Immanuel Wallerstein innerhalb der Weltsystem-Theorie auseinandergesetzt. Dieser Theorie zufolge führt nach der Integration eines weniger entwickelten Gebiets in das kapitalistische Weltsystem mit allumfassender Arbeitsteilung – im Falle Südosteuropas gegen Ende des 18. Jahrhunderts[39] – der ungleiche Tausch mit den Zentren zu einer systembedingten Benachteiligung dieser Peripherien. Die Zentren, die über zahlreiche Beziehungsstränge verfügen, zwingen den

---

37 Fleck 1980 [1935], S. 35–39.

38 Többe 2000, S. 20. Die gegenwärtigen Vorstellungen von Entwicklung und Entwicklungshilfe basieren in der westlichen Welt im Grunde noch immer auf dieser räumlichen Differenzierung (Lehmkuhl 2007, S. 124).

39 Davor war Südosteuropa eine marginalisierte Region innerhalb des Osmanischen Reichs, welches mit seinen eigenen Wirtschafts- und Sozialstrukturen bis ins 18. Jahrhundert außerhalb des Weltsystems stand (Wallerstein 1989, S. 137–189).

Peripherien mit wenig Beziehungssträngen dabei Produktionsstrukturen auf, die eine eigenständige Entwicklung der Peripherien verhindert. Zentren und Peripherien bilden und entwickeln sich stets im Verhältnis zueinander, die Dependenz spiegelt sich in vielen Bereichen wider, so auch in den Strukturen der Wissensproduktion.[40] Kapitel I.5 beschäftigt sich mit dem asymmetrischen Wissenstransfer und zeigt, dass Wissenschaftler aus der Peripherie von jenen aus dem Zentrum nicht als ebenbürtige Partner betrachtet werden. Im imperialistischen Kontext wurde das Konzept der „Modernisierung" eingesetzt, um die beschriebenen Machtbeziehungen zu untermauern.[41] Wie das Konzept der „Überbevölkerung" ist auch „Modernisierung" normativ aufgeladen. In der wirtschafts- und sozialhistorischen Literatur wurde „Modernisierung" überwiegend als „nachholende Entwicklung" definiert, doch muss die dabei implizierte Annahme eines als Vorbild geltenden, „westlichen" Entwicklungswegs und die Wertung einer Abweichung von diesem Weg als Defizit kritisch gesehen werden. Shmuel N. Eisenstadt setzte dieser eurozentristischen Sichtweise das Konzept der multiplen Moderne entgegen, in welchem soziokulturelle Entwicklungen zu unterschiedlichen Arten von Modernität führten.[42]

4. Forschungsstand

Der Begriff „Überbevölkerung" wurde seit Beginn der 1990er Jahre einer historiographischen Kritik unterzogen.[43] Über die Verwendung des Begriffs konstatierten Susanne Heim und Ulrike Schaz treffend:

40 Hopkins/Wallerstein 1979, S. 157. Zur Weltsystem-Theorie Wallersteins in Bezug auf Südosteuropa siehe u. a. Chirot 1989, Kaser 2002 [1990], Sundhaussen 1993 und Giordano 2010. Zur Weltsystem-Theorie in Bezug auf die Strukturen der Wissensproduktion siehe mit weiterführenden Literaturangaben Demeter 2019.

41 Zum Zusammenhang von Modernisierung und Imperialismus siehe u. a. Barlow 1997, Gillen/Ghosh 2007 und Iyer 2013.

42 Eisenstadt 2000, in Bezug auf Südosteuropa siehe Sterbling 2015. Zum Begriff der Modernisierung und seiner Anwendung auf Südosteuropa siehe Kaser 2002 [1990], S. 107–111; Zach/Zach 2004; Holubec/Borodziej/Puttkamer 2014. Sundhaussen zufolge bedeutete „Modernisierung" in Südosteuropa nicht die Evolution eines bereits eingeschlagenen Weges (im Sinne einer phasenverschobenen Entwicklung im Vergleich zu Westeuropa), sondern die Destruktion „überkommener Strukturen" (Sundhaussen 1988, S. 336–337). Für einen Überblick zur Modernisierung agrarisch geprägter Länder siehe Mai 2007 und Unger 2015.

43 Siehe insb. das Buch von Susanne Heim und Ulrike Schaz „Berechnung und Beschwörung: Überbevölkerung – Kritik einer Debatte" (Heim/Schaz 1996). Ursula Ferdinand untersuchte die Entwicklung und den Einfluss des Überbevölkerungskonzepts im Deutschland des 19. Jahrhunderts (Ferdinand 1999).

„Überbevölkerung“ ist ein Passepartout-Begriff, mit dem vermeintliche oder tatsächliche Mißstände benannt werden, die sich jeweils auch anders definieren ließen [...] Letztlich läßt sich jede politische oder ökonomische Krise in ein Bevölkerungsproblem umdefinieren.[44]

Die Historikerin Diana Siebert thematisierte, dass das Überbevölkerungskonzept dem weit verbreiteten ökonomischen Denken entsprach und dessen Verwendung meist von politischen Absichten geleitet wurde:

Begriffe wie „ländliche Überbevölkerung“ oder „versteckte Arbeitslosigkeit“ sind keineswegs wertfrei, wurden sogar tendenziös gebraucht, und wenn diese in der Geschichtsschreibung unhinterfragt übernommen wurden, so spricht dies nicht für die Begriffe, sondern gegen die Geschichtsschreibung. Eben weil wir das ökonomische Denken verinnerlicht haben, sind uns solche Termini auch heute leicht verständlich.[45]

Begründeterweise wurde das Überbevölkerungskonzept wegen seiner wechselnden Maßstäbe und Kriterien als empirische Tatsache in Frage gestellt.[46] „Überbevölkerung“ ist kein objektiver Begriff, sondern eine willkürliche Festlegung. Das angenommene „Bevölkerungsoptimum“, aus dessen Abweichung die „Überbevölkerung“ konstruiert wurde, hing von der Definition und somit von der Ausrichtung des Autors ab.[47] Der Begriff „Überbevölkerung“ dient in der Tat der interessengeleiteten Interpretation von wirtschaftlichen und sozialen Verhältnissen.[48]

Keine der wechselnden Definitionen von „Überbevölkerung“ kann empirisch überprüft werden. Von den Überbevölkerungstheoretikern können lediglich die angenommenen Symptome von „Überbevölkerung“ (z. B. Bodenzersplitterung, Armut oder Migration) beobachtet werden. Diese dienen in einem Zirkelschluss wiederum als Beweis für die Existenz von „Überbevölkerung“, welche umgekehrt als Erklärung von tatsächlich beobachtbaren gesellschaftlichen Krisen fungiert.

---

44 Heim/Schaz 1996, S. 10. „Mit der Verwendung des Begriffs *Überbevölkerung* werden soziale, politische und ökonomische Probleme an bestimmten Menschengruppen, die angeblich zu groß sind, festgemacht. Die Probleme scheinen handbar und lösbar, indem gegen diese Überbevölkerung vorgegangen wird“ (Rainer 2005, S. 135). Die „Überbevölkerung“ für die Arbeitslosigkeit verantwortlich zu machen, hatte Franz Neumann bereits in seinem bekannten Werk „Behemoth“ als pure Demagogie bezeichnet, welche dazu diene, die inneren Widersprüche des Kapitalismus zu verschleiern (Neumann 1977 [1944], S. 190).

45 Siebert 1998, S. 17.

46 Vgl. Randeria 1998, S. 27.

47 Gerlach 1999, S. 76–77.

48 Strobl 1993 [1991], S. 24.

Trotz methodischer Unzulänglichkeiten war und bleibt die Theorie der „Überbevölkerung“ erfolgreich. Josef Ehmer vermutete ihre Attraktivität darin, verflochtene gesellschaftliche und sozioökonomische Probleme, aber ebenso soziale Unruhen und Revolutionen auf quasi naturgesetzliche Weise zu erklären. Das Konzept der „Überbevölkerung“ besticht durch seine Einfachheit. Demographische Argumente verfügen sowohl im populären als auch im wissenschaftlichen Wissen über eine hohe Anziehungskraft, weil sie komplexe Sachverhalte auf eine einzige – und zudem plausibel erscheinende – Ursache zurückführen. Sie spielten und spielen eine große Rolle, wenn es darum geht, anschauliche Antworten auf politische, wirtschaftliche und soziale Herausforderungen zu finden. Bis in die Gegenwart diente das Konzept der „Überbevölkerung“ – ausgesprochen oder unausgesprochen – als Erklärung für die Ursachen von internationaler Migration,[49] Armut, Hunger, „Unterentwicklung“, Umweltverschmutzung, Kriminalität, sozialen Spannungen, politischer Instabilität[50] oder sogar Bürgerkriegen in Entwicklungsländern.[51] In der Zwischenkriegszeit wurde es in Europa für die Erklärung komplexer wirtschaftlicher Problemstellungen herangezogen, in Bezug auf Südosteuropa wurde das Konzept zur Grundlage für die Diskussion über die wirtschaftliche Rückständigkeit der Region.

Erfolgreich war das Konzept der „Überbevölkerung“ laut Ehmer auch wegen seines normativen Charakters: es diente nicht dazu, tatsächliche gesellschaftliche Zustände zu erhellen, sondern vermittelte ein Bild davon, wie die Gesellschaft beschaffen sein sollte.[52] Die Bevölkerungswissenschaften selbst trugen durch ihre sozial-technisch-zweckrationale und anwendungsorientierte Ausrichtung normative Züge. So implizierte das Ziel der Rationalisierung (in vorliegendem Falle Rationalisierung der südosteuropäischen Landwirtschaft zum Zwecke der Produktivitätssteigerung) auch immer Normierung im Sinne der wissenschaftlichen Unterscheidung des Normgerechten vom Abweichenden. „Rationalisierung“ ist dabei das allgegenwärtige Gebot, die gemeinsame Sprache aller Akteure.[53]

Thomas Etzemüller charakterisierte in seinem 2007 erschienenen Buch mit dem bezeichnenden Titel „Ein ewigwährender Untergang. Der apokalyptische Bevölkerungsdiskurs im 20. Jahrhundert“ das „Bevölkerungsproblem“ als Beschreibungsmodus, mit dessen Hilfe unkontrollierbaren sozialen Veränderungen wenigstens

49 Ehmer 1998, S. 5 und 22–23; vgl. Sen 1994, S. 6–7.

50 Hartmann 1995, S. 4; Kühl 1997, S. 198.

51 Ehmer 1998, S. 22–23. Siehe u. a. Brunborg/Tabeau/Urdal 2006. Auch die „Überbevölkerung“ Südosteuropas wurde als eine der Ursachen beider Weltkriege betrachtet (Zeman 1988, S. 23, Beehner 2007).

52 Ehmer 1998, S. 23.

53 Szöllösi-Janze 2004, S. 305; Sachse 2010, S. 56.

eine Ursache gegeben werden kann. Zuspitzend und vereinfachend sah er in Malthus' *Essay* wichtige Teile der Matrix angelegt, welche den Bevölkerungsdiskurs seit Ende des 19. Jahrhunderts strukturieren sollte: den katastrophischen Charakter (im Grunde läuft man dem Problem immer hinterher); die Relation von Bevölkerung, Ressourcen und Raum als Maßstab für „Überbevölkerung"; die Anwendung dieser Richtschnur als relativen Maßstab (auch „leere Räume" können verhältnismäßig „überbevölkert" sein); die differenzierte Betrachtung von Fertilität („Unterschichten" bekommen zu viele Kinder); die Unterscheidung der Bevölkerung in „würdige" und „unwürdige" Mitglieder; die Spiegelung angeblich natürlicher Entwicklungen auf gesellschaftspolitische Zustände; die moralische Aufladung dieser Spiegelung (z. B. Lasterhaftigkeit als Grund für Elend); die Behauptung unsichtbarer Prozesse, die Experten dem Publikum sichtbar machen müssen; die Regulierung der Bevölkerung durch Steuerung ihrer Fertilität und schließlich die metaphorische, reduzierende, extrem eingängige Technik des Sichtbarmachens (z. B. lineare/exponenzielle Progression).[54] Der wissenschaftlichen Nutzung des Konzepts der „Überbevölkerung" hat dies bis in die Gegenwart jedoch keinen Abbruch getan, wie man neueren Debatten über die „Überflüssigen" oder die „Jugendberge" entnehmen kann.[55]

Das Interesse der Historiographie an der Geschichte der Bevölkerungswissenschaften in Deutschland hat in den letzten 20 Jahren zugenommen. Im Juli 1997 fand das erste Colloquium zur Geschichte der Bevölkerungswissenschaft in Deutschland im 20. Jahrhundert statt, dessen Dokumentation und Ergebnisse 1998 in einem Sammelband veröffentlicht wurden.[56] In der Folgezeit wurden weitere Studien zur Geschichte der deutschsprachigen Bevölkerungswissenschaft veröffentlicht,[57] und auch rund um das 2001 eingerichtete DFG-Schwerpunktprogramm „Ursprünge, Arten und Folgen des Konstrukts ‚Bevölkerung' vor, im und nach dem ‚Dritten Reich'" entstanden mehrere Sammelbände.[58] In diesen Untersuchungen werden vor allem die für diese Untersuchung relevanten Verflechtungen zwischen Wissenschaft und Politik, die Rolle des Wissenstransfers innerhalb der Bevölkerungswissenschaften sowie die Funktion von Expertenwissen in der Raum- und Bevölkerungsplanung herausgearbeitet. Zur Geschichte des (von den USA und Westeuropa dominierten)

---

54 Etzemüller 2007, S. 12 und 26; vgl. Barlösius 2007.

55 Siehe Bauman 2005 [2004], Lindner 2008, Bude/Willisch 2008 und Baatz/Czaika 2018. Eine historische Kritik des Deutungsmusters „Überbevölkerung" im Hinblick auf die neuere Debatte über die „Überflüssigen" bietet Imbusch 2008. Für einen Überblick über die Denkfigur „Jugendberg" (*youth bulge*) siehe Kröhnert 2006, S. 120–125.

56 Mackensen 1998.

57 vom Brocke 1998, Ehmer 2004, Exner/Kytir/Pinwinkler 2004, Overath/Schmidt 2003, Krassnitzer/Overath 2007, Overath 2011 und Pinwinkler 2014.

58 Mackensen 2002, 2004 und 2006; Mackensen/Reulecke 2005; Ehmer/Lausecker/Pinwinkler 2006; Ehmer/Ferdinand/Reulecke 2007; Henßler/Schmid 2007; Mackensen/Reulecke/Ehmer 2009.

internationalen Bevölkerungsdiskurses in der ersten Hälfte des 20. Jahrhunderts sind in erster Linie Forschungen in englischer Sprache erschienen.[59] Sie geben einen Überblick über die globale Ausrichtung des Bevölkerungsdiskurses sowie die geopolitischen Ziele der einzelnen staatlichen Akteure und die Rolle, welche „Bevölkerung" und die Bevölkerungswissenschaften darin spielten.

Zur Bevölkerungswissenschaft und -politik in Südosteuropa in der ersten Hälfte des 20. Jahrhunderts sind indes noch wenig historische Forschungen erschienen. Insbesondere wurde die Betrachtung der quantitativen Seite der Bevölkerungsfrage in der Historiographie vernachlässigt und erst kürzlich Gegenstand einer umfassenden Studie.[60] In den letzten Jahren erschienen vermehrt Werke über die sogenannte qualitative Seite der „Bevölkerungsfrage" im Südosteuropa der Zwischenkriegszeit. Diese Werke untersuchten den Diskurs über biologische Merkmale der Bevölkerungen und beschäftigen sich demnach u. a. mit Eugenik und „Rassenhygiene", Anthropologie und „Rassenkunde". Aus diesem Bereich sind die Sammelbände „Blood and Homeland: Eugenics and Racial Nationalism in Central and Southeast Europe, 1900–1940" und „Health, Hygiene, and Eugenics in Southeastern Europe to 1945" zu nennen.[61] Diese Arbeiten sind deshalb von Interesse, da z. B. Eugeniker das Übervölkerungskonzept für ihre Argumentation heranzogen oder Ökonomen auf eugenische Aspekte der „agrarischen Übervölkerung" verwiesen. Politiker und Planer konnten für ihre Ziele das quantitative und qualitative „Bevölkerungsproblem" miteinander verschränken, wenn es z. B. um die Aussiedlung ethnischer Minderheiten zum Zwecke der Ansiedlung Angehöriger der Mehrheitsnation aus „übervölkerten" Regionen ging. Darüber hinaus werden Parallelen des Diskurses über die „Gesundung der Sozial- und Wirtschaftsstruktur" (im Fall der „agrarischen Übervölkerung") zum eugenischen Diskurs über die „Gesundung des Volkskörpers" deutlich. Historiographische Arbeiten über die qualitative Seite der „Bevölkerungsfrage" sind somit auch für die Verflechtung zwischen Wissenschaft und Politik interessant.

In oben erwähnten Werken und in der Wissenschaftsgeschichte im Allgemeinen wurde dem Verhältnis von Wissenschaft und Politik große Aufmerksamkeit zuteil. Für diese Arbeit ist Mitchell Ashs Verständnis dieses Verhältnisses grundlegend, er setzte dem bis dahin häufig verwendeten Modell einer einseitigen „Indienstnahme" bzw. eines „Missbrauchs" der Wissenschaft seitens der Politik ein Modell gegenüber,

59 Siehe u. a. Ross 1998, Ramsden 2002, Caldwell 2005, Connelly 2008, Melegh 2010, Overath 2011, Bashford 2007, 2008 und 2014, Hartmann/Unger 2014.

60 Siehe Baloutzova 2011 über die pronatalistische Bevölkerungspolitik im Bulgarien der Zwischenkriegszeit.

61 Turda/Weindling 2007 und Promitzer/Trubeta/Turda 2011. Siehe u.a. auch Bucur 2002; Turda 2010 und 2015; Malović 2008 und Georgescu 2010.

welches Wissenschaft und Politik als Ressourcen füreinander begreift: Wissenschaftler könnten genauso gut versuchen, Ressourcen aus der politischen Sphäre für ihre Zwecke benutzen, wie Politiker Wissenschaftler und ihre Ressourcen für ihre Ziele heranziehen können.[62] Margit Szöllösi-Janze zufolge war insbesondere die Zeit des Nationalsozialismus von einer „Politisierung der Wissenschaften" und einer „Verwissenschaftlichung der Politik" gekennzeichnet.[63] Einerseits wurden „Bevölkerungsphänomene" erfasst und „Bevölkerungsprobleme" diagnostiziert bzw. konstruiert. Andererseits wurden politische oder wirtschaftliche „Lösungen" für die zuvor festgestellten „Probleme" vorgeschlagen oder auch von Wissenschaftlern als „Experten" in staatlich-administrativen Positionen politisch umgesetzt.[64] Oft begleitete der Gedanke an eine politische Anwendbarkeit die betriebene Bevölkerungsforschung von Beginn an, während Bevölkerungskonstruktionen der Planung, Durchführung und schließlich auch der Legitimierung von staatlichen Eingriffen dienten.[65] Die Definierung eines gesellschaftlichen Problems und die darauf folgende Etablierung als Experte[66] für die Lösung dieses Problems charakterisieren den wissenschaftlichen Prozess allgemein.

Der Bevölkerungsdiskurs wird wie kaum ein anderer stark von ökonomischen sowie politischen Positionen und Entwicklungsstrategien beeinflusst.[67] Für Diana Hummel handelt es sich bei „Bevölkerung" in erster Linie um eine politische Kategorie, die durch Verwissenschaftlichung entpolitisiert wurde und die sich gerade dadurch wiederum politisch nutzen ließ. Ihr zufolge ist die Verflechtung von Wissen und Macht bzw. Bevölkerungswissenschaft und Politik konstituierend für den Bevölkerungsdiskurs.[68] In seinem Artikel „Vom Übervölkerungs- zum Überalterungsparadigma" wies Martin Lengwiler darauf hin, dass das Zusammenspiel zwischen demographischer Realentwicklung, demographischem Theoriediskurs und bevölkerungspolitischer Verwaltungspraxis ein höchst komplexer Prozess mit einer ausgeprägten Eigendynamik der drei Bereiche und gravierenden Asynchronitäten ist.[69] Anhand von Forschungsarbeiten über Bevölkerungskonstruktionen in verschiedenen Zeitabschnitten und Schauplätzen konnten Historikerinnen und

---

62 Ash 2002, S. 32–33; siehe auch Fahlbusch/Haar 2010, Ash 2011 und Leendertz 2012.

63 Szöllösi-Janze 2002, S. 169–171 und 2004, S. 99.

64 Lausecker 2006, S. 134.

65 Ehmer/Pinwinkler/Lausecker 2006, S. 5.

66 Zum Expertenwissen und Planungsdenken, dem Selbstverständnis der Wissenschaftler als Experten und deren Rolle in der Politik und Gesellschaft siehe u.a. Scott 1998, Szöllösi-Janze 2000, Raphael 2003, Fisch/Rudloff 2004, Klingemann 2009 und Leendertz 2012.

67 Ferdinand 1999, S. 20. Bereits bei ihrer Etablierung im Laufe des 18. und 19. Jahrhundert war die Bevölkerungswissenschaft eine statistik- und somit staatsnahe Wissenschaftsdisziplin, an der die Politik großes Interesse hegte (Drezgić 1997).

68 Hummel 2000, S. 11–12.

69 Lengwiler 2007, S. 193.

Historiker aufzeigen, dass die normativen Begriffe „Übervölkerung" und „Untervölkerung" dem in der Wissenschaft verbreiteten Ordnungsdenken entsprachen,[70] und der politischen Legitimation wirtschafts- und bevölkerungspolitischer Planung dienten. Der Verweis auf demographische Krisen erleichterte es, einschneidende politische und wirtschaftliche Maßnahmen sowohl nach innen als nach außen zu rechtfertigen.[71]

Eine umfangreiche Sekundärliteratur ist der Bevölkerungspolitik und Wirtschaftsplanung im Nationalsozialismus gewidmet. Der Terminus „Bevölkerungspolitik" wurde seit Anfang der 1990er Jahre zu einem der Leitbegriffe zur Erforschung des Nationalsozialismus und seiner Vernichtungspolitik. „Bevölkerungspolitik" erschien immer mehr als zentrale Kategorie für die Analyse des NS-Regimes, als Überbegriff für die verschiedenen Erscheinungsformen des angewandten Rassismus.[72] 2002 erschien die umfangreiche Studie zu Agrarpolitik, Sozial- und Raumplanung im NS-Staat von Uwe Mai.[73] Eine Fülle von Sekundärliteratur gibt es zu den nationalsozialistischen Raum- und Bevölkerungsplanungen in Osteuropa im Rahmen des Generalplans Ost.[74] Christian Gerlach und Alex J. Kay untersuchten den Zusammenhang zwischen der deutschen Wirtschafts- und Vernichtungspolitik in den besetzten sowjetischen Gebieten.[75] Über die NS-Wirtschaftsplanungen in Kroatien liegt ein umfangreiches Werk von Holm Sundhaussen vor.[76] 2008 erschien unter dem Titel „Der ganze Südosten ist unser Hinterland" Klaus Thörners umfangreiche Untersuchung zu den deutschen Südosteuropaplänen von 1840 bis 1945.[77] Über Wirtschaftsplanungen in „Mitteleuropa" und „Südosteuropa" erschien 2010 ein von Carola Sachse herausgegebener Sammelband und 2012 die Monographie von Carl Freytag über den Mitteleuropäischen Wirtschaftstag.[78] Die in diesen Werken untersuchten Hintergründe und politischen Interessen dienen zur Kontextualisierung der Diskussion über „agrarische Übervölkerung" Südosteuropas auf deutscher Seite.

Mit der Rolle der „Überbevölkerung" in der nationalsozialistischen Wirtschaftsplanung in Osteuropa haben sich Susanne Heim und Götz Aly intensiv ausein-

---

70 Zum Ordnungsdenken siehe Bauman 1995 [1991], S. 33–71 und Raphael 2001, S. 16–40.

71 Vgl. Reinecke 2005, S. 216.

72 Ehmer 2004, S. 73.

73 Mai 2002. Zur nationalsozialistischen Sozial- und Raumplanung siehe auch Gutberger 1996, Bongards 2004, Leendertz 2008 und Kegler 2010.

74 Grundlegend dazu der Sammelband von Rössler/Schleiermacher 1993; siehe weiters u.a. Aly/Heim 1991, S. 394–440; Haar 2002 und Lerp 2016.

75 Gerlach 1995, 1998 und 1999; Kay 2011 [2006].

76 Sundhaussen 1983.

77 Thörner 2008.

78 Sachse 2010 und Freytag 2012.

andergesetzt.[79] In ihrem Buch „Vordenker der Vernichtung" zeigten sie, dass demographische Argumente – allen voran die in deutschen Expertenkreisen weit verbreitete Annahme einer „agrarischen Übervölkerung" Osteuropas – in allen Deportations- und Umsiedlungsplänen eine wesentliche Rolle spielten. Das Überbevölkerungskonzept diente nationalsozialistischen Raum- und Wirtschaftsplanern z. B. zur Rechtfertigung des Hungertods von „vielen 10 Millionen Überflüssiger" in der Sowjetunion. Denn diese würden Lebensmittel verbrauchen, die für die Versorgung Europas (gemeint war in erster Linie Deutschland) mit Lebensmittel benötigt würden.[80] Um die Bedeutung und den Einfluss des Überbevölkerungskonzepts auf internationaler Ebene zu verdeutlichen, sei an dieser Stelle auf die 2010 erschienene Arbeit von Madhusree Mukerjee verwiesen. Ihren Forschungsergebnissen zufolge verweigerte Winston Churchill anlässlich der bengalischen Hungersnot 1943 bewusst britische Hilfe. Churchill vertraute hierbei den Ratschlägen des rassistischen Physikers Frederick Lindemann, welcher Schaden für die britische Bevölkerung befürchtete, sollte der allzu fruchtbaren indischen Bevölkerung geholfen werden. Diese malthusianischen und sozialdarwinistischen Überlegungen bestärkten Churchills Ansicht, britische Soldaten bräuchten die Nahrungsmittel dringender als die im Krieg untätige und sich „wie Karnickel vermehrende" indische Bevölkerung.[81] Von der Kategorisierung als „nutzlose Esser" bis zur Inkaufnahme ihrer physischen Vernichtung ist es unter bestimmten Gegebenheiten nicht mehr weit. Dem Zusammenhang zwischen Massenmord und dem Konzept der „Übervölkerung" ging Richard L. Rubenstein nach.[82]

Zur südosteuropäischen Wirtschafts- und Sozialgeschichte in der ersten Hälfte des 20. Jahrhunderts existiert eine Reihe an Forschungen, die jedoch noch Platz für neue Untersuchungen mit anderen Ansätzen lassen.[83] Das wissenschaftliche Interesse galt neben der Rolle des Staats in der wirtschaftlichen Entwicklung und dem damit in Verbindung stehenden Wirtschaftsnationalismus der Zwischenkriegszeit[84] vor allem auch den historischen Ursachen der erfolglosen Modernisierung und der

---

79 Aly/Heim 1991, Aly 1993. Im Anschluss daran siehe auch die wichtigen Forschungen von Christian Gerlach 1995, 1998 und 1999.

80 Aly/Heim 1991, S. 372–373. Zur Rolle und zum Selbstverständnis dieser meist jungen Akademiker im Nationalsozialismus, welche als Raum- und Bevölkerungsplaner die Politik berieten siehe ebd., S. 481–492.

81 Mukerjee 2010, S. 303–306; vgl. Tauger 2003, S. 46; siehe Iyer 2013.

82 „In the moral universe of the twentieth century, the most 'rational' and least costly 'solution' of the problem of disposing of a surplus population is unfortunately extermination" (Rubenstein 1987, S. 21).

83 Vgl. Sundhaussen 2010–2011.

84 Z.B. Schultz/Kubů 2006 und David 2009.

Schwächen in der Wirtschaftsstruktur Südosteuropas.[85] Die Feststellung, dass Südosteuropa unter einer „agrarischen Überbevölkerung" litt, ist in den Forschungen zur Politik-, Wirtschafts- und Sozialgeschichte des Balkans bis in die Gegenwart meist tief verankert.[86] In den grundlegenden Werken sowohl von Berend und Ránki als auch von Sundhaussen wird, wenn auch in differenzierter Form, auf den „agrarischen Bevölkerungsüberschuss" als eines der wirtschaftlichen Hauptprobleme der südosteuropäischen Staaten in der ersten Hälfte des 20. Jahrhunderts hingewiesen.[87] Einen malthusianischen Ansatz verfolgt Marie-Janine Calic in ihrer „Sozialgeschichte Serbiens 1815–1941", auch wenn sie die Bezeichnung „Überbevölkerung" für unzutreffend hält.[88] Dies weist auf das Problem hin, mit zeitgenössischen Beschreibungen die damalige Situation zu erklären und sie mit all ihren wissenschaftliche Unzulänglichkeiten und politischen Implikationen zu übernehmen. Eine neuere Tendenz in Teilen der wirtschafts- und sozialgeschichtlichen Forschung geht in die Richtung, sich vom problematischen Begriff „Überbevölkerung" zu verabschieden, indem sie ihn unter Anführungszeichen setzt und ihn als damaligen Ausdruck des wiederum normativen Begriffs der wirtschaftlichen „Unterentwicklung" betrachtet.[89]

---

85 Siehe die Überblickswerke der beiden ungarischen Wirtschaftshistoriker György Ránki und Iván T. Berend (Berend/Ránki 1974, 1977 und 1987, Ránki 1983 und Berend 1985), der Wirtschaftshistorikerin Alice Teichova (Teichova 1974 und 1988), der US-Amerikaner John Lampe und Marvin Jackson (Lampe/Jackson 1982, Jackson/Lampe 1983, Jackson 1982 und 1985, Lampe 1989 und 1991), weiters Chirot 1989, Palairet 1997, Batou/David 1998, Turnock 2006 und Aldcroft 2006. Im deutschsprachigen Raum geben die zahlreichen Untersuchungen Holm Sundhaussens Aufschluss über die historischen Entwicklungen des südosteuropäischen Wirtschafts- und Soziallebens (Z.B. Sundhaussen 1983, 1984, 1989, 1990, 1993, 1996 und 2009). Eine *New Economic History* versucht, mit einem quantitativen Zugang Forschungsdesiderata der südosteuropäischen Wirtschaftsgeschichte nachzukommen (siehe u. a. Axenciuc 1996, Good/Ma 1999, Ivanov 2004, Ivanov/Tooze 2007).

86 "In fact, however, 'overpopulation' has been a Balkan reality since the sixteenth century" (Stoianovich 1994, S. 343).

87 Iván Berend kritisierte den Zugang mancher Wirtschaftshistoriker, die negativen Auswirkungen einer „überflüssigen agrarischen Bevölkerung" zu betonen, ohne die positiven zu erwähnen, als einseitig. In gewissen Regionen hätte das Phänomen „Überbevölkerung" in der Zwischenkriegszeit hochintensive gartenbauliche Aktivitäten in Gang gesetzt, klar zu beobachten unter den Bauern in Bulgarien. In Jugoslawien und Rumänien wäre die Zunahme der Bevölkerung notwendig für eine arbeitsintensivere Maisproduktion gewesen. Da „landwirtschaftliche Überbevölkerung" sich in erster Linie auf die Kapitalakkumulation abträglich auswirke, würde sie nur unter definitiv kapitalistischen Bedingungen, in welchen der Arbeitseinsatz ausschließlich profitorientiert durch seine Produktivität definiert wird, desaströs erscheinen. Diese Haltung war jedoch besonders unter der bäuerlichen Bevölkerung am Balkan kaum vorhanden (Berend 1985, S. 186–187).

88 Calic 1994, siehe insb. S. 86–97. Zur Wirtschafts- und Sozialgeschichte Jugoslawiens im untersuchten Zeitraum siehe Calic 2010, S. 97–127, auf S. 31 spricht sie vom „Fluch der ländlichen Überbevölkerung".

89 Siehe z.B. bei Janos 2000, S. 197.

Die entscheidende Frage ist, warum sich manche Länder an der Peripherie wirtschaftlich erfolgreich entwickelten (z. B. Dänemark und Schweden) und andere nicht (Balkanländer) und was die bestimmenden Faktoren für eine positive Wirtschaftsentwicklung sind. Pedro Lains' Zusammenfassung bisheriger Erkenntnisse relativiert auch die Bedeutung des demographischen Faktors stark:

> It was shown that growth could occur in countries like England or Belgium, well endowed with natural resources such as coal and iron, but also in predominantly agricultural economies, such as the Netherlands or Denmark. Growth could also occur in the context of high population density and rates of population growth, such as Britain and the Netherlands, but also in countries with low rates of population growth such as France. It could occur in countries with large imperial legacies, namely Britain and France, but also in countries with no significant colonial power at the time of industrialization, as was the case of Sweden and Germany.[90]

Dieses Buch hat zum Ziel, den bisher offen gebliebenen Teil über die „agrarische Übervölkerung" Südosteuropas in der Geschichte des internationalen Bevölkerungsdiskurses zu ergänzen. Es erweitert einerseits den für die Zeit vor und während des Zweiten Weltkriegs bestehenden Forschungsstand zur Diskussion über die „agrarische Übervölkerung" in Polen und der Sowjetunion geographisch auf die Region Südosteuropa, andererseits den Forschungsstand über die qualitative Seite des Bevölkerungsdiskurses in Südosteuropa durch die quantitative Seite. Die Arbeit führt die Geschichtsschreibung der Bevölkerungspolitik anhand der Bevölkerungswissenschaftler und ihrer Konzepte im Verhältnis zwischen Wissenschaft und Politik fort, setzt jedoch in einem Schritt davor mit einer genauen Untersuchung der wissenschaftlichen Arbeitsweise und der Entstehungsgeschichte des Modells der „agrarischen Übervölkerung" an. Einige Primärquellen aus Südosteuropa wurden in diesem Hinblick zum ersten Mal ausgewertet.

5. Akteure der Debatte und ihre Hintergründe

Für die Analyse des Konzepts der „agrarischen Überbevölkerung" ist der räumliche und personelle Rahmen der Diskussion von hoher Relevanz. Er gibt Aufschluss über den Verlauf der Diskussion und die Rolle von transnationalem Wissenstrans-

---

90 Lains 2012, S. 223. Lains zufolge sind die in jedem Land zu jeder Zeitperiode spezifischen Strukuren und inneren und internationalen Vorraussetzungen ausschlaggebend. Es deutet darauf hin, dass die Ursachen für die schlechte Wirtschaftslage in den Balkanländern der Zwischenkriegszeit bereits vor 1870 liegen (Lains 2002, S. 42 und 2012, S. 238–239).

fer sowie personellen Vernetzungen. Im Folgenden soll kurz skizziert werden, wo genau die Diskussion über die „agrarische Übervölkerung" stattfand, d. h. welche Wissenschaftlerinnen und Wissenschaftler aus welchen Wissenschaftsdisziplinen in welchen Institutionen daran beteiligt waren, in welchen Zeitschriften die Protagonisten der Debatte darüber publizierten und wie Wissenstransfer anhand der Diskussion über die „agrarische Übervölkerung" funktionierte. Dabei gründet sich der Schwerpunkt auf Akteure aus Deutschland auf deren tatsächlicher Überrepräsentanz in der *scientific community*.

Bis in die Gegenwart ist von den Bevölkerungswissenschaften im Plural die Rede, da sich eine Reihe von verschiedenen Wissenschaftsdisziplinen aus Sozial- und Naturwissenschaften mit Bevölkerungsfragen beschäftigen. Auch die damalige Beschäftigung mit der „agrarischen Übervölkerung" Südosteuropas war ein inter- und transdisziplinäres Zusammenwirken mehrer Wissenschaftsdisziplinen. Da sich die Demographie erst als Disziplin konstituierte nahm die Nationalökonomie eine dominante Stellung ein, es waren jedoch auch Vertreter der Fächern Agrarwissenschaft, Statistik, Geographie, Medizin, Soziologie und Geschichte beteiligt.[91] Ein zeitgenössischer Versuch der Hierarchisierung der beteiligten Disziplinen stammt vom Wirtschaftssoziologen Carl Brinkmann,[92] dem es noch 1943 trotz „eines äußerlich überreichen Schrifttums" so erschien, als ob eine genauere, vor allem größenmäßige Bestimmung und Zergliederung des Gesamtbilds der „agrarischen Übervölkerung in Europa" noch in den Anfängen steckte. Neben Schwierigkeiten mit der statistischen Massen- und Verhältnisbildung läge dies an der Aufteilung der

91 Zur Entwicklung der Nationalökonomie in der Weimarer Republik siehe Nörr/Schefold/Tenbruck 1994 und Köster 2011. 2009 wurde die dritte Auflage von Hauke Janssens Buch „Nationalökonomie und Nationalsozialismus" veröffentlicht, welches einige Informationen über einen Großteil der hier behandelten deutschen Ökonomen beinhaltet (Janssen 2009 [1998]). Dasselbe gilt für Untersuchungen zur Soziologie im „Dritten Reich" (Klingemann 1996 und 2009). Der Nationalökonomie und ihrem Verhältnis zu Politik in der Weimarer Republik und im Nationalsozialismus widmete sich Scholl 2015, S. 79–226. Zu den Agrarwissenschaften in Deutschland 1920–1945 siehe Heim 2003; Oberkrome 2009, S. 47–232 und Hirte 2019, S. 235–802. Zur Statistik in Deutschland 1900–1945 siehe Tooze 2001, zu den Bevölkerungskonstruktionen in der deutschen Statistik vor 1933 siehe Nikolow 2002.

92 Brinkmann (1885–1954) war ab 1933 Direktor des Heidelberger Instituts für Sozial- und Staatswissenschaften, welches ab 1935/36 durch die Reichsarbeitsgemeinschaft für Raumforschung (RAG) finanziell gefördert wurde. Nach 1939 dominierten am Institut die agrarsoziologischen Studien zur Aussiedlung der Landbevölkerung in den „neuen Osten". 1941 war Brinkmann maßgeblich an der Gründung des Instituts für Großraumwirtschaft an der Universität Heidelberg beteiligt. Ab 1942 lehrte er an der Humboldt-Universität und arbeitete weiter im Wissenschaftsverbund der RAG. Nach einem Lehrauftrag 1946 in Erlangen war er von 1947 bis 1954 Ordinarius für Nationalökonomie und Soziologie an der Universität Tübingen (Gutberger 1996, S. 517–518 und Körner 1997; zur Universität Heidelberg siehe Remy 2002; zum Institut für Sozial- und Staatswissenschaften siehe Klingemann 1996, S. 120–158 und Blomert/Esslinger/Giovannini 1997).

Fragen zwischen verschiedenen Wissenschaftsdisziplinen. Bei dieser wie bei jeder Frage der „neuerdings so genannten Bevölkerungswissenschaft" handle es sich um ein Gebiet, das auf die Dauer nur der sorgfältig abgestimmten Gemeinschaftsarbeit einer ganzen Reihe gleichmäßig zuständiger Fachwissenschaften erschließbar sein dürfte. Brinkmann sprach der Geographie in ihren verschiedenen Zweigen, welche er gemäß seiner Zeit zu den Geisteswissenschaften zählte, die Führungsrolle in der Erforschung europäischer Bevölkerungsfragen zu. Andere wichtige Forschungsgruppen seien die besonders von der Biologie und Vererbungslehre angeregte Bevölkerungsstatistik und die Wirtschaftswissenschaften, hier die volks- und betriebswissenschaftliche Erforschung der Landwirtschaft.[93] Während sich die Anthropogeographie tatsächlich mit der Beziehung zwischen Nahrungsproduktion und Menschenzahl auseinandersetzte – zwar in unbefriedigendem Ausmaß, wie der Geograph Albrecht Penck noch 1925 feststellte[94] – kann ihr in der internationalen Debatte über „agrarische Übervölkerung" keine Führungsrolle zugesprochen werden. Diese kommt der Nationalökonomie gefolgt von den Agrarwissenschaften zu.

Auch im Rahmen der Ostforschung interessierte sich in Deutschland eine Reihe von Wissenschaftsdisziplinen für die „Übervölkerung" der osteuropäischen Agrargesellschaften. Für völkische Historiker, Geographen, Ökonomen sowie für Sozialwissenschaftler anderer Disziplinen diente der europäische Osten als „bevölkerungspolitisches Laboratorium".[95] Aly und Heim zogen eine Parallele zwischen den zeitgenössischen Anthropologen, Mediziner und Biologen, welche die Ausgrenzung und Vernichtung „Minderwertiger" anhand rassistischer Kriterien und Leistungsnormen als eine wissenschaftliche Methode zur Verbesserung der Menschheit – zur „Gesundung des Volkskörpers" – begriffen, und den Ökonomen, Bevölkerungs-, Agrar- und Raumplanern, welche davon überzeugt waren, an einer „Gesundung der Sozialstruktur" in den unterentwickelten Regionen Deutschlands[96] und ganz

---

93 Brinkmann 1943, S. 60.

94 Penck 1925, S. 330–332. Zu Penck (1858–1945) siehe Herb 1997 und Pinwinkler 2011.

95 Oberkrome 1999, S. 89. Zur Ostforschung im Nationalsozialismus sind zahlreiche Werke erschienen, siehe u.a. Burleigh 1988, Rössler 1990, Haar 2000, 2004 und 2006; Petersen 2007.

96 Ein solches stellte die Rhön in Unterfranken dar. Die nationalsozialistische Wirtschaftspolitik hatte die dortige Notlage zwar selbst durch die Sperre der Arbeitsämter heraufbeschworen – jede Gegend durfte nur mehr jene Arbeitskräfte beschäftigen, die dort beheimatet waren –, für die Bevölkerungs- und Raumplaner stand jedoch im Vordergrund, dass die Rhön in der Geschichte „bevölkerungspolitisch ein Überschussgebiet" dargestellt hätte. In ihren Augen kam die Bodenzersplitterung infolge des fränkischen Erbrechts erschwerend dazu. Im Herbst 1937 erregte die Durchführung des nach dem Gauleiter von Mainfranken benannten Dr.-Hellmuth-Plans zur „Gesundung der Wirtschafts- und Sozialstruktur" in der Region Aufsehen unter den Wissenschaftlern. Der als „praktisches Beispiel nationalsozialistischer Bevölkerungspolitik" bezeichnete Plan sah vor, die als „Übervölkerung" Definierten vor ihrer „Aussiedlung" per Arbeitsdienst für den Ausbau der Infrastruktur zu nutzen

Europas arbeiten zu müssen.[97] Tatsächlich definierte sich die große Mehrzahl der nach 1933 in Deutschland gebliebenen Wirtschaftswissenschaftler als „Experten", die in enger Solidarität mit den politischen und ökonomischen Eliten zu agieren wünschten. Entsprechend laut und überschwänglich waren die Lobesworte, die die Einschränkung der Freiheiten mit der gesteigerten Einflussnahme und größeren Wertschätzung der professionellen Expertise im NS-Staat gegenrechneten.[98] So war dem Kölner Wirtschaftswissenschaftler Günter Schmölders (1903–1991) in der Fachzeitschrift der Reichsarbeitsgemeinschaft für Raumforschung (RAG) *Raumforschung und Raumordnung* zufolge auch die Wissenschaft aufgerufen, sich in den „Dienst des Ganzen zu stellen und ihre Fragestellung zeit- und lebensnah an den großen Aufgaben unserer völkischen Selbstbehauptung und unserer europäischen Sendung auszurichten". Diese Notwendigkeit kündige sich angesichts der Neugestaltung der europäischen Wirtschaft und der wirtschaftlichen und verkehrsmäßigen Erschließung des Balkans mit „unverminderter Dringlichkeit" an. Dazu musste Schmölders zufolge die Wissenschaft als Beraterin der Staatsführung selbst unmittelbar zur Verfügung stehen.[99]

Was die institutionelle Beschäftigung mit der Frage der „agrarischen Übervölkerung" Südosteuropas betrifft, ist in Deutschland an erster Stelle das Institut für Weltwirtschaft (IfW) zu nennen, welches 1914 von Bernhard Harms als „Königliches Institut für Seeverkehr und Weltwirtschaft" in Kiel gegründet wurde. Im Juni 1933 wurde er als Leiter des Instituts durch den nationalsozialistischen Ökonomen Jens Jessen ersetzt. Bereits nach einem Jahr wurde Jessen wiederum vom langjährigen Harms-Schüler Andreas Predöhl (1893–1974) ersetzt, welcher bis 1945 Leiter des IfW blieb. Unter seiner Leitung erstellte das IfW wirtschaftswissenschaftliche Expertisen über das Ausland, insbesondere Ost- und Südosteuropa, welche den nationalsozialistischen Behörden für die praktische Umsetzung der Wirtschaftspolitik zur Verfügung gestellt wurden. Für Andreas Predöhl sei das IfW erst nach der Machtübernahme des Nationalsozialismus in seine „größten Aufgaben" hineingewachsen. Er hielt die Bedeutung des Instituts für die nationalsozialistischen Planungen fest, als er schrieb, dass eine europäische Großraumwirtschaft ohne umfassende Unterlagen für die wirtschaftspolitische Führung vollends unmöglich sei – im hierarchisch organisierten „Großwirtschaftsraum" unter deutscher Führung sollten die südosteuropäischen Staaten Agrarprodukte nach Deutschland liefern und deutsche Industrieerzeugnisse kaufen. Predöhl zufolge hätte sich im

---

und die Hofgröße der Verbliebenen anzuheben (Bildstein 1938, S. 46–53; Schmidt-Kehl 1938, S. 73–74; Bongards 2004, S. 41–45).

97 Aly/Heim 1991, S. 482.

98 Raphael 2001, S. 36.

99 Schmölders 1940, S. 446 und 448–449. Zur RAG siehe u. a. Rössler 1987; Leendertz 2008, insb. S. 116–126.

Krieg das Bedürfnis nach wissenschaftlicher Vorarbeit erheblich vergrößert. Die zweimonatlich erscheinende Zeitschrift des Instituts, das *Weltwirtschaftliche Archiv*, konnte im „geistigen Kampf“ vor dem „eigentlichen Kriege“ die „scharfe Waffe der Wissenschaft“ für die deutsche Kulturpolitik auf internationalem Boden einsetzen und auch seit Kriegsbeginn für „echte deutsche Wissenschaft“ werben. In der Zeit nach dem „siegreichen Kriegsende“ würden das IfW ebenfalls „gewaltige Aufgaben“ erwarten. 1943 verfügte das IfW mit 450.000 Bänden über eine der größten Spezialbibliotheken. Das *Weltwirtschaftliche Archiv* war mit einer Auflage von 2.000 Stück in der damaligen Zeit sehr verbreitet. In Verbindung mit dem Hamburger Welt-Wirtschafts-Institut[100] gab das IfW die Zeitschrift *Wirtschaftsdienst* heraus. Im IfW waren 120 Personen beschäftigt, davon waren 30 wissenschaftliche Mitarbeiter. Auch renommierte und mit deutschen Wissenschaftskreisen gut vernetzte Ökonomen aus Südosteuropa publizierten im *Weltwirtschaftlichen Archiv* in deutscher Sprache.[101] Nur zwei Forschungsbereichen wurde wegen ihrer besonderen Bedeutung eigene Abteilungen im IfW zugestanden: der Abteilung für Marktforschung und Statistik und der Abteilung für Ostforschung.[102] In Fragen der „agrarischen Übervölkerung“ Südosteuropas und der Handlungsmöglichkeiten der deutschen Wirtschaftspolitik stand das IfW in Kontakt mit der Forschungsstelle für Wehrwirtschaft. Diese war eine Einrichtung der Vierjahresplanbehörde und beschäftigte sich mit der Ernährungs-, Rohstoff- und Arbeitskräfteplanung im europäischen Großraum unter deutscher Führung.[103] Die Gutachten des Kieler Instituts untersuchten ökonomische Zusammenhänge verschiedenster Art. Neben statistischen Erfassungen wurden auch Lösungsvorschläge gemacht und Empfehlungen abgegeben. Die Zielvorgaben, für die ökonomische Maßnahmen gesucht wurden, liefen auf umfassende Produktivierung hinaus: kurzfristig für den Sieg des „Dritten Reichs“ im Krieg, langfristig für den „Großwirtschaftsraum“ unter deutscher Führung. Die Maßstäbe und Zielvorgaben wurden aus den Verhältnissen in Deutschland und den historischen Analysen über die Entwicklung der Industriegesellschaften abgeleitet. In den Gutachten und Berichten wird der „Planungswahn“ der Ökonomen über Bevölkerungen und Staaten sichtbar: in ihnen wurden immer wieder Entscheidungen getroffen, z. B. wer „überflüssig“ ist und wer nicht, wer

100 Zur Rolle Hamburgs als wirtschaftliches „Tor zur Welt“ im Nationalsozialismus siehe Dieckmann 1992 und Roth 1997.

101 U.a. Manoïlesco 1935, 1944 und 1945; Frangeš 1938 und 1941; Bilimovič 1939; Mirkowich 1939; Leon 1942 und 1943. Daneben erschien Frangeš’ Schrift über die „agrarische Übervölkerung“ Südosteuropas in der Reihe „Kieler Vorträge“ in Jena (Frangeš 1939).

102 Predöhl 1943/44, S. 102–103, 105 und 113. Zum IfW siehe Dieckmann 1992 und Petersen 2009.

103 Aly/Heim 1991, S. 347; Heim 2003, S. 106. Zur Vierjahresplanbehörde siehe Kay 2011 [2006], S. 14–18.

auswandern sollte, wessen „Konsumquote" zu senken sei und wer besser gestellt werden sollte.[104]

Während das IfW eine wirtschaftswissenschaftliche Einrichtung war und vor diesem Hintergrund über Südosteuropa forschte, existierte eine Reihe von interdisziplinären Forschungseinrichtungen, welche sich speziell auf Ost- und Südosteuropa konzentrierten. Hier entstanden wirtschaftswissenschaftliche Untersuchungen über Südosteuropa neben anthropologischen, historiographischen oder literaturwissenschaftlichen Studien der Region. Das 1918 in Breslau gegründete Osteuropa-Institut verfolgte bereits in der Weimarer Zeit das Ziel, die Ost- und südosteuropäischen Länder kulturell und wirtschaftlich zu erforschen, geistige und wirtschaftliche Beziehungen zu ihren Völkern anzubahnen und die Ergebnisse deutschen Behörden und Wirtschaftskreisen zugänglich zu machen. Das Osteuropa-Institut gab seit 1935 die *Ostraum-Berichte*, eine Zeitschrift für die Erforschung der Ost- und südosteuropäischen Wirtschaftsstruktur und –politik, heraus.[105] In Leipzig hatten wissenschaftliche Kreise den günstigen Zeitpunkt erkannt und Südosteuropa auch für sich als Forschungsgebiet entdeckt. Mit der Einrichtung des Instituts für Mittel- und Südosteuropäische Wirtschaftsforschung im Juli 1928 versuchten sie, in der Südosteuropaforschung einen führenden Platz einzunehmen. Ab 1937 gaben die Leipziger Südosteuropa-Forscher die *Leipziger Vierteljahresschrift für Südosteuropa*, in welchen auch wirtschaftswissenschaftliche Beiträge veröffentlicht wurden, heraus.[106] In Sachsen selbst bekam das Leipziger Institut durch das 1929 in Dresden gegründete Mitteleuropa-Institut, welches sich mit deutscher Wirtschafts- und Kulturpolitik in Südosteuropa beschäftigte, Konkurrenz.[107] Im Juni 1930 wurde das Südost-Institut in München gegründet.[108] Oft wurde die gemeinsame Auseinandersetzung mit der der Frage der „agrarischen Übervölkerung" Südosteuropas durch einzelne Personen verstärkt. Der Nationalökonom und Siedlungswissenschaftler Hans-Jürgen Seraphim, der sich als einer der ersten mit der Thematik befasst hatte, leitete von 1936 bis 1941 das Institut für Mittel- und Südosteuropäische Wirtschaftsforschung der Universität Leipzig, bevor er in den Jahren 1941 bis 1944 als Direktor des Osteuropa-Instituts in Breslau fungierte.[109]

---

104 Dieckmann 1992, S. 178–179; vgl. Heim/Aly 1991, S. 17.

105 Bömelburg 1995, S. 67–68; Kletzin 2000, S. 19–20. Zum Osteuropa-Institut in Breslau siehe Bömelburg 1995.

106 Middell 2005, S. 761 und 766. Zum Leipziger Institut für Mittel- und Südosteuropäische Wirtschaftsforschung und dem Periodikum *Leipziger Vierteljahresschrift für Südosteuropa* siehe ebd., S. 761–771.

107 Zum Mitteleuropa-Institut in Dresden siehe Schlarp 1997 und Gross 2010.

108 Zum Südost-Institut in München siehe Fahlbusch 1999, S. 260–263; Seewann 2004 und Beer 2014.

109 Gloe 2005, S. 87. Daneben übernahm Hans-Jürgen Seraphim (1899–1962) auch die konzeptionelle Führung des Verbundes deutscher wissenschaftlicher Ost- und Südostinstitute (gelegentlich „Südostgemeinschaft" genannt). Der Verbund wurde kurz nach dem Überfall auf die Sowjetunion

Nach dem Anschluss Österreichs verlagerte sich der Schwerpunkt für die wirtschaftliche Durchdringung Südosteuropas nach Wien.[110] In Berlin hoffte man, dass einer weiteren Expansion die guten Kontakte Wiens aus seiner früheren Stellung als politische Zentrale des Donauraums zugute kommen würden und dass die Positionen der Wiener Großbanken und Kaufleute im Südosten auch handelspolitisch ihren Niederschlag finden würden. Neben der Universität Wien befand sich hier auch die Hochschule für Welthandel, welche in der Zeit vor und während des Zweiten Weltkriegs eine relativ große Anzahl Studierender aus Südosteuropa besuchten und auch Abschlussarbeiten verfassten, in welchen zumindest auf das „Problem der agrarischen Übervölkerung" in ihren Herkunftsländern hingewiesen wurde.[111] Auf Wunsch des seit Februar im Amt befindlichen Reichswirtschaftsministers Walther Funk wurde im Dezember 1938 das Wiener Institut für Wirtschafts- und Konjunkturforschung als Zweigstelle des Berliner Konjunkturforschungsinstituts gegründet. Die Leitung des Instituts übernahm Ernst Wagemann, einer der Hauptakteure in der Diskussion über die „agrarische Übervölkerung" Südosteuropas.[112] Zu den erklärten Zielen des Instituts gehörte es, wissenschaftliche Unterlagen für den Außenhandel mit den südosteuropäischen Staaten zu schaffen.[113] Das Institut war mit der Südosteuropa-Gesellschaft (SOEG) verbunden und gab die *Monatsberichte*

---

beschlossen und vereinte alle in Osteuropa gelegenen Deutschen Wissenschaftlichen Institute. Gemeinsam mit den Einrichtungen im Reich sollten sie sich auf die sich aus den militärischen, politischen und wirtschaftlichen Entwicklungen in Osteuropa ergebenden wissenschaftlichen Fragestellungen (Volk, Staat und Wirtschaft in Osteuropa, „Großwirtschaftsraum", etc.) konzentrieren (Hausmann 2002 [2001], S. 51).

110 Zur Rolle Wiens als „Tor zum Südosten" und seiner Bedeutung in der Forschung über Südosteuropa siehe Schausberger 1972; Mattl/Stuhlpfarrer 1989, S. 289–291; Botz 2008, S. 476–484; Svatek 2016. Begrifflich und historisch ist dabei die Wiener Balkanforschung von der Südostforschung zu trennen. Während letztere die Gebiete mit größerer deutschsprachigen Minderheiten zum Forschungsobjekt hatte, zielte die Wiener Balkanforschung auf die Untersuchung des südöstlichen Raums außerhalb der ehemaligen Habsburgermonarchie (Schmitt 2015, S. 63).

111 Siehe Preshlenova 2010. Die Verflechtung der bulgarischen und deutschen Wissenschaft spiegelte sich besonders auf dem Gebiet der Wirtschaftswissenschaften wider. Während des Zweiten Weltkriegs verfassten 14 Bulgaren und Bulgarinnen deutschsprachige Dissertationen über die bulgarischen Außenhandelsbeziehungen (Bohn 1995, S. 125). Zu südosteuropäischen Studierenden an deutschen Universitäten siehe u. a. auch Impekoven 2013, Nastasă-Matei 2013, Gašić 2015 und Dafinger 2016.

112 Wagemann (1884–1956) war von 1921 bis 1933 Präsident des Statistischen Reichsamts, gründete 1925 das Institut für Konjunkturforschung (IfK) in Berlin (seit 1941 Deutsches Institut für Wirtschaftsforschung) und war bis 1945 dessen erster Präsident (Hachtmann 2007, S. 118). 1942 sprach er das „Alternationsgesetz wachsender Bevölkerungsdichte" aus, in welchem sich Perioden der „Übervölkerung" und „Untervölkerung" in der Geschichte abwechseln (Wagemann 1941–42). Zu Leben und Werk Wagemanns siehe Tooze 1999, S. 523–543.

113 Schausberger 1972, S. 200 und 203.

des Wiener Instituts für Wirtschaftsforschung heraus, welche einen klaren Schwerpunkt auf die Volkswirtschaften Südosteuropas hatten.[114] Die SOEG mit Sitz in Wien wurde Anfang 1940 offiziell von Reichwirtschaftsminister und nunmehrigen Präsidenten der Reichsbank Walther Funk mit dem Ziele gegründet, die kulturellen und wirtschaftlichen Beziehungen Deutschlands zu den Südostländern zu festigen und auszubauen. Zu diesem Ziel lud sie auch namhafte (Bevölkerungs-) Experten aus der Region zu Vorträgen nach Wien ein. Als Präsident der SOEG wirkte Reichstatthalter und Gauleiter der NSDAP in Wien, Baldur von Schirach. Die SOEG versuchte vergeblich, den Mitteleuropäischen Wirtschaftstag (MWT) von der Position, wer den meisten und entscheidenden Einfluss auf die Steuerung der deutschen Südosteuropa-Politik zu beanspruchen habe, zu verdrängen.[115] Der MWT, der die Interessen der wichtigsten deutschen Banken, der Vorsitzenden des Reichsverbandes der Deutschen Industrie und Handelskammer sowie hochrangige Vertreter von Siemens, der IG Farben und der nordwestdeutschen Schwerindustrie vertrat, blieb jedoch stets einflussreicher als die SOEG. Der MWT beteiligte sich an der „Erschließung des Südostens" mit wirtschaftskonzeptionellen Überlegungen, wie die „agrarische Übervölkerung" Südosteuropas mit Hilfe der deutschen Wirtschaft überwunden werden könne.[116] Daneben betrieb die IG Farben innerhalb der Volkswirtschaftlichen Abteilung („Vowi"), der größten Abteilung der Zentrale in Berlin, ihre eigene Forschung über Südosteuropa. Dort wurden weit über die unmittelbaren Interessen eines Chemiekonzerns hinaus alle Informationen über die Wirtschaftslage und Wirtschaftsstruktur von Staaten gesammelt, die für deren wirtschaftliche und politische Beherrschung von Bedeutung sein konnten. Die Berichte und Daten waren für deutsche Ministerien und Forschungsinstitute von großem Wert. Der deutsche Wirtschaftswissenschaftler Anton Reithinger, welcher von 1932 bis 1945 die Volkswirtschaftliche Abteilung der IG Farben leitete, hatte bereits früh die „agrarische Übervölkerung" als einflussreiches Themengebiet

114 Vgl. Das Bevölkerungsproblem in den Südostländern 1939.

115 Schumann 1973, S. 54–58; Seckendorf 1992, S. 27. Die SOEG richtete 1941 das Südost-Agrar-Institut an der Wiener Hochschule für Bodenkultur ein, welches sich mit der längerfristigen Ausrichtung der Balkanstaaten auf den Großwirtschaftraum befassen sollte. In der Praxis wurden dort südosteuropäische Nachwuchswissenschaftler mit Stipendien gefördert und ausgebildet und Projekte über von Deutschland benötigte Industriepflanzen durchgeführt (Volkmann 2003, S. 421 und Zarifi 2007, S. 226). Zur SOEG und ihren wirtschaftlichen Planungen für Südosteuropa liegt eine detaillierte Studie von Orlow 1968 vor, sie ist jedoch wenig kritisch und überschätzt die Rolle der SOEG.

116 Darüber hinaus setzte der MWT vor Ort praktische Projekte um (z. B. die Errichtung landwirtschaftlicher Beispielsdörfer und Stipendienprogramme für südosteuropäische Studierende). Zum MWT siehe in erster Linie Freytag 2010 und 2012, weiters Berndt 1965; Seckendorf 2001; Drews 2004, S. 203–210.

entdeckt.[117] Hermann Gross, ein weiterer Hauptakteur in der Diskussion über die „agrarische Übervölkerung" Südosteuropas, leitete von 1939 bis 1945 die Wiener Zweigstelle der Volkswirtschaftlichen Abteilung der IG-Farben.[118]

Die auf regionaler Identität fußende und schon früher bestehende Konkurrenz und Rivalität zwischen den Standorten im deutschsprachigen Raum, an denen über die Volkswirtschaften Südosteuropas geforscht wurde, wurde im Nationalsozialismus u. a. durch Neugründungen von Forschungsinstituten verstärkt. So wurde die von Reichswirtschaftsminister Walther Funk direkt unterstützte Bewerbung[119] des Ökonomen und Südostforschers Walter Hoffmann[120] auf eine Professur im

---

117 Von 1924 bis 1931 war der 1898 geborene Reithinger im Statistischen Reichsamt in Berlin beschäftigt, ab 1940 war er zudem Vorsitzender des Volkswirtschaftlichen Ausschusses des MWT. Auf wissenschaftlichem Gebiet setzte er sich mit Vorliebe mit „Bevölkerungsproblemen" auseinander, außerhalb von Südosteuropa z. B. mit dem „biologischen und wirtschaftlichen Selbstmord Frankreichs im Kriege Englands gegen Deutschland" (1940) und mit der „schmalen britischen Bevölkerungsbasis als Hauptschwäche des Weltreichs" (1941). Seine Nachkriegskarriere begann Reithinger 1945 als Abteilungsleiter im bayerischen Wirtschaftsministerium, von 1951 bis 1958 war er volkswirtschaftlicher Generalreferent bei der Vertretung der Bundesrepublik Deutschland beim Europäischen Wirtschaftsrat (OEEC) in Paris (Hollmann 2000, S. 685). Aus den Ermittlungen gegen die IG Farben nach Kriegsende ging hervor, dass Anton Reithingers Abteilung spätestens seit Kriegsbeginn als eine Mischung aus Spionage- und politischer Informationszentrale, die sowohl den Konzerninteressen als auch verschiedenen Behörden und der Wehrmacht diente, fungierte (Aly/Heim 1991, S. 69. Zu den Vowi-Berichten siehe Radandt 1966, S. 289–314).

118 Der aus Siebenbürgen stammende Gross (1903–2002) hatte 1927 über die deutsch-rumänischen Wirtschaftsbeziehungen promoviert. Nach einer Tätigkeit an der Bibliothek des Instituts für Weltwirtschaft in Kiel beschäftigte er sich seit 1929 mit dem Aufbau des Instituts für Mittel- und Südost-Europäische Wirtschaftsforschung an der Staats- und Rechtswissenschaftlichen Fakultät der Universität Leipzig. Auch an der Philosophischen Fakultät richtete Gross 1937 ein Südosteuropa-Institut als fakultätsübergreifende Forschungsorganisation ein. Er selbst übernahm in diesem die Leitung der Wirtschaftsabteilung. Daneben war er Mitglied des Volkswirtschaftlichen Beirats des MWT. An der Hochschule für Welthandel und an der Universität in Wien lehrte er ab 1943 mittel- und südosteuropäische Wirtschaft. Nach Kriegsende war Hermann Gross wieder am Kieler IfW beschäftigt. 1962 berief ihn die Staatswirtschaftliche Fakultät der Universität München auf den dort neu eingerichteten Lehrstuhl für Wirtschaft und Gesellschaft Südosteuropas (Schönfeld 2003, S. 61–68; Middell 2005, S. 762–764).

119 Middel 2005, S. 745–761; Gross 2010, S. 116.

120 Hoffmann (1891–1972), welcher sich stark nationalsozialistisch engagierte, war Professor für Volks- und Staatswirtschaftslehre an der Bergakademie Freiberg. Ende der 1920er Jahre spielte Hoffmann eine tragende Rolle beim Aufbau des Mitteleuropa-Instituts in Dresden, dessen erster Direktor er bei seiner Gründung 1929 wurde. In seinen Arbeiten beschwor er mit plakativen und verkürzten Methoden die „Übervölkerung" Südosteuropas und hob die nötige wirtschaftliche Zusammenarbeit der Region mit Deutschland hervor. 1942 wurde Hoffmanns Lehrstuhl an die Technische Hochschule Dresden verlegt. Später während des Kriegs war er als Major beim deutschen Wirtschaftsoffizier in Rumänien tätig (Hausmann 2002 [2001], S. 62). Zu Hoffmann siehe Schlarp 1997 und Gross 2010.

Bereich der Wirtschaftswissenschaften an der Rechts- und Staatswissenschaftlichen Fakultät der Universität Wien aus dem offensichtlichen Grund abgelehnt, dass die Südosteuropaforschung in „ostmärkischer“ Hand bleiben sollte.[121]

Den agrarischen Problemen Osteuropas schenkte ab Mitte der 1930er Jahre auch der Völkerbund große Aufmerksamkeit. Als Wächter über das Selbstbestimmungsrecht hatte der Völkerbund seit seiner Gründung ein spezielles Verhältnis zu den Staaten Zentral- und Osteuropas, die aus dem Österreich-Ungarischen, Russischen und Osmanischen Reich entstanden waren. Das aufkommende Interesse des Völkerbunds an wirtschaftlichen und sozialen Fragestellungen in Ostmitteleuropa war dem liberal-institutionellen Hintergrund der Organisation geschuldet, diese Region vor dem Kommunismus schützen zu wollen.[122] Als Beratungsorgan des Völkerbunds in landwirtschaftlichen Angelegenheiten fungierte ab 1932 das Internationale Institut für Landwirtschaft in Rom.[123] Das Interesse des Völkerbunds an Landwirtschaft und Lebensstandards in den kleinbäuerlichen Ländern Europas führte zu groß angelegten Vorbereitungen für eine 1939 geplante Konferenz über europäisches Landleben, welche jedoch wegen des Kriegsausbruchs verschoben wurde.[124] Darüber hinaus zeigte der Völkerbund großes Interesse an demographischen Fragestellungen. Vor allem erkannte er „Übervölkerung“ als internationales Problem an.[125] Frank Lidgett McDougall (1884–1958), von 1928 bis 1940 ökonomischer Berater der australischen Delegation beim Völkerbund und später einer der Gründer der *Food and Agriculture Organization* (FAO), berichtete im Oktober 1938 in seiner Serie „Standards of Living in Eastern Europe“ den Mitgliedern der *Delegation on Economic Depressions* über die Problematik der „agrarischen Übervölkerung“ Ost- und Südosteuropas.[126] In der Durchführung einer von der Versammlung angenommenen Resolution beauftragte der Rat des Völkerbunds im Jänner 1939 ein Komitee mit der Erforschung demographischer Probleme in ihren ökonomischen, finanziellen und sozialen Hintergründen. Nach einer durch Kriegsausbruch bedingten Verzögerung wurde schließlich im *Office of Population Research* (OPR) der Princeton Universität unter der Leitung des prominenten US-amerikanischen Demographen Frank Notestein die Arbeit für die Untersuchung

121 Rathkolb 1989, S. 221.

122 Amrith/Clavin 2013, S. 33–34. Zu den wirtschaftspolitischen Zielen des Völkerbunds siehe Clavin 2013 und Biltoft 2015, zur Mission der UNRRA in Osteuropa siehe Reinisch 2011.

123 Siehe dazu Noël 2003 und Tosi 1989 und 2007.

124 Clavin 2013, S. 193–197.

125 Ferenczi 1932; Cromie 1937; International Institute of Intellectual Co-operation 1938; Wright 1939; League of Nations 1941, S. 69–70; Bashford 2008, S. 335–337 und Amrith/Calvin 2013, S. 36–37.

126 Clavin 2013, S. 179–180. Zu McDougalls Leben und Werk siehe O'Brien 2000, Turnell 2000 und Way 2013.

des Völkerbunds aufgenommen.[127] Sowohl der Wissenstransfer zwischen angloamerikanischen und südosteuropäischen Überbevölkerungsexperten als auch die Beziehung zwischen der bevölkerungspolitischen Expertise anglo-amerikanischer Autoren und den politischen Zielen westeuropäischer Länder und der USA sind ebenfalls Gegenstand vorliegender Untersuchung.

In Südosteuropa spielten Forschungseinrichtungen eine geringere Rolle als in Deutschland, hier wurde die Diskussion vielmehr von einzelnen Wissenschaftlern aus unterschiedlichen universitären und außeruniversitären Institutionen[128] getragen. Die Mehrheit der Wissenschaftler, welche sich mit „agrarischer Übervölkerung" befassten, hatte wie der südosteuropäische Protagonist der Diskussion Otto Frangeš[129] im Ausland – oft auch im deutschsprachigen – studiert und wandte nun ihr erworbenes Bevölkerungswissen auf ihre Herkunftsländer an. Viele unter ihnen waren gleichzeitig auch Politiker und bekleideten Ämter (nicht selten auch den Posten des Ministers) u. a. in den Landwirtschaftsministerien ihrer Staaten. Im Vergleich war die Arbeitsteilung zwischen Wissenschaft und Politik in Südosteuropa nicht so deutlich ausgeformt, die personelle Verbindung zwischen Wissenschaft und Politik kam somit deutlicher zu tragen – oftmals in Form einer Personalunion. Das Gleiche galt für die Bereiche Wirtschaft und Politik.[130] Daraus resultiert wiederum, dass eine Unterscheidung der Interessen von politischen, wirtschaftlichen

---

127 Das OPR ist die älteste demographische Forschungseinrichtung in den USA. Notestein (1902–1983) leitete das OPR seit seiner Gründung 1936 bis 1959. Zum *Office of Population Research* der Princeton Universität siehe u.a. Hodgson 1983 und Caldwell 2005.

128 Zu erwähnen wäre das Bukarester *Institutul de Cercetări Agronomice al României* [Institut für Agronomische Forschungen Rumäniens]. Zur Organisation und den Aktivitäten des Instituts siehe Ionescu-Şişeşti 1937.

129 Der kroatische Wirtschaftswissenschaftler Frangeš (1870–1945) hatte an der Hochschule für Bodenkultur in Wien diplomiert und sein Studium in Leipzig (u.a. bei Wilhelm Roscher und Lujo Brentano) fortgesetzt. 1921 wurde er als Professor an die Fakultät für Forstwirtschaft der Universität Zagreb bestellt, wo er Agrarpolitik, Betriebswirtschaft, Handel und Genossenschaftswesen lehrte. Frangeš pflegte sehr gute Kontakte zu deutschen Wissenschaftlern, u. a. zu Carl Brinkmann, auf dessen Empfehlung er 1936 den Ehrendoktor der Universität Heidelberg erhielt (Remy 2002, S. 63–64), und war in Deutschland mit zahlreichen wissenschaftlichen Vorträgen und Publikationen präsent. In der ersten Regierung der Königsdiktatur Aleksandars von Jänner 1929 wurde Frangeš als konservativer Großgrundbesitzer und Gegner der HSS zum jugoslawischen Landwirtschaftsminister ernannt. Otto Frangeš publizierte insb. in der Zwischenkriegszeit in Sammelbänden und in einer Reihe von internationalen Fachzeitschriften auf mehreren Sprachen. Er war Mitarbeiter des Internationalen Instituts für Landwirtschaft in Rom und Mitglied in mehreren internationalen wissenschaftlichen Gesellschaften wie z. B. der *American Academy of Political and Social Science* in Philadelphia und trat auf internationalen Konferenzen in wichtigen Funktionen auf, z. B. war er Präsident der Sektion für Landwirtschaft auf der Weltwirtschaftskonferenz in Genf im Mai 1927 (Innerhofer 2010, S. 265–267, zu Frangeš und seinem Werk zu „agrarischer Übervölkerung" siehe ebd.).

130 Vgl. Georgieva 1998, S. 125.

und wissenschaftlichen Eliten in Südosteuropa schwer möglich ist. Von den Zeitschriften ist die ab 1935 in Zagreb erscheinende *Ekonomist* (*Monthly Review for Economic and Social Questions*)[131] zu erwähnen, in welchem u. a. auch deutsche und bulgarische Vertreter der *scientific community* in kroatischer Übersetzung publizierten.[132]

Die große geographische Bandbreite der Orte, an denen über die „agrarische Übervölkerung" Südosteuropas geforscht, gesprochen und publiziert wurde, bringt zugleich die Internationalität der Diskussion als auch die feste Verankerung des Begriffs „agrarische Übervölkerung" zum Ausdruck. Zu beobachten sind zahlreiche Wissenstransferprozesse und Verflechtungen zwischen den verschiedensprachigen Forschenden, welche durch gegenseitiges Zitieren und Konferenzteilnahmen sowie Publikationen im Ausland sichtbar werden. Je nach akademischer Laufbahn sowie persönlichen und politischen Präferenzen gab es südosteuropäische Wissenschaftler, welche beispielsweise durch Vortrags- und Publikationstätigkeit sehr aktiv im deutschsprachigen Raum waren, andere waren wiederum überwiegend im anglo-amerikanischen Raum vertreten. In derselben Weise konnten sich Südosteuropäer abgesehen vom jeweiligen nationalen vorwiegend am deutschsprachigen oder anglo-amerikanischen Forschungsstand orientieren. Deutsche Autoren übernahmen von ihren südosteuropäischen Kollegen zusammengestelltes Datenmaterial über die „agrarische Übervölkerung" Südosteuropas, versahen diese aber mit ihren eigenen Schlussfolgerungen und Lösungsvorschlägen. Austausch unter den jugoslawischen, rumänischen und bulgarischen Forschern fand nur in begrenztem Maße oder z. B. über die gemeinsame Ausrichtung auf Deutschland statt. Anglo-amerikanische Mitglieder der *scientific community* verwendeten Werke aus Deutschland,[133] während dies andersrum eher unüblich war. Sie zitierten auch die (englisch- oder deutschsprachigen) Publikationen südosteuropäischer Autoren zum gegebenen Thema.[134] In der hierarchisch gegliederten Wissensordnung war wie in der politischen und wirtschaftlichen Ordnung Deutschland das Zentrum und Südosteuropa die Peripherie. Es fällt zunächst auf, dass sich deutsche Wissenschaftler – aus offensichtlich wirtschaftspolitischem Interesse des „Dritten Reichs"

---

131 Vertreter des Eigentümerkonsortiums des *Ekonomist* war Vladimir Košak, führender Angehöriger des rechten Flügels der Kroatischen Bauernpartei (HSS), während des Unabhängigen Staats Kroatien (NDH) Finanzminister und schließlich kroatischer Gesandter in Budapest und Berlin (Broucek 1988, S. 286).

132 Z.B. Dolinski 1937, Reithinger 1940, Whipple/Totev 1940, Gross 1941.

133 Z.B. Warriner 1964 [1939], S. 68 und 76; Moore 1945, S. 60 und 115. Den in diesen Werken geäußerten Lösungsvorschlägen schlossen sie sich jedoch nicht an. Die Ost- und Südosteuropa-Kompetenz der deutschsprachigen Forschung wurde auf anglo-amerikanischer Seite durchaus gewürdigt.

134 Z.B. Warriner 1964 [1939], S. 45 und 67; Moore 1945, S. 90, 95, 101 und 117.

heraus – mit dem südosteuropäischen „Bevölkerungsproblem“ beschäftigten. Südosteuropäische Wissenschaftler setzten sich hingegen kaum mit dem „Bevölkerungsproblem“ Deutschlands auseinander. Solche Arbeiten wären in Deutschland auch nicht berücksichtigt worden. Die deutschen Forscher schätzten ihre südosteuropäischen Kollegen lediglich als Experten für die demographischen Verhältnisse Südosteuropas.[135]

Gemeinsam war den unterschiedlichen Akteuren der Debatte, dass sie sich gleichermaßen auf die vermeintliche „Übervölkerung“ Südosteuropas bezogen, um ihre interessengeleiteten Lösungsansätze zu unterbreiten. Die anvisierten Lösungsstrategien konnten dabei je nach persönlichem Hintergrund, wissenschaftlichem Denkstil oder der Zugehörigkeit zu diversen wirtschaftlichen und politischen Kreisen – auch innerhalb desselben Staats –, sehr verschieden ausfallen. Vergleicht man nun die Sichtweisen der Wirtschafts- und Bevölkerungsexperten verschiedener nationaler Hintergründe auf ihr Forschungsobjekt der südosteuropäischen Bauernschaft zeigt sich, dass das Bild in der *scientific community* von politischen Zäsuren gegenüber weitgehend unbeeinflusst blieb. Allerdings stellte sich das Balkan-Bild auf deutscher Seite mit der Entwicklung engerer Wirtschaftsbeziehungen ab der zweiten Hälfte der 1930er Jahre auch aufgrund der steigenden Anzahl von Untersuchungen im Allgemeinen differenzierter dar.[136] Zwar war es für die politischen Eliten in Südosteuropa opportun, eine Nähe zur Bauernschaft zu vermitteln,[137] tatsächlich scheuten viele den direkten Kontakt zu ihr.[138] Ökonomen aus Deutschland unterhielten sich über die landwirtschaftlichen Probleme Südosteuropas wenn überhaupt meist nur mit ihren Kollegen aus den Hauptstädten der südosteuropäischen Länder. War für Forscher aus Südosteuropa die Bauernschaft im eigenen Lande zumindest nicht nationalkulturell fremd, potenzierte sich das Fehlen solcher Verbindungen in den wissenschaftlichen Abhandlungen aus Deutschland. Die Sichtweise eines zur Elite eines „entwickelten“ Staats gehörenden Wissenschaftlers auf den armen Bevölkerungsteil eines als „rückständig“ geltenden Lands trat an mehreren Stellen, bestärkt durch den wirtschaftlichen Dominanzanspruch Deutschlands über Südosteuropa, zum Vorschein. Ernst Wagemann begann das Vorwort zu seinem Buch „Der neue Balkan“ folgenderweise:

> Es ist seltsam, daß in unmittelbarer Nachbarschaft der hochindustrialisierten Staaten Europas Wirtschaftsgebiete liegen, die sich teilweise auf einer Stufe der Erzeugung und des Verbrauchs befinden, wie wir sie sonst nur im fernen Asien oder in entlegeneren

---

135 Zum Machtgefälle in internationalen Wissenschaftsbeziehungen siehe u. a. Meusburger/Gregory/Suarsana 2015 und Demeter 2019.

136 Vgl. Nasarski 1974, S. 105–109.

137 Siehe Milošević 2009.

138 Eine bekannte und geschätzte Ausnahme bildet die Arbeit von Bićanić 1936.

> Gegenden Südamerikas anzutreffen pflegen. Der Abstand zwischen Mitteleuropa und dem Balkan im Arbeits- und Kapitaleinsatz wie in der Lebenshaltung der Bevölkerung ist in der Tat ungemein groß.[139]

Die Protagonisten der internationalen Debatte über die „landwirtschaftliche Übervölkerung" Südosteuropas suchten unter dem Stichwort „Modernisierung" nach Wegen, wie die „Überflüssigen" produktiv in einer neuen Wirtschaftsordnung eingesetzt werden konnten. Unter dem von ihnen verwendeten Begriff „Modernisierung" verstanden sie auf der einen Seite vor allem den Aufbruch historisch gewachsener Wirtschafts- und Sozialstrukturen in der Landwirtschaft und die Erziehung der Bauern an marktorientiertem Wirtschaften und auf der anderen Seite Industrialisierung und Annäherung an die westeuropäische Entwicklungsstufe. Aus dieser Haltung heraus galt für sie all jenes in der Landwirtschaft als „rückständig", was nicht einer rationellen, effizienten und kapitalistischen Organisation, in welcher die Bauern zu Konsumenten von Industrieerzeugnissen werden sollten, entsprach.[140]

6. Aufbau

Kaptitel II beleuchtet die historische Entstehung und Entwicklung der Begriffe des quantitativen „Bevölkerungsproblems" seit Beginn des 18. Jahrhunderts, ein besonderes Augenmerk erhält dabei die erste Debatte über „agrarische Übervölkerung" im Russland des ausgehenden 19. Jahrhunderts. Im Anschluss daran wird das wissenschaftliche und politische Interesse an Bevölkerungsfragen in der Zwischenkriegszeit am Beispiel Südosteuropas dargestellt und die Verzahnung des Überbevölkerungsdiskurses mit anderen Diskursen dieser Zeit (u. a. Rassismus, Geopolitik und Geburtenrückgang) untersucht. Kapitel III analysiert die wissenschaftliche Diskussion über die „agrarische Übervölkerung" Südosteuropas. Von den Ökonomen identifizierte Ursachen, Symptome und Lösungsvorschläge werden dargelegt und verglichen. Gemeinsamkeiten und Unterschiede werden im Hinblick auf die Hintergründe und Interessen der Akteure in der Verflechtung zwischen Wissenschaft und Politik untersucht. Kapitel IV widmet sich den Zusammenhängen zwischen der wissenschaftlichen Diskussion und den stattfindenden historischen Ereignissen sowie den Zielen und Zukunftsvorstellungen der verschiedenen politischen und wirtschaftlichen Akteure. Hier wird die Rolle des Konzepts der „agrarischen Übervölkerung" in den wirtschaftspolitischen Planungen des „Dritten Reichs" für Südosteuropa oder die Verwendung des Konzepts seitens

139 Wagemann 1939, S. 11.

140 Verdery 1983, S. 284.

südosteuropäischer Politiker zur Erreichung politischer Ziele herausgearbeitet. Abschließend werden in Kapitel V die Forschungsergebnisse zusammengefasst.

II. Entstehung und Entwicklung der Begriffe des quantitativen „Bevölkerungsproblems“

Die wissenschaftliche Beschäftigung mit Bevölkerungsfragen intensivierte sich in der Zeit der klassischen Nationalökonomie mit der Begründung der Ökonomie als eigenständiger Wissenschaftsdisziplin.[141] Den ersten großen Meilenstein des Überbevölkerungsdiskurses markierte der 1798 zunächst anonym veröffentlichte „Essay on the Principle of Population“ des anglikanischen Pfarrers und Nationalökonomen Thomas Robert Malthus (1766–1834),[142] ab 1805 Inhaber des ersten Lehrstuhls für politische Ökonomie in England. In seinem Essay sah Malthus den Ursprung des sozialen Übels in der Knappheit der Güter und der „zügellosen Vermehrung“ der Bevölkerung – insbesondere der „niederen Klassen“. Malthus zufolge könne die Nahrungsmittelproduktion nur linear (1, 2, 3, 4, 5…) steigen, während die Bevölkerung exponenziell wachse (1, 2, 4, 8, 16…).[143] Zur Kontrolle des Bevölkerungswachstums standen der Bevölkerung späte Heirat und Enthaltsamkeit als präventive Korrektive zur Verfügung. Ansonsten würde der absinkende Lebensstandard für erhöhte Mortalitätsraten, auch in Form von Kriegen, Hungersnöten und Seuchen führen und als nachträgliche Korrektive das Bevölkerungswachstum regulieren. In der zweiten Auflage seines Essays (1803) spitzte Malthus die Problemstellung in einer bildlichen Darstellung zu (die Passage war in späteren Auflagen jedoch nicht mehr enthalten):

> A man who is born into a world already possessed, if he cannot get subsistence from his parents on whom he has a just demand, and if the society do not want his labour, has no

141 Für Sammlungen klassischer Schriften zur Bevölkerung vom 18. bis ins 20. Jahrhundert siehe Simons 1998 und Tobin 2004.

142 Malthus wurde von verschiedenen Seiten des Plagiats beschuldigt. Ideen für seine Ausführungen holte er sich wahrscheinlich beim Venezianischen Gelehrten Giammaria Ortes (1713–1790, siehe Ortes 1790). Prominent hatte sich vor Malthus auch der preußische Pfarrer Johann Peter Süßmilch (1707–1767) mit „Bevölkerung“ auseinandergesetzt. Süßmilch verfolgte jedoch mit seiner demographischen Arbeit ein anderes Ziel als Malthus. In seinem 1741 erschienenen Werk „Die göttliche Ordnung in den Veränderungen des menschlichen Geschlechts aus der Geburt, Tod, und Fortpflanzung desselben“ wollte er anhand von statistischen Daten über Bevölkerung einen empirischen Beweis für die Existenz Gottes finden (Süßmilch 1741 [2001]).

143 Malthus 1986 [1798], S. 11–17. Zum Leben, Werk und der Zeit Malthus' sind eine große Zahl an Werken erschienen u. a. James 1979; Wrigley 1988; Rainer 2005, S. 35–87. Zur Rezeption Malthus' und seinem Einfluss auf Wissenschaft und Politik siehe u.a. Ross 1998, S. 8–54; Ferdinand 1999; Toye 2000; Dolan 2000; Charbit 2009.

> claim of *right* to the smallest portion of food, and, in fact, has no business to be where he is. At nature's mighty feast there is no vacant cover for him. She tells him to be gone, and will quickly execute her own orders, if he do not work upon the compassion of some of her guests. If these guests get up and make room for him, other intruders immediately appear demanding the same favour. The report of a provision for all that come fills the hall with numerous claimants. The order and harmony of the feast is disturbed, the plenty that before reigned is changed into scarcity; and the happiness of the guests is destroyed by the spectacle of misery and dependence in every part of the hall [...][144]

Malthus' Ideen erfuhren im Laufe des 19. Jahrhunderts eine starke Rezeption und lösten lang andauernde kontroverse Debatten aus. Im letzten Drittel des 19. Jahrhunderts formierte sich die neomalthusianische Bewegung, welche durch flächendeckende Verbreitung von Verhütungsmitteln das Bevölkerungswachstum regulieren wollte (Malthus selbst hatte diese als unmoralisch abgelehnt). Bis in die Gegenwart blieb der neomalthusianische Argumentationsfaden, nach welchem (zu) schnelles Bevölkerungswachstum zu Armut führt, wenn und weil ökonomische, soziale oder ökologische „Tragfähigkeiten“ überschritten werden, dominierend im bevölkerungspolitischen Denken. Abhängig von den historischen Grundkonstellationen konnten im Bevölkerungsdiskurs unterschiedliche Muster von Bevölkerungswachstum, Produktivität, Verarmung und „Tragfähigkeit“ hergestellt.[145] Die Ideen Malthus' hatten viele Anhänger gefunden, insbesondere weil sie dem in Ökonomie und Demographie vorherrschenden Gleichgewichtsdenken entsprachen.[146] Einer der berühmtesten unter ihnen, der einflussreiche englische Ökonom und Philosoph John Stuart Mill (1806–1873), erörterte das von Turgot beschriebene und bei Malthus angedeutete „Gesetz vom sinkenden Bodenertrag“ in Bezug auf die Bevölkerungszahl ausführlicher. Das Ertragsgesetz besagt, dass ab einem gewissen Zeitpunkt die landwirtschaftliche Produktivität bei einem Mehraufwand an Arbeit und Kapital nur mehr unterproportional zunimmt bis schließlich auch der absolute Ertrag zurückgeht. So verursache ein stetig gesteigerter Gebrauch von Düngemitteln eine Gesamtertragsminderung und schließlich sogar eine Bodenvergiftung. Neben Güterknappheit führe die „Übervölkerung“ nach Mill zu einem Überangebot an Arbeitskräften, sodass die Löhne unter das Existenzminimum sinken und die Verarmung der arbeitenden Klassen voranschreiten würden.[147]

Zu den schärfsten Kritikern Malthus' und seines Bevölkerungsgesetzes gehörten Karl Marx (1818–1883) und Friedrich Engels (1829–1895). Die Bevölkerung selbst

---

144 Malthus 1992 [1803], S. 249; siehe auch James 1979, S. 100.

145 Aufhauser 2001, S. 15.

146 Auch gegenteilige Erfahrungen aus der Praxis konnten die Gleichgewichtsidee in der Ökonomie bisher nicht erschüttern (siehe Fischer 1993).

147 Pazos 2001, S. 241; Robbins 1927, S. 104–111.

oder ihr Anwachsen war für Marx nicht das Problem. „Übervölkerung“ werde von der kapitalistischen Produktionsweise geschaffen, weil diese eine ausbeutbare „industrielle Reservearmee“ benötige.[148] Die Bevölkerungsfrage im Sozialismus behandelnd schrieb August Bebel 1879 folgenden Absatz über die „Furcht vor Übervölkerung“:

> Die Furcht vor Übervölkerung tritt stets in Perioden auf, in denen der bestehende Sozialzustand im Zerfall begriffen ist. Die allgemeine Unzufriedenheit, die dann entsteht, glaubt man in erster Linie dem Überfluß an Menschen und dem Mangel an Lebensmitteln und nicht der Art, wie sie gewonnen und verteilt werden, zuschreiben zu müssen.[149]

Adolph Wagner (1835–1917) und Gustav Schmoller (1838–1917), zwei der bedeutendsten Ökonomen der Bismarck-Ära und Mitbegründer des Vereins für Socialpolitik,[150] hatten sich beide intensiv mit dem „Bevölkerungsproblem“ auseinandergesetzt und ihre Definitionen sollten später in die Arbeiten zur „agrarischen Übervölkerung“ einfließen. Staatssozialist Wagner warnte vor dem „leichtsinnigen Optimismus“ der Antimalthusianer. Malthus hätte ihm zufolge zwar den Fehler gemacht, sein Bevölkerungsgesetz als „Naturgesetz“ zu formulieren, was der gegnerischen Ansicht zu Gute gekommen sei, hätte aber in allem Wesentlichen Recht behalten. Der „Polemik gegen Malthus“ setzte er das Modell der „relativen Übervölkerung“ entgegen. Jede Entwicklungsphase hätte demnach ihren eigenen „Bevölkerungsspielraum“, ihre eigene „Bevölkerungs-, Fassungs- oder Aufnahmekraft“. Werde diese erreicht oder überschritten, drohe „Übervölkerung“.[151] Schmoller Gustav Schmoller definierte 1900 in seinem „Grundriß der allgemeinen Volkswirtschaftslehre“ „relative Übervölkerung“ als eine „Dichtigkeit, welche gegenüber den vorhandenen Lebensbedingungen und volkswirtschaftlichen Aussichten als Druck empfunden“ wird.[152] Der Soziologe und Nationalökonom Franz Oppenheimer

---

148 Marx/Engels 1962 [1890], S. 657–670. Zur Kritik von Marx an Malthus siehe Harvey 1974; Hummel 2000, S. 70–72; Többe 2000, S. 12–15; Charbit 2009, S. 121–162; Henßler/Schmid 2007, S. 61–70; Imbusch 2008, S. 198–200.

149 Bebel 1973 [1879], S. 529.

150 Im Verein für Socialpolitik waren namhafte Ökonomen Mitglied. Die Vereinigung war 1873 mit dem Ziel gegründet worden, den Lebensstandard der Unterschichten auf den Grundlagen der bestehenden Ordnung zu heben. Die Gründer des Vereins wurden deswegen auch als Kathedersozialisten bezeichnet (zur Geschichte des Vereins siehe Boese 1939).

151 Wagner 1893, S. 453, 642–643 und 665.

152 Schmoller 1900, S. 186–187. Die Lösung der „Bevölkerungsfrage“ sei nach Schmoller für jedes Volk unterschiedlich. In Deutschland müsse man für einen „reichlichen Bevölkerungsabfluss“ in die eigenen Kolonien sorgen und dahin streben, dass die „proletarischen, überfrühen Ehen mit zu zahlreichen, schwächlichen Kindern“ sich mindern (Schmoller 1900, S. 187).

(1864–1943) war im deutschen Sprachraum in der ersten Hälfte des 20. Jahrhunderts der herausragendste Antimalthusianer – zu einer Zeit, in der „die Malthussche Lehre von der Mehrzahl der Volkswirte als im wesentlichen richtig anerkannt" wurde.[153] Im Jahr 1900 trat Oppenheimer in einer Schrift an, die „verrenkte Logik" Malthus' durch „gesunde Logik" zu beseitigen und den Beweis zu erbringen, dass sich das „Bevölkerungsgesetz" selbst widerlege.[154] In Studien zur „agrarischen Übervölkerung" wurde er erst gar nicht erwähnt. Auf der Tagung der *International Union for the Scientific Investigation of Population Problems* (IUSIPP) 1931 in London wurde das „Bevölkerungsproblem" im Malthusschen Sinne mit Nachdruck zum „größten sozialen Problem" erklärt.[155]

1. Die Diskussion über ein Bevölkerungsoptimum

Ausgehend von den volkswirtschaftlichen Überlegungen zur „Übervölkerung" und dem Ertragsgesetz entwickelten sich Konzepte eines „Bevölkerungsoptimums".[156] Diese Anfang des 20. Jahrhunderts intensiv diskutierte Theorie betrachtete ein Gebiet als „übervölkert", wenn die gesamten Einkünfte pro Kopf niedriger ausfielen täten als bei einer kleineren Bevölkerungszahl. Dieser Zeitpunkt könne erreicht werden, lange bevor es zu dem mit „absoluter Übervölkerung" beschriebenen Druck auf die Subsistenzmittel komme.[157] Den Begriff „Bevölkerungsoptimum" hatte als erster der Nationalökonom Julius Wolf in seiner Schrift „Nationalökonomie als exakte Wissenschaft"[158] verwendet, die Idee und der Ansatz waren jedoch schon zuvor im nationalökonomischen Denken verankert. Diesem bevölkerungstheoretischen Denkstil zugrunde liegend setzten die meisten Ökonomen und Demographen Anfang des 20. Jahrhunderts ihre Überlegungen zwischen den Begriffen „Bevölkerungsoptimum" und „Übervölkerung" an, so auch der angesehene österreichische Ökonom Ludwig von Mises (1881–1971):

---

153 Elster 1924, S. 787; vgl. Sombart 1938, S. 298–301.

154 Oppenheimer 1900, S. III.

155 Warming 1936, S. 294. Zur 1928 gegründeten IUSIPP und den von ihr organisierten internationalen Bevölkerungskongressen in der Zwischenkriegszeit siehe u.a. Ramsden 2002; Ferdinand 2004 und 2007; Overath 2011.

156 Ferdinand 2005, S. 132; Heim/Aly 1991, S. 15. Zur Entstehung und Verbreitung des Begriffs „Bevölkerungsoptimum" siehe Zimmermann 1989 und Soriot 2002.

157 Adolph Wagner zufolge könne „Übervölkerung" bei jedem Maß an Volksdichtigkeit drohen und praktisch fände sich letztere oft bei sehr kleiner Bevölkerungsdichte (Wagner 1893, S. 640).

158 Wolf 1908. Zu Leben und Werk von Julius Wolf (1862–1937) siehe Ferdinand 2005 und Kiesewetter 2008. Weitere berühmte Vertreter der Theorie des Bevölkerungsoptimums waren der Schwede Knut Wicksell und der Engländer Edwin Cannan.

> Die Welt oder ein isoliertes Land, aus dem die Abwanderung unmöglich ist, sind als absolut übervölkert anzusehen, wenn das Optimum der Bevölkerung, das heißt jener Punkt überschritten ist, über den hinaus eine Vermehrung der Volkszahl nicht eine Erhöhung, sondern eine Abnahme des Wohlstandes bedeuten würde. Relativ übervölkert ist ein Land, in dem wegen der großen Bevölkerungszahl weniger günstige Produktionsbedingungen als in anderen Ländern zur Arbeit herangezogen werden müssen, so daß caeteris paribus hier der gleiche Aufwand von Kapital und Arbeit geringeren Ertrag abwirft.[159]

Die Relativität des Konzepts drückt sich auch in der Unterscheidung aus, die der führende österreichische Statistiker und Demograph Wilhelm Winkler[160] zwischen einer „Übervölkerung" im physiologischen (keine ausreichende Nahrung) und „bei einem Kulturvolke" im kulturellen Sinne (Leben unter dem „kulturellen Mindestlebensbedarf") vornahm.[161] Dem britischen Ökonomen Lionel Robbins zufolge wäre theoretisch eine Gesellschaft vorstellbar, in der alle Mitglieder den Lebensstandard von Millionären genießen und die dennoch im ökonomischen Sinn als „übervölkert" gilt. Wenn durch die „Eliminierung" eines Millionärs die Pro-Kopf-Einkünfte der anderen steigen würde, wäre der Zustand einer „Übervölkerung" gegeben.[162] Die optimale Bevölkerungsdichte war ein viel diskutiertes Thema unter jenen Wissenschaftlern, welche in Genf an der ersten Weltbevölkerungskonferenz vom 29. August bis 3. September 1927 teilnahmen.[163] Als Optimum galt eine Bevölkerungszahl, bei der aus den ökonomischen Ressourcen eines Staats der höchstmögliche Ertrag herausgeholt werden konnte. Wurde die „optimale" Volkszahl unterschritten („Untervölkerung"), blieben Wirtschaftskapazitäten ungenutzt, wurde sie überschritten („Übervölkerung"), drückte die „überzählige Bevölkerung" den Ertrag nach unten.[164] In der Diskussion über die „Überbevölkerung" spielte die Relativität des Begriffs eine zentrale Rolle. Während jedoch z. B. Mises vom Standpunkt der Produktion auf eine „relative Übervölkerung" schloss, ging der einflussreiche deutsche Soziologe und Volkswirt Werner Sombart (1863–1941) vom Standpunkt des Verbrauchs aus: so wäre die „Übervölkerung relativ, wenn eine Bevölkerung nicht mehr von der Jagd leben kann, aber auf demselben Gebiet vom Ackerbau leben könnte. Dementsprechend könne ein Agrarland „übervölkert" sein, was es als Industrieland nicht zu sein bräuchte.[165] 1938 unternahm Imre Ferenczi (1884–1945),

159 Mises 1919, S. 47.

160 Zu Leben und Werk Wilhelm Winklers (1884–1984) siehe Pinwinkler 2003.

161 Winkler 1926, S. 182.

162 Robbins 1927, S. 120.

163 Dazu ausführlicher Ramsden 2002; Bashford 2007, S. 180–183. Die Vorträge der Konferenz wurden in einem Konferenzband veröffentlicht (Sanger 1927).

164 Mombert 1929, S. 239–241; Oberländer 1935, S. 9.

165 Sombart 1938, S. 311.

Genfer Universitätsprofessor und von 1920 bis 1939 Bevölkerungs- und Migrationsexperte bei der *International Labour Organization* (ILO),[166] den Versuch, das quantitative und qualitative „Bevölkerungsoptimum“ miteinander zu verbinden.[167] Der US-amerikanische Ökonom Joseph Spengler, Geburtenrückgangs- und Übervölkerungstheoretiker an der Duke University, fasste 1944 den Stand der Diskussion über das „Bevölkerungsoptimum“ in einer vagen Definition des selbigen zusammen: „A population factor – density, size, rate of growth – is at the optimum when some index which is conditioned by the population factor is at a maximum.“[168]

Vorangehende Zitate veranschaulichen die Beliebigkeit und die differenzierte Anwendung des Überbevölkerungskonzepts. Mit Hilfe der Bevölkerungsoptimumstheorie ließ sich jedes wirtschaftliche Problem als ein zu viel oder zu wenig an Bevölkerung ausdrücken, egal ob es sich um Armut oder Arbeitslosigkeit, um Kapital- oder Rohstoffmangel, fehlende Absatzmärkte oder geringe Arbeitsproduktivität handelte.[169] Kapitalismuskritische Positionen wandten sich bis in die Gegenwart gegen den geläufigen Begründungszusammenhang von Bevölkerungswachstum, Armut und Unterentwicklung. Eine „optimale“ Bevölkerungszahl für eine Region, ein Land, oder für den gesamten Globus könne nicht ausgemacht werden, weil Bevölkerung keine von der Produktionsweise, dem Gesellschaftssystem oder dem Lebensstandard unabhängige Variable ist.[170] Bis heute gibt es keinen „allgemeingültigen Maßstab“ für eine „optimale Bevölkerungsgröße“.[171]

Ein weiteres zentrales quantitatives Bevölkerungskonzept ist die „Tragfähigkeit“. In der Biologie bezieht sich „Tragfähigkeit“ allgemein auf die maximale Anzahl einer bestimmten Spezies, die in einem begrenzten Territorium langfristig leben und ernährt werden kann. In der Zwischenkriegszeit wurde das Konzept jedoch noch nicht wie ab den 1960er Jahren ökologisch, sondern noch ökonomisch definiert. Übertragen auf Menschen gewinnt das Tragfähigkeitstheorem einen malthusianischen Tenor, neben der Frage nach einer „optimalen“ Bevölkerungszahl wurde auch die nach einer „maximalen“ gestellt: so würde die Ressourcenbasis eines Gebiets, eines Staats oder der Erde abnehmen, wenn die maximale Bevölkerungsgrenze überschritten werden würde. In den Diskussionen über „Tragfähigkeit“ wurden jedoch nicht nur statistische Fragen behandelt, sondern auch politische, z. B. welches

---

166 Zur ILO während des Zweiten Weltkriegs siehe Kott 2014. Zum Interesse der ILO an Migration in der Zwischenkriegszeit siehe Rosental 2006, für jenes an landwirtschaftlicher Bevölkerung siehe Forclaz 2011.

167 Ferenczi 1938.

168 Spengler 1944, S. 114.

169 Aly/Heim 1991, S. 107.

170 Hummel 2000, S. 89.

171 Etzemüller 2007, S. 153–154.

„Volk" Anspruch auf welchen „Raum" habe.[172] In Deutschland wurde das Tragfähigkeitskonzept in erster Linie von den Geographen Albrecht Penck und Alois Fischer propagiert. Sie benutzten den Begriff „innenbedingte Tragfähigkeit" für Bevölkerungen, welche ihre Bedürfnisse aus dem eigenen Lebensraum befriedigen können; „außenbedingte Tragfähigkeit" für eine Bevölkerung, die ihre Bedürfnisse mit Hilfe von Handelsbeziehungen befriedigt.[173] Ein ebenfalls wichtiger Begriff ist der des „Nahrungsspielraums",[174] welcher durch das Verhältnis zwischen „Volkszahl" und „Lebenshaltung" bestimmt wurde. Der deutsche Nationalökonom Paul Mombert veröffentlichte 1929 seine „Bevölkerungslehre".[175] Auf ihn geht die mathematische Formel „N = V x L (Nahrungsspielraum = Volkszahl x Lebenshaltung)"[176] zurück. Mombert verstand unter dem Terminus „Übervölkerung" in erster Linie einen Rückgang der Lebenshaltung, d. h. des Lebensstandards.[177] Bei einer wachsenden Bevölkerung müsste somit entweder der „Nahrungsspielraum" erweitert oder aber der Lebensstandard oder die Bevölkerung verringert werden.[178] Paul Mombert betonte jedoch, dass das „Problem der Übervölkerung" nicht „von der Bevölkerungsseite her" gelöst werden kann, da es von der wirtschaftlichen Seite entsteht und von dieser Seite auch die Lösung gefunden werden muss.[179]

Werden oben angeführte Definitionen genauer betrachtet, fällt auf, dass sie voll von vagen Größen wie z. B. „Lebensstandard" sind. Letztlich geht es bei dem sonst nicht nachweisbaren Phänomen um die subjektive Annahme einer „Überbevölkerung".[180] Susanne Heim und Ulrike Schaz erkannten durch das Auftauchen des Begriffs der „agrarischen Überbevölkerung" eine Reformulierung der Bevölkerungsfrage, die ihren Anfang bereits in der Bevölkerungsoptimumsdiskussion hatte. Es ging nun nicht mehr nur um das Verhältnis von Bevölkerungsentwicklung und Subsistenz, sondern um Produktivitätssteigerung. Die Bevölkerungswissenschaftler

---

172 Heim/Schaz 1996, S. 30; Hummel 2000, S. 79.

173 Siehe Penck 1925 und Fischer 1925.

174 Ähnliche Begriffe sind „Lebensspielraum", „Bevölkerungskapazität" und „Bevölkerungsspielraum".

175 Bernhard vom Brocke bezeichnete Momberts „Bevölkerungslehre" (1929) als das (zumindest bis 1933) deutsche bevölkerungswissenschaftliche Standardwerk bis zu Mackenroths „Bevölkerungslehre" aus dem Jahr 1953 (vom Brocke 1998, S. 433; Lausecker 2006, S.143). Zum Leben Paul Momberts (1876–1938) und seiner Übervölkerungskonstruktion siehe Waffenschmidt 1958 und Lausecker 2005, 2006 und 2007.

176 Mombert 1929, S. 344.

177 Mombert 1919, S. 1–7.

178 Heim/Schaz 1996, S. 27–28.

179 Mombert 1926, S. 171.

180 Siehe Hankins 1938, S. 102. Das „*Gefühl* der Überbevölkerung" scheint eine Konstante im Überbevölkerungsdiskurs zu sein, vgl. die prominente und dramatische Beschreibung dieses Gefühls des US-amerikanischen Insektenforschers Paul Ehrlich in seinem Bestseller „Die Bevölkerungsbombe" (Ehrlich 1971 [1968], S. 15).

reduzierten ihre Fragestellung nicht mehr rein darauf, wie viele Menschen sich in einem Land ernähren konnten, sondern beschäftigten sich damit, wie viele Arbeitskräfte sich gewinnbringend beschäftigen ließen. Der Begriff „Überbevölkerung" bezog sich hier auf „Ballastexistenzen", die von der Landwirtschaft lebten, ohne nennenswerte Überschüsse zu produzieren.[181]

2. Die wissenschaftliche Konstruktion der „agrarischen Übervölkerung"

2.1 Die Debatte in Russland und der Sowjetunion

Ende des 19. Jahrhunderts nahm der Diskurs in Russland konkrete Formen an. Auch begann die zaristische Verwaltung, „agrarische Übervölkerung" als das wesentliche Agrarproblem anzusehen.[182] Der russische Vermessungsbeamte Vladimir Postnikov (1844–1908) hatte sich in seiner 1891 erschienenen Schrift „Die südrussische Bauernwirtschaft"[183] mit einem Phänomen, welches er „Übervölkerung der russischen Landwirtschaft" oder „Übersättigung der Landwirtschaft mit Arbeit" nannte, befasst. Anhand der *Zemstvo*-Statistiken,[184] die als Grundlage für die Steuerberechnung dienen sollten und an deren Erhebung er persönlich beteiligt gewesen war, untersuchte Postnikov den Zusammenhang zwischen bäuerlicher Hofgröße und Produktivität in der heutigen Südukraine. Er kam zum Schluss, dass sich die Produktivität kleinerer Betriebe aufgrund ihrer „Übervölkerung" auf einem außerordentlich niedrigen Niveau befand.[185] Lenins frühe Schrift „Neue wirtschaftliche Vorgänge im bäuerlichen Leben" aus dem Jahr 1893 basierte gänzlich auf Postnikovs Buch, welches er als eine der hervorragendsten Erscheinung der russischen Wirtschaftsliteratur der letzten Jahre bezeichnete. Lenin lehnte jedoch das Gesetz der „Übervölkerung" als Erklärung für die Unterschiede in der Produktivität kleinerer und größerer Betriebe ab und merkte an, dass Postnikovs Schlussfolgerungen an einer „gewissen Zusammenhangslosigkeit" litten. Die Ursachen für die niedrige Produktivität in der Landwirtschaft seien vielmehr in der politisch-ökonomischen Lage der einzelnen Betriebsgruppen zu suchen.[186] Die

181 Heim/Schaz 1996, S. 48.

182 Siebert 1998, S. 331–332.

183 Postnikov 1891.

184 Zur *Zemstvo*, einer Art Versammlung für lokale Selbstverwaltung, siehe u. a. Emmons/Vucinich 1982, Darrow 2000 und Bruisch 2011, S. 100–103.

185 Brandes 1993, S. 2.

186 Lenin 1977 [1893], S. 5 und 60–61. Jozo Tomasevich machte für Kroatien-Slawonien die ersten Sorgen über „agrarische Übervölkerung" in gedruckter Form in der 1894 erschienenen Untersuchung von Milovan Zoričić, Beamter im Königlichen Statistikamt in Zagreb, aus (Zoričić 1894). In

Hungersnot 1892/93 tat jedoch ihr Übriges, dass das idealisierte Bild des dörflichen Lebens unter den russischen Eliten vom Bild „unproduktiver" und „rückständiger" bäuerlicher Massen abgelöst wurde.[187]

1907 erschien in Stuttgart die Monographie „Die Agrarfrage in Russland" von Petr Maslov – eine Untersuchung zur bäuerlichen Wirtschaftsform und zur Lage der Landarbeiter in Russland. Maslov ging auf die Bevölkerungsvermehrung und den Bodenmangel ein, für deren Erscheinung er die Begriffe „landwirtschaftlicher Bevölkerungsüberschuss" und „relative landwirtschaftliche Übervölkerung" verwendete.[188] Drei Jahre später beschäftigte sich Nefedov in einer Schrift über das „Bevölkerungsgesetz und Russland" mit dem russischen „Übervölkerungsproblem" in der Landwirtschaft von neomalthusianischem Standpunkt aus und sah in der Geburtenkontrolle die Lösung der Frage.[189] Dabei war die russische Landwirtschaft in der Zeit zwischen der Aufhebung der Leibeigenschaft 1861 und dem Erstem Weltkrieg durchaus in der Lage, die rasch wachsende Bevölkerung zu ernähren und gleichzeitig wachsende Überschüsse für den Export zu erwirtschaften. Ein Zusammenhang zwischen Bevölkerungswachstum und Produktionsrückgang bzw. Verarmung existierte also nicht.[190]

In der Sowjetunion hatte u. a. zunächst der international anerkannte Bevölkerungsstatistiker und Überbevölkerungstheoretiker Lev Lubny-Gercyk (1880–1965), von 1922 bis 1929 Leiter der Abteilung für Migration und Kolonisierung des Staatlichen Forschungsinstituts für Kolonisierung (*Goskolonit*) zur Frage der „agrarischen Übervölkerung" publiziert.[191] Auf dem XV. Parteitag der KPdSU im Dezember 1927 wurde „das sogenannte Phänomen der agrarischen Übervölkerung" als das ernsteste Problem der ländlichen Gebiete erachtet: eine große Anzahl an „überflüssigen" Arbeitern könnte keine Arbeit am Land finden und würde so die Arbeitslosigkeit in den Städten erhöhen.[192] In den Jahren 1928/29, zu Beginn des „Großen Umbruchs"

Serbien hätten Ökonomen nach der landwirtschaftlichen Zählung von 1897 angefangen, sich über die „agrarische Übervölkerung" im Land zu sorgen (Tomasevich 1955, S. 158). Die Diskussion in der Zwischenkriegszeit knüpfte jedoch nicht an diese Arbeiten an.

187 Bruisch 2010, S. 96.

188 Maßlow 1907, S. 56–57.

189 Nefedov 1910, siehe auch Hoffmann, Michael 1932, S. 90. Als erstes Land in Europa legalisierte die Sowjetunion im November 1920 die Abtreibung. Dabei spielten soziale und medizinische Gründe eine Rolle, obwohl auch Bedenken geäußert wurden, die Stellung und Macht der Sowjetunion könnte darunter leiden. Für den Einfluss der sowjetischen Entscheidung im Diskurs in Deutschland siehe Solomon 1992.

190 Heim/Schaz 1996, S. 74.

191 Lubny-Gercyk 1917 und 1923. Für die Diskussion über die „Übervölkerung" in der Sowjetunion siehe Heim/Schaz 1996, S. 71–89; aus damaliger Sicht siehe Unemployment in Russia 1926; Hoffman, Michael 1932; Silberkweit 1934; Hopper 1937 und Kantorovitz Gordon 1945.

192 Danilov 1988 [1977], S. 264.

durch Zwangskollektivierung und Industrialisierung, begründeten die sowjetischen Behörden Aussiedlungspläne in die „untervölkerten“ Regionen Sibirien und Fernost mit „Übervölkerung“.[193] In dieser Zeit versuchten der Agrarabteilung der Moskauer Kommunistischen Akademie nahestehende Agrarökonomen, eine marxistische Theorie der „Agrarübervölkerung“ zu entwickeln. Ein Vertreter dieser Agrarmarxisten, Aaron Libkind, begrüßte die Kollektivierung als Maßnahme, um die „ländliche Übervölkerung“ und deren Wurzel, die Klassenteilung im Dorf, zu beseitigen.[194]

Die Massenarbeitslosigkeit, die noch 1928 am Ende der Neuen Ökonomischen Politik (NEP) geherrscht hatte, ging in der Sowjetunion im Zuge der radikalen Industrialisierung in akuten Arbeitskräftemangel über. 1932 drohte die Wirtschaft und Industrialisierung durch das Fehlen von Arbeitskräften zu kollabieren. Sogar als die Krise sich verschärfte dachten Stalin und seine Planer, den Mangel durch Rekrutierung von Arbeitskräften aus dem „übervölkerten“ Landwirtschaftssektor beheben zu können. Das Komitee für die Wirtschaftsplanung der Sowjetunion (*Gosplan*) stützte sich hier vorwiegend auf die Schätzungen des *Goskolonit* und des Überbevölkerungstheoretikers Lev Minc. Das Institut schätzte die „agrarische Übervölkerung“ in der Sowjetunion auf 24,5 bis 32,5 Millionen, Minc war zu Beginn des ersten Fünfjahresplans 1928 im Jahresdurchschnitt von 8,3 Millionen ausgegangen – im August würde diese Zahl auf 2 Millionen sinken, während sie sich im Februar auf 13,8 Millionen erhöhen würde.[195]

Die Diskussion über die „überflüssigen Bevölkerungsteile“ erscheint in einem ambivalenten Licht, wenn man bedenkt, dass die Zwangkollektivierung und „Entkulakisierung“ der Jahre 1928–1933 inklusive Massendeportationen und Hungersnot Millionen Menschenleben kostete. Die auf demographische Macht setzenden sowjetischen Machthaber hofften für die 1937 durchgeführte Volkszählung auf einen gewaltigen Bevölkerungszuwachs, sowohl als positive Bilanz sowjetischer Bevölkerungspolitik als auch als Folge des Sieges und der Überlegenheit des Sozialismus. Da die Ergebnisse der Zählung weit hinter Stalins Erwartungen zurückgeblieben waren, wurde die Volkszählung annulliert: die Ergebnisse wurden nicht veröffentlicht und

193 Heim/Schaz 1996, S. 82–83; Siebert 1998, S. 18. Zur sowjetischen Agrarpolitik der Zwischenkriegszeit siehe u. a. Mitrany 1951, Merl 1990, Graziosi 1996, Tauger 2004, Viola [u. a.] 2005 und Smith 2014. Der US-amerikanische Politikwissenschaftler James C. Scott untersuchte in diesem Zusammenhang den Fetisch der industriellen Landwirtschaft und den autoritären Hochmodernismus (Scott 1998, S. 193–222).

194 Libkind 1931, S. 164. Zu den Agrarmarxisten und ihren konkurrierenden Strömungen in der Sowjetunion siehe Heim/Schaz 1996, S. 76–85 und Bruisch 2014, insbesondere S. 229–257.

195 Straus 1997, S. 84–87 und 307; Minc 1993 [1929], S. 274–276.

die Hauptverantwortlichen wurden festgenommen, deportiert oder erschossen.[196] Sowjetrussland war für den Berliner Agrargeographen Wladimir von Poletika[197] ein treffendes Beispiel für das Malthussche Gesetz, seine „Überbevölkerung" sei in ständigem Wachsen begriffen – obwohl der Bevölkerungszuwachs stark abgenommen hatte.[198] Der überzeugte Malthusianer Poletika trat 1941 für eine radikale Hungerpolitik im besetzten Weißrußland ein, wonach die deutsche Verwaltung 60 % von 10 Millionen weißrussischer Bevölkerung verhungern lassen solle.[199]

2.2 Die Etablierung des Deutungsmusters außerhalb der Sowjetunion

Im Westen waren es entweder russische Wissenschaftler, die dorthin kamen, oder westliche Wissenschaftler, die sich mit der russischen Landwirtschaft beschäftigten, die das konkrete Konzept in die jeweils heimische Wissenschaftsszene einführten. Die globale Verankerung, die bereits wesentlich zum Erfolg des Begriffs „Übervölkerung" beigetragen hatte, verhalf auch dem Deutungsmuster der „agrarischen Übervölkerung" zu seiner hegemonialen Stellung. Die „agrarische Übervölkerung" stand im Mittelpunkt eines 1922 erschienenen Artikels über die Landwirtschaft Osteuropas des US-amerikanischen Statistikers und Ökonomen Edward Dana Durand.[200] Im Aufsatz nahm er jenen Teufelskreis vorweg, der im 20. Jahrhundert von Überbevölkerungstheoretikern oft bemüht wurde:

> A vicious circle becomes established. Because population is dense it is poor. Because it is poor it cannot afford education. Because it is uneducated it makes poor use of its resources. Not only that, but lack of education leads to unwise and unnecessary multiplication of numbers, and the chain begins all over again.[201]

Es gab in den USA auch eine Reihe von Wissenschaftlern, die diesen Standpunkt nicht teilten.[202] Ora S. Morgan hatte Ende Dezember 1925 auf der 38. Jahresversammlung der *American Economic Association* in New York auf die Gefahr hin-

---

196 Mespoulet 2011, S. 274. Für einen zeitgenössischen Blick auf den 1932 einsetzenden Bevölkerungsrückgang in der Sowjetunion siehe Prokopovicz 1940. Zur historischen Entwicklung von Volkszählungen siehe Hüntelmann 2016.

197 Zu Poletika (1888–1981) siehe Fahlbusch 2004, S. 184–186.

198 Poletika 1939, S. 356.

199 Gerlach 1999, S. 92, 805 und 1006.

200 Durand (1871–1960) hatte nach dem Ersten Weltkrieg das polnische Ernährungsministerium beraten und war ab 1921 Leiter mehrerer Abteilungen im US-amerikanischen Wirtschaftsministerium, darunter der Abteilung für statistische Forschung (Pribram 1960, S. 119).

201 Durand 1922, S. 184. Daneben konnte Durand zufolge nicht ausgeschlossen werden, dass eine „Inferiorität der Rasse" für die niedrige Zivilisationsstufe in Osteuropa verantwortlich war (ebd.).

202 Siehe Taylor 1926.

gewiesen, bei der Frage der „rural overpopulation“ im Kreis zu argumentieren.[203] Der US-amerikanische Landwirtschafts-Journalist Wheeler McMillen (1893–1992) veröffentlichte 1929 „Too Many Farmers“. In diesem Buch sah er die Möglichkeit eines Fortschritts des US-amerikanischen Agrarsektors mittels Reduktion der landwirtschaftlichen Arbeiter (zu dieser Zeit waren rund 20 % der US-amerikanischen Bevölkerung in der Landwirtschaft tätig).[204]

Der Migrationsexperte Alexander Kulischer[205] stellte 1924 in einem Artikel in der *Revue International de Sociologie* in Anlehnung an die Arbeiten seines Vaters Mihail Kulischer fest, dass Russland vor dem Ersten Weltkrieg trotz seiner Bodenschätze und seiner geringeren Bevölkerungsdichte aufgrund seiner wirtschaftlichen Rückständigkeit „übervölkerter“ war als Westeuropa. Trotz des Bevölkerungsverlusts hätte sich das Problem der „Übervölkerung“ nach Kriegsende aufgrund des wirtschaftlichen Chaos verschärft. Abhilfe hätte erst die Hungersnot 1921–1922 gebracht, welche den „Bevölkerungsüberschuss“ effektiv beseitigt hätte – gemeinsam mit seinem Bruder Eugen Kulischer vertrat er wie sein Vater zuvor die Lehren Malthus' und dessen Regulierungen Hunger und Krieg. Von Malthus wichen sie nur in einem Punkt ab: sie nahmen an, dass der technische Fortschritt eine Verbesserung des Verhältnisses zwischen Bevölkerung und Ressourcen bringen kann. Für Kulischer war „Übervölkerung“ auch die Ursache des russischen Bürgerkriegs. Die „bewaffneten Migrationen“ der Roten Armee in Richtung Osten und Süden, wo die reichen Böden für die hungernden Massen lagen, hätten den Sieg der Roten gesichert.[206] Wie sein Bruder Eugen Kulischer war er der Ansicht, dass „über-

203 Vielmehr seien die niedrigen Marktpreise für die Armut der Bauern verantwortlich (Morgan 1926, S. 168). Während in Südosteuropa die „agrarische Übervölkerung“ als Grund für die niedrige landwirtschaftliche Produktivität der Region galt, machten sie US-amerikanische Experten für die Überproduktion und in der Folge niedrigen Löhne in der Landwirtschaft des eigenen Landes verantwortlich.

204 McMillen 1929. Zur US-amerikanischen Agrarpolitik und der Industrialisierung des Agrarsektors in den 1920er Jahren siehe Fitzgerald 2003.

205 Der ehemalige Professor der Universität St. Petersburg (1890–1942) floh vor der Oktoberrevolution und lebte nach einem kurzen Aufenthalt in Berlin in Frankreich. 1941 wurde er auf der Flucht vom Vichy-Regime verhaftet und starb im Lager Gurs.

206 Koulicher 1924, S. 494–495 und 503; Ferrara 2011, S. 721–722. Der britische Ökonom John Maynard Keynes (1883–1946) hatte gleich nach Ende des Ersten Weltkriegs vermutet, dass die „explosiven Kräfte übermäßiger Fruchtbarkeit der Bevölkerung“ beim Gesellschaftsumsturz in Russland eine größere Rolle als „die Macht der Gedanken oder die Irrtümer der Autokratie“ gespielt hätten (Keynes 1921 [1919], S. 10; „The Economic Consequences of the Peace“ wurde u. a. von Carl Brinkmann ins Deutsche übersetzt). Zu Keynes' Bevölkerungstheorie, sowohl in seiner Malthusischen als auch später in seiner weniger Malthusischen Ausrichtung siehe Toye 2000. Poletika zufolge bestand die Hauptaufgabe der russischen Revolution darin, die „agrarische und allgemeine Übervölkerung“ Vorkriegsrusslands zu bekämpfen. Die „widernatürliche, mit organischen Fehlern behaftete Sowjetdiktatur“ sei dieser Aufgabe jedoch nicht gewachsen gewesen (Poletika 1939, S. 355).

flüssige Bevölkerung" aus „übervölkerten" Gebieten gleich dem mechanischem Prinzip kommunizierender Gefäße in Regionen emigrieren, wo es den wenigsten Widerstand gibt. „Übervölkerung" sei also die Ursache von Migration, welche ein strukturelles Prinzip der Weltgeschichte darstelle.[207] Mit ihrem Hauptaugenmerk auf diese demographische Mechanik als Erklärung von Migration vernachlässigten die Gebrüder Kulischer politische und sozioökonomische Ursachen.

Beeinflusst von der in West- und Nordeuropa und den USA intensiv geführten Diskussion über das „Bevölkerungsoptimum" und auf den russischen Überlegungen aufbauend, begannen deutsche Autoren in den 1930er Jahren, sich den wirtschaftlichen Problemen in Osteuropa von der Bevölkerungsseite her zu nähern.[208] Das wissenschaftliche Interesse an der „agrarischen Übervölkerung" Ost- und Südosteuropas beruhte nicht zuletzt auf den wirtschaftspolitischen Interessen Deutschlands, denn es existierten handfeste deutsche Expansions- und Herrschaftsziele in der Region. Von deutscher Seite wurde die „Übervölkerung" der osteuropäischen Agrargesellschaften einerseits als Ausdruck eines Entwicklungsdefizits, andererseits als Bedrohung angesehen.[209] Anhand von Arbeits- und Landnutzungsnormen berechneten deutsche Wirtschaftsexperten die „überschüssigen Arbeitskräfte in der Landwirtschaft". 1930 erschien in den *Berichten über Landwirtschaft* Hans-Jürgen Seraphims breit rezipierter Artikel „Die statistische Erfassung der landwirtschaftlichen Übervölkerung und Untervölkerung". Neben Fallbeispielen aus Russland und Frankreich ging es in diesem in erster Linie um theoretische Überlegungen im Anschluss an die „geniale Konzeption von Malthus",[210] so definierte Seraphim „landwirtschaftliche Übervölkerung" als einen

> Zustand, für den eine Reihe von Symptomen charakteristisch ist, die als mittelbare oder unmittelbare Auswirkungen einer Unverhältnismäßigkeit zwischen der landwirtschaftlichen Bevölkerung und der ihr zur Verfügung stehenden Unterhalts- und Erwerbsmittel angesprochen werden müssen, hervorgerufen durch ein starkes Anwachsen der Bevölkerungskomponente.[211]

---

207 Kulischer/Kulischer 1932, u. a. S. 17 und 32. 1938 veröffentlichte der französische Soziologe Gaston Bouthoul (1896–1980) ebenfalls in der *Revue International de Sociologie* einen Artikel, in welchem er in Opposition zu Kulischer festhielt, dass die meisten historischen Migrationen Ursachen und Folgen politischer, technischer und wirtschaftlicher Umbrüche waren (Bouthoul 1938).

208 Daneben war es in den USA im Laufe der 1920er Jahre verstärkt zur Veröffentlichung von Werken gekommen, welche die malthusianische Angst vor der Gefahr einer „Übervölkerung" der Welt wieder aufleben ließen (z. B. East 1923 und Ross 1927).

209 Ehmer 2004, S. 72.

210 Seraphim, Hans-Jürgen 1930, S. 193.

211 Ebd., S. 199. Im selben Band der *Berichte über Landwirtschaft* schrieb der marxistische Volkswirtschaftler Todor Vladigerov, damals Assistent an der Landwirtschaftlichen Hochschule in Berlin, dass alte und neue Malthusianer wie überall auch in Bulgarien glauben machen wollten, dass die

Obwohl sich Seraphims Definition nicht sonderlich von den Ansichten anderer Übervölkerungstheoretiker unterschied, wurde in der Folgezeit in zahlreichen Forschungen zur „agrarischen Übervölkerung" aus Deutschland und Südosteuropa auf sie verwiesen.[212] Der auf Südosteuropa spezialisierte Wirtschaftswissenschaftler Hermann Gross lieferte in seinem Vortragspapier „Die Slowakei in der Grossraumwirtschaft Europas" eine einfache und prägnante Erklärung des Begriffs als er festhielt, dass die Slowakei – ebenso „wie alle übrigen südosteuropäischen Länder" – „stark übervölkert" sei: „es entfallen auf den landwirtschaftlich nutzbaren Boden mehr Menschen als dort rationell Beschäftigung finden und ernährt werden können."[213] Ein Verweis auf den Artikel von Hans-Jürgen Seraphim fand sich bereits auf der ersten Seite der Dissertation des Wirtschaftswissenschaftlers Michael Hoffmann wieder. Dessen agrarhistorisch angelegte Studie „Die agrarische Uebervölkerung Rußlands" erschien 1932 und war die bis dahin umfangreichste deutschsprachige Monographie zur Thematik. So setzte sich Hoffmann im ersten Teil mit der „agrarischen Übervölkerung" auseinander. Für ihn bedeutete dies, wie auch jede andere „Übervölkerung", ein Missverhältnis zwischen einer zu hohen Volkszahl oder Bevölkerungszunahme und einem zu engen Lebensspielraum. Als Lebensspielraum verstand er an Anlehnung an Mombert „die zu einer bestimmten Zeit vorhandene Fähigkeit der Landwirtschaft eines Staats oder eines Gebiets bei einer gegebenen Lebenshaltung, eine bestimmte landwirtschaftliche Bevölkerung zu ernähren". Nach Michael Hoffmann war ein überwiegend agrarisches Land „ohne Zweifel als übervölkert" zu betrachten, wenn „dessen landwirtschaftliche Produktion wegen zu geringer Bodenerträge, wegen relativ zu dichter Bevölkerung, den Eigenverbrauch nicht ganz oder nur unzureichend zu decken vermag." Michael Hoffmann kritisierte die sowjetischen Agrarmarxisten, welche „in ihrer grenzenlosen Furcht vor dem Phantom des ‚Malthusianismus' das demographische Element aus allen ihren Theorien und Berechnungen peinlichst ausschalten" würden. Mit der Eliminierung des Bevölkerungsbegriffes schlüpfe den Agrarmarxisten auch

---

„relative Übersättigung der Landwirtschaft mit Arbeitskräften" die Hauptursache für den Bodenmangel sei. Der Landmangel der Bauernwirtschaften sei jedoch das Ergebnis der herrschenden Produktionsweise. Deshalb untersuchte Vladigerov in seinem Artikel nicht den Einfluss des Bevölkerungswachstums, sondern jenen des Kapitalismus auf die bulgarische Landwirtschaft. Ein Ansatz, der in der vom Malthusianismus dominierten Bevölkerungswissenschaft nur selten zur Anwendung gelangte (Wladigeroff 1930, S. 674).

212 Z.B. bei Oberländer 1935, S. 11; Gross 1937, S. 44; Madgearu 1940, S. 27–28; Popović 1940, S. 12–13. Hans-Jürgen Seraphim wiederum lobte in seiner Rezension von Oberländers Buch die Anwendung seiner Methode der „symptomstatistischen Analyse der einzelnen Übervölkerungserscheinungen" durch Oberländer für den polnischen Wirtschaftsraum. Seine Methode hätte sich auch in diesem Fall mit bestem Erfolg als geeignet erwiesen (Seraphim, Hans-Jürgen 1936, S. 128). Seraphims Definition findet sich auch in späteren Arbeiten, z. B. Günther 1965, S. 353.

213 Gross 1943, S. 27.

das „eigentliche Problem durch die Finger“, das des Missverhältnisses zwischen Bevölkerung und „Nahrungsspielraum“. Eine geschlossene Theorie der „agrarischen Übervölkerung“ unter völliger Abstraktion von der demographischen Wirklichkeit war für Hoffmann ebenso wenig denkbar „wie eine atmosphärische Untersuchung in einem luftleeren Raum.“ Hoffmann zufolge traf die Beschäftigung der Agrarmarxisten mit den politisch-ökonomischen Bedingungen und der Armut in der Landwirtschaft nicht den Kern der „Übervölkerungsfrage“.[214] Hier kam die große Kontroverse im Denkstil zwischen den Anhängern von Malthus auf der einen und von Marx auf der anderen Seite zum Ausdruck. Während Erstere die Ursachen für Armut und niedrige Produktivität bei der zu hohen Zahl der armen Bevölkerung selbst sahen, lagen sie für Letztere in der politisch-ökonomischen Lage wie z. B. der ungleichen Verteilung des Bodens und des Geräts.[215]

Auch polnische Wissenschaftler hatten in den 1930er Jahren den Terminus „agrarische Übervölkerung“ für die Beschreibung der sozioökonomischen Situation in ihrem Land angewandt.[216] Unter dem Begriff verstand der Agrarwissenschaftler und Politiker Józef Poniatowski 1936 „die Gesamtzahl Beschäftigter und Unbeschäftigter, deren Eliminierung aus der Landwirtschaft zu keiner Verringerung der natürlichen Kapazität des Sozialprodukts führt.“[217] Poniatowski ging von 5 Millionen „Überflüssiger“ in der polnischen Landwirtschaft aus. Die Zahl basierte auf der Annahme, dass 30 Personen landwirtschaftlicher Bevölkerung je km^2 „normal“ sein würden. Im Juli desselben Jahres sprach der polnische Agronom Witold Staniewicz, ehemaliger polnischer Minister der Landreform und nun Rektor der Universität in Vilnius, auf der Jahresversammlung der Kommission für landwirtschaftliche Arbeit des Internationalen Verbands der Landwirtschaft (*International Confederation of Agriculture*)[218] in Oslo von immerhin 3 Millionen „Überschüssiger“ in der polnischen Landwirtschaft, da 1 km^2 landwirtschaftliche Nutzfläche in Polen die rationelle Beschäftigung von 40 Personen erlauben würden.[219]

Den Bericht Staniewiczs nahm André Borel, Vizedireketor des Schweizer Bauernverbands und Chef des Sekretariats des Internationalen Verbands der Landwirtschaft, zum Anstoß, auf dem von letzterem im Juli 1938 in Prag organisierten „Tag

214 Hoffmann, Michael 1932, S. 12–14 und 114–115.

215 Marxisten sollten erst in den 1960er Jahren dem Druck des neomalthusianischen Paradigmas nachgeben und ein durch hohe Fertilität verursachtes „Bevölkerungsproblem“ anerkennen (Brackett 1968).

216 Zur polnischen Diskussion über „agrarische Übervölkerung“ in der ersten Hälfte des 20. Jahrhunderts siehe Esch 1998, S. 83–127 und Labbé 2014.

217 Poniatowski 1936, S. 24.

218 Der Internationale Verband für Landwirtschaft wurde 1889 als inoffizielle Institution von wichtigen landwirtschaftlichen Organisationen aus verschiedenen Ländern gegründet. Er veranstaltete Konferenzen und bot ein Forum zur Diskussion von Problemen des landwirtschaftlichen Sektors.

219 Borel 1938, S. 208–209 und 214; vgl. Staniewicz 1936–37.

der landwirtschaftlichen Arbeit" einen ausführlichen Bericht über das Problem der Arbeitslosigkeit und des Mangels an Arbeitskraft in der Landwirtschaft in verschiedenen Ländern der Welt zu präsentieren. Die Diskussion über „landwirtschaftliche Übervölkerung" in Polen hatte den Internationalen Verband der Landwirtschaft dazu veranlasst, sich nicht nur mehr primär mit der Arbeitslosigkeit landwirtschaftlicher Arbeiter zu beschäftigen, sondern auch mit der „versteckten Arbeitslosigkeit" eigenständiger Bauern und ihrer Familienmitglieder. Borels Bericht, der auch in Südosteuropa beachtet wurde,[220] zählte Bulgarien und Jugoslawien u. a. gemeinsam mit Italien, der Sowjetunion und Polen, aber auch mit den Niederlanden und der Tschechoslowakei zu den „agrarisch übervölkerten" Staaten der Welt. Dies und der selbst für Borel überraschende Umstand, dass Rumänien zu den Ländern ohne Arbeitslosigkeit in der Landwirtschaft gerechnet wurde, vermag dadurch erklärt zu werden, dass die Länderporträts auf den Auskünften einer einzigen Kontaktperson im jeweiligen Land basierten.[221] Im selben Jahr wurde auf dem achten internationalen Kongress der Geschichtswissenschaften in Zürich der Beitrag des Polen-Historikers und Geschäftsführers des *Institut de France*, Henri de Montfort, verlesen. Darin führte dieser aus, dass sich die „agrarische Übervölkerung" Polens seit Mitte des 19. Jahrhunderts stetig verschlimmert hatte und nun jegliche wirtschaftliche Entwicklung im Land entscheidend beeinflussen würde.[222] Auf der fünften internationalen Konferenz der Agrarökonomen, welche im August 1938 in der Nähe von Montreal abgehalten wurde, kam das „Problem des Bevölkerungsüberschusses oder -drucks in der Landwirtschaft" in verschiedenen Formen zur Sprache.[223] So entschied man sich, die gesamte erste Ausgabe des *International Journal of Agrarian Affairs* im Oktober 1939 zur Gänze dem „Problem of Surplus Agricultural Population" zu widmen.[224]

Das Problem der „agrarischen Übervölkerung" beschäftigte auch das Internationale Institut für Landwirtschaft in Rom. 1939 hatte C. J. Robertson von der Abteilung für allgemeine Statistik des Instituts eine entsprechende Studie vorgelegt, welche in Englisch und Französisch erschien und auf Untersuchungen von Wissenschaftlern unterschiedlicher Herkunft, darunter auch des jugoslawischen

220 Siehe Jeremić 1939.

221 Borel 1938, S. 209–230 und 267.

222 Montfort 1938, S. 405.

223 Proceedings of the international conference of Agricultural Economists 1939.

224 Die in der Ausgabe enthaltenen Aufsätze verfügten über keine eigenen Überschriften, sondern waren nur Beiträge der Autoren zum Generalthema. Siehe z.B. Black 1939, S. 7–24; Whipple/Toteff 1939, S. 61–78.

Agronomen Otto Frangeš und des Ostforschers Theodor Oberländer,[225] basierte.[226] Der britische Experte für sowjetische Wirtschaft, Leonard E. Hubbard (1882–1943), stellte 1939 fest, dass sich die Lage der mittleren und kleinen Bauern in Russland und der Ukraine seit den 1880er Jahren stets verschlechtert hatte und machte dafür die „agrarische Übervölkerung" verantwortlich. Die Vermehrung der bäuerlichen Bevölkerung hätte zu Bodenzersplitterung und in Folge zu Kapitalknappheit geführt. Dadurch seien sie gezwungen gewesen, ihre primitive Wirtschaftsweise fortzusetzen, welche sich seit Peter dem Großen nicht geändert hatte. Wegen dem Überfluss an landwirtschaftlichen Arbeitskräften wäre wiederum der Lohn in der Landwirtschaft gedrückt worden, sodass es kaum möglich gewesen wäre, etwas dazuzuverdienen. Als 1916 rund 40 % der tauglichen Bauern und 2,6 Millionen landwirtschaftliche Pferde in der Armee waren, hätten Hubbard zufolge die Daheimgebliebenen die landwirtschaftliche Arbeit ohne Schwierigkeiten erledigt.[227] Ebenfalls 1939 hielt die führende Forschungseinrichtung in Großbritannien, das Royal Institute of International Affairs, fest, dass „Übervölkerung" das grundlegende Wirtschaftsproblem Südosteuropas sei.[228] Die Frage der „agrarischen Übervölkerung" hatte auch einen prominenten Platz unter den Beiträgen zur ländlichen Soziologie für den 1939 in Bukarest geplanten XIV. Internationalen Soziologen-Kongress, der jedoch wegen des Beginns des Zweiten Weltkriegs nicht stattfand. Die Beiträge des Bevölkerungssoziologen Gunther Ipsen[229] und des Sozialhistorikers Werner Conze[230] sind gute Beispiele dafür, wie dieser Themenkomplex in einer vom Nationalsozialismus geprägten Wissenschaft behandelt wurde.[231] Die „landwirtschaftliche Übervölkerung" war auch ein großes Thema auf der auf die

225 Theodor Oberländer (1905–1998) war Direktor des 1916 gegründeten Instituts für Ostdeutsche (ab 1934 Osteuropäische) Wirtschaft in Königsberg. Von 1953 bis 1960 war er Bundesminister für Vertriebene, Flüchtlinge und Kriegsgeschädigte in der BRD (Wachs 2000, S. 35–38).

226 Robertson 1939.

227 Hubbard 1939, S. 58–59.

228 Royal Institute of International Affairs 1939, S. 127, 144, 169 und 184.

229 Zu Leben und Werk Ipsens (1899–1984) siehe Oberkrome 1993, S. 116–122; Klingemann 2009, S. 321–339; Hamann 2013; Pinwinkler 2014, S. 225–242.

230 Als junger Historiker war Conze (1910–1986) in Königsberg bei Ipsen in den Gebieten der Ostforschung und der „Volks- und Kulturbodenforschung" tätig. Zur „Judenfrage" in Werner Conzes Arbeiten zu „ländlicher Überbevölkerung" siehe Aly 1997, S. 153–169. Weiters zu seinem Leben und Werk Aly 1999; Etzemüller 2001; Lausecker 2005, S. 208–226; Dunkhase 2010 und Pinwinkler 2014, S. 225–242.

231 Siehe die Artikel von Ipsen und Conze in den 1940 dennoch abgedruckten Arbeiten des Kongresses. Whipple, und Totev publizierten darin eine überarbeitete Version ihres Artikels über „agrarische Übervölkerung", welcher ein Jahr zuvor im *International Journal of Agrarian Affairs* erschienen war. Eine kroatische Übersetzung ihres Artikels erschien auch im Zagreber *Ekonomist* (Whipple/Totev 1940). Zum Soziologen-Kongress und den Beiträgen deutscher Teilnehmer siehe Oberkrome 1993, S. 194–197 und Klingemann 2009, insb. S. 73–78.

Initiative des US-Präsidenten Franklin D. Roosevelt von 18. Mai bis 3. Juni 1943 in Hot Springs (Virginia) stattfindenden „United Nations Conference on Food and Agriculture", aus der in Folge die FAO entstehen sollte.[232]

Ähnlich wie der Terminus „Bevölkerungsoptimum" wurde jener der „agrarischen Übervölkerung" von den Bevölkerungstheoretikern als relativer Begriff konzipiert. Das bedeutete, dass auch Staaten mit geringer Bevölkerungsdichte auf dem Land „übervölkert" sein konnten. Das Konzept der „agrarischen Übervölkerung" verfügte über eine historische Verankerung in der internationalen Wissenschaft und erlangte eine herausragende Bedeutung innerhalb des neomalthusianischen Paradigmas. Kritische Stimmen blieben die absolute Ausnahme.[233] Z.B. schien auch die Mehrheit der von Marx beeinflussten Wissenschaftler das Konzept eher auf der Seite liegen zu lassen, als es öffentlich zu beanstanden.

3. Das Interesse an bevölkerungspolitischen Fragestellungen in der Zwischenkriegszeit

Auf politischer und wissenschaftlicher Ebene erfreuten sich Bevölkerungsfragen in ihrer nationalen und internationalen Dimension in der Zeit nach dem Ersten Weltkrieg weltweit großer Beachtung.[234] Im Folgenden wird am Beispiel Südosteuropas die Dimension des Bevölkerungsdiskurses dargestellt. Mit welchen anderen zeitgenössischen Diskursen war die wissenschaftliche Debatte über die „agrarische Übervölkerung" Südosteuropas verzahnt? Warum interessierten sich Wissenschaftler und Politiker in der Zwischenkriegszeit für bevölkerungspolitische Themen? Welche Beweggründe motivierten sie, welche Ziele strebten sie an? In welchen anderen Zusammenhängen und in welcher Form machten sie sich die „wissenschaftliche Autorität" des Überbevölkerungskonzepts zu Nutzen?

Da der wissenschaftliche Übervölkerungsdiskurs international mehr oder weniger kontinuierlich präsent gewesen war, war seine Intensivierung in der Zwischenkriegszeit eng mit politischen und wirtschaftlichen Interessen und Zielvorstellungen verbunden. So hatte Sombart 1928 eine Gutachtensammlung herausgegeben, die auf die Frage eingehen sollte, ob Deutschland innerhalb der bestehenden Grenzen eine wachsende Bevölkerung erhalten könne.[235] Die intensivierte Beschäftigung

---

232 United Nations Conference on Food and Agriculture 1943, S. 55–56. Zur Konferenz siehe Wilson 1980, zu den Ursprüngen der FAO siehe Tosi 1989, O'Brien 2000 und Way 2013.

233 Die Wirtschaftswissenschaftlerin Raja Silberkweit übte grundsätzliche Kritik an dem Konzept und wies darauf hin, dass „Agrarübervölkerung" als Werturteil keine Allgemeingültigkeit haben könne (Silberkweit 1934, S. 5).

234 Siehe z.B. Bladen 1939 und Râmneanțu 1940, S. 33.

235 So der jugoslawische Mediziner Zdenko Mrmolja in seiner Dissertation (Mrmolja 1938).

mit „Bevölkerungsproblemen" nach dem Ersten Weltkrieg schilderte der serbische Ökonom Nikola Mirković[236] in der Einleitung zu seinem Artikel im *Weltwirtschaftlichen Archiv* über das „Problem der agrarischen Übervölkerung" in Jugoslawien vom Juli 1939:

> Seitdem die Malthusschen Gesetze von einer geometrisch-progressiven Entwicklung der Bevölkerung und einem wachsenden Mißverhältnis zu den verfügbaren Unterhaltsmitteln durch die wirtschaftliche Expansion im neunzehnten Jahrhundert weitaus überholt worden sind, gerieten Bevölkerungsprobleme in den Hintergrund und blieben in Lehrbüchern und Geschichten der Volkswirtschaftslehre versunken, um erst in den letzten Jahren wieder aufzutauchen. Bevölkerungsfragen werden nunmehr Gegenstand wirtschaftlicher und politischer Auseinandersetzungen, werden zu Tagesfragen unserer Zeit und gewinnen damit auch für die wissenschaftliche Forschung von neuem Bedeutung. Es ist bemerkenswert, daß in den letzten Jahren die ausführlichsten Monographien über Bevölkerungsprobleme geschrieben worden sind.[237]

Auch das Statistische Zentralinstitut in Bukarest konstatierte, dass Studien über die Bevölkerung überall ungeahnten Aufschwung genommen haben. Das sei einerseits auf den großen Einfluss, den Masse und Eigenschaft der Bevölkerung auf allen Gebieten ausübe und andererseits auf die politischen Lenkungsmöglichkeiten in der Bevölkerungsentwicklung zurückzuführen.[238] Es war darüber hinaus keineswegs so, dass sich nur die rumänische Regierung für die demographische Situation in Rumänien interessierte. So stammt die Übersetzung dieser Publikation aus dem Rumänischen vom Übersetzungsdienst in Wien, welcher zwischen 1937 und 1944 Zeitschriftenartikel und Studien zu Volksgruppenfragen und politischen Zeitfragen Südosteuropas übersetzte.[239] Denn wie Andreas Predöhl ausführte, war die wirtschaftswissenschaftliche Forschung und Materialsammlung über „wirtschaftliche Neuländer", u. a. auch das Expertenwissen über deren „bevölkerungspolitische Probleme", Voraussetzung für eine erfolgreiche Außenhandelspolitik Deutschlands.[240]

Je nach dem, welche Wissenschaftsdisziplin sich mit der „Bevölkerungsfrage" Südosteuropas beschäftigte, konnte sich auch der Blick auf dieselben Bevölkerungs-

---

236 Nikola Mirković [Nicholas Mirkovich] (1915–1944) spezialisierte sich ab 1939 an der University of California im Bereich der landwirtschaftlichen Migration. 1942 wurde er Direktor des *Yugoslav Office of Reconstruction and Economic Affairs* in New York, wo er eine Reihe von Studien über wirtschaftliche Probleme des Nachkriegs-Jugoslawiens verfasste. Anfang Mai 1944 starb er in Jugoslawien im bewaffneten Kampf gegen die Wehrmacht (Fisher 1946).

237 Mirkowich 1939, S. 98; vgl. Mirković, Nikola 1939, S. 33.

238 Manuila/Georgescu 1940 [1938], S. 1.

239 Siehe z. B. auch Lorković 1941 [1939] (Fahlbusch 1999, S. 274–276 und 632–634).

240 Predöhl 1940, S. 32–34.

bewegungen durch die verschiedenen Forschungsansätze und Problemstellungen völlig verändern. Die Konstruktion des „Bevölkerungsproblems" bot sich den jeweiligen Wissenschaftsdisziplinen unterschiedlich an: Während ein Ökonom in Jugoslawien z.B. weniger dicht besiedelte Bezirke ermittelte, die die „Bevölkerungsüberschüsse" aus den „übervölkerten" Bezirken aufnehmen konnten, suchte ein Mediziner nach geburtenstarken Bezirken, die den Bevölkerungsrückgang in anderen Regionen ausgleichen konnten.[241] Es ist von zentraler Bedeutung für die Entwicklung der gesamten Argumentation, ob wirtschaftliche Probleme an der Bevölkerung fest gemacht werden z. B. wenn das Bevölkerungswachstum als Ursache für die schlechte wirtschaftliche Lage gesehen wurde; oder wirtschaftliche Probleme direkt benannt werden z. B. als von fehlenden Beschäftigungs- und Erwerbsmöglichkeiten außerhalb der Landwirtschaft gesprochen wurde. Die Verlagerung wirtschaftlicher Probleme auf die bloße Anzahl oder den biologischen Reproduktionsfaktor bestimmter Bevölkerungsgruppen öffnet das Tor zu einer Vielzahl politischer und disziplinübergreifender Einflüsse, welche die vermeintlich nüchternen Analyse- und Lösungsversuche wirtschaftlicher Probleme bei weitem übersteigen.

3.1 Gegensatz Westeuropa – Osteuropa

Arland Thornton zufolge benutzt das Entwicklungsparadigma hauptsächlich eine Methode, die er „reading history sideways" nennt. Anstatt eine Gesellschaft oder Bevölkerung in einem längeren Zeitraum zu beobachten werden verschiedene Gesellschaften zum selben Zeitpunkt verglichen. Ethnozentrismus brachte Forscher aus Nordwesteuropa bereits seit dem 16. Jahrhundert zu der Überzeugung, dass ihre Region an der Spitze der Entwicklung stand, während der Rest der Welt an diesem Entwicklungsstand gemessen in weniger und stärker entwickelte Gesellschaften eingeteilt wurde. Verstärkt wurde dieser Glaube von einer angenommenen großen Transformation der sozialen Bevölkerungsstruktur in Nordwesteuropa vor 1800. Eine Ansicht, welche erst im letzten Drittel des 20. Jahrhundert durch neue Forschungen widerlegt wurde.[242]

Auch in den 1930er Jahren bedienten sich Wissenschaftler und Politiker in großem Umfang demographischer Argumente, um einen Gegensatz zwischen Ost- und Westeuropa[243] zu konstruieren. Auf historisch unterschiedlichen Wirtschaftsentwicklungen fußend wurden Argumentationsmuster und dichotome historische

241 Sombart 1928; vgl. Keller 1928.

242 Thornton 2001, S. 450–453 und 2005, S. 4–45; vgl. Schultz 2011.

243 „Westeuropa" bezog sich in diesem Fall auf die als wirtschaftlich entwickelt geltenden Länder Vereinigtes Königreich, Norwegen, Schweden, Dänemark, Niederlande, Belgien, Luxemburg, Frankreich, Schweiz, Deutschland und Österreich.

Denkmodelle herangezogen, z. B. „Untervölkerung"/„Übervölkerung", „Geburtenschwund"/„Geburtenüberschuss", „Gleichgewicht"/„Chaos". Diese wurden dies- und jenseits der von ihnen imaginierten Trennlinie angewandt, um deren behauptete reale Existenz „demographisch" sichtbar zu machen.[244] Die deutsche Perspektive auf die demographische Lage in Osteuropa wandelte sich indes je nach politischer Interessenslage. In der Zeit während der beiden Weltkriege und dazwischen hielten Tragfähigkeitsexperten und Publizisten an der Behauptung fest, dass weite Teile Osteuropas dünn besiedelt oder „untervölkert" seien, Mittel- und Westeuropa demgegenüber unter einem „Bevölkerungsüberdruck" litten. Um diesen „Druck" zu reduzieren, könnte der „Bevölkerungsüberschuss" Westeuropas und insbesondere Deutschlands nach Osteuropa abgestoßen werden. Das würde zugleich den westeuropäischen „Nahrungsspielraum" in Richtung Osten erweitern.[245] Diese Sicht wurde in den 1930er Jahren von der Beschwörung einer Bedrohung Deutschlands durch die „Übervölkerung" Osteuropas bereichert. Die Bevölkerungsexperten ließen sich jedoch keineswegs vom offensichtlichen Widerspruch der beiden Konzepte beirren. Wenn von der „Untervölkerung" Osteuropas die Rede war, so bezog sich dies vor allem auf die Bevölkerungsdichte pro km^2, welche deutlich niedriger war als in Mittel- und Westeuropa. Lag die Betonung hingegen auf dem angeb-

244 Pinwinkler 2003, S. 34. In der wirtschaftshistorischen Literatur wurde das schnelle Bevölkerungswachstum im Osteuropa des 19. Jahrhunderts als prägendes Phänomen gewertet: „Eastern Europe was developing mass rural overpopulation and poverty at the same time as Western Europe was pioneering its urban counterpart" (Walters 1988, S. 117).

245 Hecker 1974, S. 38. Diese bevölkerungspolitische Strategie war ein fester Bestandteil des Generalplans Ost. Um auch der „Überbevölkerung" der Niederlande entgegenzutreten – durch ihre „starke biologische Kraft" stünden die Niederländer mit ihrem „Bevölkerungsüberschuß an der Spitze der germanischen Stämme" –, planten deutsche Experten die Ansiedlung des niederländischen „Bevölkerungsüberschusses" in den besetzten Ostgebieten. Da alle Landgewinnungs- und Bodenverbesserungsarbeiten in den Niederlanden selbst an eine naturgegebene Grenze stoßen würden, wäre demgegenüber „die Ausweitung des europäischen Raumes im Osten mit den damit verknüpften Aufgaben der Gewinnung neuen Siedlungs- und Bauernlandes" ungleich großzügiger und verheißungsvoller (Roloff 1943–44, S. 37). Seit den 1920er Jahren bestand aber auch niederländisches Interesse, das Problem der „agrarischen Übervölkerung" der Niederlande zu lösen. Die Ansiedlung niederländischer Bauern im besetzten Osteuropa kam diesem Bestreben entgegen (siehe dazu Frijtag Drabbe Künzel 2015). Ab 1942 wurden der Generalplan Ost und der Generalsiedlungsplan dahingehend umgearbeitet, dass höhere Verluste an potenziellen deutschen Siedlern u.a. durch den Rückgriff auf niederländische Bevölkerungen kompensiert werden sollten (Müller, Thomas 2009, S. 361–362).

lich von Osteuropa ausgehenden Bevölkerungsdruck, wurde in der Regel mit den Geburtenraten argumentiert, die höher waren als jene im Westen.[246]

Im Lichte des Gegensatzes zwischen West- und Osteuropa und der wirtschaftlichen Krisenstimmung interessierte auf internationaler Ebene auch die Frage der Migration aus dem „ärmeren" in den „reichen" Teil des Kontinents. Auf der dritten internationalen Konferenz der Agronomen, welche 1934 in Bad Eilsen gehalten wurde, wies Pascal Whelpton, Bevölkerungswissenschaftler an der Miami University in Ohio, darauf hin, dass Bulgarien gemeinsam mit Polen, der Ukraine und Russland auf Grund ihres Geburtenüberschusses Westeuropa jährlich mit mehreren tausend Immigranten versorgen könnten. Dem Umstand, dass Westeuropa zu dieser Zeit keine Arbeitskräfte benötigte, trug Whelpton mit dem Verweis Rechnung, dass es jedoch von der wirtschaftlichen Lage und den Einwanderungsgesetzen abhinge, ob ein solcher Transfer stattfinden werde.[247]

3.1.1 Gegensatz in der agrarischen Bevölkerungsdichte

Anton Reithinger hatte bereits 1934 der „günstigen" Entwicklung Westeuropas im 19. Jahrhundert die „ungünstige" Osteuropas entgegengesetzt. In den west- und mitteleuropäischen Ländern war im Laufe des 19. Jahrhunderts der „Bevölkerungsüberschuss", der unter der Voraussetzung eines langsam wachsenden Lebens- und Kulturniveaus der bäuerlichen Bevölkerung nicht mehr von der Landwirtschaft aufgenommen werden konnte, in die städtische Industrie oder in die freien Agrarräume in Übersee abgewandert. Auf diese Weise hatte sich in ganz West-, Mittel- und Nordeuropa eine für Reithinger überraschend gleichmäßige Dichte der landwirtschaftlichen Bevölkerung herausgebildet, die je nach der Beschaffenheit von Klima und Boden zwischen 40 und 50 Personen je km2 Anbaufläche schwankte. In Ost- und Südosteuropa jedoch, wo bis zu Beginn des 20. Jahrhunderts großenteils noch Schollengebundenheit herrschte und ausreichende Möglichkeiten zur städtischen Industriebildung oder Auswanderung fehlten, verdoppelte sich diese Ziffer Anfang der 1930er Jahre auf 75 bis zu 100 Personen pro km2 landwirtschaftlicher Nutzfläche.[248]

246 Heim/Schaz 1996, S. 44–45. Auch wenn dem Nationalsozialismus nahestehende Wissenschaftler abseits der Überbevölkerungs-Experten weniger in der „Übervölkerung" Osteuropas das zentrale Problem sahen, war es für sie dennoch klar, dass Osteuropa zumindest von den falschen Menschen bewohnt wurde (Connelly 1999, S. 21).

247 Whelpton 1935, S. 257.

248 Reithinger 1934, S. 551–552.

Tabelle 1 „Agrarische Bevölkerung je Quadratkilometer landwirtschaftlicher Nutzfläche“[249]

West- und Mitteleuropa		**Ost- und Südeuropa**	
Dänemark	38	Ungarn	55
Schweiz	44	Tschechoslowakei	63
Frankreich	45	Jugoslawien	68
Österreich	45	Griechenland	68
Schweden	46	Rumänien	75
Deutschland	48	Polen	87
Belgien	63	Bulgarien	95
Niederlande	78	Italien	100

Reithinger sah die demographischen Spannungen zwischen dem agrarischen Osten und Südosten und der größtenteils industrialisierten Mitte und dem Norden und Westen Europas rasch steigen. Ihre Auswirkungen auf das Lohn-, Zins- und Preisgefälle in Europa würden von entscheidendem Einfluss sein.[250] Um die beschworene Gefahr auf den Punkt zu bringen, veranschaulichte er den Gegensatz in der agrarischen Bevölkerungsdichte zwischen dem Westen und Norden Europas einerseits und dem Süden und Osten des Kontinents andererseits anhand einer publikumswirksamen kartographischen Präsentation der „agrarischen Übervölkerung“:

249 Ebd., S. 553; ohne Quellenangabe.

250 Reithinger 1934, S. 610.

Abb. 1 „Das Dilemma der europäischen Agrarsituation“[251]

251 Reithinger 1936, S. 29; das gesamte Buch ist ohne Quellenangaben geschrieben.

Auf die Ausführungen Reithingers trifft das zu, was Wilhelm Winkler zehn Jahre zuvor angemerkt hatte: Dass das Instrument der Statistik keine Möglichkeit hat, aus der Fülle von bewegtem Leben ein auch nur irgendwie angemessenes Bild zu entwerfen. Sie könne lediglich Fakten und Vorgänge vereinzelt aus ihrem Zusammenhang herausheben und in einer gewissermaßen erstarrten Form der wissenschaftlichen Betrachtung unterziehen.[252] Doch gerade weil „Bevölkerung" und erst recht Bevölkerungstrends unsichtbar sind, hat die Bevölkerungsfrage so viel mit „Sehen" zu tun. Thomas Etzemüller schrieb in diesem Zusammenhang, dass Bevölkerung und Bevölkerungsentwicklungen erst „sichtbar gemacht" werden müssten, vorher könne man weder Probleme, Gefahren oder das Phänomen „Bevölkerung" überhaupt diskutieren.[253] Die Aufgabe dieser Veranschaulichung konnte in der Diskussion über die „agrarische Übervölkerung" eine Reihe verschiedener Mittel erfüllen: die mehr oder weniger wissenschaftliche Palette reicht von in Reiseberichten und Medien weit verbreiteten Bildern von Armut, Anspruchslosigkeit und arbeitsloser bzw. -unwilliger Dorfbevölkerung bis zu statistisch unterlegten Tabellen, Illustrationen oder Karten in den wissenschaftlichen Arbeiten selbst.[254]

Agrarökonomen stellten den Unterschied in der agrarischen Bevölkerungsdichte auch innerhalb Ost- und Südosteuropas fest. Je östlicher oder südlicher ein Gebiet vom nordwesteuropäischen Zentrum entfernt lag, desto größer sei seine „agrarische Übervölkerung".[255] Diese Feststellung korrespondierte auch mit herrschenden Raumvorstellungen in Deutschland. Während die Entwicklung im Südosten Europas wegen der geographischen Nähe trotz aller Hindernisse planbar und kontrollierbar erschien, fürchteten deutsche Wissenschaftler die Bedrohung durch die „geburtenreichen Völker" Asiens.[256] Auch von südosteuropäischer Seite wurde der Gegensatz zwischen West- und Osteuropa thematisiert, jedoch aus anderen Beweggründen heraus. Während man auf deutscher Seite eher die Bedrohung im Auge hatte, wurde hier Westeuropa als Ideal gesehen, dessen wirtschaftlichen Wohlstand man erreichen wollte, freilich ohne identifizierte Fehlentwicklungen zu wiederholen. In den einleitenden Worten seines am 23. Mai 1939 am Kieler Institut für Weltwirtschaft gehaltenen Vortrags stellte Frangeš die Situation Westeuropas jener Osteuropas gegenüber:

> während dort die Zahl der Bewohner auf dem Lande sinkt, ist sie hier im Steigen begriffen; während man in Zentraleuropa den Zustrom vom Lande weg und zu den Industriezentren

252 Winkler 1924, S. 633.

253 Etzemüller 2007, S. 83.

254 Zur sozialwissenschaftlichen Visualisierung siehe u. a. Reinecke/Mergel 2012.

255 Vgl. Jászi 1935, S. 99.

256 Vgl. Durchhardt 2005.

hin mit allen Mitteln einzudämmen sucht, ist ein derartiges Abströmen vom Lande weg hier geradezu erwünscht; während dort die Verschiebung der Berufsstruktur zuungunsten der Landwirtschaft beklagt und tief bedauert wird, wird sie hier direkt angestrebt und gefördert.[257]

Angesichts des „ländlichen Bevölkerungsüberschusses“ konnte es in den Agrarstaaten für die Mehrzahl der Bevölkerungsexperten keine Gefahr der Landflucht geben, wie sie in den Industrieländern existierte. In dramatischer Weise verdeutlichte Gheorghe Roşu im ersten Absatz der Einleitung seiner Berliner Dissertation über „Die ländliche Übervölkerung in Rumänien als sozioökonomisches Problem“ aus dem Jahr 1942 den Gegensatz zwischen West- und Osteuropa:

> Unter den vielen Paradoxen im Leben der Völker Europas steht das Bevölkerungsproblem mit an erster Stelle. Es gibt Länder mit Untervölkerung, Länder, in denen das gesamte Staats- und Wirtschaftsleben auf die Lösung dieses sozial-ökonomischen Problems ausgerichtet ist und schliesslich auf dem gleichen Kontinent, in den Ländern Südosteuropas, ein solches Mass an ländlicher Übervölkerung, dass die Volkswirtschaften diesem Bevölkerungsüberschuss auf keiner Weise mehr ein Lebensrecht bieten können.[258]

3.1.2 Gegensatz in der Geburtenrate

In der Zwischenkriegszeit waren vor allem in Frankreich und Deutschland Bevölkerungswissenschaftler und -politiker über den Geburtenrückgang im eigenen Land besorgt.[259] So beschäftigte sich die erste Sektion des im September 1935 in Berlin von der IUSIPP veranstalteten internationalen Kongresses für Bevölkerungswissenschaft ausführlich mit der internationalen Bedeutung des Geburtenrückgangs.[260]

---

257 Frangeš 1939, S. 3.

258 Roşu 1942, S. XI.

259 Frankreich galt als weltweit erstes Land, wo ein Rückgang der Fertilität gemessen wurde. In der stark von politischen Interessen beherrschten Diskussion über Bevölkerung vermag es nicht zu verwundern, dass im Deutschland der Zwischenkriegszeit abwechselnd mit der Gefahr des Geburtenschwunds und der „Übervölkerung“ argumentiert wurde. Zur Geburtenrückgangsdebatte in Deutschland und Westeuropa aus damaliger Sicht siehe u. a. Wolf 1912, Kosić 1917, Burgdörfer 1932, 1933 und 1939, Müller 1938; für historische Betrachtungen dieser Debatte siehe Teitelbaum/Winter 1985; Steinecke 1996; Cole 2000, S. 149–210; Ferdinand 2002 und 2007; Exner/Kytir/Pinwinkler 2004, S. 248–269; Vienne 2010. Zu den demographischen Krisenszenarien in der Weimarer Republik siehe Reinecke 2005 und Weipert 2007. Für einen Überblick über die Bevölkerungspolitik im Europa der Zwischenkriegszeit siehe das Kapitel „Gesunde Körper, kranke Körper“ in Mazower 2000 [1998], S. 117–156.

260 Harmsen/Lohse 1936, S. 63–153.

In Deutschland schürte insbesondere Friedrich Burgdörfer[261] das demographische Schreckensszenario eines durch den Geburtenrückgang ausgelösten „biologischen Volkstods" der Deutschen. Heinz Kurzweil stufte in seinem 1938 erschienenen Artikel „Aufgaben der Bevölkerungspolitik in Österreich" im *Archiv für Bevölkerungswissenschaft und Bevölkerungspolitik*[262] die „Gefahr des Volkstods" größer ein als die „Gefahr des Überhandnehmens der Minderwertigen".[263] Dagegen hatte die Bevölkerungszunahme und -dichte in den Donau-Balkanstaaten für die Demographen Ausmaße erreicht, welche „die westeuropäischen Verhältnisse völlig in den Schatten stellten."[264] Während in Deutschland der Geburtenrückgang auf die ungünstigen wirtschaftlichen Verhältnisse (Wirtschaftsnot) des Bauerntums zurückgeführt wurde,[265] wäre auf dem Balkan derselbe Grund für die hohe Geburtenrate verantwortlich. Folglich war die Geburtenrate für die Bevölkerungswissenschaftler so oder so ein Problem, egal wo und in welcher Höhe. Ipsen zufolge „drängt das Bauerntum aus einer eigensten Art notwendig an die Grenzen des Nahrungsspielraums heran." Doch während der „ländliche Bevölkerungsdruck" in Ostmitteleuropa (z. B. in Rumänien) zum „unentrinnbaren Verhängnis der Übervölkerung" und in Folge zu „revolutionärer Spannung" führe, sei er „für den Aufbau und für die geschichtliche Verbreitung des deutschen Volkes geradezu grundlegend" gewesen, in ihm hätte die Selbstbehauptung des (deutschen) Volkes ihren „unerschöpflichen Grund".[266] So konnte es sein, dass deutsche Wissenschaftler nach Wegen suchten, um die landwirtschaftliche Bevölkerung in Ost- und Südosteuropa zu reduzieren, während sie zur gleichen Zeit ein „gesundes und kräftiges Wachstum der Landbevölkerung" in Deutschland als „notwendig im Interesse des Volksganzen" erachteten und „wirksame Maßnahmen zur bevölkerungspolitischen Förderung der kinderreichen Bauernfamilie" forderten.[267] In Deutschland formulierte Burgdörfer die „Erhaltung und Stärkung des Landvolks" als „volksbiologische Forderung".[268]

---

261 Zu Leben und Werk Burgdörfers (1890–1967) siehe Vienne 2010 und Bryant 2010.

262 Zum *Archiv für Bevölkerungswissenschaft und Bevölkerungspolitik* siehe Schnitzler 2012.

263 Kurzweil 1938, S. 55.

264 Oberländer 1943, S. 420.

265 Müller 1938, S. 34–38.

266 Ipsen 1933, S. 39–40 und 50.

267 Burgdörfer 1939, S. 647.

268 Burgdörfer 1933, S. 95. Hans Weigmann, Herausgeber des *Archivs für Wirtschaftsplanung*, hatte konkrete Vorstellungen von den Aufgaben der Bevölkerungspolitik innerhalb der Wirtschaftsplanung in Deutschland: Bevölkerungspolitik „erhält durch das politische Ziel ihren tieferen Sinn. Bewußte Vermehrung und planmäßige Verbesserung der qualitativen Substanz der Bevölkerung, teils im Verein mit einer von sozialen Gesichtspunkten getragenen Neuordnung der Siedlungsverhältnisse (Raumordnung), sind die Ziele einer Planung, die letzthin in der biologischen Kraft und

Die grundlegend unterschiedliche Zielsetzung der Bevölkerungspolitik für West- und Osteuropa untermauerte auch deren Gegensatz. Der französische Journalist und Ökonom Francis Delaisi (1873–1947) hatte 1929 in seinem viel beachteten Buch „Die zwei Europas“ den Kontinent in ein Europa A (Industriestaaten/Westen) und ein Europa B (Agrarstaaten/Osten) eingeteilt.[269] Daran anknüpfend entwarf der rumänische Politiker und Ökonom Mihail Manoilescu[270] eine Dreiteilung Europas, indem er die „biologische Lage“ der Länder, sprich „das Verhältnis ihres Bevölkerungsdruckes zu ihrem Lebensraum“, mit ihrer Wirtschaftstruktur verband. Nach dieser Rechnung wäre Europa zu gliedern in: 1. die Industriestaaten West- und Nordeuropas, welche unter keinem „spürbarem Bevölkerungsdruck“ zu leiden hätten; 2. Zentraleuropa (Deutschland und Italien), welche mit „starkem Bevölkerungszuwachs und ohne wesentlichem Kolonialbesitz“ einem „unerträglichen Bevölkerungsdruck“ ausgesetzt wäre; und 3. Osteuropa (ohne Russland), welches wegen seiner agrarischen Struktur und „außerordentlich steigenden Bevölkerungsziffer“ ebenfalls unter „unerträglichem Bevölkerungsdruck“ leiden müsse.[271] Die „Logik der Biologie“ veranlasste Manoilescu zur Schlussfolgerung, dass die beiden „unbefriedigten und biologisch benachteiligten Teile Europas“, Zentral- und Osteuropa, durch ihre geographischen und demographischen Bedingungen dazu bestimmt waren, sich solidarisch zu verhalten und einander zu helfen. Während der Gegensatz zwischen industrialisiertem Zentraleuropa und dem agrarischen Osteuropa durch die Bildung eines gemeinsamen „Großwirtschaftsraums“ aufgelöst werden könne, sei der Gegensatz zwischen Westeuropa und Zentral- und Osteuropa unüberbrückbar, da er auf einem vom „lieben Gott“ geschaffenen biologischen Gegensatz beruhe.[272]

---

in der Dynamik der wachsenden Zahl die grundlegenden Voraussetzungen und Bedingungen für die Geschichtsmächtigkeit eines Volkskörpers erkannt hat“ (Weigmann 1941, S. 24).

269 Delaisi 1929; vgl. die Einschätzung von Moore 1944, S. 280. Zu Delaisi und seinem ökonomischen Denken siehe Théry 1998, S. 53–57 und Bergami 2009.

270 Der einflussreiche, korporatistisch eingestellte Manoilescu (1891–1950) hatte in der Zwischenkriegszeit häufig in Deutschland publiziert, u.a. im *Weltwirtschaftlichen Archiv* und befürwortete die wirtschaftliche Zusammenarbeit Rumäniens mit Deutschland. Um diese zu propagieren soll er u.a. gesagt haben: *„Die Franzosen haben immer zu uns gesagt: ‚Seid wie wir'; die Deutschen aber sagen zu uns: ‚Seid Ihr selbst'!“* (zitiert nach Heymann 1938, S. 327). Ende August 1940 unterzeichnete er als rumänischer Außenminister das „Wiener Diktat“, in welchem Rumänien einen Teil Siebenbürgens an Ungarn abtreten musste. Gemeinsam mit seinem Freund und Fachkollegen Frangeš plante er seit 1942 ein Gemeinschaftswerk mit dem Titel „Südosteuropa im europäischen Großwirtschaftsraum“ (Manoilescu 1943–44, S. 1). Vom Sieg des „Dritten Reichs“ erwartete Manoilescu positive ökonomische Auswirkungen auf Rumänien (Manoilescu 1942, S. 67–84). Zu Leben und Werk Manoilescus siehe Love 1980–86 und 1996; Müller, Dietmar 2001, S. 69–75; Harre 2006; Sălăgean/Puşcaş 2012. Zu den korporativen Ideen Manoilescus siehe Schmitter 1978, S. 117–139.

271 Manoilescu 1939, S. 192.

272 Manoilescu 1939, S. 194 und 196.

3.1.3 Der zukünftige Gegensatz

Der deutsche Nationalökonom Karl Thalheim[273] behauptete in der *Wirtschaftsdienst*-Ausgabe vom 1. Mai 1931, dass von einem „Bevölkerungsstillstand" in Ost- und Südosteuropa auf lange Sicht keine Rede sein wird können.[274] Wie bereits angeführt beschäftigte sich Anton Reithinger intensiv mit Bevölkerungsprognosen für Südosteuropa, welche in nachfolgenden Arbeiten zwecks Veranschaulichung des „Bevölkerungsproblems" auch oft zitiert wurden.[275] Reithinger prognostizierte 1934 für Polen und die Balkanstaaten noch im Laufe der damaligen Generation einen Zuwachs von 25 Millionen Menschen, während die Bevölkerung West- und Mitteleuropas schon beinahe stagnierte. Wenn sich für diese neuen Menschenmassen keine Abwanderungsmöglichkeiten in das industrielle Erwerbsleben im In- oder Ausland schaffen ließen, würde die agrarische Siedlungsdichte in Osteuropa kurz nach Mitte des 20. Jahrhunderts dreimal so groß sein als in Westeuropa. Die Probleme des europäischen Ostens in den darauf folgenden 30 Jahren würden der gewaltige Druck zur Verstädterung und Industrialisierung oder zur politischen Expansion sein.[276]

---

273 Karl C. Thalheim (1900–1993) habilitierte 1928 an der Handelshochschule in Leipzig und erhielt 1932 einen Lehrauftrag für Wirtschaftssoziologie und Sozialpolitik an deren Weltwirtschaftsinstitut, dessen Direktor er 1940 wurde. Ab 1941 gehörte er dem wissenschaftlichen Beirat des „Zentralforschungsinstituts für nationale Wirtschaftsordnung und Großraumwirtschaft" an, welches aus der von Werner Daitz gegründeten „Gesellschaft für europäische Wirtschaftsplanung und Großraumwirtschaft" in Dresden entstanden war. Ab 1951 war er wieder als ordentlicher Professor tätig und baute das Osteuropa-Institut an der Freien Universität in Berlin auf (Gutberger 1996, S. 522).

274 Thalheim 1931, S. 763.

275 Z.B. bei Frangeš 1938, S. 4 und 1939, S. 6. Eine wissenschaftshistorische Untersuchung der Erstellung von Bevölkerungsprognosen von 1895 bis 1945 bietet de Gans 1999. Für eine kritische Betrachtung von Zukunftswissen und (Bevölkerungs)prognosen siehe u.a. Keyfitz 1987 und Hartmann/Vogel 2010.

276 Reithinger 1934, S. 553–554.

Tabelle 2 „Voraussichtliche Zunahme der Bevölkerung in einigen Ländern Europas in den Jahren 1930–1960"[277]

Land	Steigerung der Bevölkerungsdichte in %
Jugoslawien	+ 32,5
Rumänien	+ 32,2
Bulgarien	+ 31,3
Niederlande	+ 20,7
Deutsches Reich	+ 5,6
Großbritannien	+ 3,9
Frankreich	- 9,9

1938 rechnete Fritz vom Bruck in einer Veröffentlichung der Deutschen Arbeitsfront mit einer (annähernden) Verdoppelung der Bevölkerung der Balkanstaaten innerhalb weniger Jahrzehnte[278] In seinen Großraumplanungen im Bereich der europäischen Landwirtschaft, d. h. der Sicherung der Versorgung Großdeutschlands mit Nahrungsmitteln, merkte der Agrarwissenschaftler und nationalsozialistische Multifunktionär Konrad Meyer[279] an, dass der durchschnittliche Bevölkerungszuwachs in Südosteuropa mehr als doppelt so hoch sei als jener der Länder Nord-, West- und Mitteleuropas. Die südosteuropäischen Staaten litten demnach unter einer „ländlichen Übervölkerung". Hinsichtlich der sich daraus ergebenden „Gewichtsverlagerungen und volkspolitischen Spannungen" und den Wunsch nach Steigerung der landwirtschaftlichen Erzeugungsleistungen betreffend sollten deutsche Wissenschaftler in Zukunft die „Dynamik des verschiedenen Volkswachstums" in Europa im Auge behalten.[280]

Einige Wissenschaftler aus Westeuropa – wie ein unter dem Pseudonym Suha schreibender britischer Ökonom – zögerten andererseits nicht, mit dem Hinweis auf die „agrarische Übervölkerung" Ost- und Südosteuropas, zukünftige Ost-West-Migrationen als Bedrohung darzustellen:

> But what would happen if the frontiers between East and West were abolished? By railway, car, on horse, donkey or by foot, thousands and thousands of starving men from the

277 Reithinger 1936, S. 19 und 146; das gesamte Buch ist ohne Quellenangaben geschrieben.

278 vom Bruck 1938, S. 14.

279 Meyer (1901–1973) war von 1935 bis 1939 Leiter der Reichsarbeitsgemeinschaft für Raumforschung. Als SS-Oberführer wurde er 1941 zum Leiter des Planungsamtes beim Reichskommissar für die Festigung des deutschen Volkstums ernannt. Dort war er hauptverantwortlich für die Ausarbeitung der Denkschrift Generalplan Ost. Zum beruflichen Werdegang Meyers und seiner Tätigkeit sind zahlreiche Untersuchungen erschienen, u.a. Rössler 1987; Rössler/Schleiermacher 1993; Stoehr 2002; Leendertz 2008; Oberkrome 2009, S. 104–230.

280 Meyer 1942, S. 118.

> villages of the East would rush immediately to the promised land of the West. The small peasant would leave his farm in the charge of his wife and small children (themselves quite able to attend to the few acres of his holding) and together with his grown-up children he would rush to the West to find bread, sugar, clothing and shoes in exchange for his labours. But what will the Western workers think about all this? Such an influx of poor labourers prepared to accept any wages would not only halt the social progress of the West, but threaten to put out of employment the Western workers. It is obvious that immigration would have to be stopped. Yet is it likely that the Eastern European will look peacefully at the wealth of the West without being able to share it?[281]

Von der *Carnegie Corporation*, der *Rockefeller Foundation* und dem *Milbank Memorial Fund* finanziell unterstützt, erschien 1944 die vom OPR erstellte Studie „The Future Population of Europe and the Soviet Union“ 1944.[282] Die Autoren der Studie rechneten in den „überbevölkerten“ Gebieten Osteuropas im Zeitraum von 1940 bis 1970 mit einem Anstieg von 20 Millionen Personen im arbeitsfähigen Alter. In ihrem Ausblick auf die kommenden Jahrzehnte warnten sie, dass die Gefahren der „Übervölkerung“ nicht verschwinden würden. In einem Großteil der Erde bleibe ein schwerer „Bevölkerungsdruck“ auf die Ressourcen bestehen, die malthusianischen Regulierungen Hunger, Entbehrung, Seuchen und Krieg würden die hauptsächlichen Kontrollen des Wachstums sein. In Osteuropa sei der ständige „Bevölkerungsdruck“ auf die Ressourcen noch immer eine Realität von viel größerer praktischer Bedeutung als jegliche langfristigen Gefahren von „Entvölkerung“.[283]

Obwohl nur auf momentanen, kurzfristigen Trends aufbauend, können solche Prognosen, gerade auch wegen der festen Verankerung des Überbevölkerungskonzepts, große politische Wirkung entfalten. Für die damaligen Vorhersagen der südosteuropäischen Bevölkerungsentwicklung gilt insbesondere, was Zygmunt Bauman allgemein über demographische Prognosen konstatierte:

> Demographen neigen dazu, bei dem Versuch, verläßliche Voraussagen zur künftigen Bevölkerungszahl zu treffen, den Kreis der berücksichtigten und bewerteten Variablen zu

---

281 Suha 1942, S. 21–22. Solche Denkweisen verfügen über eine lange Tradition, die bis in die Gegenwart reicht. Das Zitat könnte Anfang des 21. Jahrhunderts ebenso gut von einem rechtspopulistischen Befürworter von Übergangsfristen für den Arbeitsmarktzugang für osteuropäische EU-Staaten und/oder eines Austritts des Vereinigten Königreichs aus der EU stammen.

282 Loveday 1944, S. 3–4. Der *Milbank Memorial Fund* hatte bereits in der Zwischenkriegszeit Interesse an Bevölkerungskontrolle gezeigt. Bevölkerungswachstum und „Bevölkerungsdruck“ waren Gegenstand eines Runden Tischs auf seiner 22. Jahreskonferenz (Milbank Memorial Fund 1944). In der Absicht, gegen die „Überbevölkerung“ zu kämpfen, sollte die *Rockefeller Foundation* nach dem Zweiten Weltkrieg zu einem der wichtigsten Geldgeber für Geburtenkontrollprogramme werden.

283 Notestein [u.a.] 1944, S. 164–165 und 168.

eng zu ziehen. Demographische Voraussagen spiegeln eher aktuelle Denkweisen wider und weniger das, was die Zukunft bringen wird; sie basieren notwendigerweise auf den jüngsten Trends bei den Geburten- und Sterberaten, die sich ihrerseits kurzfristig und unerwartet ändern können. Diese Voraussagen gleichen eher Prophezeiungen als den Standards, die man normalerweise mit wissenschaftlichen Vorhersagen verbindet und von ihnen erwartet.[284]

Die exakte Berechenbarkeit von zukünftigen Bevölkerungsbewegungen hielt der britische Demograph David Eversley für einen „irren Glauben“, vielmehr verfolgten Bevölkerungsprognosen einen politischen Zweck. Schließlich handle es sich bei diesen Modellen, so komplex sie auch sein mögen, entweder um rein mechanische Extrapolationen vergangener Trends oder um Berechnungen, die auf Vermutungen der Verfasser beruhten. Laut Eversley war die Geschichte der Bevölkerungsprognosen daher nie frei von Einflüssen und Intentionen, und es müsse immer gefragt werden, warum die Prognose aufgestellt wurde und was der Autor damit wirklich bezweckte.[285]

3.2 Rassismus

Rassistische Denkweisen in den Bevölkerungswissenschaften basierten auf hierarchischen Konzeptionen von verschiedenen sozialen Gruppen, sowohl intra- als auch international.[286] Der Denkstil, dass „Völker“, die ihrerseits distinkten „ethnorassischen“ Einheiten angehörten, den Lauf der Geschichte bestimmten, verfügte über eine große Beharrungskraft.[287] Besonders in der Konstruktion des Gegensatzes eines „Eigenen“ und eines „Anderen“, wie sie z. B. in der differenzierten Betrachtung der Fertilität praktiziert wurde, kamen rassistische Sichtweisen zum Ausdruck. Je nach Land und welche ethnische Gruppen oder Klassen im Mittelpunkt der Betrachtung stehen, es sind immer die „Anderen“, die zuviel sind, während die „Eigenen“ meist zu wenig sind.[288] So zielt neomalthusianische Bevölkerungspolitik in der Praxis nicht auf eine rein quantitative Reduzierung des Bevölkerungswachstums bzw. der Bevölkerungsdichte, sondern impliziert ein Urteil, wer „zuviel“ ist.

Die Kulischer-Brüder sahen es als charakteristisch an, dass man vor dem Ersten Weltkrieg in Deutschland gleichzeitig von „Übervölkerung“ gesprochen und

284 Bauman 2005 [2004], S. 61.

285 Eversley 1994, S. 41.

286 Melegh 2010, S. 56.

287 Vgl. Pinwinkler 2014, S. 341–342.

288 Fertig 1995, S. 2; Weikert 2001, S. 29; Randeria 2006, S. 30–31; Ehmer 2008, S. 163–164; vgl. Haar 2005, S. 342; Melegh 2006. Siehe die Ausführungen über Rassismus und demographischem Druck von Lévi-Strauss 1985 [1983], S. 21–52.

eine Verminderung der Volkszunahme als Gefahr aufgefasst hatte.[289] Während des Nationalsozialismus war in den deutschen Wissenschaften ein sozialbiologisches Weltbild verbreitet. Rassenhygienische Theorien zu Minderwertigkeit, „Auslese und Ausmerze", ergänzt durch sozialdarwinistische Ideen über Rassen- bzw. Völkerkämpfe um Lebensraum, sowie ein radikalisierter Kultur- und Wertrelativismus bildeten den Kernbestand der NS-Weltanschauung. Das NS-Regime erhob Rassismus zum prägenden Element staatlicher Politik.[290] Durch die Verknüpfung der beschworenen Gefahr einer „Entvölkerung" in den Industriestaaten mit dem angeblichen Problem einer „Bevölkerungsexplosion" in „rückständigen" Ländern öffnete sich die wissenschaftliche Darlegung für rassistische Implikationen. Diese Argumentation setzte sich nach dem Zweiten Weltkrieg mit Blick auf die „Dritte Welt" fort („Zunahme der farbigen Rassen", „Schwund an weißer Rasse").[291] Der kanadische Wissenschaftsphilosoph Ian Hacking deutete auf die bereits lange bestehenden zwei Seiten der Medaille des „Bevölkerungsproblems" hin:

> The 'population problem' denotes both the population explosion of other peoples and too low a birth rate of one's own people. During the 19th century in France, one's own people were French, the others German and British. In Prussia [...] the others were Jewish. Today the others are the Third World. In late-Victorian England, the others were the labouring classes.[292]

Gemäß der Vielzahl an Akteuren war Rassismus im Diskurs über „agrarische Übervölkerung" in Südosteuropa facettenreich und keineswegs in allen Arbeiten präsent bzw. gleichermaßen präsent. Während in deutschsprachigen Arbeiten antislawische und antisemitische Merkmale überwogen, enthielten Arbeiten aus Südosteuropa eher Ressentiments gegen Minderheiten im eigenen Land. Während in Rumänien der Antisemitismus stärker ausgeprägt war, richtete sich die Diskriminierung in

---

289 Kulischer/Kulischer 1932, S. 197.

290 Bock 1991, insb. S. 301–303; Raphael 2001, S. 8–9. Für eine wissenschaftstheoretische Betrachtung des „Kampfes ums Dasein" siehe Maasen/Weingart 2000, S. 41–62 und Puschner 2014.

291 Kühl 1997, S. 199. Generell zur Kategorie Rassismus in den Bevölkerungswissenschaften siehe Chase 1977 und Kaupen-Haas/Saller 1999. Zum wissenschaftlichen Rassismus im NDH siehe Bartulin 2014. Musterbeispiele einer rassistischen Betrachtung der quantitativen Bevölkerungsfrage aus der Zeit vor und während des Zweiten Weltkriegs sind Balás 1936 und Most 1940. Im Hinblick auf die sinkende Geburtenrate der jeweiligen Staatsnation wurden in ganz Südosteuropa die Roma für ihren Kinderreichtum kritisiert. In Westeuropa wird gegenwärtig die hohe Geburtenrate der eingewanderten muslimischen Bevölkerung (wiederum in Bezug auf die sinkenden Fertilitätszahlen der jeweiligen Staatsnation) nicht nur von rechtsextremen Kreisen thematisiert, z. B. im viel diskutierten Buch „Deutschland schafft sich ab" von Sarrazin 2010, insb. S. 269–281; siehe dazu Etzemüller 2012.

292 Hacking 1990, S. 22.

Jugoslawien und Bulgarien in erster Linie gegen die Minderheiten muslimischen Glaubens. Dann gab es wiederum Arbeiten, welche ohne Rassismus auf ethnischer oder konfessioneller Basis auskamen, aber dafür in starkem Maße die bäuerliche Unterschicht diskriminierten.[293] Die Ansicht, dass die landwirtschaftliche Bevölkerung ihre „unproduktive Existenz" durch ihre Vermehrung und Bodenhaftung selbstverschuldet hatte, war ohnehin weit verbreitet.

3.2.1 Antislawische Strömungen

Gekoppelt mit antislawischen Ressentiments entwickelte sich die Angst vor der „Bedrohung einer Überflutung durch geburtenstarke Fremdvölker aus dem Osten" in Deutschland bereits vor dem Ersten Weltkrieg zu einer Obsession in den Bevölkerungswissenschaften.[294] Eine große Gefahr sah man im Einsatz slawischer Landarbeiter auf den Latifundien im Nordosten.[295] Hans Harmsen[296] sah 1930 in einem Artikel in *Volk und Reich*[297] die unmittelbare Gefahr für die deutsche Ostgrenze darin, dass der „slawische Osten" infolge seines niedrigen Industrialisierungsgrades nicht in der Lage sein werde, einen stärkeren „Bevölkerungsüberschuß" aufzunehmen. Das demographisch verursachte Eindringen „des Slawen" führe „unmerklich und unaufhaltsam" zu einer „Unterwanderung und Umvolkung" im „deutschen Osten".[298] 1931 schrieb Karl Thalheim, dass sich die Geburtenziffern auf dem Balkan, in Polen und besonders in der Sowjetunion noch immer auf einer Höhe hielten, die keinerlei „Rationalisierung des Sexuallebens"[299] erkennen ließen. Im Artikel ist die Angst des Autors vor der „Infiltration Angehöriger fremden Volkstums" – man habe dafür neuerdings den Begriff „Unterwanderung" geprägt – deutlich spürbar. Allerdings konnte man (anhand der Tschechoslowakei) Thalheim zufolge

293 Z.B. Frangeš 1937, S. 108–109.

294 Ehmer 2004, S. 26 und Blackbourn 2006, S. 256. Mit Schwerpunkt auf die Entwicklung antislawischer Einstellungen bei österreichischen Wissenschaftlern von der Habsburgermonarchie bis zum Nationalsozialismus in Bezug auf die slowenische und serbische Bevölkerung siehe Promitzer 1999. Für den Rassismus der bevölkerungswissenschaftlichen Expertise im Nationalsozialismus im Zusammenhang mit dem „slawischen Übervölkerungsdruck" siehe Haar 2005.

295 Jones 2009, S. 19.

296 Der in Medizin und Nationalökonomie promovierte „Volksbiologe" Hans Harmsen (1899–1989) hatte ein starkes wissenschaftliches Interesse an Südosteuropa und hatte dieses auch selbst bereist. Zu Leben und Werk Harmsens siehe Schleiermacher 1998 und 2004.

297 Zur Zeitschrift *Volk und Reich*, zu welcher der MWT Anfang der 1930er Jahre ein enges Verhältnis pflegte, siehe Müller, Thomas 2008 und Prehn 2010.

298 Harmsen 1930, S. 69–70.

299 Der Titel „Rationalisierung des Sexuallebens" von Julius Wolfs Buch (Wolf 1912) war in Deutschland zu einem Schlagwort in der Diskussion über den Geburtenrückgang geworden (Steinecke 1996, S. 56). Siehe dazu auch Ferdinand 2002 und 2007.

„mit völliger Sicherheit den Nachweis führen, dass das Slawentum an sich nicht gegen den Geburtenrückgang immun ist."[300] Während die „höheren Rassen" (die „eigentlichen Kulturträger") vornehmlich dem „städtischen Aussterben" ausgesetzt waren, gab es dem Nationalökonomen August Sartorius von Waltershausen zufolge im Süden und im Osten Europas Städte, die es zu „keiner Kulturhöhe" geschafft hatten, „da die in sie eingewanderten Rassen nicht genügend Zeug dazu hatten." Dem Lebenscharakter ihrer Bewohner nach seien diese Städte große Dörfer geblieben.[301]

Wenn sich die augenblickliche Geburtenrate nicht wesentlich erhöhe, sah Reithinger die germanische Gruppe in Zukunft stärker „an Boden verlieren", während die „slawische Völkergruppe" um die Mitte des 20. Jahrhunderts bereits auf etwa die Hälfte angewachsen sein wird. Reithinger räumte zwar ein, dass die Kopfzahl nicht allein für die Geltung der Völker ausschlaggebend sei; das politische, wirtschaftliche und kulturelle Bild würde durch die Bevölkerungsverschiebungen jedoch stark beeinflusst werden.[302] In einem Artikel im *Weltwirtschaftlichen Archiv* aus dem Jahr 1935 erinnerte Peter-Heinz Seraphim[303] an die Maßnahmen Österreichs gegen Zuwanderung aus dem Königreich Serbien und verwies zugleich auf das „Problem" der Binnenwanderung in den nach dem Ersten Weltkrieg geschaffenen Staaten „Zwischeneuropas": Kulturell „primitive", aber besonders geburtenreiche und unter starkem „Bevölkerungsdruck" stehende Bevölkerungsteile aus den Randgebieten der neuen Staaten hätten nun die Möglichkeit gehabt, ihren „Lebensspielraum" auf Kosten höher entwickelter Bevölkerungsteile (Deutsche) auszuweiten.[304] Fritz Lenz,[305] einer der führenden „Rassenhygieniker" in der Weimarer Republik und im Nationalsozialismus, schrieb in seinem 1941 in der *Zeitschrift für Politik* erschienenen Artikel über die „biologische Entwicklung der europäischen Völker":

> Man hat oft darauf hingewiesen, daß der Anteil der „Slawen" an der Bevölkerung Europas in den letzten hundert Jahren besonders stark zugenommen hat. Nun sind aber die Menschen slawischer Sprache sehr verschiedenartig und sehr verschiedenwertig. Was

---

300 Thalheim 1931, S. 760 und 763.

301 Sartorius von Waltershausen 1932, S. 105.

302 Reithinger 1934, S. 609–610. Um den „biologischen Aufstieg der slawischen Rasse" zu veranschaulichen modifizierte Reithinger ohne Quellenangabe eine Tabelle (Ebd., S. 609) aus Burgdörfers „Volk ohne Jugend" (Burgdörfer 1932, S. 378).

303 Der Bruder von Hans-Jürgen Seraphim war als Ökonom am Institut für Osteuropäische Wirtschaft in Königsberg ein Mitarbeiter Theodor Oberländers. Beide waren gemeinsam mit Conze und Ipsen Aushängeschilder der bevölkerungswissenschaftlichen Ostforschung. Zu Leben und Werk von Peter-Heinz Seraphim (1902–1979) siehe Steinweis 2003 und Petersen 2007.

304 Seraphim, Peter-Heinz 1935, S. 388.

305 Zu Leben und Werk von Lenz (1887–1976) siehe Rissom 1983 und Satzinger 2004.

> sich vorzugsweise vermehrt hat, sind primitive Rassenelemente im Osten. Dort liegt eine rassische Gefahr für ganz Europa.[306]

Die Behauptung der „grenzenlosen Anspruchs- und Bedürfnislosigkeit des rumänischen Bauern“ fand sich ebenfalls in zahlreichen Arbeiten wieder.[307] Der von den Ökonomen oft verwendete Ausdruck umschrieb dabei in höflicher Form die „Armut“, „Primitivität“ und „Rückständigkeit“ der bäuerlichen Bevölkerung. In den Augen Hitlers war der rumänische Bauer ohnehin nur ein „armseliges Stück Vieh“.[308] Aus der Sicht Konrad Meyers war es neben den geologischen und klimatischen Voraussetzungen zum Teil eine „Rasseneigentümlichkeit“, ob ein Volk den Weg der Industrialisierung beschreitet wie in Nord-, Mittel- und Westeuropa oder wie in Ost- und Südosteuropa „auf der Stufe reiner Agrarwirtschaft und damit einem niedrigen Lebensstandard verharrt.“[309] An mehreren Stellen kritisierten die Ökonomen die „statische“ Wirtschaftsgesinnung der südosteuropäischen Bauernschaft.[310] In seiner Dissertation hielt der österreichische Journalist und Ökonom Otto Schulmeister,[311] der seine Karriere bei der Wiener NS-Wirtschaftszeitung *Südost-Echo* begonnen hatte, den „Passivismus“ und den „primitiven Lebensstandard“ der Bevölkerung der Walachei und der Moldau für das interessanteste Beispiel, dass es sich „bei der agrarischen Intensivierung im Südosten um alles andere als nur ein wirtschaftliches oder gar preispolitisches Problem handelt.“ Die wirtschaftlichen Aufgaben wären nur ein Teil „einer politischen Erziehung dieser Völker.“[312] Am besten kam in den Betrachtungen deutscher Wissenschaftler der bulgarische Bauer davon. Mehrere Arbeiten deutscher Autoren verwiesen auf den besonderen Charakter des bulgarischen Bauern, dessen Fleiß sprichwörtlich sei.[313] Das damalige Bulgarienbild in Deutschland basierte auf dem Stereotyp von den Bulgaren als

---

306 Lenz 1941, S. 601.

307 Z.B. in der Publikation des Reichsnährstands (Rothmann 1940, S. 25). Zum Reichsnährstand siehe Gies 1981; Corni 1990, S. 66–86; Corni/Gies 1997, S. 201–250.

308 Picker 1963 [1951], S. 183. Nach dem Ersten Weltkrieg galt Rumänien in Deutschland als „Verräterstaat“ oder „Vasallenstaat“ Frankreichs (Nasarski 1974, S. 100). Zum Rumänienbild im deutschen Sprachraum in der Zeitperiode von 1775 bis 1918 siehe Heitmann 1985, zur „geringen Arbeitsleistung“ und „Bedürfnislosigkeit“ der ländlichen Bevölkerung in Rumänien siehe ebd., insb. S. 125–155.

309 Meyer 1942, S. 118.

310 Dabei wurde meist zwischen den bäuerlichen Bevölkerungen der verschiedenen Länder differenziert und die rumänische Bauernschaft als „statischste“ auserkoren (vgl. Schacher 1930, S. 25–26, 54, 78 und 105).

311 Zu Schulmeister (1916–2001) siehe Hausjell 1986 und die noch unveröffentlichte Biographie von Nadine Tauchner.

312 Schulmeister 1942, S. 102.

313 Heinrichsbauer 1940, S. 15; Leibrock 1941, S. 154.

„Preußen des Balkans", der deutsch-bulgarischen „Waffenbrüderschaft" während des Ersten Weltkriegs und der gemeinsamen Ablehnung der als demütigend empfundenen Friedensverträge von Versailles und Neuilly-sur-Seine.[314] Auch hatte Bulgarien im Vergleich zu den anderen Donau-Balkan-Ländern keine deutsche Minderheit. Der Publizist und Kulturpolitiker Franz Thierfelder (1896–1963), der 1951 zu den Gründern des Goethe-Instituts gehörte, bezeichnete es als „völkisch geschlossenes" und „gesundes Land".[315]

3.2.2 Antisemitismus

Im Folgenden wird gezeigt, wie Antisemitismus in die Arbeiten über die „agrarische Übervölkerung" Südosteuropas Eingang fand und welche Rolle er darin spielte. Bereits in der Diskussion über „agrarische Übervölkerung" in Polen hatte Staniewicz 1936 verlautbart, dass infolge der „*demographischen Spannung* auf dem Dorfe" der Drang der Landbevölkerung in die Kleinstädte immer größer geworden wäre. Die in dieser Atmosphäre entstehenden Konflikte zwischen zuwandernder Landbevölkerung und städtischer jüdischer Bevölkerung bezeichnete Staniewicz als „Ursprung des *polnischen Antisemitismus*".[316] Auf der im Sommer 1937 in Paris vom Internationalen Institut für geistige Zusammenarbeit des Völkerbunds organisierten Konferenz mit dem Titel „Peaceful change: procedures, population, raw materials, colonies" kam der demographische Aspekt des Antisemitismus in Rumänien zur Sprache.[317] So wurde mit Hinweis auf die „qualitative Übervölkerung" Rumäniens konstatiert, dass Antisemitismus ein demographisches Problem sei, das durch die ungleiche Verteilung jüdischer und rumänischer Bevölkerung in den verschiedenen Wirtschaftszweigen Rumäniens entstanden ist.[318]

Der u. a. aufgrund der wirtschaftlichen Position der jüdischen Bevölkerung in Teilen Südosteuropas existierende Antisemitismus musste demnach nur mit dem Konzept der „agrarischen Übervölkerung" verschränkt werden.[319] In Werken über

---

314 Nasarski 1974, S. 99 und 109–112; Bohn 1995, S. 124; Connelly 1999, S. 4–5; Troebst 2004, S. 65; siehe auch Haucke 1942, S. 79. Das positive Balkan-Bild im Deutschland der Zwischenkriegszeit untersuchte Troebst 2006 anhand der Inneren Makedonischen Revolutionären Organisation.

315 Thierfelder 1940, S. 69.

316 Staniewicz 1936–37, S. 439.

317 Die Vorträge der Konferenz wurden in einem Konferenzband veröffentlicht (International Institute of Intellectual Co-operation 1938). Zum *International Institute of Intellectual Co-operation* und den unter „Peaceful Change" bekannten Bemühungen des Völkerbunds in der Zwischenkriegszeit, die Frage der Rohstoffverteilung friedlich zu lösen, siehe u.a. Laqua 2011 und Cărbunaru 2013.

318 Zitiert nach Wright 1939, S. 68.

319 Zum rumänischen Staatsbürgerschaftsmodell und die Sicht der rumänischen Mehrheit auf die jüdische Minderheit in der Zwischenkriegszeit siehe Müller, Dietmar 2005, u. a. S. 209–408. Zum Antisemitismus in Rumänien vor und während des Holocaust siehe u. a. Hausleitner 2001, Brust-

„agrarische Übervölkerung“ aus der Region traf man allerdings selten auf antisemitische Äußerungen. Hier übernahmen viel mehr deutsche Wissenschaftler die Führungsrolle. Mit Blick auf Polen und Osteuropa verbanden deutsche Ökonomen ab 1938/39 den wissenschaftlichen Diskurs über die „agrarische Übervölkerung“ mit der antijüdischen Politik. Ihnen zufolge sollte die Lösung der „Judenfrage“ eine Linderung der „Übervölkerung“ herbeiführen. Einen Monat vor dem deutschen Überfall auf Polen forderte Werner Conze für die Lösung der „Übervölkerung“ in Polen die „Entjudung der Städte und Marktflecken zur Aufnahme bäuerlichen Nachwuchses in Handel und Handwerk“.[320] Die Verwendung des Begriffs der „agrarischen Übervölkerung“ zu antisemitischen Zwecken ist in erster Linie mit dem Namen Peter-Heinz Seraphim verbunden. Ihm zufolge lag die „Lösung des bevölkerungspolitischen Teils der osteuropäischen Judenfrage“ in der „Entleerung des osteuropäischen Raumes von den Juden“.[321] In einem Artikel in der vom Institut zur Erforschung der Judenfrage in Frankfurt am Main[322] herausgegebenen Zeitschrift *Weltkampf: Die Judenfrage in Geschichte und Gegenwart* sah er einen Grund für den „bevölkerungsmäßigen Überdruck auf dem Land“ darin, dass die Nachkommen der landwirtschaftlichen Bevölkerung durch das „jüdische Element“ in den Städten des Ostens daran gehindert wurden, in selbigen ihren Lebensunterhalt zu finden. Die Städte seien gleichsam durch die Juden „blockiert“ worden. Peter-Heinz Seraphim warnte jedoch vor der Annahme, dass durch die „Lösung der Judenfrage“ in Ost- und Südosteuropa das „Problem der landwirtschaftlichen Übervölkerung“ gleichfalls gelöst sei, dass die Besetzung der städtischen Arbeitsplätze durch Juden dem „Überdruck der ländlichen Bevölkerung“ das „benötigte Ventil“ gäbe. Peter-Heinz Seraphim hielt es für einen grundlegenden Irrtum zu glauben, Osteuropa werde

---

ein/King 2004, Heinen 2007, Sandu 2008, Hollander 2008, Benz/Mihok 2009, Oişteanu 2009 [2004] sowie Solonari 2010 und 2013; für Bulgarien siehe u. a. Chary 1972, Brustein/King 2004, Hollander 2008, Troebst 2011; für Jugoslawien siehe u. a. Völkl 1993, Goldstein 2004, Zuckerman-Itković 2006, Koljanin 2008 und Yeoman 2013. So schrieb z. B. das Zagreber Blatt *Novi list*, dass das „kroatische Blut auf dem Land nicht von jüdischen Ablagerungen infiltriert“ sei und zur „biologischen Erneuerung“ der Stadtbevölkerung beitrage, in „wessen Ädern leider immer mehr jüdisches Blut“ fließe (zitiert nach Zuckerman-Itković 2006, S. 82).

320 Conze 1940, S. 48; siehe Aly 1993, S. 626–628; detailliert dazu siehe Aly/Heim 1991. Zum Antisemitismus in der bevölkerungswissenschaftlichen Ostforschung siehe Aly/Heim 1991, S. 91–124; Haar 2005 und 2006.

321 Seraphim, Peter-Heinz 1939, S. 180. Den Zusammenhang von wirtschafts- und bevölkerungspolitischen Zielen und Planungen und der deutschen Vernichtungspolitik in den besetzten sowjetischen Gebieten 1941/42 untersuchte Gerlach 1998 und 1999. Für das besetzte Polen siehe Haar 2007, 2009 und 2010.

322 Das Institut zur Erforschung der Judenfrage betrieb rassenideologisch fundierte „Gegnerforschung“. Zum Institut siehe Schiefelbein 1993.

mit der „Ausscheidung der Juden bevölkerungspolitisch gesunden“: Der „Bevölkerungsdruck“ der osteuropäischen Bauernvölker sei weit größer, als dass er durch die Freimachung der Städte von den Juden aufgehoben werden könnte. Seraphim zufolge hatten Oberländer für Polen und Frangeš für Südosteuropa den Beweis des absoluten wie des relativen „Bevölkerungsüberdrucks“ der landwirtschaftlichen Bevölkerung erbracht; aus ihren Berechnungen würde sich ein „Überschuss“ von 50–60 % ergeben.[323] In der Wiener Ausgabe des *Völkischen Beobachters* vom 15. Mai 1941 wandte sich der deutsche Politik- und Kommunikationswissenschaftler Franz Ronneberger[324] der „Judenfrage in Südosteuropa“ zu. Das Judentum hätte „den normalen soziologischen Aufbau“ der Gesellschaften in den südosteuropäischen Staaten „systematisch“ verhindert, indem es nach Eroberung der „dünnen bürgerlichen Mittelschicht” einen „Keil zwischen Bauern und oberster Führung” getrieben hätte.[325] Der Berliner Wirtschaftswissenschaftler Alfred Maelicke kombinierte 1942 die „totale Lösung der Judenfrage“ mit der Lösung der „Überbevölkerungsfrage“ in Ost- und Südosteuropa:

> Nur eine völlige Entjudung des Wirtschaftslebens vermag die auch heute noch für viele Länder bestehenden Probleme, wie z. B. die Überbevölkerung und andere soziale Fragen im Südosten und anderswo, zu lösen. Die Beseitigung des jüdischen Händlergeistes und Profitdenkens und die Ausschaltung der Juden schaffen Raum und Sicherheit („Vollbeschäftigung“) für viele bisher entwurzelten und verarmten Arbeiter und Bauern, Handwerker und andere Gewerbetreibende.[326]

In Rumänien selbst erlebte der Antisemitismus seit dem Einigungsprozess Mitte des 19. Jahrhunderts einen starken Anstieg. Rumänische Nationalisten hetzten, dass der Staat zwar von einer rumänischen Elite gelenkt wurde, der Großteil der Staatsnation aber aus armen Bauern bestand, während lukrative Stellen in der Mitte der Gesellschaft von Juden besetzt gehalten wurden. Der produktivste rumänische Antisemit Alexandru Constantin Cuza (1857–1947), Politiker und Professor für

---

323 Seraphim, Peter-Heinz 1941, S. 45–46.

324 Nationalsozialist Ronneberger (1913–1999) war von 1935 bis 1939 wissenschaftlicher Assistent am Südost-Institut in München. Von 1940 bis 1944 war er Mitarbeiter der SOEG und von 1939 bis 1944 Leiter einer dem Auswärtigen Amt zugeordneten Informations- und Forschungsstelle in Wien, die er als Mitarbeiter des SS-Sicherheitsdienstes (SD) aufgebaut hatte. Die von ihm in dieser Funktion erstellten Berichte gingen auch an die von Hermann Gross geleitete Wiener Außenstelle der Volkswirtschaftlichen Abteilung der IG Farben. An der Hochschule für Welthandel, an welcher auch Gross tätig war, hielt Ronneberger ab 1940 im Auftrag der Südoststiftung des Mitteleuropäischen Wirtschaftstags Berlin an der Hochschule für Welthandel in Wien Vorlesungen. Zu Leben und Werk Ronnebergers siehe Heinelt 2004 und Klingemann 2009, S. 227–253.

325 Zitiert nach Heinelt 2004, S. 203.

326 Maelicke 1942, S. 1273; vgl. Aly/Heim 1991, S. 359–361.

Wirtschaftswissenschaften an der Universität Iaşi, bemühte bereits 1899 in seinem opus magnum das malthusianische Argument zur Untermauerung seiner Forderung, Rumänien müsse sich der Juden entledigen.[327] Als während des Zweiten Weltkriegs die demographischen Planungen wieder an Aktualität gewannen, befand sich auch die wissenschaftliche Vermischung von Antisemitismus und „Übervölkerung“ wieder im Aufwind. So schloss der rumänische Geograph Tiberiu Morariu (1905–1982) in Maramuresch wegen der dortigen geringen Existenzmöglichkeiten (Holznutzung, Hirtentätigkeit und Landwirtschaft) auf dessen „Übervölkerung“. Einerseits fand Morariu die Erklärung für diese „Übervölkerung“ in der großen Geburtenzahl, andererseits in der Einwanderung von Juden und Ruthenen. Die jüdische Bevölkerung wäre Anfang des 19. Jahrhunderts dort „eingedrungen“. Nach der Revolution von 1848 hätten die ungarischen Behörden ihnen bedeutende Rechte gewährt und beim Erwerb materieller Güter zum Nachteil der rumänischen Bevölkerung geholfen. Die Zahl der jüdischen Bevölkerung würde sich in Maramuresch auf 37.430 belaufen, während die rumänische Bevölkerung „kaum“ auf 97.055 komme.[328] Hier verbanden sich geopolitische Vorstellungen mit antisemitischen Ressentiments. Rumänische Geographen sahen mit Rekurs auf deutsche Geopolitiker den Staat als bodengebundenen Organismus, der externen „demographischen Druckquotienten“ ausgesetzt war.[329] Während nationalsozialistische Wissenschaftler die „Überbevölkerungsfrage“ mit der „Lösung der Judenfrage“ verbanden, zweifelte der rumänische Ökonom Radu Ionescu an der Existenz einer „landwirtschaftlichen Übervölkerung“ in seinem Land, zumindest habe Bulgarien gegenüber Rumänien eine zehnfache „landwirtschaftliche Übervölkerung“. Aus der Sicht dieses Nationalisten konnte es offenbar nicht genug Rumänen und Rumäninnen geben, noch dazu, als das Bauerntum innerhalb der extremen Rechten als „Blutquell der Nation“ galt. „Zu viele“ konnten höchstens die „Anderen“, z. B. die bulgarische Bevölkerung, sein. Die Behauptung, dass die rumänische Industrie die Landwirtschaft ausschlachte und die Industriestaaten wiederum die Agrarländer ausbeuteten, könne man Ionescu zufolge als am wenigsten stichhaltig ansehen – für ihn waren die Juden an allen „strukturellen Abnormitäten der rumänischen Volkswirtschaft“ schuld.[330]

---

327 Solonari 2013, S. 260.

328 Morariu 1940, S. 83.

329 Wedekind 2007, S. 235.

330 Ionescu 1941, S. 29–30 und 55. Ionescu kritisierte hier die These von Manoilescu 1937 [1929].

Eugene Kulischer[331] nahm 1943 in einer Nummer der Serie *Jews and the Post-War World* Bezug zum Thema Juden und „Übervölkerung" in Osteuropa. Er hielt fest, dass besonders die Gebiete jüdischer Konzentration in Osteuropa „übervölkert" waren. Dass deshalb aber die jüdische Bevölkerung emigrieren müsse, sei in einer echten demokratischen Weltordnung unakzeptabel. Sie müssten nicht für irgendwen Platz machen, denn sie seien Staatsbürger ihrer Länder wie die anderen. Sie könnten nach dem Krieg zu einem neuen Leben in ihre alten Häuser zurückkehren. Wenn aufgrund von „Übervölkerung" und ökonomischen Schwierigkeiten einige Menschen bestimmte Orte verlassen müssten, sollte eine derartige Emigration für Juden und Nichtjuden gleichermaßen geplant werden.[332] Das Deutungsmuster der „Übervölkerung" wurde auch in diesem Fall nicht angezweifelt.[333]

3.2.3 Minderheitenfeindlichkeit und ethnische Konsolidierung

In Südosteuropa verschrieben sich Bevölkerungswissenschaftler dem politischen Ziel einer Stärkung der eigenen nationalen Bevölkerung und interessierten sich vor allem für die ethnisch und konfessionell differenzierte Bevölkerungsentwicklung im eigenen Land. Bereits 1929 hatte der Statistiker Petăr Penčev in einem Artikel die sinkende Geburtenrate in Bulgarien beklagt.[334] Der Jurist und Ökonom Georgi Danailov (1872–1939) richtete die Aufmerksamkeit auf die nationalen, konfessionellen und „rassischen" Unterschiede in der Fertilität in Bulgarien: Obwohl die bulgarische Bevölkerung „physisch kräftiger und kulturell fortgeschrittener" sei, würde sich die Einwohnerschaft muslimischen Glaubens trotzdem schneller vermehren.[335] Der Präsident des Obersten Rats für Statistik in Bulgarien, Dimităr Mišajkov, thematisierte 1935 auf dem Internationalen Kongress über Bevölkerungswissenschaft in Berlin[336] den Geburtenrückgang in Bulgarien. Neben dem allgemeinen Rückgang interessierte ihn die Fertilitätsrate nach dem Religionsbekenntnis: Während die

331 Eugen(e) M. Kulischer (1881–1956) war ein Demograph und Migrationsexperte russisch-jüdischer Herkunft. Er prägte den Begriff „displaced persons" und hatte während seines Lebens Zwangsmigrationen am eigenen Leib erfahren. Nach seiner Flucht vor der Roten Armee war er ab 1921 war er Dozent für Ausländisches Recht an der Universität Berlin, bis er 1934 zunächst über Dänemark nach Frankreich emigrierte. Zu seiner Person und seiner Bevölkerungsforschung siehe u. a. Beer 2007, S. 150–156 und Ferrara 2011.

332 Kulischer 1943, S. 42.

333 Einige Jahre später belegte Braudel seine Annahme eines seit Ende des 15. Jahrhunderts „überbevölkerten" Südeuropas mit den dort damals häufig auftretenden Judenvertreibungen (Braudel 1973 [1949], S. 415).

334 Penčev 1929, S. 13–32. Zur „Entdeckung" des Geburtenrückgangs in Bulgarien siehe Baloutzova 2011, S. 128–167.

335 Danailov 1931, S. 427–429; Promitzer 2007, S. 232–233.

336 Zum Internationalen Kongress über Bevölkerungswissenschaft in Berlin siehe Ferdinand 1997.

Geburtenrate bei der orthodoxen Bevölkerung stark gesunken sei, wäre sie bei der muslimischen ungefähr gleich hoch geblieben.[337]

Im Unabhängigen Staat Kroatien (NDH) befasste sich u. a. der Geograph Zvonimir Dugački (1903–1974), der 1930–1932 mit einem Humboldt-Stipendium in Wien und Berlin gewesen war, mit demographischen Fragen. Dass in der Vergangenheit Kroaten und Kroatinnen emigriert seien und sich dafür Fremde angesiedelt hätten, wertete er als Ausdruck der belastenden Geschichte Kroatiens. Er freute sich über die steigende Zahl des kroatischen Volks – ein Zeichen, dass das kroatische Volk biologisch gesund und sowohl der Wille als auch die Fähigkeit zur Reproduktion stark ausgeprägt sei. Das Problem der „agrarischen Übervölkerung“ ließe sich ihm zufolge durch innere Kolonisierung lösen.[338]

Der ethnische Nationalismus in Rumänien heizte neben dem Antisemitismus auch Rassismus gegenüber anderen Minderheiten wie jene der Roma an. Die bevölkerungswissenschaftliche Forschung konzentrierte sich jedoch in erster Linie auf die politisch drängende Frage der ungarischen Minderheit in Transsilvanien mit dem Ziel, die Rumänisierungsbestrebungen der rumänischen Elite wissenschaftlich zu untermauern und zu legitimieren.[339] So wurde die Sorge, dass der „landwirtschaftliche Bevölkerungsüberschuss“ das soziale Gleichgewicht in Rumänien verändern werde, von Hinweisen auf die ethnischen Gegensätze begleitet. So würde die Zerstückelung des Landbesitzes der sich rasch vermehrenden rumänischen Bauernschaft zu winzigen Parzellen unweigerlich eine Proletarisierung dieser Schichten mit sich bringen, während die „weniger fruchtbaren Rassen“ wahrscheinlich eine gewisse Vermögensakkumulation erzielen könnten.[340] Die in seinen Augen schwache Bevölkerungszunahme in Siebenbürgen war für den Demographen und Leiter des Statistischen Zentralinstituts in Bukarest, Sabin Manuilă,[341] in erster Linie unter dem Aspekt der regionalen und der ethnischen Unterschiede interessant. So würde der Anteil der rumänischen Bevölkerung jeden Tag zunehmen, während jener der anderen Ethnien abnehme. Manuilă verfolgte das Ziel einer ethnischen Homogenisierung Rumäniens und suchte nach biologischen Argumenten zur Abwehr der

337 Michaykoff 1936, S. 142–143.

338 Dugački 1942, S. 636–637.

339 Zur Rumänisierungspolitik siehe Hausleitner 2001, Blomqvist 2014 und Weber 2015. Für den wissenschaftlichen Rassismus in Rumänien siehe Panu 2012 und Solonari 2013.

340 Rumäniens Bevölkerungsüberschuss 1940, S. 111.

341 Manuilă (1894–1964) war als führender rumänischer Demograph auch auf internationaler Ebene bekannt, so war er z.B. einer der Vizepräsidenten des Internationalen Kongresses für Bevölkerungswissenschaft in Berlin 1935 (Harmsen/Lohse 1936, S. XXI). Er hatte erheblichen Einfluss auf die Bevölkerungspolitik Rumäniens, Marschall Antonescu zog ihn bei allen Bevölkerungsfragen zu Rate. Zu Leben und Werk Manuilăs siehe Wedekind 2007, S. 252–256; Achim 2001 und 2008; Ahonen 2008, S. 57–59; Solonari 2010, S. 75–80 und 88–94; Turda 2015, S. 271–362. Zu Manuilăs Zusammenarbeit mit deutschen Wissenschaftlern (z. B. Friedrich Burgdörfer) siehe Achim 2006.

ungarischen Einwände gegen die Union Siebenbürgens mit dem rumänischen Altreich.[342] Später entwickelte Manuilă eine bevölkerungspolitische Strategie, welche das „Problem der agrarischen Übervölkerung" bekämpfen und gleichzeitig zur ethnischen Konsolidierung Rumäniens beitragen sollte. Entlang der Staatsgrenzen sollten bevölkerungsreiche Beispieldörfer zur Erschließung neuer landwirtschaftlicher Nutzflächen entstehen.[343] Eine solche Bevölkerungspolitik werde nicht nur endgültig die „ethnische Säuberung" der Grenze, sondern auch eine rationellere berufliche Verteilung der ländlichen Bevölkerung auf Dörfer und Städte herbeiführen.[344] Diese Pläne wurden durch den Zweiten Wiener Schiedsspruch vom 30. August 1940 gedämpft, in welchem Rumänien unter dem Druck Deutschlands und Italiens einen Teil Siebenbürgens an Ungarn abtreten musste. Petru Râmneanţu räumte am 22. November 1943 in seiner „Blut und Heimat" betitelten Antrittsvorlesung an der Medizinischen Fakultät von Cluj-Sibiu Frangeš' Kieler Vortrag über die „agrarische Übervölkerung" Südosteuropas großen Platz ein. Er ergänzte, dass in Rumänien die notwendige Industrialisierung vor allem auch einen ethnischen Aspekt erfülle. Die „überzählige Agrarbevölkerung" könne insbesondere in die Städte Siebenbürgens, Bessarabiens und der Bukowina geleitet werden. Dort würde sie das bisher schwach ausgeprägte rumänische Element stärken.[345] Diese bevölkerungspolitische Denkweise war eng mit den geopolitischen Überlegungen dieser Zeit verknüpft. Letztere werden im nächsten Abschnitt im Hinblick auf ihre Verflechtung mit dem Diskurs über die „agrarische Übervölkerung" Südosteuropas untersucht.

3.3 Geopolitik

Fast alle damaligen Geopolitiker hatten einen malthusianischen und sozialdarwinistischen Hintergrund.[346] Thomas Etzemüller merkte an, dass „Raum", obwohl selten explizit, immer im Begriff der „Bevölkerung" mitgedacht wurde. Ohne das Denken in Räumen könne man Bevölkerung gar nicht zum Problem machen.[347] Im vorliegenden Fall konnte erst eine Verknüpfung von landwirtschaftlicher Bevölkerung mit anbaufähiger Fläche (geographischer Raum), Beschäftigungsmöglichkeiten in nichtlandwirtschaftlichen Berufen (sozialer Raum) und (national)staatlicher

342 Manuilă 1992 [1934], S. 38–40; vgl. Achim 2006, S. 141.

343 Zu den Beispieldörfern in Rumänien siehe Muşat 2015.

344 Manuilă 1940, S. 170. Zu den Plänen Manuliăs und der Minderheitenfrage in Transsilvanien 1939–1944 siehe Bolovan/Bolovan 2000, Trașcă/Gräf 2007 und Case 2009.

345 Râmneanţu 1943, S. 386. Zu Leben und Werk von Râmneanţu (1896–1975) siehe Turda 2015, S. 271–362.

346 Schlögel 2015, S. 49.

347 Etzemüller 2007, S. 70.

Grenzen einen Maßstab für „agrarische Übervölkerung" setzen. In der Tat waren geopolitische Argumente ein fester Bestandteil des Bevölkerungsdiskurses, wie in vorliegendem Fall die weiter unten in diesem Abschnitt beleuchtete Geburtenrückgangsdebatte der deutschen Minderheiten Südosteuropas belegt, und waren in früheren Arbeiten bereits verankert.

Vor der Debatte um die „agrarische Übervölkerung" Südosteuropas galt die Region in der Regel als spärlich besiedelt, in geopolitischen Überlegungen wurde ihr die Rolle eines Auffangbeckens für den Bevölkerungsüberschuss europäischer Industrieländer zugedacht. Derartige Überlegungen gab es vor allem in der Habsburgermonarchie während und nach dem Ersten Weltkrieg. In einer politischen Denkschrift kritisierte der Historiker und Ethnologe Raimund Friedrich Kaindl[348] die Auswanderung unzähliger Deutscher nach Übersee, die dem deutschen Land aus seiner Sicht keinen Nutzen gebracht, sondern vielmehr die günstigste Zeit zur Erwerbung von Kolonialland im Osten ungenützt verstreichen hatte lassen. Um die wirtschaftlichen, biologischen und sicherheitspolitischen Interessen des gesamten deutschen Volks zu schützen, sollte der „Überschuß an deutscher Volkskraft" in Zukunft nur mehr in die Grenzgebiete der Habsburgermonarchie (Karpaten- und Balkanländer) gelenkt werden. Dorthin könnte man auch deutsche Auswanderer aus Amerika zurückführen. Allerdings war aus Kaindls Sicht auch dieses Gebiet nicht ganz „leer", denn diese deutsche „Schutzwehr gegen die Gewalten des Ostens" sollte vor denjenigen Nachbarn schützen, die sich inzwischen wie „Sand am Meere" vermehrt hätten. Letzte Aussage ist vermutlich absichtlich vage gehalten, damit sowohl nichtdeutsche Bevölkerungen diesseits als auch jenseits der östlichen Grenzen des Habsburgerreichs gemeint sein können.[349]

1923 hatte Ottokar Landwehr[350] die Grenze der „Übervölkerung" bei 100 Einwohnern pro „Kulturquadratkilometer" (Ackerland, Wiesen und Gärten) angenommen. Nach seiner Ansicht erhalte man die „wünschenswerte" Bevölkerungszahl eines Staats, wenn man dessen Fläche mit 100 multipliziert. Die westeuropäischen Staaten gingen demzufolge zwangsläufig als stark „übervölkert" hervor. Für die Länder ohne Kolonien gäbe es demnach nur die Möglichkeit, ihren „Menschenüberschuss" in die menschenarmen Gebiete Russlands, Spaniens, der Balkanstaaten oder nach Übersee abzugeben. So begründete Landwehr auch die Notwendigkeit einer Wiederherstellung der Donaumonarchie ausschließlich mit bevölkerungspolitischen Argumenten: Für die „übervölkerten" österreichischen Nachfolgestaaten

348 Zu Kaindl (1866–1930) und seinem Werk siehe Pinwinkler 2008.

349 Kaindl 1915, S. 9–10 und 36–40.

350 General Ottokar Landwehr von Pragenau (1868–1944) hatte als Leiter des im Februar 1917 gegründeten „Gemeinsamen Ernährungsausschuss" Österreich-Ungarns mit einer ungünstigen Lage der Ernährungsversorgung zu kämpfen (Wargelin 2000, S. 271). 1931 veröffentlichte er seine Memoiren unter dem Titel „Hunger: die Erschöpfungsjahre der Mittelmächte 1917/18".

wäre „nichts natürlicher“ als der Zusammenschluss mit den dünner besiedelten Nachbarstaaten, insbesondere mit Ungarn und den angrenzenden Balkanstaaten.[351] 1930 schrieb der Berliner Ökonom und Historiker Gerhard Schacher, dass trotz einer starken Bevölkerungsvermehrung im Südosten alles darauf hindeute, dass „diese Gebiete in besonders hohem Maße geeignet sein könnten, den Menschenüberfluß anderer Länder aufzunehmen.“[352] Im Gegenzug dazu begründete der einflussreiche kroatische Wirtschaftswissenschaftler Rudolf Bićanić[353] die Bedeutung der Beschäftigung mit „agrarischer Übervölkerung“ in Kroatien wiederum mit einem geopolitischen Argument: da Kroatien allgemein als spärlich besiedelt gelte, würde es von anderen Völkern als Kolonisierungsgebiet betrachtet.[354] In der Zusammenfassung seiner Arbeit in deutscher Sprache schloss Bićanić, dass sich das Bild eines „Raums ohne Volk“ in Kroatien, wie es westeuropäischen Augen erscheinen mag, bei näherem Zusehen und unter Berücksichtigung der bäuerlichen Struktur in ein „Volk ohne Raum“ verwandelte.[355] Damit verwendete Bićanić ein Schlagwort aus Deutschland, das auf den gleichnamigen Roman des völkischen Schriftstellers Hans Grimm (1926) zurückging. Es wurde in der Weimarer Republik und in der NS-Zeit benutzt, um Elend und Armut in Deutschland auf seine „Übervölkerung“ zurückzuführen und territoriale Expansion zu rechtfertigen.[356]

351 Landwehr 1923, S. 18–19.

352 Schacher 1930, S. 156.

353 Bićanić (1905–1968) hatte in Paris und Zagreb studiert. Ab 1935 war er einer der bekanntesten Vertreter des linken Flügels der Kroatischen Bauernpartei (HSS). 1936 wurde er Vorstandsmitglied der Bauerngenossenschaft *Gospodarska sloga* und Redakteur der gleichnamigen Zeitschrift (1937–1938). In Folge der serbisch-kroatischen Verständigung im August 1939 durch das Cvetković-Maček-Abkommen wurde Bićanić 1940 zum Leiter der Direktion für den Außenhandel Jugoslawiens ernannt. Nach dem deutschen Angriff auf Jugoslawien begleitete er die jugoslawische Exilregierung nach London. Dort bekleidete er mehrere Funktionen, beispielsweise erster Vizegouverneur der Nationalbank (1941–1943) und jugoslawischer Vertreter im Londoner Komitee der UNRRA. Zu Beginn des Jahres 1944 begann er sich von der Politik der Londoner Exilregierung zu distanzieren, verließ diese schließlich und schloss sich der Bewegung für die Volksbefreiung Jugoslawiens von Josip Broz Tito an. Noch im selben Jahr wurde er zu deren Generalbevollmächtigten in London ernannt. Ab 1946 war er Vorstand des Instituts für Wirtschaftspolitik der rechtswissenschaftlichen Fakultät der Universität Zagreb. Ab 1924 bis zu seinem Tod veröffentlichte Bićanić um die 250 Artikel in einheimischen und ausländischen Zeitschriften und Sammelbänden (Innerhofer 2010, S. 268–269, zu Bićanić und seinem Werk zur „agrarischen Übervölkerung“ siehe ebd.).

354 Bićanić 1940, S. 9. Hier dachte Bićanić in erster Linie an Italien und Deutschland. Während deutsche Wissenschaftler die Gefahr des Bevölkerungsdrucks aus Ost- und Südosteuropa heraufbeschworen, übte nach Bićanić die schiere Anzahl der 80 Millionen Deutschen Druck auf die kleinen Nationen Ostmitteleuropas aus (Bićanić 1943, S. 26).

355 Bićanić 1940, S. 31.

356 Dazu siehe u. a. Wolter 2003 und Jureit 2012, S. 250–286. Henryk Strasburger (1877–1951), Finanzminister der polnischen Exilregierung in London, argumentierte in die gleiche Richtung: „Overpopulation is undoubtedly one of the most important and difficult of Europe’s problems, but

Der US-amerikanische Geopolitiker Isaiah Bowman gab 1937 den Sammelband „Limits of Land Settlement“ heraus, in welchem er der in seinen Augen drängenden sozialen, wirtschaftlichen und politischen Frage nachging, wie man „übervölkerte“ Länder von ihrem Druck erlösen könne – jedenfalls stünden in Europa für die Lösung dieses Problems keine Territorien mehr zur Verfügung.[357] Dieselben Fragen beschäftige auch die „deutsche Geopolitik“, welche eng mit dem Namen Karl Haushofer, dem „Wegbereiter raumpolitischen Denkens“ und Herausgeber der *Zeitschrift für Geopolitik*, verbunden war.[358] Für Haushofer stellte sich das „Übervölkerungsproblem“ notwendigerweise als „Grenzverschiebungsproblem“ dar. Von „einem dumpfen Gefühl des Drucks unzulänglichen Atemraums, mangelnder Luft“ und „quälender Raumenge“ geplagte Völker sollte ausreichender „Lebensraum“ zugestanden werden. Mit „Übervölkerung“ beschäftigte sich Haushofer speziell in Bezug auf den südasiatischen Raum, Verweise auf die „Übervölkerung“ Deutschlands fehlten jedoch nicht. Nach Haushofer zeige das „Manometer des Grenzdrucks“ infolge der „Einengung des Lebensraumes“ einen „unnatürlichen Stand des Werdegangs der Grenze und Vor-Explosionszustände am Yangtse und Hwangho, wie an Donau, Rhein und Weichsel – von Maas, Etsch und Belt gar nicht zu reden!“ Konsequenterweise müsse der „ungeheuerlich übersteigerte Grenzdruck“ in den Augen Haushofers zu „gewaltsamen Ausbrüchen führen“.[359] Während die Nationalsozialisten unter dem Schlagwort „Volk ohne Raum“ und im Rückgriff auf Haushofers Theorien wegen der „Übervölkerung“ Deutschlands Anspruch auf „Lebensraum“ im Osten erhoben, wurde den südosteuropäischen Staaten diese Möglichkeit verwehrt. Siegfried Faßbender, völkischer Nationalökonom aus Berlin, konstatierte 1941 in der *Zeitschrift für Geopolitik*, dass es für die Völker in Südosteuropa keine Möglichkeit für die „Ausweitung des Lebensraumes“ gäbe. Eine solche wäre zudem nicht gerechtfertigt, weil die „landwirtschaftliche Übervölkerung“ durch die Intensivierung und Produktionsumstellung der Landwirtschaft zu lösen sei.[360]

Geopolitisches Interesse stand auch im Zentrum der Beschäftigung mit der demographischen Entwicklung der deutschen Minderheiten in Südosteuropa. Angefeuert von Burgdörfers „Volk ohne Jugend“ (1932) und der Ernennung Adolf Hitlers zum

---

Germans frequently use the argument of overpopulation in order to subjugate territories just as much and often even more overpopulated than their own country“ (Strasburger 1943, S. 5).

357 Bowman 1937, S. 1. Zu Leben und Werk des einflussreichen Geographen (1878–1950) siehe mit weiterführenden Literaturangaben Ashworth 2013.

358 Zu Haushofer (1869–1946) und der *Zeitschrift für Geopolitik* siehe u. a. Ebeling 1994, Dieckmann/Krüger/Schoeps 2000, Natter 2004 und Spang 2013.

359 Haushofer 1939, S. 105 und 138–139. Das Lebensraum-Konzept wurde in Deutschland durch den Geographen und einflussreichen Wegbereiter der Geopolitik, Friedrich Ratzel (1844–1904) geprägt. Bereits Kaiser Wilhelm II. benutzte das Bild eines „übervölkerten“ Deutschlands, um territoriale Forderungen gegenüber dem „untervölkerten“ Frankreich geltend zu machen (Clark 2012, S. 179).

360 Fassbender 1941, S. 618.

Reichskanzler am 30. Jänner 1933 stieg in diesem Bereich die Anzahl der Publikationen mit stark völkischer Perspektive. Ipsens Artikel „Bevölkerungslehre" im „Handwörterbuch des Grenz- und Auslanddeutschtums" von 1933 zufolge befand sich das „deutsche Volkstum" in Mitteleuropa fast überall in der Verteidigung gegen den „Angriff" aus dem „agrarisch übervölkerten slawischen Osten". Gegen den Südosten würde der pannonische Raum noch einen „gewissen Schutz" bieten, dieser sollte jedoch nicht überschätzt werden: Entsprechend der „Druckrichtung aus dem Übervölkerungs- in den Entvölkerungsraum" brächen „Einbruchsstellen" auf, an denen der „völkische Kampf" hochbrenne.[361] Der spätere Landesjugendführer der Deutschen Volksgemeinschaft in Rumänien, Nikolaus Hans Hockl, fürchtete 1934 eine „Unterwanderung" und „Umvolkung" der deutschen Dörfer in Rumänien durch das „geburtenstärkere Fremdvolk". Denn im „unblutigen Existenzkampf zwischen zwei Völkern" gewinne nicht „der Intelligentere oder der wirtschaftlich Mächtigere, sondern der Geburtenstärkere."[362] Für auslandsdeutsche Gebiete sei diese „biologische Schwäche" umso bedrohlicher, „als keine festen Staatsgrenzen dem stärkeren Wachstum der ihnen benachbarten Völker Einhalt gebieten."[363] Da den niedrigen Geburtenziffern der deutschen Minderheiten in Südosteuropa Völker „mit großer Fruchtbarkeit" gegenüberstünden, sah Helmut Wolter ernste Warnungen vor einer künftigen „Einengung des Lebensraums". Besonders der Geburtenrückgang bei der deutschen Minderheit im rumänischen Banat bereitete den deutschen Wissenschaftlern große Sorgen. Wegen seiner „Geburtenmüdigkeit" und „Kinderarmut" galt das rumänische Banat unter den Volkstumsforschern als „Todeswinkel".[364] In seiner Dissertation an der Medizinischen Fakultät der Universität München warnte der aus dem Banat stammende Hans Schörnig vor den Folgen des deutschen „Volksschwundes" in seiner Heimat:

> Die Schrumpfung der Volkszahl führt nicht nur zu Schwäche und Kulturverfall, sondern es tritt durch das Eindringen Fremder mit größerem Bevölkerungsüberschuß eine Aushölung des Volkstums ein. Wir können dies heute schon in jenen Dörfern beobachten, wo in unmittelbarer Nähe Madjaren und Rumänen wohnen. Gestern war der Fremde noch Knecht, morgen wird er dank seines Bevölkerungsüberschusses Herr.[365]

361 Ipsen 1933, S. 461. Zur Verankerung eines solchen Szenarios in Deutschland siehe Nasarski 1974, S. 30–37. Zum „Handwörterbuch des Grenz- und Auslanddeutschtums" siehe Oberkrome 1993, S. 154–169 und Fahlbusch 1999, S. 147–156.

362 Hockl 1934, S. 268. „In diesem biologischen Volkstumskampf trägt der Geburtenstärkere den Endsieg davon" (Jaeger 1935, S. 114; siehe auch Herrschaft 1942, S. 264).

363 Jaeger 1935, S. 114.

364 Wolter 1939, S. 82 und 95.

365 Schörnig 1939, S. 78.

Heinz Brunner[366] zufolge hätte der „Westen Europas“ das Deutschtum im Banat „angesteckt“ und mit seinen Ideen der Geburtenverhütung „verseucht“. Von Brunners geopolitischem Standpunkt aus musste das Dritte Reich auf die „Bedrohung aus dem geburtenstarken Osten“ reagieren: „Dort muß ein Geburtenwall errichtet werden, der von niemandem überrannt und unterhöhlt werden darf.“ Das Südostdeutschtum sei zwar auf dem besten Weg zum Mitaufbau dieses Walles, es müsse allerdings eiligst soziologisch und wirtschaftlich „gesunden“. Das NSDAP-Mitglied Brunner war jedoch davon überzeugt, dass sich der „Führer und das Reich“ als „eindeutige Garanten einer solchen wirtschaftlichen Gesundung des deutschen Bauerntums in Südosteuropa“ dem Problem annehmen würden.[367]

Johann Wüscht (1897–1976), Gründer der volksdeutschen Genossenschaften, Leiter der statistischen Arbeitsstelle der deutschen Volksgruppe und Assistent des Volksgruppenführers Sepp Janko in Jugoslawien,[368] stellte 1936 dem „geradezu vernichtenden Rückgang der Geburtenfreudigkeit“ in der deutschen Bevölkerung in Südosteuropa die „ungemein starke Vermehrung“ der „Südostvölker“ gegenüber.[369] So untersuchte Wüscht in seinem Aufsatz mit dem programmatischen Titel „Die bevölkerungspolitische Gefahrenlage der deutschen Volksgruppe in Südslawien“ den „Kampf um die Selbstbehauptung“ oder den „biopolitischen Kampf“ (Burgdörfer) um den „deutschen Volksboden“[370] eines Minderheitenvolks gegen das „kräftig vordringende“ Staatsvolk. Die Verschiedenheit der Bevölkerungsvermehrung in Jugoslawien musste nach Wüscht zu inneren Spannungen führen: Während die starke Vermehrung in Gebieten mit geringem Lebensraum vor sich gehe, sei sie in den reichen Agrargebieten des Nordens oder im industriellen Slowenien am geringsten. Der tatsächliche „Bevölkerungsdruck“ sei seit der Staatsgründung nach außen nur insofern gemildert worden, als dass ein dauerndes Wandern von Menschen aus dem Süden in den Norden eingesetzt hätte. Dadurch sei gerade die in der Vojvodina ansässige deutsche Volksgruppe den Gefahren der „Unterwanderung“, des „fremdvölkischem Einflusses“ und der „Entvolkung“ ausgesetzt.[371] In

366 Brunner (1905–1971) hatte im *Volksbund für das Deutschtum im Ausland* (VDA) Karriere gemacht, bevor er nach dessen Entmachtung durch die *Volksdeutsche Mittelstelle der SS* 1937 als Hochschullehrer für Geographie in Bonn lebte (Gradwohl-Schlacher 2008, S. 36).

367 Brunner 1940, S. 365 und 370–371. Zum Diskurs der nationalen Regeneration und zum Gebrauch der Wörter von „Krankheit“ und „Gesundung“ im Sprechen über Wirtschaft und Volk in der Weimarer Republik siehe Föllmer 2001.

368 Casagrande 2003, S. 23; Promitzer 2004, S. 108. Zum deutschen Genossenschaftswesen in der Vojvodina siehe Robionek 2012.

369 Wüscht 1936, S. 141; vgl. Giljum 1933.

370 Zur Konstruktion des Begriffs „deutscher Volksboden“ in der deutschen Historiographie und seiner Benutzung für deutsche Bevölkerungspolitik und -planung in Osteuropa siehe Haar 2000, u. a. S. 44–46, 91 und 157–158.

371 Wüscht 1936, S. 137, 143 und 146–148.

der Publikation seiner Dissertation an der Berliner Friedrich-Wilhelms-Universität orientierte sich Anton Lehmann im Kapitel über die biologischen Verhältnisse der Deutschen in Südslawien stark an die Ausführungen Burgdörfers und Wüschts und fragte sich:

> Was nützt z. B. die Judengesetzgebung im Deutschen Reich, wenn die erbbiologisch wertvollen deutschen Menschen beim Ein- und Zweikindersystem verbleiben, die rassisch Minderwertigen sich aber stark vermehren? [...] Um so beunruhigender wirkt es nun, wenn wir bei der deutschen Volksgruppe sehen, wie die Geburtenfreudigkeit immer mehr abnimmt, die Bevölkerungszahl ständig zurückgeht und so schließlich ein leerer Raum entsteht, in den die kinderreichen Südslawen mühelos nachrücken können.[372]

In serbischen Kreisen wurde in der Zwischenkriegszeit tatsächlich viel über Mittel und Wege zur „Nationalisierung" der Vojvodina, d. h. über die Sicherung der Dominanz der slawischen, insbesondere der serbischen Bevölkerung in diesem Gebiet, gesprochen.[373] 1938 wies Wüscht in einem weitern Artikel im *Archiv für Bevölkerungswissenschaft und Bevölkerungspolitik* darauf hin, dass die Vojvodina – in welcher die „Hauptsiedlungsgebiete des Deutschtums" lagen – über die niedrigste agrarische Bevölkerungsdichte verfügte. Trotz der „großen innenbedingten Aufnahmefähigkeit des Gebietes" hätte der dortige Bevölkerungszuwachs nur 6 % erreicht. Die Vojvodina sei einem von Süden kommenden „dynamischen Bevölkerungsdruck" ausgesetzt. Bedenklich erschien Wüscht die „erhebliche Vergrößerung" des slawischen Bevölkerungsanteils nach dem Ersten Weltkrieg. Alarmiert zeigte er sich darüber, dass im Jahrzehnt 1921–1931 die durchschnittliche Zuwachsrate der Slawen mit 15,3 % sogar fast die des Staats erreicht hat – trotz der „unzulänglichen natürlichen Vermehrung" der in der Vojvodina „bodenständigen slawischen Wohnbevölkerung."[374] Mit einer solchen Argumentation konnte sich Wüscht auf die in Deutschland im Trend liegende Geopolitik stützen. Der prominente Geopolitiker Rupert von Schumacher hatte in seinem Buch mit dem wegweisenden Titel „Der Raum als Waffe" die in der Welt betriebenen Siedlungsformen folgendermaßen eingeteilt:

1. Siedlung zur Unterwanderung fremder Machtbereiche.
2. Kampfsiedlung gegen fremde Volksteile im eigenen Machtbereich.
3. Grenzsiedlung als Verteidigungsmittel nach Art der ehemaligen österreichischen Militärgrenze gegen die Türkei.

372 Lehmann 1938, S. 48 und 50–51.

373 Portmann 2016; siehe z. B. Kostić 1925.

374 Wüscht 1938, S. 167.

4. Schutzsiedlung gegen fremdvölkischen Bevölkerungsdruck.
5. Innenkolonisation zur Unterbringung des Bevölkerungsüberschusses, gleichmäßiger Durchorganisierung des eigenen Machtbereiches und Auflockerung der Menschenanhäufungen in den Städten.
6. Siedlung zum Zweck der Anpassung der Siedlungsformen an die Erfordernisse der Verteidigung gegen die modernen Waffen vor allem gegen die Luftwaffe (Siedlung als passiver Luftschutz).[375]

Weil in seinen Augen die Bewohner des Balkans „keine biologisch und politisch sicheren Faktoren" waren, blieb nach Schumacher nur der „Raum" als einziger stabiler Faktor im Südosten übrig. Geopolitisch hätte Südosteuropa für Deutschland somit die Funktion eines ethnopolitischen Grenzraums von kontinentalem Ausmaß. Schumacher mahnte jedoch militärisch-strategische Vorsicht ein, das „kulturelle und biologische Überschwemmungsgebiet" des Südostens bleibe auch nach der „Eindeichung" eine „Marschlandschaft" im stetem „Kampf gegen die Dammbruchgefahr." Es sei die Frage nach der besten Dammbaumöglichkeit, die alle Anrainer bewegen müsse.[376]

Um die Bedeutung seiner Tätigkeit hervorzuheben, maß Hans-Jürgen Seraphim seiner Siedlungsforschung auch geopolitische Bedeutung zu. Da die natürliche Bevölkerungszunahme der slawisch besiedelten Gebiete die deutsche „sehr erheblich" übertraf, kam es in seinen Augen an den „Fronten des deutsch-slawischen Völkerringens" zu einem „Bevölkerungsdruck" auf die deutschen Gebiete. Dementsprechend suchte Seraphim nach der optimalen Siedlungsform, um deutsch besiedelten Boden mit nachhaltigem Erfolg zu verteidigen. Großer Grundbesitz sei leicht zu überrennen und „infolgedessen eine im ganzen schwache Sicherung im Kampf der Völker um den Boden." Dagegen wäre die Verdichtung von fest gegründetem Bauerntum schon mengenmäßig von größter positiver Bedeutung, und zwar als „Menschenwall, dessen zahlenmäßige Stärke einen Faktor der Raumsicherung darstellt".[377] Für Anton Reithinger lag es angesichts der drohenden Gefahr eines völligen Verlusts der „ursprünglich germanischen Siedlungsgebiete" in Südosteuropa durch die weitere biologische Entwicklung im Interesse Deutschlands, den wachsenden Bevölkerungsdruck in Südosteuropa durch Abwanderung nach Osten

375 Schumacher 1935, S. 82.

376 Schumacher 1934, S. 162, 164 und 165. Innerhalb dieses Grenzraums sei jedoch wirtschaftlich und sozial eine agrarische Einheit vorhanden, sodass in diesem Sinne kaum Grenzen zu ziehen seien (Schumacher 1934, S. 168). Um dem polnischen „Bevölkerungsdruck" entgegenzuhalten, hatte Burgdörfer in seinem Buch „Volk ohne Jugend" die Ansiedlung deutscher Bauern im „volkspolitisch gefährdeten Osten" als „Damm gegen die slawische Flut" gefordert (Burgdörfer 1932, S. 419).

377 Seraphim, Hans-Jürgen 1934, S. 60–61.

und Süden – also weg von Deutschland – abzuleiten oder ihn durch Industrialisierung zu binden.[378] Reithinger veranschaulichte die geopolitische Lage – angesichts der vermeintlichen Bedrohung des von Südosteuropa ausgehenden „agrarischen Überdrucks“ – optisch wirksam auf einer eigens angefertigten Karte:

378 Reithinger 1936, S. 98–99.

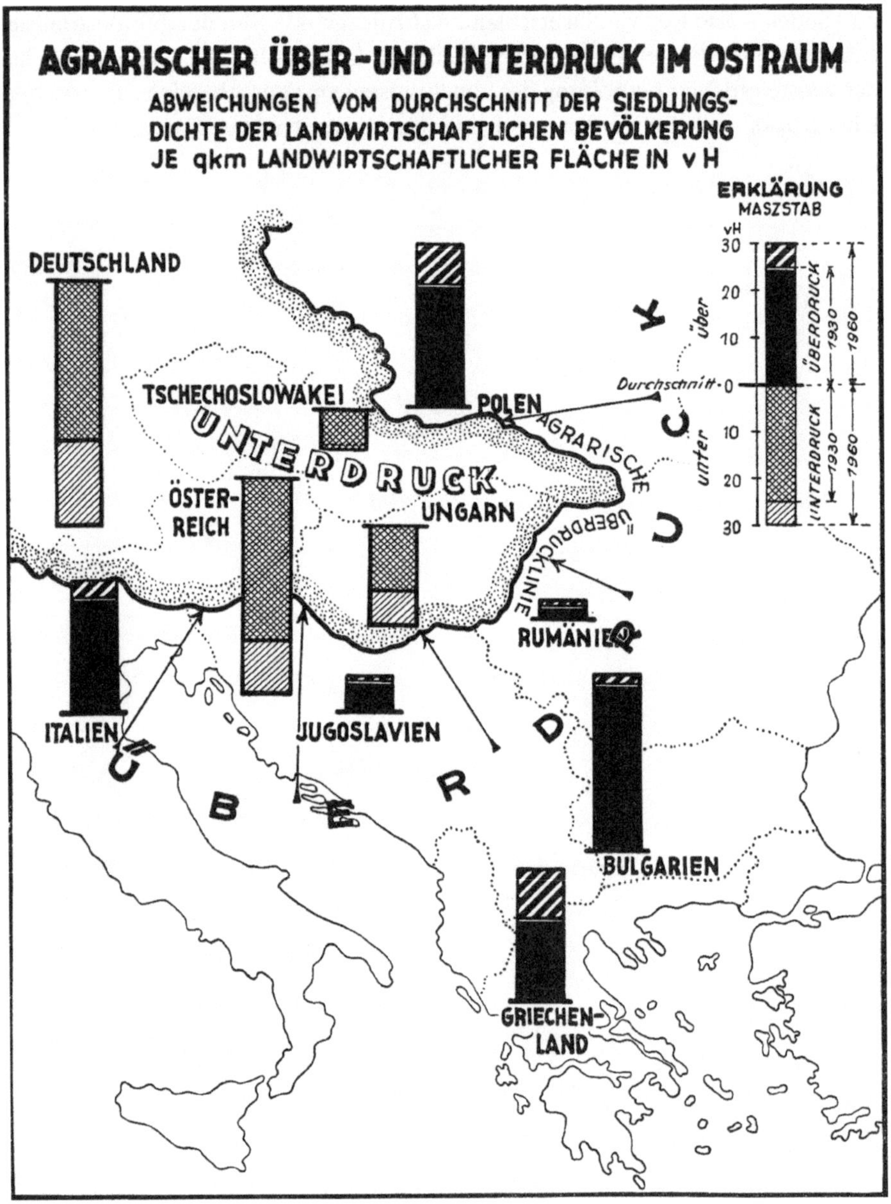

Abb. 2 „Agrarischer Über- und Unterdruck im Ostraum"[379]

379 Reithinger 1936, S. 98.

Bei der Berechnung des „Druckquotienten" kam der Grazer Geograph und Geopolitiker Otto Maull (1887–1957) zum Schluss, dass sich dieser seit dem Anschluss Österreichs an das „Dritte Reich" durch „neue Nachbarn" (Italien, Jugoslawien, Ungarn) vergrößert hätte. Unter „Druckquotient" verstand Maull die „Zahl, die angibt, wievielmal größer die Summe des Areals oder der Bevölkerung aller Anrainerstaaten ist als Areal und Bevölkerung des umgrenzten Staates."[380] Im Falle ausschließlich guter Nachbarschaft oder aber in dem völliger feindlicher Umkreisung würde der „Druckquotient" einen unmittelbaren praktischen Wert abgeben. Wo sich Anrainer verschieden verhalten, müsste der „Druckquotient" genauer diskutiert werden, doch ließe sich nach Maull für jede politische Kombination eine zutreffende Berechnung durchführen. In einer Publikation des Südostdeutschen Instituts in Graz[381] aus dem Jahr 1943 zeigte sich die Verschränkung von rassistischem und geopolitischem Diskurs in bevölkerungspolitischen Betrachtungen dieser Zeit deutlich. Darin sorgte sich Walter Neunteufl auf der einen Seite über die niedrige Geburtenrate bei der deutschen Bevölkerung und sah auf der anderen Seite auf den deutschen Volkskörper Gefahr in Form eines „Einsickerns von fremdvölkischen und minderwertigen Großfamilien aus dem ehemaligen Jugoslawien" zukommen.[382]

3.4 Geburtenrückgang und Pronatalismus

In Westeuropa wurden in der Zwischenkriegszeit demographische Katastrophenszenarien über den Geburtenrückgang konzipiert. Frankreich, das faschistische Italien, das nationalsozialistische Deutschland und auch die Sowjetunion unter Stalin arbeiteten eine pronatalistische Gesetzgebung aus.[383] Die Anwendung des Geburtenrückgangsszenarios auf Südosteuropa verdeutlicht die Beliebigkeit des Überbevölkerungskonzepts und die Problematik demographischer Prognosen und Argumente für die Veranschaulichung wirtschaftlicher und sozialer Probleme. Während ein Teil der Wissenschaftler (großteils Ökonomen) das Modell der „Übervölkerung" weiterentwickelten, setzten sich andere (mehrheitlich Mediziner) für

380 Maull 1939, S. 69–71.

381 Zum Südostdeutschen Institut in Graz siehe Promitzer 2004.

382 Neunteufl 1943, S. 3 und 18.

383 Für einen zeitgenössischen Blick auf die Geburtenpolitik verschiedener Länder aus Großbritannien siehe Glass 1936, aus Südosteuropa siehe Štampar 1940. Für einen historiographischen Vergleich pronatalistischer Bevölkerungspolitik im Europa der Zwischenkriegszeit siehe Weindling 1988, Quine 1996 und Hoffmann 2000. Für Frankreich siehe Camiscioli 2009 und Cook Andersen 2015; für Italien Ipsen 1996 und Grazia 2000. Für den Pronatalismus in Spanien während des Zweiten Weltkriegs siehe Nash 1994. Durch die breit angelegten Sterilisationen „Minderwertiger" überwog im Nationalsozialismus in der Praxis eine antinatalistische Politik. Zur Wechselbeziehung zwischen Pro- und Antinatalismus im Nationalsozialismus siehe Bock 1986.

die Bekämpfung des nahenden „biologischen Volkstods" in Form des Geburtenschwunds ein. Die Politik nutzte, je nach Interessenslage, die verschiedenen demographischen Szenarien für ihre Ziele, so, wie sie das eine Mal den romantisierenden Ansatz zum Dorf wählte (die Bauernschaft als „Rückgrat der Nation"), das andere Mal den ökonomischen („agrarische Übervölkerung").

Die (relativ) jungen Nationalstaaten in Südosteuropa hatten im Sinne einer nationalistischen Politik Interesse an einer quantitativen Vermehrung der eigenen Nation.[384] Während der Herausgeber der Zeitschrift *Narodno Zdrave* im Herbst 1928 keine Gefahr einer „Entvölkerung" für Bulgarien sah, da das Land eher unter einem schnellen Bevölkerungswachstum litt, hatte das bulgarische Parlament bereits 1929 das „Gesetz für nationale Gesundheit", welches Abtreibung und die Verbreitung von Verhütungsmittel unter Strafe stellte, verabschiedet.[385] 1934 erschien eine demographische Studie des Direktors des Bulgarischen Statistischen Amtes, Slavčo Zagorov (1898–1970), die den Rückgang der ehelichen Fruchtbarkeit auch bei der ländlichen Bevölkerung feststellte und die Übereinstimmung der demographischen Entwicklung Bulgariens mit jener Westeuropas diagnostizierte.[386] In seiner von Karl C. Thalheim an der Handels-Hochschule in Leipzig betreuten Dissertation interpretierte Kiril Consarov den Geburtenrückgang als „passiven Widerstand" des bulgarischen Bauerns, den Bestand der ländlichen Familie zu verringern, um ein günstigeres Verhältnis zwischen Bevölkerungszahl und Anbaufläche zu erreichen.[387] Der prominente bulgarische Rassenhygieniker Stefan Konsulov[388] warnte 1938 in der bulgarischen Tageszeitung *Mir*, dass die sinkende Geburtenrate zu einer Niederlage im Krieg gegen die „weitaus reproduktiveren" Nachbarstaaten Rumänien, Jugoslawien und die Türkei führen würde. Der Beitritt Bulgariens zu den Achsenmächten 1941 verdeutlichte den Einfluss des „Dritten Reichs", insbesondere auf dem Gebiet der pronatalistischen Bevölkerungspolitik. Das vom bulgarischen Ministerium für Inneres und nationale Gesundheit 1942 vorbereitete und an der deutschen Gesetzgebung orientierte „Gesetz über Familien mit vielen Kindern" trat im März 1943 in Kraft. Das Gesetz sah Steuererleichterungen,

---

384 Ungarische Intellektuelle sahen Anfang der 1930er Jahre die sinkende Fertilität der ungarischen Bauernschaft als relevantestes Symptom der Agrarkrise im Land an und verurteilten die Ein-Kind-Familie moralisch als „selbstzerstörerisches Verhalten" (Melegh 2006, S. 76–77 und 2010, S. 68–69). Allgemein zur Rolle des Nationalismus im „demographischen Kampf um die Macht" und zum *demographic engineering* siehe Bookman 1997.

385 Promitzer 2007, S. 232; Baloutzova 2011, S. 128. Umfassend zur pronatalistischen Bevölkerungspolitik im Bulgarien der Zwischenkriegszeit siehe ebd.

386 Zagorov 1934.

387 Tzonsaroff 1936, S. 120–121 und Swrakoff 1940, S. 6.

388 Konsulov (1885–1954) wurde nach dem Zweiten Weltkrieg von seiner Position an der Universität Sofia enthoben und zu sieben Jahren Gefängnis verurteilt (Promitzer 2007, S. 244).

staatliche Anleihen und andere Privilegien für junge Paare vor, welche beabsichtigten, mehr als zwei Kinder zu zeugen.[389] In der Öffentlichkeit wurde angekündigt, das Gesetz werde durch eine „Ledigensteuer" begleitet werden. Der Bestimmung nach sollten alle Ledigen über 27 oder 30 verpflichtet werden, innerhalb von 18 Monaten nach Inkrafttreten des Gesetzes zu heiraten. Staatsbeamte, die sich dieser Verpflichtung nicht beugten, würden entlassen werden; Angehörigen freier Berufe und leitenden Angestellten würde das Recht zur Ausübung ihres Berufes entzogen. Eine vorgesehene Strafsteuer für Kinderlose sollte die Geburtenrate zusätzlich ankurbeln. In die endgültige Fassung des Gesetzes fanden letztere Bestimmungen jedoch keinen Eingang.[390]

Die rumänische Regierung verfolgte in der Zwischenkriegszeit ihr politisches und strategisches Interesse, das „Rumänentum" gegenüber den nationalen Minderheiten zu stärken. Die Verbesserung der gesundheitlichen Versorgung auf dem Land sollte die Reproduktionsstärke der Nation aufrechterhalten. In dieser Hinsicht stellte das von der Nationalen Bauernpartei (PNŢ)[391] 1930 erlassene Gesetz für öffentliche Gesundheit und Wohlfahrt das umfangreichste Regelwerk dar. Treibende Kraft hinter dem Gesetz war der Arzt und Eugeniker Iuliu Moldovan, Gründer und Direktor des Instituts für Hygiene in Cluj.[392] Nationalist und Pronatalist Petru Râmneanţu, zweitwichtigster Vertreter der Moldovan-Schule der Eugenik, stellte 1935 in einem Artikel in der Zeitschrift der IUSIPP über den Bevölkerungsanstieg in Rumänien fest, dass sich Malthus geirrt habe und das Bevölkerungswachstum automatisch durch kulturellen und sozialen Fortschritt kontrolliert werde. Er kalkulierte, dass die Bevölkerung Rumäniens bis 2030 rapide auf 32,5 Millionen Einwohner anwachsen werde. Der Sättigungszustand würde nach einer anschließenden Periode des langsamen Anstiegs auf 36 Millionen im Jahr 2250 erreicht werden. Aber auch dann würde die Bevölkerungsdichte von 124 pro km^2 nicht überschritten, eine Dichte, wie sie aktuell Länder wie Italien und die Tschechoslowakei aufweisen würden, obwohl Rumänien reicher an natürlichen Ressourcen sei.[393] Landwirtschaftsminister Gheorghe Ionescu-Şişeşti (1885–1967) führte in einer Rede vor dem rumänischen Senat am 2. April 1940 aus, dass es nicht ausreiche, wenn ein Volk gut organisiert

389 Promitzer 2007, S. 242–243. Detailliert zum Gesetz siehe Baloutzova 2011, S. 207–236.

390 Baloutzova 2011, S. 236–243; vgl. Heiratszwang in Bulgarien 1943, S. 25. Spasičev bedauerte 1943, dass eine gesunde Bevölkerungspolitik, dessen Ziel die Erhaltung des Volkszuwachses ist, in Bulgarien noch immer in den Anfängen stand (Spassitschew 1943–44, S. 21).

391 Zur PNŢ und der von ihr getragenen politischen Richtung des Agrarismus in Rumänien siehe u. a. Müller, Dietmar 2001, S. 92–170; Harre 2006; Murgescu 2010 und Brett 2010. Zur Politk in der ländlichen Welt Rumäniens siehe Radu/Schmitt 2017.

392 Turnock 2007, S. 22–23. Zu Moldovan (1882–1966) und den bevölkerungspolitischen Hintergründen dieses Gesetzes siehe Bucur 2002 und Turda 2015, S. 271–362.

393 Ramneantzu 1935, S. 108–109.

oder auf einem höheren Zivilisationsgrad stehe. Um zu existieren und sich verteidigen zu können, sei es für ein Volk vorrangig, möglichst zahlreich zu sein.[394] Der Deutschland-freundliche Gheorghe N. Leon,[395] Professor für Ökonomie an der Universität Bukarest, der sich ebenfalls mit der „agrarischen Übervölkerung“ in Rumänien,[396] aber auch mit dem Faktor Bevölkerung in der Welt- und Geopolitik beschäftigte, freute sich 1942 über die hohe Geburtenzahl seiner Nation. Wenn ihm zufolge Anfang des 21. Jahrhunderts im Raum zwischen Donau, Dnjestr und Theiß 40 Millionen Rumänen und Rumäninnen leben werden, würde Rumänien zu den Staaten gehören, „deren Wort beachtet werden muß.“[397]

Nikola Mirković merkte im Herbst 1939 an, dass während die Frage der „relativen Übervölkerung“ Jugoslawiens in den letzten Jahren verstärkt Aufmerksamkeit seitens in- und ausländischer Autoren erfahren hatte, jene des Geburtenrückgangs weniger prominent blieb.[398] Es bedurfte auch keiner wissenschaftlichen Untersuchung zu diesem Thema, dass in den Köpfen der kroatischen Nationalisten die Geburtenrate der eigenen Nation nicht hoch genug sein konnte.[399] Der Soziologe und Ökonom Milan Ivšić[400] zeigte sich darüber entsetzt, dass in einst von wohlhabenden kroatischen Bauern bewohnten Dörfern in Syrmien nun „Zugereiste“ anderer Nationalitäten das Land erfolgreich bewirtschafteten, während die kroatischen Bauern wirtschaftlich zu Grunde gingen und aus dem Dorfbild verschwanden. Wütend war er über den von ihm empfundenen Egoismus der kroatischen Männer und Frauen, die nach einem leichteren, weil kinderlosen Leben strebten. So forderte Ivšić emotionsreich für das kroatische Volk eine pronatalistische Politik nach italienischem Vorbild. Der kroatische Bauer müsse doch verstehen, dass Völker nur mit ihrem eigenen Blut gegen die Versklavung durch andere Völker kämpfen könnten.[401] Hier meinte Ivšić zweifellos das oft bemühte Bild der Unterdrückung Kroatiens durch Serbien. Nach der Gründung des NDH freute sich Ivšić, dass die *Ustaša* Revolution sich den „Belgrader Parasiten und Blutsaugern“, welche nur auf dem Rücken der kroatischen Nation lebten, entledigt hatte.[402] Als der Ustaša-Politiker Mladen

394 Ionescu-Siseşti 1940, S. 4.

395 Leon (1888–1949) hatte 1914 an der Universität Jena promoviert und pflegte gute Kontakte zu deutschen Wissenschaftlern. Er war Wirtschaftsminister in der ersten „Legionärsregierung“ von September 1940.

396 Leon 1941, S. 13–18 und 1943, S. 442–446.

397 Leon 1942, S. 34–52 und 67.

398 Mirković, Nikola 1939, S. 40.

399 Zum Pronatalismus im Unabhängigen Staat Kroatien (NDH) siehe Yeomans 2011.

400 Der Zagreber Universitätsprofessor Ivšić (1901–1981) war einer der führenden Nationalisten unter den kroatischen Wissenschaftlern. Er hatte sich in seiner Pariser Dissertation (1926) mit den Problemen der jugoslawischen Landwirtschaft und der Rolle der *Zadruga* befasst.

401 Ivšić 1936, S. 61–65.

402 Ivšić 1942, S. 369–376.

Lorković[403] im März 1944 die Bevölkerungsentwicklung innerhalb der kroatischen Staatsgrenzen für die Zeit nach dem Krieg als „recht günstig" beurteilte,[404] meinte er damit nicht, dass die „agrarische Übervölkerung" abnehme, sondern drückte seine Zufriedenheit mit der hohen Geburtenrate der kroatischen Nation aus.[405]

Auch von deutscher Seite wurde gelegentlich auf den sich abzeichnenden Geburtenrückgang in Südosteuropa hingewiesen. Die Südosteuropa-Gesellschaft (SOEG) fertigte im Mai 1942 ein geheimes Gutachten über die Wirtschaftslage Kroatiens an. Die Experten der SOEG schlossen den Teil über die Bevölkerungsbewegung in Kroatien mit der Feststellung, dass die sinkende Kinderzahl besonders in den wohlhabenderen Gebieten „ihren Grund in der Neigung zum sorgenloseren und angenehmeren Leben bei der männlichen Jugend zu haben" schien.[406] Hans Harmsen wies in seinem 1942 im *Archiv für Bevölkerungswissenschaft und Bevölkerungspolitik* erschienenen Artikel über den „ländlichen Volkskörper Rumäniens und seine Gesundheitsprobleme" darauf hin, dass der Geburtenrückgang den westeuropäischen Raum in besonderer Weise beherrschte. Den Rücklauf der Geburtenrate im Südosten deutete er als Ausdruck steigender Existenzschwierigkeiten bei gleichzeitig wachsendem Komfortbedürfnis.[407] Im selben Jahr bemerkte Karl Thalheim, dass der noch immer feststellbare Geburtenreichtum der „Südostvölker" nicht darüber hinwegtäuschen durfte, dass die „volksbiologische Gefahr" des Geburtenschwundes auch bei ihnen vorhanden wäre.[408]

Obwohl Wissenschaftler und Politiker auf die Bevölkerungszunahme als Ursache des Problems der „Übervölkerung" hingewiesen hatten, befürwortete die Mehrheit unter ihnen eine auf die eigene Nation gerichtete pronatalistische Bevölkerungspolitik. Auf der anderen Seite wurde der Bevölkerungszuwachs anderer Ethnien oftmals mit Argwohn betrachtet. Mit dem Argument der „agrarischen Übervölkerung" konnten Wissenschaftler oder Politiker wiederum deren Aussiedlung fordern bzw. durchführen. Die selektive Verwendung des Überbevölkerungskonzepts und dessen Widerspruch zur tatsächlich durchgeführten Bevölkerungspolitik macht neuerlich die Beliebigkeit des Konzepts sichtbar.

---

403 Lorković (1909–1945) hatte in Innsbruck und Berlin Rechtswissenschaften studiert. Er promovierte an der Universität Berlin, wo er auch von geopolitischen Kreisen beeinflusst wurde. Im NDH wurde er Anfang Juni 1941 zunächst Außenminister und danach Innenminister (siehe Kisić-Kolanović 1998).

404 Burgdörfer, Friedrich: Bericht über meine Vortragsreise nach Kroatien 1944, BA R63/252, Bl. 42a.

405 Lorković 1941 [1939].

406 SOEG 1942, S. 13–14.

407 Harmsen 1942, S. 155.

408 Thalheim 1942, S. 279.

3.5 Eugenik

Mit dem international weit verbreiteten eugenischen Diskurs, insbesondere in der Zwischenkriegszeit, hat sich eine große Anzahl historiographischer Studien beschäftigt.[409] In seinem Zentrum standen Bemühungen seitens Wissenschaft und Politik, die biologische „Qualität“ der Bevölkerung zu ändern. Eugenische Zielsetzungen und Maßnahmen waren auch Bestandteil der Bevölkerungspolitik in Südosteuropa.[410] Darüber hinaus strebte der politische Modernisierungsdiskurs von rechter und faschistischer Seite nach der „Wiedergeburt der Nation“ und der Schaffung eines „neuen Menschen“.[411] Im Folgenden soll kurz skizziert werden, wie eugenische Elemente ihren Eingang in die Diskussion über die „agrarische Übervölkerung“ Südosteuropas fanden und wie Eugeniker selbst das Übervölkerungskonzept in ihren Forschungen anwandten.

So bot die südosteuropäische Landbevölkerung den Wissenschaftlern nicht nur aus quantitativer, sondern auch aus qualitativer Sicht kein zufrieden stellendes Bild. In der Absicht, westeuropäischen Agrarpolitikern zu widersprechen, die es offenbar als Idealzustand betrachteten, wenn möglichst viele Menschen auf dem Land und von der Landwirtschaft lebten, hielt Anton Hollmann[412] in seiner Arbeit „Agrarverfassung und Landwirtschaft Jugoslawiens“ fest:

> Man möchte beinahe an ein Naturgesetz glauben, das gerade die fruchtbarsten Landstriche Europas zur Übervölkerung verdammt. In diesen Landstrichen scheinen die Menschen am Boden zu kleben; der Besitz wird geteilt und immer wieder geteilt, bis zuletzt nur Ackerfetzen übrig bleiben; das Dorf wächst wie ein Polypenstock; die Menschen verlieren allmählich alle jene imponderabilen Eigenschaften, die den eigentlichen soziologischen und eugenetischen Wert einer Bauernbevölkerung ausmachen, degenerieren körperlich und seelisch zum Typus des „mikrigen“ Menschen, dessen Bauerncharakter und Bauernethos von der alles beherrschenden Leidenschaft des ewig unstillbaren Landhungers aufgezehrt wird, und der sich in gar nichts vom ewig bekümmerten, ewig auf Erwerb bedachten, kleinlichen Stadtmenschen unterscheidet. [...] Die Landbevölkerung der reinen Agrargebiete, eben der fruchtbarsten Gebiete Europas, dürfte in eugenetischer Hinsicht das denkbar schlechteste Menschenmaterial darstellen. Da sie in anderer Hinsicht noch

---

409 Siehe stellvertretend Kühl 1997, Turda 2010 und Eckart 2012.

410 Siehe u.a. Bucur 2002, Turda/Weindling 2007, Georgescu 2010 sowie Turda 2015.

411 Siehe u.a. Petrović 2008, Malović 2008, Şerban 2010 und Săndulescu 2010; vgl. Griffin 2007, S. 181.

412 Anton Heinrich Hollmann (1879–1936) war Experte für die dänische Landwirtschaft und seit 1913 Professor an der Landwirtschaftlichen Hochschule in Berlin. Als Referent für die Landwirtschaft Ost- und Südosteuropas im Auswärtigen Amt beschäftigte sich als einer der Ersten eingehender mit der Frage der „landwirtschaftlichen Übervölkerung“ in Südosteuropa (Keiper/Kröger 2005, S. 355–356).

> weniger bietet, kann sie überhaupt nicht das Ziel einer Agrarpolitik sein. Es ist ein Irrtum, daß Menschen, die auf dem Lande lediglich vegetieren, besonders wertvoll für die Gesellschaft seien. Das ist vielmehr die Anschauung einer veralteten, militaristisch beeinflußten Agrarpolitik, der es lediglich darum zu tun war, möglichst viel Kanonenfutter zu züchten. Wertvoll für die Gesellschaft und den Staat sind nur *wirkliche Bauern*, die selbst im Erwerbsleben ihrer Zeit kämpfend vorwärts schreiten. Der Staat und die Gesellschaft können sie mit allen Mitteln schützen, aber man darf nicht glauben, daß man sie wie Karpfen füttern kann – oder es werden eben Karpfen daraus, aber keine Bauern.[413]

Die „agrarische Übervölkerung" stellte für die Experten eine „schwere soziale Krankheit" dar.[414] Sava Obradović (1900–1972), 1939 Staatssekretär im Ministerium für Handel und Industrie Jugoslawiens, benutzte einen mit einem Krankheitsbild verbundenen Ausdruck, als er für Jugoslawien den Zustand einer „Hypertrophie an landwirtschaftlicher Bevölkerung" feststellte.[415] In seinem Aufsatz „Das Problem der agraren Übervölkerung in Europa" aus dem Jahr 1943 wollte Carl Brinkmann eine „Diagnose" der „Krankheitsherde des Landvolks infolge Übervölkerung" mit einigen „Andeutungen zur Therapie" verbinden.[416] Solche Sichtweisen über die bäuerliche Bevölkerung dominierten in der international wissenschaftlich gut verankerten Eugenik. Der schwedische Arzt und Eugeniker Herman Lundborg erinnerte daran, dass, so wie die städtische, auch die ländliche Bevölkerung über ihre Unterschicht verfüge. Diese setze sich zumeist aus kleinen Landwirten und Tagelöhnern zusammen und wäre meist nicht so hochwertig wie die wohlhabendere Bauernklasse, nichtsdestotrotz wäre sie kinderreicher als die ländliche Ober-

---

413 Hollmann 1931, S. 68–69. Aus deutscher und „eugenetischer" Sicht wurde den südosteuropäischen Kleinbauern nicht zugestanden, die Rolle einzunehmen, welche den deutschen Kleinbauern in der NS-Zeit zugeschrieben wurde: „Sie sind es gewohnt, alle vorkommenden Arbeiten selbst mit ihren Kindern auszuführen. Je kleiner der Betrieb, um so mehr ist zum Unterhalt der Familie ein eiserner Fleiß notwendig. Sie zeichnen sich aus durch das stärkste Arbeitsethos. Ihr Bevölkerungsüberschuß stellt einen qualitativ wertvollen Nachschub für das Handwerk und die Klasse der Qualitätsarbeiter dar" (Lang 1944, S. 69). Während ansonsten die mangelnde rationale Wirtschaftseinstellung der Bauern im Visier der Kritik stand, kritisiert Hollmann an dieser Stelle das bäuerliche Streben nach Erwerb. Sechs Jahre später fand Hermann Gross die Schilderung Hollmanns zur Lage der südosteuropäischen Bauern in ihrem Verhältnis zum Boden als „treffend" (Gross 1937, S. 48). Bei seiner Beschreibung der wirtschaftlichen Entwicklung der südosteuropäischen Staaten bis zum Zweiten Weltkrieg zitierte Zotschew noch 1963 die von ihm als zutreffend bezeichnete Schilderung Hollmanns (Zotschew 1963, S. 41).

414 Oberländer 1932, S. 375.

415 Obradovitsch 1939, S. 54.

416 Brinkmann 1943, S. 59. Brinkmann sah eine „durch Inzucht gesteigerte Gegenauslese der Begabten" (Ebd.). „Wenn in einem Volk hindurch die begabten Sippen weniger Kinder haben als die minderbegabten, dann geht es mit der Kulturbegabung und damit auch der Rasse des Volkes herab. Wir nennen diesen Vorgang *Gegenauslese*" (Lenz 1941, S. 603).

schicht.[417] Die Sorge über eine schnellere Vermehrung der Unterschichten bildete bereits seit Malthus einen festen Bestandteil des Bevölkerungsdiskurses. Je nach Beweggründen der Argumentation konnten Wissenschaftler auch ein gegenteiliges Bild der südosteuropäischen Landbevölkerung malen. So waren in den Ausführungen Walter Hoffmanns aus dem Jahr 1939 Einflüsse der von den Nationalsozialisten wiederaufgegriffenen und propagierten Agrarromantik[418] bemerkbar – z.B. als er seine Bewunderung für die Qualität „der jungenVölker mit frischen Kräften" im Südosten ausdrückte.[419]

Ein prominenter Wissenschaftler, der in Rumänien das „Problem der agrarischen Übervölkerung" aus biologischer Sicht untersuchte, war Sabin Manuilă. Die hohe Natalität in Rumäniens ländlichen Gebieten vor Augen merkte er an, dass diese aus biologischer Sicht kein Desiderat des Fortschritts war. Das einstige Ideal, die Polygenie, sei durch das Ideal der modernen Demographie, die Eugenik, ersetzt worden. Es sei zwar wichtig zu wissen, wie viele Neugeborene es gäbe, essenziell sei aber, dass diese Neugeborenen über die intellektuellen Fähigkeiten und ein „normales Physisches" verfügen würden. Sie sollten jene „Veranlagung" haben, welche sie zum Inbegriff der Ausgewogenheit und des Fortschritts machten.[420]

Sozialhygieniker interessierten sich wiederum für die quantitative Seite des „Bevölkerungsproblems" in Form der „ländlichen Übervölkerung" in Südosteuropa, weil sie durch sie ausgelöste negative Auswirkungen auf die Qualität der Landbevölkerung zu beobachten meinten. Aus der „Überbevölkerung" ergab sich aus ihrer Sicht eine *„allgemeine biologische Insuffizienz"*. Verschiedene Elemente wie Gesundheitsgrad, Arbeitskraft und Erwerbsfähigkeit, die charakteristisch für die „Biologie des Individuums" seien, würden allesamt wertvermindert.[421] Die „Überbevölkerung" der ländlichen Wohnungen stuften die Sozialhygieniker als eine der Hauptursachen der sozialhygienischen Mängel in Rumänien ein. Der Kinderreichtum der Bauern führe dazu, dass zahlreiche Vor- und Nachkommen in einem einzigen Raum lebten und dadurch Krankheiten leichter übertragen werden könnten. Des Weiteren stellten die Wissenschaftler die Bevölkerungsdichte in Wohnungen in einen direkten Zusammenhang mit einer unklar bleibenden „moralischen" und

---

417 Lundborg 1934, S. 16–17. Zu Lundborgs eugenischen Untersuchungen siehe Etzemüller 2007, S. 27–40.

418 Zur Agrarromantik in Deutschland und der „Blut und Boden"-Ideologie im Nationalsozialismus siehe u. a. Farquharson 1976; Bramwell 1985; Eidenbenz 1993; Corni/Gies 1994; Bensch 1995; Corni 1990 und 2003; Brüggemeier/Cioc/Zeller 2005; Oberkrome 2009, S. 90–104 und Langthaler 2016, S. 151–256.

419 Hoffmann, Walter 1939, S. 49–50.

420 Manuilă 1940, S. 159. Zur Eugenik im Rumänien der Zwischenkriegszeit siehe u. a. Bucur 2002 und Turda 2015. Zu Eugenik und modernem Ordnungsdenken siehe Bauman 1995 [1991], S. 33–71.

421 Banu 1940, S. 1659.

geschlechtlichen Promiskuität. Diese galt auch als eine der Hauptursachen für die Verbreitung von Krankheiten.[422]

Der Argumentationskreis zum quantitativen Problem schließt sich, als Rassenhygieniker festhielten, dass die Bevölkerungsvermehrung vor allem vom „qualitativ minderen Teil" der Bevölkerung ausging. So hatte Eugen Jaeger vom Institut für Rassenhygiene der Universität München beobachtet, dass in Rumänien der Geburtenüberschuss in den östlichen Provinzen höher war als in den westlichen. Dieser stand ihm zufolge „im umgekehrten Verhältnis zum Kultur- und Zivilisationsgrad."[423] Harmsen zitierte zur Untermauerung dieser Theorie den rumänischen Sozialhygieniker und Politiker George Banu. Am fruchtbarsten erwiesen sich ihm zufolge „diejenigen Elemente, die auf niedrigen kulturellen und sozialen Stufen stehen."[424]

3.6 Der Katastrophendiskurs

Mit anderen Bevölkerungsdiskursen dieser Zeit (Geburtenrückgang, „Degeneration" und „Übervölkerung") hatte die Debatte über „agrarische Übervölkerung" im Südosten Europas die Krisen- und Katastrophenszenarien gemeinsam. Von Beginn an verkaufte sich im Bevölkerungsdiskurs nur die Katastrophe.[425] „Übervölkerung", „Entvölkerung" oder „Überalterung" sind Leitbegriffe verschiedener apokalyptischer Szenarien, deren gemeinsamer Fluchtpunkt ein imaginierter demographischer „Normalzustand" ist.[426] Wissenschaftliche Arbeiten schilderten die dramatische Bevölkerungssituation in den ländlichen Regionen Südosteuropas und prognostizierten ein noch viel schlimmeres Unheil, falls die „Übervölkerung" nicht aktiv bekämpft werde. Schon Malthus hatte Kriege und Naturkatastrophen als nachträgliche Korrektive gedeutet, welche die Bevölkerung regulierten.[427] Erreicht die „Übervölkerung" ein derartiges Maß, dass sich die Abwehrmittel des Staats erschöpfen, musste Oberländer zufolge einmal jener Tag kommen, an dem der „Nahrungsspielraum" auf Gebiete jenseits der Landesgrenzen ausgedehnt werden musste. „Übervölkerte" Staaten könnten vielleicht mit einigem Recht unter der

422 Răsmeriță/Tiriung 1940, S. 475. In Jugoslawien hatten einige Arbeiten des einflussreichen serbischen Arztes Milan Jovanović-Batut und des *Centralni Higijenski Zavod* [Zentrales Hygiene-Institut] die Quantität der Bevölkerung in Verbindung mit deren Qualität zum Thema (z. B. Jovanović-Batut 1932).

423 Jaeger 1935, S. 116.

424 Harmsen 1942, S. 159–160.

425 Etzemüller 2007, S. 81.

426 Ehmer 2008, S. 163.

427 Malthus 1986 [1798], S. 38 und 48. Siehe auch Hankins 1938.

Devise handeln, dass Not kein Gebot kennt. Schließlich sei der Bau von Festungen und die Ausrüstung von Riesenarmeen für Staaten auch eine Methode, ihre „Übervölkerung zu beseitigen".[428]

Autoren, die vorrangig demographische Faktoren berücksichtigten, sahen nach dem Ersten Weltkrieg die eigentliche Ursache für dessen Ausbruch in der „Übervölkerung" Westeuropas.[429] In Südosteuropa konnte die „Übervölkerung" aber auch als Folge des Kriegs interpretiert werden. So deutete Walter Hoffmann 1932 die schlechte wirtschaftliche Lage Bulgariens in Folge der Balkankriege und des Ersten Weltkriegs in ein „Bevölkerungsproblem" um. Die Zuwanderung von Flüchtlingen in Folge der Niederlage in den Konflikten sei für den öffentlichen Haushalt Bulgariens umso belastender gewesen, als die Bevölkerungszunahme mit Ausnahme von Russland bereits größer als im sonstigen Europa gewesen sei.[430] In diesem Denkmodell, das die Ursache für Kriege auf die „Übervölkerung" zurückführte, war es nur schlüssig, dass sich dieses Entwicklungsmuster jederzeit wiederholen könne. Die Auswirkungen der Weltwirtschaftskrise in Südosteuropa beobachtend fand der ungarische Sozialwissenschaftler und Politiker Oszkár Jászi (1875–1957) drastische Worte für die dortige wirtschaftliche Situation. Der rasche Bevölkerungsanstieg würde zu extremen Elend und großer Armut führen:

> Under such conditions a war or a revolution is inevitable. After a bloody chaos mass misery may find its solution. [...] This might also lead to a new political union but this union would not be the federation of free Danubian countries, it would mean Slav unity under Russian dictatorship.[431]

Deutsche Wissenschaftler neigten auch dazu, vergangene Kriege auf der Balkanhalbinsel als Folge der „Übervölkerung" selbiger zu deuten. Besonders „Primitivvölker" würden nur die extensive Ausweitung der Landwirtschaft kennen, deshalb zeige sich dieses Streben auch im Südosten, dort werde es allerdings durch politische Grenzen eingeengt. Allerdings hätte es sich Deutschland zur Aufgabe gemacht, „im Rahmen der Neuordnung des europäischen Großraums" eine Lösung zu finden.[432] Als NS-Deutschland dann tatsächlich den Zweiten Weltkrieg losgetreten hatte, mussten die Überbevölkerungstheoretiker keine umfangreiche Ursachenforschung betreiben:

---

428 Oberländer 1932, S. 380–381.

429 Landwehr 1923, S. 1–3; vgl. Keynes 1921 [1919], S. 8–10.

430 Hoffmann, Walter 1932, S. 15. Zur Umdeutung der Folgen des Zweiten Weltkriegs in ein „Überbevölkerungsproblem" siehe Heim/Schaz 1996, S. 91–97.

431 Jászi 1935, S. 116.

432 Gerdesmann 1941, S. 474.

> Bekanntlich ist der neue Weltkrieg zu einem wesentlichen Teil eine Folge des Überdrucks, den die monopolistische Absperrung der Überseeländer gegen die Zuwanderung gerade der europäischen (und japanischen) agraren Bevölkerungsüberschüsse erzeugt hatte, und auch die Entfaltung der deutschen Ostfront ist nichts anderes als der notgedrungene Versuch einer politischen Bereinigung der verwickelten Fragen, die sich aus dem Zusammentreffen der tausendjährigen deutschen Überwanderung des slawischen Ostens mit der jüngeren Unterwanderungstendenz der Slawen gegen Germanen und Romanen ergeben hatten.[433]

Für die Bevölkerungsexperten würde das Wachstum in Ost- und Südosteuropa aber auch nach Ende des Zweiten Weltkriegs Zündstoff für neue Konflikte bieten. Zwar könne der Tod einiger Millionen in Polen und Südosteuropa durch Krieg, Krankheit und Hunger den Bevölkerungsdruck für einige Zeit erleichtern.[434] Da man aber nach dem Krieg dem Bevölkerungsanstieg mit noch weniger Ressourcen begegnen könne, war die Lösung dieses Problems Frank Notestein zufolge entscheidend für den Frieden in Europa. Andererseits würde es in dieser Region des starken Hasses zwischen abweichenden und hoffnungslos ineinander geschachtelten ethnischen und religiösen Gruppen unausweichlich zum Konflikt kommen.[435] In der Einsicht, dass der Völkerbund bei der Lösung der Bevölkerungsprobleme versagt hatte, malte sein Kollege Imre Ferenczi ein düsteres Zukunftsszenario:

> The great issue of this century is this of world population, a problem which requires solution if we are not to face a third or even a fourth world war. For one of the main causes of war is the increasing population pressure between over-populated and under-populated areas because of their absolute dependence on disproportionate natural resources.[436]

Für die fachlich einschlägigen Wissenschaftler war „Übervölkerung" armer Bevölkerungsteile spätestens seit dem 19. Jahrhundert zudem Auslöserin von Revolutionen.[437] In Südosteuropa wurden die Agrarreformen der 1920er Jahre auch mit der

---

433 Brinkmann 1943, S. 58–59.

434 Thompson 1942, S. 276.

435 Notestein hatte in der Einleitung seines Artikels davor gewarnt, Nachkriegsvereinbarungen ohne die Beachtung von Bevölkerungsveränderungen zu treffen, denn so würden sie „von Beginn an die Saat ihrer eigenen Zerstörung mit sich tragen". Da Notestein nach Kriegsende auf wirtschaftlichem und bevölkerungszahlenmäßigem Gebiet die Dominanz der Sowjetunion in der Welt erwartete, riet er am Ende seines Artikels den westeuropäischen Staaten und den USA aus demographischen Gründen ein kollektives Sicherheitsbündnis einzugehen (Notestein 1943, S. 165, 172 und 174).

436 Ferenczi 1943, S. 537; vgl. Thompson 1942, S. 276–279.

437 Lausecker 2006, S. 132; Etzemüller 2007, S. 159.

Absicht durchgeführt, die „bäuerlichen Massen“ zufrieden zu stellen um somit Aufstände und Revolutionen zu verhindern. Theodor Oberländer hatte bereits 1932 in seiner Teufelskreis-Argumentation die von der ostmitteleuropäischen Bauernschaft ausgehende revolutionäre Bedrohung skizziert:

> Die Wirkungen eines solchen passiven Menschenüberschusses können schwere soziale Umwälzungen hervorrufen. Durch die konsumtive Belastung wird die Kapitalbildung erschwert, es fehlen die Mittel zur Intensivierung der Landwirtschaft. Die Landbevölkerung verarmt, der Lebensstandard sinkt, die Kaufkraft wird geschwächt. Wir wissen, dass es ohne diese agrarische Übervölkerung [...] und den sprichwörtlichen Landhunger des russischen Bauern der kleinen Industriearbeiterschicht in Russland nicht gelungen wäre, den Bolschewismus durchzuführen.[438]

Der US-amerikanische Schriftsteller slowenischer Herkunft, Louis Adamic (1899–1951), konstatierte auf seiner Jugoslawien-Reise Anfang der 1930er Jahre, dass die „Übervölkerung“ einer der größten Feinde für Sloweniens Wohlergehen sei. Dieses Problem betreffe jedoch nicht Slowenien alleine, sondern auch andere Gebiete Jugoslawiens und eigentlich ganz Europa. „Übervölkerung“ sei in den letzten zwei Jahrzehnten ein allgemeiner Grund für Umstürze und Umbrüche auf dem „alten Kontinent“ gewesen und werde nach seiner Einschätzung in der nahen Zukunft noch größere Zerwürfnisse hervorrufen.[439]

Wissenschaftliche Stereotype, die sich in Überbevölkerungsdiskursen bis in die Gegenwart ziehen, wurden auch in Bezug auf Südosteuropa bedient. So stellte Johann Wüscht fest, dass in den südlichen Banaten Jugoslawiens[440] oft Analphabeten auf niedrigem Niveau leben würden und in ihrer „Armseligkeit“ außer einer „großen generativen Frische“ auch starke Neigung für den „sozialen Radikalismus“ hätten.[441] So führte aus der Sicht der Experten auch „die Tatsache der außerordentlichen *landwirtschaftlichen Übervölkerung Südosteuropas*“ zum „bedrohlichen Vorhandensein“ einer bäuerlichen Reservearmee.[442] Für Werner Conze war die „ländliche Übervölkerung“ in weiten Teilen Ostmitteleuropas eine der schwerwiegendsten gesellschaftlichen und politischen Fragen überhaupt und hatte in Russland entscheidend den „bolschewistischen Umsturz“ ermöglicht. Die „Übervölkerung“

---

438 Oberländer 1932, S. 375; vgl. ders. 1939, S. 43.

439 Adamic 1934, S. 95–96.

440 Im Oktober 1929 wurde das Königreich der Serben, Kroaten und Slowenen (SHS) in Königreich Jugoslawien umbenannt und administrativ in neun Banate unterteilt, welche die Namen der prägenden Gewässer des jeweiligen Banats trugen.

441 Wüscht 1938, S. 179.

442 Vom Bruck 1938, S. 15.

sei ein „Herd dauernder Spannung und revolutionärer Unruhe".[443] Für Ipsen endete eine „*Vermehrung* des Landvolks" ohne Erweiterung des „Lebensraums" im „Verhängnis ländlicher Übervölkerung". Dieser Zustand werde durch die „fortgesetzte Bescheidung der Lebenshaltung" erreicht. Ipsen war zwar bemüht, die Verantwortung dieser Art der „Daseinsfristung" den Betroffenen selbst zuzuschieben, fürchtete aber deren revolutionäres Potenzial. Denn obwohl Ipsen die arme Bauernschaft mit ihren „eigentümlichen Werten der Scharung und der Haftung, des Nistens und des Wucherns" für politisch ohnmächtig hielt, sei sie gelegentlich doch zu „erschreckenden Ausbrüchen" fähig.[444]

Dem Präsidenten des Mitteleuropäischen Wirtschaftstags (MWT), Tilo von Wilmowsky (1878–1966), zufolge sollte der Aufbau „bodenständiger" Industrien den „Überschuss landwirtschaftlicher Arbeitskräfte" in den Volkswirtschaften Südosteuropas an sich ziehen und damit allgemein „die politischen, sozialen, biologischen und kulturellen Gefahren einer Verelendung der Landbevölkerung abwenden."[445] Thalheim ortete in der Region zwar durch die „ländliche Übervölkerung" hervorgerufene „Strömungen agrarkommunistischer Natur", hielt jedoch die Folgen der angestrebten Industrialisierung (soziale Nöte und Spannungen, Klassenkampf, „Erschütterung der lebenswichtigen Grundlagen völkischer Existenz") für weitaus gefährlicher. Für den völkisch denkenden Thalheim war für den „Bestand eines Volkes" ein einseitiges Überwiegen der Industriewirtschaft wesentlich gefährlicher als ein einseitiges Überwiegen des Agrarsektors.[446]

Die revolutionäre Gefahr, die von der Bauernschaft ausgehen könnte, war in der gesamten Zwischenkriegszeit auch ein häufig beschworenes Phänomen unter den Eliten in Südosteuropa. Oszkár Jászi sorgte sich über die Bedrohung einer „starken bolschewistischen Propaganda", der die Donau-Staaten mit akuter „agrarischer Übervölkerung" ausgesetzt wären. Die eklatante Zunahme der agrarischen Bevölkerung führe zur Pulverisierung des bäuerlichen Eigentums, zu wachsendem „Bodenhunger" und zu zunehmender Angst der herrschenden Klassen vor einer politischen Explosion.[447] 1907 war es in Rumänien wegen den katastrophalen Arbeits- und Lebensbedingungen der ländlichen Bevölkerung und der Konzentration des Landbesitzes in den Händen weniger Großgrundbesitzer zu einer blutigen Bauernrevolte gekommen.[448] Politisch wurde die arme Landbevölkerung von der

443 Conze 1940, S. 40 und 48.

444 Ipsen 1940, S. 16.

445 Wilmowsky 1940, S. 43.

446 Thalheim 1942, S. 267 und 274. Gerhard Schacher hatte bereits fünf Jahre zuvor einen ähnlichen Standpunkt vertreten (Schacher 1936, S. 200).

447 Jászi 1935, S. 99–100.

448 Saurer 2003, S. 52–53. Zum Bauernaufstand von 1907 in Rumänien siehe Eidelberg 1974, Chirot/Ragin 1975 und Badea 1991.

Nationalen Bauernpartei (PNŢ) vertreten. Für deren Parteizeitung schrieb 1935 der junge Roman Moldovan (1911–1996), später ein bedeutender kommunistischer Politiker und Ökonom, einen Artikel mit dem Titel „Die ländliche Übervölkerung und ihre Konsequenzen“. Darin argumentierte er, dass es Aufgabe der bäuerlichen Bewegung sei, den Klassenkampf für die durch die „Übervölkerung“ proletarisierten ländlichen Massen zu führen.[449] Später in den Zeiten der Königsdiktatur und des Antonescu-Regimes brachte der Ökonom Alexandru Alimăneştianu die Meinung der rumänischen Machthaber auf den Punkt als er festhielt, dass die Vermehrung der rumänischen Dorfbevölkerung bei ausreichender Beschäftigungsmöglichkeit und Nahrung für die Menschen einen Gewinn, ansonsten eine Gefahr für das Land darstellte.[450] In Bulgarien sah der ehemalige Minister für öffentliche Arbeiten, Danailov, durch den Zuwachs der Dorfbewohner und die mangelnde Aufnahmefähigkeit „soziale Störungen und Übel“ auf sein Land zukommen.[451] Die „agrarische Übervölkerung“ gefährde die Grundlagen des bulgarischen Staates.[452] Dem Geographen Richard Busch-Zantner (1911–1942) zufolge bot die „agrarische Übervölkerung“ leicht Anlass zur „Radikalisierung der Bauernmassen“ in Bulgarien. In den unruhigen Jahren 1921–1923 hatte dies in der „Herrschaft des Bauernbundes“ unter Stambolijski gemündet, welcher „eine regelrechte Bauernrevolution“ ausgelöst hatte.[453]

Unter den herrschenden Eliten in Südosteuropa waren viele der Meinung, dass aufgeklärter Absolutismus oder Diktatur die beste Regierungsform für ihr Land sei. In Ländern ohne ausreichendes Kapital und mit fehlenden wirtschaftlichen Privatinitiativen, so war der rumänische Ökonom Kiriţescu überzeugt, konnte nur eine autoritäre Staatsführung neue Beschäftigungsmöglichkeiten in der Wirtschaft schaffen.[454] In den Augen Otto Frangeš’ konnte sich erst das parlamentslose Regime, welches König Aleksandar im Januar 1929 in Jugoslawien eingeführt hatte, der Lösung der dringendsten Probleme der Landwirtschaft widmen.[455] Frangeš selbst hatte den Weg für die Königsdiktatur geebnet und wurde als Großgrundbesitzer in ihrer ersten Regierung zum Landwirtschaftsminister bestellt.[456] Frangeš’ Einstellung flossen in seine Studien über die „agrarische Übervölkerung“ Südosteuropas

449 Moldovan 1935, S. 78.

450 Alimăneştianu 1940, S. 31; vgl. Ionesu-Siseşti 1940, S. 5.

451 Danaillow 1937, S. 335.

452 Iwanoff 1941, S. 17–18.

453 Auf der nächsten Seite relativierte Busch-Zantner seine Aussagen wieder: „Es muß jedoch auch hier hervorgehoben werden, daß es exzessiv reiche Leute in Bulgarien nicht gibt und daß hierdurch die rein materiell motivierten Spannungen niemals nennenswerte Bedeutung erlangen können.“ (Busch-Zantner 1943, S. 26–28).

454 Kiriţescu 1940, S. 53; vgl. Bićanić 1943, S. 31.

455 Frangeš 1933, S. 5–6.

456 Nenezić 1988, S. 409.

ein. So waren verschuldete und besitzlose Bauernfamilien in Jugoslawien für ihn „Bauernproletariat im schlimmsten Sinne des Wortes, das sind Elemente, welche von stetem Bodenhunger neben dem allzu häufigen physischen Hunger in allen ihren Anschauungen und ihrem Handeln geleitet werden und welchen kaum zu helfen ist."[457] Darüber hinaus würden unzureichende Beschäftigung und Müßiggang in politischem Radikalismus münden: Im Banat Küstenland, dem am stärksten „übervölkerten" Banat, treffe die kommunistische Agitation auf die günstigsten Voraussetzungen. Unzufriedenheit sowie Perspektiven- und Hoffnungslosigkeit für die Kinder würden eine „proletarische Stimmung" schaffen und die Bauern dazu veranlassen, jede Bestrebung zu unterstützen, die irgendeine Verbesserung der Lage verspräche.[458] Frangeš' Freund und Fachkollege Manoilescu lehnte die Demokratie ebenfalls ab, weil man aus seiner Sicht der Bevölkerungsmehrheit der Bauern nicht die Entscheidung über wichtige Fragen überlassen konnte. Er warnte vor den „Unterbeschäftigten" in der rumänischen Landwirtschaft, denn „ihr überflüssiges Leben bringt sie der Verzweiflung nahe und lässt sie zu einer großen Gefahr für die soziale Ordnung werden."[459]

Mit der „Übervölkerung" ließ sich jedoch nicht nur die bolschewistische Gefahr heraufbeschwören. Wenzel Jaksch (1896–1966), seit 1935 stellvertretender Vorsitzender der Deutschen sozialdemokratischen Arbeiterpartei in der Tschechoslowakischen Republik, hatte sich in seinem Buch „Volk und Arbeiter" eingehend mit dem „Übervölkerungsproblem" aus sozialistischer Perspektive beschäftigt. Ihm zufolge wäre die nationalsozialistische Tragödie der „Übervölkerung" Deutschlands geschuldet:

> Der Bevölkerungsüberfluß und Menschenzuwachs kommt von zwei Seiten in die Zange. Das Dorf beginnt zu rebellieren. Der Bauer wird aktiviert. Besonders die zukunftslose Bauernjugend geht auf die Suche nach einer gesellschaftlichen und damit zunächst nach einer politischen Funktion. Von der patriotisch-nationalen Tradition des Dorfes her führt die Marschrichtung zum Nationalsozialismus.[460]

457 Frangeš 1937, S. 108–109. Die Ansichten Frangeš' und seine Ängste vor einer Ausbreitung kommunistischen Denkens innerhalb der Bauernschaft konkurrierten allerdings mit der Ansicht, dass Kleinbauern die Kleinbürger der Provinz wären. Ihre konservative Haltung und ihr Streben nach Erhalt und Schutz ihres noch so kleinen Eigentums mache sie zum solidesten Element für die Aufrechterhaltung der bestehenden Ordnung (Konstandinović 1935, S. 110).

458 Frangeš 1938, S. 26–27. Oberländer teilte mit Frangeš diese Meinung (Oberländer 1943, S. 422). Zur politischen und wirtschaftlichen Lage im Dalmatien der Zwischenkriegszeit siehe Jakir 1999.

459 Manoilesco 1940, S. 14.

460 Jaksch 1936, S. 69.

III. Die wissenschaftliche Diskussion über die „agrarische Übervölkerung" Südosteuropas vor und während des Zweiten Weltkriegs

Knapp umrissen ging es in der damaligen Diskussion darum, dass die südosteuropäische Landwirtschaft laut zeitgenössischer Ökonomen äußerst unproduktiv war, da sie zwar den Überlebensbedarf der ländlichen Bevölkerung absicherte, aber keine Ansätze für eine von den Führungen in Deutschland und Südosteuropa gewünschte Überschussproduktion lieferte. Die herrschende Subsistenzwirtschaft und die damit verbundene mangelnde Ausprägung des Geld- und Kreditsystems bot wenig Möglichkeit für eine Kapitalakkumulation zwecks Industrialisierung und/oder Intensivierung der Landwirtschaft. Als entscheidender Faktor der geringen landwirtschaftlichen Produktivität wurde von den neomalthusianischen Experten der Konsum der Landbevölkerung selbst ausgemacht. Da der geringe Verbrauch pro Kopf kaum das Überlebensniveau überschritt, wurde in den ökonomischen Analysen die Anzahl der Konsumenten zum Hauptproblem erhoben, das gelöst werden musste. In der Verminderung der auf diese Art als „überflüssig" analysierten Bevölkerungsteile sahen die Ökonomen und Planer eine mögliche Form der Kapitalakkumulation.[461]

In diesem Kapitel wird die damalige, international geführte Diskussion über die „agrarische Übervölkerung" Südosteuropas Schritt für Schritt untersucht. Zunächst wird die Darstellung des Verlaufs der Diskussion über das quantitative Bevölkerungsproblem aus Kapitel II mit der Anwendung des Modells der „agrarischen Übervölkerung" auf Südosteuropa fortgesetzt. Danach werden die eingesetzten Berechnungsmethoden und die behaupteten Ursachen „agrarischer Übervölkerung" in Südosteuropa untersucht. So spielte insbesondere der Vergleich der südosteuropäischen Landwirtschaft mit dem industrialisierten Agrarsektor West- oder Nordeuropas eine zentrale Rolle bei der Konstruktion des südosteuropäischen „Bevölkerungsproblems". Die Anfälligkeit des Überbevölkerungsmodells für eine Zirkelargumentation wird in der anschließenden Beleuchtung der behaupteten Symptome und Auswirkungen „agrarischer Übervölkerung" in Südosteuropa aufgezeigt. Die darauf folgende Analyse der unterbreiteten Lösungsstrategien arbeitet hingegen den normativen Charakter des Konzepts heraus, indem beleuchtet wird, wie den Experten zufolge die südosteuropäische Gesellschaft und Wirtschaft aufgebaut sein sollte. Die bereits angesprochenen politischen und wirtschaftlichen

461 Kahrs 1992, S. 16–17.

Interessen der an der Diskussion beteiligten Akteure werden in den jeweiligen Unterpunkten an Ort und Stelle aufgezeigt und im anschließenden Kapitel IV näher untersucht.

1. Die Konstruktion der „agrarischen Übervölkerung" Südosteuropas als wissenschaftliche Tatsache

Die Balkanstaaten galten in der wissenschaftlichen Auseinandersetzung lange Zeit als dünn besiedelt oder „untervölkert". Die Auffassung, dass sie „agrarisch übervölkert" seien, fand indes in den 1920er Jahren Eingang in den Bevölkerungsdiskurs und koexistierte in den folgenden Jahren mit der ersten Sichtweise. Ende der 1930er Jahre war das Konzept der „agrarischen Übervölkerung" endgültig zum dominierenden Erklärungsmodell für die Ursachen und Konsequenzen der wirtschaftlichen und sozialen Probleme Südosteuropas geworden. Im Folgenden werden der Weg des Konzepts „agrarische Übervölkerung" zur Hegemonie chronologisch nachgezeichnet und Widersprüche im Diskurs beleuchtet.

Vladimir Jovanović, einer der namhaftesten serbischen Nationalökonomen des 19. Jahrhunderts, machte in seiner 1858 erschienenen Schrift noch die zu geringe Menschenzahl für die Rückständigkeit der Landwirtschaft in Serbien verantwortlich.[462] Fast ein halbes Jahrhundert später sprach der serbische Ökonom Milutin Jovanović, Beamter im Handelsministerium in Belgrad, von einem Arbeitermangel in der serbischen Landwirtschaft, da aufgrund des Kleingrundbesitzes und der kleinbetrieblichen Struktur die Bauern lediglich ihren eigenen Grund und Boden bewirtschafteten. Weil einem Gesetz nach jedem Landwirt 2,8 ha belassen werden mussten und auch nicht privatrechtlich verkauft werden konnten, kannte man in Serbien die Klasse der Tagelöhner nicht.[463] Emil Roesle (1875–1962), Medizinsta-

462 Iovanović 1858, S. 7. Dem „Studienhandbuch Östliches Europa" zufolge war die dünne Besiedlung das auffälligste Merkmal der Rückständigkeit des osteuropäischen Raums im Mittelalter und danach. Sie führte zum Überwiegen der Subsistenzwirtschaft und damit zu einer sehr geringen Entwicklung von Arbeitsteiligkeit und Marktbeziehungen (Glass/Helmedach/Zervakis 1999, S. 33).

463 Jowanowitsch 1906, S. 30–31. Jovanović sorgte sich allerdings um die ausbleibende Intensivierung in der Landwirtschaft. Auch wenn man zugeben müsse, „dass die extensive Betriebsweise bei der dünnen Bevölkerung, dem Überfluss an Grund und Boden und des schwer aufzubringenden Kapitals in Serbien volkswirtschaftlich und privatwirtschaftlich angebracht erscheint," so sei in letzter Zeit eine Verschiebung dieser Verhältnisse eingetreten. Jovanović suchte den Grund für die ausgebliebene Intensivierung der Landwirtschaft, wie er selbst sagte, „nicht in dem Fehlen der dazu notwendigen Bedingungen", sondern in dem Verhalten und der Einstellung der bäuerlichen Bevölkerung nach über 500 Jahren Fremdherrschaft. Ein Großteil der Bevölkerung stünde noch immer auf einer „sehr tiefen Kulturstufe" (Jowanowitsch 1906 S. 21, 47 und 51). Jovanovićs Argumentation war typisch für die Elite dieser Zeit und muss kritisch gesehen werden.

tistiker und Regierungsrat im Kaiserlichen Gesundheitsamt in Berlin, bezeichnete 1915 Bosnien-Herzegowina als erst wenig bevölkertes Neuland, welches auch weiterhin zur Einwanderung verlocken dürfte, zumal es von der Natur sehr begünstigt sei. Die geringe Bevölkerungsdichte hätte dem Anwachsen der „Bevölkerung des platten Landes" bisher keine Grenzen gesetzt.[464] Auch im besetzten Serbien konnten 1917 die k.u.k.-Militärärzte keine „Übervölkerung" feststellen.[465]

Noch 1929 hielt Friedrich Burgdörfer in seinem im Handwörterbuch der Staatswissenschaften erschienenen Artikel über „Bevölkerungsstatistik" am Bild Osteuropas als „Raum ohne Volk" fest. Darin konnte man lesen, dass dem Bevölkerungsdruck (Landmangel) der west- und mitteleuropäischen Staaten ein ausgesprochener Bevölkerungsmangel (Landüberfluss) der osteuropäischen Länder gegenüberstand.[466] Im selben Jahr schrieb der aus Český Těšín stammende Ivo Lenoch in seiner Dissertation mit dem Titel „Südslaviens überseeische Auswanderung" an der philologisch-historischen Abteilung der Universität Basel, dass es ein Unding wäre, bei einer Bevölkerungsdichte von 52 Menschen pro km² von einer „Übervölkerung" zu sprechen. Man könne zwar um die Wende des 19. zum 20. Jahrhundert eine scharenweise Auswanderung der Bevölkerung beobachten, diese sei jedoch größtenteils auf die altösterreichische Agrarpolitik und sodann auf die politische Unterdrückung der südslawischen Bevölkerung zurückzuführen.[467]

In seinem 1930 in Berlin erschienenen Buch „Das heutige Bulgarien" vertrat der in Deutschland ausgebildete Ingenieur Theodor Christoff optimistische Zukunftsaussichten für die bulgarische Landwirtschaft. Zwar würde die Anzahl der Bauernwirtschaften von gegenwärtig 700.000 infolge von Erbteilungen auf nahezu eine Million bis 1940 wachsen, und gleichzeitig eine Verminderung der durchschnittlichen Wirtschaftsgröße von 4,5 bis 4,6 ha mit sich bringen. Die Gefahr, dass diese Entwicklung eine schwere Krise in der Landwirtschaft auslösen könne, sei jedoch gering, da man durch Trockenlegung von Sumpfgebieten, den Übergang zur intensiven Bearbeitung des Bodens und rationelle Bewirtschaftung der Wälder ständig neuen Boden gewinne. Durch die Modernisierung und Mechanisierung der Landwirtschaft bei gleichzeitiger Einrichtung von Musterdörfern und land wirtschaftlichen Schulen bestehe die berechtigte Hoffnung, dass die bulgarische

464 Roesle 1917, S. 208 und 211.

465 Figatner 1917, S. 39.

466 Burgdörfer 1929, S. 105.

467 Lenoch 1929, S. 11. Dieser Ansicht war 11 Jahre später auch Eugen Celigoj in seiner Dissertation an der Hochschule für Welthandel in Wien: „Oft hört man die Ansicht, daß Auswanderung durch eine Überbevölkerung erfolgt, was jedoch nicht immer zutrifft, besonders jedoch nicht für Südslawien" (Celigoj 1940, S. 106).

Landwirtschaft in wenigen Jahren der schnellen Zunahme der Bauernbevölkerung gewachsen sein werde.[468]

Parallel dazu hatten sich jedoch auch immer wieder Wissenschaftler zu Wort gemeldet, die eine „Übervölkerung“ Ost- und Südosteuropas feststellten. In seiner Untersuchung über die Agrarverhältnisse Rumäniens aus dem Jahr 1914 schrieb der rumänische Agrarexperte Mihail Şerban,[469] dass sich das Königreich nun am Beginn eines „relativen Übervölkerungszustandes“ befand, da wegen der „unternehmungslosen, konservativen Sinnesrichtung“ der ländlichen Bevölkerung nie eine nennenswerte Auswanderung stattgefunden hatte. Er hatte berechnet, dass die landwirtschaftliche Bevölkerung durchschnittlich nur 115 Tage im Jahr arbeitete. Neben der fehlenden Industrie machte Şerban die mangelnde Beschäftigungsgelegenheit der Bauern im Winter für den „Müßiggang“, welcher Anfang aller Laster sei, verantwortlich. Wenn keine Arbeit vorhanden war, werde die Freizeit allzu oft im Wirtshaus verbracht und, anstatt etwas zu verdienen, noch das wenige Vorhandene verzehrt. Der rumänische Bauer hätte auch durch seinen Charakter und seine „Untugenden“ zur Gestaltung dieser wirtschaftlichen Verhältnisse beigetragen.[470] Im „Politischen Handwörterbuch“ aus dem Jahr 1923 schrieb Karl Keller, dass das Bevölkerungsgesetz von Malthus nur für gewisse Entwicklungsperioden der Völker zutraf, „es galt bis ins 19. Jahrh. für die Mehrzahl der romanischgermanischen Völker, und es gilt heutzutage noch für die meisten osteuropäischen Nationen.“[471] Wilhelm Winkler führte 1926 aus, dass es auf „deutschem Volksboden“ vor dem Ersten Weltkrieg nur eine Art „übervölkerter Gebiete“ gegeben hätte: die deutschen Kolonistengebiete im Osten und Südosten, als Folge der dort noch herrschenden „primitiven wirtschaftlichen und kulturellen Verhältnisse“.[472] In Bulgarien hatte sich als erster Naum V. Dolinski, Professor für Nationalökonomie an der Handels-

468 Christoff 1930, S. 9–10. Zu den Musterdörfern in Bulgarien siehe Angelova 2008 und Wien 2010.

469 Der PNŢ-Politiker Şerban (1887–1947) war in den 1930er Jahren Rektor der Akademie für agronomische Studien in Cluj, Unterstaatssekretär im Landwirtschaftsministerium und für kurze Zeit Unterstaatssekretär für Minderheiten. Zu Leben und Werk Şerbans siehe mit weiterführenden Literaturangaben Cucerzan 2005.

470 Serban 1914, S. 99–100 und 110. Şerban machte jedoch nicht nur die Bauern selbst für ihre schwierige Lage verantwortlich: „Die Großgrundbesitzer haben weder Kapital noch Verständnis und moralische Kraft, ihre ausgedehnten Güter zweckmäßig oder überhaupt irgendwie zu bewirtschaften“ (Serban 1914, S. 116).

471 Keller 1923, S. 229.

472 Nach dem Ersten Weltkrieg hätten sich aus seiner Sicht auch das Deutsche Reich und Österreich im Zustand der „Übervölkerung“ befunden, während „Deutschsüdtirol“ oder die sudetendeutschen Gebiete weiterhin „untervölkert“ waren, „was fremde Einwanderung mit ihren unliebsamen, bedenklichen Folgen begünstigt hat.“ (Winkler 1926, S. 203 und 263–264).

hochschule in Varna, mit der „agrarischen Übervölkerung" im Land befasst.[473] Die kapitalarmen, arbeitsextensiven Produktionsweisen, die stockende Auswanderung und das Fehlen großer Industriezentren hätten bewirkt, dass die bulgarische Landwirtschaft dem Druck einer „furchtbaren Übervölkerung" ausgesetzt war.[474]

Tatsächlich hatte in Südosteuropa im Vergleich zu Westeuropa eine zeitverschobene Bevölkerungsentwicklung statt gefunden. Während in Westeuropa die Bevölkerung im 18. Jahrhundert sprunghaft angestiegen war, hatte sich die Bevölkerung der Balkanländer bis 1880 mit jährlichen Raten von 0,5 % nur langsam vermehrt und erst dann begonnen zu steigen, als der Bevölkerungsanstieg in Westeuropa schon vorüber war. Dafür verdoppelte sich die Geburtenrate innerhalb weniger Jahrzehnte und wurde zur höchsten in Europa. In Jugoslawien und Bulgarien lag die Geburtenrate 1930 bei über 30 auf 1.000 Einwohner, in Rumänien betrug sie sogar 35. Einen solchen Stand hatte Ungarn zuletzt 1922, Deutschland 1910, England 1895, Frankreich 1830.[475] Dass in den Wissenschaften das Bild eines spärlich besiedelten und „übervölkerten" Südosteuropas gleichzeitig existieren konnte, hatte lediglich mit einem Wandel in der Perspektive, nicht aber mit einer tatsächlichen Umkehr der Bevölkerungsentwicklung zu tun und kam auf die Absicht und den Zweck der Schilderung an. Wollte man Südosteuropa als Kolonisationsgebiet für die „übervölkerten" westeuropäischen Staaten darstellen, so wurde die im westeuropäischen Vergleich niedrige absolute Bevölkerungsdichte der Balkanstaaten herangezogen – im Vergleich zu 273,1 Einwohnern pro km^2 in Belgien, 270,3 in England und Wales und 143,6 im Deutschen Reich entfielen im Jahr 1937 in Rumänien 65,8, in Jugoslawien 61,3 und in Bulgarien 60,6 Einwohner auf einen km^2.[476] Wenn der „Bevölkerungsdruck" oder die niedrige Produktivität der Landwirtschaft betont werden sollte, so wurde in der Regel mit den (wiederum im westeuropäischen Vergleich) höheren Geburtenraten argumentiert.[477]

---

473 Dolinski 1928 und 1930; vgl. Toscheff, Dymko 1934, S. 2–3. Naum V. Dolinski war Schüler des russischen Ökonomen und Philosophen Petr Struve (1870–1944), welcher sich bereits 1894 mit der „agrarischen Übervölkerung" Russlands auseinandergesetzt hatte (Struve 1894). Dolinskis Beschäftigung mit der Landwirtschaft in Russland (siehe z. B. Struve/Zaitsev/Dolinsky/Demostenov 1930) erklärt, warum er sich in Südosteuropa als einer der ersten mit der „agrarischen Übervölkerung" auseinandersetzte. Seine lange Publikationsliste wurde im Laufe der 1930er Jahre durch eine Reihe von Untersuchungen, welche der bulgarischen Landwirtschaft gewidmet waren und in denen das Problem der „agrarischen Übervölkerung" im Land zur Sprache kam, ergänzt. Einige davon erschienen im *Godišnik na Visšeto Tărgovsko Učilište*, dem Jahrbuch der Handelshochschule in Varna.

474 Dolinski 1932; zitiert nach Gerschenkron 1935, S. 132.

475 Glass/Helmedach/Zervakis 1999, S. 41.

476 Statistisches Jahrbuch für das Deutsche Reich 1937, S. 626: 7.

477 Vgl. Heim/Schaz 1996, S. 45. In seiner Wirtschaftsplanung für Osteuropa verband Konrad Meyer beide Argumentationsstränge. Als Antwort auf die „Raumenge" in Deutschland sollten die erober-

Im Zuge der 1929 einsetzenden Weltwirtschaftskrise erlebten Deutungsmuster, die wie jenes der „Übervölkerung" wirtschaftliche Krisen an der Bevölkerung festmachten, einen Aufschwung. Denn ab 1930 begann auch die bisher einigermaßen erfolgreiche Übernahme von Arbeitskräften aus dem landwirtschaftlichen in den industriellen Sektor zu stocken.[478] Şerban schätzte 1933 in seiner Studie über die „Agrarische Übervölkerung und die Zukunft der rumänischen Wirtschaft" die „Übervölkerung" des rumänischen Dorfs auf 20 %: ihm zufolge war jeder fünfte Dorfbewohner ein „versteckter Arbeitsloser".[479] Für Anton Reithinger war 1934 das „Problem der agrarischen Übervölkerung" in Osteuropa sogar gravierender als die Konsequenzen der Weltwirtschaftskrise. Letztere überdeckten lediglich das viel schwerwiegendere europäische Agrarproblem – jenes der „landwirtschaftlichen Übervölkerung" der gesamten östlichen Hälfte Europas.[480] Aber auch hier existierten noch gegenteilige Ansichten: Die *Jugoslavenske Novine* schrieben in einem „Selbsthilfe oder Zerfall" betitelten Artikel Anfang 1934, dass man die Krise in Jugoslawien nur auf zwei Ebenen fühle: in der Kapitalknappheit und der Arbeitslosigkeit, wobei das erste Übel das zweite hervorrufe. In Jugoslawien sollte es jedoch keine Krise geben, weil es ein an fruchtbarem Boden und Rohstoffen reiches Land ohne „Übervölkerung" sei. Die jugoslawische Wirtschaftskrise sei nur deshalb entstanden, weil zu wenig investiert und gearbeitet würde.[481] Bemerkenswert ist dabei, dass der Autor des Artikels die Arbeitslosigkeit vor allem in den bei anderen Autoren als „übervölkert" geltenden Gegenden verortete und somit auch die erwähnte geringe Arbeitsleistung nicht wie andere mit dem Schlagwort der „agrarischen Übervölkerung" verband.

Mitte der 1930er Jahre mehrte sich jene Literatur, die in der „agrarischen Übervölkerung" das „Kardinalproblem" oder „größte Problem" der südosteuropäischen Staaten verortete. In erster Linie waren es Wirtschaftswissenschaftler, welche nun das Bevölkerungswachstum für die schlechte sozioökonomische Lage und die Armut in den Donau-Balkanstaaten verantwortlich machten.[482] Der aus Istrien

---

ten, „übervölkerten" Gebiete im Osten durch Ansiedlung deutscher Bauern „gesunden" (Meyer 1942, S. 126–127). Siehe auch Blackbourn 2006, S. 296–303.

478 Lampe/Jackson 1982 S. 337. Aufgrund steigender Arbeitslosigkeit in den Industriezentren wies das jugoslawische Innenministerium im Juni 1932 die lokalen Behörden in ländlichen Gebieten an, die Bevölkerung darüber zu informieren, nicht in die Städte zu ziehen – denn dort gäbe es für sie weder Arbeit noch staatliche Unterstützung (Stojkov 1969, S. 27).

479 Şerban 1933, S. 10.

480 Reithinger 1934, S. 551.

481 Jugoslavenske Novine 3.2.1934, S. 6.

482 Außerhalb der Ökonomie gab es auch immer wieder Wissenschaftler, welche die schlechte wirtschaftliche Lage in den ländlichen Gebieten dieser Staaten abseits des Übervölkerungsmodells auf Unterernährung, Überarbeit und mangelnde Gesundheitsversorgung zurückführten – z.B. Nasta 1940, S. 681–682.

stammende Ökonom und Schriftsteller Mijo Mirković (1898–1963), damals an der rechtswissenschaftlichen Fakultät in Subotica beschäftigt, schrieb 1936 in der in London erscheinenden *Slavonic and East European Review*:

> TODAY the most difficult problem of Jugoslavia, alike from the economic, cultural and political point of view, is the question of what to do with the surplus population.[483]

Angesichts der (im westeuropäischen Vergleich doch) geringen Bevölkerungsdichte der Region wurde die (ebenfalls im westeuropäischen Vergleich) niedrige Produktivität ihrer Landwirtschaft zum ausschlaggebenden Faktor für die Anwendung des Konzepts einer „relativen, agrarischen Übervölkerung" gemacht. Einzelne Wissenschaftler hinderte dies aber auch nicht an der Feststellung, dass selbst die absolute Bevölkerungsdichte in Südosteuropa hoch war. So schrieb Walter Hoffmann 1932 in einer einseitigen Verwendung demographischer Daten:

> 38 Millionen Menschen wohnen in den drei Ländern. Sie verteilen sich auf Rumänien mit 18,2 Millionen, Jugoslawien mit 13,9 Millionen und Bulgarien mit 5,9 Millionen. Die mittlere Bevölkerungsdichte betrug 1930 in Rumänien 61,7, Jugoslawien 56 und Bulgarien fast 58 auf den Quadratkilometer. In allen drei Ländern steht somit die Bevölkerungsdichte über dem europäischen Durchschnitt; sie kommt der Bevölkerungsdichte von Ostpreußen nahe und übertrifft die Dichte der beiden Mecklenburg erheblich.[484]

Ähnliche Feststellungen traf Hoffmann in seinem 1939 erschienenen Buch „Donauraum Völkerschicksal."[485] Er verschwieg jedoch, dass der Vergleichswert des europäischen Durchschnitts von 46,2 Menschen pro km² auch den europäischen Teil der Sowjetunion mit seiner Bevölkerungsdichte von 22,1 Personen auf einen km² beinhaltete und somit die große Mehrheit der europäischen Staaten weit über diesem Durchschnitt lag.[486] Hoffmanns Feststellung veranschaulicht, wie die differenzierte Anwendung demographischer Daten, insbesondere die Auswahl der geographischen Eingrenzung des untersuchten Gebiets, zu unterschiedlichen Ergebnissen führte und die Sichtweise auf „Bevölkerungsfragen" beeinflusste. So war es auch bei dementsprechender geographischer Eingrenzung bei einem Blick auf das Verhältnis zwischen Bevölkerungszahl und landwirtschaftlicher Fläche

483 Mirković, Mijo 1936, S. 389; vgl. 1937, S. 124.

484 Hoffmann, Walter 1932, S. 14.

485 Hoffmann, Walter 1939, S. 48–49.

486 Statistisches Jahrbuch für das Deutsche Reich 1937, S. 626: 7.

nicht sonderlich schwer, die „Übervölkerung" von Gebirgsregionen (oder Städten) festzustellen.[487]

Die Ergebnisse der Volkszählung im Königreich der Serben, Kroaten und Slowenen (SHS) von 1921 hatten noch kaum eine Diskussion über eine „agrarische Übervölkerung" im Land ausgelöst. Das wissenschaftliche Interesse galt zu dieser Zeit vielmehr der nationalen und ethnischen Zusammensetzung des neuen Staates.[488] Der ansonsten eine „Übervölkerung" der Welt fürchtende Harold L. Wilkinson äußerte sich 1930 anhand der Volkszählergebnisse von 1921 positiv über die Relation zwischen anbaufähiger Fläche und Menschenzahl in Jugoslawien. Durch Intensivierung der Landwirtschaft und bessere Transportmöglichkeiten sollte in den nächsten 100 Jahren der natürliche Bevölkerungszuwachs Jugoslawiens „mit Leichtigkeit absorbiert" werden können.[489]

Die jugoslawische Volkszählung von 1931 brachte für den Zeitraum 1921 bis 1931 einen Bevölkerungsanstieg von knapp zwei Millionen auf fast 14 Millionen. Für die jugoslawischen Machthaber war dieser hohe Anstieg von 16,3 % Anlass zur Freude. Jene Ansichten, welche durch das schnelle Bevölkerungswachstum wirtschaftliche und soziale Probleme auf das Land zukommen sahen, befanden sich in Jugoslawien noch in der Minderheit. In der Absicht, ihnen dennoch entgegenzutreten schrieb Velimir N. Stojković, Leiter der Abteilung für Agrarökonomie im Landwirtschaftsministerium in Belgrad, im Sommer 1932, dass das Territorium Jugoslawiens noch spärlich besiedelt sei und es mit Leichtigkeit auch doppelt so viele Menschen ernähren könne.[490] Im Dezember desselben Jahres dämpfte der slowenische Mediziner Bojan Pirc, Statistiker im Belgrader Zentralhygienischen Institut, die freudigen Erwartungen der Politiker. Die hohe Geburtenrate sei nur eine Folge besonderer Bedingungen nach dem Krieg gewesen, sie wäre bereits in den letzten Jahren merklich zurückgegangen. Da Jugoslawien kein Land wäre, das sich eine sinkende Geburtenrate erlauben könne, forderte Pirc eine umsichtige Politik in Hinblick auf die Zahl und die Qualität der Bevölkerung.[491] 1935 meldete sich Laza M. Kostić[492] mit einem Kommentar zu den Volkszählungsergebnissen

---

487 Tomasevich 1955, S. 158.

488 Marković 2006, siehe z. B. Rus 1920. Daneben entstanden im Hinblick auf die Friedenskonferenzen nach dem Ersten Weltkrieg Werke zu propagandistischen Zwecken, z. B. um eine gewünschte Grenzziehung zu argumentieren (Macura 1953, S. 4). Zu den in der ersten Hälfte des 20. Jahrhunderts in Südosteuropa durchgeführten Volkszählungen siehe Kosinski 1971.

489 Wilkinson 1936, S. 24.

490 Stoykovitch 1933, S. 359.

491 Pirc 1932, S. 254–255.

492 Der Jurist und Statistiker Laza M. Kostić (1897–1979) war ab 1921 Staatssekretär für Statistik im Königreich der Serben, Kroaten und Slowenen. 1923 dissertierte er an der Wirtschafts- und Sozialwissenschaftlichen Fakultät in Frankfurt am Main über „Die parlamentarischen Wahlen und die Statistik". 1937 war er Mitbegründer der Hochschule für Wirtschaft und Handel in Belgrad,

in Jugoslawien (der ordentliche Professor an der juridischen Fakultät in Subotica hatte im selben Jahr am Internationalen Kongress für Bevölkerungswissenschaft in Berlin teilgenommen).[493] Die merkantilistische Position vertretend, dass ein Wachstum der Bevölkerung mit einem Machtzuwachs des Staats gleichzusetzen sei, freute er sich über den Bevölkerungsanstieg von nicht ganz zwei Millionen im Zeitraum von 1921 bis 1931. Wenn sich die Wirtschaft intensiviere und ein wenig umorientiere, könne Jugoslawien ohne Schwierigkeiten 50–60 Millionen Menschen ernähren. Kostić betonte ausdrücklich, dass in Jugoslawien weder das „Problem der Übervölkerung“, noch das „Problem der Entvölkerung“ existierten.[494]

In Jugoslawien selbst brach eine verstärkte Diskussion über „landwirtschaftliche Übervölkerung“ erst nach der Veröffentlichung der Volkszählungsergebnisse aus dem Bereich der Landwirtschaft im Jahr 1938 aus.[495] Aus der Perspektive Johann Wüschts, Vertreter der deutschen Minderheit in Jugoslawien, deren Anzahl in Relation zur slawischen Bevölkerung gesunken war, hatte sich die demographische Situation bereits zuvor gänzlich unterschiedlich dargestellt. 1938 problematisierte er in einem im *Archiv für Bevölkerungswissenschaft und Bevölkerungspolitik* erschienenen Artikel über Bevölkerungsbewegungen in Jugoslawien den Anstieg von 16,3 % seit der Volkszählung von 1921. Die jugoslawische Bevölkerung gehöre zu jener slawischen Völkergruppe, die offenbar um 1960 mehr als die Hälfte der europäischen Bevölkerung ausmachen werde. Diese Erkenntnis erfülle jugoslawische Wissenschaftler und Politiker mit leichtsinnigem Stolz, „der gewisse krankhafte Erscheinungen am biologischen Volkskörper einfach nicht wahrhaben“ wolle. Dieser „Arglosigkeit“ sei es nach Wüscht zu verdanken, dass die einschlägige Statistik derart vernachlässigt und mangelhaft geführt werde und dass jugoslawische Angaben entweder gar nicht oder nur selten und veraltert vorzufinden seien.[496] Jugoslawische Wissenschaftler und Politiker würden sozusagen Bevölkerungsdaten einer wissenschaftlichen Behandlung von Außen entziehen. Allerdings hatte Wüscht, ohne seine Quelle zu nennen, offenbar kein Problem damit, Daten, die vermutlich aus dem Statistischen Jahrbuch des Königreichs Jugoslawien stammten, in selbigem Artikel dem deutschen Publikum darzulegen.

welche später zur Wirtschaftlichen Fakultät der Universität Belgrad wurde. Kostić war Kommissar für Verkehr in der kommissarischen Regierung unter Milan Aćimović, welche ab 30. April 1941 bis zur Bildung der Nedić Administration am 29. August mit den Nazis zusammenarbeitete. Mit den Werken des serbischen Nationalisten Kostić beschäftigte sich u.a. der serbische Ultranationalist Vojislav Šešelj in seinem Buch „Die Ideologie des serbischen Nationalismus“ (Šešelj 2002; Subotić 1995, S. 251–262).

493 Harmsen/Lohse 1936, S. XXV.

494 Kostić 1935, S. 500–503.

495 Statistički godišnjak Kraljevine Jugoslavije 1938, S. 98–134; Macura 1953, S. 4.

496 Wüscht 1938, S. 164.

Ab 1938 sollte das Überbevölkerungskonzept endgültig zum dominierenden Erklärungsmodell für die wirtschaftlichen und sozialen Probleme Südosteuropas auf internationaler Ebene werden. Der Zagreber Agrarökonom Otto Frangeš, der im Zusammenhang mit der geforderten Industrialisierung der südosteuropäischen Staaten bereits 1931 über deren „agrarische Übervölkerung" geschrieben hatte,[497] wandte sich nach der Veröffentlichung der landwirtschaftlichen Daten aus der Volkszählung intensiv statistischen Vergleichen und Interpretationen rund um die „landwirtschaftliche Übervölkerung" zu. 1938 erschien in der Belgrader Zeitschrift *Arhiv Ministarstva poljoprivrede* der Aufsatz „Problem relativne prenapučenosti u Jugoslaviji" [Das Problem der relativen Übervölkerung in Jugoslawien] und ein Artikel im *Weltwirtschaftlichen Archiv*. 1939 folgte der Aufsatz „Die Bevölkerungsdichte als Triebkraft der Wirtschaftspolitik der südosteuropäischen Bauernstaaten" im Rahmen der Kieler Vorträge am Institut für Weltwirtschaft der Universität Kiel, aus welchem in Folge insbesondere deutschsprachige Ökonomen oft zitierten.[498] Einleitend hielt Frangeš fest, dass Bevölkerungsvermehrung aus wirtschaftlich-sozialen und politisch-militärischen Motiven seit jeher ein allgemein angestrebtes Ziel gewesen war. Daran hätten auch Malthus und seine Anhänger nichts ändern können.[499] Ein Vergleich der Bevölkerungsdichtezahlen aus dem *Statistischen Jahrbuch für das Deutsche Reich* für das Jahr 1937 zeige zunächst, dass die „Bauernstaaten Südosteuropas" gleich nach den skandinavischen und baltischen Ländern kommen, also nach Ländern, in denen der Ausbreitung der Bevölkerung „kaum zu überwindende klimatische und orographische Hindernisse" im Weg stünden. Tatsächlich, so führte Frangeš weiter aus, war bis vor kurzem die Meinung verbreitet gewesen, dass diese Staaten infolge ihrer extensiven, weiträumigen Wirtschaftsverfassung dünn bevölkert seien, und dass es in ihrem Interesse liege, durch Intensivierung der Landwirtschaft, ja selbst durch einen Zuzug auswärtiger Kolonisten die Bevölkerungsdichte zu steigern. Diese Ansicht sei sowohl im Ausland, als auch in den Staaten selbst verbreitet gewesen: Serbien hätte noch kurz vor dem Ersten Weltkrieg

497 Frangeš 1931, S. 82–84.

498 Im Anschluss an Frangeš' Veröffentlichungen intensivierte sich die innerjugoslawische Diskussion über die „agrarische Übervölkerung" und war bei Autoren unterschiedlicher politischer Ausrichtung präsent. Der berühmte slowenische Geograph Anton Melik (1890–1966) setzte sich 1940 in der Zeitschrift *Geografski vestnik* der Geographischen Gesellschaft Ljubljanas mit der „agrarischen Übervölkerung" Jugoslawiens auseinander. Sein Kollege Svetozar Ilešič (1940) widmete sich dem Phänomen in Slowenien. Im *Geografski vestnik* hatte sich Matija Maučec bereits 1933 mit der „Übervölkerung" im Prekmurje [Übermurgebiet] befasst. 1940 erschien eine Monografie über die Agrarpolitik in Jugoslawien von Mijo Mirković (1940), in welcher er sich mit der „agrarischen Übervölkerung" beschäftigte. Ratibor Popović (1940) verfasste an der rechtswissenschaftlichen Fakultät der Universität Belgrad eine Dissertation mit dem Titel „Die agrarische Übervölkerung Jugoslawiens", welche einen guten Überblick über den damaligen Stand der Diskussion bietet.

499 Frangeš 1939, S. 1.

die Zuwanderung von Kolonisten gesetzlich gefördert, Bosnien-Herzegowina im Verband Österreich-Ungarns ebenso.[500] Nun gingen die Experten daran, das durch die absoluten Bevölkerungsdichtezahlen geschaffene Bild zu verändern, indem sie die Zahl der in der Landwirtschaft Beschäftigten auf die anbaufähige Fläche (Acker, Wiesen, Weiden, Gärten) bezogen:

Tabelle 3 „Auf die kultivierbare Fläche bezogene relative Bevölkerungsdichte in einigen Ländern Europas"[501]

	Landwirtschaftliche Bevölkerung	
Land	je qkm kultivierbare Fläche	v.H. der Gesamtbevölkerung
Estland	22,14	56,08
Frankreich	-	20,21
Lettland	30,69	60,99
Dänemark	33,97	31,10
Schweden	40,63	34,94
Schweiz	44,75	25,29
Deutsches Reich	47,63	22,10
Ungarn	59,24	55,75
Finnland	62,49	59,22
Polen	65,66	61,57
Norwegen	*79,75*	*30,26*
Rumänien	*81,59*	*79,88*
Jugoslawien	*81,60*	*76,20*
Bulgarien	89,62	74,77
Italien	133,80	51,92

Anhand der so errechneten „relativen Bevölkerungsdichte" wollte Frangeš zeigen, dass Bulgarien, Rumänien und Jugoslawien als die relativ am dichtesten bevölkerten Gebiete Europas bezeichnet werden können (das faschistische Italien hätte sich durch seine Kolonisationspolitik und die Maßnahmen der *Bonifica integrale* ein „Ventil für seine erstaunliche Bevölkerungsdichte" geschaffen).[502] Die Dichte der Landbevölkerung sei in den drei südosteuropäischen Ländern mehr als doppelt so groß als in Dänemark, welches in der damaligen Zeit allgemein als

500 Ebd., S. 5.

501 Ebd.; basierend auf den Daten des Institut international d'agriculture 1933, S. XXXII–XXXIII.

502 Zur *Bonifica integrale* und allgemein zur Agrarpolitik im faschistischen Italien siehe Nützenadel 1997.

der „fortschrittlichste Bauernstaat der Welt" angesehen wurde.[503] Die statistische Gegenüberstellung des landwirtschaftlichen Sektors Dänemarks mit jenem der südosteuropäischen Staaten ließ in den Augen der Ökonomen die Defizite des letzteren besonders gut sichtbar werden. Zahlreiche zeitgenössische Studien nahmen den landwirtschaftlichen Sektor Dänemarks als Vorbild für die Richtung, in die sich die südosteuropäische Agrarwirtschaft entwickeln sollte.[504]

Doreen Warriner (1904–1972) vom Institut für Politische Ökonomie des *University College London* wandte das Modell auch rückwirkend auf Südosteuropa an: Ihr zufolge hatte das Problem der „agrarischen Übervölkerung" in Osteuropa bereits vor dem Ersten Weltkrieg existiert, die Unterteilung der Region in Gebilde mit ausgeprägten wirtschaftlichen Interessen und einer sehr unterschiedlichen sozialen Struktur (Habsburger Monarchie, Russland und die Balkanstaaten) hatten es nur verdeckt. Im Zuge der neuen Grenzziehungen nach dem Ersten Weltkrieg kam das schon vor dem Weltkrieg „übervölkerte" Kroatien und Transsilvanien zu den bereits „übervölkerten" Ländern Serbien bzw. Rumänien, welche ihre „Bevölkerungsüberschüsse" ebenfalls nicht „absorbieren" konnten.[505] Das Konzept der „Übervölkerung" und seine Anwendung auf die südosteuropäische Landwirtschaft wurde in Großbritannien mit Warriners 1939 erschienenem Buch „Economics of Peasant Farming" einem breiteren Publikum bekannt. Es wurde nach dem Zweiten Weltkrieg zum Ausgangspunkt für Untersuchungen zur Lage der Landwirtschaft in „unterentwickelten" Staaten. Warriner selbst schrieb später für die Vereinten Nationen Berichte über die Landwirtschaft in der „Dritten Welt".[506]

In Deutschland waren es vor allem die Monographien von Reithinger (1936), Gross (1937) und Wagemann (1939), durch welche sich die Frage nach der „landwirtschaftlichen Übervölkerung" Südosteuropas wie ein roter Faden zog. In seinem Buch „Der neue Balkan. Altes Land – junge Wirtschaft" wollte der Nationalökonom und Statistiker Ernst Wagemann den Nachweis erbringen, dass „ein scheinbar übervölkertes Gebiet herrlichen Lebensraum noch für viele Millionen Menschen bietet." Für Wagemann befand sich der Balkan 1939 wirtschaftlich auf einer ähnlichen Entwicklungsstufe wie England in der Zeit, als Malthus 1798 seinen berühmten „Versuch über das Bevölkerungsgesetz" veröffentlichte. Genau wie gegenwärtig

---

503 Egoroff 1936, S. 154–157; Frangeš 1939, S. 6; Bićanić 1939, S. 50–53. Sava Obradović kam ohne seine Quelle oder Methode zu nennen 1939 für Jugoslawien sogar auf ein Verhältnis von „nahezu 200 Köpfen" je km^2 landwirtschaftlicher Anbaufläche (Obradovitsch 1939, S. 53).

504 Pătrăşcanu, führendes Mitglied der Kommunistischen Partei Rumäniens, bezeichnete die Heranziehung des „dänischen Beispiels" in der wissenschaftlichen Praxis in Rumänien indes als „simple und vulgäre Mystifizierung" (Pătrăşcanu 1944, S. 101). Zur damaligen Vorbildwirkung der dänischen Landwirtschaft siehe Jónsson 2012, vgl. O'Rourke 2006 und Henriksen 2009.

505 Warriner 1938, S. 629 und 636; siehe auch Jászi 1935, S. 98–99.

506 Warriner 1964, S. xxxii.

auf dem Balkan hätte es damals in England einen „Bevölkerungsüberschuß“ gegeben. Auch die Bevölkerungsdichtezahlen für England und Wales von 1800 von ziemlich genau 60 Einwohnern pro km^2 wären zu seiner Überraschung jenen der Balkanländer von 1937 sehr ähnlich.[507] Zu Beginn der 1940er Jahre war das Modell der „agrarischen Übervölkerung“ Südosteuropas in wissenschaftlichen Arbeiten in einem solchen Maß präsent, dass Karl Thalheim 1942 die „Tatsache der fast im ganzen südosteuropäischen Raume herrschenden *agrarischen Ueberbevölkerung*“ als bekannt voraussetzte.[508] In der Zeit zwischen 1938 und 1944 existierten kaum Forschungen über die Wirtschaftsstruktur der südosteuropäischen Staaten, in welchen das Konzept der „agrarischen Übervölkerung“ nicht zur Anwendung kam. Eine Ausnahme bildete beispielsweise der kommunistischen Ideen nahe stehende Veselin Masleša (1906–1943): in der Absicht, seine Studie über die Probleme der jugoslawischen Landwirtschaft auch politisch von anderen abzugrenzen, schrieb in deren Einleitung abfällig, dass „heute verschiedene bürgerliche und ‚bäuerliche' Ökonomen so gerne und so viel über das Problem der sogenannten agrarischen Übervölkerung reden und schreiben“.[509]

Zu Beginn der Debatte über die „agrarische Übervölkerung“ Südosteuropas konnten die Akteure auf reichliches Material zum international verankerten Übervölkerungskonzept zurückgreifen. Für den Verlauf der engeren Diskussion spielte der durch gegenseitiges Zitieren und Austausch auf Konferenzen zum Ausdruck kommende Wissenstransfer, insbesondere zwischen deutschen und südosteuropäischen Wissenschaftlern, eine große Rolle. Die Widersprüche in der Analyse und Wahrnehmung der Bevölkerungsentwicklung hingen mit den jeweiligen, wiederum unter verschiedenen Einflüssen stehenden Standpunkten der einzelnen Akteure zusammen. Ende der 1930er Jahre kam es zu einem Perspektiven-, jedoch zu keinem Paradigmenwechsel: das zuvor bestehende Bild Südosteuropas eines dünn besiedelten Raums war nach einer Zeit der Koexistenz jenem eines „übervölkerten“ Raums gewichen. Der normalwissenschaftliche Alltag in der Erforschung der „Übervölkerung“ ging ungebrochen weiter.

---

507 Wagemann 1939, S. 12 und 57–58. Hermann Gross war in einer Rezension des Buches voller Lob für die Arbeit Wagemanns (Gross 1940, S. 121).

508 Thalheim 1942, S. 263. In seiner Göttinger Dissertation „Die wirtschaftliche Gestaltung eines übervölkischen Raumes durch die deutsche Handels- und Wirtschaftspolitik. Dargestellt am Beispiel Südosteuropas“ fasste Kurt Petersen (1941) die Studien der deutschen Ökonomen zur „agrarischen Übervölkerung“ in den Balkanstaaten zusammen. Die Dissertation bietet demnach nichts Neues, aber einen guten Überblick über die Diskussion in Deutschland aus damaliger Sicht.

509 Masleša 1954 [1941], S. 40. Unter „bäuerliche Ökonomen“ verstand Masleša Wirtschaftswissenschaftler, die den Bauernparteien nahe standen.

2. Methoden zur Berechnung der „agrarischen Übervölkerung"

Das folgende Unterkapitel untersucht die eingesetzten Methoden zur Berechnung des Zustands der „agrarischen Übervölkerung" Südosteuropas bezüglich ihrer Umsetzung und der Aussagekraft ihrer Ergebnisse. Es wird deutlich, dass zu viele Menschen immer dort identifiziert werden, wo es an etwas zu wenig gibt.[510] Dieses Denkmodell lag der Berechnung der „Übervölkerung zugrunde. In Südosteuropa hätte es damals zu viele Bauern und im Verhältnis zu wenig Ackerboden, Produktivität, Nahrung, Kapital, Arbeitsplätze, etc. gegeben. Den Überbevölkerungstheoretikern ging es darum, den aus der Bevölkerungstheorie deduktiv gewonnenen Begriff der „Übervölkerung" durch *„Statistifizierung"* anwendbar zu machen.[511] So überwogen bei der Berechnung der „agrarischen Übervölkerung" Südosteuropas statistische Berechnungen, Gegenüberstellungen und Vergleiche.[512] Entweder wurden einzelne Posten aus den Volkszählungsergebnissen aus dem Bereich der Landwirtschaft des südosteuropäischen Staats selbst in Relation gesetzt, oder den landwirtschaftlichen Statistikdaten anderer, meist westeuropäischer Länder gegenübergestellt. Dies geschah trotz Vorbehalte gegenüber der Verlässlichkeit zeitgenössischer Volkszählungen aus den Balkanstaaten, welche von den Bevölkerungswissenschaftlern selbst geäußert wurden.[513] Eingestanden wurde vereinzelt darüber hinaus, dass die statistische Massen- und Verhältnisbildung auf keinem anderen Gebiete so vieldeutige und daher möglicherweise irreführende Ergebnisse zu liefern vermochte wie bei der Feststellung sogenannter Bevölkerungsdichten.[514] Wie die US-amerikanische Anthropologin Katherine Verdery 1983 kritisierte, machten es sich die Ökonomen in der Berechnung der „agrarischen Übervölkerung" darüber hinaus insofern einfach, als dass sie oft nicht berücksichtigten, in welchem Ausmaß die gemessenen Größen Funktionen sozialer, ökonomischer und technologischer Faktoren waren. So betrachteten sie landwirtschaftliche Nutzfläche weniger als soziale, sondern vielmehr als natürliche

---

510 Weikert 2001, S. 29.

511 Seraphim, Hans-Jürgen 1930, S. 193–194.

512 Seraphims Artikel „Die statistische Erfassung der landwirtschaftlichen Übervölkerung und Untervölkerung" befasst sich grundlegend mit methodischen Fragen des Konzepts (Seraphim, Hans-Jürgen 1930). Raja Silberkweit fasste in ihrer Leipziger Dissertation die bis Anfang der 1930er Jahre in Russland und in der Sowjetunion zur Anwendung gekommenen Berechnungsmethoden und ihre weit auseinander liegenden Ergebnisse für die dortige „Agrarübervölkerung" zusammen (Silberkweit 1934, S. 88–113).

513 Mombert 1933, S. 749.

514 Brinkmann 1943, S. 60–61. „Um nicht einer drohenden statistischen Zahlenspielerei zu verfallen" forderte Brinkmann eine ergänzende soziologische Analyse der Agrar- und Bevölkerungspolitik (Brinkmann 1943, S. 62).

Ressource.[515] Das Anführen zeitgenössischer Kritik soll die Aufmerksamkeit darauf lenken, dass die Methoden zwar innerhalb des Denkkollektivs umstritten waren, jedoch selten das Konzept als solches in Frage gestellt wurde.

2.1 Berechnung und Gegenüberstellung agrarischer Bevölkerungsdichten

In einer Rezension über Anton Hollmanns „Agrarverfassung und Landwirtschaft Jugoslawiens" lobte Frangeš 1931 die von Hollmann angestellten Vergleiche zwischen Nord- und Osteuropäischen Staaten, die der Arbeit einen besonderen Wert geben und zu weiteren Schlussforderungen anregen würden. So sei der Hinweis, dass in Jugoslawien 2,5-mal so viele berufstätige Menschen samt ihrer Angehörigen auf 100 ha landwirtschaftlicher Nutzfläche (Acker, Wiesen, Weiden, Gärten) entfallen als in Dänemark und von der landwirtschaftlichen Produktion „zehren",[516] „aufschlussreicher als eine ganze Abhandlung über diesen Gegenstand."[517] Die Gegenüberstellung statistischer Posten aus dänischer und südosteuropäischer Landwirtschaft, wie ihn Hollmann praktizierte, nahm Frangeš zu späterer Zeit selbst wieder auf. Das Verhältnis von Anbaufläche zu landwirtschaftlicher Bevölkerung auf festgesetztem Territorium galt als fester Bestandteil der Berechnungsweise von „agrarischer Übervölkerung". Zusätzlich wurde dieses Verhältnis mit dem Verbrauch und/oder der Produktivität der Agrarbevölkerung auf dem bestimmten Gebiet in Verbindung gesetzt. So kam Frangeš nach weiteren Berechnungen und einer von ihm für Südosteuropa modifizierten, hypothetisch angenommenen Weizenernte, mit welcher je km² in Bulgarien 140,3, in Rumänien 142,0 und in Jugoslawien 134,7 Menschen ernährt werden könnten, zu dem Schluss, dass in Rumänien das gesamte Gebiet der Bukowina und wohl auch Transsilvanien, in Bulgarien die Kreise Plovdiv und Sofia, in Jugoslawien mit Ausnahme des fruchtbaren und Ernteüberschüsse liefernden Donaubanats alle anderen Banate ihren Nahrungsbedarf nicht mit der ihnen zuwachsenden Ernte decken konnten. Diese Gebiete mussten laut Frangeš als *„übervölkert"* angesehen werden. Zusätzlich gab er den Hinweis, dass Reithinger eine Bevölkerungsdichte von 65 Menschen je km² landwirtschaftlicher Fläche als „Überbevölkerung" betrachtete.[518] Das vom

515 Verdery 1983, S. 393.

516 Hollmann 1931, S. 67.

517 Frangeš 1931, S. 228.

518 Frangeš 1939, S. 12–13, vgl. Reithinger 1936, S. 23. Der katholisch-konservative Geburtenrückgangstheoretiker Roderich von Ungern-Sternberg (1885–1965) schrieb in einer Rezension zu Frangeš' Arbeit in den *Jahrbüchern für Nationalökonomie und Statistik*, dass es überhaupt nicht zweckmäßig sei, mit den Begriffen Über- und Untervölkerung zu operieren – auch wegen den vielen Unbekannten wie „Kulturbedürfnisse". Er hielt die Begriffe „Raumenge" bzw. „Raumweite" für adäquater (Ungern-Sternberg 1940, S. 616). Zu Ungern-Sternberg siehe Ferdinand 2009.

Institut für Weltwirtschaft (IfW) in Kiel erarbeitete Gutachten „Die Ernährungswirtschaft, insbesondere die Bedeutung der Nahrungsmittelindustrie Jugoslawiens“ vom April 1940 kam zur scheinbar überraschenden Beobachtung, dass die meisten zahlreichen Gebirgsgebiete Jugoslawiens trotz ihrer überwiegend agraren Struktur Getreidezuschussgebiete wären. Dagegen erzielten das Donau- und Savebanat, „obwohl dicht bevölkert,“ so große Überschüsse, dass die Zuschussgebiete versorgt und große Mengen für den Export bereitgestellt werden könnten.[519] Schulmeister ging sogar von einer „absoluten Übervölkerung“ derjenigen südosteuropäischen Gebiete aus, in welchen der Nahrungsmittelbedarf nicht ohne Zuschuss von außen gedeckt werden konnte, bzw. in welchen die Bevölkerung ihren Lebensbedarf durch Viehwirtschaft oder sonstigen Nebenerwerb verschaffen musste. Dies galt, wie Frangeš bereits festgehalten hatte, außer für das Donaubanat für alle Gebiete Jugoslawiens.[520]

Eine Vielzahl von Studien beschäftigte sich mit dem Verhältnis von Bevölkerungszahl und Boden in Südosteuropa. 1938 bescheinigte Johann Wüscht dem „südslawischen Volk“ eine „starke Lebenskraft“. Wüscht übernahm dabei das Modell der „innenbedingten, natürlichen Tragfähigkeit“ von Friedrich Burgdörfer. Diese ließe sich in einem landwirtschaftlich geprägten Land am besten durch die auf einen km^2 Ackerland bezogene Wohndichte veranschaulichen, während die Zahlen der Lebendgeborenen, die 1.000 Frauen im Alter zwischen 15 und 45 Jahren in einem bestimmten Zeitraum gebären, die Vermehrungsverhältnisse am deutlichsten zeigen würden. Der „Kampf um den Lebensraum“ würde in erster Linie durch die wechselseitigen Beziehungen beider Komponenten bedingt werden.[521] Wüscht ging es in seinem Artikel in erster Linie um eine differenzierte Betrachtung der Fertilität und die vermeintliche Einengung des „Lebensraums“ der deutschen Minderheit in Jugoslawien. Durch die Einbeziehung der Fertilitätsrate gewann das sonst statische Verhältnis zwischen Anbaufläche und Menschenanzahl zwar an Dynamik, jedoch nicht unbedingt an Aussagekraft, weil die zukünftigen wirtschaftlichen und eigentlich auch demographischen Entwicklungen ausgeblendet blieben.

Doreen Warriner zufolge hing die Zahl der „optimalen“ Bevölkerungsdichte, bei dessen Überschreitung es zum Zustand der „Übervölkerung“ kommt, vom Intensitätsgrad in der Landwirtschaft ab. Bei einem Kultivierungssystem von Mais und Weizen, oder von Kartoffeln und Roggen, betrug diese Zahl 30 aktiv Beschäftigte oder 60–70 Personen Gesamtbevölkerung in der Landwirtschaft je km^2. Zur Untermauerung dieser Aussage gab sie einen Satz wieder, welchen sie von einem

519 IfW 1940, S. 2.

520 Schulmeister 1942, S. 35–36.

521 Wüscht 1938, S. 165–166.

bulgarischen Ökonomen gehört hatte: „If I see five sheep with three dogs and two men, I call that over-population."[522] Auch Bićanić arbeitete in seiner 1940 in Zagreb erschienenen Arbeit mit dem Titel „Agrarische Übervölkerung", in der er sich geographisch in erster Linie mit dem Banat Kroatien[523] befasste, zur Ermittlung selbiger mit statistischen Gegenüberstellungen. Bićanić zufolge wurde in Europa zu dieser Zeit 35 bis 45 Personen landwirtschaftlicher Bevölkerung auf 1 km² für „normal" gehalten. Das sei die Zahl, welche in den „Kulturländern Europas" die landwirtschaftliche Produktion ausführe. Aus diesen Bedingungen könne man ableiten, dass die Länder Mitteleuropas und besonders Kroatien stark „übervölkert" waren.[524] Sowohl nach Frangeš' als auch nach Bićanićs Berechnungen belegte Dalmatien den Spitzenplatz unter den „übervölkerten" Gebieten. Frangeš kam für das Küstenland gar auf auf 564,5 Personen pro Quadratkilometer Ackerfläche. Er zählte es zu den „dichtestbevölkerten Gebieten der Welt", weil dies mehr sei als auf Java oder in den am dichtest bevölkerten Gebieten Chinas.[525] Es waren also die Karst- und Gebirgsgebiete Jugoslawiens, die verständlicher Weise über wenig landwirtschaftliche Nutzfläche verfügten, welchen ein hoher Grad an „agrarischer Übervölkerung" zugeschrieben wurde. Den höchsten Grad an „agrarischer Übervölkerung" in Jugoslawien machte Melik im montenegrinischen Kolašin mit 994 Personen auf 1 km² landwirtschaftlicher Fläche aus.[526] Im selben Band des *Geografski vestnik* machte Meliks Kollege Pavel Kunstler in seiner Untersuchung über Ausmaß und Qualität der Anbaufläche in Jugoslawien die geringste Nutzflächenausdehnung (3,3 % der Oberfläche) in eben diesem Kolašin aus.[527] 1931 hatte der Berliner Geograph Kurt Kayser (1905–1984) im Kreis Kolašin zwar auch große wirtschaftliche Entwicklungsmöglichkeiten wie die Züchtung besserer Rassen und die Entwicklung der Milchwirtschaft gesehen, das jedoch nicht an der Bevölkerungsdichte festgemacht. Seine Berechnung hatte eine Bevölkerungsdichte von 13 auf die Gesamtfläche ergeben. Zog man die für die Viehzucht so bedeutenden ausgedehnten Sommerweideflächen ab, die etwas über die Hälfte der Gesamtfläche einnahmen, ergab sich eine Bevölkerungsdichte von 27.[528] Dugački ermittelte für

---

522 Warriner 1964 [1939], S. 67.

523 Das Banat Kroatien entstand 1939 in Folge des Cvetković-Maček-Abkommens durch die Zusammenlegung des Savebanats und des Küstenbanats in ihrer Gänze sowie Teilen des Donau-, Vrbas-, Drina-, und Zetabanats.

524 Bićanić 1940, S. 7. Für die jugoslawischen Daten zog Bićanić die Ergebnisse der Volkszählung von 1931 (Statistički godišnjak Kraljevine Jugoslavije 1938) heran, die übrigen Daten betreffend ließ er die Leserschaft im Unklaren.

525 Frangeš 1939, S. 10 und 13.

526 Melik 1940, S. 98.

527 Kunstler 1940, S. 108.

528 Kayser 1931, S. 110–112 und 126–127.

den Bezirk Senj die höchste „agrarische Übervölkerung" im NDH mit 994 Personen, denn der Bezirk würde zur Hälfte aus Wald bestehen und die Anbaufläche nur 1,6 % betragen.[529] Gerade bei den Zahlen für Dalmatien und Montenegro wurde selten berücksichtigt, dass in der Statistik auch jene Bevölkerung zur „landwirtschaftlichen Bevölkerung" gezählt wurde, welche z. B. Vieh- und Holzwirtschaft, Bienenzucht und Fischerei betrieb.[530] Walter Schneefuss, ein Schüler Otto Maulls in Graz, hatte die weiten Weidegebiete des dalmatinischen Hochlands in seiner Berechnung der „Übervölkerung" Kroatiens berücksichtigt und war für die Küstengebiete auf eine agrarische Bevölkerungsdichte von unter 80 gekommen. Dennoch war dieser eigentlich „besser gestellte" Landesteil ärmer als das „stark übervölkerte" Zagorje mit über 200 Personen auf dem km^2 landwirtschaftlicher Nutzfläche.[531] Der Gegenüberstellung der Bevölkerungsdichte mit der Produktivität im Agrarsektor war ein einfaches Verfahren, das auf wenig Datenmaterial beruht. Stattdessen hätte man genauso gut die Produktivität der Anzahl von landwirtschaftlichen Maschinen oder Milchwirtschaften, dem Kapitaleinsatz sowie dem Gebrauch von Düngemittel gegenüberstellen können, um ein rückständiges Bild der südosteuropäischen Landwirtschaft zu erhalten. Darüber hinaus kann die Berechnung der „agrarischen Übervölkerung" mit Kommazahlen bis zur kleinsten administrativen Einheit ohne Berücksichtigung der Wirtschaftsstruktur der übrigen Region oder des Staats als statistische Übung ohne Aussagekraft gewertet werden. Es ist der Attraktivität und Dominanz der neomalthusianischen Prämissen und dem damit verbundenen wissenschaftlichen Denkzwang geschuldet, dass die wirtschaftlichen Probleme Südosteuropas mehrheitlich über die Bevölkerungszahl definiert wurden.

Die Grundfrage, welche sich den Bevölkerungsexperten in Verbindung mit der „agrarischen Übervölkerung" zwangsläufig stellte, war jene nach der „optimalen" Anzahl landwirtschaftlicher Bevölkerung auf dem Territorium eines Staats, einer Region, etc.[532] Als Richtwert pendelte sich international ca. 40 Personen auf 1 km^2 Anbaufläche ein. Rudolf Bićanić hielt 1940 in seiner Studie über Kroatien die Definition „agrarischer Übervölkerung" vom Standpunkt des Konsums, d. h. des Lebensstandards aus für wissenschaftlich exakter und übernahm hierfür die Definition des deutschen Nationalökonomen Ludwig Elster (1856–1935), dessen bevorzugtes Arbeitsgebiet das „Bevölkerungsproblem" gewesen war.[533] Bićanić hielt darüber hinaus fest, dass „landwirtschaftliche Übervölkerung" ein relativer Begriff sei, die Bevölkerungszahl spiele dabei gar keine Rolle. Dafür gäbe es in Jugoslawien

529 Dugački 1942, S. 635.

530 Statistički gosišnjak Kraljevine Jugoslavije 1938, S. 98–134.

531 Schneefuss 1944, S. 148.

532 Grahovac 1999, S. 52; vgl. Bićanić 1963, S. 10.

533 Bićanić 1940, S. 10; Elster 1924, S. 815

sehr gute Beispiele: in der dünn besiedelten, aber „agrarisch übervölkerten“ Herzegowina und im dicht besiedelten Slawonien, wo die Bevölkerung vergleichsweise über genügend Land verfügte.[534] Die wissenschaftliche Konstruktion des Begriffs „Überbevölkerung“ als relativen Begriff stellte ein Kernmerkmal des Diskurses dar. Die Relativierung des Begriffs machte ihn erst weitläufig anwendbar, z. B. als dann auch „unterbevölkerte“ Länder in ländlichen Regionen „überbevölkert“ sein konnten. Wenn Bevölkerungstheoretiker über die „optimale“ Bevölkerungsdichte in der Landwirtschaft nachdachten, hatten sie gleichzeitig die für diese Zeit „regelkonforme“ Größe der in der Industrie beschäftigten Bevölkerung vor Augen. Wenn der Zuzug in die Städte wegen schleppender Industrialisierung ins Stocken geriet, wurden die auf dem Land Verbliebenen als „Überschussbevölkerung“ bezeichnet. Für die Festlegung einer „optimalen“ Bevölkerungsgröße in der Landwirtschaft war die Theorie des „Bevölkerungsoptimums“ zentral: Wenn die Einkünfte der landwirtschaftlichen Bevölkerung mit gleicher Kapitalausstattung und Ausbildung bei niedrigerer Bevölkerungsgröße gleich oder höher sein würden, wäre im Sinne der Überbevölkerungstheoretiker der Zustand der „agrarischen Übervölkerung“ erreicht. Neben seiner bevölkerungspolitischen Fragwürdigkeit beherbergte dieser Zugang eine ganz einfache methodische Schwierigkeit: die genaue Berechnung der Einkünfte der bäuerlichen Bevölkerung war wegen der verschiedenen Arten der Einkünfte kaum möglich, da sich in Südosteuropa nur ein kleiner Teil davon auf der Basis von Geld abwickelte.[535]

2.2 Vergleiche der landwirtschaftlichen Produktivität

Frangeš betonte, dass die Feststellung der „agrarischen Übervölkerung“ Südosteuropas auch ohne Vergleich mit anderen Ländern, durch eine Analyse der Gegebenheiten innerhalb Jugoslawiens standhielt. In dieser setzte er einzelne Posten der Ergebnisse der Volkszählung von 1931 und der Enquete der Privilegierten Agrarbank über die Verschuldung der Bauern von 1933 in Relation, darunter die durchschnittliche Betriebsgröße der verschuldeten Bauern, Anzahl der Haushaltsmitglieder, Anzahl der arbeitsfähigen Haushaltsmitglieder und Anzahl landwirtschaftlicher Betriebe, die mit ihrem Vorrat nicht bis zur nächsten Ernte auskamen. Wie zuvor die Bevölkerungsoptimumstheoretiker und seine deutschen Fachkollegen setzte Frangeš die Arbeitsproduktivität als Maßstab für „Übervölkerung“ an. Am ungünstigsten fiel die Rechnung für das Banat Küstenland aus (1,72 ha landwirtschaftliche Nutzfläche pro Familie, 5–9 Haushaltsmitglieder, von denen 2–3 arbeitsfähig). Hier würden 73,78 % der Familien mit ihren eigenen Vorräten nicht bis zur nächsten

534 Bićanić 1940, S. 11.

535 Vgl. Black 1939, S. 10–11.

Ernte durchkommen. Frangeš hielt fest, dass diese Zahlen aber nur die „fleißigen", kreditwürdigen Bauern erfassten. Er stellte die Frage, wie es bei den für Kredite „völlig ungeeigneten" Bauern aussehe, welche noch weniger Boden und noch weniger Möglichkeiten zur Selbsterhaltung besitzen würden. Damit gemeint waren die Bewohner der „passiven Gebiete",[536] die nur deshalb nicht Hunger litten, weil sie mit Getreide und Mehl aus fruchtbaren Regionen versorgt wurden. Aus diesem Grund sah Frangeš diese Regionen als „übervölkert" an.[537]

Für ein zuverlässiges Mittel zur Feststellung „agrarischer Übervölkerung" bezeichnete Frangeš das Verhältnis zwischen „Produzenten" (welche die ganze Arbeit verrichten) und „Konsumenten" (die aufgrund ihres Alters[538] oder aus anderen Gründen nur konsumieren). Frauen ordnete Frangeš den Wert von 0,8 einer erwachsenen männlichen Konsum- bzw. Produktiveinheit zu.[539] Am günstigsten wäre in diesem Fall das Verhältnis im Draubanat (1:0,85), am ungünstigsten im Drinabanat (1:1,5). Unnötig zu beweisen war nach Frangeš, dass die ökonomische Situation einzelner Betriebe schwieriger sei, je mehr „Konsumenten" auf einen „Produzenten" entfallen. Das Verhältnis zwischen Konsumenten und Produzenten in verschuldeten landwirtschaftlichen Betrieben stellte sich nach einer Enquete der Privilegierten Agrarbank 1933 im Moravabanat noch am günstigsten und im Zetabanat am ungünstigsten dar.[540]

---

536 Als „passiv" wurden jene Gebiete bezeichnet, die auf Agrarlieferungen aus anderen Regionen angewiesen waren. Aus damaliger Sicht siehe dazu Belin 1932 und Bićanić 1936.

537 Frangeš 1938, S. 13–16 und 1939, S. 12–13 und 16. Z.B. wurde im Banat Küstenland der Nahrungsmittelbedarf neben der Einfuhr von Weizen und Mais mit Fischprodukten gedeckt (Goll 1932, S. 53).

538 Jugoslawien, Rumänien und Bulgarien waren in der Zwischenkriegszeit die europäischen Länder, in welchen die Altersgruppe zwischen 0 und 9 Jahren am stärksten vertreten war. Dadurch war nach Mirković die wirtschaftlich tätige Bevölkerung verhältnismäßig klein, die Zahl der „Nurverbraucher" sehr groß und der gesamte Arbeitskoeffizient niedrig (Mirkowich 1939, S. 111–112).

539 Frangeš 1937, S. 116. Dabei hatte Jaeger in seiner Erklärung, warum die Balkanländer „nach Prinzip" einen Männerüberschuss hatten, darauf verwiesen, dass Frauen sehr häufig zu schwerer Landarbeit herangezogen und infolgedessen eine höhere Sterblichkeit aufweisen würden (Jaeger 1935, S. 116). Für Banu war die Landfrau in Rumänien in gleicher Weise in die harte Landarbeit eingespannt. Diese dauernde Arbeitsüberlastung hätte vor allem zur „Verminderung des biologischen Wertes" der Frau auf dem Land beigetragen. Auf der anderen Seite wären die Folgen der „bevölkerungspolitischen Überspannung" im ländlichen Rumänien für die Frauen ernster als für die Männer. Die Zeugungsfähigkeit, d.h. die große Kinderzahl, kam als „Faktor physischer und moralischer Überbürdung" hinzu (Banu 1939, S. 30).

540 Frangeš 1938, S. 25–26.

Tabelle 4 „Das Verhältnis zwischen Konsumenten und Produzenten in verschuldeten landwirtschaftlichen Betrieben in Jugoslawien nach Banaten 1933"[541]

Banat	Konsumenten	Produzenten	Verhältnis
Morava	6,14	3,38	1 : 1,80
Donau	5,41	2,98	1 : 1,85
Save	4,86	2,63	1 : 1,87
Drau	5,79	3,06	1 : 1,90
Vardar	7,23	3,43	1 : 2,10
Küstenland	6,94	2,97	1 : 2,30
Vrbas	6,80	2,92	1 : 2,30
Drina	6,66	2,82	1 : 2,60
Zeta	6,64	2,47	1 : 2,60

Demnach würde in Jugoslawien insgesamt das Verhältnis zwischen den „wirklich in der Landwirtschaft tätigen Menschen" zu den „bloßen Mitessern" 1:1,09, in Bulgarien 1:0,7 und in Rumänien 1:0,6 betragen.[542] Der britische Politikwissenschaftler und Historiker rumänischer Herkunft, David Mitrany, wies darauf hin, dass das Ausmaß „agrarischer Übervölkerung" nicht durch einen bloßen Vergleich der Bevölkerungsdichtezahlen berechnet werden könne – die vorherrschende Struktur der Familienbauernwirtschaft mache es unmöglich, die Anzahl der aktiv („gewinnbringend") in der Landwirtschaft Beschäftigten zu ermitteln – das Ausmaß sei u. a. von der Fruchtbarkeit des Bodens und der Art der Bewirtschaftung abhängig.[543] Indem Frangeš zwischen dem Verbrauch eines arbeitenden und eines nichtarbeitenden Bevölkerungsteils unterschied, stellte er einen direkten Zusammenhang zwischen dem ohnehin bei der Problembetrachtung über landwirtschaftliche Produktivität bereits im Zentrum stehenden Verbrauch der landwirtschaftlichen Bevölkerung zum Bevölkerungswachstum her, da der Verbrauch des nichtarbeitenden Teils mit jedem neuen Kind anwachsen musste.

Unter den Ökonomen, welche sich mit der „agrarischen Übervölkerung" im Südosten befassten, war die kleinbäuerliche Besitzstruktur untrennbar mit dem „Bevölkerungsproblem" verbunden. Frangeš stellte den Zustand der „agrarischen Übervölkerung" in Jugoslawien, Rumänien und Bulgarien durch den Vergleich ihrer landwirtschaftlichen Betriebsgrößen mit jenem in Deutschland, Dänemark, Estland und der Tschechoslowakei fest. Die Dominanz der als unproduktiv gelten-

541 Ebd.; die Zahlen über die verschuldeten Betriebe stammen von Komadinić 1934.

542 Frangeš 1939, S. 15–16.

543 Mitrany 1945, S. 25. Zum liberalen Internationalisten Mitrany (1888–1975) und seinem Werk zu Südosteuropa bzw. zur Agrarfrage siehe Ashworth 2005 und Coulson 2014.

den Kleinst- und Zwergbetriebe in Südosteuropa würden für sich selbst sprechen.[544] In Jugoslawien seien 67,8 % der Betriebsgrößen unter 5 ha und würden 30,6 % der gesamten landwirtschaftlichen Fläche belegen, in Rumänien würde der Anteil der Betriebsgrößen unter 5 ha 74,5 % betragen und 36,5 % der Fläche einnehmen. In Bulgarien würde sich der Anteil an Betrieben von unter 5 ha auf 50,7 % belaufen und 31,2 % der gesamten Anbaufläche für sich beanspruchen. Zum Vergleich belief sich in Frangeš' Statistik die Zahl der Betriebe unter 5 ha in Deutschland auf 57,4 % welche 14 % der landwirtschaftlichen Fläche beanspruchten. Da sich die Zahlen aus Deutschland nicht deutlich genug von jenen aus Südosteuropa unterschieden, betonte Frangeš den Bauernstaatcharakter der südosteuropäischen Staaten damit, dass die größte Gruppe der Betriebsgrößen in Dänemark diejenige zwischen 10 und 60 ha mit 41,5 % oder 41,7 % der gesamten Anbaufläche und in Deutschland die größte diejenige zwischen 5 und 20 ha mit 34,8 % der gesamten Anbaufläche war. Dazu musste er nur die Gruppe der deutschen Betriebe unter 5 ha in eine Gruppe 1–2 ha (30 %) und 2–5 ha (27,4 %) aufspalten.[545]

Eine oft eingesetzte Methode war der Vergleich der agrarischen Produktivität anhand einer festgelegten Arbeitsnorm in der Landwirtschaft. Frunzănescu ging in einer Studie über Rumänien von einem zehnstündigen Arbeitstag aus. Hiervon errechnete er die verfügbare Arbeitskraft der landwirtschaftlichen Bevölkerung auf 1.865.101.000 Arbeitstage. Da davon jedoch nur 814.420.868 Arbeitstage für die tatsächliche Arbeitsleistung nötig seien, würden 1.050.671.132 Arbeitstage ungenützt bleiben, was 56,34 % der gesamten Arbeitskraft ausmache.[546] Pavel Egorov vom Statistischen Institut für Wirtschaftsforschung an der Universität Sofia ging ebenfalls von einem „zehnstündigen Tag an Männerarbeit" in der bulgarischen Landwirtschaft als Arbeitsnorm aus (ihm zufolge dauerte die Feldarbeit in Dänemark genau 10 Stunden am Tag). Für die gesamte landwirtschaftliche Produktion, Feldwirtschaft, Tierzucht, Rosenzucht, Obst- und Gartenbau usw., würden in Bulgarien rund 355 Millionen „zehnstündiger Tage an Männerarbeit" aufgewendet. Verfügbar aber seien mindestens 565 Millionen Arbeitstage. Somit würden nur 63 % der verfügbaren Arbeitskraft wirklich verwendet werden und etwa ein Drittel der Arbeitskräfte wäre eine „überflüssige Belastung" der landwirtschaftlichen Produktion.[547] Die Hausarbeit zur Herstellung von Bedarfsartikeln

---

544 Zur damaligen Diskussion über die vorteilhafteste landwirtschaftliche Betriebsgröße siehe u.a. Bilimovič 1939, Roosenschoon 1944 und Lang 1944.

545 Frangeš 1938, S. 11–13 und 1939, S. 14–15.

546 Frunzănescu 1935, S. 11–14.

547 Da seine Berechnungen jedoch auf den bulgarischen Volkszählungsergebnissen von 1926 basierten, könnten Berechnungen aufgrund der in Folge veröffentlichten Ergebnisse der Zählung vom 31.12.1934 auf eine Verwertung der auf männliche Arbeitskraft umgerechneten Arbeitseinheiten von nur 53 % kommen (Egoroff 1936, S. 152–153). Die Berechnungen Egorovs wurden auch von

und Geräten, welche einen bedeutenden Teil der Hofarbeit ausmachte, wurde in dieser zum Zwecke der Rationalisierung und schärferen Arbeitsteilung zwischen Landwirtschaft und Industrie aufgestellten Rechnung bezeichnenderweise nicht miteinbezogen. In einer einfachen Gleichung berechnete der kroatische Ökonom Milan Fišter[548] nicht nur die agrarische, sondern die gesamte „Übervölkerung" des nördlich von Zagreb gelegenen Zagorjes. In diesem Gebiet stünden jährlich 61.000.000 Stunden weiblicher und männlicher Arbeitskraft zur Verfügung, davon würden 12.162.000 Stunden in der Landwirtschaft und 5.550.000 in der Industrie eingesetzt. Da 43.200.000 Stunden ungenützt blieben, waren Fišter zufolge 70,9 % der Arbeitskräfte „überschüssig".[549]

In den Berechnungen zur Ermittlung des Grades „agrarischer Übervölkerung" kam die Existenz weiblicher Arbeitskraft in der Landwirtschaft noch am deutlichsten hervor.[550] In ihrer Berechnung über den Umfang der „landwirtschaftlichen Übervölkerung" auf der Basis eines Arbeitstages eines erwachsenen Mannes bis 65 Jahren, zählte Frunzănescu die tägliche Arbeitsleistung von Kindern von 12 bis 19 mit 0,5; die von Frauen mit 0,75 hinzu.[551] Oft fielen Frauen jedoch bereits bei der Berechnung der „landwirtschaftlichen Übervölkerung" heraus, so z. B. als Egorov die Arbeitsnorm in der Landwirtschaft auf einen „zehnstündigen Tag an Männerarbeit" festlegte. Zwar wurde noch erwähnt, dass die Frauenarbeit dabei auf Männerarbeit umgerechnet würde, wie dies jedoch geschah, blieb im Verborgenen.[552] Es darf nicht verwundern, dass die Ökonomen aus der Stadt gewiss eine ganz andere Art und Weise hatten, Zeit aufzufassen, einzuteilen und zu messen als die Bauern. Die auf die Stunde genaue Berechnung der „überflüssigen" Arbeitskraft darf auch deswegen nicht verwundern, da der normative Diskurs über die „agrarische Übervölkerung" Südosteuropas vor allem darauf gerichtet war, was mit der „verschwendeten" Arbeitskraft geschehen sollte.

---

dem Direktor seines Institutes, dem Statistiker deutschrussischer Herkunft Oskar Anderson (1938, S. 9) und Wagemann (1939, S. 59) übernommen. Nach den Berechnungen Totevs auf der Grundlage der Volkszählungsergebnisse von 1934 war ein Drittel der landwirtschaftlichen Bevölkerung in Bulgarien „überflüssig" (Totev 1940, S. 364 und 1943, S. 26).

548 Fišter war ein Anhänger von Keynes, dessen Vorlesungen er während seines Studiums in Cambridge (1936–1939) besucht hatte. Der kroatische Nationalökonom Mirko Lamer stellte Fišter 1940 im Zagreber Wirtschaftsinstitut ein. Gegen Ende des Zweiten Weltkriegs wurde er von den Behörden des NDH verhaftet. 1946 wurde er erneut durch das neue kommunistische Regime verhaftet (Baletić 1998, S. 265–266).

549 Fišter 1942, S. 938.

550 In den meisten Gebieten Südosteuropas in der Zwischenkriegszeit war der Anteil der Frauen in der Landwirtschaft etrwas höher als der männliche; zur Lage der Bäuerin in der ersten Hälfte des 20. Jahrhunderts in Serbien siehe Isić 2008.

551 Frunzănescu/Dumitrașcu 1940, S. 24–25.

552 Egoroff 1936, S: 152–153; Wagemann 1939, S. 59.

Im Sommer 1945 wurde die Studie „Economic Demography of Eastern and Southern Europe" veröffentlicht, welche Wilbert Moore vom Bevölkerungsbüro der Universität Princeton im Auftrag des Völkerbunds durchgeführt hatte. Für die Messung der „überflüssigen" Landbevölkerung in Ost- und Südeuropa nahm er ein Mal den europäischen und das andere Mal den französischen Durchschnittswert in der landwirtschaftlichen Produktion pro Kopf an. Mit diesem Wert errechnete er zunächst die Anzahl der landwirtschaftlichen Arbeiter, welche in einem Land für die Produktion gebraucht würden. Danach subtrahierte er die errechnete Zahl von der tatsächlichen Zahl landwirtschaftlicher Bevölkerung. Die Differenz aus dieser Rechnung zeigte nach Moore das Ausmaß der „agrarischen Übervölkerung" an. Moore selbst besprach auch die Mängel seiner Methode (z. B. stellt die landwirtschaftliche Produktivität nicht notwendigerweise das bäuerliche Gesamteinkommen dar), jedoch musste die Messung mit einer Variable, in die auch die Produktivität der mechanisierten Landwirtschaften Nordwesteuropas eingeflossen war, schlecht für die südosteuropäischen Länder ausfallen. Moores Ergebnisliste führte Albanien mit 77,7 % „überflüssiger" landwirtschaftlicher Bevölkerung an, Jugoslawien kam auf 61,5 %, Bulgarien auf 53 % und Rumänien auf 51,4 %. Lettland und die Tschechoslowakei waren die einzigen Ost- und südeuropäischen Länder, in denen Moore einen Mangel an landwirtschaftlicher Bevölkerung feststellte.[553]

553 Moore 1945, S. 61–64. Jozo Tomasevich bezeichnete zehn Jahre später Moores Berechnungen in Bezug auf Jugoslawien als „unannehmbar" und ließ eine lange Liste von Kritikpunkten folgen, nicht ohne im Anschluss selbst eine eigene Berechnungsmethode vorzustellen (Tomasevich 1955, S. 314–326).

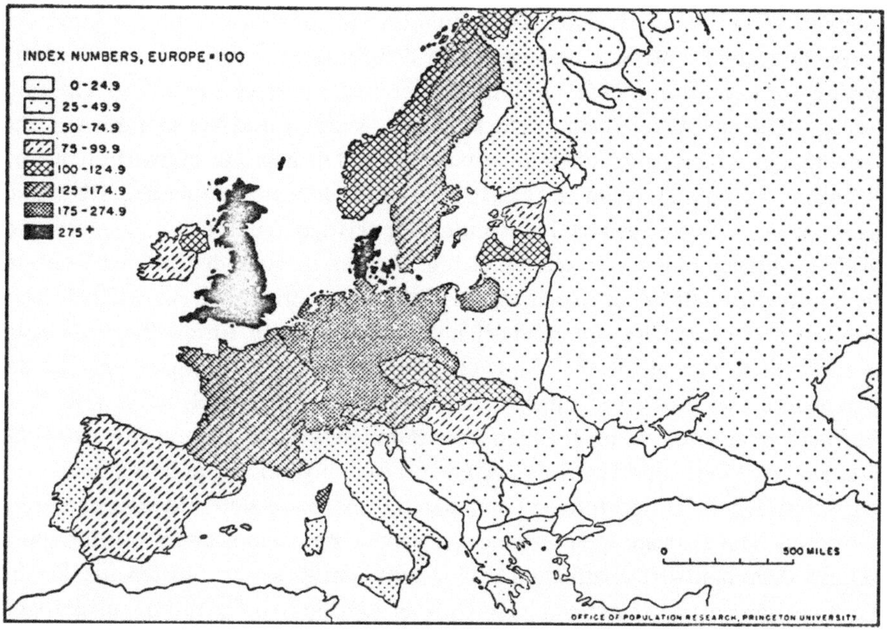

Abb. 3 „Agricultural Production per Person Dependent on Agriculture“[554]

Der Vergleich der südosteuropäischen Landwirtschaft mit dem industrialisierten Agrarsektor West- oder Nordeuropas blendete die sozialen Verhältnisse und den Grad der Mechanisierung in der südosteuropäischen Landwirtschaft vollkommen aus und lieferte den Ökonomen die nötigen von der „Norm“ abweichenden Zahlen, um aus dem Erbe einer historisch gewachsenen Wirtschaftsform ein „Bevölkerungsproblem“ zu konstruieren. Die Auswahl der Länder, zu denen die Situation in Südosteuropa verglichen wurde, war bereits Ausdruck des normativen Charakters des Überbevölkerungskonzepts. Neben Tabellen wurden in der *scientific community* häufig Karten benutzt, um das Ausmaß der „agrarischen Übervölkerung“ zu veranschaulichen.[555]

Der britische Geograph David B. Grigg listete in seiner 1980 erschienenen historischen Untersuchung über „agrarische Überbevölkerung“ einige Punkte auf, anhand welcher die erwähnten Studien von Warriner und Moore[556] später kritisiert wurden. Sie errechneten den „Arbeitskräfteüberschuss“ in der Landwirtschaft anhand eines westlichen Produktivitätsmaßstabs, nicht anhand des Maßstabs in

554 Moore 1945, S. 36.

555 Z.B. Wüscht 1938, S. 176; Bićanić 1940, S. 6 und 8; Melik 1940, S. 95; Moore 1944, S. 286.

556 Warriner 1964 [1939], Moore 1945.

den betroffenen Ländern selbst. Die Annahme von Staaten als Untersuchungsobjekte verschleierte große Unterschiede in den Ländern selbst. Die Bevölkerung wurde mit der Gesamtfläche an kultivierbarem Land in Beziehung gesetzt und bezog nicht nur Äcker sondern auch Gärten, Wiesen und Weiden mit ein, die Qualität der Ackerflächen blieb unberücksichtigt. Die gesamte landwirtschaftliche Bevölkerung umfasste Männer, Frauen, Kinder, Familienarbeit, ständige Arbeit und Saisonarbeit, was eine genaue Berechnung der verfügbaren Arbeitszeit erschwerte. Weiters wurden alle Jahreszeiten gleich gewichtet, so auch der Winter, wenn in der Landwirtschaft wenig Arbeit anfällt. Unberücksichtigt blieb ebenfalls die Zeit, welche für die Herstellung von häuslichen Bedarfsartikeln, für die Wartung landwirtschaftlicher Geräte, Aufbereitung von Neuland oder den Transport und Handel von bäuerlichen Produkten aufgewendet wurde. Aktivitäten, welche im westlichen Europa von eigenen Berufsgruppen übernommen wurden. Dennoch wurden die Studien von Moore und Warriner nach dem Zweiten Weltkrieg in Forschungen zur wirtschaftlichen Entwicklungen von Staaten in Afrika, Asien und Lateinamerika integriert. Die Forschungen gingen von der Existenz eines „Arbeitskräfteüberschusses“ im landwirtschaftlichen Sektor „unterentwickelter“ Staaten aus. Da die Leistungsgrenze dieser Arbeit gleich Null sei, könnte Arbeitskraft herausgezogen werden, ohne eine Verminderung der landwirtschaftlichen Produktion auszulösen. Solange der Arbeitskräfteüberschuss in der Landwirtschaft existierte, würde der Lohn in der Industrie nicht steigen. Dies sollte ein Wachstum des industriellen Sektors bei konstant niedrigen Arbeitslöhnen ermöglichen, solange bis der „Überschuss“ erschöpfte sein würde.[557] Es darf jedoch nicht außer Acht gelassen werden, dass meist nur einzelne Methoden innerhalb des Konzepts kritisiert wurden, nicht das Konzept als Ganzes. Die von Moore angestellte Berechnung des hypothetischen „Arbeitskräfteüberschusses“ in der Landwirtschaft Ost- und Südosteuropas anhand von zwei verschiedenen Normen ließ Warriner selbst im Rückblick auf die damalige Unterbeschäftigung unter Statistikern schließen:[558]

> [...] the concept had a fascination for Western economists, who carried urban thinking about Eastern Europe to a high level of absurdity, busying themselves with calculations of the percentage of the agricultural labour force which might be regarded as surplus on various assumptions, often to two places of decimals, while war and forced migrations worked in millions.[559]

557 Grigg 1980, S. 17–18.
558 Warriner 1964, S. xxvii.
559 Warriner 1959, S. 66.

Warriner sprach hier auch den Umstand an, dass viele Berechnungen der Höhe „agrarischer Übervölkerung“ gerade in den Jahren erstellt wurden, in denen Mobilisierung, Krieg, Mord sowie Vertreibung die Gesellschaft und Wirtschaft in Südosteuropa lahmlegten und die Bauernschaft wieder verstärkt zur Subsistenzwirtschaft überging.

2.3 Lebensstandard als Maßstab für „Übervölkerung“

Wie in den einleitenden Bemerkungen zu Kapitel II über die Entwicklung des „quantitativen Bevölkerungsproblems“ dargelegt, hatten Ökonomen im Denkstil Malthus’ die Bevölkerungszunahme für das Absinken des Lebensstandards verantwortlich gemacht. Für sie drückte sich das Missverhältnis zwischen der „zu hohen Bevölkerungszahl“ bzw. der Bevölkerungszunahme und dem zu engen Lebensspielraum in Südosteuropa in der Abnahme der Lebenshaltung unter das Maß des Existenzminimums aus. Wiederholt wurde dabei auf die Formel Momberts (N = V x L) verwiesen, in welcher die Bevölkerung nur wachsen kann, wenn der „Nahrungsspielraum“ wächst oder die Lebenshaltung sinkt. In den Südoststaaten sei die Volkszahl eine ständig wachsende Größe, während der „Nahrungsspielraum“ geringer geworden sei. Um eine Erhöhung der Lebenshaltung zu erreichen, müsse entweder die Einwohnerzahl gesenkt, oder aber der „Nahrungsspielraum“ erweitert werden.[560]

Da der Bevölkerungszuwachs in Jugoslawien keine Arbeit außerhalb der Landwirtschaft finden konnte, verminderte sich dem serbischen Ökonomen Jovan T. Živanić zufolge das durchschnittliche Einkommen in der Landwirtschaft durch jeden weiteren „Überflüssigen“. Gezwungenermaßen müsste in den Dörfern mit einem stetig niedriger werdenden Lebensstandard gelebt werden.[561] Rudolf Bićanić ergänzte zu den bereits erwähnten Fragen: „Wie hoch ist die Bevölkerungszahl, welche sich mit Landwirtschaft beschäftigt? Wie groß ist die landwirtschaftliche Nutzfläche? Wie viele wirtschaftlich aktive landwirtschaftliche Arbeiter werden für eine Einheit landwirtschaftlicher Nutzfläche benötigt?“ bei seiner Berechnung der „agrarischen Übervölkerung“ des Banats Kroatien die Frage „Wie hoch ist der Durchschnitt des gewöhnlichen Lebensstandards des landwirtschaftlichen Arbeiters?“ Während die ersten beiden Punkte den Ergebnissen der Volkszählung vom 31. März 1931 entnommen werden konnten, stellten die anderen beiden Punkte den Autor vor größere Herausforderungen: die Anzahl der benötigten Menschen für eine bestimmte Ackerfläche zu bestimmen und objektive Kriterien für den

560 Balicki 1936, S. 47–50; Iwanoff 1941, S. 16.

561 Živanić 1939, S. 61.

Lebensstandard festzulegen. Nichtsdestotrotz stellte Bićanić nach einer zweiseitigen Diskussion über die Methodenunsicherheit Ergebnisse für das Gebiet des Banats Kroatien vor. Er ließ jedoch offen, wie er zu den Zahlen gekommen war. Auf dem gesamten Gebiet des Banats Kroatien würde die „agrarische Übervölkerung“ 985.000 Einwohner (32 %) betragen. Demnach wäre jeder dritte Landbewohner im Kroatien der Zwischenkriegszeit „überflüssig“ gewesen.[562] Bićanićs Perspektive auf den Lebensstandard der Bevölkerung unterschied sich von Frangeš’ Betrachtungen der Produktivität. So teilte Bićanić im Gegensatz zu Frangeš die ländliche Bevölkerung nicht in „produktive“ Mitglieder und „bloße Esser“ ein. Die unterschiedliche Perspektive der Beiden auf die „Bevölkerungsfrage“ muss im Lichte ihrer erheblichen politischen Differenzen gesehen werden. Dennoch blieben beide dem Konzept der „agrarischen Übervölkerung“ verbunden.

Die Schwierigkeiten und Unzulänglichkeiten, welche sich aus der Berechnung der „agrarischen Übervölkerung“ anhand des Lebensstandards als Maßstab ergaben, sprach John D. Black, Professor für Agrarökonomie an der Harvard University und Berater verschiedener US-Regierungsbehörden, bereits 1938 an: ob eine agrarische Bevölkerung als „überschüssig“ gelte, hänge davon ab, ob sie in der Lage ist, gleiches Einkommen und gleichen Lebensstandard wie vergleichbare soziale Klassen in nichtlandwirtschaftlichen Berufen zu erreichen. Nun komme es aber darauf an, ob man die landwirtschaftliche Bevölkerung mit vergleichbaren sozialen Klassen aus derselben Region, aus demselben Land, aus anderen Ländern oder aus der Welt als Ganzes messe. Black benutzte zur Veranschaulichung das Beispiel Alabama – die gleichen Ausführungen ließen sich in etwa aber auch auf das Banat Küstenland oder Jugoslawien übertragen. So konnte man nach Black z. B. sagen, dass Alabama eine „überschüssige Agrarbevölkerung“ nur dann hat, wenn seine bäuerliche Bevölkerung nicht im Stande ist, gleich gut zu leben wie vergleichbare soziale Klassen in seinen eigenen Städten; oder dass dieser „Überschuss“ existiert, wenn Alabamas landwirtschaftliche Bevölkerung nicht so gut leben kann wie vergleichbare städtische Bevölkerung in den Städten der USA generell; oder dass Italien allgemein eine „Überschussbevölkerung“ hat, weil seine Einwohner nicht so gut leben wie die der USA. So unbestimmt „Lebensstandard“ als Maßstab auch war, gab es laut Black keinen Zweifel darüber, dass es der in den Köpfen am weitesten verbreitete war, wenn es um „agrarische Übervölkerung“ ging. Black kritisierte zwar die verwendeten Maßstäbe zur Messung von „agrarischer Übervölkerung“ scharf, warnte jedoch davor, das Konzept als Ganzes zu verwerfen, denn: „The sun is the same distance from the earth whether the astronomer does a poor or good job of measuring it.“[563] Sein Vorbehalt richtete sich also nur an die

562 Bićanić 1940, S. 11 und 14–16.

563 Black 1939, S. 10 und 12.

Berechnungsmethoden, nicht an das Überbevölkerungskonzept an sich und blieb somit innerhalb des neomalthusianischen Paradigmas. Übervölkerungstheoretiker zeigten sich ohnehin sowohl gegenüber Kritik von innen als auch von außen unbeeindruckt. Die Ähnlichkeiten der Methoden sowie der kartographischen und tabellarischen Darstellungen deuten darüber hinaus auf den Wissenstransfer auf internationaler Ebene hin.

3. Gegenüberstellung der behaupteten Ursachen für „agrarische Übervölkerung“

3.1 Demographische Ursachen

Nach Jahrhunderten langsamen Bevölkerungswachstums in Südosteuropa beschleunigte sich dieser in der zweiten Hälfte des 19. Jahrhunderts. Zwischen 1920 und 1939 nahm die gesamte europäische Bevölkerung um 16,2 % zu, gleichzeitig vermehrte sich die Bevölkerung in Jugoslawien um 31 %, in Bulgarien um 30 % und in Rumänien um 28,2 %.[564] Dieser messbare Bevölkerungszuwachs und die wirtschaftliche und soziale Krise führten dazu, dass in den 1930er und 1940er Jahren in einer Vielzahl von Publikationen ohne weitere Erklärungen auf das rasche Bevölkerungswachstum als Ursache für „landwirtschaftliche Übervölkerung“ in Südosteuropa hingewiesen wurde.[565] Die Lehre Malthus’ befand sich in ihrer Anwendung auf Ost- und Südosteuropa im Aufschwung. 1936 erschien das einflussreiche Werk des britischen Biologen und Demographen Alexander Carr-Saunders[566] „World Population: Past Growth and Present Trends“. Im Hinblick auf die Staaten Ost- und Südeuropas konstatierte er:

> Thus if we find that farms are very small, that the amount of labour applied to an acre is large, we may suspect over-population. Moreover, since agricultural technique, except

564 Teichova 1988, S. 27. Die Bevölkerung Bulgariens hatte sich zwischen 1880 und 1934 von ca. 3 Millionen auf ungefähr 6 Millionen verdoppelt (Wâžarow 1936, S. 49).

565 Z.B. in Hauptprobleme der bulgarischen Agrarpolitik 1941, S. 79. Daneben wurde das Bevölkerungswachstum durchaus auch als Grund für die Arbeitslosigkeit in der Industrie verantwortlich gemacht (Krekič 1938).

566 Carr-Saunders’ (1886–1966) besonderes Interesse an Bevölkerungsfragen wurde während seines Zoologie-Studiums geweckt. 1922 erschien seine groß angelegte Studie über die historische Entwicklung des quantitativen und qualitativen Bevölkerungsproblems. Darin problematisierte er u.a. die ungleiche Fertilität verschiedener Klassen und „Rassen“ (Carr-Saunders 1922). Carr-Saunders wurde 1937 Direktor der prestigereichen London School of Economics and Political Science (Osborne/Rose 2008, S. 560; zu Carr-Saunders’ Sicht des „Bevölkerungsproblems“ siehe ebd.).

> in certain countries in very recent times, changes very slowly, we may assume that, if over-population exists, it has come about through excessive growth of population and not through any change in the surrounding conditions.[567]

Obwohl Carr-Saunders die fehlende Mechanisierung und Technisierung der Landwirtschaft und den daraus resultierenden hohen Arbeitsaufwand ansprach, handelte es sich für den Bevölkerungswissenschaftler ganz klar um ein von Bevölkerungswachstum ausgelöstes demographisches Problem. Für Gunther Ipsen wurzelte als Anhänger des Malthusschen Bevölkerungsgesetzes der „Bevölkerungsdruck" im „Überschwang des Trieblebens". Durch diesen werde das Gleichgewicht zwischen „Gattungsvorgang" und „Lebensraum" der agrarischen Bevölkerung „einseitig bedroht".[568] Noch dazu war es die ländliche Bevölkerung, deren Überzahl ohnehin schon beklagt wurde, welche sich am stärksten vermehrte. Der Bevölkerungssoziologe und Volkstumshistoriker Helmut Haufe (1906–1943), der sich 1936 bei Gunther Ipsen habilitiert hatte,[569] schloss in Rumänien auf eine „Überfüllung des Lebensraumes unter den bisherigen Lebens- und Wirtschaftsbedingungen". In einer Fallstudie über die Gemeinde Bozioru schilderte Haufe die „Malthussche Verdoppelung (4 Kinder = Verdoppelung nach der ersten Generation)" zweier Generationen im Zeitraum 1830–1890. Wegen der „Enge des Lebensraums" hätte die dritte Generation bereits abwandern müssen. Die „Aufnahmefähigkeit" des Dorfs Suțești für vollbeschäftigte Arbeitskräfte sei bereits um 1900 „gesättigt" gewesen.[570] Die Tragfähigkeitsexperten sahen mit der Bevölkerungszunahme in Jugoslawien, Rumänien und Bulgarien das von ihnen festgelegte optimale Wirkungsverhältnis von Boden, Arbeit und Kapital gestört.[571] Die „starke Vitalität" der „südosteuropäischen Völker" hatte nicht nur das Problem der „agrarischen Übervölkerung" hervorgerufen, es verhinderte gleichzeitig dessen Lösung.[572]

Auch südosteuropäische Autoren beschäftigten sich mit der verhältnismäßig hohen Geburtenrate in ihren Heimatländern. Der biologische Faktor wurde vom prominenten rumänischen Soziologen und Ökonomen Mircea Vulcănescu (1904–1952) als essenziell für die Entstehung des „Problems der landwirtschaftlichen Übervölkerung" erachtet.[573] 1939 publizierte Nikola Mirković, der im selben Jahr in einer jugoslawischen Zeitschrift auch über den Geburtenrückgang in Jugoslawien schrieb, seinen Artikel „Die Bevölkerungsentwicklung Jugoslawiens

567 Carr-Saunders 1936, S. 138.

568 Ipsen 1940, S. 14.

569 Zu Leben und Werk Haufes siehe Klingemann 2009, S. 75–84.

570 Haufe 1939, S. 153, 160–163 und 192.

571 Oberländer 1943, S. 419.

572 Fassbender 1941, S. 615.

573 Vulcănescu 1937, S. 96.

und das Problem der agrarischen Übervölkerung“ im *Weltwirtschaftlichen Archiv*. Ihm zufolge „musste“ – abgesehen von Russland – Jugoslawien die europäische Führung in Bezug auf den natürlichen Bevölkerungszuwachs einnehmen, da Rumänien „dank“ seiner hohen Sterblichkeitsrate nicht den ersten Platz belegte. Innerhalb Jugoslawiens gäbe es wiederum starke regionale Unterschiede: während im Norden ein Geburtenrückgang nach west- und mitteleuropäischem Muster festgestellt wurde, steige die Geburtenrate südlich der Flüsse Donau und Save – welche nach Mirković eine „natürliche demographische Grenze“ zu bilden schienen – und erreiche ihr Höchstmaß in den „dinarischen Höhen“. Das Vrbasbanat hätte mit 42,4 Geburten je 1.000 Einwohner hinter Russland, Ägypten und Palästina die höchste Geburtenrate in der Welt. In Westbosnien sei die Geburtenrate also höher als in Indien (33,7), Japan (29,9) und Mexiko (40,3). Eben diese Länder wurden laut Mirković zu dieser Zeit üblicherweise für einen Vergleich der Geburtenrate herangezogen. Durch die Subtraktion der Sterbefälle ermittelte Mirković für das Vrbasbanat einen Nettobevölkerungszuwachs von 25,2 Personen je 1.000 Einwohner, und stufte diesen als *„höchste Zuwachsrate in der Welt“* ein.[574]

574 Mirkowich, S. 100–101 und 107.

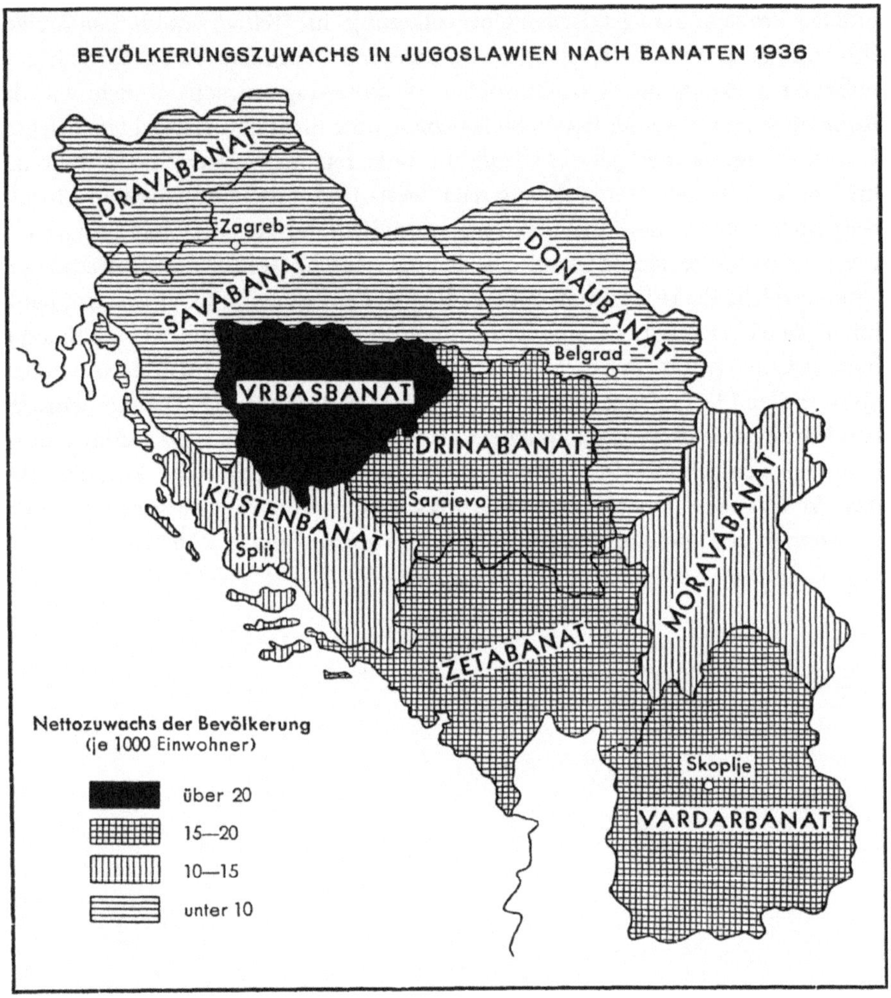

Abb. 4 „Bevölkerungszuwachs in Jugoslawien nach Banaten 1936“[575]

Mirković ging auch auf den Zusammenhang zwischen Bildung samt Stadt-Land-Gefälle und Geburtenrate ein. Während sie in Berggebieten auf niedriger wirtschaftlicher und kultureller Entwicklungsstufe (Analphabetentum) am höchsten sei, falle der Geburtenzuwachs mit der Annäherung an die Städte und dem Eindringen marktwirtschaftlicher Betriebsformen ab.[576] Wegen der hohen Geburtenrate sorge

575 Ebd., S. 106; basierend auf Statistički godišnjak Kraljevine Jugoslavije 1938, S. 89.

576 Ebd., S. 101.

sich der bulgarische Bauer laut Georgi Danailov mehr um sein Vieh, als um seine eigenen Kinder. Der bulgarische Bauer

> schläft nicht ruhig, wenn dem Vieh etwas fehlt. Sein krankes Kind kümmert ihn nicht so sehr, er kann ja ein anderes Kind bekommen (hohe Geburtenziffer!); aber vom kranken Vieh spricht er mit den Nachbarn, erzählt er im Wirtshaus und betrauert das eingegangene Vieh länger als sein Kind.[577]

Dass Danailovs verstörende Einschätzung so nicht stimmen konnte, belegen die Beobachtungen des US-amerikanischen Soziologen Irwin T. Sanders in Bulgarien und des US-amerikanischen Geographen Raymond Christ in Jugoslawien. Südosteuropäische Bauernfamilien betrachteten Kinder als wertvolle Arbeitskräfte und persönliches Glück.[578] Auch Johann Wüscht stellte eine Verbindung der Höhe der Geburtenzahlen mit der sozialen Gliederung der Bevölkerung her. In Staaten mit einer großen Anzahl an selbstständigen Erwerbspersonen und ihren mithelfenden Familienangehörigen sei auch der Fortpflanzungswille größer als in Staaten, in welchen die wirtschaftlich Unselbstständigen den vorwiegend größeren Teil der Erwerbspersonen ausmachen.[579] Die Berufsstruktur, die immer noch starke Bevölkerungszunahme und die auf nutzbaren Boden bezogenen Dichtezahlen belegten für Hans-Jürgen Seraphim die vermutlich noch lang andauernde Existenz einer „echten landwirtschaftlichen Übervölkerung" in Südosteuropa.[580]

In der Frage des Bevölkerungswachstums schloss sich der Argumentationskreis der Überbevölkerungstheoretiker wieder. Während Armut und „Rückständigkeit" auf die „ungebrochene Volkskraft" in Südosteuropa zurückgeführt wurde, würden die dortigen Menschen gerade wegen ihrer „niederen Lebenshaltung" viele Kinder bekommen: „Die überwiegend niedere Lebenshaltung Südosteuropas bedeutet den Sieg über Geburtenverhütung und Fruchtbarkeitsbeschränkung."[581] Überbevölkerungsanalytiker beschrieben die Lage als eine Art Teufelskreis. In ihrer Argumentation führte das Bevölkerungswachstum und die mangelnde Rentabilität in der Landwirtschaft dazu, dass im Agrarsektor keine Überschüsse produziert wurden, die in den Ausbau der Industrie hätten investiert werden können, sodass diese wiederum nicht in der Lage war, den „ländlichen Bevölkerungsüberschuss" zu „ab-

---

577 Danaillow 1937, S. 323.

578 Sanders 1940, S. 91; Christ 1940, S. 390; vgl. Calic 2010, S. 99. Auch in Deutschland empfand und würdigte die Bauernschaft Kinderreichtum in wirtschaftlicher Hinsicht als Segen (Burgdörfer, Geburtenrückgang 1932, S. 126).

579 Wüscht 1938, S. 170.

580 Seraphim, Hans-Jürgen 1943, S. 77 und 100–102.

581 Kurzweil 1942, S. 57.

sorbieren“.[582] Das Überbevölkerungskonzept vermittelte das Bild einer scheinbar ausweglosen Stagnation der sozioökonomischen Situation.[583]

3.2 Erbe einer historisch gewachsenen Wirtschaftsweise

In seinem 1989 erschienenen Artikel „Die verpaßte Agrarrevolution. Aspekte der Entwicklungsblockade in den Balkanländern vor 1945“ identifizierte Holm Sundhaussen als Merkmale einer auch nach der Bauernbefreiung „unterentwickelt“ gebliebenen Landwirtschaft in den Balkanländern eine extrem einseitige Nutzung des Ackerlands zugunsten des Mais- und Weizenbaus; eine „primitive“ Bewirtschaftungsweise, die nur in Ausnahmefällen über die Technik der Dreifelderwirtschaft hinausreichte; eine extensiv betriebene Viehwirtschaft, die von fortgesetzten Qualitätsverlusten gekennzeichnet war; das Fehlen jeglicher Ansätze für eine marktorientierte Milch- und Molkereiwirtschaft und die fehlende bzw. mangelhafte Verflechtung zwischen primärem und sekundärem Wirtschaftssektor.[584] Das kann auch daran gelegen haben, dass an der Arbeitslast gemessen extensive Landbewirtschaftung bessere Lebensbedingungen als intensive bietet. Zwar ist die Bodenproduktivität geringer, dafür ist die Arbeitsproduktivität höher: die Bauern müssen weniger hart arbeiten, um ein Auskommen zu finden.[585] In Bulgarien war die extensive Bewirtschaftung verstreut liegender Parzellen noch rentabel. Durch die Abwanderung der türkischen Bevölkerung waren ausgedehnte Flächen frei geworden, gleichzeitig wurden Gemeindeländereien fortschreitend bebaut und Brachflächen verringert.[586]

In der Zwischenkriegszeit boten diese Strukturschwächen der südosteuropäischen Landwirtschaft den Ökonomen jedenfalls die passende Grundlage für die Konstruktion des „Problems der agrarischen Übervölkerung“. Der große Anteil der Eigenwirtschaft auf dem Balkan behinderte in den Augen Wagemanns die Ausweitung des Binnenmarkts. Die Bauern würden abseits vom Markt wirtschaften und dadurch eine auf den inländischen Verbrauch gerichtete Industrialisierung verhindern, denn die Bauern stellten Geräte selbst her, bauten Gebäude mit Hilfe der Nachbarn selbst und Bäuerinnen produzierten die Kleidung selbst. So gesehen

582 Heim/Schaz 1996, S. 48–49. Diese Zirkelschlussargumentation wurde ab den 1960er Jahren in Bezug auf die Bedrohung durch die „Überbevölkerung“ in der „Dritten Welt“ verwendet. In Ländern, welche in der „malthusianischen Falle“ gefangen sind, verhindere das Bevölkerungswachstum die wirtschaftliche Entwicklung, die zu einer Abnahme des Bevölkerungsanstiegs führen würde (Rainer 2005, S. 194–195 und 353).

583 Gerlach 1999, S. 77.

584 Sundhaussen 1989, S. 49.

585 Kristinsson 1998, S. 276.

586 Wilhelmy 1935, S. 251.

trug die Bauernschaft nicht nur durch ihre hohe Geburtenrate die Verantwortung an der „agrarischen Übervölkerung“, sie vereitelte aufgrund ihrer Wirtschaftsweise auch deren Abbau durch Industrialisierung. Darüber hinaus stünde die Eigenwirtschaft in den bäuerlichen Betrieben auf einer „niedrigen Produktions- und Verbrauchsstufe“. Unter diesen halbkapitalistischen und naturalwirtschaftlichen Verhältnissen würde der Bauer kaum kalkulieren. Es sei ihm fremd, seine eigene Arbeitskraft oder die seiner Angehörigen in Rechnung zu stellen. Er richte sich einfach danach, wie viel er für die wenigen Dinge zu bezahlen hat, die er nicht selber herzustellen vermag. Ohne Kostenvergleiche anzustellen, „aber wohl in dem Bewußtsein, daß jeder weitere Einsatz der eigenen Arbeitskraft von Übel sei,“ suchten die Bauern ihren festgelegten Bedarf zu erreichen und aufrechtzuerhalten. Wagemann zufolge konnte ein wirtschaftlicher Fortschritt auf dem Balkan nur durch einen sich erweiternden Binnenmarkt getragen werden. Dieser könne sich jedoch nur dann entfalten, wenn die Landwirtschaft die Eigenwirtschaft zurückdränge und dazu ihre Produktionsleistung steigere. Alleine die Pflege der Exportproduktion ermögliche eine Intensivierung der Landwirtschaft und größere Fortschritte in der Industrialisierung.[587] Zwar legte eine derartige Formulierung nahe, es ginge um das Wohl der südosteuropäischen Bevölkerungen – dieselben Maßnahmen sollten aber zu einem erweiterten Absatzmarkt für deutsche Industrieprodukte und zu einem umfangreicheren landwirtschaftlichen Export nach Deutschland führen und stimmten somit genau mit den deutschen wirtschaftspolitischen Plänen in Südosteuropa überein. In fast allen zeitgenössischen sozialökonomischen Betrachtungen der südosteuropäischen Staaten spielte die Kritik an der vorherrschenden bäuerlichen Selbstversorgungswirtschaft eine bedeutende Rolle, da die Südost-Ökonomien in ihren bestehenden Formen nur unzureichend in den geplanten „Großwirtschaftsraum“ hätten integriert werden können.[588] Ein System, in dem die Landbevölkerung den größten Teil der Nahrungsmittel und Gebrauchsgegenstände selbst und fast nur für den eigenen Bedarf produzierte und sich die sonst benötigten Gegenstände ohne Geld durch Tauschhandel beschaffte, versperrte sich der volkswirtschaftlichen Arbeitsteilung und Rationalisierung und somit der Logik der kapitalistischen Ausbeutung und Durchdringung.[589]

Ökonomen verbanden die Bevölkerungsfrage auch mit den einseitigen Anbauverhältnisse in Südosteuropa. Franz Ahlgrimm[590] führte aus, dass am Wert der

587 Wagemann 1939, S. 40, 70–71, 74, 103 und 113. Zum Bedauern der Ökonomen wäre dem rumänischen Bauer z. B. gar nicht bewusst, dass seine Wirtschaft ein Betrieb ist, der am Ende des Jahres einen Gewinn abwerfen müsse (Roşu 1942, S. 62).

588 Gutberger 1996, S. 422; siehe Oberländer 1943, S. 420.

589 Heim/Aly 1991, S. 15.

590 Franz Ahlgrimm (1900–1983) war vor und während des Zweiten Weltkriegs Leiter der landwirtschaftlichen Abteilung des Stickstoff-Syndikats, welches landwirtschaftliche Entwicklungen in ganz

landwirtschaftlichen Erzeugung gemessen die Bedeutung der Getreideproduktion geringer als ihr Anteil an der Ackerfläche (der nahezu 80 % ausmachte) war, da die Roherträge bei den übrigen Kulturen, insbesondere der Industriepflanzen erheblich höher lagen. Noch niedriger sei der Anteil des Getreides am Wert der landwirtschaftlichen Marktproduktion, da die Hauptnahrungsmittel Brot und Mehl zum Großteil von der Landbevölkerung selbst verzehrt würden. Zusätzlich würden die niedrigen Flächenerträge die „ländliche Übervölkerung" in ein viel grelleres Licht rücken. Ahlgrimm empfahl zur Lösung der „Bevölkerungsfrage" den Anbau von höheren Ertrag abwerfenden Industriepflanzen, insbesondere derjenigen, die zur Herstellung von in Deutschland dringend benötigten pflanzlichen Fetten und Fasern dienen.[591] Der Wirtschaftswissenschaftler und Raumplaner Karl Casper (1909–1943) vom IfW in Kiel bedauerte, dass sich die rumänische Landwirtschaft trotz der Vielzahl an Kleinbetrieben und der „Übervölkerung am Lande" zu einer ausgesprochenen Getreidewirtschaft entwickelt hatte – Casper zufolge ein Tatbestand, der den „Übervölkerungsdruck" nur noch erhöhte[592] (und nebenbei auch den deutschen Einfuhrbedarf an Öl- und Industriepflanzen nicht befriedigen konnte). Theodor Oberländer sah in Südosteuropa Parallelen zur russischen Entwicklung der „agrarischen Überbevölkerung" im kontinentalen Klima und der extensiv betriebenen Körnerwirtschaft, welche meist im zweifelderwirtschaftlichen Anbau von Mais und Weizen in Erscheinung trat.[593] Für Hans-Jürgen Seraphim hatte gerade der betont extensiv-landwirtschaftliche Charakter der südosteuropäischen Staaten den Lebensstandard auf niedrigem Niveau festgehalten.[594]

In den meisten Arbeiten wurde der anhaltende Konservatismus der südosteuropäischen Bauern in Bezug auf Anbaumethoden, Mechanisierung und Produktionsumstellung kritisiert. Manche Untersuchungen erkannten, dass dieser nicht nur von einem starren Verharren in Tradition, sondern auch von fehlenden Ressourcen wie Kapital, Land und Ausbildung komme. Clayton E. Whipple, ein auf Südosteuropa und die östliche Mittelmeerregion spezialisierter Agronom im Büro für Außenbeziehungen des US-amerikanischen Landwirtschaftsministeriums, sah im Konservatismus der Bauern durchaus etwas Positives: durch ihn seien sie vor risikoreichen Abenteuern in eine „verbesserte Landwirtschaft" geschützt worden, welche den Gegebenheiten entsprechend unangemessen gewesen wären.[595]

Europa genau verfolgte. 1941 und 1942 besuchte er im Auftrag des MWT Rumänien und Bulgarien. Während des Kriegs arbeitete er zusätzlich am Institut für Europäischen Landbauforschung und Ernährungswirtschaft in Berlin (Brandt 1953, S. xxvii; Freytag 2012, S. 138–139).

591 Ahlgrimm 1939, S. 9–12 und 24.

592 Casper 1940, S. 982.

593 Oberländer 1943, S. 419.

594 Seraphim, Hans-Jürgen 1943, S. 89.

595 Whipple 1945, S. 107.

Die ländliche Sozialstruktur war ein zentraler Faktor, der der Intensivierung und Kapitalisierung der südosteuropäischen Landwirtschaft entgegenstand und somit als Ursache für den Zustand der „agrarischen Übervölkerung" galt. Grundformen der sozialen Organisation waren größere Wirtschafts- und Sozialeinheiten wie die *Zadruga*[596] oder Dorfgemeinschaften. War die Grundlage zur eigenen Versorgung nicht ausreichend, gingen einzelne Familienmitglieder für eine befristete Zeit in die Städte, um dort als Saison- oder Fabrikarbeiter zu arbeiten. Anschließend kehrten sie wieder zu ihren Familien auf das Land zurück. Selbst Familienmitglieder, die ganz in die Städte ausgewandert waren und dort später arbeitslos wurden, wurden jederzeit wieder in ihre Familien aufgenommen. Von vielen deutschen und südosteuropäischen Ökonomen wurden die in Subsistenzwirtschaft verharrenden, sich jeder Modernisierung sperrenden „bäuerlichen Massen" als das eigentliche Übel angesehen, das einer Intensivierung der landwirtschaftlichen Produktion und einer industriellen Entwicklung entgegenstand.[597]

Der Bevölkerungssoziologe und Volkstumshistoriker Helmut Haufe (1906–1943) wies auf das Problem der *Zadruga* bei steigender Bevölkerungszahl hin: Durch Teilung und Abgaben blieben die Nachkommen der Landbevölkerung in der Nähe oder auch im selben Haus der elterlichen Wirtschaft und könnten somit früh heiraten und selbst Kinder aufziehen. Nach der Ansicht Haufes sahen sich die südslawischen Bauern gezwungen, sich bei der Nachwuchszeugung immer mehr einzuschränken, da der wachsenden Bevölkerung nicht nur die gleiche Bodenmenge verblieb, sondern auch deren Bewirtschaftung durch fortwährende Parzellierung immer schwieriger wurde. Die „slawische Sitte" hätte bald zu einer „merklichen Bevölkerungsverdichtung bei gleichzeitiger Herabminderung ihrer Lebenshaltung und zunehmendem Bevölkerungsdruck" geführt.[598] Mirković beklagte wiederum

596 Die *Zadruga* (Hauskommunion) war eine unter Südslawen übliche wirtschaftliche und soziale Organisation in Großfamilien, in welchen meist der älteste Mann das gemeinsame Eigentum verwaltete. Der deutsche Agrarökonom Friedrich Aereboe (1865–1942) sah in einer Schrift aus dem Jahr 1916 die *Zadruga* in Serbien als eines der wesentlichen Hemmnisse der serbischen Landwirtschaft an. Da der Ertrag der *Zadruga* gleichmäßig unter allen berechtigten Mitgliedern geteilt werde, müsse jedes Hervortreten besonderer Tüchtigkeit schon im Keim erstickt werden. (Aereboe 1916, S. 46). Zur *Zadruga* siehe Kaser 1995, Todorova 1989 und 2009 [1997]. Todorova wies auf die ideologische Aufladung der Institution *Zadruga* hin und relativierte deren Verbreitung und Bedeutung. Demographische Überlegungen zur *Zadruga* finden sich bei Hammel 1990.

597 Drews 1995, S. 64–65.

598 Im Gegensatz dazu hätte die „germanisch-deutsche Agrarverfassung" in Ostmitteleuropa die „Aufnahmefähigkeit des ländlichen Lebensraumes" beschränkt, aber der Geschlechterfolge die Aufrechterhaltung ihrer „ständischen Ansprüche in der Lebenshaltung" gewährleistet und den „überzähligen Nachwuchs" zur Suche und „Erschließung neuen Lebensraumes" gezwungen (Haufe 1935, S. 8–9). Vorzüge und Nachteile sowie Auswirkungen des Anerbenrechts und der Realteilung wurden in der Vergangenheit und in der Historiographie für verschiedenste Regionen der Welt diskutiert.

den Umstand, dass durch die Auflösung der *Zadruga* und die damit verbundene Aufteilung des bisher gemeinschaftlich bewirtschafteten Familienbesitzes unter den männlichen Erben die Betriebe immer kleiner wurden.[599] Berend und Ránki hatten im Rückblick versucht, diese beiden Positionen zu vereinen, als sie feststellten, dass sich das Problem nach dem Zerfall der *Zadruga* verschärft hatte, obwohl diese auch gleichzeitig ein Hindernis für die wirtschaftliche Entwicklung gewesen war.[600] Die Zerstörung der sozialen Struktur ging Hand in Hand mit der wirtschaftlichen Verarmung. Die Großfamilien in den südosteuropäischen Dörfern wurden aufgebrochen, was weitere Bodenzersplitterung mit sich brachte. Die bisherige Gesellschaftsform verschwand, doch die industrielle entwickelte sich nicht schnell genug, um ihren Platz erfolgreich einzunehmen. Das eigentliche Manko jedoch war, so die dominierende Sichtweise in der wirtschaftshistorischen Sekundärliteratur, dass es wenig bis gar keinen wirtschaftlichen Fortschritt gab.[601]

3.3 Infrastrukturelle und legislative Hindernisse

Mit der Absicht, die brennende Agrarfrage zu entschärfen, wurden nach dem Ersten Weltkrieg in Jugoslawien, Rumänien und Bulgarien Agrarreformen durchgeführt.[602] Sie basierten auf dem Gedanken, dass derjenige den Boden besitzen solle, der ihn auch bewirtschaftet,[603] konnten jedoch die sozioökonomische Lage der Bauern nicht wesentlich verbessern. Im Zentrum der Agrarreformen standen Landumverteilung und Kolonisierung. Staatliche Unterstützungen für die Bauernschaft (Anleihen, technologische Hilfe, Bildungseinrichtungen usw.), welche für den Erfolg der Reformen wichtig gewesen wären, waren nicht vorgesehen.[604] Mijo Mirković vermutete 1936, dass die serbische und später jugoslawische Gesetzgebung die ländliche Bevölkerung aus politischer Strategie absichtlich auf einem niedrigen Lebensstandard belassen hatte.[605] Die Gesetzgebung wurde von den An-

---

599 Mirkowich 1939, S. 122–123.

600 Berend/Ránki 1977, S. 35–36.

601 Mihailović 1972, S. 14.

602 Einen Überblick über die Agrarreformen in Südosteuropa bieten u. a. Lampe/Jackson 1982, S. 351–375; Djordjević 1982–83; Müller, Dietmar 2009; Sundhaussen 2009; Pezo 2013, S. 202–234.

603 Siehe ähnliche Forderungen der Bewegung für Ernährungssouveränität in der Gegenwart, Choplin/Strickner/Trouvé 2011.

604 Mouzelis 1986, S. 34.

605 So hatte ein 1870 in Serbien erlassenes Gesetz die Eröffnung eines Geschäftes in einem Dorf nur dann erlaubt, wenn das Dorf mindestens vier Stunden Gehzeit vom nächsten Marktplatz entfernt war. Wurde ein solches Geschäft eröffnet, war der Verkauf von Waren, welche nicht unmittelbar für den bäuerlichen Haushalt notwendig waren, durch ein zweites Gesetz von 1891 verboten. Außer Salz, Petroleum und einigen Eisenutensilien war der Verkauf von Industrieerzeugnissen nicht gestattet. Mirković zufolge hätte dieses Gesetz zur Beschränkung des Dorfhandels zum Ziel gehabt,

hängern des Überbevölkerungskonzepts in erster Linie wegen der Realteilung und den Agrarreformen kritisiert, die die Existenz einer in ihren Augen unproduktiven, kleinbäuerlichen Struktur förderten, obwohl viele Großgrundbesitze unangetastet blieben.[606]

Die Agrarreformen nach dem Ersten Weltkrieg wurden nach Hermann Gross mit einer bemerkenswerten Unkenntnis und mit nationalistischer oder parteipolitischer Willkür durchgeführt und hätten durch die Zerschlagung der Großbetriebe und einer so ausgelösten Zunahme des Kapitalmangels zu einer „Verschärfung der landwirtschaftlichen Übervölkerung“ beigetragen. Am schlimmsten hätten die Agrarreformen Rumänien getroffen, wo 29,7 % der landwirtschaftlichen Nutzfläche (einschließlich Wald) erfasst gewesen seien, gefolgt von Jugoslawien (4,6 %). Geringen Einfluss hätte die Agrarreform in Bulgarien gehabt, wo nur 2 % der landwirtschaftlichen Nutzfläche betroffen gewesen seien.[607] Als schwersten Fehler der Agrarreform in Rumänien bezeichnete Krugmann, dass „man das System der Realteilung aufrechterhielt, ohne zu bedenken, daß die Vermehrungskraft der ländlichen Bevölkerung den Bodenbesitz geradezu atomisieren müßte.“[608] In ihrer Dissertation an der Hochschule für Welthandel in Wien beobachtete Gertrude Vrana sowohl ein quantitatives als auch qualitatives Absinken der landwirtschaftlichen Produktion nach der Agrarreform in Rumänien. Den neuen Besitzern des Ackerlands fehlte es demnach an technischen Mitteln, an Geräten, Zugtieren, Kapital sowie an fachlichen Kenntnissen und die geringe Größe des kleinbäuerlichen Besitzes ließ einen Großflächenanbau nicht mehr zu. Als Folge wurde 1922 ein Ausfuhrverbot von Weizen und Roggen erlassen. Dieses wurde zwar 1923 wieder aufgehoben, dafür wurden aber hohe Ausfuhrtaxen festgesetzt, die bis zu 50 % des Getreidewerts betrugen.[609] Auch Theodor Oberländer beklagte neben einer

---

den Lebensstandard der ländlichen Bevölkerung auf Dauer niedrig zu halten und die Verschuldung der Bauern durch Geldausgaben zu verhindern. Das Gesetz wurde erst 1931 aufgehoben und 1933 wieder in Kraft gesetzt, um es 1934 endgültig zu streichen (Mirković, Mijo 1936, S. 400–401). In der serbischen Historiographie wurde in den 1990er Jahren darauf hingewiesen, dass die gesetzlichen Bestimmungen über Minimum und Maximum an Landbesitz die wirtschaftliche Entwicklung Serbiens Ende des 19. Jahrhunderts und Anfang des 20. Jahrhunderts stark gehemmt hätten (Siehe Đorđević 1994 und Isić 1994).

606 Lampe/Jackson 1983, S. 356.

607 Gross 1937, S. 81, 83, 87 und 93.

608 Krugmann 1939, S. 60.

609 Vrana 1941, S. 37 und 118–119. Lampe und Jackson führten die Verminderung der rumänischen Getreideerträge auf eine Diversifizierung des Landanbaus zurück (Lampe/Jackson 1982, S. 358). Für Hollmann war die Ursache des Rückgangs der Produktion dieselbe wie in Russland: „die Selbstgenügsamkeit der Bauernwirtschaft, die ohne kapitalistischen Antrieb zur Bedarfsdeckungswirtschaft” zurücksinke. Jene Bauern, welche durch die Agrarreform Land gewonnen hätten, wären nicht mehr zur Arbeit auf den großen Gütern erschienen (Hollmann 1924, S. 52–53).

„gewaltigen Kapitalvernichtung" den Umstand, die billigen Arbeitskräfte auf dem Lande nicht mehr zum Einsatz bringen zu können, als Folge der Agrarreformen der Südoststaaten. Die Agrarreformen ernteten von deutscher Seite scharfe Kritik, weil sie „zu einer radikalen Abnahme der Hektarerträge und zu einem fast völligen Verfall des Exports geführt" hatten.[610]

Das zur selben Zeit in Deutschland herrschende Ideal der landwirtschaftlichen Betriebsstruktur, die unteilbare Vollbauernstelle, war 1933 im Reichserbhofgesetz verankert worden.[611] So konnte es sein, dass sich die Aufteilung von Großbetrieben bei Carl Brinkmanns „Therapie der Übervölkerung" mit an oberster Stelle wiederfand. Für ihn war der Großgrundbesitz als „Bodensperre" für die „Übervölkerung" mitverantwortlich. Der „balkanische Latifundist" sei durch seine negative Funktion als Rentenbezieher ohne unmittelbares Verhältnis zum Boden und vielfach als Absentist gekennzeichnet. Die „großbetriebliche Bodensperre" würde nicht unmittelbar Abwanderung hervorrufen, sondern zunächst „Potenzierung von Bevölkerungsdruck und ungünstigen natürlichen Ertragsfaktoren" und im Anschluss „die späteren Erscheinungen von Verelendung, Industrialisierung und (oder) Abwanderung".[612]

Frangeš und andere Überbevölkerungsanalytiker deuteten die Durchführung der Agrarreformen der drei Bauernstaaten nach dem Ersten Weltkrieg als eine gegen den „demographischen Druck der relativen Übervölkerung" gerichtete Maßnahme der Wirtschafts- und Sozialpolitik dieser Staaten. Die Reformen zugunsten des kleinen und kleinsten Besitzes hätten jedoch keine Besserung der durch die „relative Übervölkerung" geschaffenen Verhältnisse erzielen können.[613] Ein Großteil der Wirtschaftsexperten sah in der Aufteilung des Bodens vielmehr eine weitere Ursache für den „Bevölkerungsdruck", da sie Betriebsgrößen unter 5 ha als unproduktiv erachteten. Ausgeblendet wurde in der Regel, dass kleinere Betriebsgrößen im Allgemeinen weit mehr Arbeitseinsatz als größere benötigten,[614] was weniger „brachliegende" Arbeitskraft bedeutete und oft mit dem gewünschten

610 Oberländer 1943, S. 419–420. Daneben war aus „volksbiologischer Sicht" kritisiert worden, dass die Agrarreformen durch „die Verdrängung des deutschen Volkstums von seinem Siedlungsboden und die daraufhin einsetzende planmäßige Besiedlung des Bodens durch die Angehörigen des betreffenden Fremdvolkes […] die Lebenskraft der Deutschen außerordentlich geschwächt" worden war (Wolter 1939, S. 82).

611 „Sie erhielt und trug also nur eine Familie und nötigte den überzähligen Nachwuchs zu Aufbruch und Auszug nach neuem Lebensraum" (Haufe 1935, S. 7). Das Reichserbhofgesetz von 1933 war Ausdruck der nationalsozialistischen Blut- und Bodenideologie und sollte zu „Erbhöfen" erklärte Agrarbetriebe vor Verschuldung und Teilung schützen. Dazu siehe u. a. Corni 1990, S. 143–155; Mai 2005 und Langthaler 2016, S. 151–256.

612 Brinkmann 1943, S. 63–64 und 66.

613 Frangeš 1939, S. 25.

614 Christ 1940, S. 398.

Anbau arbeitsintensiverer Pflanzen verbunden war. Der konservativ eingestellte Großgrundbesitzer Otto Frangeš war ein scharfer Kritiker der Agrarreform in Jugoslawien. Ihm zufolge waren im kroatischen Zagorje nach der Agrarreform, welche durch Teilung der Großgrundbesitze die Möglichkeit einer Anmietung von Arbeitskräften begrenzt hatte, 78,5 % der landwirtschaftlichen Arbeiter ohne Möglichkeit auf Einkommen geblieben.[615] Vier Jahre später machte Frangeš eine wichtige Klarstellung: Das Zagorje wäre nicht vom Standpunkt der Ernährung, d. h. des Konsums, sondern wegen der unzureichenden Ausnützung der Arbeitskraft „übervölkert".[616] Selten wird die politische Ausrichtung der Autoren so klar wie bei der Bewertung der Agrarreform, ging es doch um die Eigentumsverhältnisse im Land. Die Kommunisten Maksim Goranović und Svetozar-Toza Marković übten herbe Kritik daran, dass die Agrarreform in Jugoslawien die Teilung der Großgrundbesitze nicht konsequent durchgeführt hatte und dass rund 1.800 Großgrundbesitzer gemeinsam mehr Land besaßen als 650.000 Bauern mit einem Landbesitz von unter 2 ha zusammen.[617]

Einige Autoren konnten den Agrarreformen nach dem Ersten Weltkrieg dennoch Positives abgewinnen. Oszkár Jászi zufolge konnte die „demokratische Verteilung" des Bodens in Rumänien und Jugoslawien das durch die „agrarische Übervölkerung" hervorgerufene Elend ausgleichen, während in Ungarn die Existenz des Latifundien-Systems zwei Drittel der landwirtschaftlichen Bevölkerung zu „Proletariern" oder „Halbproletariern" machte.[618] Auch für Doreen Warriner hatten die Landreformen in Südosteuropa den Zustand der „Übervölkerung" auf einige Zeit gemildert, in ihrem Buch war sie von dem ökonomischen Vorteil von kleinen Betrieben zwischen 2 und 5 ha überzeugt.[619] Rudolf Bićanić betrachtete die Agrarreform ebenfalls aus einem anderen Blickwinkel und schloss, dass sie zwar die landwirtschaftliche Produktion für den Markt verringert, aber dafür erheblich die Produktion für die eigenen Bedürfnisse der Bauern gesteigert hatte.[620]

Die Behörden in Südosteuropa gingen vor dem Zweiten Weltkrieg davon aus, dass etwas mehr als ein Hektar nötig war, um die („traditionell genügsamen") Bedürfnisse einer Bauernfamilie zu decken.[621] In Rumänien waren sich alle größeren Parteien der Zwischenkriegszeit darüber einig, dass die Industrialisierung Hand in

615 Frangeš 1938, S. 22.

616 Frangeš 1942, S. 6.

617 Goranović 1938; Marković 1939, S. 13–20. Zum Verhältnis der jugoslawischen Kommunisten zur Bauernschaft siehe Bokovoy 1998, S. 1–28.

618 Jászi 1935, S. 100. In Ungarn besaß der landwirtschaftliche Arbeiter kein eigenes Land, in Krisenzeiten war er somit „offener Arbeitslosigkeit" ausgesetzt.

619 Warriner 1964 [1939], S. 140–156.

620 Bićanić, Ekonomski faktor 1940, S. 5.

621 Whipple 1945, S. 101.

Hand mit der Schaffung von florierenden „mittleren Bauernwirtschaften" gehen sollte. Es herrschte jedoch Dissens über deren optimale Größe: die Vorschläge reichten von einem Minimum von 10–50 ha seitens der Nationalen Bauernpartei (PNȚ) bis zu 250–500 ha seitens der Nationalliberalen Partei (PNL). Um sicher zu stellen, dass sich „unternehmerische" Bauern auf Kosten von „faulen" oder „unfähigen" Bauern erweitern konnten, hob die Regierung 1929 alle in der Landreform beschlossenen Beschränkungen zum Verkauf von Grundstücken auf.[622] Da sich nationalistisch eingestellte Wissenschaftler in Bulgarien um den Geburtenrückgang im Land sorgten, war für sie der hohe Bevölkerungszuwachs als Ursache für die „agrarische Übervölkerung" weniger relevant. So versicherte ein bulgarischer Ökonom in seiner an der Hochschule für Welthandel in Wien eingereichten Dissertation, dass der einzige Grund dafür, dass ein großer Teil der Landbevölkerung Bulgariens seine Arbeitskraft in der Landwirtschaft nicht voll ausnützen konnte, in der Existenz der Klein- und Streubesitze lag.[623]

Allerdings war Anastas Totev[624] in einem Vergleich der bulgarischen und jugoslawischen Wirtschaft bereits 1940 zum Schluss gekommen, dass die Nettoerzeugung pro Hektar bei Betrieben unter 5 ha etwas über der von größeren Betrieben lag.[625] Dass größere Betriebe über eine größere Effizienz verfügen ist umstritten und im Fall Osteuropas definitiv falsch. Wenn Großgrundbesitzer in dieser Region höhere Erträge erzielten, dann aufgrund besserer politischer und sozialer Bedingungen.[626] Der US-amerikanische Ökonom Marvin Jackson rechnete aus, dass um 1930 in Jugoslawien und Bulgarien die durchschnittliche Erzeugung pro Hektar der Betriebe zwischen 5 und 10 Hektar 80 %, und die von Betrieben über 10 Hektar 60 bis 65 % von der von Betrieben unter 5 Hektar betrug. Der Grund dafür sei in der Tatsache zu suchen, dass kleinere Betriebe relativ arbeitsintensiver als kapitalintensiv wirtschafteten. Der im Durchschnitt geringe landwirtschaftliche Ertrag in Rumänien kann zum Teil auf klimatische Umstände wie Dürre zurückgeführt werden.[627] Im Rückblick ließ auch der Wirtschaftshistoriker John Lampe das Argument der Unproduktivität von landwirtschaftlichen Betrieben unter 5 ha nicht gelten. Die „Lieblingsklage" über die osteuropäische Landwirtschaft, die der

622 Verdery 1986, S. 91.

623 Reikoff 1942, S. 11.

624 Totev (1906–2000) hatte in Sofia Agrar- und Rechtswissenschaften studiert. 1934 bis 1938 absolvierte er ein Doktoratsstudium an der Cornell Universität im US-Bundesstaat New York. Zurück in Sofia wandte er sich vor allem Fragestellungen der Statistik zu.

625 Totev 1940, S. 52–61. Darüber hinaus hatte Mihail Şerban vor dem Ersten Weltkrieg die Herausbildung der „Übervölkerung" im Rahmen der großbetrieblichen Agrarverfassung Rumäniens beobachtet (Serban 1914, S. 86–102).

626 Mitrany 1951, S. 127.

627 Lampe/Jackson 1982, S. 442–445.

„ländlichen Überbevölkerung“, könne damit nicht aufrecht erhalten werden.[628] Blühende landwirtschaftliche Betriebe in der Schweiz waren 1930 im Durchschnitt 5,9 ha groß, belgische überhaupt nur 1,7 ha.[629]

Als weitere infrastrukturelle Ursache der „agrarischen Übervölkerung“ wurde von den Ökonomen die geringe Ausdehnung des Ackerlands hervorgehoben. Neben der großen Anzahl vorwiegend gebirgiger Gegenden, deren Oberfläche nur zum geringen Teil im Ackerbau genutzt werden könne, nannte Hermann Gross in seinem Artikel „Bevölkerung und Boden in Südosteuropa“ aus dem Jahr 1938 Wald- und Landverwüstungen durch fremde Eroberer (Venedig und Osmanisches Reich) und Kriege als Gründe für eine „ungünstige Ausstattung der landwirtschaftlichen Bevölkerung mit Ackerboden“. Hinzu komme noch die im Allgemeinen extensive Bearbeitung des Bodens, wodurch die gleiche Fläche im Südosten bedeutend weniger Ertrag liefere als im übrigen Europa.[630]

Abgesehen von den behaupteten Ursachen „agrarischer Übervölkerung“, die in der Landwirtschaft selbst gesucht wurden, beklagten vor allem südosteuropäische Wirtschaftsexperten auch „unzureichende Abflussmöglichkeiten“ für den „ländlichen Bevölkerungsüberschuss“. „Agrarische Übervölkerung“ bedeute auch eine Unterentwicklung anderer Wirtschaftszweige, welche den „Bevölkerungsüberschuss“ „absorbieren“ könnten und unzureichende Möglichkeiten zur Auswanderung.[631] Die „agrarische Übervölkerung“ bezog sich nach Bićanić auf die Wirtschaftsstruktur eines Lands, obwohl auch verschiedene konjunkturelle Einflüsse die Lage verbessern oder verschlechtern konnten (so geschehen in der Depression, als der Lebensstandard gemeinsam mit den Preisen für Agrarprodukte sank, die Grenzen sich für eine Auswanderung der „überschüssigen Arbeitskräfte“ schlossen, die Fabriken keine neuen Arbeiter mehr aufnahmen, die Arbeitslosigkeit stieg und als Konsequenz die „Bauern-Arbeiter“ in ihre Dörfer zurückkehrten). Während Kapitalmangel fast in jeder Arbeit zur „agrarischen Übervölkerung“ als Hindernis für die Schaffung von „Abflussmöglichkeiten“ lediglich Erwähnung fand, war Rudolf Bićanić einer der Wenigen, der die Rolle des Kapitalmangels in seiner Betrachtung der „Übervölkerungsfrage“ tiefer gehend untersuchte. Bićanić zufolge hatte das Phänomen der „Übervölkerung“ in den Agrarländern im Grunde zwar denselben Ursprung wie in den Industrieländern – einen (relativen) „Menschenüberschuss“ – jedoch eine andere Ursache. Während in Agrarländern „Übervölkerung“ aus einem Mangel an Land und Produktionsmitteln erwachse, sei der Grund für Arbeitslosig-

628 Lampe 1986, S. 86.

629 Lampe/Jackson 1982, S. 356.

630 Gross 1938, S. 184–185.

631 Gross 1938, S. 185; Bićanić 1940, S. 10.

keit in Industrieländern zumindest nicht das Fehlen an letzteren.[632] Weiters hatten den Wirtschaftswissenschaftlern zufolge die schlechten Verkehrsverbindungen in Südosteuropa die Menschen auf dem Land belassen und damit eine stärkere Anbindung der Bauernschaft an den Markt verhindert.

Als weiteres infrastrukturelles Hindernis für die Wirtschaftsentwicklung wurde in wirtschaftswissenschaftlichen Betrachtungen der niedrige Bildungsstand der südosteuropäischen Landbevölkerung gesehen. Oft wurden die im Vergleich zu Westeuropa niedrigeren Erträge in der Landwirtschaft auf den niedrigen Bildungsstand und das fehlende Wissen über neuere Bewirtschaftungsmethoden der großen Masse der südosteuropäischen Bevölkerung zurückgeführt.[633] Dieser Umstand wurde von den Ökonomen meist als „starke Hemmungskraft" auf dem Weg zur Lösung des „Problems der agrarischen Übervölkerung" in der Region bezeichnet.[634] 1939 sah Wagemann die Analphabetenrate von 40–45 % der Altersklassen oberhalb des schulpflichtigen Alters als eines der „schwersten Hemmungen" für die „Aufsaugung des Bevölkerungsüberschusses" auf dem Balkan an. Tatsächlich war der Analphabetismus in den Ländern Südosteuropas vorherrschend, obwohl Rumänien 1864, Bulgarien 1879 und 1882 Serbien die allgemeine Schulpflicht eingeführt hatte. Anspruch und Realität klafften hier jedoch jahrzehntelang auseinander.[635] Mit einer „raschen Anpassung" an neue Verhältnisse konnte Wagemann zufolge jedoch nur bei jungen Menschen zu rechnen sein. Die Entwicklung der Volksschule und die Einführung eines Pflichtjahres auf landwirtschaftlichen Musterbetrieben könnten in dieser Hinsicht „Wunder wirken". Denn „sogar die Neger" hätten sich in hohem Maße als bildsam erwiesen.[636] Die Rolle der mangelnden Bildung in den Balkanländern und in diesem Zusammenhang der verzögerten wirtschaftlichen

632 Bićanić 1940, S. 9 und 11. Bićanić' Aussage deutet darauf hin, dass er in der Frage der Arbeitslosigkeit in der Industrie eine ähnliche Position wie Karl Marx vertrat, welcher die „Überschussbevölkerung" als vom Kapital geschaffene und benötigte „industrielle Reservearmee" betrachtete.

633 Arnold Dániel wies darauf hin, dass es sich bei dieser Feststellung um eine Verdrehung von Ursache und Wirkung handelte. Die durch die niedrigen Erträge bedingte Armut würde den Bildungsstand der breiten Masse auf niedrigem Niveau halten (Dániel 1944–45, S. 59).

634 Z.B. von Gross 1938, S. 186. Darüber hinaus war bei Betrachtungen von Bildungsniveau und Bevölkerungsentwicklung stets, auch wenn nicht immer explizit, die von Bevölkerungswissenschaftlern seit Malthus oft ins Feld geführte Korrelation zwischen niedrigem Bildungsniveau und hoher Geburtenrate präsent. Bereits 1916 schrieb der Bevölkerungspolitiker Wilhelm Hecke (1869–1945), damals k.k.-Regierungsrat in Wien, dass der Bildungsgrad der kroatischen und serbischen Bevölkerung unter allen Völkern Österreichs am niedrigsten sei. Gleichzeitig hätten sie im Gegensatz zu allen anderen Völkern Österreichs eine steigende Geburtenrate (Hecke 1916, S. 61–62). Zu Hecke und seinem bevölkerungspolitischen Konzept siehe Exner/Kytir/Pinwinkler 2004, S. 55–66.

635 Sundhaussen 1989, S. 60; Medenica 2007, S. 34.

636 Wagemann 1939, S. 46–47.

Entwicklung wird in historiographischen Untersuchungen des Öfteren angesprochen. Das Fehlen einer praxisorientierten Grund(aus)bildung auf dem Balkan war Sundhaussen zufolge für „rückständige“ Bewirtschaftungsmethoden ausschlaggebend, gleichzeitig gingen von der vorherrschenden Wirtschaftsstruktur auch keine „kraftvollen und breitenwirksamen Impulse zur Beschleunigung des Zuwachses an Humankapital“ aus.[637]

Ihre dominante Stellung als Erklärungsmodell für die ungünstige wirtschaftliche Lage in den südosteuropäischen Ländern verdankte die Idee der „agrarischen Übervölkerung“ u. a. auch dem Umstand, dass sie die messbare Bevölkerungszunahme mit der im Vergleich mit Nord- und Westeuropa niedrigen landwirtschaftlichen Produktivität in einen schwer zurückzuweisenden Kausalitätszusammenhang brachte. Dieser schien dermaßen überzeugend, dass andere mögliche Ursachen für die niedrige Produktivität einfach als weitere, die „Übervölkerung“ mitauslösende oder erschwerende Faktoren mit in das Übervölkerungskonzept aufgenommen wurden. Unterschiedliche Sichtweisen auf gesetzliche Maßnahmen konnten wiederum innerhalb eben dieses Deutungsmusters geäußert werden. Da sie ihm nicht direkt zuwiderliefen, gewann es dadurch sogar an Wissenschaftlichkeit. Das Übervölkerungskonzept deckte nahezu die gesamte Bandbreite an wirtschaftlichen und sozialen Missständen in den ländlichen Gebieten ab, denn für jede weitere Strukturschwäche, auch wenn sie völlig anderen Ursprungs gewesen sein mag (z. B. spärliche Verkehrsanbindungen, Defizite im Bildungssystem) und nicht gleich mit der „Übervölkerung“ in Verbindung gebracht werden konnte, bestand die Möglichkeit, zumindest als Hindernis für die Lösung des „Bevölkerungsproblems“ in das Konzept integriert zu werden. Dem normativen Charakter des Konzepts ist es geschuldet, dass die Ursachenanalyse die Lösungssuche vorwegnahm, z. B. als von der extensiven Bewirtschaftung oder der fehlenden Industrialisierung als Gründe für die „Übervölkerung“ die Rede war.

4. Vermeintliche Symptome und Auswirkungen der „agrarischen Übervölkerung“

Wie bei anderen Zirkelschlussargumenten sind Ursachen, Anzeichen und Auswirkungen auch im Überbevölkerungskonzept schwer voneinander zu trennen. Hans-Jürgen Seraphim identifizierte 1930 folgende charakteristische Symptome für Gebiete mit „chronischer Übervölkerung“ und stellte sie sogleich in direktem Zusammenhang mit ihrem Bevölkerungswachstum:

---

637 Sundhaussen 1989, S. 60. Zur Rolle der Bildung in den Balkanländern in der Zwischenkriegszeit siehe u. a. Sundhaussen 1994, Calic 1994; Mayer 1995, S. 57–199; Isić 2009, S. 33–402.

Bodenzersplitterung, stark anziehende Bodenpreise und Pachtsätze, Abwanderung, Ausbreitung landwirtschaftlicher Nebengewerbe, sinkende Löhne, sinkende Einkommensverhältnisse und Verelendung, Rückgang des Weide-, Wiesen- und Brachlandes, Abnahme der Viehbestände und Rohertragsminderungen. Agrarische Gebiete, welche in Verbindung mit steil ansteigender Bevölkerungskurve diese Symptomkonstellation aufweisen, sind als typisch übervölkert anzusprechen.[638]

4.1 Arbeitslosigkeit und geringe Produktivität

Als wichtiges und unmittelbares Anzeichen der „Übervölkerung" führte Wilhelm Winkler auf der Tagung des Vereins für Socialpolitik zur „Übervölkerung Westeuropas" im September 1926 in Wien „dauernde *Arbeitslosigkeit*" an.[639] Auf derselben Tagung wies Franz Oppenheimer, seine Kollegen Mombert und Winkler kritisierend, auf den logischen Trugschluss in der Kausalität zwischen Arbeitslosigkeit und „Übervölkerung" hin: „Man hat zuerst die Arbeitslosigkeit auf eine sonst nicht nachweisbare Übervölkerung zurückgeführt und hat dann wiederum aus dieser Übervölkerung die Arbeitslosigkeit abgeleitet."[640] Rasches Bevölkerungswachstum kann die wirtschaftsstrukturellen Schwächen für Staaten potenzieren, aber es ist nicht die Ursache für diese Probleme. Genauso wenig garantiert eine geringe Bevölkerungszunahme wirtschaftliche Prosperität.[641] Die Bevölkerungstheorie war jedoch stark vom Denkstil Malthus' und seiner Anhänger beeinflusst worden und so hielt die große Mehrheit der Ökonomen daran fest, Arbeitslosigkeit und die geringe Produktivität des landwirtschaftlichen Sektors mittels „Übervölkerung" zu begründen. Die vermutete Arbeitslosigkeit in der Landwirtschaft war statistisch schwer zu dokumentieren. In der Subsistenzwirtschaft spielten zu viele „außerökonomische", meist schlecht quantifizierbare Faktoren eine Rolle.[642] Denn wie hätte für jeden individuell unterschiedlichen Betrieb eine allgemeingültige Durchschnittsarbeitszeit errechnet oder zwischen „sinnvoller" und „sinnloser" Arbeit getrennt werden können? Daher sprachen einige Ökonomen diesbezüglich von „versteckter Arbeitslosigkeit".[643] So schrieb Alexandru Alimăneştianu 1927, dass in Rumänien von 365 Tagen im Jahr nur 120 Tage auf dem Feld gearbeitet wurde. Die restlichen Tage würden einfach nur verschwendet. In Zukunft werde die landwirtschaftliche Mechanisierung den Überschuss an Arbeitskräften in der

638 Seraphim, Hans-Jürgen 1930, S. 203–204.
639 Winkler 1926, S. 183.
640 Oppenheimer 1926, S. 223.
641 Wichterich 1988, S. 235.
642 Siebert 1998, S. 16–17.
643 Vgl. Calic 1994, S. 91; Drews 2004, S. 221–222.

Landwirtschaft noch vergrößern.[644] Über die Schwierigkeit, „Übervölkerung“ als konkretes Phänomen zu erfassen und zu visualisieren, schrieb Rudolf Bićanić:

> Die landwirtschaftliche Übervölkerung ist eine umso schwierigere Erscheinung, weil sie eine versteckte ist. Es versammeln sich die Bauern nicht wie eine arbeitslose Arbeitermasse um Demonstrationen zu organisieren. Sie werden weder von der amtlichen Statistik erfasst, noch gibt man ihnen Unterstützungen.[645]

Eine genauere Aussage zu dieser Frage findet sich bei Totev, als er festhielt, dass ein Drittel der Arbeit der landwirtschaftlich aktiven Bevölkerung in Bulgarien unausgenutzt blieb: dies bedeute nicht, dass ein Drittel der in der Landwirtschaft aktiv beschäftigten Bevölkerung sich im Zustand einer gewöhnlichen Arbeitslosigkeit befindet, die in Frage kommenden landwirtschaftlichen Arbeitskräfte seien vielmehr „potenziell überflüssig“.[646] Auch in der jüngsten Debatte über die „Überflüssigen“ tritt das Verdeckte als Charakteristikum des Phänomens wieder zum Vorschein: die Existenz der „Überflüssigen“ wäre gerade „kein kalkulierbares Risiko“, sondern stelle „eine präsente Gefahr“ dar. Das „Schleichende“ und „Unsichtbare“ gehöre zur Sache.[647]

Die Entwicklung des Nationaleinkommens zeigte im Jugoslawien der Zwischenkriegszeit keine großen Veränderungen an. Es zeichnete sich eine Umverteilung zugunsten der Industrie und zum Schaden der Landwirtschaft ab. Die landwirtschaftliche Bevölkerung machte ca. 80 % der Gesamtbevölkerung aus, erwirtschaftete aber nur 50–55 % des Nationaleinkommens.[648] Insbesondere dieser durch wirtschaftsstrukturelle Mängel verursachte Zustand wurde in zeitgenössischen Untersuchungen mit der „agrarischen Übervölkerung“ begründet. Die „überflüssigen Arbeitskräfte“ würden verhältnismäßig kaum Überschüsse produzieren, wohl aber ein Mehr an Ernährung beanspruchen. Die landwirtschaftliche Produktivität erfahre eine wesentliche Wertminderung, da die Erzeugnisse nicht nur unter denen, deren Arbeit zu ihrer Herstellung notwendig war, verteilt werde, sondern auch unter jenen, die nicht für die Herstellung notwendig waren. Die Landwirtschaft könne an sich „überflüssige Arbeitskräfte“ aufnehmen, weil diese grundsätzlich dazu bereit waren, ihre Bedürfnisse herunterzuschrauben.[649]

---

644 Alimăneştianu 1927, S. 11–13.

645 Bićanić 1940, S. 9; vgl. Kiriţescu 1940, S. 49. Offiziell waren in Jugoslawien Anfang Januar 1935 nur 27.218 Menschen arbeitslos gemeldet, Anfang Januar 1937 waren es 63.613 (Mirković, Mijo 1936, S. 389 und 1937, S. 125).

646 Totev 1943, S. 26.

647 Baecker [u.a.] 2008, S. 39.

648 Vukčević 1994, S. 27.

649 Iwanoff 1941, S. 17–18.

Schilderungen von „untätigen Menschen" auf dem Land in Südosteuropa beschränkten sich nicht auf die Diskussion über die „agrarische Übervölkerung", sondern waren davor und gleichzeitig auch in anderen Texten präsent gewesen.[650] Als die Übervölkerungstheoretiker sich anschickten, das genaue Ausmaß der „Arbeitskraftverschwendung" statistisch zu berechnen, mussten sie derartige Beobachtungen gekannt haben. Die von den Wissenschaftlern identifizierte Arbeitslosigkeit in Südosteuropa war anhand der Kriterien eines industrialisierten Agrarsektors berechnet worden und existierte vor Ort in dieser Form gar nicht, weil bei einem niedrigeren Mechanisierungsgrad der Landwirtschaft und der oft weit verstreut liegenden Äcker auch mehr Arbeitskräfte benötigt wurden. Wagemann hielt den „stark hervortretenden und reich besetzten" Beruf der „kartellierten Stiefelputzer" in den „kleinsten Städten" als besonders guten Ausdruck der „Übervölkerung" auf dem Land: „Zum Stiefelputzen auf offener Straße gehören ja immer zwei Leute, die viel Zeit haben müssen, und mindestens einer, der großes Behagen daran empfindet." Die „verkappte Arbeitslosigkeit" käme auf dem Land in Form von „ländlicher ‚Kurzarbeit'", „Zeitverschwendung" und „allgemeiner Trödelei" zum Vorschein. Obwohl Wagemann stets die „agrarische Übervölkerung" und die damit verbundene Arbeitslosigkeit ins Zentrum des wirtschaftlichen Problemkomplexes auf dem Balkan rückte, führte er an anderer Stelle aus, dass die Bodenzersplitterung („stundenlange Wege zum Feld und zur Weide") und der Mangel an Maschinen und geeigneten Werkzeugen zu sehr vielen Arbeitsstunden pro Produktiveinheiten führten.[651]

Im Gutachten „Zur Frage des Übersatzes Südosteuropas mit Arbeitskräften" des Instituts für Weltwirtschaft in Kiel (IfW) vom Dezember 1940 wurde der Versuch unternommen, jene Strategien aufzudecken, anhand derer die südosteuropäischen Bauern ihre Arbeitslosigkeit zu verdecken glaubten. So hätte die Volkssitte die schon seit „langem bestehende latente Arbeitslosigkeit" zu verstecken versucht, indem eine „Unzahl ländlicher Volksfeste" geschaffen wurde. Dabei mache sich der Arbeitsmangel nur zum Teil darin bemerkbar, dass nicht gearbeitet wurde. Es sei nicht so, dass der eine arbeitslos und ein zweiter voll beschäftigt war, sondern alle würden in der Regel weniger arbeiten. Zwar wurde eingestanden, dass Bargeld zum Ankauf industriell gefertigter Artikel in sehr beschränktem Umfang zur Verfügung stand, doch wurde gleichzeitig kritisiert, dass die südosteuropäischen Bauern ihre „überschüssige Zeit" zur Anfertigung häuslicher Bedarfsartikel ausnutzten.[652] Die Kluft zwischen den Erwartungen der Modernisierer und der

---

650 Z.B. Vidaković 1932, Petrović 1934 und Đonović 1936.

651 Wagemann 1939, S. 60–63 und 112.

652 IfW, Zur Frage des Übersatzes Südosteuropas mit Arbeitskräften 1940, RGVA 1458/29/140, Bl. 26–27. In seiner religionssoziologischen Studie über Südosteuropa übernahm der NS-nahe Ökonom und Kultursoziologe Alfred Müller-Armack (1901–1978) Angaben südosteuropäischer Autoren

traditionellen Arbeitsweise der Bauern bringt die Sicht des Hauptgeschäftsführers der SOEG, August Heinrichsbauer (1890–1977), zum Ausdruck, demzufolge ein zu langsames Arbeitstempo bei der Herstellung der Agrarerzeugnisse die Arbeitslosigkeit verschleiere.[653] Das 1941 erstellte Gutachten des IfW „Möglichkeiten der Leistungssteigerung der Landwirtschaft Südosteuropas" ließ über den Zustand einer „verkappten landwirtschaftlichen Arbeitslosigkeit" keinen Zweifel. Wenn eine mangelhafte Beschäftigung der Landbevölkerung nach außen nicht so sehr in Erscheinung trat, so lag dies daran, dass sie Kleidung, Schuhwerk, Ackergeräte (Holzpflüge) und Hausgeräte selbst anfertigte.[654] Die „unnützen Esser" waren in den Augen der Bevölkerungsexperten „brachliegendes Kapital", welches einer „rationellen volkswirtschaftlichen Verwendung" verloren ging.[655]

In fast jeder Betrachtung des Verhältnisses zwischen Bevölkerungsdichte und Produktivität wiesen die Wirtschafts- und Bevölkerungsexperten darauf hin, dass die Situation in Südosteuropa auf den ersten Blick gar nicht den Erwartungen eines Laien oder eines Fachmanns entsprach und unterstrichen damit gleichzeitig die Bedeutung ihrer Forschung. Denn wie z. B. die Demographen des Bevölkerungsbüros der Universität Princeton darlegten, würde eine größere Dichte agrarischer Bevölkerung logischerweise zur Erwartung führen, dass Ost- und Südosteuropa in Folge eines intensiveren Anbaus höhere Ernteerträge pro Hektar lieferten. Doch genau das Gegenteil sei der Fall. Die rückständigsten Gebiete Osteuropas, mit den niedrigsten Ernteerträgen und der größten „Überbevölkerung" auf dem Land, seien gleichzeitig die Gebiete mit dem schnellsten Bevölkerungszuwachs. Die Region hätte offensichtlich einen „unwirksamen wirtschaftlichen Gebrauch" eines beachtlichen Teils ihrer Bevölkerung gemacht,[656] sie hätte es sozusagen versäumt, sie „nutzbringend" einzusetzen.

Die „überflüssige" bäuerliche Bevölkerung Südosteuropas musste sich den Experten und Politikern gegenüber erst als „nützlich" erweisen, um ihr Dasein zu rechtfertigen. Sie musste sich vor allem in der Marktwirtschaft als „dienlich" erweisen. „Nützlich" sein bedeutet dabei fast immer „rentabel" sein, d. h. für den Profit „verwendbar"/„verwertbar".[657] Bäuerliche Betriebe auf Selbstversorgungsbasis

und deutete die Überfülle an Feiertagen (bis zu 160) als Folge der „Übervölkerung" hin (Müller-Armack 1945, S. 187–189).

653 Heinrichsbauer 1940, S. 17.

654 IfW, Möglichkeiten der Leistungssteigerung der Landwirtschaft Südosteuropas 1941, RGVA 1458/29/140, Bl. 41.

655 Hauptprobleme der bulgarischen Agrarpolitik 1941, S. 81; Oberländer 1943, S. 422; Gutberger 1996, S. 422.

656 Notestein [u.a.] 1944, S. 166–168.

657 Moore 1944, S. 298; vgl. Forrester 1997 [1996], S. 15. Bis in die Gegenwart wurde insbesondere in Krisenzeiten der „unproduktive" Teil der Bevölkerung als Belastung empfunden. Als „überflüssig" konnten dabei alte, arme, arbeitslose oder fremde Menschen gelten (Lindner 2008, S. 10–11).

mussten unter diesem Kriterium schlecht abschneiden. Das ökonomische Denken verleitet dazu, im Vorhinein Erwerbsarbeit als „produktiv" und Nichterwerbsarbeit als „unproduktiv" zu sehen, weil bei letzterer kein Geld erwirtschaftet wird. Eine Unterscheidung zwischen wirtschaftlich sinnvoller und sinnloser (Freizeit-)Tätigkeit ist u. a. deshalb problematisch, weil dann auch menschliche Bedürfnisse in „echte" und „unechte" unterteilt werden müssten. Angehörige bäuerlicher Familien, welche nicht direkt bei der Feldarbeit mithalfen, sondern sich beispielsweise nur um den Haushalt und das Hausgewerbe kümmerten, konnten von den Ökonomen leicht als „versteckte Arbeitslose" qualifiziert werden. Dabei schienen die Arbeiten über die „agrarische Übervölkerung" größtenteils blind für die Bedürfnisse und Interessen der betroffenen Individuen zu sein. Die bäuerliche Bevölkerung interessierte weniger, wie viele Personen für die Bearbeitung des Bodens nötig waren, sondern wie viele Menschen von einer bestimmten Bodenfläche ernährt werden konnten.[658]

Während auf wissenschaftlicher Seite großzügige wirtschaftliche Planung auf der Makro-Ebene mit dem Ziel durchgeführt wurde, die „überschüssigen Arbeitskräfte" aus der Landwirtschaft „abzusaugen", zogen es die Betroffenen häufig vor, mit niedrigen Einkünften auf dem Land zu bleiben, als mit keiner oder unsicherer Arbeit in den Ballungsräumen zu leben.[659] Im Vergleich zum Land war der Lebensunterhalt in den Städten unverhältnismäßig teuer. Zwar stellte das dörflichen Leben alles andere als eine „heile Welt" dar, doch der Landbesitz bot vielen wenigstens ein Minimum an ökonomischer Absicherung, welche sie trotz der Armut auf dem Land davon abhielt, in die Stadt abzuwandern.[660] Da Kapital für den Übergang zu einer intensiven Bewirtschaftungsweise fehlte, bewahrte die kleinbäuerliche Wirtschaftsstruktur die landwirtschaftliche Bevölkerung vor der völligen Verarmung.[661] Während die Ökonomen über Produktivitätssteigerungen in der Landwirtschaft nachdachten, arbeitete der Großteil der südosteuropäischen Bauern zu ihrem Bedauern nach dem gewohnten Bedarfsdeckungsprinzip weiter.[662] Das Unterfangen,

---

658 Siebert 1998, S. 17.

659 Vgl. Black 1939, S. 12.

660 Vgl. Heim/Schaz 1996, S. 46. In den 1990er Jahren wurde in Rumänien, Bulgarien und den jugoslawischen Nachfolgestaaten Subsistenzlandwirtschaft als Chance und Auffangbecken für Menschen gesehen, welche außerhalb des Agrarbereichs ihre Beschäftigung verloren hatten (Lukas/Pöschl 2005, S. 288).

661 Berend/Ránki 1977, S. 35.

662 Oder wie es Rudolf Bićanić 1964 vor internationalem Publikum ausdrückte: „Die Logik des Bauern könnte sich von der Logistik des Ökonomen unterscheiden" (Bićanić 1964, S. 22). Zum Verhalten der Bauern in „unterentwickelten" Ländern siehe die einflussreiche Theorie des russischen Agronomen Aleksandr Čajanov (1888–1937) „Die Lehre von der bäuerlichen Wirtschaft" (Tschajanow 1923, siehe auch Tschayanoff 1924, Bernstein 2009, Bruisch 2010 und 2014) und die 1965 erschienene und stark rezipierte Studie des US-amerikanischen Anthropologen und Berkeley-Professors

die südosteuropäische Bauernschaft anhand vermeintlicher Gesetze des Kapitalismus und des Modells des *homo oeconomicus* zu untersuchen, war wegen deren nichtkapitalistischer Wirtschaftsweise zum Scheitern verurteilt. Holm Sundhaussen geht für das vorsozialistische Südosteuropa von einem hybriden System aus, in dem nichtkapitalistische und kapitalistische Elemente nebeneinander existierten und sich mitunter wechselseitig blockierten.[663] Der betroffenen Bevölkerung war es größtenteils auch gar nicht bewusst, dass sie von den neomalthusianischen Experten als „überflüssig" erklärt wurde und zu einer Gruppe „unnützer Esser" gehörte. In der bäuerlichen Bevölkerung kam trotz großer Armut auch selten jemand auf die Idee, innerhalb des Betriebs zwischen „wirklich Tätigen" und „bloßen Mitessern" zu unterscheiden, auch deswegen, weil diese Trennlinie in der Praxis schwer gezogen werden konnte, weil alle im arbeitsfähigen Alter im Betrieb mithalfen.[664]

Die Bauernschaft tat sich oft schwer, das Rationale in der ihr von den Wirtschaftsexperten präsentierten „rationellen Bewirtschaftung" zu sehen. Die Ökonomen wiederum bedauerten, dass die südosteuropäischen Bauern nicht im Sinne der liberalen Wirtschaftstheorie handelten. Anstatt in Krisenzeiten ihr Angebot einzuschränken, suchten die Bauern z. B. noch durch Produktionssteigerung den Preisausfall auszugleichen.[665] Die Experten rechneten quasi automatisch mit dem Widerstand der Bevölkerung gegen ihre Vorschläge. Aus ihrer Sicht ließ sich das bei einer weitgehenden Umstellung der gesamten Wirtschaft, der Volkssitten und Bräuche, der Arbeitsgewohnheiten und sonstigen Lebensumstände in den südosteuropäischen Ländern auch gar nicht vermeiden.[666] So war z. B. für Naiden Ikonomov jede Intensivierung der landwirtschaftlichen Produktion und auch die Erhaltung der Fruchtbarkeit des Bodens davon abhängig, ob der bulgarische Bauer an die Verwendung von natürlichem oder künstlichem Dünger gewöhnt werden konnte.[667]

George M. Foster (1913–2006) „Peasant Society and the Image of Limited Good". Siehe dazu auch Scott 1976 und Kopsidis/Fertig 2004.

663 Sundhaussen 2010–2011, S. 437.

664 Vgl. Aly/Heim 1991, S. 113 und Steinert 2008, S. 119. Rudolf Bićanić zufolge war der bäuerlichen Bevölkerung die Erscheinung der „agrarischen Übervölkerung" sehr wohl aus täglicher Erfahrung bekannt. Die zwei Volksweisheiten „Leute gibt es viele, doch das Land ist eng" und „Die Leute haben sich so sehr vermehrt, dass bereits Dörfer auf Dörfer entstehen" würden dies belegen (Bićanić 1940, S. 13).

665 Balicki 1936, S. 42; Frunzănescu 1939, S. 164; vgl. Verdery 1983, S. 285.

666 IfW, Zur Frage des Übersatzes Südosteuropas mit Arbeitskräften 1940, RGVA 1458/29/140, Bl. 31.

667 „Der Versuch, den Bauern durch Beihilfen und Prämien zum Bau von Dungstätten anzuhalten, scheitert an den Kosten für die geforderten Zementgruben, ganz abgesehen davon, daß der bulgarische Bauer psychologisch noch nicht so weit ist, für den Mist seines Viehs einen Bau aufzuführen, der luxuriöser ist als sein eigenes Wohnhaus" (Ikonomoff 1942, S. 110–111).

4.2 Bodenzersplitterung

Die Bodenzersplitterung wurde im Denkmodell der „agrarischen Übervölkerung“ sowohl als Ursache, als auch als Folge des „Bevölkerungsdrucks“ betrachtet, vor allem galt sie aber als „unverwechselbares Symptom“ des Zustands der „agrarischen Übervölkerung“.[668] In Südosteuropa wurde die Erbfolge üblicherweise durch Realteilung (die Aufteilung des Grundbesitzes unter den männlichen Erben zu gleichen Teilen) geregelt. Der Ausblick auf eigenen Grundbesitz hätte dazu beigetragen, dass die landwirtschaftliche Bevölkerung auf dem Land blieb. Die „Übervölkerung“ wurde außerdem als Ursache für die Bodenzersplitterung gesehen, da durch den Kinderreichtum der Bauern der Grundbesitz in mehrere, noch kleinere Parzellen geteilt wurde.[669] Auch Frangeš sah in der durch die Erbfolge bedingten fortschreitenden Fragmentierung der landwirtschaftlichen Grundstücke eine „besonders fatale Folge“ der „relativen Übervölkerung“. In manchen Gegenden Jugoslawiens hätte der verwendete Maßstab im Grundbuch zwanzigmal erhöht werden müssen, um die Anzahl der durch Teilung entstandenen Parzellen überhaupt eintragen zu können.[670]

Für Ikonomov hatte die „Atomisierung des Bodenbesitzes“ in Bulgarien „beängstigende Ausmaße“ angenommen und stellte ein „großes soziales Übel“ dar. Gründe für die Bodenzersplitterung lagen ihm zufolge in erster Linie im starken Bevölkerungszuwachs und in der Erbschaftsordnung. Das Erbschaftsgesetz gestattete die Erbschaft bis zu 0,2 ha – jedoch begünstigte der Brauch, bei der Teilung der Erbschaft jedes einzelne Stück Boden getrennt zu teilen, die Bodenzersplitterung. Erschwerend wirkte sich auch die Möglichkeit aus, den Bodenbesitz frei zu verkaufen.[671] Dabei hatte Zagorov bereits darauf hingewiesen, die Grundbesitzzersplitterung nicht mit der Ackerzerstückelung zu verwechseln. Die durch die Realteilung entstandene Grundbesitzzersplitterung müsse nicht unbedingt Ackerzerstückelung hervorrufen, da die Erben entweder eine gleichwertige Fläche, die sich aus verschiedenen ungeteilten Grundstücken zusammensetzt, oder gleiche Bruchteile von sämtlichen Grundstücken erhielten. So war nicht der Ackerboden an sich, sondern nur seine Eigentumsstruktur zersplittert. Die agrarpolitischen Maßnahmen im Rahmen der Landreform in Bulgarien seien deshalb auch dann notwendig gewesen, wenn Anerbenrecht und keine Grundbesitzzersplitterung geherrscht hätte, weil die Zahl der landlosen Bauern noch größer gewesen wäre.[672]

668 Seraphim, Hans-Jürgen 1930, S. 193.

669 Cornăţeanu 1933, S. 178. Cornăţeanu zufolge war jedoch die Zeit nahe, in welcher die Geburtenrate der Bauern unter dem Einfluss der Stadt sinken werde (ebd.).

670 Frangeš 1938, S. 26.

671 Ikonomoff 1942, S. 107–108.

672 Sagoroff 1936, S. 91 und 96.

Auch sei den Beobachtungen des IfW zufolge die Teilung nur rechtlich vorhanden, während tatsächlich die Fläche in vielen Fällen nicht in so kleinen Betrieben bewirtschaftet werde. Gemäß der Organisation in Familienwirtschaften arbeiteten mehrere verwandte Bauern mit ihren jeweils kleinen Landstücken in einem etwas größeren Betrieb zusammen.[673] Dies stellte ein Problem für die wissenschaftliche Beschäftigung mit „agrarischer Übervölkerung“ dar, da die rechtlichen Grundstücksteilungen statistisch erfasst wurden, das Ausmaß der gemeinsamen Bewirtschaftung mehrerer verwandter Bauernfamilien sich jedoch der Erfassung entzog. Darüber hinaus hätte die Bodenzersplitterung gleichzeitig die Lösung eines anderen Problems der südosteuropäischen Landwirtschaft verhindert, den der agrarischen Mechanisierung.[674] Der Kraftwagenbestand war laut Wagemann in West- und Mitteleuropa sogar zehn- bis zwanzigfach so groß wie auf dem Balkan.[675]

Tabelle 5 „Struktur der landwirtschaftlichen Betriebsgrößengliederung“[676]

	Bulgarien		Kroatien		Rumänien	
Hektar	% der Betriebe	% der ges.Fläche	% der Beriebe	% der ges. Fläche	% der Betriebe	% der ges. Fläche
bis 1	13,5	1,3	17,1	3,5	18,6	1,6
1-2	13,5	4,0	19,3	6,4	33,5	11,1
2-5	36,1	24,7	36,1	26,3	22,8	15,3
5-10	26,2	36,9	18,1	29,2	17,1	20,0
10-50	10,6	31,5	7,8	27,0	7,2	19,8
über 50	0,1	1,6	1,6	7,5	0,8	22,2

Für Seraphim war vorstehende Tabelle so überzeugend, dass sie keiner weiteren Erklärung bedurfte. Die durch die starke Bevölkerungszunahme ausgelöste völlige Betriebszersplitterung hätte sich als „Hemmschuh fortschrittlicher Wirtschaftsführung“ und „Quell bäuerlicher Verelendung und Proletarisierung“ erwiesen. Bei der in allen südosteuropäischen Volkswirtschaften vorhandenen Realteilung bestehe die zwangsläufige Tendenz zu unaufhaltsam fortschreitender landwirtschaftlicher Betriebszerstückelung, welche sich auch dann fortsetzen würde, wenn der Bevölkerungsdruck langsam abnehmen würde.[677]

673 IfW, Zur Frage des Übersatzes Südosteuropas mit Arbeitskräften (1940), RGVA 1458/29/140, Bl. 27.

674 Ikonomoff 1942, S. 109–110.

675 Wagemann 1939, S. 65.

676 Seraphim, Hans-Jürgen 1943, S. 103; basierend auf den Angaben in der vom Statistischen Reichsamt herausgegeben Zeitschrift *Wirtschaft und Statistik* und den Statistischen Jahrbüchern der jeweiligen Staaten.

677 Das Bevölkerungsproblem in den Südostländern 1939, S. 281; Seraphim, Hans-Jürgen 1943, S. 102–103.

4.3 Armut und Verschuldung

Bereits Malthus hatte in seinem „Bevölkerungsgesetz" Armut als Ursache und Folge der „Übervölkerung" als quasi naturbedingt angesehen. Bis in die Gegenwart wurde im neomalthusianischen Diskurs Geburtenrückgang als Voraussetzung für Entwicklung und Wirtschaftswachstum betrachtet. Diesem Denkstil zugehörig ist auch die später unter dem Namen „demographische Transition" bekannt gewordene Theorie, welche auf ersten Beobachtungen des US-amerikanischen Demographen Warren Thompson über einen Fertilitätsrückgang in industrialisierten Gesellschaften basierte, und während bzw. nach dem Zweiten Weltkrieg u. a. von Frank Notestein weiterentwickelt wurde.[678] Das Modell des „demographischen Übergangs" postulierte, dass durch Industrialisierung sowie gesellschaftliche Modernisierung westlicher Prägung in einer ersten Phase die Mortalitätsrate, in einer zweiten die Geburtenrate sinke. Folglich wurde umgekehrt angenommen, dass die Verringerung der Bevölkerungszunahme Wirtschaftswachstum garantiere.[679] Die Annahme, dass ärmere Schichten sich stärker vermehrten und Kinderreichtum wiederum zu Armut führe, war als Kernmerkmal des neomalthusianischen Diskurses auch in der Diskussion über die „agrarische Übervölkerung" Südosteuropas präsent.

Teofan Ristić, welcher 1932 an der Universität Wien über die sozialen Auswirkungen der osteuropäischen Agrarreformen dissertiert hatte und nun Beamter im Landwirtschaftsministerium in Belgrad war, hielt Anfang 1939 fest, dass die Armut der Bauern in Jugoslawien ein spezielles Problem war, welches für gewöhnlich im Zusammenhang mit dem Bevölkerungswachstum, der „Übervölkerung" und der allgemeinen Wirtschaftsentwicklung behandelt wurde. In der Einleitung zu seinem Artikel über die Lohnarbeit in der Landwirtschaft beschrieb er die aus den Arbeiten zur „agrarischen Übervölkerung" bekannte Ereigniskette, welche zur Verarmung der Bauern in Jugoslawien führe. Da das Land reich an Kleinbauern mit wenig Grundbesitz sei, würde nicht nur in der Landwirtschaft, sondern auch in allen übrigen Wirtschaftszweigen das Angebot an Tagelöhnern die Nachfrage nach selbigen bei weitem übersteigen. Die nichtqualifizierte Arbeitskraft vom Land sei

---

678 Thompson 1929, Notestein 1945, Davis 1945.

679 Sokoll 1992, S. 409; Randeria 2006, S. 40; Hartmann/Unger 2010, S. 239. Die Überzeugung der Überbevölkerungstheoretiker, dass mit dem Rückgang der Geburtenrate der Wohlstand zunehme, konnte bis jetzt empirisch nicht verifiziert werden (Connelly 2008, S. 372). Auch Ljubodrag Dimić hielt das Absinken der Natalität als verlässliches Zeichen der Modernisierung. Für ihn ist die damals hohe Natalität in Serbien als Konsequenz der patriarchalischen Lebensweise, der existierenden Wirtschaftsstruktur und der allgemeinen kulturellen Verhältnisse vor und nach dem Ersten Weltkrieg zu sehen (Dimić 1994, S. 205). Zum Modell des „demographischen Übergangs" und seiner Kritik siehe u.a. Sokoll 1992, Szreter 1993 und Ehmer 2004, S. 118–127.

ortsunabhängig zum Einsatz bereit. Angesichts der Unmöglichkeit, Lohnarbeit auf dem Land zu finden, biete sie sich anderen Wirtschaftszweigen an oder wandere aus, wenn sich Gelegenheit dazu ergibt. Gelingt, wie in den meisten Fällen, die Emigration nicht, bleibe sie auf dem Land, ihre Bedürfnisse auf ein schwer vorstellbares Minimum beschränkend, und suche nach kurzzeitigen Einkünften. Diese mittellosen Dorfbewohner seien die meiste Zeit des Jahres arbeitslos und stellten die Schicht der „ländlichen Pauper" dar.[680]

Auf dem Land war die Armut in ganz Südosteuropa weit verbreitet.[681] In Anlehnung an den vom einflussreichen französischen Demographen Alfred Sauvy 1952 geprägten Begriff bezeichneten Wirtschaftshistoriker in der Retrospektive das Südosteuropa der Zwischenkriegszeit als „Dritte Welt" Europas.[682] Eine sichtbare Ausdrucksform der Armut in den ländlichen Gegenden Südosteuropas war die Bauernverschuldung.[683] Nach einer etwas günstigeren Entwicklung der Wirtschaft in den Jahren 1923 bis 1925 kam es in Jugoslawien 1926 zu einer Rezession. Die Bauern standen nun vor einem großen Problem: sie hatten zu einer Zeit Kredite aufgenommen, als der Dinar weniger wert war und konnten so weit weniger kaufen als in der Zeit danach, als sie die Kredite zurückzahlten. Der Landwirt produzierte mehr, verkaufte mehr, aber wegen den ständig sinkenden Preise für Agrarprodukte war er nicht in der Lage, die Schulden zurückzuzahlen. Während die Bauern ihre Erzeugnisse billiger verkauften, mussten sie im Gegenzug sehr hohe Preise für benötigte Industriewaren bezahlen.[684] Zusätzlich waren ausgerechnet die landwirtschaftlichen Mittel- und Kleinbetriebe durch eine Steuer auf Landbesitz schwer belastet. Auf der anderen Seite gab es keine Steuer auf Luxusgüter. Finanzminister Milan Stojadinović[685] sah gerade bei den Ärmsten die größte Steuerleistungskraft im Land.[686]

Mit dem Abklingen der Nachkriegskonjunktur setzte 1927 eine schnelle Zunahme der bäuerlichen Verschuldung ein. Nach einem ergebnislosen Versuch

680 Ristić 1939, S. 105–106

681 Eine lebhafte Darstellung der bäuerlichen Armut in Kroatien aus damaliger Sicht bietet Bićanić 1936. Für Bulgarien siehe Wilhelmy 1935. Für die bäuerliche Armut im Serbien der Zwischenkriegszeit siehe Isić 2001, S. 7–151.

682 Sauvy 1952, siehe Aldcroft 2006.

683 Ausführlicher zur Bauernverschuldung in Jugoslawien Živkov 1976, S. 98–122 und Isić 2001, S. 27–60; für eine zeitgenössische Sicht siehe Komadinić 1934, zu Bulgarien siehe Tschakaloff 1936.

684 Pejić 1976, S. 256.

685 Stojadinović (1888–1961) war Finanzexperte und einer der reichsten Unternehmer in Jugoslawien. Als Mitglied der Radikalen Partei war er in der Zwischenkriegszeit wiederholt Finanzminister in Belgrad. Von 1935 bis 1939 war Stojadinović Ministerpräsident und Außenminister des Königreichs Jugoslawiens. Zu seiner Person und Politik siehe u.a. Djokić 2011 und Đurković 2013.

686 Pejić 1976, S. 257; vgl. Petranović 1988, S. 66. Zur steuerlichen Belastung der Bauern siehe Isić 2001, S. 9–27.

1925 sollte unter der Königsdiktatur ab April 1929 die neu gegründete Privilegierte Agrarbank die Umschuldung der am stärksten betroffenen kleinen Landwirte durch Vergabe billiger Kredite zum Zinssatz von 5 % umsetzen.[687] Doch gerade für die Bauern mit ungenügenden Garantien und kleiner Besitzfläche war es schwer, einen solchen Kredit zu erhalten. Um dieses Problem zu lösen, vergab die Bank persönliche Kredite.[688] Mit der Weltwirtschaftskrise, die die Landwirtschaft der „alten“ Agrarländer hart traf, verschlechterte sich die ohnehin schon schwierige wirtschaftliche Situation der Bauernschaft. Diese litt am stärksten unter den Folgen der Weltwirtschaftskrise, da sich die Preisschere zwischen der Landwirtschaft und der Industrie noch weiter geöffnet hatte. Die Preise der Agrarerzeugnisse sanken bedeutend schneller und tiefer als jene der für die Bauern notwendigen Industrieprodukte. Eine große Zahl landwirtschaftlicher Arbeiter konnte nicht einmal in der Saison Beschäftigung finden. In den Städten wuchs die Anzahl billiger Tagelöhner, die für nicht existente Arbeitsplätze konkurrierten.[689] Während der Krise erreichte die bereits hohe Verschuldung der Bauern ihren Höhepunkt, schließlich war die ohnehin nicht hohe Kaufkraft der Bauern an einem Tiefpunkt angelangt.[690] Um den im Zuge der Weltwirtschaftskrise drohenden finanziellen Zusammenbruch der Landwirtschaft zu verhindern, trat im April 1932 ein allgemeines Moratorium für Betriebe bis zu 75 ha in Kraft, ihre Zwangsvollstreckungen aufgrund von Schulden wurden bis auf weiteres ausgesetzt.[691]

---

687 Günzel 1954, S. 217. Die Privilegierte Agrarbank verfügte über ein Aktienkapital von 700 Millionen Dinar, was ca. 10 % der Bauernschulden von über 7 Milliarden Dinar ausmachte (Vučković 1958, S. 277).

688 Vučković 1958, S. 277 und Živkov 1976, S. 100.

689 Petranović 1988, S. 313.

690 Daskalov/Sundhaussen 1999, S. 124. Zu den finanziellen Aspekten der Krise schrieb der damalige Generaldirektor der jugoslawischen Postsparkasse, Milorad Nedeljković (1883–1961), welcher später Wirtschaftsminister der Kollaborationsregierung von Milan Nedić wurde. Einem internationalen Publikum legte er dar, dass nicht der vom Völkerbund forcierte Freihandel eine Besserung der Lebensbedingungen der südosteuropäischen Bauernschaft bringen werde, sondern deren bessere Ausstattung mit Land, Vieh und Ausrüstung (Nedelkovitch 1938, S. 536). Zur den Auswirkungen der Weltwirtschaftskrise in Südosteuropa siehe u.a. Schönfeld 1975; Sundhaussen 1976; Vinaver 1987; Ivanov 2004; Kolar-Dimitrijević 2005; Calic 2010, S. 119–122.

691 Günzel 1954, S. 217; Živkov 1967, S. 104–121; Petranović 1988, S. 64.

Tabelle 6 „Kaufkraftentwicklung der landwirtschaftlichen Bevölkerung Rumäniens (1929 = 100)"[692]

Jahr	Preise der Agrarprodukte	Preise der Industrieprodukte	Kaufkraft der Bauern
1930/31	77	84,4	92
1931/32	60	70,7	85
1932/33	51	71,8	70
1933/34	43	70,7	61
1934/35	47	85,7	55
1935/36	57	103,2	55
1936/37	79	107,8	73
1937/38	79	108,2	73

Obwohl die Armut in den südosteuropäischen Dörfern lange vor dem schnellen Bevölkerungsanstieg bestanden und erkennbare politische und wirtschaftsstrukturelle Hintergründe hatte, wurde sie in einer Vielzahl ökonomischer Analysen als eine Folge der „Krankheitserscheinung Übervölkerung" dargestellt.[693] Komadinić zufolge hatte die „agrarische Übervölkerung" zur Bauernverschuldung beigetragen, da viele Familienmitglieder einfach nur „Ballast" darstellten und das Budget des Betriebs herunterdrückten. Zur Bewältigung dieser konsumptiven Belastung hätten die Bauern Kredite aufnehmen müssen.[694] Laut Frangeš drückte die „ungenutzte Arbeitskraft" auf dem Land nicht nur dort das Einkommen, sondern auch den Arbeitslohn in der Industrie. Als Folge würde sich der Reallohn unter der aus biologischen und hygienischen Gründen notwendigen Höhe halten. In einem solchen Argumentationsmuster war die Landbevölkerung aufgrund ihrer Vermehrung selbst an den niedrigen Löhnen Schuld. Diese würden wiederum einen Anreiz für die Anlage von ausländischem Kapital in Industrien und Bergwerken bieten, welche in seltenen Fällen auch zu einer Behandlung führe, die lebhaft an die Ausbeutung der Eingeborenen in den Kolonien der großen Kolonialmächte erinnere.[695] Ähnlich drückte es der bulgarische Ökonom Georgi Svrakov, Dozent an der Handelshochschule in Varna, aus: Die „überschüssigen Personen" blieben in der Landwirtschaft nur als Verbraucher da und verminderten so das landwirtschaftliche Einkommen und die Reallöhne. Sie konnten in der Landwirtschaft bleiben, weil die bäuerlich-familiäre Struktur es erlaubte. Die Verschwendung der bäuerlichen

692 Krugmann 1939, S. 110; laut Krugmann basierend auf Daten, welche die 1936 von Madgearu gegründete *Asociația românească pentru studiul conjuncturii economice* 1938 in ihrem Periodikum veröffentlichte.

693 Vgl. Heim/Schaz 1996, S. 46 und Bideleux/Jeffries 1998, S. 455.

694 Komadinić 1934, S. 46.

695 Frangeš 1939, S. 20.

Arbeitskraft wäre jedoch der Hauptgrund für die außerordentlich große Armut auf dem Lande.[696]

5. Angedachte Maßnahmen zur Lösung der südosteuropäischen „Bevölkerungsfrage“

Wie der US-amerikanische Ökonom und Historiker kroatischer Herkunft Jozo Tomasevich[697] bereits 1955 feststellte, folgten die Untersuchungen über „agrarische Übervölkerung“ einer eigenen Textstruktur: so war es die übliche Vorgehensweise, nachdem der Grad der „agrarischen Übervölkerung“ in einem Land oder in seinen verschiedenen Gebieten vorgeführt worden war, die unterschiedlichen Wege aus dieser „ökonomisch und sozial wenig beneidenswerten Situation“ zu diskutieren.[698]

Angesichts der bitteren Armut der Landbevölkerung in Südosteuropa bestand kein Zweifel, dass wirtschaftliche Maßnahmen zur Verbesserung der sozioökonomischen Lage gesetzt werden mussten. Die Hebung des Lebensstandards der südosteuropäischen Bevölkerung wäre ein zentraler Punkt gewesen, doch wurde die Diskussion über die „agrarische Übervölkerung“ und die damit verbundene Debatte Agrar- vs. Industriestaat oft nur auf den ersten Blick davon motiviert. Vielmehr verbargen sich politische und wirtschaftliche Interessen einzelner Staaten oder gewisser Gruppen und sogar Einzelpersonen dahinter. Das Vorgehen der Wissenschaftler, zunächst „Bevölkerung“ zu problematisieren, um im Anschluss Lösungen anzubieten, muss ebenfalls kritisch gesehen werden. Die Konstruktion von „Bevölkerungsproblemen“ öffnete einerseits das Tor für Argumentationen und Maßnahmen, welche die nüchterne Beschäftigung mit Bevölkerung bei weitem überstieg, andererseits konnten sie von anderen, vielleicht bedeutenderen politischen, sozialen und wirtschaftlichen Missständen ablenken. Die in vorliegendem Kapitel untersuchten Lösungsansätze entsprechen dem normativen Charakter des Übervölkerungskonzepts und geben Auskunft darüber, in welche Richtung sich die südosteuropäischen Länder in den Vorstellungen der Experten entwickeln sollten. Je nach räumlichem Standort und politischem Standpunkt waren die Präferenzen der Autoren unterschiedlich gelagert. Die Wechselwirkungen zwischen politischen Zielen und wissenschaftlichem Konzept werden im anschließenden Kapitel IV näher untersucht.

---

696 Swrakoff 1940, S. 7.

697 Tomasevich hatte im Laufe des Jahres 1944 für das US-amerikanische Kriegsministerium mehrere Berichte über die wirtschaftliche Durchdringung Deutschlands in Südosteuropa verfasst (Woodward 1995, S. 421).

698 Tomasevich 1955, S. 327.

In „Volk ohne Jugend“ präsentierte Friedrich Burgdörfer vier theoretische Lösungsmöglichkeiten für Agrarländer im Umgang mit der „Bevölkerungsfrage“. Wenn Agrarstaaten den ihnen zur Verfügung stehenden Raum bereits so dicht besiedelt hätten, dass – unter den natürlichen, technischen und wirtschaftlichen Verhältnissen – jeder weitere Bevölkerungszuwachs zu einer Herabdrückung der Lebenshaltung führen würde, hätten sie die Wahl:

1. in Not und Elend zu verkommen und es dem Tode zu überlassen, ein unsicheres Gleichgewicht zwischen dem Lebensspielraum und der Zahl der Lebenden zu halten; oder
2. durch Auswanderung der überschüssigen Kräfte das Gleichgewicht herbeizuführen; oder
3. den Lebensspielraum durch Schaffung neuer Erwerbsmöglichkeiten innerhalb des verfügbaren Raumes zu erweitern; oder
4. durch Geburtenbeschränkung das Gleichgewicht herzustellen.[699]

Diese Lösungsmöglichkeiten lassen sich in zwei große Gruppen unterteilen: auf der einen Seite die Vorschläge, welche das „Problem“ von der Bevölkerungsseite her lösen wollten (Nummer 1, 2 und 4), auf der anderen Seite jene Vorschläge, welche auf die Bekämpfung der „Übervölkerung“ durch wirtschaftspolitische Maßnahmen abzielten (Nummer 3). Hermann Gross betrachtete von seinem wissenschaftlichen Hintergrund her die Frage aus einer rein ökonomischen Perspektive und fasste 1937 die Lösung der „Bevölkerungsfrage, eines Kardinalproblems aller südosteuropäischen Volkswirtschaften“ in drei – allesamt wirtschaftspolitischen – Punkten zusammen:

1. Schaffung einer gesunden Agrarverfassung mit lebensfähigen Bauernwirtschaften und mit Sicherung und Unteilbarkeit des Besitzes.
2. Ausweitung des wirtschaftlichen Lebensraumes durch Vergrößerung der landwirtschaftlich genutzten Fläche und durch eine rationellere Bearbeitung und Ausnutzung des bebauten Bodens.
3. Produktive Unterbringung der in der Landwirtschaft nicht unterkommenden Bevölkerung durch Nutzbarmachung der vorhandenen Bodenschätze und durch Ausbau einer bodenständigen Industrie.[700]

699 Burgdörfer 1932, S. 7.

700 Gross 1937, S. 49. Dieselben Ansichten führte Gross im September 1941 auch in einem Vortrag vor der Handelskammer in Zagreb aus, stets die Bedeutung der Zusammenarbeit zwischen Deutschland und den südosteuropäischen Ländern für die wirtschaftliche Entwicklung letzterer betonend (Gross 1941, S. 110–117).

Eine Balance der zwei Ansätze sahen die Demographen vom Bevölkerungsbüro der Universität Princeton. Ihnen zufolge konnte entweder die Reduzierung der Bevölkerung, die Steigerung der Produktion oder beides eine Entlastung von der „Übervölkerung" bringen. Da sich der „Druck der agrarischen Bevölkerung" in Osteuropa als ökonomisches Problem nicht von dem in den westlichen Ländern in ihrer frühen Industrialisierungsphase unterscheide, scheine dessen Lösung in ähnlichen ökonomischen Entwicklungen zu liegen, deren Elemente 1.) Rationalisierung der Landwirtschaft, 2.) Industrialisierung und 3.) Emigration waren.[701]

Nicht selten wurde der Faktor „Bevölkerung" in demographischen Betrachtungen wie andere, beliebig veränderbare Variablen (z. B. Ressourcen, Produktivität oder gewünschter Lebensstandard), behandelt. Die Reduktion der Einwohnerzahl sollte das ökonomische Gleichgewicht wiederherstellen,[702] schließlich waren die „überflüssigen Esser" auf dem Land in der vorigen Analyse als der Faktor identifiziert worden, der die Produktionssteigerung und damit die Kapitalakkumulation verhindere. Die Wirtschaftsexperten bedauerten, dass sich die ungenügend genutzten Arbeitskräfte in der südosteuropäischen Landwirtschaft infolge der kleinbäuerlichen Agrarstruktur mit familienhafter Arbeitsverfassung nicht in eine zahlenmäßig erfassbare Arbeitslosigkeit umsetzen ließen.[703] So zielten die empfohlenen Maßnahmen nicht nur auf die Verringerung der landwirtschaftlichen Bevölkerung,[704] sondern auch auf die Transformation der „versteckten Arbeitslosigkeit" in eine offene Arbeitslosigkeit, um mit neu geschaffenen, eindeutigen Tatsachen weitere Planungsschritte unternehmen zu können.[705]

5.1 Makroökonomische Weichenstellungen

Wie zuvor in der Diskussion in der Sowjetunion der 1920er Jahre[706] wurden in nahezu jeder Arbeit über die „agrarische Übervölkerung" Südosteuropas zwei makroökonomische Weichenstellungen als Hauptlösungsansätze des „Bevölkerungsproblems" diskutiert: die Industrialisierung (zur Beschäftigung der „überschüssigen" Arbeitskräfte in der Industrie) und die Intensivierung der Landwirtschaft (zum Einsatz der „verschwendeten" Arbeitskraft in der Landwirtschaft). Jedoch erforderte sowohl der Weg zum Industriestaat als auch der zum modernisierten Agrarstaat einen bedeutenden Kapitalaufwand und so stellte sich angesichts des Kapitalmangels

---

701 Notestein [u.a.] 1944, S. 168–169; vgl. die fast identische Darstellung bei Moore 1945, S. 99.

702 Heim/Schaz 1996, S. 12.

703 Thalheim 1942, S. 263; Moore 1944, S. 298–299.

704 Aus Frangeš' Sicht konnte *„nur eine Verminderung der Bevölkerungszahl auf dem Lande* eine Besserung der dortigen wirtschaftlichen Lage" herbeiführen (Frangeš 1939, S. 17).

705 Vgl. Kahrs 1992, S. 16.

706 Siehe Heim/Schaz 1996, S. 78–79.

der südosteuropäischen Länder das grundsätzliche Problem ihrer Finanzierung. Durch das Bevölkerungswachstum hatte die Debatte „Agrar- vs. Industriestaat“ in Südosteuropa an Dringlichkeit gewonnen. Allerdings wurde sie, angesichts der (südost)europäischen und globalen Wirtschaftslage, in der Zwischenkriegszeit teilweise auch ohne die Berücksichtigung des Bevölkerungsanstiegs geführt bzw. wäre sie vermutlich auch bei gleichbleibender oder abnehmender Bevölkerungszahl aktuell gewesen. Wie in diesem Diskurs ging es jedoch auch in jenem über die „agrarische Übervölkerung“ um Entwicklung, Rationalisierung der Arbeit und Steigerung der Arbeitsproduktivität, kurz um die Ökonomisierung des Wirtschafts- und Soziallebens.

5.1.1 Industrialisierung: „unorganisch“ oder alternativlos?

Die Industrialisierung als Mittel, um dem „Problem der Bevölkerungsvermehrung“ entgegenzutreten, war den deutschen Wissenschaftlern aus den Erfahrungen im eigenen Land bekannt. Dennoch lehnte die Mehrheit der deutschen Wissenschaftler vor und während des Zweiten Weltkriegs eine Industrialisierung Südosteuropas zur Lösung des „Übervölkerungsproblems“ ab. Aus Wagemanns Sicht würden die „übervölkerten“ und „untertechnisierten“ Balkanstaaten glauben, durch die Industrialisierung eine Erhöhung der Kapitalbesetzung erreichen zu können. Wolle man der „Übervölkerung zu Leibe gehen“, so gelänge dies jedoch „am allerwenigsten durch den Aufbau hoch technisierter und scharf rationalisierter, also höchst ‚arbeitsproduktiver‘ Industrien.“[707] Karl Thalheim hielt es für besonders wichtig, ausdrücklich klarzustellen, dass die Industrialisierung im Südosten weder allein, noch nur überwiegend als „Heilmittel“ gegen die „agrarische Übervölkerung“ anzusehen ist. Es sei undenkbar, den gesamten natürlichen Zuwachs der Südostvölker in der Industrie unterbringen zu wollen. Man dürfe nicht vergessen, dass in einigen Industriezweigen der Produktionsprozess bereits weitgehend mechanisiert sei, sodass der Bedarf an menschlichen Arbeitskräften im Verhältnis zum Produktionsertrag bescheiden sei. Einer einseitigen Entwicklung der Fabrikindustrie setzte Thalheim die wirtschaftsstrukturelle Bedeutung des Handwerks entgegen. Gerade im Hinblick auf die „agrarische Übervölkerung“ sei die Vernachlässigung des Handwerks für die Südostländer nicht zu rechtfertigen. Die Förderung des Handwerks bedeute im Südostraum die Harmonisierung einer „bisher nicht nur in wirtschaftlicher, sondern auch in sozialer Hinsicht einseitigen und unharmonischen Struktur der Südostvölker“, denn sie würde auch zur Schaffung eines für eine ausgeglicherene

707 Wagemann 1939, S. 65 und 70.

Wirtschaftsstruktur so bedeutenden Mittelstands führen.[708] In Betrachtungen der südosteuropäischen Wirtschaftsstruktur wurde deren „Rückständigkeit“ oft mit dem Fehlen eines Mittelstands oder Bürgertums in Verbindung gebracht. Diesem Erklärungsmodell lag ein gedanklicher Zirkelschluss zugrunde, erklärte es doch das fehlende Bürgertum mit der ausgebliebenen Modernisierung und die ausbleibende Modernisierung ihrerseits mit dem Mangel an bürgerlichen Schichten.[709] Auch Hans-Jürgen Seraphim zufolge war die Lösung der Frage der „agrarischen Übervölkerung“ in Südosteuropa keinesfalls nur durch Industrialisierung zu erreichen. Selbst bei stärkster Förderung der Industrie würde diese im Gesamtgefüge der südosteuropäischen Volkswirtschaften an Bedeutung immer hinter dem Agrarsektor zurückbleiben.[710]

Im Gegensatz dazu sahen fast alle südosteuropäischen Experten die Lösung der „Übervölkerungsfrage“ in der Industrialisierung ihrer Staaten.[711] Dass Kommunisten die endgültige Lösung der „Bauernfrage“ außerhalb der Landwirtschaft sahen, verwundert nicht allzu sehr.[712] Aber auch der konservative Großgrundbesitzer Otto Frangeš befürwortete die Industrialisierung um jeden Preis. Nur sie könne den Lebensstandard heben; landwirtschaftliche Intensivierung würde indes nur langsam eine Besserung mit sich bringen. Zur Existenzsicherung sollten die neu geschaffenen Industrien durch Zölle geschützt werden.[713] Durch die Abwanderung „einiger Hunderttausende unproduktiver Esser“ von der Landwirtschaft in die Industrie würde „der Lebensraum für die verbleibende Bevölkerung erweitert, sodass es ihr dank des nunmehr geringeren Lebensmittelverbrauchs aus der eigenen Wirtschaft möglich wird, mehr auf den Markt zu bringen und von dem Erlös dringend notwendige Ackergeräte, Kleidung u. ä. zu kaufen.“[714] Hatte Frangeš 1934

---

708 Thalheim 1942, S. 263–264 und 273; vgl. Ropp 1939, S. 557–558. Hermann Gross zufolge hatte der Untergang des Haus- und Handwerks in Südosteuropa ein – wenn auch zahlenmäßig geringes – „gewerbliches Proletariat“ geschaffen, welches die „Übervölkerung“ vermehrte (Gross 1937, S. 148).

709 Höpken 2007, S. 81.

710 Seraphim, Hans-Jürgen 1943, S. 104–105.

711 Vgl. Strasburger 1943, S. 21; Gross, Feliks 1944, S. 174 und Tomasevich 1955, S. 229. Zum Einfluss des Faktors „Ideologie“ auf die Wirtschaftsvorstellungen der Politiker und Parteien im Osteuropa der Zwischenkriegszeit siehe Chirot 1989.

712 Goranović 1938, S. 13.

713 Frangeš 1938, S. 66. In dieselbe Richtung argumentierte Nikola Mirković: „Staatlicher Schutz hat zwar in Jugoslawien zur Entwicklung einer Verbrauchsgüterindustrie beigetragen, aber eine Industrialisierung, welche die agrarische Übervölkerung aufnehmen könnte, verlangt tiefergreifende Maßnahmen, nämlich einen aktiven Einsatz des Staates mit seinen Mitteln und Möglichkeiten“ (Mirkowich 1939, S. 141).

714 Frangeš 1939, S. 29. Zu einer solchen Entwicklung hätte es jedoch nur kommen können, wenn der Lebensstandard der verbleibenden Agrarbevölkerung niedrig blieb. Übervölkerungsanalytiker hatten ja festgestellt, dass die „Überflüssigen“ durch ihren Konsum den Lebensstandard auf dem Land gesenkt hatten.

in einem Artikel im *Weltwirtschaftlichen Archiv* jedoch noch selbstbewusst gedroht, Jugoslawien werde sich im Falle einer nicht genügenden Berücksichtigung seiner wirtschaftlichen Interessen seitens Deutschlands in Richtung Naher Osten umorientieren,[715] fand er 1938 für das deutsche Publikum auch beschwichtigende Worte: So sollten in keinem Fall die neuen Industrien in Konkurrenz zu den Industrien jener Länder treten, die im Austausch für jugoslawische überschüssige Agrarprodukte ihre Industrieprodukte liefern. Man dürfe das aktuelle Gleichgewicht des jugoslawischen Export- und Importhandels nicht stören,[716] die Arbeitsteilung im Welthandel müsse weiterhin die Direktive für die jugoslawischen Verflechtungen mit dem Ausland bleiben.[717] Kurz vor der Zerschlagung Jugoslawiens 1941 bemühte er sich im *Weltwirtschaftlichen Archiv* zu argumentieren, dass die Industrialisierungsbestrebungen Jugoslawiens, die in erster Linie darin bestünden, Halbfabrikate statt Rohstoffe zu exportieren, keineswegs die Beziehungen im zu schaffenden „Großwirtschaftsraum“ beeinträchtigen würden. Allerdings forderte er die Unantastbarkeit der vollen Souveränität sowie Staatsgrenzen der im Großraum vereinigten Staaten.[718]

Zur Befürwortung der Industrialisierung nutzte Nikola Mirković das „Gesetz vom abnehmenden Bodenertrag“, welches zur Warnung vor „Übervölkerung“ diente. Gerade für den demographischen Aspekt der Frage sei es wichtig im Auge zu behalten, dass durch die Begrenztheit der landwirtschaftlichen Fläche und die Tendenz zum abnehmenden Bodenertrag die Expansion der Landwirtschaft natürlich beschränkt war. Dagegen wären die Grenzen der Industrieproduktion technisch gesehen wesentlich weiter gesteckt. Die industrielle Produktion verlange eine wachsende Zahl von Arbeitskräften. In der Landwirtschaft dagegen werde diese Zahl durch den Durchbruch neuer technischer Methoden ständig gesenkt.[719] Für Sava Obradović brachte allein die Notwendigkeit, dem „Bevölkerungsüberschuss des flachen Landes“ Beschäftigung und Arbeit zu geben, Jugoslawien auf den Weg der Industrialisierung. Wie Otto Frangeš sah er den Ausgangspunkt der Industrialisierungspolitik Jugoslawiens in der Schaffung von Beschäftigungsmöglichkeiten für die „überschüssigen Arbeitskräfte“. Jugoslawien biete für die Industrialisierung

715 Frangeš 1934.

716 Interessant ist, dass an dieser Stelle der Austausch zwischen Industrie- und Agrarprodukten als Gleichgewicht bezeichnet wird. Frangeš’ Freund und Fachkollege, der rumänische Ökonom und Politiker Mihail Manoilescu, hatte wiederholt auf den ungerechten Tausch zwischen Agrar- und Industrieländer hingewiesen, u.a. Manoilescu 1937 [1929], 1935, und 1943–44.

717 Frangeš 1938, S. 40–41.

718 Frangeš 1941, S. 287 und 311–313.

719 Mirkowich 1939, S. 117. Diese pessimistische Sicht auf die Entwicklungsmöglichkeiten der Landwirtschaft verfügte in den Wirtschaftswissenschaften über eine lange Tradition. Während der Industrie nahezu grenzenlose Weiterentwicklungsmöglichkeiten zugestanden wurden, gäbe es für die Landwirtschaft gewissermaßen „natürliche“ Grenzen der Produktivität (siehe Wrigley 1988).

gewisser Branchen als Land mit reichen Holz- und Erzvorkommen sehr günstige Voraussetzungen. Der „Bevölkerungsdruck aus der Landwirtschaft" beschleunige dabei nur die von den natürlichen Verhältnissen vorgezeichnete und begonnene Entwicklung. Um deutschen Gegnern der Industrialisierung Südosteuropas den Wind aus den Segeln zu nehmen, führte Obradović aus, dass auch Deutschland durch die „Steigerung der landwirtschaftlichen Erträge bis an die Grenzen des inneren Bedarfes" den Industrialisierungsdrang Jugoslawiens mitverursacht hätte.[720]

Laut Aleksandar Bilimovič, einem ehemaligen Universitätsprofessor aus Kiev, welcher in den Jahren 1920 bis 1945 den Lehrstuhl für Wirtschaftslehre an der Universität Ljubljana innehatte, mussten Länder wie Jugoslawien dem Beispiel der westeuropäischen Staaten folgen, die ja gerade durch die Industrialisierung den Zustand „agrarischer Hyperpopulation" verhindert hätten.[721] Rudolf Bićanić setzte sich als Vertreter der Kroatischen Bauernpartei (HSS)[722] für neue Beschäftigungsmöglichkeiten seiner bäuerlichen Wahlklientel in Form von Industrialisierung, die jedoch auf dem Land stattfinden sollte, ein.[723] Für den als unabhängig geltenden Mijo Mirković stellte die Industrialisierung eine unentbehrliche Vorbedingung für die Verbesserung der Situation in der jugoslawischen Landwirtschaft dar. Nur eine nachhaltige Industrialisierung könne einen größeren und besseren heimischen Markt generieren, nur sie könne die Landwirtschaft von ihrer „Überschussbevölkerung" befreien und den Grundstein für größere und zufriedenstellende Betriebe legen.[724]

Obwohl große Uneinigkeit über ihre Durchführung bestand, befürwortete auch in Rumänien ein breites politisches Spektrum von der PNL bis zur PNŢ die grund-

720 Obradovitsch 1939, S. 53, 56 und 59.

721 Bilimović 1938, S. 340 und Bilimovič 1939, S. 33. Er lehnte „verschiedene Malthusianische Rezepte" für die Bekämpfung der „agrarischen Hyperpopulation" in Jugoslawien ab (Bilimović 1938, S. 339).

722 Die 1904 von den Brüdern Stjepan und Antun Radić gegründete Partei war die größte agraristische Bewegung im Jugoslawien der Zwischenkriegszeit. Sie verfügte in Kroatien über eine zahlreiche Wählerschaft und vertrat im jugoslawischen Parlament meist als stärkste Oppositionspartei die nationalen Interessen der kroatischen Bevölkerung in Jugoslawien. Zur HSS siehe mit weiterführenden Literaturangaben Biondich 2000 und Murgescu 2010; vgl. Luković 2010 für den linken Agrarismus in Serbien.

723 Bićanić 1940, S. 25. Bićanić hatte bereits ein Jahr zuvor ausgeführt, dass die Lösung der agrarischen Probleme Jugoslawiens nicht nur in der Landwirtschaft zu suchen waren (Bićanić 1939, S. 54). Im Juli 1942 unterzeichnete Bićanić mit anderen Vertretern von Bauernparteien aus Jugoslawien, Rumänien, Bulgarien, Griechenland, Ungarn, Polen und der Tschechoslowakei das „Bauernprogramm", in welchem der Aufbau der Industrie als Mittel zur Lösung der „Übervölkerung" auf dem Land durch Beschaffung von Arbeitsplätzen gefordert wurde (Royal Institute of International Affairs 1944, S. 21).

724 Mirković, Mijo 1936, S. 296 und 1940, S. 300–301.

sätzliche Industrialisierung des Lands. Auch für den korporatistisch eingestellten Manoilescu war die forcierte Industrialisierung die einzige Antwort auf das Problem der stark anwachsenden „ländlichen Übervölkerung" in Südosteuropa. Seinen Berechnungen zufolge sollten in Rumänien bis zu sechs Millionen „überflüssiger Landwirte" in die Städte umgesiedelt werden. Die Städte in Rumänien müssten zweieinhalb Mal größer werden. Da die rumänische Landwirtschaft, wenn nicht antikapitalistisch, dann doch zumindest akapitalistisch eingestellt sei, könne sie nicht durch kapitalistische Instrumente belebt werden. Deswegen könne die „Bauernfrage" nicht in den Dörfern, sondern nur in den Städten gelöst werden.[725]

Auf bulgarischer Seite warnte Dolinski in einem Artikel im Zagreber *Ekonomist* vor äußerst schweren wirtschaftlichen und sozialen Folgen, wenn der Aufbau der nationalen Industrie, als einziges Ventil für die „agrarische Übervölkerung" Bulgariens, verhindert werde. Das Hetzen gegen die Industrialisierung schade dabei nicht den wohlhabenden Schichten wie den Industriellen, sondern den Bauern, die in den Schwierigkeiten der Landwirtschaft ersticken würden.[726] Auch der die deutsche Großraumwirtschaft befürwortende Stojan Stojanov sah 1942 die einzige Lösung der „Arbeitslosenfrage in der Landwirtschaft" in der Industrialisierung Bulgariens. Es sollten vorwiegend Industrien ins Leben gerufen werden, welche möglichst viele Arbeitskräfte beschäftigen und sowohl für den heimischen Markt als auch für den Export produzieren sollten. Diese könnten sowohl mit heimischen als auch mit ausländischen Rohstoffen arbeiten. Für Stojanov war es vorrangig, „die Möglichkeiten und Bedürfnisse der bulgarischen Volkswirtschaft festzustellen, die dem bulgarischen Volke den Wohlstand sichern, damit es innerhalb der Neuordnung den ihm gebührenden Platz einnehmen" könne.[727] Ähnliche Ausführungen fanden sich bei Spasičev, welcher in einem Artikel in den *Ostraum-Berichten* eine umfassende Industrialisierung Bulgariens mit der „agrarische Übervölkerung" im Land begründete. Im Artikel fanden sich auch einige Anstrengungen, die Industrialisierung Bulgariens vor deutschem Publikum zu rechtfertigen.[728]

---

725 Manoilescu 1940, S. 61 und 1942, S. 131, 184–190. Zu Kriegsbeginn hoffte Manoilescu auf das Verständnis Deutschlands für eine Verstädterung der südosteuropäischen Agrarstaaten. Das deutsche Publikum wollte er überzeugen, dass alle Beteiligten der „Großraumwirtschaft" von der Industrialisierung profitieren würden. Durch die Versorgung der rumänischen Landwirtschaft mit modernen Geräten werde der Warenaustausch zugunsten der Industrie Deutschlands stark anwachsen (Manoilescu 1940, S. 60–66). Gegen Kriegsende kritisierte er offener die Haltung deutscher Wissenschaftler, welche die Industrialisierung Südosteuropas als „künstlich" oder „unorganisch" erachteten (Manoïlesco 1945, S. 1–2).

726 Dolinski 1937, S. 150; vgl. Dolinski 1928, S. 191–193.

727 Stojanov 1942, S. 155 und 158.

728 Spassitschew 1943–44, S. 22–26. Spasičev hatte seine Dissertation im Herbst 1931 an der rechts- und staatswissenschaftlichen Fakultät der Universität Kiel bei dem sozialistisch eingestellten Ökonomen

Das Komitee des Völkerbunds für die Erforschung des Verhältnisses von Ernährung zu Gesundheit, Landwirtschaft und Wirtschaftspolitik empfahl in seinem Endbericht 1937 die Industrialisierung als Mittel, die Ernährungslage der osteuropäischen Länder zu verbessern und das Hindernis der hohen Dichte an landwirtschaftlicher Bevölkerung zu überwinden.[729] Der Begriff der „agrarischen Übervölkerung" spielte während des Zweiten Weltkriegs eine prominente Rolle in US-amerikanischen und britischen Plänen für den Wiederaufbau Südosteuropas. Der liberale Ökonom Antonín Basch[730] wies Ende Dezember 1942 auf der 55. Jahresversammlung der *American Economic Association* auf die Notwendigkeit hin, nach dem Krieg eine Wirtschaftsunion der Staaten zwischen Deutschland und der Sowjetunion zu schaffen, welche leichter äußere Angriffe abwehren könne. Innerhalb dieses Projekts sollte die Industrialisierung der Länder mit einer relativen „Übervölkerung" (in erster Linie Polen, Jugoslawien, Rumänien, Bulgarien und Griechenland) besonderes Augenmerk erhalten, denn die Bevölkerungsfrage sei kaum durch eine Intensivierung der Landwirtschaft zu lösen. Basch sah eine große Schwierigkeit der von ihm vorgesehenen Wirtschaftsunion darin, dass die Mitgliedsländer keineswegs wirtschaftlich komplementär waren. Zwar könnten die Tschechoslowakei und Österreich einen Teil ihrer industriellen Erzeugnisse in diese Ländern absetzen, im Gegenzug jedoch nur einen kleinen Teil des Überschusses an landwirtschaftlichen Produkten und unmöglich den gesamten Bevölkerungsüberschuss der Agrarländer absorbieren.[731] Der britische Ökonom österreichischer Herkunft, Paul Rosenstein-Rodan (1902–1985), wandte für die Suche nach einer Lösung der Frage der „agrarischen Überschussbevölkerung" in Ost- und Südosteuropa die Prinzipien der internationalen Arbeitsteilung an. Entweder müsse Arbeitskraft zum Kapital transportiert werden (Emigration), oder Kapital zur Arbeitskraft (Industrialisierung). Da groß angelegte Migration sowohl für die Einwanderungs- als für die Auswanderungsländer zu viele Probleme verursachen würde,[732] konzentrierte sich Rosenstein-Rodan auf die Entwicklung des

---

jüdischer Herkunft Gerhard Colm begonnen und sie 1933 nach dessen Emigration bei Predöhl abgeschlossen (Spassitschew 1934, S. 125).

729 League of Nations 1937, S. 167.

730 Basch war vor dem Zweiten Weltkrieg Generaldirektor der Vereinigten Manufakturen chemischer und metallurgischer Produkte in Prag und während des Kriegs an der Columbia Universität tätig. Nach dem Krieg arbeitete er als Chefökonom des Forschungszentrums der Internationalen Bank für Wiederaufbau und Entwicklung.

731 Basch 1943, S. 415–417.

732 Diese Ansicht vertrat auch Wilbert Moore in seiner Untersuchung für den Völkerbund (Moore 1945, S. 134). Dass das „Bevölkerungsproblem" in den armen Ländern des Südens eher durch „Investitionen" in diesen Ländern selbst als durch Aufnahme dortiger Menschen in den Industrieländern des Westens gelöst werden sollte, gehörte zu den Eckpfeilern der Entwicklungspolitik nach dem Zweiten Weltkrieg.

Konzepts einer Industrialisierung in Form eines „Big Push", welche durch eine gezielte Urbanisierung erreicht werden sollte. Großangelegte Investitionen in zunächst arbeitsintensive Industrien sollten dazu führen, dass die ehemals „überschüssigen Arbeitskräfte" ihr nunmehriges Gehalt für Erzeugnisse der verschiedenen neu geschaffenen Industriezweige ausgeben und auf diese Weise einen eigenen Absatzmarkt schaffen. Die Hälfte der dazu benötigten Kapitalien sollten international aufgebracht werden.[733] Die „United Nations Conference on Food and Agriculture" verfolgte in ihrer Argumentation für eine Industrialisierung „agrarisch übervölkerter Gebiete" einen betont marktwirtschaftlichen Ansatz, der auch die Hebung des Einkommens der landwirtschaftlichen Bevölkerung berücksichtigte, da die südosteuropäischen Volkswirtschaften ansonsten als Absatzmärkte für heimische und ausländische Industrieprodukte unterentwickelt bleiben würden.[734]

Die unter der Leitung von Frank Notestein entstandene Völkerbundstudie „The Future Population of Europe and the Soviet Union" aus dem Jahr 1944 riet ebenfalls zu einer schnellen und extensiven Industrialisierung der agrarischen Länder Osteuropas, wenn die wachsende Zahl an Arbeitskräften wirksam eingesetzt werden sollte.[735] Eine beachtliche Industrialisierung würde jedoch viele Änderungen erfordern: eine Erweiterung der modernen Bildung, gepaart mit dem Einsatz von Führungskräften mit technischen Fähigkeiten von außen; die Entwicklung von Städten und verbesserte Kommunikations- und Transportwege, größere Handelszonen mit freiem Personen- und Warenverkehr seien erwünscht. Das benötigte Kapital könne entweder mit drastischen Methoden des Zwangssparens wie in der Sowjetunion oder (wahrscheinlich bevorzugt) in Form von Anleihen lukriert werden. Dabei könnten Menschen zum Kapital oder Kapital zu den Menschen geschoben werden.[736] Ein starker Kapitalstrom nach Osteuropa könnte sich als profitabel für die Kreditgeber herausstellen, neben der Rückzahlung des investierten Kapitals würde der Lebensstandard und somit die Kaufkraft in diesen Ländern steigen. Basierend auf der schon damals in der Demographie weit verbreiteten Annahme, dass Menschen mit höherem Lebensstandard weniger Kinder bekommen,[737] sollte dies ebenso den Trend zu einer niedrigeren Geburtenrate fördern und somit zunehmenden „Bevölkerungsdruck" in der Zukunft verhindern. Ohne solche

733 Rosenstein-Rodan 1943. Die Theorie des „Big Push" wurde nach dem Zweiten Weltkrieg zur Basis der Entwicklungsökonomie (Cypher/Dietz 2004 [1997], S. 130–133).

734 United Nations Conference on Food and Agriculture 1943, S. 56.

735 Notestein [u.a.] 1944, S. 171; vgl. Moore 1944, S. 299. Die Empfehlung der US-amerikanischen Demographen, das „Übervölkerungsproblem" in Südosteuropa durch Industrialisierung zu lösen, wurde von ihrer Annahme gefördert, dass der europäische Teil der Sowjetunion 1925 „übervölkert" war, nun nach stattgefundener Industrialisierung aber nicht mehr war (Kiser 1944, S. 113).

736 Notestein [u.a.] 1944, S. 171; vgl. League of Nations 1945, S. 251.

737 Siehe auch Kosić 1917, S. 440–445.

Entwicklungen würde nach Meinung der Autoren der steigende „Bevölkerungsdruck“ auf Ressourcen im politisch instabilen Osteuropa eine ständige Bedrohung für den Wohlstand und den Frieden in Europa darstellen.[738] Die *Delegation on Economic Depressions* des Völkerbunds wies allerdings darauf hin, dass überflüssig gewordene landwirtschaftliche Produktionseinheiten in der Praxis nicht leicht eliminiert werden würden. Sie erkannten, dass die Kleinbauern ihre Höfe nicht einfach aufgeben würden, weil Ökonomen diese als unprofitabel qualifizierten. In den meisten Fällen bedeutete dies die Aufgabe einer traditionellen und unabhängigen Lebensweise zugunsten einer nicht gewünschten und unsicheren Arbeit in Abhängigkeitsverhältnissen, für die ihnen meist auch die Ausbildung fehlte.[739]

Innerhalb der Diskussion über die Industrialisierung setzten sich die Ökonomen somit auch mit der Frage nach der Urbanisierung in der Region auseinander. So war in zahlreichen Arbeiten über die „agrarische Übervölkerung“ Südosteuropas der Gegensatz zwischen Stadt und Land präsent. Die Ansiedlung ländlicher Bevölkerung in Städten im Zuge der Industrialisierung Rumäniens betrachtete Manuilă als wichtigsten Aspekt aktiver Bevölkerungspolitik jener Zeit.[740] Der Volkszählung vom 31. März 1931 zufolge gab es in Jugoslawien drei Städte mit einer Bevölkerung von über 100.000 (Belgrad, Zagreb und Subotica). Der niedrige Verstädterungsgrad (17,5 % der Bevölkerung lebte in Städten, hauptsächlich in denen unter 10.000) bringt zugleich das niedrige Industrialisierungsniveau des Lands zum Ausdruck.[741] Nicht nur, dass die Anzahl der in Fabriken angestellten Arbeiter unbedeutend war, die Mehrzahl von ihnen war zugleich Bauer und Arbeiter.[742] Robert-Werner Krugmann hielt in seiner Dissertation an der Universität Breslau nach Angaben des Bukarester Statistischen Instituts fest, dass 1930 von der Gesamtbevölkerung Rumäniens nur 20,1 % in den Städten lebten. Das Eigentümliche dieser Städte sei wie teilweise auch in anderen Südoststaaten, dass sich innerhalb dieser Stadtgemeinden noch ein gewisser Prozentsatz ihrer Bevölkerung mit Landwirtschaft beschäftigte (16 % der 3,6 Millionen Stadtpopulation in Rumänien).[743] In Bulgarien seien viele Städte einfach große Landsiedlungen mit durchaus bäuerlicher Bevölkerung.[744]

---

738 Notestein [u.a.] 1944, S. 172; siehe auch Moore 1945, S. 122.

739 League of Nations 1945, S. 272.

740 Manuilă 1940, S. 168. Dabei hatte Predescu in einer kurzen Betrachtung der rumänischen Wirtschaftsmentalität z. B. darauf hingewiesen, dass „– abgesehen von den intellektualisierten Schichten – der rumänische Mensch das Stadtleben nicht liebt, was in den Rückwanderungserscheinungen zu Ausdruck kommt“ (Predescu 1940, S. 37).

741 Petranović 1988, S. 74–75.

742 Berend/Ránki 1977, S. 39–40.

743 Krugmann 1939, S. 59.

744 Société des Nations 1940, S. 7–9. Die bulgarische Regierung hatte sich alarmiert über 115 Personen landwirtschaftlicher Bevölkerung auf 1 km^2 landwirtschaftlicher Nutzfläche gezeigt (Ebd., S. 57); siehe auch Hauptprobleme der bulgarischen Agrarpolitik 1941, S. 81.

Nichtsdestotrotz hatten südosteuropäische Wissenschaftler das Phänomen der Landflucht in Westeuropa beobachtet, einige von ihnen standen trotz Befürwortung der Industrialisierung ihrer Länder der Urbanisierung ablehnend gegenüber. Frangeš zufolge sollte die angestrebte Industrialisierung keinem rein urbanistischen Plan folgen. Der Platz der neuen Industrie sei in den „relativ übervölkerten“ ländlichen Regionen. So könnten die Arbeiter in ihren Bauernhäusern bleiben und nur die „überschüssigen Arbeitskräfte“ in der Industrie verwendet werden.[745] Bićanić zufolge würden die fortschrittlichsten Länder zurzeit eine Politik der Desurbanisierung betreiben, daher ergäbe es keinen Sinn, Menschen in den Städten anzusiedeln, um sie nach einiger Zeit unter dem Druck verschiedener Faktoren wieder auszusiedeln.[746] Auch Vertreter der PNŢ in Rumänien setzten sich für die Schaffung von Industriebetrieben auf dem Land ein, um den „Arbeitskräfteüberschuss“ auf dem Land zu absorbieren. Mihail Ghelmegeanu, von November 1939 bis Juli 1940 rumänischer Innenminister, dachte an die Errichtung von landwirtschaftlichen Verarbeitungsindustrien in ländlichen Regionen, da es in der städtischen Industrie zur „Entwurzelung“ und „Proletarisierung“ des Bauern kommen würde. Gleichzeitig seien solche Industrien resistenter gegenüber vom kapitalistischen System ausgelösten Krisen. Zukunftig müsse das Bodenproblem jedoch grundsätzlich durch Agrarintensivierung und Entwicklung der städtischen Industrie, die die Bauern, welche über keinen oder nur unzureichenden Boden verfügten, aufnehmen werde, gelöst werden.[747] Seton-Watson unterstützte das Argument der Bauernparteien: „no need for industrialization in Eastern Europe to lead to the vast unhealthy urban agglomerations that exist in the West“.[748] Dagegen war für Mirković eine größere städtische Bevölkerung eine der Voraussetzungen schlechthin, um die Industrialisierung Jugoslawiens voranzutreiben. Verstädterung und Industrialisierung würden weitgehend miteinander zusammenhängen.[749] Wilbert Moore zeigte in seiner Studie für den Völkerbund Verständnis für die Ängste der politischen Führungen der südosteuropäischen Agrarstaaten vor den sozialen Veränderungen, welche die Industrialisierung ihrer Länder mit sich bringen könnten. Es sei zwar schwierig, in diesem Bereich Dichtung und Wahrheit auseinander zu halten, für Moore führte jedoch kein Weg an industrieller Verstädterung vorbei. Die Orientierung auf einen „Mittelweg“ in Richtung Industrialisierung auf dem

745 Frangeš 1938, S. 40; 1939, S. 7–8 und 1941, S. 312; vgl. Dugački 1942, S. 636.
746 Bićanić 1940, S. 20–21.
747 Ghelmegeanu o.J., S. 19 und 37.
748 Seton-Watson 1945, S. 118.
749 Mirkowich 1939, S. 140.

Land hielt Moore nicht für besonders sinnvoll, da große und zahlreiche Industrien generell zu einem Leben in urbanem Kontext führten.[750]

Gemäß der im Nationalsozialismus propagierten Großstadtfeindschaft und Agrarromantik warnten deutsche Autoren die südosteuropäischen Länder vor den negativen Konsequenzen der Urbanisierung. In der von Walther Darré herausgegebenen „Monatsschrift für Blut und Boden“ *Odal*, welche sich die Stärkung des Bauerntums und den Kampf gegen die Landflucht in Deutschland auf ihre Fahnen geschrieben hatte, führte Christoph von der Ropp aus, dass Industrialisierung kein „Allheilmittel“ für die „Übervölkerung des flachen Landes“ in Südosteuropa sei. Dass trotz der ländlichen Armut in Südosteuropa keine Landflucht bestand, sah er als Beweis an, dass Landflucht niemals von rein materialistischen Gründen ausgelöst werden könne. In Übereinstimmung mit der politischen Ausrichtung der Zeitschrift führte Ropp dies auf eine kulturelle und soziale Selbstsicherheit des südosteuropäischen Bauerntums zurück, in dieser Beziehung seien die Länder Südosteuropas vielleicht in einer glücklicheren Lage als Mittel- und Westeuropa.[751] Martin Pfannschmidt sah 1941 in seinem Aufsatz „Europäische Raumplanung als Zukunftsaufgabe“ die Entballungen „übervölkerter“ Industriegebiete und Aufsiedlungen „untervölkerter“ Agrargebiete im Mittelpunkt der zukünftigen Aufgaben der Siedlungsplanung.[752] Thalheim warnte die Länder Südosteuropas davor, bei der Industrialisierung und Verstädterung die Fehler Westeuropas zu wiederholen. Verstädterung fördere die Entstehung des „Industrieproletariats“ und damit von sozialen Gegensätzen. Die Agglomeration der industriellen Standorte und die räumliche Ballung der Bevölkerung ziehe die „Vermassung“ mit „all ihren unheilvollen seelischen, kulturellen und auch politischen Wirkungen“ nach sich.[753]

5.1.2 Intensivierung der Landwirtschaft: Möglichkeiten und Grenzen

Während südosteuropäische Wirtschaftswissenschaftler über die sehr günstigen Voraussetzungen für die Industrialisierung der Balkanstaaten sprachen, schrieb das Wiener Institut für Wirtschaftsforschung – charakteristisch für eine den deutschen Wirtschaftzielen dienende Wissenschaft –, dass die Voraussetzungen für den Ausbau einer intensiven Landwirtschaft in Bulgarien gut, für den Aufbau von

750 “In the actual conditions prevailing in the agrarian regions of Europe, the alternative on the one hand is rural poverty, and a growing redundant population on the land; on the other hand, there is the alternative of industrial urbanization, which will inevitably lead to certain changes in structures and values, but need not intrinsically lead to the material poverty and economic insecurity accompanying industrialization in the West” (Moore 1945, S. 141).

751 Ropp 1939, S. 555 und 557–558.

752 Pfannschmidt 1941, S. 230.

753 Thalheim 1942, S. 260.

Industrie dagegen verhältnismäßig schlecht seien. Das Land sei arm an industriellen Roh- und Kraftstoffen, vor allem an Eisen, Kohle und Erdöl.[754] Das wichtigste Mittel zur Lösung des Problems der „agrarischen Übervölkerung" liege demnach in der Intensivierung und Umstellung der landwirtschaftlichen Erzeugung auf Produkte, für welche in Deutschland eine spezielle Nachfrage bestehe, wie Öl- und Industriepflanzen.[755] Auch für Thalheim sollte im „Kampf gegen die Übervölkerung" Südosteuropas statt Industrialisierung vielmehr der „Uebergang zu erhöhter Arbeitsintensität in der Landwirtschaft", verbunden mit einer entsprechenden Produktionsumstellung, an erster Stelle stehen.[756]

Da der Balkan kein „Land ‚unbegrenzter' Möglichkeiten" wie einst die Vereinigten Staaten von Amerika sei, musste nach Wagemann die Landwirtschaft intensiviert werden. Durch Verbesserung der Produktionstechnik, dem Übergang zur geordneten Fruchtwechselwirtschaft und dem Anbau neuer arbeitsintensiver Kulturen, die leicht zu exportieren sind oder die der inländischen Industrie als Rohstoffe dienen können (z. B. Sojabohnen). Durch diese Maßnahmen ließe sich in den nächsten 25 Jahren in Südosteuropa eine Steigerung der Hektarerträge um 50 % erreichen.[757] Da der überwiegende Teil der bulgarischen Bevölkerung von der Landwirtschaft lebte, konnten Absatzmärkte für die neuen Kulturen nur im Ausland gefunden werden.[758] An dieser Stelle kam, obwohl hier nicht konkret erwähnt, wiederum Deutschland mit seinem Bedarf an arbeitsintensiven Kulturen aus Südosteuropa ins Spiel. Eine Intensivierung der Landwirtschaft in Form einer Umstellung der Agrarproduktion vom Getreideanbau auf arbeitsintensive Industriepflanzen würde den Ökonomen in Deutschland zufolge bislang „unproduktive Esser" in den Arbeitsprozess einbinden und zur „Beseitigung" der „Übervölkerung" beitragen. Das auf Anregung des MWT von der IG Farben initiierte Projekt des

754 Hauptprobleme der bulgarischen Agrarpolitik 1941, S. 81. Südosteuropäische Ökonomen hielten die Behauptung, dass man keine Industrie auf importierten Rohstoffen begründen kann, für unseriös. Wenn man sich an dieses Prinzip hielte, müssten viele Fabriken in Westeuropa schließen. Es werde von Agrarstaaten und Industriestaaten gesprochen. Doch sei jedes Land ein Agrarland, es gäbe kein Land in welchem man keine Landwirtschaft betreiben könne, alle Länder verfügten über Anbauflächen. In derselben Weise gäbe es auch kein Land, welches keine Industrie aufbauen könne (Alimăneştianu 1940, S. 37–38; vgl. Spassitschew 1943–44, S. 24–25).

755 Hauptprobleme der bulgarischen Agrarpolitik 1941, S. 86; vgl. Casper 1940, S. 384.

756 Thalheim 1942, S. 263–264; siehe auch Schulmeister 1942, S. 38–39.

757 Wagemann 1939, S. 70 und 74–75. In seiner Studie für den Völkerbund kritisierte Wilbert Moore diese Einschätzung Wagemanns gerade mit dem Argument, Wagemann hätte darin den Faktor der schnell ansteigenden Bevölkerung in den betreffenden Staaten nicht berücksichtigt. Moore zufolge waren der Intensivierung der Landwirtschaft sehr enge Grenzen gesetzt. Dieselbe Kapitalarmut, die Wagemann als Barriere für die Industrialisierung der Region ins Feld führte, stelle ja auch ein Hemmnis für die agrarische Intensivierung dar (Moore 1945, S. 115–117).

758 Anderson 1938, S. 10.

Anbaus von Sojabohnen in Südosteuropa konnte somit von deutscher Seite als Beitrag zur Lösung des „Bevölkerungsproblems" in der Region beworben werden.[759] In diesem Sinne hatte bereits Franz Ahlgrimm die Steigerung der Produktion jener landwirtschaftlichen Kulturen empfohlen, welche einen vermehrten Aufwand an menschlicher Handarbeit erfordern oder zumindest zulassen und bezahlt machen. Intensivkulturen hätten für die Lösung des „Bevölkerungsproblems" eine relativ größere Bedeutung als die Hebung des Getreideanbaus durch vermehrte Kenntnisse über Bodenbearbeitungs- und Anbaumethoden sowie technischer Hilfsmittel. Durch letztere würde zwar pro Arbeitstag mehr erzeugt, aber die Zahl der Arbeitstage pro Flächeneinheit kaum erhöht.[760]

Auch einem Artikel über „Südosteuropa in der europäischen Großraumwirtschaft" von Walter Christiansen im *Wirtschaftsdienst* zufolge konnte das „brennende Problem der Überbevölkerung auf dem Lande und des starken Geburtenüberschusses"[761] in Südosteuropa teilweise gelöst werden, wenn die „überschüssigen Arbeitskräfte" für eine intensivere Feldbestellung oder für die Urbarmachung ungenutzter Flächen herangezogen würden. Ihren „bezeichnenden Ausdruck" fände die „Überbevölkerung auf dem Lande" in der massenhaft betriebenen Körnerwirtschaft. Die extensive Form der Zwei-Felderwirtschaft aber stehe einer Intensivierung entgegen, wie sie in der Argumentation Christiansens schon mit Rücksicht auf die wachsende Bevölkerungsdichte gefordert werden musste, „ganz abgesehen von der wünschenswerten Steigerung der Überschüsse für die Ausfuhr."[762] Christiansens Argumentation veranschaulichte, wie deutsche Ökonomen die als dringend erachtete Lösung der Frage der „agrarischen Übervölkerung" in den Balkanstaaten mit dem deutschen Bedarf an der Einfuhr von Agrarerzeugnissen verbanden und dies als vermeintlichen Gleichlauf der wirtschaftlichen Interessen priesen. Von der erstrebten Industrialisierung dürfe man sich Hans-Jürgen Seraphim keine allzu übertriebenen Auswirkungen auf die Minderung des „ländlichen Bevölkerungsüberdruckes" erwarten. Diese erfordere notwendigerweise entsprechende Absatzverhältnisse im Inland, also die Hebung der Kaufkraft nicht zuletzt der Bauernschaft. Eine Erhöhung der bäuerlichen Einkommensverhältnisse sei wiederum nur durch eine allgemeine landwirtschaftliche Intensitätssteigerung zu erreichen. Eine solche könnte „Bevölkerungsüberdruck" direkt abfangen, weil durch sie in der Landwirtschaft unmittelbar mehr Menschen gebraucht würden.[763]

759 Drews 2004, S. 225–226; siehe Fassbender 1941, S. 619; Oberländer 1943, S. 422.

760 Ahlgrimm 1939, S. 22 und 26.

761 Um seiner Leserschaft einen Begriff von der „tatsächlichen Überbevölkerung der Kulturflächen des Südostens" zu machen, zitierte Christiansen die Studie Frangeš (1939).

762 Christiansen 1941, S. 520.

763 Seraphim, Hans-Jürgen 1942, S. 406–407. Auf denselben Argumenten aufbauend sah Ernst Ruhe Südosteuropa als „Reiskammer der Zukunft". Da Reis einen doppelt so hohen Arbeitsaufwand

Die Fokussierung der deutschen Experten auf die Intensivierung der Landwirtschaft lässt sich auch mit den neueren Erfahrungen im eigenen Land erklären. Bis zum Anfang des 20. Jahrhunderts wies das Deutsche Reich ein hohes Bevölkerungswachstum auf. In der Landwirtschaft stellten Subsistenzbetriebe zwischen 2 und 5 Hektar die Mehrheit, welche abhängig von der Arbeitskraft Familienangehöriger waren und denen Kapital für Dünger und andere Verbesserungen fehlte. Die laufende Industrialisierung und Verstädterung führte jedoch sogar dazu, dass in den Familienbetrieben Arbeitskräftemangel herrschte. So sahen die damaligen Experten die Aufgabe der Modernisierung und der Besänftigung der Bauernschaft nicht als malthusianisches, sondern als technisches Problem, das durch staatliche Eingriffe und technologische Neuerungen gelöst werden sollte, während der intensiv wirtschaftende Familienbetrieb die Idealvorstellung blieb.[764] In den Vorschlägen für Südosteuropa spielten diese nun eine Rolle, wenn es um den Anbau der von Deutschland benötigten Öl- und Industriepflanzen ging, häufiger wurde jedoch die Mechanisierung des Agrarsektors gefordert, um die Getreideüberschüsse zu erhöhen und landwirtschaftliche Maschinen zu verkaufen.

Während die Mehrheit der Ökonomen aus Deutschland mittels Maßnahmen im Landwirtschaftsbereich die „agrarische Übervölkerung" Südosteuropas „bekämpfen" wollten, blieben die meisten Wissenschaftler vor Ort skeptisch. So wären der agrarischen Intensivierung durch Kapital enge Grenzen gesteckt, der angestrebte Ausbau in der Landwirtschaft könne somit nur durch eine Erhöhung des Arbeitsaufwands erreicht werden (Übergang zur Stallfütterung, zur Kultur von Futter- und Industriepflanzen). Zwar würden alle Kulturpflanzen in Jugoslawien bei besserer Pflege deutlich höhere Erträge liefern, jedoch könne man – Frangeš erinnerte an das Gesetz des sinkenden Bodenertrags – eine Steigerung dieser Art nicht ins Unendliche fortsetzen. Bei einer solchen Intensivierung der Arbeit würde Frangeš zufolge die Geburtenziffer über die Zahl der neu Beschäftigten hinausgehen, sodass sich das Verhältnis zwischen „Produzenten" und „bloßen Essern" nicht viel bessern und die Einkommenssteigerung aus der Landwirtschaft von der Zunahme der Landbevölkerung „vollkommen absorbiert, ja vielfach überflügelt" würde.[765] Mirković verwies vor allem auf Lösungsmöglichkeiten außerhalb der Landwirtschaft (Auswanderung, Industrialisierung), weil in Bezug auf die „agrarische Übervölkerung" der erhöhte Arbeitseinsatz auch nachteilig wirken konnte.

als Getreide verlange, trage sein Anbau zur Lösung des „Arbeitslosenproblems" insofern bei, als die „überschüssigen Arbeitskräfte wieder einer nutzbringenden Beschäftigung auf dem Lande zugeführt werden." Darüber hinaus bilde der Reisanbau in den südosteuropäischen Ländern einen wertvollen Beitrag für die Selbstversorgung des „Großwirtschaftsraumes Europa" (Ruhe 1943, S. 87).

764 Jones 2009, S. 17–51 und Harwood 2012, S. 1–33.

765 Frangeš 1938, S. 29–30 und 1939, S. 23–24.

In Ländern ohne stärkere Industrialisierung müsse die Intensivierung der Arbeit den „agrarischen Bevölkerungsdruck“ steigern, da die durchschnittlich benötigte Arbeitskraft herabgesetzt werde. Nur in Verbindung mit der Industrialisierung würde man von einem erhöhten Einsatz in der Landwirtschaft bevölkerungspolitisch günstige Wirkungen erwarten können.[766]

Egorov sah in seiner Studie die landwirtschaftliche Intensivierung als Kernproblem der bulgarischen Agrarpolitik an. Da der bulgarische Landwirt nicht imstande sei, die in den Betrieben vorhandenen, „überflüssigen“ Arbeitskräfte zu „verwerten“, sei er auch nicht bestrebt, die Arbeit zu rationalisieren.[767] Oskar Anderson (1887–1960), Direktor des Statistischen Instituts für Wirtschaftsforschung an der Universität Sofia, an welchem auch Egorov beschäftigt war, schlug zwei Lösungen für die „*nutzbringende Beschäftigung* der überflüssigen Kräfte“ vor, ein Doppelvorschlag, welcher typisch für die Sicht aus Südosteuropa war: a) der von ihm bevorzugte Ausbau der eigenen Industrie in den Städten, b) der Übergang zu arbeitsintensiveren Kulturen in der Landwirtschaft.[768] Am ersten Vorschlag kritisierte Krugmann, dass dieser in die Richtung einer noch stärkeren Industrialisierung Bulgariens gehe, welche man aber gerade vermeiden möchte. Mit der Verwendung des Indefinitpronomens „man“ suggerierte Krugmann, dass das Interesse Deutschlands an der Bewahrung der agrarischen Struktur Bulgariens von ihm geteilt wurde. Den zweiten Ausweg würde Bulgarien bekanntlich schon seit einigen Jahren bestreiten, da in Deutschland ein fast hundertprozentiger Abnehmer der heimischen Erzeugnisse gefunden wurde.[769] Aus der Sicht Stojanovs konnte die Rationalisierung der bulgarischen Landwirtschaft indes nicht viel zur Lösung des „Arbeitslosenproblems am Land“ beitragen, sie würde nach seinen Berechnungen die Arbeitslosenzahl höchstens um 30 % vermindern.[770] Auch Totev zufolge konnte Arbeitsintensivierung das „*Grundproblem der bulgarischen Volkswirtschaft*“, jenes der „landwirtschaftlichen Übervölkerung“, nicht lösen, da sie zu einer sich allmählich verschlechternden Arbeitsbezahlung, zu einer Zunahme der Produktionskosten und demzufolge auch zu einem sinkenden Lebensstandard der landwirtschaftlichen Bevölkerung führe. Die Industrialisierung sei deswegen aus demographischen, volkswirtschaftlichen und insbesondere aus landwirtschaftlichen Erwägungen erforderlich. Nach dem Entfernen der „überflüssigen“ Arbeitskräfte aus der Landwirtschaft komme es zu einer Erhöhung der Kaufkraft, des Lebens-

766 Mirkowich 1939, S. 132–133.

767 Egoroff 1936, S. 153 und 155.

768 Anderson 1938, S. 10; der gleiche Doppelvorschlag findet sich z. B. bei Swrakoff 1940, S. 7.

769 Krugmann 1939, S. 68–69.

770 Stojanov 1942, S. 154 und 158.

standards und des Sparguthabens der Bauern, von der die gesamte bulgarische Volkswirtschaft profitiere.[771]

Ein Lösungsansatz des südosteuropäischen „Bevölkerungsproblems", der sich sowohl in den Schriften der Autoren aus Deutschland und Südosteuropa fand, war die Forderung nach der Entwicklung der landwirtschaftlichen Verarbeitungsindustrie. Während die Mehrheit der südosteuropäischen Autoren diese jedoch eher als Zwischenschritt zur Kapitalakkumulation für den Aufbau weiterer Industrien präsentierte, war sie aus deutscher Sicht bereits als Endstufe der südosteuropäischen Industrialisierung konzipiert. Die Debatte „Agrar- vs. Industriestaat" war in den Arbeiten über die „agrarische Übervölkerung" Südosteuropas stark präsent. Die makro-ökonomischen Weichenstellungen waren in Südosteuropa jedoch schon vor der Übervölkerungsdebatte diskutiert worden und wären in der Zwischenkriegszeit vermutlich auch ohne das Bevölkerungswachstum aktuell gewesen. Dass sich Verfechter des Umbaus zum Industriestaat auf der einen und zum exportstarken Agrarstaat auf der anderen Seite nun gleichermaßen auf die vermeintliche „Übervölkerung" bezogen, war auf die Dramatik und Zugkraft von Bevölkerungsfragen sowie der internationalen Autorität des Konzepts zurückzuführen. Die interessengebundenen Kontroversen wurden somit nicht mittels konkurrierender oder gegensätzlicher Konzeptionen ausgetragen, sondern innerhalb eines vorherrschenden Denkstils.

5.2 Wirtschaftspolitische Maßnahmen

Im nächsten Abschnitt werden jene wirtschaftspolitischen Maßnahmen beleuchtet, welche die Ökonomen zur Erleichterung des Zustands „agrarischer Übervölkerung" in Südosteuropa vorschlugen. Obwohl die Maßnahmen auf diese Weise mit dem Überbevölkerungskonzept in Verbindung gebracht wurden, wären sie auch ohne das starke Bevölkerungswachstum nötig geworden bzw. hätten sie die Situation in der Landwirtschaft auch ohne Hinweis auf eine „agrarische Übervölkerung" verbessern können. Doch auch bei diesen, „harmlos" anmutenden Maßnahmen kamen Weltanschauungen (z. B. das Ideal der unteilbaren Vollbauernstelle aus Deutschland) und politische Interessen (Freisetzung der „versteckt Arbeitslosen" und ihr Einsatz im Arbeitsdienst in Südosteuropa oder als Wanderarbeiter in Deutschland, Erhöhung der landwirtschaftlichen Lieferungen nach Deutschland) zum Vorschein.

771 Totev 1943, S. 29–30.

5.2.1 Verhinderung der Bodenzersplitterung

Die Verhinderung und Rückbildung der Bodenzersplitterung wurde von den Ökonomen als wichtiges Mittel für die Bekämpfung der „agrarischen Übervölkerung“ Südosteuropas gesehen. Mit Verweis auf das „Reichserbhofgesetz“ und seinem Ideal der unteilbaren Vollbauernstelle setzten sich viele Ökonomen für die Abschaffung der Realteilung zugunsten der Einführung des Anerbenrechts ein.[772] Bei all den Verweisen auf die Überlegenheit des Anerbenrechts gegenüber der Realteilung – besonders im Falle einer „agrarischen Übervölkerung“ – blieb unerwähnt, dass die von ihnen beschworenen wirtschaftlichen und sozialen Probleme auch in der Praxis des Anerbenrechts entstehen können, wenn es für die nicht Erbberechtigten keine Beschäftigungsmöglichkeiten außerhalb der Landwirtschaft gibt.[773] In einem solchen Fall wäre das „Bevölkerungsproblem“ in der Logik der Wirtschafts- und Bevölkerungsexperten bestehen geblieben.

Dem Gutachten „Zur Frage des Überbesatzes Südosteuropas mit Arbeitskräften“ des Instituts für Weltwirtschaft in Kiel zufolge könnte die Form der Familienwirtschaft eine Zeit lang über die notwendige Unterbindung der weiteren Bodenzersplitterung hinweghelfen, da Brüder oder Cousins nach wie vor im Familienverband bewirtschaften würden. Planungen in diesem Bereich würden jedoch dadurch erschwert, dass es sich wegen der rechtlich vollkommen durchgeführten Eigentumsteilung nicht statistisch feststellen lasse, in welchem Umfange die Familienwirtschaft noch bestehe. Den Experten des IfW zufolge genügte es aber nicht, die weitere Erbteilung aufzuhalten. Abgesehen von den wenigen landlosen Landarbeitern würde überhaupt jede Loslösung des Arbeiters aus der Landwirtschaft nur durch eine Rückbildung der Agrarreformen möglich werden. Zwangsweise sollten so viele Flächen zusammengelegt werden, dass die Arbeitskraft einer Familie damit voll ausgenutzt werde, während diejenigen, die ihr Eigentum dann aufgeben, ressourcentechnisch freigesetzt würden. Die Durchsetzung einer solchen Rückbildung werde aber sehr schwierig sein, denn sie werde zunächst auf erheblichen Widerstand in der Gesellschaft stoßen. Nach dessen Überwindung stelle sich die Frage, wer den vereinten Boden erwerben solle, denn Geld für den Ankauf der anderen zusammengelegten Flächen werde in den seltensten Fällen vorhanden sein. In diesem Fall müsse der Staat auswählend und stützend eingreifen.[774]

Da innenpolitische Maßnahmen der Südoststaaten den Güteraustausch mit Deutschland jedoch nur indirekt berühren würden, sei die Überwindung der Bo-

772 Z.B. Lupan 1934, S. 510; Gross 1937, S. 93; Seraphim, Hans-Jürgen 1942, S. 47.

773 Vgl. Drescher 1934, S. 151.

774 IfW, Zur Frage des Übersatzes Südosteuropas mit Arbeitskräften 1940, RGVA 1458/29/140, Bl. 28–29.

denzersplitterung Helmuth Moser zufolge nicht so dringend.[775] Diese Ansicht Mosers lässt darauf schließen, dass aus deutscher Sicht eher die kurzfristige Ausbeutung Südosteuropas im Vordergrund stand. Im Lichte der schleppenden und von deutscher Seite ohnehin abgelehnten Industrialisierung der Balkanländer sind die reichsdeutschen Vorschläge zur Zusammenlegung der Grundstücke und Freisetzung der „überschüssigen" Arbeitskräfte in der Landwirtschaft auch als Unterstützung für den angestrebten Einsatz von Wanderarbeitern aus Südosteuropa im „Dritten Reich" zu sehen. Auch hier standen hinter den Plänen für die Änderung der Betriebsgrößen in der Landwirtschaft strategische Interessen: Im durch Realteilung geprägten deutschen Südwesten sollten nach Konzepten von Agrar- und Bevölkerungsexperten 1938–1939 landwirtschaftliche Kleinbetriebe aufgelöst werden, um den „Arbeitermangel" im Deutschen Reich zu bekämpfen. Die so „freigesetzten Arbeitskräfte" konnten danach als Siedler für die „neuen Räume" des Reichs im Osten eingeplant werden.[776]

Die Ackerzerstückelung in Südosteuropa war ein ernsthaftes Problem, das durch die Realteilung zwar auch ohne starkes Bevölkerungswachstum existiert hätte und durch gesetzliche Maßnahmen hätte behoben werden müssen. Der Anstieg der landwirtschaftlichen Bevölkerung verstärkte jedoch die laufende Zerstückelung, sodass „agrarische Übervölkerung" sowohl als Ursache als auch Folge der Bodenzersplitterung gesehen wurde.[777] Die einzelnen kleinen Grundstücke im Besitz eines Bauern konnten oft sehr weit auseinander liegen. Große Stücke der Anbauflächen bestanden aus Wegen, die es dem Besitzer ermöglichten, von einem Landstreifen zum anderen zu gelangen.[778] Die Leiter der Wirtschaftspolitik in Südosteuropa versuchten, dem Problem durch Maßnahmen der Grundstückszusammenlegung zu begegnen.[779] Die Flurbereinigung, d. h. die Zusammenfassung kleinerer verstreut liegender Flächen zu größeren Grundstücken, stellte auch für Frangeš ein Mittel dar, der „Übervölkerung" im Rahmen der Landwirtschaft selbst entgegen zu treten.[780] Deutlich unter dem Einfluss des deutschen Ideals der unteilbaren Vollbauernstelle forderte Großgrundbesitzer Frangeš in seinem 1942 erschienenen Beitrag „Zum Problem der Übervölkerung in Kroatien" für seine Heimatregion Syrmien die Schaffung möglichst vieler Mittelbesitze (5 bis 10 ha), da diese „als

775 Moser 1940, S. 9–10.

776 Mai 2006, S. 74–75.

777 Siehe z. B. Rumäniens Bevölkerungsüberschuss 1940, S. 111.

778 Société des Nations 1940, S. 12–13; Seton-Watson 1945, S. 81. Seton-Watson war im englischsprachigen Raum einer der prominentesten Vertreter der dominierenden Ansicht über die negativen Auswirkungen der Agrarreformen nach dem Ersten Weltkrieg und die in diesem Zusammenhang stehende Parzellierung der Grundstücke (siehe Bideleux/Jeffries 1998, S. 453–455).

779 Toscheff, Dako Ivan 1936.

780 Frangeš 1938, S. 36.

Kern der Volkskraft dem Volk das gesundeste Blut liefere und die Quelle der ewigen Erneuerung des Volksorganismus bleibe“. So könne Syrmien zum Modell des wirtschaftlichen Fortschritts und zur Quelle der volkswirtschaftlichen Stärke für das „freie Kroatien“ werden – spätestens nach der Gründung des NDH hatte sich der Kroate Frangeš in seinen Texten von der jugoslawischen Ausrichtung verabschiedet, auch verminderte sich im Hinblick auf die von deutscher Seite zugedachte Aufgabe Kroatiens im „Großwirtschaftsraum“ sein Einsatz für die Industrialisierung des Lands. Allerdings sollten die Mittelbetriebe nicht durch die Teilung des Großgrundbesitzes geschaffen werden, sondern durch die Zusammenlegung von auch durch die Agrarreform geschaffenen Klein- und Zwergbesitzen erfolgen, in welchen die Arbeitskraft Frangeš zufolge unausgenützt bliebe. Da Betriebe über 10 ha regelmäßig Arbeitskräfte von Außen benötigen würden, existiere in Syrmien keine Arbeitslosigkeit.[781] Auch Bićanić zufolge ließe sich durch Flurbereinigung bis zu einem bestimmten Grad eine bessere Verteilung des Bodens erreichen und somit die „Last der Bevölkerungsdichte“ verringern. Zu allererst sollte man aber an eine Änderung des bäuerlichen Erbrechts denken. Während die Mehrheit der anderen Wissenschaftler, die sich mit der Thematik beschäftigten, den Kleingrundbesitz als Ursache oder Konsequenz „landwirtschaftlicher Übervölkerung“ ansah, würde nach Bićanić die Teilung der Großgrundbesitze zwar das „Problem“ nicht lösen, aber durchaus erleichtern. Hier wird erneut Bićanićs politischer Hintergrund in der HSS bemerkbar.[782]

Naiden Ikonomov schilderte die Schwierigkeiten, welchen die bulgarischen Behörden bei ihren Flurbereinigungsversuchen begegneten. Eine Sonderabteilung des Landwirtschaftsministeriums und die bulgarische Landwirtschafts- und Genossenschaftsbank leiteten die Zusammenlegung der zersplitterten Ländereien und ihre genossenschaftliche Bearbeitung ein.[783] Das Bodenordnungsverfahren stieß jedoch auf einen starken „seelischen Widerstand“ der Landbevölkerung. Misstrauen gegenüber behördlichen Eingriffen, Anhänglichkeit an den eigenen Boden und Angst vor einer Benachteiligung bei der Neuverteilung des zusammengelegten Bodens spielten dabei eine Rolle. Die technische Durchführung der Flurbereinigung sei im Verhältnis nicht teuer, sie erfordere jedoch viel Zeit und zahlreiches dazu ausgebildetes Personal. Die Flurneuordnung wurde in Bulgarien amtlich mit der Erwartung durchgeführt, den Bodenertrag um 30 % zu steigern und die Bodenzersplitterung aufzuhalten. Ikonomov wertete die Bemühungen als „ganz und gar unbefriedigend“, weil die Zersplitterung des Bodens unmittelbar nach der Durchführung der

781 Frangeš 1942, S. 4–5 und 93.

782 Bićanić 1940, S. 17 und 24.

783 Der Leiter der Abteilung für Zusammenlegung der Grundstücke im bulgarischen Landwirtschaftsministerium, Methodi Anev, schilderte die Schwierigkeiten der Flurbereinigung in den *Berichten über Landwirtschaft* (Anev 1943).

Flurbereinigung wieder einsetzte und es insgesamt bei verschwendeter Mühe und Geld blieb.[784]

Weniger Beachtung als die Einführung des Anerbenrechts fanden hingegen die Bemühungen um eine genossenschaftliche Bewirtschaftung, welche gerade aufgrund der kleinbäuerlichen Struktur Südosteuropas als erstrebenswert erschien.[785] Wüscht stellte sich die Frage, ob es dem Genossenschaftswesen in Jugoslawien gelingen werde, die große Familie und den kleinen Betrieb miteinander zu versöhnen. Darin lag Wüscht zufolge die „biologische Bedeutung" des südslawischen Genossenschaftswesens.[786] In Rumänien kam es erst zu Beginn der 1940er Jahre vermehrt zu spontaner und freiwilliger Zusammenarbeit von Kleinbauern auf Basis internationaler Modelle genossenschaftlicher Prinzipien. Die Förderung der Agrargenossenschaft in der Agrarreform 1921 war zuvor missglückt, staatliche Behörden hatten das Interesse verloren. Den Genossenschaften machten nicht nur wechselnde gesetzliche Bestimmungen und die institutionelle Instabilität, sondern auch die schwache Organisation des landwirtschaftlichen Markts zu schaffen. Erfolge der Genossenschaftsbewegung in Rumänien waren 1935 die Schaffung der Zentralen Genossenschaftsbank und 1938 des Nationalinstituts für Genossenschaftswesen, allerdings gab es im Ministerium für Landwirtschaft, Forst und ländliche Entwicklung keine staatliche Stelle, welche die Aktivitäten der Genossenschaftsbewegung in Gesellschaft und Wirtschaft koordinieren hätte können.[787] In Bulgarien kam die Frage der genossenschaftlichen Bearbeitung des Bodens durch den Misserfolg der Flurbereinigungsversuche auf. Man hoffte, durch sie die Frage der Bodenzersplitterung zu lösen. Neben der Flurbereinigung würde sie dem Dorf die Vorteile einer Großwirtschaft sichern: Verminderung der Herstellungskosten, Vereinheitlichung der Erzeugnisse, Intensivierung der einzelnen Wirtschaftszweige, Ermöglichung von Bodenverbesserungsmaßnahmen[788] und, was Ikonomov an dieser Stelle nicht erwähnte, eine Verminderung der benötigten Arbeitskräfte. Die Frage nach der Flurbereinigung und der Rolle der Genossenschaften war höchst politisch, sie traf

784 Ikonomoff 1942, S. 108.

785 Zur Genossenschaftsbewegung siehe u. a. Šute 2010 für Jugoslawien, Popescu/Constantin 2007 für Rumänien und Dimou 2014 für Bulgarien. Im September 1937 legte McDougall dem Wirtschaftskomitee des Völkerbunds ein Memorandum vor, in welchem er argumentierte, dass in ost- und südosteuropäischen Regionen mit hoher landwirtschaftlicher Bevölkerungsdichte Agrargenossenschaften den Kleinbauern einen besseren Zugang zu Absatzmärkten und Krediten ermöglichen könnten. Die so gesteigerte Kaufkraft könne sich positiv auf die Industrialisierung und bessere Verteilung der Bevölkerung zwischen Landwirtschaft und Industrie auswirken (McDougall 1938, S. 466–467).

786 Wüscht 1938, S. 175.

787 Popescu/Constantin 2007, S. 43 und Bodea 2011, S. 170.

788 Ikonomoff 1942, S. 109.

den Kern der landwirtschaftlichen Besitzverhältnisse. Und so wurde auch der Ausbau der Genossenschaften von staatlichen Behörden verhindert.[789] Bićanić und weitere Vertreter der Bauernparteien beschlossen im Juli 1943 in London das „Bäuerliche Programm" für die Nachkriegszeit in Osteuropa. Um das Hauptproblem der „agrarischen Übervölkerung" zu lösen sollten neben der Industrialisierung große Ländereien enteignet und als Reserveland dienen. Die Stabilität der osteuropäischen Bauernschaft sollte sich auf bäuerlichem Eigentum und Genossenschaften stützen.[790]

5.2.2 Beschäftigung in öffentlichen Arbeiten in der Infrastruktur

In Südosteuropa wurde insbesondere der in Folge der Weltwirtschaftskrise auftretenden industriellen Arbeitslosigkeit die Rolle öffentlicher Arbeiten für das Wirtschaftsleben diskutiert.[791] Abgesehen vom chronischen Kapitalmangel boten die Schwächen in der Infrastruktur der Länder genügend Raum für großangelegte Projekte. So fiel z. B. die Eisenbahndichte in den südosteuropäischen Staaten mit 3,1 (Bulgarien) bis 3,8 km (Jugoslawien, Rumänien) je 1.000 km^2 sehr gering aus. Weite Landesteile waren mangelhaft oder überhaupt nicht erschlossen. Die meisten ländlichen Siedlungen lagen weit abseits der Bahnstrecken und waren mit diesen nur durch in der trockenen Jahreszeit benutzbaren Landstraßen verbunden. Nicht zuletzt wurde das ungenügende Verkehrsnetz als weiterer Grund für die oft beklagte geringe marktwirtschaftliche Einstellung der Bauern gesehen.[792]

Da es Frangeš zufolge „keiner besonderen Ausführungen" bedurfte, um zu verstehen, dass das ungenügende Verkehrsnetz in den südosteuropäischen Bauernstaaten den „demographischen Druck" ungeheuer ansteigen lassen werde, sei auch der Ausbau des Straßen- und Wegnetzes als eine den Folgen der „Übervölkerung" entgegenwirkende Maßnahme der Regierung zu verstehen. In der „Bekämpfung dieser Missstände" sei Bulgarien mit „glänzendem Beispiel" vorangeschritten. Für die Zwecke des Straßen-, Bahn- und Wegebaus sowie für Meliorationen schuf die bulgarische Regierung den obligatorischen Arbeitsdienst, welcher laut Frangeš auch in Deutschland eine Parallele fand. In Jugoslawien war der allgemeine Arbeitsdienst (*kuluk*) in Geld ablösbar, in Rumänien beschränkte sich die allgemeine Dienstpflicht zugunsten des Dorfs auf soziale Maßnahmen.[793]

---

789 Mitrany 1951, S. 120 und 132–133.

790 Gross, Feliks 1944, S. 173–174.

791 Siehe Kolar-Dimitrijević 2005.

792 Z.B. Seraphim, Hans-Jürgen 1943, S. 107–109.

793 Frangeš zufolge würde eine Verbindung zu den von der Umwelt abgeschnittenen Bevölkerung auch den Zugriff der Behörden erleichtern, denn in den unzulänglichen Gegenden finde die „die

In Jugoslawien hatte 1936 der Parlamentsabgeordnete und Großhändler Sekula Zečević unter dem Verweis, dass die Bauern in Jugoslawien nur 80 Tage im Jahr arbeiten würden und dass Freizeit den größten Reichtum des Lands darstellen würde, die Einführung eines verpflichtenden Arbeitsdiensts zur Verrichtung von öffentlichen Arbeiten gefordert.[794] Ein Jahr später zeigte sich der kommunistischen Ideen nahe stehende Agronom Maksim Goranović entsetzt über die Überlegungen, in Jugoslawien einen Arbeitsdienst nach deutschem oder italienischem Modell einzuführen. Wie sollten die Bauern durch den unbezahlten Arbeitsdienst überhaupt einen besseren Lebensstandard erreichen? Ein solcher Arbeitsdienst würde nur die Ärmsten treffen.[795] Im selben Jahr erkannte auch die Landesvereinigung der Landwirtschaftlichen Arbeiter Jugoslawiens in Novi Sad die Notwendigkeit zur Trockenlegung von Sümpfen und den Bau von Straßen, Eisenbahnschienen und öffentlichen Gebäuden. Sie sah diese öffentlichen Arbeiten aber in erster Linie als Verdienstmöglichkeit für die saisonal angestellten und unterbezahlten landwirtschaftlichen Arbeiter. Deren Lage war unerträglich schwer, ihr Arbeitstag dauerte meist 16 Stunden und mehr. Wenn die Arbeitszeit auf 10 Stunden pro Tag gekürzt werden würde, könnten doppelt so viele Arbeiter eingestellt werden. Ein Arbeiter war auf das ganze Jahr verteilt im Durchschnitt 125 Tage im Einsatz, die Vergütung reiche jedoch nicht für das Jahresauskommen.[796]

Den Hauptgrund für staatliche Arbeitsbeschaffung aus öffentlichen Mitteln wie Straßen- und Eisenbahnbau, Kabelverlegungen, Hafenbauten und Wohnungsbau in Jugoslawien sah Sava Obradović in der Existenz von „überschüssigen Arbeitskräften".[797] Für Frangeš gab es kaum eine nützlichere Einschaltung der „überschüssigen landwirtschaftlichen Arbeitskräfte" in den Produktionsprozess als durch öffentliche Arbeiten (Bau von Straßen, Schienen und Wasserleitungen; Bodenmeliorationen und Ausbau eines Netzes von großen Vorratssilos und kleineren Sammelsilos), es dürfe jedoch nicht übersehen werden, dass der Einsatz von „unproduktiven Arbeitskräften" für diese Projekte nur vorübergehender Natur sein könne.[798] In dieser Frage wurde die Funktion demographischer Argumente in der Wirtschaftspolitik besonders sichtbar. Von einem bevölkerungstheoretischen Standpunkt aus wurden wichtige infrastrukturelle Projekte nicht einfach aus dem Grund verwirklicht, weil sie von dringender wirtschaftlicher Bedeutung für den Staat waren, sondern um der „Überschussbevölkerung" Beschäftigung zu geben. Da diese Arbeitskräfte ohnehin

---

kommunistische Agitation bereitwillig Gehör" (Frangeš 1939, S. 27–28). Zum Arbeitsdienst in Deutschland siehe u. a. Patel 2003.

794 Zečević 1936, insb. S. 129 und 136–139.

795 Goranović 1938, S. 86.

796 Zemaljski Savez Poljoprivrednih Radnika Jugoslavije u Novom Sadu 1937, S. 29–30.

797 Obradovitsch 1939, S. 56.

798 Frangeš 1938, S. 27–40; 1939, S. 22–32 und 1942, S. 92–93.

als „überflüssig“ galten und die Modernisierung der Wirtschaft bremsten, müsse man sie dieser Argumentation zufolge auch nur wenig oder gar nicht entlohnen.

Für Frangeš wurden die südosteuropäischen Regierungen ganz klar durch die „Übervölkerung“ dazu veranlasst, Bodenmeliorationen (Flussregulierungen, Trockenlegung von Sümpfen, Bewässerung von Trockenland) durchzuführen. Diese Wirtschaftsmaßnahme würde eine große Zahl von bisher „unproduktiven“ Arbeitskräften zum produktiven Einsatz bringen, die dazu nötigen Mittel sollten größtenteils durch Wassergenossenschaften mit Zwangscharakter aufgebracht werden, wobei die Mitglieder ihre Geldbeiträge in Arbeitsleistung umwandeln können. Da sich durch Meliorationen zwar die Lebensbedingungen verbessern würden, das Verhältnis zwischen Bodenfläche und der darauf lebenden Bevölkerung sich aber nicht ändern würde, könne von diesen Maßnahmen jedoch keine allgemeine Verminderung der Bevölkerungsdichte erwartet werden.[799] Auch Bićanić sah die Beschäftigung in öffentlichen Bauarbeiten und Meliorationen als Mittel, welches zwar sofort wirke, das „Problem“ langfristig aber nicht löse.[800] Für Aleksandar Bilimovič gehörten umfangreiche und streng nach Plan durchgeführte Meliorationen hingegen zu den wichtigsten Maßnahmen zur „Absorbierung der landwirtschaftlichen Überschussbevölkerung“. Auf diese Weise könnte bisher unproduktive Fläche in fruchtbaren und hoch produktiven Boden verwandelt werden und gleichzeitig der Bodenzersplitterung Einhalt geboten werden.[801] Im Bau von Bewässerungsanlagen sahen die bulgarischen Behörden eine weitere Möglichkeit, die Produktivität der Landwirtschaft zu erhöhen. Die damit erzielte Ertragssteigerung käme der Erschließung von 3 Millionen Hektar urbaren Lands gleich. Neben der Vorbeugung von Dürreschäden würden die Baumaßnahmen außerdem die beste Abhilfe für die „landwirtschaftliche Arbeitslosigkeit“ darstellen, da sie nach den angestellten Berechnungen Arbeit für alle Arbeitslosen Bulgariens bieten würde. Nach Beendigung des Vorhabens könnten die Arbeiter ihren Unterhalt im somit erhöhten Bodenertrag finden.[802]

In wissenschaftlichen Beiträgen aus Deutschland wurden diese Löungsmöglichkeiten kaum diskutiert. Das mag zunächst daran liegen, dass Deutschland wegen seines eigenen Devisenmangels nicht als Kreditgeber für infrastrukturelle Maßnahmen auftreten konnte und weitere Einbindungen bisheriger Kreditgeber wie das Vereinigte Königreich und Frankreich in der Region verhindern wollte.[803] Zweitens zielten, wie später in diesem Kapitel noch die Rede sein wird, die natio-

799 Frangeš 1939, S. 25–26.

800 Bićanić 1940, S. 25.

801 Bilimovič 1939, S. 33; vgl. Bilimović 1938, S. 339–340.

802 Ikonomoff 1942, S. 106–107.

803 Hinweise darauf finden sich z. B. bei Gross 1937, S. 98.

nalsozialistischen Wirtschafts- und Bevölkerungsplaner eher auf den Einsatz der „überflüssigen" Arbeitskräfte aus Südosteuropa in Deutschland selbst ab.

5.2.3 Gewinnung zusätzlicher Nutzfläche

Wie bei Bilimovič führte die Gewinnung zusätzlicher Nutzfläche auch bei Bićanić die Liste der Lösungsvorschläge für die „agrarische Übervölkerung" an. Eine mit Verstand betriebene Agrarpolitik sollte seiner Ansicht nach noch genügend neue Anbauflächen finden.[804] Laut Frangeš ließe sich wirkliches Neuland für landwirtschaftliche Betriebe in einigen Bezirken der Bauernstaaten durch Waldrodungen gewinnen.[805] Von wirtschaftswissenschaftlicher Seite wurde sogar die Trockenlegung des Skadarsees (370 km^2 Fläche) erwogen. Dadurch würde genügend Land gewonnen, um ganz Montenegro zu ernähren.[806] Auch das bulgarische Landwirtschaftsministerium hielt es für möglich, durch Waldschlag, Flurbereinigung, Erschließung von Ödland und Trockenlegung von Sümpfen sowie Seen und Bewässerung von Trockengebieten notwendiges urbares Land zu finden. Die Gewinnung von Neuland durch diese Mittel stand im Mittelpunkt des 1940 vom bulgarischen Landwirtschaftsminister Ivan Bagrjanov (1891–1945) unter Verweis auf die „Übervölkerung der Kulturfläche" angekündigten Vierjahresplans in der Landwirtschaft.[807] Für all diese Maßnahmen waren jedoch finanzielle und technische Anstrengungen erforderlich: für die notwendigen Flussregulierungen zum Schutze vor Überschwemmungen, für die Terrassierung von Weinbergen und Obstgärten, zur Anpflanzung von Akazien und Nadelhölzern, zum Anbau von hochwertigen Futtermitteln und zur Entwässerung. „In einem dermaßen überbevölkerten Land, wie Bulgarien," führte Ikonomov weiter aus, „muß selbstverständlich an alle Möglichkeiten der Beschaffung von Land gedacht werden." Daher müssten auch

804 Bićanić 1940, S. 19–20.

805 Frangeš rechnete, dass allein in Jugoslawien in den fruchtbaren Ebenen auf diese Art – bei Sicherstellung des Holzbedarfs – etwa 300.000 bis 400.000 ha besten Weizenbodens für Zwecke einer inneren Kolonisation frei werden könnten. Im rumänischen Transsilvanien sollten ähnliche Verhältnisse vorliegen, in Bulgarien in geringerem Umfang (Frangeš 1938, S. 34–35 und 1939, S. 26–27). Im Vergleich zur Bevölkerungszunahme schätzte Mirković derartige Maßnahmen auf die Dauer als unzureichend ein (Mirkowich 1939, S. 131–132).

806 Mirkowich 1939, S. 130.

807 Der bulgarische Landwirtschaftsminister Exz. Bagrjanov über Zukunftsaufgaben der Landwirtschaft Bulgariens 1940, S. 15. Im Herbst 1941 kündigte Dimităr Kušev, welcher gerade das Amt des Landwirtschaftsministers Bulgariens inne hatte, bereits einen Fünfjahresplan für die bulgarische Landwirtschaft an (Kuschev 1941, S. 411). Zu den Landbeschaffungsmaßnahmen in Bulgarien siehe auch Bakardschiev 1943, S. 34–35.

Stiftungsländereien, Landbesitzungen der Klöster und Schulen sowie verschiedener öffentlicher Behörden genutzt werden.[808]

Auf deutscher Seite hielt man von der Gewinnung von Neuland als Mittel für den Abbau der „landwirtschaftlichen Übervölkerung“ nur wenig. Hermann Gross hatte auf die Türkei verwiesen, in welcher es in verkehrsmäßig nicht oder kaum erschlossenen Gebieten noch fruchtbare, für den Ackerbau geeignete Flächen gab. Während dies aus seiner Sicht die „agrarische Übervölkerung“ zumindest linderte, würden auch in der Türkei die Symptome einer „landwirtschaftlichen Übervölkerung“ überwiegen.[809] Für eine stärkere Ausdehnung des Ackerlands als Ausgleich gegen die zunehmende „landwirtschaftliche Übervölkerung“ Südosteuropas sah Gross von der natürlichen Beschaffenheit her keine unüberwindlichen Schwierigkeiten. Jedoch würden Mangel an Kapital und an Verkehrsmitteln sowie „das Fehlen des erforderlichen Verständnisses und Arbeitseifers bei den Bauern“ umfangreichen Meliorationsarbeiten und einer nennenswerten Ausdehnung des Ackerlands entgegen wirken. So betonte Gross erneut, dass als Ausweg aus der Landnot vorläufig nur die Rationalisierung und Intensivierung der landwirtschaftlichen Produktion übrig blieben.[810]

Für Ahlgrimm standen den Balkanländern zusätzliche Nutzflächen kaum zur Verfügung. Zwar gäbe es beschränkte Möglichkeiten der Erschließung von Neuland und der Ausdehnung des Ackerlands auf Kosten der Forste, davon würde jedoch keine wesentliche Verminderung des „Bevölkerungsdruckes“ zu erwarten sein.[811] Dem Wiener Kulturgeographen Hugo Hassinger[812] zufolge konnten Trockenlegung von Mooren, Sümpfen und Überschwemmungsgebieten, die künstliche Bewässerung in besonders trockenen und sommerheißen Gebieten und die Verbesserung der Gebirgsweiden in allen südosteuropäischen Ländern mehr oder minder große Flächenteile der Nutzbarmachung zuführen. Im Verhältnis des bereits genutzten

---

808 Ikonomoff 1942, S. 106.

809 Gross 1937, S. 47. Andere Bevölkerungsexperten und die Behörden im Land selbst gingen von einer „Untervölkerung“ der Türkei aus (Stamati 1940, S. 301; Schechtman 1946, S. 488). Die türkische Regierung hatte 1930 die Verbreitung von Verhütungsmittel sowie Abtreibung verboten und versuchte in den 1930ern durch Einwanderung türkischer und muslimischer Bevölkerungsteile aus den Balkanstaaten den gewünschten demographischen Zuwachs herbeizuführen (Kaser 2011, S. 222; Pezo 2013, S. 171; zur pronatalistischen Bevölkerungspolitik in der Türkei der Zwischenkriegszeit siehe Kavas 2014). Laut den *Monatsberichten des Wiener Instituts für Wirtschaftsforschung* empfanden „die Türken“ die verhältnismäßig sehr geringe Bevölkerungsdichte ihres Lands als „abnorm“ niedrig. Die demographische Situation in der Türkei stehe im Übrigen im Gegensatz zu jener in den anderen Südostländern, welche gegen eine starke „agrarische Übervölkerung“ zu kämpfen haben (Hauptprobleme der türkischen Agrarpolitik 1941, S. 192).

810 Gross 1937, S. 95 und 98–99.

811 Ahlgrimm 1939, S. 21.

812 Zu Hassinger (1877–1952) und seinem Werk siehe u. a. Svatek 2016.

Wirtschaftsraums seien diese Flächen jedoch gering und stellten kein effizientes Gegenmittel gegen Landnot dar. Zudem gäbe es in den Südostländern bereits *„zuviel Bauern“*.[813] Die Planungen deutscherseits zielten ja nicht darauf ab, der südosteuropäischen Bauernschaft eine womöglich extensiv bewirtschaftete neue Lebensgrundlage zu schaffen, sondern durch Intensivierung und Rationalisierung der Landwirtschaft den Agrarexport nach Deutschland zu erhöhen.

5.2.4 Entwicklung des Hausgewerbes

Aus der Sicht Hermann Gross' kam der Handwerkskunst in Südosteuropa eine große soziale und wirtschaftliche Bedeutung zu, da deren Erzeugnisse den Mangel an ausreichendem und fruchtbarem Boden kompensieren könnten. Allerdings müsste sich die hausgewerbliche Produktion besser organisieren und stärker in die Marktwirtschaft einschalten. Die südosteuropäische Bauernbevölkerung, die durch ihre Selbstversorgung bisher krisenfest war, sollte so „gewappnet und organisch in die Marktwirtschaft überführt werden“.[814] Frangeš zufolge konnte eine ausgedehnte Entwicklung der sogenannten Hausindustrie, der Herstellung von Kleidung, Werkzeug, Gebrauchsgegenständen und Bauernkunst im eigenen Betrieb, die negativen Folgen des „Bevölkerungsdrucks“ nicht überwinden (man lebe ja doch im Zeitalter der Arbeitsteilung), sondern allenfalls lindern. „Ungenutzte Arbeitskräfte“ könnten zur Erzeugung manuell und künstlerisch gefertigter Produkte bäuerlicher Kunst herangezogen werden. Deren Erzeugnisse wären durchaus geeignet, langfristig Absatz im Ausland zu finden, wenn die Arbeiten planvoll geleitet und mit qualitätsmäßig solidem Grundmaterial ausgeführt würden.[815] Für Bićanić war die Schaffung von Nebenbeschäftigungen für die Bauern zentral für die Lösung der „Bevölkerungsfrage“. Die Verbesserung des Hausgewerbes stelle dazu eine willkommene Möglichkeit dar, da sie mit relativ wenig Kapitalaufwand durchgeführt werden könnte.[816] Sich stark an Frangeš' Studie anlehnend, befürwortete Siegfried Faßbender den Ausbau der „Heimindustrie“. Da man bei einer „Industrialisierung“ Südosteuropas nicht an die „Schaffung großer Industriekomplexe“ denken dürfe, sei die „Heimindustrie“ vorzüglich geeignet, die „versteckte Arbeitslosigkeit aufzusaugen“.[817]

813 Hassinger 1941, S. 606.

814 Gross 1937, S. 127–129.

815 Frangeš 1938, S. 30–31 und 1939, S. 31. Zur Herstellung von Kleidung, Werkzeug, Gebrauchsgegenständen und Bauernkunst im eigenen Haus im Serbien der Zwischenkriegszeit siehe Isić 2008, S. 108–122.

816 Bićanić 1940, S. 22.

817 Fassbender 1941, S. 621.

Für die Ökonomen des Instituts für Weltwirtschaft in Kiel war das Hausgewerbe jedoch Bestandteil des Problemkomplexes der „Übervölkerung". Da die Bauern benötigte Kleidung und Geräte selbst herstellten, nahmen sie keine Industrieprodukte ab. Im Gutachten „Zur Frage des Überbesatzes Südosteuropas mit Arbeitskräften" wurde konsequenterweise für eine Beseitigung der umfangreichen Heimarbeit plädiert. Für die Ökonomen in Kiel bestand kein Zweifel, dass es wirtschaftlicher wäre, wenn die Bauern und ihre Familien sich voll der Landarbeit widmeten. Jedoch sollte darauf geachtet werden, dass keine künstlerisch und kulturell wertvolle Volkskunst verloren gehe. Eine weitgehende Abwanderung der Heimarbeit in die industrielle Fertigung werde dennoch unvermeidbar sein. Zur Überbrückung der Zeitspanne, ehe die Betriebe anlaufen, müssten den Bauern Kredite zur Verfügung gestellt werden.[818] Durch diese weitere Verschuldung und den Verzicht auf die Eigenproduktion sollten die Bauern als Abnehmer für industrielle Produkte auftreten, welche in Südosteuropa zu dieser Zeit in großer Zahl aus Deutschland bezogen wurden. Eine solche Entwicklung hätte die wirtschaftliche Abhängigkeit der südosteuropäischen Staaten von Deutschland weiter vergrößert.

5.3 Bevölkerungspolitische Maßnahmen

Von den makroökonomischen Weichenstellungen und wirtschaftspolitischen Maßnahmen sind die bevölkerungspolitischen Maßnahmen zu unterscheiden, welche direkt auf die Verminderung der absoluten Bevölkerungszahl, durch Emigration oder Geburteneinschränkung zielen.

5.3.1 Kontroversen über Migration

Wissenschaftler, welche das Überbevölkerungskonzept grundsätzlich als richtig ansahen, mussten konsequenterweise Emigration als Weg zur Erleichterung des „Bevölkerungsdrucks" betrachten. Überbevölkerungstheoretikern zufolge würden bei völliger Freizügigkeit der Menschen und Güter „relativ übervölkerte" Gebiete ihren „Bevölkerungsüberschuss" so lange an andere Gebiete abgeben, bis dieses Missverhältnis verschwunden ist.[819] Eine starke Auswanderung war für die Überbevölkerungstheoretiker auch stets ein „sicheres" Zeichen für „landwirtschaftliche Übervölkerung".[820]

---

818 IfW, Zur Frage des Übersatzes Südosteuropas mit Arbeitskräften 1940, RGVA 1458/29/140, Bl. 30.

819 Mises 1919, S. 47; vgl. Fairchild 1936. Carl Brinkmann zeichnete dazu das Bild einer langen historischen Tradition des Zusammenhangs zwischen „Übervölkerung" und Emigration, siehe Brinkmann 1943, S. 57.

820 Moser 1940, S. 9.

Dass „Übervölkerung“ der einzig plausible Grund für Emigration zu sein schien, belegt auch die Verwunderung des deutschen Historikers Erich Reimers, dass allein im Jahr 1927 22.000 Menschen Jugoslawien verließen, obwohl das Land aus seiner Sicht überall ausreichenden Siedlungsboden aufwies und nirgends „übervölkert“ war.[821] Hier verbarg sich eine traditionsreiche, in der Historiographie teilweise bis in die Gegenwart verbreitete Annahme, dass Menschen von Natur aus sesshaft seien und erst durch wirtschaftliche Krisen, soziale und politische Missstände oder eben „Überbevölkerung“ zur Migration gezwungen werden müssten. So blieb seit dem späten 18. Jahrhundert im politischen und wissenschaftlichen Denken zugleich auch die Vermutung verankert, wirtschaftliche Reformen und eine „gute“ Regierung würden Migration verhindern.[822] Doch auch manche zeitgenössische Studien stellten den Zusammenhang zwischen Emigration und „Übervölkerung“ in Frage. C. J. Robertson vom Internationalen Institut für Landwirtschaft in Rom zufolge konnte Emigration verschiedene (ökonomische) Beweggründe haben, da sie ja auch aus Gebieten stattfand, in welchen Arbeitskräfte dringend benötigt wurden. Während man nicht behaupten könne, dass Emigration ein Symptom der „Übervölkerung“ darstelle, deute Auswanderung jedenfalls darauf hin, dass von einem allgemeinen ökonomischen Standpunkt aus in anderen Regionen und Ländern attraktivere Lebensbedingungen herrschen.[823]

Zwischen 1871 und 1910 emigrierten rund 1,8 Millionen Menschen aus den österreichischen Provinzen der Doppelmonarchie.[824] Aus dem Königreich Jugoslawien wanderten vorwiegend Kroaten und Kroatinnen bäuerlicher Abstammung aus. Dabei spielten neben dem herrschenden Kapitalmangel Pull-Faktoren wie Erwartung eines höheren Einkommens und bestehende soziale Netzwerke in den Zielländern eine Rolle. Gleichzeitig gab es seit dem 19. Jahrhundert immer wieder Phasen, in welchen die Industrien des Westens massiv billige Arbeitskräfte aus dem Ausland benötigten.[825] Die Tatsache, dass es aus den zumindest genauso armen oder vermeintlich „übervölkerten“ Balkanstaaten bis zur Wende zum 20. Jahrhundert hingegen keine nennenswerte Auswanderung gab, belegt bereits im Rahmen Südosteuropas, dass Armut oder „Überbevölkerung“ Emigration nicht erklären können. Zwischen 1900 und 1915 kamen aus der gesamten Region nur

821 Reimers 1939, S. 134; vgl. Fertig 1995, S. 1.

822 Ehmer 1998, S. 18–19. Darüber hinaus wird der Fokus auf die Ursachen von Emigration der Komplexität des Themas „Migration“ nicht gerecht, für neuere migrationshistorische Forschungen siehe mit weiterführenden Literaturangaben u.a. Fertig 1995 und 2000, Lucassen/Lucassen 1997, Ehmer 1998, Bade 2000, Manning 2005, Hahn 2011, Lucassen 2009, Harzig/Hoerder 2009.

823 Robertson 1939, S. 64.

824 Zur Emigration aus Kroatien in diesem Zeitraum siehe u.a. Čizmić 1974–75 und Antić 1992.

825 Brunnbauer 2007, S. 131.

eine halbe Million Emigranten und Emigrantinnen. In der Wirtschaftshistoriographie wurde dies jedoch damit begründet, dass die Menschen wegen der dort herrschenden, verfestigteren sozioökonomischen Bedingungen weit weniger mobil waren.[826] Für Länder, die sich wie die Balkanstaaten erst spät an der massiven US-Auswanderung beteiligt hatten, sahen die US-amerikanischen Immigrationsgesetze von 1921 zudem sehr geringe Einwanderungsquoten vor. Aus Jugoslawien durften jährlich nur mehr 6.426 Personen einwandern, ab 1924 nur noch 671. Im Zuge der Weltwirtschaftkrise gingen die Auswandererzahlen zurück, während die Zahl der Rückkehrer zunahm.[827] Der schwedische Geopolitiker, Ökonom und Chefredakteur des *Svenska Dagbladet*, Helmer Key, sah in seinem Artikel in der *Zeitschrift für Geopolitik* den Zweck der Einwanderungsbeschränkungen in die USA nach dem Ersten Weltkrieg darin, dass man den Zustrom von billigen und schlecht ausgebildeten Arbeitskräften aus Ost- und Südosteuropa – „namentlich von minderwertigem Volk aus den allerverarmtesten Ländern“ – unterbinden wollte.[828]

Da die südosteuropäischen Staaten an einem zahlenmäßigen Zuwachs der eigenen Nation interessiert waren, versuchten die politischen Eliten, Emigration zu verhindern. Aus den Reihen dieser Gegner der Auswanderung wurde so am häufigsten die Existenz einer „Übervölkerung“ im eigenen Land geleugnet. So hob der Zagreber Rechtsanwalt Krunoslav Janda, welcher auch die Wirtschaftszeitschrift *Hrvatski udrugar* [Der kroatische Genossenschaftler] herausgab, 1913 hervor, dass „Übervölkerung“ offensichtlich nicht der Grund für Emigration aus Kroatien war. Es sei bekannt, dass sich noch Deutsche sowie Ungarn und Ungarinnen in Kroatien ansiedeln, von „Übervölkerung“ könne in Kroatien deshalb keine Rede sein.[829] Diese Autoren verwarfen allerdings nicht das Überbevölkerungskonzept, generell existierte für sie so etwas wie „Übervölkerung“. Nur gäbe es sie entweder eben in ihrem Land nicht, oder die „Überflüssigen“ sollten produktiv in der eigenen Volkswirtschaft eingesetzt werden. In ihren Augen hatte eher die Emigration schlechte Konsequenzen für die wirtschaftliche Lage im Land. Wie in vielen Auswanderungsländern bestand unter den Machthabern die Befürchtung, der Einfluss des Staats würde durch die Auswanderung abnehmen, insbesondere wenn in späteren Generationen die Verbindungen zum Herkunftsland verloren gingen. Dass Menschen aus Jugoslawien auswanderten, weil sie zu Hause kein Einkommen finden konnten,

---

826 Berend/Ránki 1977, S. 16.

827 Jakir 1999, S. 306–307; Brunnbauer 2007, S. 125 und 2009, S. 21.

828 Key 1925, S. 263; vgl. Migration Problems 1937, S. 727. Zu den Hintergründen der eugenisch motivierten Immigrationsrestriktionen siehe u.a. Lüthi 2009. Zur südosteuropäischen Emigration in die USA von 1880 bis 1914 siehe Despot 2010, S. 189–236.

829 Zitiert nach Čizmić 1974–75, S. 29–30. Zehn Jahre später hielt Ivšić fest, dass es in Kroatien noch genügend Land gäbe, um alle fleißigen Arbeitskräfte zu beschäftigen und zu ernähren (Ivšić 1933, S. 78).

sah auch Božidar Purić, der in der ersten Hälfte der 1920er Jahre als Konsul des Königreichs SHS in den USA tätig war, als keinen ausreichenden Grund für die Emigration an. Arbeitslosigkeit und die „passiven Regionen" mit Auswanderung zu heilen wäre genau so, wie wenn man einen Kranken mit dem Tod heile.[830]

Wenn das „übervölkerte" Deutschland und Österreich Emigration nicht als Lösung ihrer wirtschaftlichen Probleme betrachten würden, könne man laut Fedor Aranicki, Leiter des Emigrationsdiensts im jugoslawischen Ministerium für Sozialpolitik, in Jugoslawien die Auswanderung auch einstellen oder zumindest stark regulieren. Die überschüssigen Arbeitskräfte sollten im Zuge einer intensiven Industrialisierung Beschäftigung finden.[831] Nationalistisch und rassistisch argumentierte im selben Jahr Christa Stamenovitch gegen die Emigration aus Jugoslawien, da diese die „Entvölkerung" des Lands vorantreibe. Die biologische Stärke der Nation stelle den wahren Wert eines Volks dar, für deren Erhaltung sei wiederum ein starkes Landvolk von besonderer Wichtigkeit. Ansonsten käme es zu einer Abnahme der nationalen Bevölkerung in Relation zur Gesamtbevölkerung Jugoslawiens – Stamenovitch fürchtete einen zahlenmäßigen Anstieg der nichtslawischen Minderheiten im Land. Diese Befürchtungen hatten sich ohnehin bereits in der Emigrationspolitik des Königreichs SHS niedergeschlagen: Der Verhinderung der Emigration Angehöriger der jugoslawischen Mehrheitsbevölkerung stand die Begünstigung der Auswanderung von Angehörigen nichtslawischer oder bulgarophiler Minderheiten gegenüber. Letztere, obwohl sie nur 7 oder 8 % der Gesamtbevölkerung ausmachten, stellten jährlich bis zu 50 % aller „jugoslawischen" Auswandernden.[832] Stamenovitch zufolge wirke sich die Emigration zudem durch einen Mangel an landwirtschaftlichen Arbeitskräften negativ auf die agrarischen Intensivierungsbemühungen aus.[833] Stimmen wie jene des Zagreber Rechtsanwalts Bogdan Novković, dass die Auswanderung dem Land bisher mehr Nutzen als Schaden gebracht hatte – u. a. hätten Geldtransfers der Emigranten die Einkünfte des

---

830 Die 200 Dollar, welcher jeder Auswanderer für die Reise aus dem Land mitnehme (in Summe 225 Millionen Dollar jährlich), könnten für eine gute Kolonisierungspolitik ausgegeben werden. Während der zahlenmäßige Anstieg der Zugewanderten Amerika groß und reich gemacht hätte – sie bauten dort die Industrie und die Städte auf – hätte die Auswanderung das Volk in Jugoslawien geschwächt und verarmt (Purić 1929, S. 73; vgl. Stamenovitch 1930, S. 287–294).

831 Aranicki 1930, S. 43. Bei dieser Meinung blieb er auch in einer Radioansprache Ende November, als er erklärte, dass die Rückwanderung im Zuge der Weltwirtschaftskrise die „überflüssige Arbeitskraft" in Jugoslawien drastisch erhöht hätte (Aranicki 1933, S. 16). Ivšić setzte sich ebenfalls für die Schaffung von wirtschaftlichen Existenzmöglichkeiten für die Rückkehrenden ein, obwohl er kritisierte, dass diese nicht mehr mit Dollars, sondern mit der Absicht, das nackte Leben zu retten, nach Hause kamen (Ivšić 1933, S. 76).

832 Miletić 2009, S. 108–112 und 118. Zur Emigrationspolitik des SHS-Staates siehe ebd.

833 Stamenovitch 1930, S. 288–289.

Staats und der daheimgebliebenen Familienmitglieder erhöht –, befanden sich zu dieser Zeit noch in der Minderheit.[834]

Als das Konzept der „agrarischen Übervölkerung“ in der zweiten Hälfte der 1930er Jahre das dominante Erklärungsmodell für die missliche wirtschaftliche und soziale Lage Südosteuropas wurde, änderte sich die Sicht der heimischen Wissenschaftler auf die Auswanderung. Mirković identifizierte „agrarische Übervölkerung“ als den wichtigsten Beweggrund für die jugoslawische Auswanderung in der zweiten Hälfte des 19. und im 20. Jahrhundert.[835] Für Frangeš stellte die Emigration ins Ausland bis zur Weltwirtschaftskrise ein sehr wirksames Ventil für den „Bevölkerungsdruck“ dar. Danach wurde die Auswanderung nach Übersee fast unmöglich, jene nach Westeuropa stark eingeschränkt. Deswegen spiele sie, obwohl so sehr erwünscht, keine wirksame Rolle mehr.[836] Bićanić lehnte dagegen die Emigration ins Ausland als negativ für die Volkswirtschaft ab.[837] Schneefuss war sich in dieser Frage unsicher: Auswanderungen würden das Problem in Kroatien durch die „Verringerung der Esser“ erleichtern, sie nähmen dem Land aber auch bitter benötigte Arbeitskräfte.[838] Obwohl der Großteil der Übervölkerungstheoretiker die Auswanderung als „Ventil für den Bevölkerungsdruck“ grundsätzlich begrüßte, forderten nur Wenige ihre Umsetzung, vielmehr sollten die „Überflüssigen“ produktiv in der eigenen Volkswirtschaft beschäftigt werden. Dies veranschaulicht, wie sich Wissenschaftler in der Formulierung ihrer Lösungsansätze zur „agrarischen Übervölkerung“ an politischen Zielen ihrer jeweiligen Regierungen orientierten. Südosteuropäische Machthaber hatten gesetzliche Maßnahmen zur Einschränkung der Auswanderung getroffen, nicht ohne wiederum die Industrialisierung als Mittel gegen die „agrarische Übervölkerung“ zu preisen.[839]

Südosteuropäische Experten erörterten zumeist auch die Möglichkeiten, welche die Binnenwanderung zur Lösung der „Übervölkerung“ beitragen könne. Für Frangeš konnte die innere Kolonisation (Umsiedlung von Bauernfamilien aus dicht

834 Novković 1933, S. 59–72; vgl. Brunnbauer 2009, S. 39.

835 Mirkowich 1939, S. 134. Es wurzelt vermutlich im akademischen Hintergrund der einzelnen Wissenschaftler, dass Ökonomen in den wirtschaftlichen und demographischen Gründen die ausschlaggebenden Faktoren für den Entschluss zur Auswanderung sahen, während Wissenschaftler anderer Disziplinen politische – darunter u. a. ethnische und religiöse – Beweggründe hervorhoben.

836 Frangeš 1938, S. 37–38 und 1939, S. 28–29. Zu den Migrationskontrollen in Deutschland und Großbritannien 1880–1930 siehe Reinecke 2010.

837 Bićanić 1940, S. 21 und 25.

838 Schneefuss 1944, S. 149.

839 Dolinski 1930, S. 609; Stamenovitch 1930, S. 348–359; Dugački 1942, S. 636. Verschiedene albanische Regierungen verbaten z.B. die Emigration von Frauen bis in die späten 1930er Jahre um den „dringend benötigten Zuwachs der Bevölkerung“ zu unterstützen (Roucek 1937, S. 333–334; siehe auch Zavalani 1937, S. 34–39).

bevölkerten in dünner besiedelte Gegenden) einen erheblichen Beitrag zur Verbesserung der durch die „Übervölkerung" geschaffenen Lage leisten, sie durfte jedoch nicht politisch-demagogisch motiviert auf Kosten der Großgrundbesitzer durchgeführt werden.[840] Bićanić beobachtete in seiner Untersuchung zwar Bevölkerungsströme aus „landwirtschaftlich übervölkerten" Gebieten in dünner besiedelte Regionen, der Kolonisationspolitik der jugoslawischen Regierung würde man aber zu große Bedeutung beimessen, durch Kolonisation ließe sich nur ein Teil des „Problems" lösen.[841]

Wilmowsky zufolge musste in den südosteuropäischen Ländern die Binnenwanderung durch neu zu schaffende Produktionsstätten gefördert werden. Die Binnenwanderung galt als Alternative zur nun nicht mehr möglichen Auswanderung, welche vor dem Ersten Weltkrieg das „Problem der Übervölkerung" ohnehin zum Schein gelöst hatte.[842] Allerdings zeigte die deutsche Seite größeres Interesse an einer „Wanderarbeiter-Lösung", welche vorsah, die „überschüssigen Arbeitskräfte" aus Südosteuropa in der reichsdeutschen Wirtschaft einzusetzen. So wurde in der Studie „Deutschland und Südosteuropa" des Arbeitswissenschaftlichen Instituts der Deutschen Arbeitsfront[843] vom März 1940 bezüglich der „landwirtschaftlichen Übervölkerung" die mangelnde Mobilität der Landbevölkerung in Jugoslawien beklagt. Durch Tradition, lokale Verbundenheit und „mangelnden Wagemut" wären die Bauern „zu stark an die Scholle gebunden." In Jugoslawien würden 76,4 % aller Bewohner und Bewohnerinnen in ihrer Geburtsgemeinde, 83,4 % in ihrem Heimatbezirk und 92,4 % in ihrem Banat verbleiben. Dabei könnte, wenn man die deutsche Nachfrage nach Landarbeitern betrachtet, die Entwicklung einer saisonmäßigen Arbeitsmigration nach Deutschland „viel zur Linderung der jugoslawischen Bauernnöte" beitragen.[844] Der Einsatz südosteuropäischer Arbeiter in Deutschland bedeute für die südosteuropäischen Länder eine willkommene Lösung des „Übervölkerungsproblems", umso mehr als der Transfer der Löhne eine zusätzliche Kaufkraftsteigerung darstelle.[845]

In Südosteuropa war das Interesse an einer „Wanderarbeiter-Lösung" unter Ökonomen und Politikern, auch unter einigen der dezidiert Deutschland-freundlichen,

840 Frangeš 1938, S. 31. Frangeš war selbst Großgrundbesitzer und hatte die Agrarreform im Zusammenhang mit der Aufteilung von Großgrundbesitzungen wiederholt kritisiert.

841 Bićanić 1940, S. 17.

842 Wilmowsky 1940, S. 45.

843 1940 waren im Arbeitswissenschaftlichen Institut der Deutschen Arbeitsfront 418 Ökonomen, Agrarexperten, Statistiker, Psychologen, Arbeitswissenschaftler und Raumplaner damit beschäftigt, forschend, planend und beratend die Sozialpolitik der Deutschen Arbeitsfront zu begleiten. Dazu siehe Roth 1993.

844 Arbeitswissenschaftliches Institut der Deutschen Arbeitsfront 1940, S. 59.

845 Aus dem Vortrag von Max Ilgner vom 2. September 1940, S. 96–97.

eher gering. Ihre Ablehnung argumentierten sie jedoch wiederum anhand von Prioritäten, welche die existierende „Übervölkerung" vorschreibe. So stellte für Stojan Stojanov der Einsatz „überschüssiger Arbeitskräfte" im Ausland bloß eine zeitweilige Maßnahme dar, die keine endgültige Lösung der „Arbeitslosenfrage" herbeizuführen vermochte.[846]

5.3.2 Geburtenkontrolle und völkischer Malthusianismus

Geburtenkontrolle wurde bereits von Malthus' Nachfolgern und Nachfolgerinnen als *die* Lösung der „Übervölkerungsfrage" angesehen und war auch im Deutschland der Zwischenkriegszeit ein heftig diskutiertes Thema.[847] Obwohl die Übervölkerungstheoretiker die steigende Bevölkerungszahl als Hauptursache für den Zustand der „agrarischen Übervölkerung" Südosteuropas identifiziert hatten, rieten sie aus politischen und berechnenden Motiven doch selten zur Geburtenbeschränkung. So fragte Borel vom Internationalen Verband der Landwirtschaft diesbezüglich seine Kontaktpersonen in den „agrarisch übervölkerten" Staaten Ost- und Südosteuropas, ob es nicht zielführend wäre, die hohe Geburtenrate einzuschränken, wenn diese schon als Grund des Übels in der Landwirtschaft erkannt worden ist. Seine Korrespondenten erwiderten darauf einhellig, dass diese Frage aus politischen, sozialen und moralischen Motiven entschieden verneint werden müsse.[848] Die Mehrheit der deutschen und südosteuropäischen Vertreter des Diskurses über die „agrarische Übervölkerung" Südosteuropas lässt sich dem Malthusianismus völkischer Prägung zuordnen. Von der Denkrichtung des Neomalthusianismus unterscheiden sie sich insofern, als sie Geburtenkontrolle für das eigene und für „befreundete Völker" ablehnten. Im Gegensatz zu ihren pronatalistischen Kollegen im In- und Ausland waren sie von der malthusianischen Problemanalyse überzeugt und wollten die Sozialstruktur der Bevölkerung verändern.[849] Die völkische Variante des Malthusianismus entwickelte sich in der Wissenschaft im Zusammenspiel mit politischen Zielen, ihren Nährboden findet sie jedoch schon bei der von Malthus praktizierten differenzierten Sicht auf Fertilität und dessen Ablehnung von Geburtenkontrolle.

In Südosteuropa argumentierten Experten oft mit der schwierigen Durchführbarkeit von Geburtenkontrolle in der Praxis. So führte Todor Valčev das Bevölkerungsproblem Bulgariens behandelnd aus, dass es – selbst wenn man es wollte –

---

846 Stojanov 1942, S. 158.

847 Zu den Anfängen der modernen Geburtenkontrolle siehe Bergmann 1992. Zur Debatte über Geburtenkontrolle in Deutschland nach dem Ersten Weltkrieg siehe u. a. Grossmann 1995. Einen internationalen Überblick über die Geschichte der Geburtenkontrolle bietet Mesner 2010.

848 Borel 1938, S. 271.

849 Vgl. Ferdinand 2002, S. 135 und 2004, S. 69; Melegh 2010, S. 65–66. Zu den „nationalen Denkstilen" siehe u. a. Harwood 1987.

kaum Mittel gab, an dem Faktum der hohen Zuwachsrate in Bulgarien etwas zu ändern. Denn diese gehe auf die ungewöhnlich hohe Geburtenziffer zurück, und letztens auf die „biologische Tatsache der hohen Fruchtbarkeit der bulgarischen Frau".[850] Aus der Sicht Frangeš' konnte die Beschränkung der Geburten das „Problem" zwar lösen, jedoch würde sich diese kaum auf eine humane Art durchführen lassen.[851] Ihm zufolge sollte die demogaphische Strategie für Jugoslawien „weder Verminderung der Geburten noch Bevölkerungsvermehrung" lauten.[852] Für Bićanić stellte die Verminderung oder Beschränkung der Geburten wiederum eine negative Erscheinung für die Volkswirtschaft dar und sei deshalb für die Lösung der Frage der „agrarischen Übervölkerung" abzulehnen.[853] Eugen Vancu (1877–1946), Redakteur der *Revista economică* aus Sibiu, dachte in einem Artikel in ebendieser Wirtschafts-Wochenzeitschrift über die moralischen Aspekte der Geburtenkontrolle angesichts der „Übervölkerung" nach. Seine Schlussfolgerung wurde von einem geopolitischen Dilemma beherrscht. Nur wenn sich die ganze Menschheit der Geburtenkontrolle verschreibe, könne eine bessere Zukunft erreicht werden. Wenn jedoch nur ein Land unilateral die Geburten beschränkt, führe das in die nationale Katastrophe, was gerade das zeitgenössische Beispiel Frankreichs belege.[854] In Südosteuropa war unter den Politikern die Meinung vorherrschend, dass ein Anwachsen der eigenen Bevölkerung aus staatlichen Macht- und Prestigegründen wünschenswert war. Sie beschäftigte die Frage, wie die „nicht ausgenutzten Arbeitskräfte" zum Wohle des Staats eingesetzt werden konnten. Auch für die Mehrzahl der bäuerlichen Familien war Kinderreichtum erstrebenswert.[855]

Wie bereits angemerkt übten deutsche Bevölkerungswissenschaftler aus rassistischen und geopolitischen Überlegungen heraus Kritik an der Geburtenkontrolle der deutschen Minderheiten in Südosteuropa. Ein gutes Beispiel für völkischen Malthusianismus stellte die Kritik Wüschts an den Frauen innerhalb der deutschen Minderheiten in Südosteuropa. Durch ihre Annäherungen an „moderne" Gesellschaftskreise und die „willentliche Kleinhaltung der Familie" trügen sie die Schuld am Geburtenrückgang.[856] Helmut Haufe sprach 1939 von der Möglichkeit des

---

850 Um die bulgarische Volkswirtschaft zu entlasten sollte nach Valčevs die bulgarische Politik im Lichte des zunehmenden „Bevölkerungsdrucks" vielmehr eine Verminderung der von Bulgarien zu zahlenden Reparationen erreichen (Waltscheff 1930, S. 103–104).

851 Frangeš 1937, S. 117.

852 Frangeš 1938, S. 1.

853 Bićanić 1940, S. 25.

854 Vancu 1943, S. 186.

855 Für eine Befragung der bäuerlichen Bevölkerung im Jugoslawien der Zwischenkriegszeit zum Thema Geburtenkontrolle siehe Erlich 1966 [1964], S. 292–305.

856 Wüscht 1938, S. 179. Anton Lehmann zufolge sei die deutsche Volksgruppe in Südslawien bevölkerungspolitisch auf dem besten Wege, den slawischen Völkern einen großen Dienst zu erweisen, indem sie durch gewollte oder geduldete Geburteneinschränkung Selbstmord begehe (Lehmann

rumänischen Bauern, dem „Übervölkerungsdruck“ durch eine Einschränkung des Nachwuchses auszuweichen.[857] Helmuth Mosers Lehrbehelf für die Ortsgruppenleitung NSDAP Gau Sudetenland zufolge würde für Deutschland eine „künstliche Beschränkung der Fortpflanzung“ zwecks Steuerung der „Raumnot“ nicht in Frage kommen: „Eine solche verbrecherische Beschränkung würde [...] nichts anderes als die Selbstaufgabe unseres Volkes bedeuten.“[858] Der rumänische Soziologe Anton Golopenţia und in weiterer Folge Gheorghe Roşu verorteten hingegen den „Kampf gegen die Übervölkerung“ durch „freiwillige Beschränkung der Geburtenzahl“ in Rumänien gerade in Gebieten mit „höherer Zivilisationsstufe“ – insbesondere dort, wo sich deutsche Siedlungen befinden (Banat und Teile von Siebenbürgen). In anderen Gebieten führe dieser zum Kampf um Nebeneinkommen, welche jedoch nur in beschränktem Maße verfügbar seien. In der Moldau und in Bessarabien, wo es gar keine Nebenerwerbsmöglichkeiten gab, sei die „stufenweise Herabsetzung des Lebensstandards die einzige mögliche Lösung.“[859] Zweifel kommen allerdings beim behaupteten Kausalitätszusammenhang von „Übervölkerung“ und freiwilliger Geburtenbeschränkung auf. So waren die von Ipsen angeführten Anzeichen eines „Übervölkerungsdrucks“ (fortschreitende Geburtenbeschränkung, Spätheirat oder Kinderlosigkeit der Ehen, zunehmende Sterblichkeit von Kindern und Jugendlichen) in Südosteuropa in erster Linie in Regionen feststellbar, welche von den Überbevölkerungstheoretikern nicht einmal als „übervölkert“ angesehen wurden (Siedlungsgebiete der Deutschen in Westrumänien und in der Vojvodina).[860]

Einer der Gründe für die Zurückhaltung mit Forderungen nach Geburtenkontrolle in den südosteuropäischen Staaten auf deutscher Seite ist darauf zurückzuführen, dass es sich bei den südöstlichen Donaustaaten größtenteils um Verbündete handelte – in wehrwirtschaftlichen Überlegungen während des Zweiten Weltkriegs sprachen nationalsozialistische Planer sogar von einem infolge der hohen Geburtenzahlen „überaus günstigen“ Altersaufbau und den daher zahlreicheren wehrfähigen

---

1938, S. 53). Im Kontrast zur damaligen Geburtenrückgangsdebatte und der Überbevölkerungsdiskussion in der zweiten Hälfte des 20. Jahrhunderts, in welchen der weibliche Körper eine zentrale Rolle als Ansatzpunkt für die Bekämpfung der „Überbevölkerung“ einnahm (siehe u.a. Wichterich 1988, S. 237–245), blieb die Differenzierung nach geschlechtsspezifischen Merkmalen in den Arbeiten zur „agrarischen Übervölkerung“ in Südosteuropa in der Regel unbeachtet. Das lag auch daran, dass die große Mehrheit der Arbeiten sich nicht explizit mit Geburtenkontrolle als Lösung des „Übervölkerungsproblems“ beschäftigte.

857 Haufe 1939, S. 209.

858 Moser 1940, S. 5.

859 Golopenţia 1940, S. 242–243; Roşu 1942, S. 64.

860 Ipsen 1940, S. 21; vgl. Râmneanţu/Oprea 1929, S. 215; Roşu 1942, S. 64 und Mirkowich 1939, S. 102: Nach Mirković wurde der Fortschritt verheißende Geburtenrückgang in der Bačka zusätzlich „durch die hohe Sterblichkeit der Kinder begünstigt“.

Jahrgängen in Südosteuropa.[861] Der andere Grund hängt mit der Südosteuropa zugedachten Rolle als Arbeitskräftequelle und Absatzmarkt für die deutsche Industrie nach gewonnenem Krieg zusammen. Darüber hinaus war man sich vermutlich bewusst, dass Geburtenkontrollprogramme kurzfristig wenig Einfluss auf die Verminderung des Konsums der südosteuropäischen Bevölkerung haben würden. Dass Ökonomen, welche von dem Modell der „agrarischen Übervölkerung" überzeugt waren, konsequenterweise dennoch in der Beschränkung der Geburten in ländlichen Gebieten eine Besserung der dortigen wirtschaftlichen Lage sehen mussten, belegen die Ausführungen Hans-Jürgen Seraphims: Die „an sich so bedauerliche Erscheinung" der Geburtenbeschränkung und die Vorherrschaft des Zwei- und Ein-Kindersystems unter dem deutschen Bauerntum in Südosteuropa bedeutete für ihn zweifellos einen Anreiz zur Rationalisierung und Mechanisierung der Betriebsführung.[862]

Weil in Großbritannien und den USA eine „reinere" neomalthusianische Lehre dominant war und auch wegen unterschiedlicher politischer Zielsetzungen hatten dortige Wissenschaftler anders als in Südosteuropa und Deutschland weniger Vorbehalte, Geburtenkontrolle als Mittel gegen die „agrarische Übervölkerung" Südosteuropas zu empfehlen. Da eine schnelle Verbesserung der Technik in „übervölkerten" Agrarländern meist außer Frage stand, könnte das Gleichgewicht der Beziehung zwischen Bevölkerungszahl und Ressourcen Carr-Saunders zufolge nur durch den langen und schmerzvollen Prozess der Bevölkerungsverminderung wiederhergestellt werden. Nach der Einführung der Geburtenkontrolle würde jedoch noch ein langer Zeitraum vergehen, bis die Geburtenrate sinke.[863] Die Bevölkerungsplaner wussten, dass sie bei der technischen und organisatorischen Durchführung der Geburtenkontrolle mit mentalen und politischen Widerständen rechnen mussten.

Zusammenfassend ist festzuhalten, dass im Hinblick auf die Lösungsansätze „agrarische Übervölkerung" normativ und tendenziös verwendet wurde. Im Rahmen der Diskussion über die „agrarische Übervölkerung" Südosteuropas wurde vor allem die Debatte „Agrar- vs. Industriestaat" geführt, auch wenn sie zu dieser

861 SOEG, Industrieplanung und das Wehrproblem 1942, BA R63/302, Bl. 103–104. Das Thema, welches jetzt interessierte, war die „wehrwirtschaftliche Bedeutung der Bevölkerungsvermehrung und die Möglichkeiten der Erhöhung einer Bevölkerungsdichte durch die Industrialisierung". Auch aus anderen Gründen – die „Aufsaugung der Bevölkerung" sei hier erwähnt – wurde die Industrialisierung des Südostens als notwendig erachtet. Die Vorteile einer Industrialisierung (Mehrbeschäftigung, Hebung der Einkommen, Stärkung der eigenen Wehrkraft usw.) sollten dem Südosten jedoch nur so lange bleiben, als er mit Deutschland verbündet war. Dies sollte durch eine Abhängigkeit der südosteuropäischen Industrien von deutschen Ergänzungsprodukten ermöglicht werden (SOEG, Industrieplanung und das Wehrproblem 1942, BA R63/302, Bl. 104 und 107).

862 Seraphim, Hans-Jürgen 1942, S. 46.

863 Carr-Saunders 1936, S. 140.

Zeit, genau wie die Besprechung der wirtschaftspolitischen Maßnahmen vermutlich auch ohne den Hinweis auf die Bevölkerungszunahme aktuell gewesen wären. Seltener wurden bevölkerungspolitische Lösungsstrategien entworfen.

5.4 Bildungs- und kulturpolitische Maßnahmen

Der größte Teil der südosteuropäischen Bauernschaft lebte ohne Bildung, Zeitungen, Radio und andere Informationsquellen.[864] Die Hebung des Bildungs- und Ausbildungsniveaus der Mehrheitsbevölkerung hätte für die Hebung des Lebensstandards großen Einfluss gehabt, in ihren Modernisierungsbestrebungen hatten die südosteuropäischen Regierungen die Bedeutung der Bildung und Ausbildung jedoch unterschätzt. Diese Vernachlässigung von politischer Seite erklärt vielleicht, warum auch in den Arbeiten über die „agrarische Übervölkerung“ Bildung eine untergeordnete Rolle spielte. Die Entfaltung des Humankapitals bzw. die Hebung von „Motivation und Kompetenz“ bei der Bevölkerungsmehrheit identifizierte Holm Sundhaussen retrospektiv als die eigentlichen Herausforderungen nachholender Entwicklung.[865] So war die Ausbildung von heimischen Facharbeitern auch für die Industrialisierung der Balkanstaaten notwendig. Dessen Fehlen hätte trotz des „Überflusses an Arbeitskräften“ einer Zuwanderung von gelernten Arbeitern aus den Industriestaaten erfordert.[866]

Im Bereich Bildung gingen die südosteuropäischen Experten selten über Problemanalysen und Ankündigungen hinaus. In seinem Vortrag anlässlich der Wiener Herbstmesse 1940 erklärte der Bukarester Agronom Nicolae Cornăţeanu,[867] dass „dieses eigenartige Menschenmaterial des rumänischen Bauern nach unserem Willen geformt werden“ könne.[868] Nicolae Predescu[869] führte aus, dass der Staat als Erzieher agieren müsse, da angesichts der „Übervölkerungserscheinungen“ wirtschaftlicher und sozialer Druck nicht genüge, um die Wirtschaftsgesinnung des

---

864 Petranović 1988, S. 65.

865 Sundhaussen 1993, S. 28.

866 Moore 1945, S. 134.

867 Cornăţeanu (1899–1977), welcher u. a. an der Hochschule für Bodenkultur in Wien studiert hatte, war in Bukarest Professor an der Fakultät für Agronomie und Direktor der Abteilung ländliche Ökonomie des Instituts für Agronomische Forschungen. 1935 veröffentlichte er sein stark rezipiertes Werk über die Rentabilität der bäuerlichen Landwirtschaft. Zwischen Februar und November 1939 hatte Nicolae Cornăţeanu das Amt des rumänischen Landwirtschaftsministers während vier verschiedener Kabinette inne.

868 Cornateanu 1940, S. 16.

869 Der Wirtschaftswissenschaftler Predescu schrieb seine Dissertation über die Wesensmerkmale und Entfaltungsmöglichkeiten der rumänischen Wirtschaftsstruktur bei Karl Thalheim an der Handels-Hochschule Leipzig (Predescu 1940).

rumänischen Bauern zu ändern.[870] Beobachtern in Deutschland zufolge wollten die zuständigen Behörden durch die bessere Schulung der kommenden Generationen erreichen, dass bessere Erträge erzielt würden, und dass sich somit auch die Existenz von Bauernfamilien auf Zwerggütern sicherstellen lasse.[871] Hochschulbildung als Weg zu akademischen nichtlandwirtschaftlichen Berufen schlossen südosteuropäische Experten jedoch größtenteils aus. In der Zwischenkriegszeit wurde unter Intellektuellen auf dem Balkan eine Polemik über die „akademische Übervölkerung“ in der Region geführt.[872] Auch im Fall, dass Bauernkinder eine akademische Ausbildung abschließen, würde es für sie fast unmöglich sein, eine Arbeit zu finden. Das Feld der Medizin wäre bereits von Ärztesöhnen besetzt, jenes des Rechts von Anwaltssöhnen.[873] Das heranwachsende „intellektuelle Proletariat“ wurde von den südosteuropäischen Staatsführungen als revolutionäre Bedrohung empfunden. Obwohl die Bezeichnung dies vermitteln will, handelt es sich bei der „akademischen Übervölkerung“ keinesfalls um ein demographisches Problem, sondern um ein Anzeichen starrer politischer Machtverhältnisse und wirtschaftsstruktureller Schwächen.[874]

Südosteuropäische Autoren beklagten damals, dass die Schulen die Jugendlichen mit sinnlosem Wissen voll stopften, anstatt sie auf das praktische Leben vorzubereiten.[875] Naiden Ikonomov beklagte, dass das bulgarische Bildungssystem keinesfalls auf die Bedürfnisse der Landwirtschaft eingestellt sei. So lernten die Kinder „in diesen Schulen die lateinischen Namen der verschiedenen Tierarten kennen, die etwa in Alaska leben, nicht aber die Wichtigkeit der Viehhaltung für den Ertrag der Viehwirtschaft.“[876] Von deutscher Seite wurde regelmäßig der Ruf nach einem

870 Predescu 1940, S. 37. Diese Aussage widersprach wiederum der zuweilen geäußerten Ansicht, dass südosteuropäische Bauern gerade wegen der „Übervölkerung“ der ländlichen Gebiete zur Intensivierung ihrer landwirtschaftlichen Arbeit geschritten waren.

871 Rumäniens Bevölkerungsüberschuss 1940, S. 111.

872 Bucur 2002, S. 134–135. In Bulgarien sprach man diesbezüglich auch vom „intellektuellen Proletariat“ (Daskalov 1998, S. 223). Zur „akademischen Übervölkerung“ siehe aus damaliger Sicht Kiritzesco 1935, Kiriţescu 1936, im Rückblick Sdrobiş 2012. Zur Rolle der Intelligenz im Südosteuropa der Zwischenkriegszeit siehe Sterbling 1993, S. 180–189.

873 Christ 1940, S. 395. Angesichts der Tatsache, dass in Jugoslawien viele qualifizierte Posten durch Unqualifizierte besetzt würden, zweifelte Bićanić in einer Zagreber Zeitung an der Existenz einer „Hyperproduktion der Intelligenz“ im Land (Bićanić 1930, S. 2–3). Im Rückblick zog Zotschew dennoch eine Paralelle zwischen dem „Amtshunger“ der Universitätsabsolventen und dem „Landhunger“ der Kleinbauern (Zotschew 1972, S. 15).

874 Die Diskussion erinnert an die Sicht auf die Situation zur Zeit des „Arabischen Frühlings“: gut ausgebildete, aber arbeitslose junge Menschen stellten die politischen Herrschaftsstrukturen in Frage und gefährdeten die staatliche Ordnung.

875 Etzemüller stellte dieselbe, zeitgleiche Debatte in Deutschland und Schweden fest, dort jedoch innerhalb des Geburtenrückgangsdiskurses (Etzemüller 2007, S. 78).

876 Ikonomoff 1942, S. 110–113.

dringenden Mentalitätswandel innerhalb der südosteuropäischen Bauernschaft wiederholt. Walter Hoffmann zufolge zeige sich noch „die Verquickung von Orient und Okzident, von asiatischem Geist, aber europäischem Willen“: wenig geschätzt sei die schnelle Erledigung der Arbeit, wie überhaupt Pünktlichkeit kein allzu bekannter Begriff sei. Prämien würden den „Südosteuropäer“ wenig reizen: Habe er erreicht, was er zum Leben benötigt, ziehe er es vor, „entweder seinen Acker zu bestellen oder sich in Nichtstun zu ergehen, bis er wieder Geld zum Leben braucht.“[877] Wagemann charakterisierte den Balkan als „Land der Bauern und Beamten“[878] und war erstaunt über die „grenzenlose Anspruchs- und Bedürfnislosigkeit“ der jugoslawischen Landbevölkerung. Wie viele seiner Kollegen hatte er so manches Problem, damit umzugehen: „Mitteleuropäer“ müssten sich in die „Psychologie“ der Subsistenzwirtschaft erst „künstlich hineinversetzen“, um zu verstehen, dass „sich in solchem Bereich die höheren materiellen Bedürfnisse nicht ohne weiteres entwickeln können.“[879] Dieses „Hineinversetzen“ gestaltete sich für die deutschen Ökonomen nicht so einfach, war doch in einer Vielzahl von Publikationen ein Bild der südosteuropäischen Bevölkerung gefestigt worden, welches sich gänzlich vom damals propagierten Bild der deutschen Bevölkerung unterschied. Ähnliche Beschreibungen sind bei Schriften aus dem deutschsprachigen Raum regelmäßig anzutreffen, so auch bei den Eindrücken, die August Heinrichsbauer auf einer Balkanreise im April und Mai 1940 gewann.[880]

Im Gutachten „Zur Frage des Überbesatzes Südosteuropas mit Arbeitskräften“ des Instituts für Weltwirtschaft in Kiel wurde es für erforderlich gehalten, „auf eine Verminderung der – zur Verdeckung der stillen Arbeitslosigkeit im Laufe der Generationen entstandenen – zahlreichen Feste hinzuwirken, die mancherorts mehr als 100 Tage ausmachen.“ Es bedürfe jedoch kaum der Erwähnung, dass dabei Widerstand zu überwinden wäre, dass manches Brauchtum zerstört werde und dass die Auswahl, welche der Feste verbleiben sollten, sehr schwer sein werde.[881] Das rumänische Landwirtschaftsministerium hätte bereits den Patriarchen veranlasst, die Bauern von der Einhaltung zahlreicher kirchlicher Feiertage zu entbinden. Die Arbeit solle in Zukunft nur an staatlich anerkannten Feiertagen ruhen.[882]

877 Hoffmann, Walter 1932, S. 18 und 151–152.

878 Kritisch zur weit verbreiteten Annahme eines fehlenden Bürgertums in Südosteuropa siehe Höpken 2007.

879 Wagemann 1939, S. 42; vgl. Schumacher 1934, z. B. S. 157.

880 Heinrichsbauer 1940, S. 14. „Das Ethos des Begriffes Arbeit in deutschem Sinne ist in Rumänien, wie eben fast überall im südöstlichen Europa, nicht bekannt“ (ebd., S. 50).

881 IfW, Zur Frage des Übersatzes Südosteuropas mit Arbeitskräften 1940, RGVA 1458/29/140, Bl. 29.

882 IfW, Möglichkeiten der Leistungssteigerung der Landwirtschaft Südosteuropas 1941, RGVA 1458/29/140, Bl. 42.

Der Beseitigung der „landwirtschaftlichen Übervölkerung" würden sich nach Faßbender viele Hindernisse in den Weg stellen. Den größten müsse jedoch durch Schulung und Erziehung der Bauernschaft entgegen gewirkt werden – so sei zunächst eine Veränderung der bäuerlichen Mentalität erforderlich. Man müsse die Bauern in einem Geist erziehen, der sich nicht damit abfindet, dass man zufrieden sterben kann, wenn man sich schlecht und recht durchs Leben gehungert hat. Vor allem sei auch der Analphabetismus zu bekämpfen. Mit 40 % Lese- und Schreibunkundigen könne ein Volk wirtschaftliche und soziale Aufgaben derartigen Umfangs, wie sie die Überwindung der „agrarischen Übervölkerung" darstelle, nicht bewältigen.[883] Rudolf Kratz, der Berliner Beauftragte des Reichsstatthalters Baldur von Schirach in Wien, fand es bedauerlich, dass die Steigerung der Hektarerträge, welche die deutsche Seite so lebhaft interessierte, für den südosteuropäischen Bauern selbst völlig belanglos war. Erst das Erwecken von Bedürfnissen werde die Menschen – ob zu ihrem Glück oder Unglück ließ Kratz dahingestellt – dazu veranlassen, die Arbeit und den Ertrag der Arbeit als Selbstzweck aufzufassen. Kratz zufolge werde es jedoch noch längere Zeit dauern, bis man den „orientalischen Menschen" zu einem Menschen „mitteleuropäischer Art" umgewandelt hätte. Denn welchen Anreiz könnte man heute dem Bauern auf dem Balkan geben, damit er bereit wäre, „das Glück des Nichtstuns mit dem Zwange intensiver Arbeit zu vertauschen?"[884] Diese Ausführungen belegen gut, dass sich die von Todorova beschriebene Vorstellung des Balkans als rückständige und unzivilisierte Region zu dieser Zeit verfestigt hatte. Hans-Jürgen Seraphim resümmierte 1942 resigniert:

> Das Entwicklungstempo der landwirtschaftlichen Umstrukturierung hängt aber auch noch von einem anderen, nicht minder fundamentalen Tatbestand ab: vom Willen und der Fähigkeit des Menschen, sie durchzuführen. Und diese sind nur beschränkt vorhanden.[885]

---

883 Fassbender 1941, S. 622.

884 Schreiben von Rudolf Kratz an August Heinrichsbauer betr. Arbeitsprogramm für die Tätigkeit des Südost-Agrar-Instituts, 4.6.1942, BA R63/83, Bl. 179.

885 Seraphim, Hans-Jürgen 1942, S. 40.

IV. Das wissenschaftliche Konzept und die politischen Ziele in der Praxis

Der normative Charakter des Überbevölkerungskonzepts wurde im vorigen Kapitel bereits anhand der vorgeschlagenen Lösungsansätze veranschaulicht, im folgenden Kapitel wird die Rolle des Konzepts im Hinblick auf die historischen Ereignisse und damaligen Zukunftsplanungen näher beleuchtet. Hier kommt die eingangs thematisierte Verflechtung zwischen Wissenschaft und Politik, welche als Ressourcen für einander verstanden werden, zum Tragen. Politiker nutzten das wissenschaftliche Konzept für ihre Absichten, während Wissenschaftler sich als Politikberater verstanden oder selbst politische Ämter bekleideten und sich bei der Beschäftigung mit der „Bevölkerungsfrage" Südosteuropas an politischen Zielen orientierten.

Das Konzept der „agrarischen Übervölkerung" wurde von deutscher Seite tendenziös gebraucht, um die Eingliederung Südosteuropas in einen „Großwirtschaftsraum" zu rechtfertigen, und um die Bewahrung der agrarischen Struktur der Region und die Steigerung ihrer landwirtschaftlichen Erzeugung und deren Ausfuhr nach Deutschland zu fordern. Vorgeschlagene Maßnahmen wie Konsumverzicht der ländlichen Bevölkerung zeigen, dass diese Forderungen nicht primär dem Wohl der Bauernschaft vor Ort dienen sollten. Aber auch in der Vorstellung der südosteuropäischen Eliten sollte die Bauernschaft mit Verweis auf die „agrarische Übervölkerung" die Kosten der angestrebten Modernisierung und Industrialisierung in finanzieller Hinsicht sowie in Form der Bereitstellung billiger Arbeitskraft tragen. Die Anknüpfung an das Konzept der „agrarischen Übervölkerung" eignete sich zudem, im Sinne der nationalen Homogenisierung die Aussiedlung ethnischer Minderheiten zu legitimieren. Bevölkerungsexperten in Großbritannien und den USA lieferten in ihrer Beschäftigung mit der „agrarischen Übervölkerung" Südosteuropas wiederum demographische Argumente im Einklang mit den Interessen des anglo-amerikanischen Raums und des Völkerbunds, Migrationen aus Ost- und Südosteuropa in den „Westen" zu verhindern.

Im Zuge der Weltwirtschaftskrise erlebten jene wirtschaftstheoretischen Konzepte in einer Reihe kapitalistischer Staaten (in erster Linie USA, Vereinigtes Königreich, Deutschland und Japan) einen Aufschwung, die eine Abkehr von der Weltwirtschaft und den Ausbau und die räumliche Erweiterung der eigenen Volkswirtschaften als Ausweg aus der Krise propagierten.[886] Solche Großwirtschafts-

886 Die Welt trat in eine Ära der Deglobalisierung ein. In Deutschland führten der Abzug von westlichem Kapital und neue Zollmauern zu einer geopolitischen Neuausrichtung des Außenhandels weg von der seit 1924 unter Stresemann bevorzugten Westorientierung (Gross 2015, S. 139–143).

raumkonzepte waren weniger konkret ausgearbeitete Programme als strategische Zielvorstellungen. Sie sahen die Schaffung einer Einflusszone vor, welche groß genug sein musste, um eine Versorgung mit Lebensmitteln und Rohstoffen innerhalb des Wirtschaftsblocks sicherzustellen. Einer hierarchischen Ordnung folgend sollten die Länder der Einflusszonen ihre Produktionsstruktur auf die Bedürfnisse der Metropole ausrichten und diese „ergänzungswirtschaftlich" mit Rohstoffen und Lebensmittel beliefern. Gleichzeitig sollten sie als Absatzmarkt für die Industrieexporte der Führungsmacht dienen. Eine eigenständige Entwicklung dieser Staaten sollte zugunsten einer hierarchisch geordneten Arbeitsteilung im Großraum verhindert werden. Die qualifiziertesten und hoch entlohnten Arbeiten blieben den Facharbeitern der Führungsmacht vorbehalten, während die Bevölkerung in den Randstaaten die einfachen und gering entlohnten Dienste durchführen sollten. Für das Zentrum sollte dies stetiges Wirtschaftswachstum, Vollbeschäftigung und Produktivitätssteigerung zusammen mit der Möglichkeit bringen, Krisenphänomene in die Peripherie zu verschieben, während eine so erreichte Erhöhung des Lebensstandards im Zentrum die dortige Arbeiterklasse sozial integrieren und politisch befriedigen sollte. Formal sollten sich die Wirtschaftsbeziehungen zwischen den Ländern des Großraums auf bilaterale Präferenzbeziehungen und auf der Währung der Führungsmacht als Leitwährung gründen.[887]

Die 1938 einsetzende verstärkte Publikationstätigkeit über die „agrarische Übervölkerung" Südosteuropas folgte den politischen Ereignissen, gelten die Jahre 1938 bis 1941 doch als eigentliche Periode nationalsozialistischer Hegemonial- und Bündnispolitik in Südosteuropa.[888] Die Beschäftigung mit dieser Frage erlebte 1942 einen weiteren Schub, als die Nahrungsmittelknappheit in Europa die Bedeutung der Balkanländer als Agrarproduzenten erhöhte.[889] Als Reaktion auf die deutsche Hegemonialstellung in der Region setzte sich die anglo-amerikanische Seite ab 1938 intensiver mit den demographischen Problemen Südosteuropas auseinander. Sie konnte ab 1943 im Zuge der auch mit der Beteiligung südosteuropäischer Experten im Exil erstellten sozioökonomischen Nachkriegsplanungen die Deutungshoheit gewinnen.[890] Als in dieser Zeit die großen demographischen Studien des Völkerbunds erschienen, hatte die Anzahl der Beiträge aus Deutschland bereits stark abgenommen.

Für einen Vergleich zwischen der japanischen „Großostasiatischen Wohlstandssphäre", der US-amerikanischen „Grand Area" und dem deutschen „Großwirtschaftsraum" siehe Dieterich 1990, S. 74–116.

887 Kahrs 1992, S. 9–11; Drews 2004, S. 193–194.

888 Danach wurden die Bündnisse mit Deutschland auf südosteuropäischer Seite mehr und mehr als Zwangsinstrumente empfunden (Broszat 1968, S. 45).

889 Vgl. Zarifi 2007, S. 225.

890 Gross, Feliks 1944, S. 173–174.

1. Anspruch Deutschlands auf die Einbeziehung Südosteuropas in seinen „Großwirtschaftsraum"

Die deutsche Variante des Großwirtschaftsraumkonzepts war ab 1930 durch eine unübersehbare Anzahl von Büchern, Broschüren und Aufsätzen fest im öffentlichen Diskurs in Deutschland verankert.[891] Sie war geprägt von der Verschränkung rassistischer Weltbilder mit massiven staatlichen Eingriffen in das Wirtschaftsleben und gab unter dem Schlagwort „Mitteleuropa"[892] die Richtung der wirtschaftlichen, politischen und militärischen Expansion vor. Die deutsche Großwirtschaftsraumidee ging auf Friedrich List (1789–1846) zurück, welcher Mitte des 19. Jahrhunderts als erster Ökonom rassistische und wirtschaftliche Thesen zur Legitimation deutscher Vorherrschaft in Europa verknüpft hatte.[893] Im Verlauf des 19. Jahrhunderts wurde „Mitteleuropa" immer mehr zu einem politischen Kampfbegriff des deutschen Nationalismus.[894] Während des Ersten Weltkriegs wurden die deutschen Mitteleuropapläne durch das 1915 erschienene Buch „Mitteleuropa" des liberalen Politikers Friedrich Naumann (1860–1919) populär.[895] Bei einem Großteil der politischen und wirtschaftlichen Eliten der Weimarer Republik blieb das Ziel eines „Mitteleuropäischen Wirtschaftsraums" präsent. So veröffentlichte der Nationalökonom und Publizist Giselher Wirsing 1932 sein Buch über „Zwischeneuropa und die deutsche Zukunft".[896] Er gehörte zu dieser Zeit zu den führenden Propagandisten

891 Teichert 1984, S. 1. In seinem viel beachteten Vortrag über die Zukunft des Kapitalismus im Februar 1932 sprach sich Werner Sombart, sichtlich beeinflusst von der Weltwirtschaftskrise, für eine „Autarkisierung" Deutschlands aus und gab gleichzeitig den Hinweis, dass „vor allem eine engere Verbindung mit den südöstlichen Staaten Europas die richtige Lösung darstellen würde" (Sombart 1932, S. 39–40). Für die Bedeutung der Weltwirtschaftskrise in der Außenpolitik der Weimarer Republik gegenüber dem Donau-Balkan-Raum siehe Sundhaussen 1976.

892 Zum deutschen Mitteleuropa-Diskurs und den deutschen Plänen für Mittel- und Südosteuropa siehe u. a. Meyer 1955, Berndt 1965, Okey 1992, Krüger 1995, Blindow 1999, Elvert 1997, 1999 und 2005, Schultz/Natter 2003, Thörner 2008 und die Einführung in Sachse 2010; vgl. das Schlagwort „Drang nach Osten" bei Wippermann 1981, Meyer 1996. Das deutsche Konzept einer mitteleuropäischen Großraumwirtschaft ist auch als Teil eines größeren Diskurses über die Wirtschaftsordnung in Mitteleuropa nach dem Zerfall der Habsburgermonarchie zu sehen, siehe Schirmann 2000 und Rauscher 2016, aus damaliger Sicht siehe dazu u. a. Hantos 1925 und 1934, Dolberg 1926, Pasvolsky 1972 [1928] und Strasburger 1943.

893 List 1959 [1841]. Auf der anderen Seite sah List Bevölkerungswachstum als Bedingung und Voraussetzung für wirtschaftliche Entwicklung und Fortschritt an und lehnte die Übervölkerungslehre Malthus' ab (Ferdinand 1999, S. 65–79).

894 Schultz 2002, S. 357.

895 Naumann 1915.

896 Wirsing 1932. Die Schrift ist eine Umarbeitung seiner Dissertation bei Carl Brinkmann, dessen Assistent er von 1929 bis 1932 in Heidelberg war. Zu Wirsing (1907–1975) und seinem Werk

der rechtsbürgerlichen Zeitschrift *Die Tat*, in der bereits 1915 die deutsche Expansionsrichtung nach Ost- und Südosteuropa mit demographischen Argumenten gerechtfertigt worden war: Die Region sei dünn bevölkert und übe einen „Sogeffekt“ auf das „übervölkerte“ Deutschland aus. Darüber hinaus könne Deutschland in diesen „schlecht bewirtschafteten“ Ländern die Rolle eines Entwicklungshelfers übernehmen.[897]

Die NSDAP machte die weit verbreiteten Mitteleuropa-Vorstellungen schließlich zur Grundlage ihres Plans eines „Großwirtschaftsraums“ unter deutscher Führung.[898] Dessen geographische Grenzen sollten in den deutschen Vorstellungen im Interesse der „Blockadesicherheit“ so gezogen werden, dass alle lebenswichtigen Rohstoffe und Güter aus eben diesem Raum gewonnen werden konnten.[899] Südosteuropa sollte in diesem System Industrieerzeugnisse aus Deutschland abnehmen und Lebensmittel, Rohstoffe und Arbeitskräfte nach Deutschland liefern.[900] Dem Geopolitiker Otto Maull zufolge hielt Südosteuropa als „natürlicher und kulturlicher“ Ergänzungsraum und Absatzgebiet für das hoch industrialisierte und dicht bevölkerte Deutschland Rohstoffe, Lebens- und Genussmittel bereit. In Anbetracht der günstigen Verkehrsverknüpfungen wäre es geradezu „unnatürlich“,

---

siehe u. a. Pöpping 1997 und Blindow 1999, S. 114–125. Zur deutschen Südosteuropapolitik der Weimarer Republik siehe u. a. Sundhaussen 1976 und Höpfner 1983.

897 Hecker 1974, S. 38–39. Zur Mitteleuropa-Konzeption *Der Tat* siehe ebd. S. 37–43 und 155–178.

898 Kletzin 2000, S. 9–22; Drews 2004, S. 195–197.

899 Moser 1940, S. 23. Dem „deutschen Führungsprinzip“ zufolge sollte in allen Teilen der „Großraumwirtschaft“ der Übergang zur Wirtschaftsführung vollzogen werden (Schuster 1942, S. 146).

900 Zum nationalsozialistischen Großwirtschaftsraumkonzept und seiner „ergänzungswirtschaftlichen“ Konzeption existiert eine unfangreiche Sekundärliteratur, welche im Anschluss nur lückenhaft skizziert werden kann, siehe u. a. Mitrović 1977, Wendt 1981, Bohn 1995, Freytag 2010 und 2012. Umfangreich zu den politischen und wirtschaftlichen Beziehungen zwischen dem „Dritten Reich“ und den Ländern Südosteuropas siehe Kaiser 1980; Lukač 1982 und 1987; Grenzebach 1988 und Gross 2015. Ausführlich zu den deutsch-jugoslawischen Beziehungen 1934–1941 siehe Hoptner 1962 und Schröder 1975, zu den deutsch-rumänischen Beziehungen siehe Hillgruber 1954 und Chiper 2000, zu den deutsch-bulgarischen siehe Hoppe 1979, Markov 1984 und Wien 2007. Für eine zeitgenössische Einschätzung der deutschen Wirtschaftspolitik im Donau-Balkanraum aus britischer Perspektive siehe Einzig 1938, vgl. Schacher 1938. Zum Stellenwert der „Großraumwirtschaft“ in der deutschen Außenpolitik vor dem Zweiten Weltkrieg siehe u. a. Teichert 1984. Zur US-amerikanischen bzw. britischen Reaktion auf die deutsche Großwirtschaftsraumpolitik der 1930er Jahre siehe u. a. Hehn 2002, S. 118–131. Zur Umsetzung der Großwirtschaftsraumpolitik in Südosteuropa siehe u.a. Berend/Ránki 1974, S. 265–341; Ristović 1991; Seckendorf 1992, S. 18–101; Sundhaussen 1999 und Volkmann 2003. Zur NS-Agrarpolitik in Südosteuropa siehe Brandt 1953, S. 153–232. Zur NS-Wirtschaftspolitik gegenüber Kroatien und den Widersprüchen zwischen langfristigen Planungen und kurzfristiger Ausbeutung siehe Sundhaussen 1983, für Serbien siehe Schlarp 1986 und 2005; Aleksić 2002.

die südosteuropäischen Staaten nicht als „Vorratskammern" des Deutschen Reichs zu betrachten.[901]

Konkret sollten die geographisch nah an Deutschland liegenden Länder Südosteuropas durch den Abschluss bilateraler Waren- und Verrechnungsabkommen in eine handelspolitische Abhängigkeit gebracht werden. Das am 1. Mai 1934 mit Jugoslawien geschlossene Abkommen ist modellhaft für diese Strategie: es sah eine bevorzugte Abnahme der landwirtschaftlichen Hauptexportprodukte wie Weizen, Mais, Pflaumen, Eier, Äpfel und Schmalz bei gleichzeitigen Vergünstigungen für den Export deutscher Industrie vor.[902] Die dirigistische Außenhandelspolitik Deutschlands kam in Hjalmar Schachts „Neuen Plan" von September 1934 zum Ausdruck, welcher angesichts der ungünstigen Devisenlage vorsah, die Einfuhr von Fertigwaren zu drosseln und womöglich nur auf in Deutschland nicht oder nur in ungenügender Menge erzeugbare Lebens- und Futtermittel oder rüstungsrelevante Rohstoffe und Spezialgüter zu beschränken. Darüber hinaus sollte der vom MWT miterarbeitete Plan eine Umorientierung des deutschen Außenhandels von den Überseeländern auf Südosteuropa bringen.[903]

Die Abwicklung des Warenaustauschs im Clearingverfahren war ein wichtiges Instrument zur wirtschaftlichen Bindung der südosteuropäischen Staaten an Deutschland.[904] Um den Warenaustausch devisenfrei verrechnen zu können, wurden bei den Nationalbanken Verrechnungskonten eingerichtet. So bekam z. B. ein rumänischer Exporteur den Betrag für seine nach Deutschland gelieferten Waren von der rumänischen Nationalbank ausgezahlt, während ein deutscher Exporteur sein Geld von der Deutschen Reichsbank erhielt. Beide Banken führten dann einen Ausgleich der Konten durch. Deutschland zahlte für Agrarprodukte aus Südosteuropa einen etwas höheren Preis als jenen auf dem Weltmarkt. Doch die Preise der Industrieprodukte, die Deutschland nach Südosteuropa verkaufte, lagen in der Relation noch höher, sodass die südosteuropäischen Länder im Tausch das Nachsehen hatten. Das Deutsche Reich sammelte bei den Balkanstaaten bis 1936

901 Maull 1939, S. 78.

902 Im „Balkanischer Wirtschaftsblock" betitelten Leitartikel der *Politika* vom 14. Dezember 1930 wurde das demographische Argument in Bezug auf die Rolle Südosteuropas als Absatzmarkt für westeuropäische Industrieprodukte weitergedacht: Es sei von äußerster Wichtigkeit für das industrielle Westeuropa, wenn sich die Bevölkerung in Südosteuropa genau doppelt so schnell vermehre als dort. Auf diese Weise würde eine riesige „Konsumenten-Masse" geschaffen, welche natürlich nur dann von Bedeutung für die „westlichen Industriellen" sei, wenn sie auch in der Lage ist, deren Erzeugnisse abzukaufen. Im Anschluss setzte sich der Leitartikel für eine Zusammenarbeit der Balkanstaaten mit Österreich und Deutschland ein (Politika 14.12.1930, S. 1).

903 Volkmann 1979, S. 254; Ránki 1983, S. 145–147. Zu Schachts „Neuem Plan" siehe Dengg 1986 und Ebi 2004.

904 Abschluss des Clearingabkommens mit Bulgarien am 1. September 1932, mit Jugoslawien am 13. September 1932 und mit Rumänien am 2. März 1933.

bereits beträchtliche Clearingschulden an. Diese Zahlungsrückstände brachten für Deutschland zinslose Darlehen, da die Waren aus Südosteuropa bereits importiert waren. Abgesehen von einem de facto Abnehmer- und Verkaufsmonopol konnte Deutschland über dieses Verrechnungssystem die Inflation der Reichsmark in die südosteuropäischen Staaten exportieren.[905]

Die Konzentration der nationalsozialistischen Wirtschaftspolitik auf Südosteuropa wurde mit der Einrichtung Hermann Görings Vierjahresplanbehörde im Oktober 1936 weiter gefestigt. In „ergänzungswirtschaftlicher" Weise sollten die Balkanstaaten für die Kriegsvorbereitungen wichtige Nahrungs- und Futtermittel sowie Rohstoffe liefern.[906] Begünstigt wurde die engere Zusammenarbeit mit Rumänien durch den Umstand, dass Carol II. im Sommer 1936 den frankophilen Außenminister Titulescu entlassen hatte und eine deutschfreundliche Linie einschlug.[907] Der deutsch-rumänische Handelsvertrag vom 23. März 1939 kann als weiteres Zeichen für die „harmonischen Wirtschaftsbeziehungen" im „Großwirtschaftraum" gelten. Rumänien sollte einen großen Teil seiner Jahresernte und Rohstoffproduktion an Deutschland liefern, im Gegenzug sicherte Deutschland seine Unterstützung bei infra- und sozialstrukturellen Rationalisierungsmaßnahmen der Landwirtschaft zu.[908] So verwundert es nicht, dass „die Entwicklung und Lenkung der landwirtschaftlichen Erzeugung Rumäniens" den ersten Punkt des deutsch-rumänischen Wirtschaftsabkommens ausmachte. Seine Mithilfe bot Deutschland auch beim Ausbau der Veredelungsindustrie für landwirtschaftliche Produkte an.[909] Besonderes Interesse zeigte das „Dritte Reich" am rumänischen Erdöl.[910] Hans Zeck, wissenschaftlicher Mitarbeiter der SOEG, pries die Rolle, welche Deutschland beim Abbau der „landwirtschaftlichen Übervölkerung" durch den Vertragsabschluss zukam. Das gewaltige Arbeitsprogramm des Vertrags mache es so gut wie unmöglich, dass Rumänien in Zukunft noch Arbeitslose haben werde. Durch den Abbau des „übermäßigen Drucks der landwirtschaftlichen Bevölkerung" werde eine solide Wirtschaftsstruktur geschaffen, „die *gute* Lebensmöglichkeit für

905 Pejić 1976, S. 264–265; Drews 2004, S. 211–214. Zum Clearing-Regime siehe Wendt 1981 und Ritschl 2001, eine andere Sichtweise vertritt Milward 1981.

906 Volkmann 1979, S. 340; Ránki 1983, S. 155–156; Thörner 2008, S. 459–464. Das Ziel der Vierjahresplan-Behörde Görings, welcher als Vertrauensmann der IG Farben galt, war die Erlangung der „Kriegsfähigkeit" der deutschen Wehrmacht und Wirtschaft durch Aufrüstung und wirtschaftliche Unabhängigkeit bis zum Jahr 1940. Grundlegend zum Vierjahresplan siehe Petzina 1968.

907 Hitchins 1994, S. 436–437.

908 Kahrs 1992, S. 16–17. Zu den Hintergründen des Vertragsabschlusses und seiner Umsetzung siehe Drews 1995, S. 83–99.

909 Deutsch-rumänisches Wirtschaftsabkommen vom 23. März 1939, S. 1.

910 Siehe dazu Pearton 1971, Eichholtz 2005.

alle bietet."[911] Auch Hans Krämer in der *Zeitschrift für Geopolitik* zufolge ließen sich die durch den Vertrag eingeleiteten „Gesundungserscheinungen", vor allem durch die „Abschöpfung der weitgehend brach liegenden landwirtschaftlichen Überbevölkerung" in Rumänien, noch gar nicht überblicken.[912] Wilmowsky vom MWT zufolge konnten die südosteuropäischen Staaten nur in gemeinsamer Arbeit mit Deutschland die zu erfüllende Aufgabe leisten, größere Ernten einzufahren und die zweit- bzw. drittgeborenen Söhne der Bauern, die bisher als „unnütze Esser" zu Hause saßen, zu kaufkräftigen Konsumenten zu machen.[913]

Tabelle 7 „Der deutsche Anteil am Außenhandel Südosteuropas 1933/40 (in %)"[914]

	Einfuhr von Südosteuropa	Ausfuhr nach Südosteuropa
1933	18,44	15,35
1934	19,66	22,72
1935	25,92	25,69
1936	33,77	29,62
1937	32,86	26,32
1938[1]	40,07	40,73
1939[2]	50,61	46,08
1940[3]	54,01	46,36

[1] einschl. Österreich, [2] einschl. „Protektorat", [3] mit Griechenland bis Sept. 1940.

Kritik am deutschen Großwirtschaftsraumkonzept und an der Südosteuropa zugedachten Rolle fand man in deutschen Publikationen selten. Ladislaus Nyiri, Diplomvolkswirt aus Čakovec in Nordkroatien, wollte in seiner Dissertation „Die europäische Großraumwirtschaft" an der Friedrich-Wilhelms-Universität in Berlin aus dem Jahr 1936 nachweisen, dass eine sinnvolle Großraumwirtschaft den wirtschaftlichen und sonstigen Gegebenheiten Europas nicht entsprach. Die Agrarländer Südost- und Osteuropas, die nunmehr *das* Absatzgebiet für die Überschussproduktion der europäischen Industrie darstellen sollten, hätten für die meisten hochwertigen Erzeugnisse gar keine Verwendung.[915] Ganz im Gegenteil wurde in deutschen Publikationen der folgenden Zeit die Kohärenz der wirtschaftspolitischen Interessen der beiden ergänzungswirtschaftlichen Tauschpartner „in glück-

911 Zeck 1939, S. 47. Derselben Ansicht war auch Franz Thierfelder (1941, S. 147).

912 Krämer 1939, S. 380.

913 Wilmowsky 1940, S. 46.

914 Schulmeister 1942, S. 52.

915 Nyiri 1936, S. 29. Ein kritischer Blick aus Südosteuropa auf das deutsche (und italienische) Großwirtschaftsraumkonzept findet sich bei Bićanić 1939, S. 66–92 und 103–105; vgl. Ristović 2010, S. 220–224.

lichster Form“ gepriesen. In einem Vortrag über „Die wirtschaftliche Bedeutung Südosteuropas für das Deutsche Reich“ vor der Deutschen Wirtschaftswissenschaftlichen Gesellschaft 1938 lobte Hermann Gross das „ideale natürliche Ergänzungsverhältnis zwischen dem deutschen Industriestaat und den südosteuropäischen Rohstoffländern“ und plädierte für eine „organische, d. h. natürliche Arbeitsteilung zwischen dem Deutschen Reich und Südosteuropa“.[916] Eine Anpassung an die Bedürfnisse des Großdeutschen Reichs als entscheidenden Ausfuhrmarkt komme der Bevölkerungs- und Agrarpolitik in Südosteuropa „besonders gelegen“.[917] Durch den Verlauf des Zweiten Weltkriegs sahen sich die deutschen Ökonomen in ihrer konzeptionellen Planung bestätigt. Darüber hinaus hätte die „Austreibung der Engländer“ aus Südosteuropa im Frühjahr 1941 den Balkanländern die Möglichkeit eröffnet, sich ohne Hindernisse und mit deutscher Unterstützung ihren Aufgaben im „Großwirtschaftsraum“ zu widmen: der „Intensivierung der Landwirtschaft bei entsprechender Umstellung auf den besonderen Bedarf der industriellen europäischen Staaten, besonders Großdeutschlands.“[918] Ökonomen unter der deutschen Minderheit in Rumänien freuten sich über die *„reiche Mitgift“*, welche Rumänien in Form von landwirtschaftlichen Erzeugnissen in den „europäischen Kriegswirtschaftsraum“ eingebracht hätte.[919] Der bulgarische Abgeordnete Sotir Janev[920] versicherte in der Zeitschrift *Volk und Reich* dem deutschen Pubilkum, dass Bulgarien auch weiterhin ein Landwirtschaft und Viehzucht betreibendes Land bleiben werde. Die Aufnahmefähigkeit für Erzeugnisse der deutschen Industrie werde sich unter diesen Bedingungen nur weiter vergrößern. Das mit deutscher Unterstützung geschaffene Großbulgarien sei der „gegebene Pfeiler der europäischen Neuordnung auf dem Balkan“.[921]

---

916 Gross 1938, S. 14 und 26; vgl. aus der Zeit der Weimarer Republik Gürge 1931, S. 18 und Grotkopp 1931, S. 40. Nach Gross wären in Südosteuropa autoritäre Staatsführung und Wirtschaftsorganisation am besten geeignet, die Handelsbeziehungen zu Deutschland auf eine sichere Grundlage zu stellen (Gross 1938, S. 23 und 26); vgl. ähnliche Ausführungen bei Casper 1940, S. 984–985.

917 Hauptprobleme der bulgarischen Agrarpolitik 1941, S. 87. Sich selbst sahen die deutschen Wirtschafts- und Bevölkerungsplaner in der Rolle von Entwicklungshelfern für Südosteuropa (z. B. Leibrock 1941, S. 155). Hier wurden meist die Soja-Aktion der IG Farben und die Beispieldörfer und Stipendienaktion des MWT genannt (Glück 1963, Drews 2004, Wien 2010 und Preshlenova 2010).

918 Christiansen 1941, S. 519.

919 Bruckner 1942, S. 54. Ronneberger zufolge konnte ohnehin nur das Deutsche Reich Südosteuropa wirklich „befruchten“ (Ronneberger 1943, S. 97). Zum Einsatz von Metaphern in den deutschen Durchdringungsplänen der südosteuropäischen Wirtschaft siehe Sachse 2010.

920 Janev (1981–1943) war Vertreter des rechten Flügels der Bulgarischen Sozialdemokratischen Arbeiterpartei (BRSDP). Der Hitleranhänger war Vorsitzender der parlamentarischen Kommission für Auswärtige Angelegenheiten. 1943 wurde er vom antifaschistischen Widerstand getötet (Bayerlein/Hedeler 2000, S. 496).

921 Janew 1942, S. 195 und 197.

Die großen wirtschaftlichen Möglichkeiten Südosteuropas konnten Hans-Jürgen Seraphim zufolge nur in Zusammenarbeit mit Deutschland zur Entfaltung gebracht werden, weil das nationalsozialistische Deutschland bewusst den Schritt von der „Weltwirtschaft alten Stils" zum „System der Wirtschaftsgemeinschaft" getan habe. Dabei beabsichtigten weder Deutschland noch die südosteuropäischen Länder der Welt vorzuspiegeln, diese Zusammenarbeit völlig uneigennützig anzustreben. Auf beiden Seiten seien es wohlverstandene nationalwirtschaftliche Beweggründe: auf der einen Seite das Bestreben der südosteuropäischen Länder, ihre brennenden Bevölkerungs- und Sozialprobleme zu lösen sowie einen höheren Grad wirtschaftlicher innerer Ausgewogenheit zu erlangen; dies komme auf der anderen Seite aber auch dem Ziel der deutschen Wirtschaftspolitik entgegen, über den bisherigen Umfang hinaus aus dieser Ländergruppe die eigene lebenswichtige Bedarfsdeckung sicherzustellen.[922] Die Beteuerung deutscher Ökonomen und Machthaber, Deutschland verfolge im Südosten nur wirtschaftliche und keine politischen oder gar imperialistischen Ziele,[923] sollte den südosteuropäischen Politikern versichern, dass eine eigentlich unrealistische Trennung von wirtschaftlicher und politischer Sphäre möglich war und dass die Länder Südosteuropas keine politische Einflussnahme des „Dritten Reichs" fürchten mussten.[924]

In nicht für die Veröffentlichung vorgesehenen Arbeiten kamen die Interessen des nationalsozialistischen Deutschlands in Südosteuropa noch deutlicher zum Vorschein. Das Institut für Konjunkturforschung errechnete in einer „Denkschrift über Großraumwirtschaft" Mitte 1940, dass die Überschussproduktion Jugoslawiens, Rumäniens und Bulgariens gemessen an dem für die Kriegszeit als notwendig erachteten Kalorienbedarf zur Ernährung von rund 3,5 Millionen Menschen ausreiche. Dabei seien die landwirtschaftlichen Erzeugungsmöglichkeiten der Südostländer bei weitem nicht ausgeschöpft.[925] Im Gutachten „Das Problem der wirtschaftlichen Stabilisierung in den Austauschbeziehungen zwischen Deutschland und dem Südosten" des Instituts für Weltwirtschaft von Jänner 1941 wurde ein überhöhter Reichsmarkkurs für den Abrechnungsverkehr mit den Großraumpartnern als zweckmäßig angesehen, „da diesen gegenüber im Interesse einer Korrektur des dort

922 Seraphim, Hans-Jürgen 1943, S. 63 und 110–111.

923 Z.B. Grotkopp 1931, S. 46–47 und Darré 1939, S. 7.

924 Vgl. Schröder 1984, S. 214. Ironischerweise hatte Carl Brinkmann noch 1932 in seiner Betrachtung über die handelspolitische Neugestaltung im Raum der österreichisch-ungarischen Nachfolgestaaten festgestellt, dass die Ideologie einer möglichen grundsätzlichen Trennung zwischen politischer und rein ökonomischer Behandlung der Frage der „Freihandelsdogmatik" entsprang und von der „Völkerrechts- und Völkerbundsdiplomatie" genährt wurde. Die Wissenschaft dürfe hingegen „dieses Versteckspiel" nicht länger mitmachen und müsste für ihre eigenen Erkenntniszwecke den notwendigen Zusammenhängen von Politik und Wirtschaft nachgehen (Brinkmann 1932, S. 476).

925 Volkmann 1984, S. 22.

überhöhten Lebenshaltungsstandards und der Beteiligung an den Wehrkosten des Reiches eine entsprechende Kursfestsetzung erforderlich" sei.[926] Die Ökonomen des IfW hatten offensichtlich kein Verständnis dafür, dass Deutschland die gesamten Kriegskosten tragen müsse, während die eigentlich als bedürfnislos geltende Bevölkerung Südosteuropas über ihren Verhältnissen leben würde.

Den Anspruch, Südosteuropa in den deutschen „Großwirtschaftsraum" einzubinden, begründeten deutsche Autoren häufig auch mit der Existenz einer „agrarischen Übervölkerung" in Südosteuropa. Die Einbindung der südosteuropäischen Staaten in den „Großwirtschaftsraum" aus ihrer eigenen Perspektive vorteilhaft, weil sie zur Lösung ihrer „Bevölkerungsprobleme" führe. Die „Rückkehr nach Mitteleuropa" (gemeint ist die Anbindung Südosteuropas an Deutschland) erlöse „den Südosten nicht nur politisch und wirtschaftlich aus seiner Anarchie," sie bewahre seine Bauern im Zuge der „großraumwirtschaftlichen Zusammenarbeit" und des Einsatzes von Landarbeitern in Deutschland auch vor der durch die „agrarische Übervölkerung" drohenden Proletarisierung.[927] Mit an oberster Stelle in der „Therapie der Übervölkerung" stand so nach Brinkmann der (von Deutschland) gelenkte und geplante, „natürlich bedingte" Austausch im Großraum.[928]

Die enge Wirtschaftsverflechtung der Südostländer mit Deutschland wäre ein wichtiger Anfang für die „Linderung der Folgen der agrarischen Übervölkerung". Deutschland hätte dazu in erster Linie mit dem von ihm initiierten intensiven Anbau von Futter- und Industriepflanzen wie z. B. Soja beigetragen. Die Ausdehnung jener arbeitsintensiven landwirtschaftlichen Kulturarten für den deutschen Bedarf komme dem Streben der südosteuropäischen Staaten nach einer „Lösung des Problems der agrarischen Übervölkerung" entgegen. Die Belieferung der Südoststaaten mit deutschen Industrieprodukten könne künftig demgegenüber zu einer weitgehenden Entlastung führen.[929] Nur Deutschland könne aufgrund seiner Bevölkerungs- und Wirtschaftsstruktur als Handelspartner für die südosteuropäischen Länder in Frage kommen. Gerhard Schacher hatte zwar Verständnis dafür, dass Italien aufgrund seiner „starken Übervölkerung" an der Schaffung neuer Absatzgebiete für die Industrie und an nahe gelegenen Kolonialländern zwecks leichterer Beeinflussung und Steuerung interessiert war. Im Laufe eines oder zweier Jahrzehnte könnten hier vielleicht schon Verhältnisse geschaffen werden, die die Balkanwirtschaft zu einem Reservat Italiens machen und „die Möglichkeiten für

926 IfW, Das Problem der wirtschaftlichen Stabilisierung in den Austauschbeziehungen zwischen Deutschland und dem Südosten 1940, RGVA 1458/29/140, Bl. 38.

927 Schulmeister 1942, S. 38–39.

928 Brinkmann 1943, S. 66.

929 Das Bevölkerungsproblem in den Südostländern 1939, S. 285; Hauptprobleme der bulgarischen Agrarpolitik 1941, S. 86 und Oberländer 1943, S. 423.

andere Völker, sich einen Teil dieses Wohnraumes durch kolonisatorische Durchdringung einzelner Balkangebiete, wie es etwa die Deutschen seit Jahrhunderten mit großem Erfolg getan haben, zu sichern," verringern würden.[930]

Anton Reithinger deutete 1934 auf das „Problem" hin, dass die Bevölkerung Italiens kaum weniger stark wachse als die der südosteuropäischen Agrargebiete. Wie Italien diese Region in seine wirtschaftspolitische Interessenssphäre einbeziehe, gäbe eine Vorstellung von der Problematik und den künftigen Schwierigkeiten der italienischen Balkanpolitik.[931] Deutschland hatte in den Augen seiner Ökonomen aufgrund seiner Wirtschaftsstruktur also einen legitimeren Anspruch auf die Einbeziehung Südosteuropas in seine wirtschaftspolitische Interessenssphäre. Das geheime Gutachten „Der italienische Einfluß auf die Industriewirtschaft in Südosteuropa seit Kriegsbeginn", welches 1943 vom Deutschen Institut für Wirtschaftsforschung (ehemals Institut für Konjunkturforschung) in Berlin ausgearbeitet wurde, nahm diese Argumentation wieder auf. Dem Gutachten zufolge waren die „gegenseitigen Ergänzungsmöglichkeiten" Italiens und Südosteuropas aufgrund der „landwirstchaftlichen Übervölkerung" beider Gebiete sehr gering.[932]

Auch die wirtschaftliche Zusammenarbeit der südosteuropäischen Staaten mit Frankreich und dem Vereinigten Königreich könne keine „Erleichterung" der „agrarischen Übervölkerung" bringen, die beiden Staaten würden vielmehr die Schuld an diesem Zustand in Südosteuropa tragen, wie Reithinger im Herbst 1940 in einem Vortrag im Deutschen Auslandswissenschaftlichen Institut[933] ausführte. Die „demokratisch-kapitalistischen" und zudem „raumfremden Mächte"[934] Frankreich und das Vereinigte Königreich seien dafür verantwortlich, dass Südosteuropa „mit höchstem Geburtenzuwachs auf engem Raum" infolge der bisherigen weltwirtschaftlichen Vorraussetzungen in seiner Grundstruktur nicht über einen „hochübervölkerten Agrarstatus" hinausgekommen sei.[935] Zudem sei die wirtschaftspsychologische Grundlage der britisch-südosteuropäischen Wirtschaftsbe-

---

930 Schacher 1930, S. 145, 148 und 156–157. Zu den politischen und wirtschaftlichen Beziehungen zwischen Italien und Jugoslawien in den 1930er Jahren siehe Milak 1987.

931 Reithinger 1934, S. 554.

932 IfK 1943, S. 7–8.

933 Das Deutsche Auslandswissenschaftliche Institut (DAWI) war im Januar 1940 in Berlin gegründet worden (Botsch 2006, S. 68; zum DAWI siehe ebd.).

934 1939 war die programmatische Schrift „Völkerrechtliche Großraumordnung mit Interventionsverbot für raumfremde Mächte" des berühmten Staatsrechtslehrers Carl Schmitt (1888–1985) erschienen (Schmitt 1939). Siehe dazu u. a. Blindow 1999, S. 56–113. Zu Leben und Werk Carl Schmitts siehe u.a. Mehring 2009.

935 Reithinger 1943, S. 15–18. In einer Propagandaschrift, welche die europäischen Bauern im Kampf gegen das Vereinigte Königreich vereinen sollte, schrieb Walther Hebert, dass Großbritannien in der Vergangenheit den Lebensstandard in Kontinentaleuropa absichtlich niedrig gehalten hatte, „damit der europäische Bevölkerungszuwachs als unverwertbarer ‚Überschuß' erschien, dem schließlich

ziehungen fragwürdig, wie ein Artikel in den *Monatsberichten des Wiener Instituts für Wirtschaftsforschung* ausführte. Die südosteuropäischen Länder suchten das Kardinalproblem ihrer Volkswirtschaften, die „agrarische Übervölkerung", durch Industrialisierung, Verkehrserschließung und Intensivierung der Landwirtschaft zu beseitigen. Die Schaffung eines kräftigen Binnenmarkts würde dabei einen Großteil der Industriewareneinfuhr (aus Großbritannien) entbehrlich machen. Eine vielfältigere Ausfuhrerzeugung sollte ferner die Weltmarktabhängigkeit der südöstlichen Staaten, welche bis dahin auf die Monokulturen zurückzuführen war, eindämmen. Die wirtschaftspolitischen Ziele der südosteuropäischen Staaten hätten seit dem Scheitern der Agrarkonferenzen von Bukarest, Sinaia und Belgrad im Jahre 1930 und seit dem Zusammenbruch der französischen Donauraumpläne im Sommer 1932 Formen erhalten, die den britischen Wirtschaftsinteressen in jeder Beziehung zuwiderliefen. So hätte nur der Übergang zum Bilateralismus mit Deutschland die wirtschaftliche Weiterentwicklung der Südostländer gefördert.[936]

Deutschland wurde Anfang der 1930er Jahre aufgrund fehlender Alternativen auch aus südosteuropäischer Sicht als Handelspartner begrüßt. Jugoslawien war nach Griechenland das am meisten verschuldete Land Europas. Seine Staatsschulden steigerten sich von 25 Milliarden Dinar im Jahr 1925 auf 45 Milliarden 1937. Die Kredite wurden aber nicht zum Zwecke der Industrialisierung oder zur Verbesserung der Infrastruktur verwendet, sondern für generelle Bedürfnisse des Staats: für die Bewaffnung der Armee, für die Stabilisierung des Dinars, für die Deckung der Verwaltungskosten und des Staatsdefizits etc.[937] Großbritannien und Frankreich waren an einer Einfuhr südosteuropäischer Agrarprodukte nicht interessiert.[938] Wegen der hohen Transportkosten nach Westeuropa und der überseeischen

---

nichts anderes mehr übrig blieb, als auszuwandern, um in den Kolonien weiße Sklavenarbeit zu leisten" (Hebert 1941, S. 26–27).

936 Der Zusammenbruch der britischen „Wirtschaftsoffensive" in Südosteuropa 1940, S. 115–116. In ihren Agrarblock-Bestrebungen verlangten Ost- und südosteuropäische Länder 1930 von den Importeur-Ländern von Agrarprodukten (Deutschland, Italien, Österreich und Tschechoslowakei) eine Erleichterung der Zollpräferenzen mit dem Ziel, der überseeischen Konkurrenz standhalten zu können. Der Agrarblock erwartete von anderen, sogenannten „Gläubigerländern" (England, Frankreich, Niederlande und Schweiz) neue Kredite zur Rückzahlung alter Schulden. Auf den Völkerbundversammlungen im Herbst 1930 lehnte die deutsche Delegation diese Pläne ab. Die prekäre Lage der südosteuropäischen Staaten nutzte Deutschland, um diese wirtschaftlich noch stärker an sich zu binden. Dazu siehe u. a. Sundhaussen 1976, S. 130–137; Petranović 1988, S. 316–317; Schirmann 2000, S. 109–113; Thörner 2008, S. 402–404.

937 Petranović 1988, S. 61.

938 Der britische Premierminister Neville Chamberlain war noch im November 1938 der Ansicht, dass auch England von einer dominierenden Stellung Deutschlands in Südosteuropa profitieren konnte. Die deutsche Vorherrschaft würde über eine Anhebung des allgemeinen Warenverkehrs die wirtschaftliche Lage der Südoststaaten so sehr verbessern, dass auch England seinen Anteil am Handel erhalten werde (Wendt 1973, S. 511–512). Währenddessen konnte für Doreen War-

Konkurrenz konnten die südosteuropäischen Staaten ihre landwirtschaftlichen Erzeugnisse ohnehin nur zu Preisen verkaufen, die keine Kapitalakkumulation oder die Rückzahlung der Schulden an die westeuropäischen Gläubigerländer zuließen. Vergeblich beklagten die Vertreter der beiden Agrarstaaten Jugoslawien und Rumänien den wirtschaftlichen „Egoismus" ihres industriell-agrarischen Bündnispartners Tschechoslowakei und die fehlende Aufnahmebereitschaft des französischen Markts für ihre Exportprodukte.[939] Die Rückzahlung der von Frankreich gewährten Kredite blieb unter diesen Umständen in hohem Maße von den Absatzmöglichkeiten der südosteuropäischen Länder auf den Märkten der revisionistischen Führungsmächte Deutschland und Italien abhängig. Eine Intensivierung des Handels mit den anderen Ländern der Region wurde wegen der Ähnlichkeit der volkswirtschaftlichen Strukturen als wenig Erfolg versprechend angesehen.[940] Der Anteil des innersüdosteuropäischen Handels im Außenhandel der einzelnen Länder war sehr gering:

Tabelle 8 „Durchschnittlicher Anteil des Handels mit den Balkanstaaten am gesamten Außenhandel der einzelnen Länder in %"[941]

	1926-1929		1931-1938	
	Einfuhr	Ausfuhr	Einfuhr	Ausfuhr
Rumänien	2	9	3	6
Jugoslawien	5	10	4	5
Türkei	5	8	2	5
Griechenland	19	3	14	5
Bulgarien	11	16	6	2
Albanien	14	26	-	-

riner die „deutsche Lösung" keine Beseitigung des Problems der „agrarischen Übervölkerung" bringen, die einzige Lösung lag für sie in der Reintegration der südosteuropäischen Staaten in das Wirtschaftsleben des industriellen Europas (Großbritannien). Die Situation in Südosteuropa sollte durch Intensivierung der Landwirtschaft und durch Industrialisierung mit Hilfe von ausländischem Kapital oder Kollektivierungsmaßnahmen verbessert werden (Warriner 1964 [1939], S. 59–60). Es ist kein Zufall, dass der Vorschlag zur Industrialisierung mit Hilfe ausländischen Kapitals von britischer Seite kam und deutscherseits nie zu hören war. Während Deutschland über keine Möglichkeiten verfügte, Geldkredite zu vergeben, war das Vereingte Königreich in Südosteuropa bereits als Financier tätig.

939 Zu den damaligen Problemen des internationalen Agrarmarkts siehe u. a. Langthaler 2008 und Brassley 2012. Zu den auch wirtschaftsstrukturell bedingten Schwierigkeiten einer wirtschaftlichen Zusammenarbeit innerhalb der Staaten der Kleinen Entente siehe Kühl 1958, S. 38–45; Reichert 1971, S. 133–136.

940 Sundhaussen 1984, S. 26; vgl. Wien 2007, S. 83.

941 Preshlenova 2007, S. 242.

Die gesteigerte Ausfuhr landwirtschaftlicher Produkte nach Deutschland in den 1930er Jahren wurde in der bulgarischen Fachpresse ebenso begrüßt wie die deutschen Initiativen zum Anbau neuer, bis dahin unbekannter Kulturen, wie etwa der Sojabohne. Anhand der von bulgarischen Experten geführten Debatten wurde deutlich, dass Bulgarien durch die handelspolitischen Weichenstellungen von 1931/32 gegenüber Deutschland seine eigenen Interessen verfolgte. In der zweiten Hälfte der 1930er Jahre geriet Bulgarien wie andere südosteuropäische Länder in ein Ausbeutungsverhältnis mit dem „Dritten Reich", da die deutschen Gegenlieferungen immer weniger den Vereinbarungen entsprechend eintrafen. Dies löste schmerzhafte Versorgungsengpässe im Land selbst aus,[942] während Deutschland die ausständigen Beträge auf ein Schuldenkonto verbuchte und die Bezahlung auf die Zeit nach Kriegsende verschob. Der für die Zwischenfinanzierung zuständige bulgarische Staat wurde auf diese Weise zum „Kreditverbündeten" Deutschlands, welcher schon aus rein finanziellen Gründen Interesse an einem Sieg der Achsenmächte haben musste.[943]

Der deutsch-jugoslawische Handelsvertrag vom 1. Mai 1934 hatte eine weitgehende außenwirtschaftliche Umorientierung Jugoslawiens von der Devise zum Clearing und damit vom freien Weltmarkt in das Kraftfeld des deutschen Wirtschaftsregionalismus eingeleitet. Jugoslawien gewann dadurch zwar in Deutschland einen bereitwilligen Abnehmer seiner Agrarüberschüsse zu Preisen, die der Landwirtschaft erstmalig wieder die Deckung der Produktionskosten erlaubten, gleichzeitig war es der Gefahr einer schmerzhaften Ablösung vom Weltmarkt ausgesetzt. Es geriet in wirtschaftspolitische Abhängigkeit zu Deutschland, welches das Mittel zwischenstaatlicher Preisregulierungen häufig weniger nach den Grundsätzen privatwirtschaftlicher Rentabilität als unter wirtschaftspolitischen Gesichtspunkten handhabte.[944] Das Geheimprotokoll vom 31. Juli 1940 sah einen verstärkten Handelsaustausch zwischen Jugoslawien und Deutschland vor. Mit einem neuen Geheimprotokoll im Oktober 1940 sicherte sich Deutschland das Monopol auf die Ausfuhr einiger jugoslawischer Agrarerzeugnisse und Mineralien. Jugoslawien wurde als „Versorgungsland für Agrarerzeugnisse und Rohstoffe" im „europäischen Großwirtschaftsraum" auserkoren. Deswegen hatte die deutsche Politik Interesse daran, Jugoslawien aus dem Krieg zu halten und zwecks Ergänzung der deutschen Kriegswirtschaft wirtschaftlich eng an sich zu binden.[945] Wie letztere Ausführungen zeigen, zogen Wissenschaftler und Politiker zur Untermauerung des deutschen Anspruchs auf die Einbeziehung Südosteuropas in den „Wirtschaftsgroßraum" demographische Argumente heran. Auch die wirtschaftliche und spätere territoriale

942 Wien 2007, S. 84–86.

943 Heim 2003, S. 73.

944 Günzel 1954, S. 223–224.

945 Petranović 1988, S. 321.

Expansion des „Dritten Reichs" selbst wurde mit einer vermeintlichen „Übervölkerung" Deutschlands begründet. Hitler beklagte in seiner Denkschrift zum Vierjahresplan 1936 die „Übervölkerung" von „Ländern ohne Lebensraum":[946]

> Wir sind übervölkert und können uns auf der eigenen Grundlage nicht ernähren. [...] Die endgültige Lösung liegt in einer Erweiterung des Lebensraumes bzw. der Rohstoff- und Ernährungsbasis unseres Volkes. Es ist die Aufgabe der politischen Führung, diese Frage dereinst zu lösen.[947]

Die gleichzeitig ergriffenen Maßnahmen der NS-Behörden zur Erhöhung der Geburtenrate bei „tauglichen" Deutschen standen dabei, wie auf den ersten Blick angenommen werden könnte, nicht im Widerspruch zur Lehre Malthus', sondern befanden sich im Einklang mit der von ihm empfohlenen Vorsicht bei der Reproduktion. Hitler und die nationalsozialistischen Eliten teilten Malthus' Ansicht, dass unkontrollierte Bevölkerungsvermehrung auf beschränktem Boden in einer Katastrophe münden würde. Sie wollten sich diese fatalen Auswirkungen jedoch zu Nutzen machen und sahen die Lösung nicht in einer in ihren Augen „verbrecherisch" anmutenden Geburtenbeschränkung der Deutschen, sondern in Eroberung von fruchtbarem Land in Osteuropa. Das malthusianische Argument sollte ihre Forderungen nach genügend „Lebensraum" also unterstützen,[948] während die im Vergleich zu Deutschland niedrige Bevölkerungsdichte Osteuropas betont wurde. Im Hinblick auf sein bevölkerungspolitisches Denken lässt sich der Nationalsozialismus als völkischer Malthusianismus und Sozialdarwinismus charakterisieren.

Wenn es um deutsche Ansprüche auf Kolonien und „Lebensraum" ging, verwiesen heimische Wissenschaftler und Politiker auch immer wieder auf die „Übervölkerung" Deutschlands und die „leeren" Kolonien Englands und Frankreichs.[949] Diese vermeintlich wissenschaftliche Beweisführung wurde von englischer und

946 Neumann 1977 [1944], S. 188.

947 Denkschrift Hitlers über die Aufgaben eines Vierjahresplans 1936, S. 206. Deswegen sollten Wehrmacht und Wirtschaft bis 1940 einsatzbereit für den Krieg sein. Die Denkschrift basierte auf Materialen, die von der IG Farben erarbeitet wurden.

948 Preparata 2004, S. 1018. Preparata untersuchte in seinem Artikel die Einflüsse der Malthusischen Lehre im ökonomischen Denken Hitlers und der nationalsozialistischen Eliten.

949 Birch 1936, S. 3–4. So führte Ungern-Sternberg anhand demographischer Belege aus, dass Frankreich nicht die „biologische Kraft" habe, um ein Kolonialreich von bisheriger Größe behaupten zu können (Ungern-Sternberg 1940; vgl, Heim/Schaz 1996, S. 9). In Italien findet sich eine ähnliche Argumentation beim führenden Demographen Corrado Gini (u. a. 1937, S. 20–25). Dazu Ulrich von Hassell, 1932 bis 1938 deutscher Botschafter in Rom: „Bekanntlich ist es die wirtschaftliche Lage Italiens, welche die auf schmalen, dicht bevölkerten Boden zusammengepreßte Nation zu einer expansiven, nach Raum und Rohstoffen strebenden Politik geradezu zwingt" (Hassell 1941, S. 484). Der jugoslawische Soziologe Ljubomir Živković konstatierte 1937, dass die Theorie der

US-amerikanischer Seite durchaus ernst genommen und besprochen.[950] Unter den Autoren, die diese Argumentationsweise zu entkräften suchten, befanden sich der englische Friedensnobelpreisträger Norman Angell[951] und der deutsche Ökonom und Demograph Robert René Kuczynski (1876–1947). Letzterer war wegen seiner jüdischen Herkunft 1933 nach London geflohen. Kuczynski warnte speziell das britische und US-amerikanische Publikum vor der von Deutschland ausgehenden Gefahr.[952] Für den 1940 aus der Schweiz in die USA emigrierten Ludwig von Mises stellte die Eroberung von „Lebensraum" für „übervölkerte" Länder durchaus eine Lösung für ihre Lage dar.[953] Der liberale Mises musste sich daraufhin die Kritik gefallen lassen, den europäischen Faschismus zu verteidigen.[954] Imre Ferenczi, der 1940 ebenfalls aus der Schweiz in die USA emigriert war, hielt fest, dass alle drei Achsenmächte mit pseudo-demographischen Slogans ihren Bevölkerungen den dringenden Bedarf an neuen Territorien, um das „übervölkerte" Heimatland vor Arbeitslosigkeit und Hungertod zu schützen, eingeprägt hatten – wobei die italienische und japanische Regierung dies anhand des Verweises auf die schlechte wirtschaftliche Lage der Kleinbauern und Landarbeiter in ihren Ländern mit größerer Berechtigung als Deutschland getan hätten. Dennoch bliebe der Hintergrund dieser von Mussolini so bezeichneten „Expansion oder Explosion" rassistisch.[955]

1.1 Bewahrung der agrarischen Struktur Südosteuropas vor dem Hintergrund des ungleichen Tauschs

Die wirtschaftliche Rückständigkeit Südosteuropas wurde von den Ökonomen anhand des Vergleichs seiner Wirtschaftsleistung mit jener Westeuropas sichtbar gemacht. Daraus folgend erschien das Ziel des Aufbaus einer Wirtschaftsstruktur nach westeuropäischem Vorbild (Industrialisierung) in Südosteuropa den meisten Wissenschaftlern alternativlos zu sein. Die vor und während des Zweiten Weltkriegs deutscherseits formulierte wirtschaftliche Entwicklungsstrategie für Südosteuropa wich dennoch davon ab. Die Befürchtung deutscher Wirtschaftswissenschaftler

---

Übervölkerung eine riesengroße Rolle in der gesamten zeitgenössischen Wissenschaft spielte, aber vor allem in der „imperialistischen Strömung in der Wissenschaft" (Živković 1937, S. 178).

950 Dublin 1936, S. 17–20; Hankins 1938, S. 106–108; International Institute of Intellectual Co-operation 1938; Wright 1939; vgl. Bashford 2008, S. 337–339. Französische und englischsprachige Autoren vertraten im Allgemeinen die Ansicht, dass Staaten für die Existenz einer „überschüssigen Bevölkerung" auf ihrem Gebiet selbst schuld seien. Sie hätten die Bevölkerung in dem Maß einschränken können, in welchem sie vom Staatsgebiet ernährt werden kann.

951 Angell 1936.

952 Kuczynski 1939.

953 Mises 1943, S. 703.

954 Braunthal 1944, S. 121–122.

955 Ferenczi 1943, S. 539.

in den 1930er und zu Beginn der 1940er Jahre, dass es zu einem „Überdruck der Industrialisierungstendenz“ in den „Gliedern des Großraums“ komme,[956] verdient auch wegen des starken Einflusses Deutschlands in Südosteuropa besondere Beachtung. Im Folgenden soll aufgezeigt werden, wie sich deutsche Wissenschaftler an den politischen und wirtschaftlichen Zielen Deutschlands orientierten, als sie über die „landwirtschaftliche Übervölkerung“ Südosteuropas sprachen.[957] Nach einer Darlegung des in Interaktion zwischen Wissenschaft und Politik gefestigten wirtschaftspolitischen Ziels des „Dritten Reichs“, die agrarische Struktur des „Ergänzungsraums“ Südosteuropa zu bewahren, soll gezeigt werden, wie Ökonomen dieses mit der Frage der „agrarischen Übervölkerung“ der Region verbanden. Die Strategie, die Agrarproduktion in wirtschaftlich abhängigen Ländern steigern zu wollen und gleichzeitig deren Industrialisierung abzuwenden hatten deutsche Ökonomen bereits bei der britischen Kolonialpolitik beobachten können. In den 1930er Jahren fanden britische Ökonomen wiederum in der „agrarischen Übervölkerung“ ein geeignetes Konzept, die Wirtschaftskrisen in ihrem Kolonialreich in einem neomalthusianischen Rahmen zu erklären.[958] R. Walther Darré, ab Juni 1933 bis Mai 1942 Reichsminister für Ernährung und Landwirtschaft und Reichsleiter der NSDAP,[959] hatte in einem Vortrag über „Die Marktordung der nationalsozialistischen Agrarpolitik als Schrittmacher einer neuen europäischen Außenhandelsordnung“ die Absichten Deutschlands in Südosteuropa klar gemacht:[960]

> Wenn wir nun mit dem Südosten in ein dauerndes Austausch- und Lieferverhältnis treten wollen, dann müssen wir unsere *gegenseitigen Bedürfnisse auf lange Sicht aufeinander abstimmen*, und das bedingt eine *allmähliche Umstellung der Landwirtschaft dieser Gebiete.* Durch eine Intensivierung würden die Erträge der natürlichen Kulturen zum Beispiel so groß werden können, dass sie unseren Zuschußbedarf übersteigen. [...] Eine spätere Stufe der Entwicklung wäre etwa die Errichtung gewisser landwirtschaftlicher Bearbeitungsbetriebe und kleiner Konsumindustrien, ohne damit etwa einer Industrialisierung selbst das Wort zu reden.[961]

---

956 Z.B. Schuster 1942, S. 139.

957 Theodor Oberländer hob hervor, dass auch Deutschland entscheidendes Interesse an der „Kräftigung und Stabilisierung“ des Bauerntums in Südosteuropa habe. Man dürfe diese Fragen „nicht nur von der wirtschaftlichen, sondern vor allem von der nationalen und sozialpolitischen Seite“ sehen (Oberländer 1943, S. 424).

958 Gross 2015, S. 256–265.

959 Zu Richard Walther Darré (1895–1953) siehe u. a. Bramwell 1985, Eidenbenz 1993, Corni/Gies 1994 und Gerhard 2003.

960 Darré 1939, S. 5.

961 Darré 1939, S. 6–7; siehe auch ders. 1940, S. 11.

Der Vortrag Darrés war 1939 im Februar-Heft der *Internationalen Agrar-Rundschau* abgedruckt worden. Drei Monate später legte Sava Ulmansky[962] in derselben Zeitschrift die im deutschen und vermeintlich auch jugoslawischen Interesse anzustrebende langfristige wirtschaftspolitische Zielsetzung dar: Jugoslawien müsse „*im eigensten Interesse und im Interesse der ihm im europäischen Wirtschaftsraume oder der europäischen Säule bestimmten Funktion, ein starker Agrar- oder Bauernstaat für immer bleiben*". Dazu waren Ulmansky zufolge auch alle natürlichen und geopolitischen Faktoren gegeben.[963] Folgte man der Logik des „natürlichen Austauschs" von Industrieerzeugnissen gegen Agrarprodukte im „Großwirtschaftsraum" aus deutscher Sicht, hatte die „künstliche Industrialisierung" Südosteuropas im „deutsch-balkanischen Wirtschaftsverkehr der Zukunft keine Daseinsberechtigung mehr."[964] Der NS-Ökonom Karl Janovsky sprach in Bezug auf Südosteuropa von einem „überspitzten Hoheitsbegriff der Klein- und Mittelstaaten" in der Handels- und Wirtschaftspolitik. Die „industriellen Treibhausblüten", welche die Handelsbeziehungen zwischen Deutschland und Südosteuropa belasteten, könnten erst dann verschwinden, „wenn man Mittel- und Südosteuropa wiederum als zueinander gehörige Glieder einer wirtschaftlichen Gemeinschaft auffaßt."[965]

Ein einprägsames Bild, wie die wirtschaftliche Ordnung im „Großwirtschaftsraum" und die Rolle der südosteuropäischen Länder darin aussehen sollten, bekam man im 1941 von der Gesellschaft für europäische Wirtschaftsplanung und Groß-

---

962 Sava Ulmansky war Wirtschaftsprofessor an der Fakultät für Land und Forstwirtschaft der Universität Zagreb. Später leitete er als Mitarbeiter der SOEG in Zagreb den wichtigen Maisauschuss (Hausmann 2002 [2001], S. 318). Vor dem Ersten Weltkrieg war er Assistent an der k.k. Hochschule für Bodenkultur in Wien.

963 Ulmansky 1939, S. 5–6.

964 Thierfelder 1941, S. 148–149. Im Interesse Deutschlands waren deutsche Autoren zu dieser Zeit im Grunde gegen die Industrialisierung sämtlicher agrarischer Gebiete der Welt. So wurde in der *Internationalen Agrar-Rundschau* beklagt, dass Nordamerika seine Produktions- und Konsumgüterindustrie weiter ausgebaut hatte, sodass man dorthin keine größeren Mengen an Produkten mehr schicken konnte, um sie gegen landwirtschaftliche Erzeugnisse tauschen zu können. Auch in ausgesprochenen Agrarländern sei eine leistungsfähige Industrie entstanden, deren Interesse einer Einfuhr von Industrieprodukten zuwiderlief. Mit solchen und ähnlichen Argumenten wurde das von nationalsozialistischer Seite viel beschworene Ende der „liberalen Weltwirtschaft" deklariert (Hebert 1942, S. 296). Im Gegensatz zu Nordamerika hoffte man in Deutschland jedoch, in Südosteuropa auf die Bewahrung der Agrarstruktur Einfluss nehmen zu können.

965 Janovsky 1940, S. 6. Zu den wirtschaftspolitisch motivierten Überlegungen deutscherseits, die staatliche Souveränität der südosteuropäischen Länder zu beschränken oder zu beseitigen siehe auch Wiener Institut für Wirtschaftsforschung, Industrieplanung und politische Ordnung 1942, BA R63/303, Bl. 67. Ronneberger zufolge führte Südosteuropa „kein eigenes politisches Dasein" und könne dies hinsichtlich der wirtschaftlichen Ergänzung mit Deutschland auch in Zukunft nicht tun (Ronneberger 1943, S. 97).

raumwirtschaft in Berlin[966] herausgegebenen programmatischen Sammelband „Das neue Europa": Nach Predöhl lag es im politischen und wirtschaftlichen Interesse kleinerer Länder im Großraum, wenn sie den Bedürfnissen der Kernländer entgegenkamen. Ihre Anlehnung an die „in stetigem Wachstum begriffene große Volkswirtschaft" führe zu Wehrhaftigkeit, Sicherheit und Produktionssteigerung im „wirtschaftlichen Lebensraum".[967] Nach den Ansichten Martin Pfannschmidts sollten kleinere Staaten nach der „dauernden Befriedigung Kontinentaleuropas" auf die Entwicklung „unwirtschaftlicher Industriezweige" verzichten.[968] Der NS-Ökonom Werner Daitz (1884–1945) hatte in zahlreichen einflussreichen Schriften zur Großraumwirtschaft die Rolle Südosteuropas als Nahrungsmittel- und Rohstofflieferant festgelegt.[969]

Der prominente NS-Wirtschaftspropagandist Heinrich Hunke (1902–2000) war während des Zweiten Weltkriegs Präsident des Werberats der Deutschen Wirtschaft und des Vereins Berliner Kaufleute und Industrieller. Ihm zufolge mussten die „alten Industrialisierungstendenzen, die einstmals den Preisstürzen der Agrar- und Rohstoffländer ihre Entstehung verdankten, [...] der Vergangenheit angehören."[970] Nach der Ansicht Herbert Backes,[971] seit 1933 Staatssekretär im Reichsministerium für Ernährung und Landwirtschaft und ab Mai 1942 kommissarischer Leiter dieses Ministeriums, wurde der Erste Weltkrieg „nicht an der Front verloren, sondern in der Heimat, weil die Ernährungswirtschaft des Zweiten Reiches versagte."[972] So galt Backes Forschungsinteresse auch den ernährungswirtschaftlichen Problemen

966 Die Gesellschaft war 1939 von Werner Daitz gegründet worden, welcher auch ihren Vorsitz übernommen hatte. Dem wissenschaftlichen Beirat gehörten u. a. Predöhl und Thalheim an.

967 Predöhl 1941, S. 162–164.

968 Pfannschmidt 1941, S. 229–230.

969 U.a. Daitz 1942, S. 276.

970 Aus der Sicht Hunkes bestanden für Länder wie die südosteuropäischen, in welchen eine starke „ländliche Übervölkerung" vorhanden ist, praktisch nur drei Möglichkeiten: Die „Wanderarbeiterlösung", die dauernde Auswanderung und die „Intensivierung" der heimischen Wirtschaft. Da die „Wanderarbeiterlösung" immer nur eine Teillösung sein könne und die dauernde Auswanderung aus Europa nach allen Gesetzen dieser Zeit ebenso falsch wie unmöglich sei, bleibe somit als Weg der Selbsthilfe nur die „Intensivierung der südosteuropäischen Volkswirtschaften" (Hunke 1942, S. 13).

971 Zu Backe (1896–1947) siehe Lehmann 1993; Heim 2003, insb. S. 23–32; Gerhard 2009.

972 Backe 1942, S. 10. Die Erfahrungen aus dem Ersten Weltkrieg waren ein wichtiger Grund für die intensive Beschäftigung mit „europäischen Ernährungsfragen" im kriegführenden „Dritten Reich" (siehe dazu Vincent 1985 und Offer 1989). Zur Ernährungswirtschaft im Nationalsozialismus siehe Corni/Gies 1997, zu den ernährungswirtschaftlichen Planungen für Südosteuropa innerhalb des „europäischen Großraums" siehe ebd., S. 521–530. Aber auch auf internationaler Ebene war nach dem Ersten Weltkrieg die Erschließung und Sicherung von Nahrungsmittelquellen zu einer bedeutenden geopolitischen Aufgabe geworden (Jachertz/Nützenadel 2011, S. 102).

Deutschlands, wobei ihm zufolge die Herausbildung von wirtschaftlichen Großräumen den zwangsläufigen Abschluss der bisherigen Entwicklung bringen musste.[973] Backe war bereits federführend an der Ausarbeitung des Hungerplans für die sowjetische Bevölkerung beteiligt gewesen. Nach diesem sogenannten Backe-Plan sollten durch bewusst in Kauf genommene Bevölkerungsreduzierung Nahrungsmittel für Lieferungen nach Deutschland und für die Versorgung der Wehrmacht verfügbar gemacht werden.[974] In seinem 1942 erschienenen Buch „Um die Nahrungsfreiheit Europas" mahnte er die südosteuropäischen Länder, die „nun einmal gegebene Arbeitsteilung" einzuhalten, der Austausch von Getreide gegen Fertigwaren sei „die gesunde und natürliche Basis des Handels" Deutschlands mit dem Südosten.[975]

Wie das Konzept der „Überbevölkerung" bestach auch jenes der „Großraumwirtschaft" durch seine Einfachheit. In ähnlicher Weise, wie das Überbevölkerungskonzept im Bereich der Bevölkerungsdichten ein Gleichgewicht propagierte, suggerierte der „natürliche Austausch" zwischen Industrie- und Agrarländern in den Wirtschaftsbeziehungen ein anzustrebendes Gleichgewicht. Vom 16. bis zum 19. Jahrhundert spielte das Ideal des Gleichgewichts eine große Rolle im politischen Denken Europas.[976] Zeitgenössische Kritik, wonach ohne Industrialisierung die Bevölkerung in Südosteuropa für die deutschen Industrieprodukte keine durch Kaufkraft unterstützte Nachfrage entwickle, wurde ignoriert oder abgeschwächt.[977]

In Südosteuropa verfolgten die Lenker der deutschen Außenhandelspolitik das Ziel des Aufbaus neuer Absatzmärkte durch die Zerstörung der Subsistenzproduktion, der Einführung nichtessbarer Industrie- und Nutzpflanzen, des Aufbaus handelspolitischer Abhängigkeiten durch Lieferung von aufeinander abgestimmten Paketen von Saatgut, Pestiziden und Dünger.[978] Die Entwicklung selbstständiger, lebensfähiger Industrien sollte verhindert werden, um die Länder Südosteuropas im

---

973 Backe 1942, S. 9.

974 Gerlach 1999, S. 46–71; vgl. Hürter 2001, S. 405–406. Siehe Kay 2011 [2006]; Gerhard 2009; Benz 2011 und 2014; Dieckmann 2015.

975 Backe 1942, S. 222 und 225.

976 Gleichgewicht zwischen den großen politischen Mächten im europäischen Staatensystem, Gleichgewicht zwischen den natürlichen Ressourcen eines Staates und seiner Bevölkerungszahl, Gleichgewicht zwischen Angebot und Nachfrage im Inneren einer Volkswirtschaft, Gleichgewicht zwischen den einzelnen sozialen Klassen einer Gesellschaft, etc. (Ehmer 1998, S. 24).

977 Nyiri 1936, S. 40–41.

978 Ähnlich gingen in den 1950er und 1960er Jahren international agierende Chemiekonzerne bei der Umstrukturierung des landwirtschaftlichen Sektors in den Ländern der „Dritten Welt" vor, während sich die UNO und die FAO bei ihrer Entwicklungshilfe an den Beispieldörfern des MWT orientierten (Drews 1995, S. 99; Thörner 2008, S. 453). Ein neueres Beispiel dieser Strategie stellen die „Schenkungen" von Saatgut des US-amerikanischen Konzerns Monsanto nach dem Erdbeben in Haiti 2010 dar (Tracey 2011, S. 236–237).

Status abhängiger Lieferanten von Halbfertigprodukten, Rohstoffen und landwirtschaftlichen Erzeugnissen zu halten,[979] obwohl sich in dieser Frage innerhalb der wirtschaftspolitischen Eliten Unterschiede feststellen lassen.[980] Wie bereits skizziert schlugen sich diese Ziele in deutschen Arbeiten zur „agrarischen Übervölkerung" Südosteuropas großteils in der skeptischen Haltung gegenüber der Industrialisierung der Region und der eindringlichen Forderung nach landwirtschaftlicher Intensivierung als Lösungsansatz nieder. Für die Beschäftigung der „überflüssigen Arbeitskräfte" im Agrarbereich zogen die deutschen Ökonomen den Aufbau einer landwirtschaftlichen Verarbeitungsindustrie und Veredelungsindustrie für Rohstoffe in Betracht. Im Folgenden soll insbesondere die ablehnende Haltung deutscher Bevölkerungsexperten gegenüber der Industrialisierung untersucht werden, während ihre Forderung nach der Steigerung der südosteuropäischen Agrarproduktion im Zentrum des anschließenden Unterkapitels steht.

Dabei wurde die Industrialisierung Südosteuropas nicht nur aus reichsdeutscher Sicht als Bedrohung aufgefasst. Gerhard Schacher war 1933 Staatsbürger der Tschechoslowakei geworden und schrieb als Korrespondent für eine Reihe westlicher Zeitschriften.[981] Ihm zufolge entzog der Industrialisierungsprozess in Mitteleuropa den anderen mitteleuropäischen Staaten wichtige Absatzmärkte und erwies sich zum großen Teil als schwere Ursache einer Krisenverschleppung in Zentraleuropa. Da Schacher in seiner Prager Publikation das System der Kleinen Entente befürwortete und den von Berlin aus geplanten „mitteleuropäischen Großwirtschaftsraum" als „destruktive Kraft" in Zentraleuropa kritisierte, standen bei ihm wohl eher die „Ergänzungsmöglichkeiten" Rumäniens und Jugoslawiens mit ihrem „industriellen Partner der Kleinen Entente", der Tschechoslowakei, im Vordergrund. Die beiden Balkanstaaten sollten dafür „die einseitige und gefährliche Entwicklung auf dem Wege zu einer künstlichen und überhitzten Industrialisierung" abbrechen.[982]

Leider ließe sich Hermann Gross zufolge die „landwirtschaftliche Übervölkerung" durch den Ausbau der *„dem wirtschaftlichen Entwicklungsstand der Südostländer adäquaten Industriezweige"* nur in sehr geringem Umfang vermindern. Deswegen kam er wiederum zu dem Schluss, dass die Industrialisierung der südosteuropäischen Länder kein Allheilmittel „gegen die wachsende Bevölkerung" bildete und – soweit der Industrieaufbau „unorganisch" betrieben wurde – sogar schwere

979 Drechsler/Dress/Hass 1971, S. 918 und Mattl/Stuhlpfarrer 1989, S. 286.

980 Zu den unterschiedlichen Interessen und Planungsvorstellungen der wirtschaftspolitischen Eliten in Deutschland siehe Freytag 2012.

981 Schacher 1944, S. 26. Im Jahr seiner Emigration nach London erschien dort sein Buch über die wirtschaftliche und politische Expansion des „Dritten Reichs" nach Südosteuropa (Schacher 1938).

982 Schacher 1936, S. 51, 160–168 und 200. Zu den mitteleuropäischen Integrationsplänen der Kleinen Entente siehe zusammenfassend Bystrický 1991.

soziale und politische Gefahren mit sich brachte.[983] Wagemann merkte 1939 an, dass der Pessimismus eines Malthus' von den Bevölkerungspolitikern des Balkans nicht geteilt wurde. Malthus habe aus seiner Sicht nicht voraussehen können, welche ungeheuren Fortschritte die Technik machen würde. So fand es Wagemann begreiflich, wenn für den Balkan ähnliche Entwicklungen vorausgesagt wurden, wie Mittel- und Westeuropa sie im 19. Jahrhundert erfahren hatten, und wenn man aus südosteuropäischer Sicht in der Industrialisierung das beste Mittel zur Bekämpfung der „Übervölkerung" sah.[984] Wagemann hatte also durchaus Verständnis für die südosteuropäischen Industrialisierungsbestrebungen und für die von Manoilescu geäußerte Kritik am ungleichen Tausch zwischen Agrar- und Industriestaaten – lehnte eine solche Wirtschaftspolitik aus scheinbar „unpolitischen" Gründen dennoch als unwirtschaftlich ab.[985] Stattdessen trat er wie zahlreiche seiner deutschen Fachkollegen für eine Intensivierung und Rationalisierung der Landwirtschaft ein.[986] In Opposition zur liberalen Theorie der komparativen Kostenvorteile von Ricardo hatte Manoilescu wiederholt auf den ungerechten Tausch zwischen Agrar- und Industrieländern hingewiesen und in Anlehnung an Friedrich List den Aufbau leistungsstarker nationaler Industrien in Südosteuropa gefordert.[987] Deutsche Öko-

---

983 Gross 1937, S. 221.

984 Wagemann 1939, S. 62. Aus südosteuropäischer Sicht schrieb Mirković stellvertretend dazu: „In den Ländern des Nordwestens nahm die agrarische Übervölkerung erst mit der starken Industrialisierung ein Ende. Eine gründliche und dauernde Lösung wird in Jugoslawien auf gleichen Wegen zu suchen sein. Die Tendenz zur Industrialisierung liegt so schon in den demographischen Kräften begründet. Jugoslawien besitzt eine breite Rohstoffbasis für die Entwicklung einer Industrie" (Mirkowich 1939, S. 138).

985 Wagemann 1939, S. 65–70. Im Rückblick wunderte sich Zotschew über die Argumentation Wagemanns. Denn wenn er dem zustimmte, dass der Handelsaustausch zwischen Industrie und Landwirtschaft immer zugunsten der Industrie vor sich gehen und selbst von einer Disparität zwischen deutscher Landwirtschaft und Industrie sprach, so müsste die produktive und ökonomische Unterlegenheit des südosteuropäischen Bauern gegenüber der Industrie im Westen erst recht ins Mehrfache steigen. Wagemann sprach dennoch von einem „natürlichen Austausch" zwischen dem Industrieland Deutschland und den Agrarländern Südosteuropas. Aus der Sicht Zotschews wurden die Agrarländer in diesem Austausch jedoch stark benachteiligt: „Wenn vor dem Kriege ein bulgarisches Dorf ein Mikroskop für die Dorfschule aus Deutschland importierte, so mußte es dafür einen Waggon Weizen exportieren. Ein Waggon Weizen war aber, wenn das Dorf auf einigermaßen fruchtbaren Boden gelegen war, gerade der Jahresüberschuß des ganzen Dorfs, wogegen ein Mikroskop im Rahmen einer kapitalintensiven, arbeitsteiligen Wirtschaft zwar von hochqualifizierten Kräften hergestellt wird, dafür aber weit weniger als die Jahresleistung einer einzigen Arbeitskraft darstellt" (Zotschew 1957, S. 143–144).

986 Wagemann 1939, S. 74–75; Leibrock 1941, S. 352.

987 Manoilescu 1937 [1929] und 1943–44; vgl. Živanić 1939, S. 59–60; Răducanu 1939 S. 16–17 und 21; Kukoleča 1941, S. 533–537. Zu Manoilescus Theorie des ungleichen Tauschs und ihrer erfolgreichen Verbreitung in Latein- und Südamerika nach dem Zweiten Weltkrieg (Prebisch-Singer-These) siehe Love 1980–86 und 1996. Die gegenwärtige Politik der Weltbank, der WTO und der FAO

nomen, welche in der fortschreitenden Industrialisierung Rumäniens eine Gefahr für den deutschen Außenhandel erblickten, kritisierten Manoilescus Positionen.[988]

An Kritik an den Industrialisierungsbestrebungen der südosteuropäischen Staaten mangelte es in der deutschsprachigen Wirtschaftswissenschaft nicht. Nach dem Ersten Weltkrieg hätten die nun unabhängigen, relativ kleinen Staaten „mit allen Mitteln unter gewaltigen Kraftanstrengungen" versucht, selbst Industrien aufzubauen. Die so entstandenen „Konkurrenzunternehmungen" seien auf dem verhältnismäßig kleinen Raum kaum tragbar gewesen, die alte Wirtschaftsformel „Getreide aus den Ostländern – Industrieartikel aus der Mitte Europas" sei zusammengebrochen. Darüber hinaus sei bei dieser „sinnlosen" Industrialisierung „keineswegs planvoll" vorgegangen worden.[989] In diesen Grundtenor der Nationalökonomie im „Dritten Reich" fügte sich auch Walter Hoffmann ein, als er schrieb, dass Südosteuropa zweifellos das politische und wirtschaftliche Recht zur Industrialisierung hätte. Die Hochzüchtung einer lückenlosen Industrie wäre für Südosteuropa aber genauso verfehlt wie ein Beharren auf dem jetzigen Stand seiner Landwirtschaft. Die Lösung für die zukünftige Entwicklung der Region sah Hoffmann in der Intensivierung und Industrialisierung der Landwirtschaft und des Bergbaus.[990] Die deutsche Sicht auf die südosteuropäische Wirtschaftsstruktur war klar: Die Grundlage der Volkswirtschaft ist die Landwirtschaft und sie wird dies auch trotz Industrialisierungsförderung immer bleiben. Um seine Großwirtschaftsraumpläne in Südosteuropa durchzusetzen, zielte Deutschland auf die Verdrängung der konkurrierenden Wirtschaftsform, der liberalen Weltwirtschaft.[991] Schulmeister argumentierte in seiner Ablehnung der „überstürzten" Industrialisierung Südosteuropas sogar am Überbevölkerungskonzept vorbei. Ihm zufolge würden sich die südosteuropäischen Eliten auf eine „fehlgeschlagene Industrialisierungspolitik" konzentrieren und würden die „eigentliche Stärke" ihrer Länder nicht wahrhaben wollen: „die bäuerlichen, unverbrauchten und jungen Kräfte".[992] Bedauerlich fand man auf deutscher Seite, dass sich die südosteuropäischen Agrarstaaten in keine Diskussion über die Berechtigung ihrer Industrialisierung einlassen wollten. Dies

---

in Bezug auf den landwirtschaftlichen Außenhandel bezieht ihre theoretischen Grundlagen aus dem Ricardo-Modell bzw. dessen Weiterentwicklung in Form des Heckscher-Ohlin-Theorems und wurde wegen ihrer Begünstigung der Industrieländer kritisiert (Choplin/Strickner/Trouvé 2011).

988 Siehe z. B. Gürge 1931, S. 24–25; Brinkmann 1938; Lucas 1940, S. 36–42.

989 Moser 1940, S. 10 und 12–13; vgl. Casper 1940, S. 982.

990 Hoffmann, Walter 1940, S. 89; siehe auch ders. 1942, S. 157.

991 „Die Ausschaltung des Weltmarktes war die Voraussetzung eines kontinuierlichen Fortschreitens" (Schulmeister 1942, S. 46–47 und 53).

992 Schulmeister 1942, S. 157–158.

hätte in der Vergangenheit in der handelspolitischen Praxis zu einer meist für beide Seiten unbefriedigenden Kompromisslösung geführt.[993]

Der oft praktizierte differenzierte Einsatz demographischer Argumente je nach Zielsetzung des Autors kam deutlich bei Karl Thalheim zum Vorschein, als dieser die Südoststaaten vor einem drohenden Geburtenrückgang warnte, sollten die südosteuropäischen Staaten den Weg der Industrialisierung weiterhin beschreiten. Die negativen Seiten des Industrialisierungsprozesses seien aus „sozialer und volksbiologischer" Sicht offensichtlich. Industrialisierung fördere den Geburtenrückgang und damit die „drohende Gefahr nahenden Volkstodes." Eindringlich warnte Thalheim vor der „Heranzüchtung geschützter Treibhausindustrien" im Südostraum. So sollten nur solche Industriezweige entwickelt werden, die nicht nur im „nationalegoistischen", sondern auch im übergeordneten gesamteuropäischen Interesse „existenzberechtigt" seien. Inwieweit ein „Hineinwachsen in höhere Produktionsstufen" in Südosteuropa gerechtfertigt sei, hänge davon ab, ob die „Südostvölker" eine eigene „industriell-technische Schöpferkraft" besitzen oder ob sie nur das „von anderen Völkern Geschaffene" zu übernehmen und anzuwenden vermögen. Eine Antwort auf diese Frage schien Thalheim noch verfrüht.[994] Weil die Maßstäbe der „agrarischen Übervölkerung" beliebig gewählt werden konnten, ließ das Konzept den nationalsozialistischen Planern großen Spielraum. So war es auch möglich, dass in der Besprechung im Mai 1942 in der SOEG die Industrieplanung im Südosten betreffend die geringe Bevölkerungsdichte der Region als Argument gegen die Industrialisierung selbiger angeführt wurde.[995] In einem Teilgutachten zum geplanten „Generalgutachten Südosteuropa" der SOEG von Mai 1942 wurde ganz offen über die Bewahrung der Agrarstruktur der Balkanländer in der deutschen Großraumwirtschaft gesprochen:

> Wenn man sich über die eigenen Ansichten der Südostländer hinwegsetzen will, ist mit deren Widerstand zu rechnen, besonders dann, wenn sie befürchten müssen, dass die Einfügung in den Grossraum auf die Verewigung ihres Agrarstaatcharakters hinausläuft. Die ursprünglichen politischen Kräfte dieses Landes bilden sich nun einmal ein, ideologisch und tatsächlich auf Grund der agrarischen Übervölkerung auf Industrialisierung drängen zu müssen.[996]

Dabei müsse Industrialisierung gar nicht zum Credo der Südostländer gehören, so ging der Gedankengang im Gutachten weiter, vielleicht werde der Großraum

993 Gabriel 1942, S. 121–122.

994 Thalheim 1942, S. 260, 269–270 und 273.

995 SOEG, Besprechung vom 19. Mai betr. Industrieplanung 1942, BA R63/302, Bl. 65–66.

996 SOEG, 30. Mai 1942 zum Generalgutachten 1942, BA R63/302, Bl. 126. Zum Generalgutachten siehe Riemenschneider 1987, S. 214–217.

andere Möglichkeiten haben, „die agrarische Übervölkerung zu absorbieren", z.B. durch Wanderarbeiter, Umsiedlung Richtung Osten usw.[997] Hans Zeck zufolge müsste ganz Südosteuropa gerade angesichts der „Überfülle an landwirtschaftlicher Bevölkerung" auf einen radikalen Umbau der Wirtschaft verzichten, denn Industrialisierung dürfe keine „Konstruktion im luftleeren Raum" sein. Er sah eine Verbesserung der wirtschaftlichen Lage Südosteuropas ausschließlich in einer landwirtschaftlichen Intensivierung. Da auch diese auf größte Schwierigkeiten stoßen würde, müsse man sich zunächst mit solchen Maßnahmen begnügen, die im Rahmen des Möglichen liegen.[998] Wenn überhaupt, dann warben deutsche Ökonomen für eine „maßvolle Industrialisierung". Sie stellte das nationalsozialistisch geprägte Gegenstück zur „unorganischen", „überstürzten" Industrialisierung dar. So sollten die südosteuropäischen Staaten mit Rücksicht auf die Handelsbeziehungen mit Deutschland die „in der Landwirtschaft nicht unterkommende Bevölkerung" durch den Ausbau einer „bodenständigen" Industrie, insbesondere der Verarbeitungsindustrie von Obst und Kulturpflanzen und der Veredelungsindustrie für Bodenschätze, „produktiv" unterbringen. Robert-Werner Krugmann lobte die „maßvolle Industrialisierung" in Bulgarien. Das Land hätte sich mit dem Industriegesetz vom 26. August 1936 ganz bewusst Zurückhaltung in der Industrialisierung auferlegt, da man auf der einen Seite eingesehen hätte, dass die Absatzmöglichkeiten auf dem Inlandsmarkt nicht unerschöpflich seien und auf der anderen Seite der bulgarische Industrieexport gegenüber ausgesprochenen Industrieländern niemals konkurrenzfähig sein würde. Zudem hätte man auch rechtzeitig erkannt, dass ein industrieller Export in die Nachbarländer auch nicht in Frage kommen könne, weil diese mit ähnlicher Wirtschafts- und Sozialstruktur keine stetigen Abnehmer bulgarischer Industriegüter sein konnten und wollten.[999]

Nach Hans-Jürgen Seraphim ließe sich die für die Intensivierung der südosteuropäischen Landwirtschaft notwendige Kapitalgrundlage nach dem Krieg in Zusammenarbeit mit Großdeutschland ebenso mit Sicherheit organisieren wie die Unterstützung durch geschulte Arbeitskräfte usw.[1000] Ihm zufolge lag die Abkehr von der betont einseitigen Weizen- und Maiserzeugung und der vielfach noch extensiv betriebenen Viehzucht wenngleich auch aus sehr unterschiedlichen Gründen sowohl im Interesse Deutschlands als seiner südosteuropäischen Wirtschaftspartner. Insofern bestehe gerade auf landwirtschaftlichem Gebiet der erfreuliche Zustand gleichlaufender Interessen, den – wie Seraphim glaubte – auch alle Beteiligten erkennen würden. Dass dem so sei, gehe eindeutig aus der Ausrichtung der Agrarpolitik in den Donau- und Balkanländern und der Koordination

997 SOEG, 30. Mai 1942 zum Generalgutachten 1942, BA R63/302, Bl. 126.

998 Zeck 1939, S. 25 und 28.

999 Krugmann 1939, S. 27.

1000 Seraphim, Hans-Jürgen 1941, S. 39.

ihrer Außenwirtschaftspolitik mit derjenigen Deutschlands hervor. Es sei damit zu rechnen, dass im Zuge der landwirtschaftlich-industriellen Weiterbildung der südosteuropäischen Volkswirtschaften, ähnlich wie bei den alten Industriestaaten, auf lange Sicht die Aufnahmefähigkeit des Binnenmarkts zunehmen wird. Die notwendigen Sachkapitaleinfuhren würden jedoch auch entsprechende Ausfuhren erfordern. Eine Umstrukturierung der südosteuropäischen Landwirtschaften sollte die Erstellung geeigneter Ausfuhrgüter zum Ziel haben, da Überschussgebiete auf Export angewiesen sind. Auch ausfuhrpolitisch komme es für den Donauraum darauf an, diejenigen Güter zu produzieren, für die es einen sicheren Absatzmarkt gibt.[1001] Hans-Jürgen Seraphim hielt es für selbstverständlich, dass einige deutsche Industriezweige einer Industrialisierung des Donauraums mit einigen Besorgnissen gegenüberstehen, da dieser Vorgang notwendigerweise Verlagerungen der deutschen Industrieausfuhren zur Folge hätte. Dennoch war er von einer herrschenden Einmütigkeit überzeugt, dass der deutsche Industrieexport als Ganzes von einer Industrialisierung Südosteuropas nur gewinnen könne. Allerdings müsste Südosteuropa diesen Prozess auf die Bedürfnisse Deutschlands abstimmen und die Industrien auf der Basis der Land- und Forstwirtschaft, des Bergbaus und der billigen, reichlich zur Verfügung stehenden Arbeitskräfte entwickeln.[1002]

In seiner Selbsteinschätzung vertrat der MWT „grundsätzlich bereits seit Jahr und Tag“ die Auffassung, dass neben der Erschließung der Bodenschätze Südosteuropas eine Förderung und Intensivierung der Landwirtschaft der Donaustaaten zu den dringendsten Aufgaben der deutschen Wirtschaftspolitik gehören sollte.[1003] Dennoch sah der MWT die „Problematik“ einer Industrialisierung des Südostens entspannter als der Großteil seiner Mitglieder aus der Industrie. Zweifellos bestehe bei einer Industrialisierung des Südostens die Gefahr autarker Bestrebungen, die praktisch auf eine Lösung aus den wirtschaftlichen Bindungen mit dem industriellen Deutschland hinzielen würden. Diese Gefahr sei jedoch gering, es würden beiderseits immer wieder neue, gesteigerte Bedürfnisse auftreten.[1004] Der MWT suchte in Südosteuropa vor allem nach Absatzgebieten für Industrieprodukte aus Deutschland und versprach sich von einer Industrialisierung und Hebung der

---

1001 Seraphim, Hans-Jürgen 1942, S. 407; vgl. auch Leibrock 1941, S. 353–354.

1002 Seraphim, Hans-Jürgen 1943, S. 104–105 und 121–123. Die Ansicht, dass reichlich zur Verfügung stehende Arbeitskräfte zugleich billige Arbeitskräfte bedeuteten, war im klassischen ökonomischen Denken verankert.

1003 MWT, Zwischenbericht über laufende Arbeiten und Aufgaben 1941, S. 7.

1004 MWT (Wilmowsky/Jacob/Dietrich), Südosteuropa als wirtschaftlicher Ergänzungsraum für Deutschland 1939, BA R63/294a u. 294b, Bl. 22. Im Zusammenhang mit der Industrialisierung Südosteuropas sprach auch der MWT von der „ländlichen Übervölkerung“ als Kardinalproblem der südosteuropäischen Volkswirtschaften; MWT (Wilmowsky/Dietrich), Südosteuropa. Vorschläge für eine neue Kapitalpolitik, 6.2.1940, RWWA Abt. 130 (GHH), 400122/9, S. 13–14.

Kaufkraft in Südosteuropa eine gesteigerte Nachfrage nach technischer Ausstattung aus Deutschland.[1005] Unter diesem Aspekt ist auch die Ansicht des MWT zu verstehen, dass die Beschäftigung der „überflüssigen Esser" auf den Bauernhöfen selbst bei Intensivierung der Bodenbearbeitung ohne Technik unmöglich war. Gelänge es aber, diese in der Landwirtschaft Überzähligen zu Industriearbeitern zu machen, würde erstens die Landwirtschaft entlastet, d. h. sie würde rentabler und kaufkräftiger für Industrieprodukte, zweitens würde der Industriearbeiter zu einem regelmäßigen Konsumenten mit einer sehr viel höheren Kaufkraft als zuvor. Weil die den neuen Fabriken zugeführten Arbeiter aus der überwiegend beschäftigungslosen Landbevölkerung gezogen würden, entstünde sozusagen über Nacht ein fast absoluter Zuwachs an Kaufkraft.[1006] Der Textilindustrielle Hans Kehrl, von 1938 bis 1943 Generalreferent für Sonderaufgaben im Reichwirtschaftsministerium,[1007] führte im Dezember 1940 in Braunschweig vor den Präsidenten der Industrie- und Handelskammern seine Vorstellungen über die Industrialisierung der Agrarländer aus. Kehrl teilte dabei die Sichtweise südosteuropäischer Experten, dass nur die Industrialisierung zur Lösung der „agrarischen Übervölkerung" im Südosten führe. Die Industrialisierung der Region könne ohne Schwierigkeiten mit den wirtschaftspolitischen Interessen Deutschlands in Einklang gebracht werden wenn Deutschland als Hauptlieferant zum Aufbau der Industrien agiert.[1008]

Während des Zweiten Weltkriegs behielten unter den Verantwortlichen der Außenhandelspolitik in Deutschland jedoch die Gegner einer Industrialisierung die Oberhand. In Südosteuropa wurde von deutscher Seite im Gegensatz zum Inhalt mancher Texte und Reden deklarativer Natur eine brutale Deindustrialisierung betrieben. Das „Dritte Reich" hatte im Südosten lediglich einen Ergänzungswirtschaftsraum gesucht, keinen Wirtschaftspartner.[1009] In einer geheimen Aufzeichnung schrieb 1940 Carl Clodius, Stellvertretender Leiter der Wirtschaftspolitischen Abteilung des Auswärtigen Amtes, dass Südosteuropa auch nach dem Krieg „eine

---

1005 Ilgner 1938, S. 6.

1006 MWT (Wilmowsky/Dietrich), Südosteuropa. Vorschläge für eine neue Kapitalpolitik, 6.2.1940, RWWA Abt. 130 (GHH), 400122/9, S. 13–14 und 16; vgl. die Ausführungen von Surányi-Unger 1942, S. 98–99.

1007 Ab September 1943 war Kehrl Leiter des Planungsamtes und Rohstoffamtes im Reichsministerium für Rüstung und Kriegsproduktion. Zu seiner Person siehe Müller, Rolf-Dieter 1999.

1008 Piskol 1969, S. 331 und 334.

1009 Mitrović 1970, S. 728; Seckendorf 1996, S. 51. Die ungarische Botschaft in Berlin übersandte am 25. April 1941 dem ungarischen Premierminister László Bárdossy eine detaillierte Beschreibung der deutschen Vorstellungen über die künftige Wirtschaftsstruktur Südosteuropas. Demnach stünde die Industrialisierung aus deutscher Sicht im Widerspruch zum Agrarcharakter der südosteuropäischen Staaten. Stattdessen sollten sich diese in erster Linie eher darum bemühen, in „richtungsweisender Zusammenarbeit" ihre Agrarproduktion den Bedürfnissen Deutschlands anzupassen (Korbuly 1975, S. 182).

wichtige Rohstoff- und vor allem Ernährungsbasis und ein wichtiger Markt für deutsche Industrieerzeugnisse bleiben" werde. Dabei ist Konkurrenz im Südosten kaum zu fürchten, da Deutschland im Außenhandel dieser Länder bereits jetzt mit 50 bis 70% beteiligt war.[1010] Nach der Okkupation Serbiens infolge des Aprilkriegs 1941 versuchte Deutschland das Land als „Ergänzungswirtschaftsraum" für Agrarprodukte in seinen „Großwirtschaftsraum" einzugliedern. Ziel war, die Landwirtschaft in Serbien zu modernisieren, sie in den Vierjahresplan zu integrieren und zusätzlich zur Erhaltung der Besatzungstruppen und -behörden den Agrarexport erheblich zu steigern. Zu diesem Zweck unterstützte Deutschland die Kollaborationsregierung von Milan Nedić, die Agrarproduktion durch neue Anbaumethoden, Geräte, Landgewinnung, Verwendung von Dünger, etc. zu steigern. Damit sollte die zukünftige Entwicklung Serbiens als Agrarland sichergestellt werden.[1011] Dieses Vorhaben überschnitt sich im Grunde auch mit Nedićs Konzeption über das Dorf und die Bauernschaft als zukünftige Grundfesten der serbischen Gesellschaft. Die (extreme) Rechte in Serbien verklärte und mystifizierte die bäuerliche Welt als Träger von Kultur und Tradition sowie als Garant für das Bestehen des serbischen Volks. Sie strebte einen auf patriarchal organisierten bäuerlichen Großfamilien aufbauenden, autoritär geführten Staat als Ideal an.[1012]

Geradezu verhöhnend klingt es, wenn deutsche Ökonomen nach 1941 den Verbrauch der landwirtschaftlichen Bevölkerung im ehemaligen Jugoslawien für die niedrige agrarische Produktivität verantwortlich machten. Nach der gewaltsamen Aufteilung Jugoslawiens befanden sich die Agrarüberschussgebiete in der Vojvodina unter deutscher bzw. ungarischer Kontrolle und mussten ihre Überschüsse nach Deutschland liefern. Die agrarische Produktion in Serbien musste neben den deutschen Besatzungstruppen auch 400.000 Flüchtlinge versorgen. In den Grenzen des NDH fanden sich nur kleine agrarische Überschussgebiete wieder (Syrmien und Ostslawonien), sodass die Ernährung der Bevölkerung in den Zuschussgebieten, aus welchen der Rest des Lands bestand – trotz der massenhaft durchgeführten Vertreibungen und Morde an nichtkroatischen Bevölkerungsgruppen – auch dort zu einer Zerreißprobe wurde.[1013] Dafür war sich der Länderausschuss Kroatien des Südostausschusses der Reichsgruppe Industrie darüber einig, dass Kroatien grundsätzlich als Agrarland erhalten werden soll und auch der Aufbau der Verarbeitungs- und Verfeinerungsindustrie nicht bis zum letzten gehen müsse.[1014] Diesem wirtschaftspolitischen Ziel Deutschlands kam die Ustaša-Ideologie entgegen. Sie ging

1010 Aufzeichnung von Carl Clodius vom 30. Mai 1940, S. 45.

1011 Jovanović, Žarko 1994, S. 143 und 150; Ristović 2001, S. 665–674.

1012 Zur Agrarromantik der (extremen) Rechten in Serbien siehe für die 1930er Jahre Petrović 2004, für die Jahre 1941–1945 siehe u. a. Ristović 2008; für Rumänien siehe Sandu 2010.

1013 Tomasevich 2001, S. 708–709.

1014 Aus dem Aktenvermerk von Franz Hasslacher vom 25. November 1942, S. 207.

davon aus, dass die wirtschaftliche Kraft des kroatischen Volks auf der Bauernwirtschaft beruhen sollte, und verherrlichte das kroatische Bauerntum in Anlehnung an sozialutopische Agrarideologien als „Grundlage und Quelle alles Lebens".[1015] So waren mit Druck und Unterstützung des „Dritten Reichs" nach der Zerschlagung Jugoslawiens Führungen in Kroatien und Serbien an die Macht gelangt, welche das deutsche Interesse an einer Bewahrung der agrarischen Struktur in ihrem eigenen Programm vertraten und die Industrialisierungsbemühungen der breiten Mehrheit der bisherigen Eliten in Frage stellten.

Nach dem sowjetischen Kriegserfolg bei Stalingrad im Februar 1943 verschlechterten sich die Aussichten eines deutschen Sieges zunehmend. Statt eines Großraums unter deutscher Herrschaft wurde nun die Idee einer europäischen Konföderation mit Deutschland als Schutzmacht vor dem Bolschewismus propagiert.[1016] Obwohl auch hier keine völlige Gleichberechtigung der Gliedstaaten vorgesehen war, war man eher bereit, Zugeständnisse zu machen, was sich auch in den wissenschaftlichen Publikationen niederschlug. Für Theodor Oberländer war 1943 eine „tatsächliche Verminderung der agrarischen Bevölkerung" nun nur durch eine Abwanderung in die Industrie, die bei der weiteren Erschließung der Rohstoffe in enger Zusammenarbeit mit Deutschland entstehen sollte, möglich. Denn auch bei intensiver Bewirtschaftung sei eine agrarische Bevölkerungsdichte von über 80 pro km^2 „absolut ungesund".[1017] In diesem Zusammenhang sprach Reichswirtschaftsminister Funk im März 1944 vor der SOEG statt von der „Großraumwirtschaft" nun von der „europäischen Wirtschaftsgemeinschaft".[1018]

Auch Gegner des Nationalsozialismus und ihres „Großwirtschaftsraums" bedienten sich der Wirkungskraft demographischer Argumente. So führte Josef Hanč, Direktor des tschechoslowakischen Wirtschaftsdiensts in New York, im März 1944 vor US-amerikanischem Publikum aus, dass das nationalsozialistische Deutschland keinen konstruktiven Plan für die Lösung der wirtschaftlichen Probleme der ostmitteleuropäischen Länder habe und die Industrialisierung dieser Länder verhindern wollte. Dabei hätten diese Staaten das dringende Bedürfnis, den durch relative „Übervölkerung" ausgelösten „Bevölkerungsdruck" auf die Wirtschafts- und Sozialstruktur zu lindern und den Lebensstandard zu heben, indem sie die „un- oder semiproduktiven Arbeitskräfte" in den Industrialisierungsprozess einbinden.[1019]

1015 Sundhaussen 1995, S. 511–512; siehe z.B. Šoštarić-Pisačić 1941, S. 398. Zur Agrarromantik der extremen Rechten im Kroatien dieser Zeitperiode siehe Yeoman 2006.

1016 Siehe dazu Hoensch 1995.

1017 Oberländer 1943, S. 423.

1018 Funk 1944, vgl. Hunke 1942.

1019 Hanč 1944, S. 20.

1.2 Erhöhung der südosteuropäischen Agrarlieferungen nach Deutschland

Die Umgestaltung der sozioökonomischen Struktur der südosteuropäischen Staaten war eine der wichtigsten Voraussetzungen für die Erschließung selbiger innerhalb der deutschen „Großraumwirtschaft". Um ausreichenden Export landwirtschaftlicher Erzeugnisse nach Deutschland zu sichern, musste in den Augen der Experten die dortige Agrarproduktion rationalisiert und gesteigert werden und die „überzähligen Esser" verschwinden.[1020] Deutschland benötigte aus Südosteuropa insbesondere arbeitsintensive Pflanzen wie Industrie- und Ölpflanzen, hochwertige Futtermittel und als direkte Lebensmittel vor allem Obst und Gemüse.[1021] Die Steigerung der südosteuropäischen Agrarausfuhr nach Deutschland war eines der wichtigsten Ziele des „Dritten Reichs" in Südosteuropa. „Massen unproduktiver Menschen", welche auf dem Land lebten und nur „konsumierten", waren somit zwangsläufig ins Visier der deutschen Ökonomen und Außenhandelspolitiker geraten. Die Steigerung des Agrarexports aus Südosteuropa sollte entweder durch Rationalisierung und Intensivierung der landwirtschaftlichen Produktion oder durch „Konsumeinschränkung" der dortigen Bevölkerung erreicht werden.[1022] Während durch Rationalisierung noch mehr Menschen „überflüssig" würden, konnte zum Ärgernis der Ökonomen nicht verhindert werden, dass diese wegen der in Südosteuropa herrschenden Besitzverhältnisse weiterhin von ihren Verwandten ernährt würden.[1023]

Aus heutiger Sicht wird eine grobe Unterschätzung der Bedeutung des Agrarsektors für die Entwicklung der Staaten Südosteuropas seitens ihrer Politiker kaum bestritten. Der Agrarsektor bekam so gut wie keine Unterstützung von staatlicher Seite.[1024] Das darf jedoch nicht darüber hinweg täuschen, dass die Forderungen der deutschen Wissenschaftler nach landwirtschaftlicher Intensivierung sowie der Umstellung und Erhöhung der Agrarproduktion interessengeleitet war und die Verbesserung der Lebensbedingungen der südosteuropäischen Landbevölkerung dabei nicht im Vordergrund stand. Das in der zweiten Jahreshälfte 1939 erstellte streng vertrauliche Gutachten des Mitteleuropäischen Wirtschaftstags (MWT) „Südosteuropa als wirtschaftlicher Ergänzungsraum für Deutschland" untersuchte, inwieweit der Südosten in der Lage sei, „die nicht ausreichende deutsche Selbstversorgung mit Lebensmitteln, Rohstoffen und Arbeitskräften zu ergänzen, und welche Maßnahmen zur Erreichung dieses Zieles ergriffen werden" müssten. In ihm wurde bereits im ersten Absatz der Einleitung deutlich, dass sich hinter der Diskussion

1020 Aly/Heim 1991, S. 347.

1021 Moser 1940, S. 15.

1022 Vgl. IfW 1939, S. 21.

1023 Aly/Heim 1991, S. 349.

1024 Vgl. Sundhaussen 1989 und 1996; Calic 1994.

über die „agrarische Übervölkerung" und die „Rückständigkeit" Südosteuropas die Klage über die „unzureichende Ausfuhrmöglichkeiten der landwirtschaftlichen Produktion" nach Deutschland verbarg.[1025] Im Bericht „Zur Frage der künftigen Wirtschaftspolitik Deutschlands gegenüber Südosteuropa" der Forschungsstelle für Wehrwirtschaft von Jänner 1941 ist folgendes zu lesen:

> [...] wir haben ein großes Interesse an wirtschaftlich leistungsfähigen Nachbarn. Darüber hinaus müssen wir allerdings auf eine möglichst große Überschussproduktion jener Länder bedacht sein, weshalb wir in keinem Fall an einer Entwicklung mithelfen können, die das dortige Lebensniveau auf Kosten der für uns verfügbaren Überschussproduktion erhöht. Wir hätten genau das Gegenteil dessen erreicht, was aus wirtschaftspolitischen und wehr-wirtschaftlichen Gründen angestrebt werden muß. [...] Die Gefahr, die jetzigen Ausfuhrüberschüsse des Südostens durch großzügige Entwicklungsarbeiten zum Verschwinden zu bringen, liegt umso näher, als die agrarische Lieferfähigkeit des Südostens sich auf einen ungewöhnlich niedrigen Lebensstandard gründet.[1026]

Hier wurden die Absichten des MWT kritisiert, dessen Ziel in Südosteuropa zwar auch die Steigerung der Agrarproduktion war, diese aber durch längerfristige Planung erreichen wollte. Der MWT handelte aus der Überzeugung heraus, dass die Region in der Lage sei, in den nachfolgenden Jahrzehnten „der grösste und sogar fast der ausschliessliche Lebensmittellieferant Grossdeutschlands" werden zu können. Für das Ziel einer Steigerung des Agrarexports nach Deutschland hielt der MWT eine Verdoppelung der Hektarerträge in Südosteuropa für ohne Schwierigkeiten möglich, sofern der Ackerbau unter rationellen Gesichtspunkten betrieben würde. Dazu müssten die Betriebe in verstärktem Maße zur Anschaffung von Landmaschinen und dadurch zu intensiverer Bewirtschaftungsweise des

---

1025 MWT (Wilmowsky/Jacob/Dietrich), Südosteuropa als wirtschaftlicher Ergänzungsraum für Deutschland 1939, BA R63/294a u. 294b, Bl. 7.

1026 Forschungsstelle für Wehrwirtschaft, Zur Frage der künftigen Wirtschaftspolitik gegenüber Südosteuropa 1941, BA R2/10382, Bl. 27–28. Anton Reithinger hatte bereits im Herbst 1940 in einem Vortrag darauf hingewiesen, dass bei einer Angleichung des Verbrauchsstandards der südosteuropäischen Völker an den Mittel- und westeuropäischen Standard nicht nur die bisherigen Exportüberschüsse Südosteuropas an Nahrungs- und Futtermitteln fortfallen, sondern in der gesamteuropäischen Ernährungs- und Rohstoffbilanz ein unüberbrückbares Defizit auftreten würde (Reithinger 1943, S. 20). In Jugoslawien hatte Melik darauf hingewiesen, dass die Folgen der „agrarischen Übervölkerung" weitaus schlimmer wären, würden auf dem Land nicht großteils eine bescheidene Ernährung und ein niedriger Lebensstandard vorherrschen. Diese Begebenheit ermöglichte es, landwirtschaftliche Produkte für die Versorgung der „passiven" Gebiete und den Export zur Verfügung zu stellen (Melik 1940, S. 102).

Bodens gebracht werden.[1027] Für Walter Hübener, Reichsbeauftragter der Reichsstelle für Milcherzeugnisse, Öle und Fette, war das Ziel der autarken Deckung der lebensnotwendigsten Bedürfnisse des „Großwirtschaftsraums" nicht als Phantasiegebilde abzutun. Erreicht werden sollte dieses Ziel durch die Intensivierung der landwirtschaftlichen Produktionskräfte, besonders der südosteuropäischen Länder, welche „insbesondere für die Versorgung Großdeutschlands in Frage kämen". Wenn Südosteuropa die gleichen Hektarerträge für Getreide wie Deutschland im Jahr 1938 erzielen würde, könnte es seine Erträge ohne Schwierigkeiten nahezu verdoppeln.[1028] Diese Forderung der Politik hatte bereits auch wiederholt ihre wissenschaftliche Ausarbeitung gefunden. So hatte Wagemann berechnet, dass eine durchaus mögliche Erhöhung der südosteuropäischen Hektarerträge um 50 % den Einfuhrbedarf Deutschlands an Agrarprodukten decken könnte.[1029]

In einer nur für den Dienstgebrauch der NSDAP vorgesehenen Schrift schrieb Helmuth Moser, dass die Südoststaaten in deutschem Interesse das „Problem der landwirtschaftlichen Übervölkerung" durch eine „rationelle, durch Maschinenkraft bewirkte Bearbeitung und Ausnutzung des Bodens" lösen sollten.[1030] Deutsche Pläne zu einer Rationalisierung der südosteuropäischen Landwirtschaft zielten dabei auf die Zerstörung der historisch gewachsenen Subsistenzwirtschaft zur Erhöhung der landwirtschaftlichen Produktion. Zu diesem Zweck musste das südosteuropäische Bauerntum an marktwirtschaftliches Denken „gewöhnt werden".[1031] Zur Lösung der „Übervölkerungsfrage" sollten die „versteckt arbeitslosen, unproduktiven Esser" in den familienhaften Betrieben in offene Arbeitslose verwandelt werden. Dies sollte sozusagen zum Wohl aller Beteiligten durch Rationalisierung und Mechanisierung der südosteuropäischen Landwirtschaft geschehen. Es war die tiefe Überzeugung der Überbevölkerungstheoretiker, dass sich die Ernteerträgnisse sehr stark steigern ließen, wenn weniger Bauern mit Maschinen und verbesserten Methoden auf größeren Besitzflächen arbeiten würden.[1032] Auch sah der „natürliche Austausch" im „Großwirtschaftsraum" vor, dass die Staaten Südosteuropas für die gelieferten Agrarerzeugnisse landwirtschaftliche Maschinen von Deutschland abnehmen sollten und somit der deutschen Industrie „Aussichten

1027 MWT (Wilmowsky/Jacob/Dietrich), Südosteuropa als wirtschaftlicher Ergänzungsraum für Deutschland 1939, BA R63/294a u. 294b, Bl. 154, 169 und 235.

1028 Hübener 1941, S. 70–73.

1029 Wagemann 1939, S. 77.

1030 Moser 1940, S. 10.

1031 Thierfelder 1941, S. 151 und Schulmeister 1942, S. 149.

1032 Siehe z. B. Hassinger 1941, S. 606. Der Einsatz von Landmaschinen sollte die noch in vielen Gegenden üblichen, alten Ackergeräte ablösen und mit den gleichen Arbeitskräften die Bestellung von größeren Flächen in kürzerer Zeit ermöglichen (Ruhe 1943, S. 294).

für Großlieferungen auf Jahre hinaus“ bieten würde.[1033] Hans-Jürgen Seraphim zufolge konnte mit Sicherheit angenommen werden, dass die Zahl der vorhandenen Maschinen und Traktoren in Südosteuropa unzureichend war und die von früher verbliebenen Geräte überaltert waren.[1034] Zwar musste die Mechanisierung die Zahl der in Südosteuropa als „überflüssig“ Geltenden zwangsweise erhöhen, doch ihre Umwandlung in offene Arbeitslose hatte aus der Sicht der deutschen Wirtschaftsplaner den Vorteil, dass sie nicht mehr „versteckt“ die Produktivität senkten und woanders als billige Arbeitskräfte eingesetzt werden konnten.[1035]

Tabelle 9 „Deutschlands Landmaschinen-Export nach Südosteuropa (in RM)“[1036]

Land	1931	1933	1935	1937
Bulgarien	22	5	38	778
Rumänien	97	20	100	1.728
Jugoslawien	16	15	44	1.141

Obwohl der Landmaschinenexport den Aufrüstungszielen des Vierjahresplans entgegenlaufen musste, setzten sich die Lieferungen noch nach Beginn des Plans in gesteigertem Maße fort. Dies unterstreicht den hohen Stellenwert, den ein von Deutschland dominierter „Ergänzungswirtschaftsraum Südosteuropa“ in der nationalsozialistischen Wirtschaftsplanung besaß. Die Haltung einiger deutscher Wissenschaftler in Bezug auf die Mechanisierung der südosteuropäischen Staaten mit deutscher Hilfe kann in den Kriegsjahren jedoch nur als Blick in die Zeit nach dem Sieg Deutschlands verstanden werden, da es im Deutschen Reich bereits in den ersten Kriegsjahren zu einer Verknappung an landwirtschaftlichen Geräten, Landmaschinen und deren Ersatzteile kam.[1037] Dennoch wurde die „landwirtschaftliche Übervölkerung“ für die ausbleibende Mechanisierung der Landwirtschaft verantwortlich gemacht. Einem Bericht des Instituts für Weltwirtschaft in Kiel zufolge erschwerte das „Überangebot an Menschen“ und die „Besitzzersplitterung“ die Einführung von landwirtschaftlichen Maschinen und somit die Ertragssteigerung.

1033 Krugmann 1939, S. 62.

1034 Seraphim, Hans-Jürgen 1942, S. 414 unfd 1943, S. 129.

1035 Für die Sowjetunion hatte der Agrarexperte Otto Bräutigam (1895–1992), der in leitender Position im Reichsministerium für die besetzten Ostgebiete tätig war, festgestellt, dass trotz „Ausrottung des Kulakentums“ und Hungersnot während der Kollektivierung die „überschüssigen“ Arbeitskräfte infolge der Mechanisierung stets größer geworden waren und ein Hindernis zweckmäßiger Wirtschaftsmethoden bildeten. Die Kolchosen hätten sich wegen der „übertrieben starken Reserven“ an Landarbeitern immer mehr von einer Erzeuger- in eine Verbraucherorganisation verwandelt (Bräutigam 1942, S. 61 und 109; zu seiner Person siehe Schneppen 2012).

1036 Krugmann 1939, S. 207: XXI.

1037 Berlin SW 11, Meldungen aus dem Reich 8.5.1941, IfZ MA 441/4, Bilder 2.753.780–753.810, S. 14.

Die „ländliche Übervölkerung" behindere jede Agrarintensivierung, welche mit steigender Verwendung von Kapital verbunden ist (Anschaffung von Düngemittel und ausgewähltem Saatgut), und die eine wesentliche Voraussetzung einer Getreideüberschussproduktion der Balkanländer darstelle.[1038] Auch der MWT beklagte in seinem Gutachten Ende 1939, dass kleinbäuerliche Betriebe gegenüber Großgrundbesitzen nicht nur weniger Ertrag lieferten, sondern auch die Mechanisierung verhindert hätten. In dieser Situation würde die genossenschaftliche Haltung von Nutzkraftfahrzeugen die meisten Aussichten auf Erfolg versprechen.[1039] Von den Interessen deutscher Industriekreise am Absatz von landwirtschaftlichen Maschinen abgesehen lässt sich vermuten, dass die Förderung der genossenschaftlichen Bodenbearbeitung in Südosteuropa tatsächlich ein richtiger Schritt in Richtung Besserung der Situation in der Landwirtschaft war, welcher der kleinbäuerlichen Struktur der Region am besten entsprach.

In Jugoslawien hatte die Regierung die kostspielige Mechanisierung mit dem Argument eingeschränkt, den landwirtschaftlichen Arbeitern Arbeit geben zu wollen. So war z. B. von 1930 bis 1944 die Benutzung von Mähbindern gesetzlich verboten.[1040] In Rumänien hatte Şerban den Grund für das Auftauchen einer „agrarischen Übervölkerung" in der Mechanisierung der Landwirtschaft gesehen.[1041] In Anbetracht der von der „agrarischen Übervölkerung" ausgehenden, schwerwiegenden sozioökonomischen Folgen lehnte Frunzănescu die Einführung landwirtschaftlicher Maschinen in Rumänien kategorisch ab. Wenn zuvor keine andere Beschäftigung für die ländliche Bevölkerung gefunden werde, würde die Mechanisierung zu einem noch niedrigeren Bedarf an Arbeitskräften in der Landwirtschaft führen.[1042] In dieser Annahme ging Frunzănescu wohl richtig, so kam es in England erst zu einer flächendeckenden Einführung landwirtschaftlicher Maschinen, als in der zweiten Hälfte des 19. Jahrhunderts pro Dekade 10–20 % der Landarbeiter in den Bergbau und in die Industrie abgewandert waren.[1043] Die Zurückhaltung im Einsatz landwirtschaftlicher Maschinen konnte sich auch Borel

1038 IfW 1939, S. 17–18. „Die billige Arbeit dieses Menschenüberschusses wirkt sich verständlicherweise fortschrittshemmend auf die Landwirtschaft aus, weil jede Mechanisierung privatwirtschaftlich unrentabel bleibt" (Leibrock, 1941, S. 352).

1039 MWT (Wilmowsky/Jacob/Dietrich), Südosteuropa als wirtschaftlicher Ergänzungsraum für Deutschland 1939, BA R63/294a u. 294b, Bl. 234–235. Diese Ansicht teilten auch Cornăţeanu (1940, S. 12) und Hans-Jürgen Seraphim (1941, S. 47).

1040 Dumont 1951, S. 590.

1041 Şerban 1933, S. 5.

1042 Frunzănescu 1935, S. 5. Auch Dániel war der Ansicht, dass arbeitsparende Maschinen von keiner ökonomischen Bedeutung in den Bauernwirtschaften der „übervölkerten" Agrarländer Europas waren (Dániel 1944–45, S. 67).

1043 Uwe 2007, S. 477.

vom Internationalen Verband der Landwirtschaft als temporäre Erleichterung für den Zustand „agrarischer Übervölkerung" vorstellen.[1044]

Die Befürchtung, Deutschland werde wegen des südosteuropäischen Bevölkerungswachstums in Zukunft keine landwirtschaftlichen Erzeugnisse aus der Region einführen können, war in vielen Arbeiten präsent. Franz Ahlgrimm bedauerte, dass die außerordentliche Dichte der ländlichen Bevölkerung zur Folge hatte, dass ein großer Teil der bereits relativ geringen landwirtschaftlichen Produktion in der bäuerlichen Wirtschaft selbst verzehrt wurde. Im Vergleich zu Deutschland verließe nur ein geringer Anteil die Betriebe und werde auf dem Markt abgesetzt.[1045] Das gesamte System des „natürlichen Wirtschaftsaustauschs" zwischen Deutschland und Südosteuropa schien durch die dortige Bevölkerungszunahme bedroht. Man rechnete sogar damit, dass die vermehrte Bevölkerung in Südosteuropa das produzierte Getreide einmal ganz selbst verbrauchen werde.[1046] Mit den Möglichkeiten der Steigerung der Agrarausfuhr aus Südosteuropa beschäftigte sich das im April 1939 im IfW erstellte Gutachten „Die Bedeutung der südosteuropäischen Getreidewirtschaft und ihre wehrwirtschaftliche Bedeutung". Obwohl zu Beginn des Gutachtens angemerkt wurde, dass die Ernte in den Balkanstaaten oft nicht zur Ernährung der dortigen Bevölkerung ausreichte, wurden am Ende Konsumeinschränkungen als Mittel empfohlen, um die Getreideausfuhrmöglichkeiten nach Deutschland zu erhöhen.[1047] Das ein Jahr später fertig gestellte Gutachten „Die Ernährungswirtschaft, insbesondere die Bedeutung der Nahrungsmittelindustrie Jugoslawiens" bescheinigte Jugoslawien die Möglichkeit nicht nur die eigene Bevölkerung zu ernähren, sondern auch Deutschland mit Nahrungsmittel zu beliefern.[1048] Dies veranschaulicht auch gut, zu welchen Zwecken Gutachten über Südosteuropa im IfW in Kiel erstellt wurden, sie versorgten die nationalsozialistischen Großraumplaner mit Angaben über die Wirtschafts- und Rohstofflage der Länder.

Mit dem Fortschreiten des Kriegs wurden auch in wissenschaftlichen Publikationen die wirtschaftspolitischen Ziele des „Dritten Reichs" in Südosteuropa immer deutlicher benannt. Hans-Jürgen Seraphim schrieb im Juni 1942, dass Deutschland ein Interesse daran hatte, die Lieferungsmöglichkeiten der südosteuropäischen Volkswirtschaften auszuweiten, da der deutsche Bedarf an Ernährungsgütern und agraren Rohstoffen nicht nur als Folge der Aufrüstung, sondern als Dauererscheinung wesentlich größer waren. Den deutschen Interessen würde also eine allgemeine Intensivierung, aber auch ein Ausbau bestimmter bisher nicht oder nur wenig gepflegter Zweige der agraren Erzeugung in Südosteuropa entsprechen. Auf der

1044 Borel 1938, S. 270.
1045 Ahlgrimm 1939, S. 17.
1046 Rothmann 1940, S. 39.
1047 IfW 1939, S. 7–8; 12 und 37.
1048 IfW 1940, S. 26–27.

anderen Seite müsste es den Volkswirtschaften des Donau- und Balkanraums daran liegen, zum selben Ziel zu gelangen. Die große „Zahl der unproduktiven Esser" dieser Staatengruppe erzwinge eine Intensivierung und stärkere Differenzierung der landwirtschaftlichen Produktion.[1049] Die Überbevölkerungstheoretiker sahen im Bereich des Konsums in den Menschen nur einen Magen, dem im Bereich der Produktion wiederum zwei „unnütze" Arme gegenüberstanden.[1050] Getreideüberschüsse würden nicht durch die Höhe der Ernte, sondern durch die Höhe des Selbstverbrauchs bestimmt. Nationalsozialistische Wirtschaftsplaner hatten diese Feststellung als Schlüsselpunkt, auf welchen die wirtschaftspolitischen Maßnahmen auf dem Gebiet der besetzten Sowjetunion aufbauen sollten, hervorgehoben. Da Deutschland unter allen Umständen Überschüsse brauche, musste der Konsum der Bevölkerung herabgedrückt werden. Die dabei „zweifellos eintretende Hungersnot" gehörte zum festen Bestandteil der deutschen Wirtschaftsplanung, welche sich dabei mit der Vernichtungspolitik verschränkte.[1051] Das Verhungernlassen der „Überzähligen" war eine ernstzunehmende Option der nationalsozialistischen Großraumplaner auf dem Gebiet der besetzten Sowjetunion. Obwohl es für Südosteuropa keine in diese Richtung ausgearbeiteten Pläne gab, forderten einige Stellen zumindest erhebliche Konsumeinschränkungen für die südosteuropäische Bevölkerung.

Die Forschungsstelle für Wehrwirtschaft empfahl, „die Entwicklung des Südostens so zu lenken, daß die Kaufkraft- und Verbrauchssteigerung dieser Länder weitgehend von der eigenen Arbeit abhängig bleibt." Auch Deutschland hätte sich im 19. Jahrhundert durch die Intelligenz, den Fleiß und die Sparsamkeit seiner Bevölkerung entwickelt. Es bestehe weder Veranlassung, noch die wirtschaftspolitische Möglichkeit, Südosteuropa dieses „Großhungern" zu ersparen.[1052] Im Laufe des Kriegs enttäuschten die Balkan-Donau-Länder die deutschen Erwartungen hinsichtlich der agrarischen Lieferfähig- und willigkeit. Rudolf Kratz stellte im Juni 1942 fest, dass die bisherigen Bemühungen der deutschen Regierung zur Steigerung der landwirtschaftlichen Erträge in Südosteuropa nicht zum gewünschten Erfolg geführt hätten.[1053] Er spottete insgeheim über die für die Öffentlichkeit gedachte

---

1049 Seraphim, Hans-Jürgen 1942, S. 406, vgl. Schulmeister 1942, S. 97

1050 Auf diese Problematik der Untrennbarkeit des Standpunkts der Produktion und des Konsums machte im Rücklick Doreen Warriner in Anlehnung an J. S. Mill aufmerksam: „Over-population meant that there were too many mouths, not merely too many hands; and the primary need was to make the hands more productive, in order to feed the mouths" (Warriner 1964, S. xxvi).

1051 Gerlach 1999, S. 49.

1052 Forschungsstelle für Wehrwirtschaft, Zur Frage der künftigen Wirtschaftspolitik gegenüber Südosteuropa 1941, BA R2/10382, Bl. 28.

1053 Schreiben von Rudolf Kratz an August Heinrichsbauer betr. Arbeitsprogramm für die Tätigkeit des Südost-Agrar-Instituts, 4.6.1942, BA R63/83, Bl. 178. Siehe auch Karl Janovsky, Lagebericht über die Verhältnisse in Südost, 1.9.1942, BA R63/253, Bl. 80.

Propaganda, dass die deutschen Bemühungen zur Intensivierung der südosteuropäischen Landwirtschaft (z. B. seitens des MWT) einen höheren Lebensstandard für die Landbevölkerung gebracht haben.[1054] Kratz trat für eine Umorientierung der deutschen Wirtschaftspolitik in Südosteuropa ein: In Anlehnung an die vom Osmanischen Reich auf agrarpolitischem Gebiet betriebene Kolonialwirtschaft sollte Deutschland für die Dauer des Kriegs aus den Ländern herausholen, „was die Balkanvölker entbehren können ohne völlig zu verelenden.“[1055]

Die wehrwirtschaftlichen Pläne deutscher Wissenschaftler zur Beseitigung „der unnützen Esser“ und zur Steigerung der agrarischen Lieferfähigkeit in Südosteuropa fanden zwar auch ihre konkrete Umsetzung – z. B. versprach Antonescu der deutschen Gesandtschaft im Dezember 1941, brotlose Tage in Rumänien einzuführen – aber auch ihre Grenzen: Die Verschlechterung der Lage führte dazu, dass die ländliche Bevölkerung verstärkt zur Bedarfdeckungswirtschaft überging und dadurch Getreide für den Export nach Deutschland entzogen wurde.[1056] Noch im Jahr 1942 von einer „landwirtschaftlichen Übervölkerung“ in Rumänien zu sprechen, kann in Betracht der militärischen Mobilisierung und des daraus folgende Arbeitskräftemangels als gutes Beispiel für die Beharrlichkeit des Denkmodells „Überbevölkerung“ gewertet werden. In Cornăţeanus 1942 erschienenen Arbeit über die Organisierung der rumänischen Landwirtschaft im Krieg war auch nichts mehr von der Existenz einer „agrarischen Übervölkerung“ zu lesen, dafür wurden nun Maßnahmen zur Rationalisierung der landwirtschaftlichen Produktion und des Verbrauchs als dringende Notwendigkeiten der Kriegswirtschaft legitimiert. Kritik übte Cornăţeanu am Konsumverhalten der rumänischen Stadtbevölkerung, welche aus der Gewohnheit, dass die Bauernschaft alles billig verkaufen und ihr zur Verfügung stellen musste, keine Erziehung zum „ordentlichen Verbrauch“ besaß. Cornăţeanu ortete bei der rumänischen Stadtbevölkerung noch genügend Einsparungspotenzial im Konsum.[1057] Währenddessen wurden in Bulgarien sogar Schüler, Studenten und die „unbeschäftigte städtische Zivilbevölkerung“ per Gesetz zur landwirtschaftlichen Bewirtschaftung verpflichtet.[1058]

Da während des Kriegs die Marktbeziehungen zwischen Stadt und Land noch schlechter funktionierten und die Bauernschaft noch weniger Bedarf an Geld hatte, ging die ländliche Bevölkerung Südosteuropas trotz harter Strafmaßnahmen deutscherseits verstärkt zur Subsistenzproduktion über und verwarf damit die „rationale“ Arbeitsteilung in der deutschen Großraumwirtschaft. Auch staatliche

1054 Schumann 1973, S. 36.

1055 Schreiben von Rudolf Kratz an August Heinrichsbauer betr. Arbeitsprogramm für die Tätigkeit des Südost-Agrar-Instituts, 4.6.1942, BA R63/83, Bl. 179.

1056 Drews 1995, S. 96.

1057 Cornaţeanu 1942, S. 55.

1058 Ruhe 1943, S. 294.

Institutionen waren bemüht, für sich selbst möglich viel zur Seite zu schaffen und vor deutschem Zugriff zu bewahren. Je nach Jahr verringerten schlechte Ernten oder mangelnde Transport- und Lagermöglichkeiten die Lieferungen aus Rumänien und Bulgarien. Im NDH gingen wegen der bewaffneten Aufstände und der damit verbundenen politischen Instabilität bis 1944 die Anbauflächen um fast 50 %, der Viehbestand um schätzungsweise 70 bis 80 % gegenüber dem letzten Vorkriegsstand zurück, sodass das Land von außen mit Getreide versorgt werden musste.[1059] Dem Leiter der landwirtschaftlichen Abteilung des Deutschen Wissenschaftlichen Instituts in Zagreb, Friedrich Parsche, hatte die mangelnde Lieferfähigkeit des NDH bereits nach seiner Gründung Sorgen bereitet.[1060] Es schien, dass sich die Bevölkerungsstruktur in den vormals jugoslawischen Gebieten auch in einem anderen Bereich negativ auf die Ziele des „Dritten Reichs" auswirkte. Während sich nach dem Misserfolg des Aufstands im westserbischen Užice im Juni 1941 die städtische Bevölkerung eher passiv verhielt (nicht zuletzt wegen der Leichtigkeit, mit der die deutsche Besatzungsmacht in den Städten Vergeltungsmaßnahmen ausführen konnte), konnte sich Titos Bewegung für die Volksbefreiung Jugoslawiens vor allem aus der Landbevölkerung rekrutieren.[1061]

Auch war die deutsche „Entwicklungspolitik" in Südosteuropa während des Zweiten Weltkriegs wenig erfolgreich. Vor Ort fehlte es an den in den Schriften hoch gelobten Fachexperten aus Deutschland. In Bulgarien war es der Südosteuropa AG nicht gelungen, den Flachsanbau zu erweitern. Die „Bulgarische Schafzucht AG" (BUSCHAG) scheiterte bei ihren Zuchtbemühungen und konnte auch nicht die Unterstützung des bulgarischen Landwirtschaftministeriums für ihr Projekt einer Kreuzung von bulgarischen mit Merinoschafen gewinnen. Nur wenige bulgarische Landwirte konnten in den zwei vom MWT eingerichteten Beispieldörfern in der Verwendung moderner landwirtschaftlicher Maschinen ausgebildet werden, ganz

1059 Bićanić 1944, S. 38 und 43; Volkmann 1984, S. 56; Sundhaussen 1999, S. 59.

1060 In der *Internationalen Agrar-Rundschau* schrieb Parsche: „Stellte Südslavien bisher einen Agrarstaat mit Exportüberschüssen dar, so ergab sich nach der Gründung des neuen Staates die überraschende Tatsache, dass Kroatien unter den derzeitigen Verhältnissen nicht die Möglichkeit hat, eine größere Anzahl von landwirtschaftlichen Erzeugnissen zu exportieren" (Parsche 1942, S. 527). Die von Parsche geleitete landwirtschaftliche Abteilung des Deutschen Wissenschaftlichen Instituts in Zagreb betrieb unter dem Deckmantel der Wissenschaft deutsche Interessenpolitik und hatte die Aufgabe, die Produktivität und Lieferfähigkeit der kroatischen Landwirtschaft zu steigern. Dazu sollte 1.) der Leistungswille der Agrarbevölkerung gehoben, 2.) die fachliche Leistungsfähigkeit der Bauern verbessert, 3.) die Ausstattung des Bauern mit Geräten und Maschinen erhöht und 4.) die Bodenzersplitterung beseitigt oder doch zumindest in ihren Wirkungen kompensiert werden (Hausmann 2002 [2001], S. 318).

1061 Woodward 1995, S. 50–51.

abgesehen davon, dass die Maschinen aus Deutschland Bulgarien nie in zugesagter Zahl erreichten.[1062]

1.3 Einsatz südosteuropäischer Arbeiter in der deutschen Kriegswirtschaft

1936 erschöpften sich die deutschen Arbeitskraftreserven, nach der Phase der Arbeitsbeschaffung stand für die NS-Führung nun das Problem der Arbeiterbeschaffung im Vordergrund – vor allem in der Landwirtschaft, die sich mit steigender Nachfrage einerseits, verstärkter Landflucht der Landarbeiter in die besser bezahlte Industriearbeit andererseits konfrontiert sah, sodass Anfang 1938 etwa eine Viertelmillion Arbeitskräfte in der deutschen Landwirtschaft fehlten.[1063] „Großraumwirtschaft zu treiben" bedeutete aus nationalsozialistischer Sicht, „unwirtschaftlich aufgespaltene Räume zu einer neuen mitteleuropäischen Ordnung zusammenzufügen und die in den hinzugewonnenen Gebieten verfügbaren Arbeitskräfte da anzusetzen, wo sie am notwendigsten gebraucht wurden."[1064] Die Ansicht über die Notwendigkeit des Einsatzes von ausländischen Arbeitern in der deutschen Wirtschaft war im „Dritten Reich" weit verbreitet. Zu Kriegsbeginn wurde in verschiedenen deutschen Publikationen immer häufiger die Aufmerksamkeit auf die Bedeutung Südosteuropas als Arbeitskräftequelle für Deutschland gelenkt. So konnte man der Rubrik „Landwirtschaft" im *Südost-Economist* vom September 1939 zufolge statistisch in jedem südosteuropäischen Land einen „Überfluss an Arbeitskräften" feststellen, diese Region würde sich Deutschland regelrecht als Arbeitskräftereservoir anbieten. Dieser „Überfluss" ließe sich jedoch nicht einfach in andere Länder abströmen, ohne die Gefahr eines Arbeitskräftemangels in den Ländern heraufzubeschwören. Nach Angaben der deutschen Arbeitsämter betrug die Zahl der fehlenden Arbeitskräfte 1939 etwa eine Million, wobei der Mangel an Landarbeitern ein besonderes Problem darstellte. Das Interesse der deutschen Wirtschaft an südosteuropäischen Arbeitskräften wurde umso größer, als 1939 polnische Landarbeiter ausblieben.[1065]

1062 Brandt 1953, S. 206–208; Lampe 1986, S. 108–109.

1063 Herbert 1986, S. 14. Die Frage der Landflucht beschäftigte im „Dritten Reich" Politik und Wissenschaft. Auf dem Reichsbauerntag in Goslar 1938 sprach Reichsminister für Ernährung und Landwirtschaft Walther Darré von der Überwindung der Landflucht als entscheidende politische Bewährungsprobe der NSDAP (Reischle 1942, S. 103).

1064 Didier 1943, S. 17. Zur „Menschenökonomie" im NS-Agrarsektor zwischen Landflucht und Einsatz ausländischer Arbeitskräfte siehe Langthaler 2016, S. 257–374.

1065 Dem Bericht zufolge hatte Deutschland 1939 40.000 Landarbeiter aus der Slowakei, 37.000 aus Italien, 15.000 aus Jugoslawien, 12.000 aus Ungarn und 5.000 aus Bulgarien importiert (Deutschlands Arbeiterimport aus den Südoststaaten 1939, S. 267). In der Behandlung (Ausstattung der Unterkünfte, Arbeitszeiten, Löhne und sicherheitspolizeiliche Bestimmungen) kamen Arbeiter aus Südosteuropa in der Hierarchie nach den „Westarbeitern", jedoch vor Arbeitern aus dem

Intensiv beschäftigten sich die Politik beratenden Forschungseinrichtungen mit dieser Frage. In seinem Bericht der Forschungsstelle für Wehrwirtschaft von Dezember 1940 führte Otto Donner[1066] aus, dass der MWT daran denke, durch Steigerung der südosteuropäischen Kaufkraft die Lieferfähigkeit dieser Länder und die deutschen Absatzmöglichkeiten zu erhöhen (in den Plänen des MWT sollten die südosteuropäischen Staaten ihre gesteigerte Kaufkraft für landwirtschaftliche Maschinen aus Deutschland aufwenden, um dadurch wiederum die agrarische Lieferfähigkeit zu erhöhen). Es stelle sich jedoch die Frage, ob bei einer Kaufkraftsteigerung, welche einen erhöhten heimischen Konsum bedeute, die für den Export verfügbare Überschussproduktion nicht verschwinde:[1067]

> Darum ist zu erwägen, ob es nicht zweckmässiger ist, wenn Deutschland grössere Arbeitermengen aus dem Südosten heranzieht, sagen wir jährlich 1 $\frac{1}{2}$ Millionen Arbeiter für je 10 Monate. Für den Südosten würde das eine Erleichterung des Bevölkerungsüberdruckes bedeuten. Bei der agrarischen Übervölkerung jener Gebiete würde sich ein solcher Menschenentzug wahrscheinlich nur als Verminderung der Esser, nicht aber als Verminderung der Arbeitsleistungen bemerkbar machen.[1068]

Otto Donner zufolge würde der Einsatz südosteuropäischer Wanderarbeiter in Deutschland das Land vor der Gefahr bewahren, dass der Konsum Südosteuropas schneller wachse als seine landwirtschaftliche Erzeugung und die Region für den deutschen Import nur kleinere und teurere Überschussmengen zur Verfügung stelle. Außerdem wäre verhindert, dass wie nach den Plänen des MWT die deutsche Zahlungsbilanz mit den südosteuropäischen Staaten doppelt belastet würde. Die herangezogenen Kräfte könnten Donner zufolge beim Autobahnbau und ähnlichem eingesetzt werden, der weiteren Landflucht in Deutschland wäre damit ein wirksamer Riegel vorgeschoben. Eine Beschäftigung der „Balkanleute" in der deutschen Landwirtschaft lehnte Donner wegen „Unterwanderungsgefahr" ab.[1069]

Aus der Sicht Donners und anderer Nationalsozialisten sollte verhindert werden, dass während Deutsche in die Städte zogen, Wanderarbeiter längerfristig

---

„Protektorat Böhmen und Mähren" oder Polen und den ganz unten rangierenden Arbeitern aus der Sowjetunion und den seit Sommer 1943 italienischen Militärinternierten (Herbert 1986, S. 36).

1066 Donner war Leiter der Forschungsstelle für Wehrwirtschaft. Zu seiner Arbeit als wichtigster Theoretiker des Vierjahresplans auf dem Gebiet der Kriegswirtschaft siehe Aly/Heim 1991, S. 54–57.

1067 Donner 1940, Betr.: Südosteuropa, RGVA 1458/29/140, Bl. 20.

1068 Ebd., Bl. 21.

1069 Ebd. Die Ansichten Donners teilte auch Staatssekretär Erich Neumann (Der Chef des Stabsamtes des Vierjahresplans an das Auswärtige Amt 1941, BA R2/10382, Bl. 26).

„deutschen Boden" bewirtschaften würden. Das Szenario, dass die Deutschen in den Städten weniger Kinder bekommen würden, während sich auf dem Land in Deutschland „fremdes Volkstum" vermehren würde – im schlimmsten Fall durch die Vermischung mit deutschem Blut –, musste Furcht erregend auf die Anhängerschaft der nationalsozialistischen Rassenideologie wirken. Den in der Beschäftigung ausländischer Wanderarbeiter in der deutschen Landwirtschaft liegenden „völkischen Gefahren" müsse „mit allen Mitteln begegnet werden."[1070] Friedrich Didier, Mitarbeiter des Generalbevollmächtigten für den Arbeitseinsatz Sauckel, war sich sicher, dass es dem zu „Rassestolz und Rassebewusstsein" erzogenen deutschen Bauern eine „nationale Selbstverständlichkeit" bleibt, dass „der Ausländereinsatz nur ein kriegsbedingter Notbehelf sein kann, der in erster Linie auf dem Bauernhof wieder abgebaut werden muß, da auf weite Sicht die Arbeit am deutschen Boden unbedingt in deutsche Hände gehört."[1071] Die Wanderarbeiter sollten in der Landwirtschaft auf jeden Fall nur zeitlich begrenzt eingesetzt werden.[1072] Nach ihrer Rückkehr würden sie in mehrfacher Hinsicht zugleich zu Trägern der Intensivierung des Südostens werden können.[1073]

Die Wanderarbeiterfrage im Auge behaltend, suchte die Forschungsstelle für Wehrwirtschaft im Dezember 1940 beim Institut für Weltwirtschaft in Kiel mit der Frage „Wie hoch ist die Zahl der männlichen Arbeitskräfte, die aus den vier Balkanstaaten (Ungarn, Jugoslawien, Rumänien, Bulgarien) ohne Schädigung der dortigen Produktion abgezogen werden könnten?" um Antwort. Am Beginn des Gutachtens „Zur Frage des Überbesatzes Südosteuropa mit Arbeitskräften", welches aus dem IfW als Antwort zurückkam, stand, dass darüber keine genaueren Angaben gemacht werden könnten, da die Frage nicht konkret genug formuliert war und zahlenmäßige Angaben auch auf Basis einer längeren Untersuchung kaum zu machen sein dürften. Es sollten zwei Fälle voneinander getrennt werden: die sofortige Abziehung von Arbeitskräften für Sofortmaßnahmen und die langsame Herausnahme, die mit einer Wirtschaftsintensivierung verbunden sei. Weiters sollte geklärt werden, zu welchem Zweck südosteuropäische Arbeitskräfte benötigt werden. Schlecht ausgelastete männliche Arbeitskräfte in der Landwirtschaft gäbe es, dagegen wohl kaum dauernd arbeitslose männliche Arbeitskräfte. An sich könne man die „überschüssigen Arbeitskräfte" in Jugoslawien, Bulgarien und Rumänien

1070 Korherr 1941, S 213; vgl. Daitz 1942, S. 274.

1071 Didier 1943, S. 61.

1072 Vgl. Herbert 1985, S. 49–66 und Herbert 1986, S. 15–18.

1073 „Sie würden bei uns diszipliniert und an ein höheres Arbeitstempo gewöhnt. Ausserdem würden sie bessere Produktionsverfahren, auch landwirtschaftlich, sehen, die sie zu Haus einführen würden, und schliesslich könnten sie Ersparnisse mit nach Haus nehmen, die für die Rationalisierung und den Ausbau des Südostens stark zu Buche schlägen." (Donner 1940, Betr.: Südosteuropa, RGVA 1458/29/140, Bl. 21; vgl. aus kroatischer Sicht Šoštarić-Pisačić 1941, S. 416).

sehr roh auf 40°% schätzen. Man kam jedoch zur Ansicht, dass die Herausziehung einer solchen Zahl von Arbeitskräften, wenn sie nicht langfristig vorbereitet werde, eine Katastrophe für die landwirtschaftliche Produktion wie überhaupt für die Wirtschaft in diesen Ländern bedeuten würde.[1074]

Friedrich Parsche war im Sommer 1942 zuversichtlich, dass die Schaffung eines „europäischen Wirtschaftsraums" auch Südosteuropa von seinem „ländlichen Proletariat" befreien werde. Seine Beobachtungen schienen jedoch die Prognosen des IfW zu bestätigen. So mache sich die Abwanderung der Arbeiter nach Deutschland bemerkbar und hatte z. B. in Kroatien durch einen größeren Arbeiterbedarf selbst zu einem Mangel an Landarbeitern geführt. Wo noch Arbeitskräfte vorhanden waren, würde ihre Beschäftigung durch hohe Lohnforderungen in Frage gestellt.[1075] Die Herausziehung der „überflüssigen Arbeitskräfte" aus der südosteuropäischen Landwirtschaft für den Einsatz in der deutschen Kriegswirtschaft hatte die landwirtschaftliche Produktivität der Balkanstaaten keineswegs erhöht. Hans Zeck hatte in einem streng vertraulichen Gutachten für die SOEG die deutschen Erfahrungen mit südosteuropäischen Arbeitern bis Ende März 1943 untersucht. Am Ende dieser empirischen Untersuchung samt rassistischer Reihung nach Qualität des Arbeitscharakters der Nationalitäten beleuchtete er die weiteren Ausschöpfungsmöglichkeiten südosteuropäischer Arbeitskraft. Zwar seien in Rumänien, Kroatien und Bulgarien aus „begreiflichen" militärischen Gründen „sofort fassbare Arbeitskräfte" verschwunden, dennoch berge die Landwirtschaft noch beachtliche Reserven. Ihre Mobilisierung sei jedoch nur langsam und in großen Zeiträumen möglich, da sich erst die gesamte Agrarwirtschaft wandeln müsse.[1076] Auch den Planern deutscherseits war es wohl klar, dass die Realisierung solcher Pläne bis nach dem Krieg warten musste. Die Kontinuität dieser Idee fand unter geänderten politischen Rahmenbedingungen in den 1960ern in den Anwerbeabkommen mit

1074 IfW, Zur Frage des Übersatzes Südosteuropas mit Arbeitskräften 1940, RGVA 1458/29/140, Bl. 24–27.

1075 Parsche 1942, S. 528.

1076 Zeck, Hans F.: Erfahrungen mit dem Einsatz südosteuropäischer Arbeiter unter besonderer Berücksichtigung der Verhältnisse im Landesarbeitsamtsbezirk Wien-Niederdonau. Wien 1943, BA R63/269, S. 33. Die SOEG interessierte die „sachliche und persönliche Eignung der südosteuropäischen Arbeiter" auch im Hinblick auf die „Voraussetzungen der Industrialisierung in Südosteuropa". Letztere wären laut Zeck ungünstig, denn südosteuropäische Arbeitskräfte erreichten „weder die Qualität westeuropäischer noch die Ausdauer der aus dem Osten stammenden Arbeitskräfte": „der Vorstellungswelt und dem Lebensstil der meisten Südostarbeiter sind Einordnung, Disziplin, Zähigkeit und Ausdauer ungewohnt. Vielfach erlahmt der Südostarbeiter schon nach 3- bis 4-stündiger Arbeit." Dafür seien sie in der Landwirtschaft deutschen Arbeitskräften „teilweise sogar erheblich überlegen" (ebd., S. II, 9, 14 und 19). Zu dieser Untersuchung siehe Orlow 1968, S. 121–122.

der Türkei und Jugoslawien ihren Ausdruck, als eine große Anzahl von „Gastarbeitern" und „Gastarbeiterinnen" aus diesen Ländern in die BRD und nach Österreich eingeladen wurden.

2. Ziele der südosteuropäischen Eliten

2.1 Autarkie- und Modernisierungsbestrebungen

In der Zeit von 1870 bis zum Ersten Weltkrieg waren die Balkanstaaten mit der Schaffung von Infrastruktur beschäftigt, so mussten viele politische und soziale Institutionen erst gegründet werden. Aufgrund deutscher und österreich-ungarischer Bestrebungen nach Sicherung von Absatzmärkten sowie neuen kapitalintensiven Investitionsmöglichkeiten wurde Serbien nach dem Berliner Kongress 1878 zum Eisenbahnbau im eigenen Land verpflichtet. Den neuen wirtschaftlichen Abhängigkeiten durch Kredit- und Handelspolitik konnten sich die jungen kapitalarmen Balkanstaaten schwer entziehen.[1077] In der Zwischenkriegszeit konzentrierten sich die herrschenden Eliten der Balkanstaaten auf außenpolitischem Gebiet auf das Ziel der nationalen Sicherheit, auf wirtschaftspolitischem auf das der Autarkie und auf gesellschaftspolitischem auf das der Nationsbildung. Diesen durch Nationalismus getriebenen und mit dem Schlagwort „Modernisierung" geschmückten Zielen wurden andere wirtschaftliche oder soziale Fragen wie Landwirtschaft oder Bildung untergeordnet.[1078] Obwohl einige Politiker und Intellektuelle die Verbesserung der Lage der Bauern im Hinblick auf deren sozioökonomische und nationale Bedeutung forderten, war dies keine Priorität der Regierungen in Südosteuropa.[1079]

Nicht zuletzt wegen der Wirtschafts- und Berufsstruktur der Länder war nach dem Ersten Weltkrieg die Lösung der Agrarfrage dringend geworden. Der Großteil der politischen Parteien in Südosteuropa vertrat die Meinung, dass sich auch die Agrarfrage in den jeweiligen Staaten am besten durch Industrialisierung lösen ließ.[1080] Die Industrieförderungspolitik der drei Balkanstaaten setzte bereits kurz

---

1077 Calic 2010, S. 36–37.

1078 Gerschenkron 1962, S. 233; Daskalov 1998, S. 210; vgl. Deák 2003 und Giordano 2010, S. 26–27. Einen kurzen Überblick über die historischen Modernisierungsbestrebungen in Südosteuropa bieten Heppner 1995 und Daskalov/Sundhaussen 1999. Zu den Wurzeln der Nationsbildungs- und Modernisierungsbestrebungen der südosteuropäischen Eliten siehe u. a. Livezeanu 1995, Daskalov 1997, Höpken/Sundhaussen 1998, Sundhaussen 2000 und Dimou 2009.

1079 Vgl. Bodea 2011, S. 170–171 und Petrović 2011, S. 126–127.

1080 Vgl. Verdery 1983, S. 282 und die damaligen Beobachtungen des MWT (Wilmowsky/Dietrich), Südosteuropa. Vorschläge für eine neue Kapitalpolitik, 6.2.1940, RWWA Abt. 130 (GHH), 400122/9, S. 13.

nach dem Ersten Weltkrieg ein. Die jugoslawische Regierung erließ bereits 1919 Gesetze zur Förderung der Industrie, welche während der gesamten Zwischenkriegszeit aufrechterhalten und erweitert wurden.[1081] Die südosteuropäischen Staaten übernahmen im Rahmen ihrer Industrialisierungspolitik viele Funktionen, die in den führenden Industrieländern in den Bereich des privaten Unternehmertums gehörten.[1082] Jugoslawien schützte die Entwicklung der Industrie mit Importzöllen, billigen Transportmöglichkeiten, Kauf von heimischen Industrieprodukten aber belastete die gleichen Waren mit hohen Steuern zulasten der Konsumenten und bevorzugte in der Steuerpolitik ausländisches Kapital.[1083] Dennoch blieben Erfolge in der Industrialisierungspolitik aus. Da die Industrialisierung größtenteils mit ausländischem Kapital stattfand, ging auch ein großer Teil der Profite ins Ausland. Die Industrialisierungspolitik der Südostländer war nicht auf eine Verbilligung der Produktion und Ausweitung des Markts bedacht, sondern auf eine Sanktionierung von hohen Preisen bei einem begrenzten Absatz. Zudem war die Industrie weitgehend vom Bauerntum isoliert, zumindest was den Warenstrom Industrie – Landwirtschaft anging. Wurde in Südosteuropa die Industrialisierung als Mittel gepriesen, um der Bauernschaft bessere Lebensbedingungen zu garantieren, indem sie für die „ländliche Übervölkerung“ Arbeitsplätze in der Industrie schuf, verschlechterte die von den Südoststaaten betriebene Industrialisierungspolitik die Lage der Bauernschaft, da diese die überhöhten Preise für die Industrieerzeugnisse zahlen musste.[1084] Keine jugoslawische Regierung bis 1929 konnte einen umfassenden wirtschaftlich-finanziellen Plan vorweisen. Es gab häufige Regierungs- und Ministerwechsel, das Parlament beschäftigte sich mehr mit politischen als mit sozioökonomischen Fragen.[1085]

Der Konflikt zwischen der Bauernschaft und den herrschenden, bürokratisch-wirtschaftstreibenden Eliten war fundamental im Südosteuropa der Zwischenkriegszeit.[1086] Die Kluft zwischen den beiden Gruppen hatte sich ständig vergrößert. Ende der 1930er Jahre verfügten in Jugoslawien die gut 2 % an der Spitze der sozialen Pyramide über fast 20 % des Volkseinkommens, während der Hälfte der Bevölkerung am Boden der Pyramide lediglich ein Viertel des Volkseinkommens

1081 Teichova 1988, S. 70. Zur Industrialisierung im Jugoslawien der Zwischenkriegszeit siehe Đurović 1986. Kukoleča veröffentlichte 1941 eine detaillierte Studie über die Industrialisierung Jugoslawiens 1918–1938, in welcher mit verschiedensten Argumenten, so auch mit dem „Bevölkerungsdruck“, für die Industrialisierungsbestrebungen geworben wurde (Kukoleča 1941).

1082 Teichova 1974, S. 151; Hitchins 1992, S. 1069; vgl Wagemann 1939, S. 53.

1083 Petranović 1988, S. 76.

1084 Zotschew 1957, S. 148; Mouzelis 1976, S. 88–89.

1085 Petranović 1988, S. 69.

1086 Seton-Watson 1945, S. 133; Suppan 1990, S. 266–267 und 1996, S. 46–47; Sundhaussen 1996, S. 322–333.

zukam.[1087] Der Stadt-Land-Gegensatz wurde dadurch verschärft, dass die politischen Führungen der Balkanstaaten hohe Abgaben von der ländlichen Bevölkerung forderten, um den riesigen bürokratischen Apparat und die Militärausgaben zu finanzieren. Hinzu kamen korrupte Methoden und brutale Polizeigewalt gegen die Bauernschaft.[1088] Regierungsbehörden finanzierten mit ihren Hilfsprogrammen für die Landwirtschaft in der Regel nur gut situierte Bauern und Großgrundbesitzer, Kleinbauern waren auf Kredite von lokalen Geldleihern angewiesen, deren Zinsen sehr hoch waren.[1089] Südosteuropäische Politiker wünschten sich eine Rationalisierung der Landwirtschaft und die Ablösung der bäuerlichen Subsistenzwirtschaft durch marktorientiertes Wirtschaften. Politiker und Wirtschaftswissenschaftler waren gleichermaßen über das geringe Kapitalakkumulationspotenzial der Landwirtschaft ihrer Länder unglücklich. In ihren Augen verhinderte die „ländliche Übervölkerung" wegen des hohen Eigenverbrauchs landwirtschaftlicher Erzeugnisse die Produktion für den Markt und die Kapitalbildung.[1090] Trotz seiner Bedeutung wurde der schwierige Agrarbereich von den südosteuropäischen Politikern stark vernachlässigt, um gleichzeitig jegliche Aktivitäten im Industriesektor zu unterstützen.[1091] Der Posten des Landwirtschaftsministers wurde in Jugoslawien oft umbesetzt, er galt unter den Eliten als unattraktiv, weil man in dieser Funktion keine schnellen Erfolge und keinen privaten Reichtum erzielen konnte.[1092] Obwohl kleine Bauernwirtschaften besser für Molkereiwirtschaft, Gartenkulturen, und Industriepflanzen geeignet wären, hielten die südosteuropäischen Machthaber am großflächigen Getreideanbau für den Export fest. Die rumänischen Behörden zahlten einen Bonus für Getreideanbau aus, während sie Viehzucht durch hohe Frachtraten erschwerten.[1093]

Die sozial aufgestiegenen städtischen Eliten betrachteten die nicht an Modernisierung interessierten und ständig zu Revolten neigenden Bauern mit einer Mischung

---

1087 Sundhaussen 1983, S. 106.

1088 Tomasevich 1955, S. 702; Daskalov 1998, S. 239–240. Der US-amerikanische Schriftsteller slowenischer Herkunft, Louis Adamic, drückte die Unzufriedenheit der Bevölkerung Jugoslawiens in seinem gegen die Herrschaft Alexanders gerichteten Buch „The Native's Return" aus: „The Belgrade government is part of the post-War political gangsterism in Europe. But for the support it receives from the Western powers, the people of Yugoslavia would have swept it into the Danube and the Sava long ago. As it is, it continues to oppress and discourage nearly every virtue in the country" (Adamic 1934, S. 360).

1089 Christ 1940, S. 398; Mitrany 1951, S. 120.

1090 Spassitschew 1943–44, S. 20.

1091 Zur Vernachlässigung des landwirtschaftlichen Sektors seitens der südosteuropäischen Politik siehe Sundhaussen 1989 und 1996; Calic 1994, S. 218–440; vgl. z. B. Jowanowitsch 1906, S. 92.

1092 Im Gegensatz zum Ministerium für Agrarreform, das von 1919 bis 1932 bestand, und in welchem zahlreiche Schmiergelder flossen (Figenwald 1952, S. 53).

1093 Mitrany 1951, S. 121.

aus Furcht, Mitleid und Verachtung. Die Verbesserung des bäuerlichen Bildungsniveaus rangierte auf ihrer Prioritätenliste weit unten. Vorrang hatte die Nationsbildung durch Aufbau des Militärs, Erweiterung des bürokratischen Apparats sowie Verherrlichung des Nationalismus. Sie erfolgte gegen die Abneigung der ländlichen Bevölkerungsmehrheit, die mit dem Konstrukt Nation nichts anfangen konnte, den Staat seit jeher als potenziellen Gegner empfunden hatte und das kapitalistische System als Angriff auf eine idealisierte Solidarität der Dorfgemeinschaft erlebte.[1094] Modernisierung bedeutete auch, dass sich die Behörden der Balkanstaaten Zugriff auf die bäuerliche Bevölkerung verschafften und Kontrolle über die Gesamtheit der Wirtschaft in ihren Ländern erlangten. Die damit verbundene Zerstörung der historisch gewachsenen Familienwirtschaft kam den Eliten auch insofern entgegen, da sie die Nation als Ersatz für den Verlust der vertrauten Gemeinschaft präsentierten konnten.[1095] So ist es auch zu verstehen, warum die staatlichen Behörden die gemeinschaftliche Bearbeitung in Großfamilien auch nach der Aufteilung der *Zadruga* bekämpfte, obwohl sie die Folgen der Bodenzersplitterung beklagten.

Wie in Deutschland betrachteten auch südosteuropäische Ökonomen die in Zukunft von ihnen erwartete Verminderung der landwirtschaftlichen Produktion in Folge des Erscheinens neuer „unproduktiver Esser" und ihrem Nahrungsmittelverbrauch mit Sorge.[1096] Der rumänische Ökonom Ianculescu führte aus, dass in Rumänien die Zahl der Neugeborenen die Zahl der Verstorbenen um 250.000 überstieg, was einem Mindestverbrauch von 10.000 Wagen Getreide entsprach. In den kommenden Jahren würde der Konsum arithmetisch steigen und in Folge den Export landwirtschaftlicher Produkte dementsprechend verringern.[1097] In der Analyse des Bevölkerungsproblems waren sich die Ökonomen noch ungeachtet ihrer Herkunft einig, anders verhielt es sich bei der Zielsetzung der angedachten Maßnahmen zur Lösung der „Bevölkerungsfrage". Die südosteuropäischen Führungen hatten großes Interesse an einem Machtausbau ihrer Staaten und befürworteten auch einen zahlenmäßigen Anstieg der eigenen Nation, welchen sie als

1094 Sundhaussen 1989, S. 29 und 1996, S. 323. Ein Bericht eines serbischen Journalisten aus der Zwischenkriegszeit verdeutlichte die ambivalente Haltung städtischer Intellektueller gegenüber der ländlichen Welt. Der Verurteilung der Dorfswirtshäuser folgte ein Lob auf die Region. Das Dorf war ein schöner Ort, welcher von „faulen" und „rüpelhaften" Bauern bewohnt wurde, die eigentlich arbeiten sollten (Zitiert nach Halpern/Kerewsky Halpern 1972, S. 62). Für die Bauern waren hingegen die Stadtbewohner nichts anderes als „Parasiten" (Tomašić 1946, S. 136). Zu den Wurzeln der Großstadtfeindschaft in Jugoslawien siehe u.a. Sundhaussen 2007, S. 189–198 und Milošević 2009, S. 5–6.

1095 Sundhaussen 2000, S. 157 und 165.

1096 Obradovitsch 1939, S. 62.

1097 Ianculescu o.J., S. 13–14. Auf diese Entwicklung hatte Ianculescu bereits in seiner 1934 erschienenen Studie „Der Bevölkerungsüberschuss als Beschränkung des Agrarexports" hingewiesen (Ianculescu 1934).

Mittel zu diesem Ziel sahen. Was sie allerdings – allen verschiedenen Deklarationen über die Bauernschaft als „Rückgrat der Nation" und ähnlichen zum Trotz – störte, war die Tatsache, dass die ohnehin schon als unproduktiv geltende ländliche Bevölkerung wuchs. So suchten Wirtschaftswissenschaftler und Politiker (oft einzelne Personen in beiden Eigenschaften) nach Möglichkeiten, den identifizierten „Bevölkerungsüberschuss" zum Wohle des eigenen Staats zu verwenden. Es galt, so der rumänische Agronom und Landwirtschaftsminister Cornăţeanu, die sich der Wirtschaft gegenüber passiv verhaltenden Millionen von Bauern aus ihren Schlupfwinkeln herauszubekommen und sie am ökonomischen Kreislauf der ganzen Nation zu beteiligen.[1098]

Nun hätten die massiven wirtschaftlichen Probleme der südosteuropäischen Staaten auch ohne das Bevölkerungswachstum gelöst werden müssen. Es scheint unwahrscheinlich, dass die Bevölkerungszunahme dafür *das* unüberwindbare Hindernis darstellte. Bzw. kann angenommen werden, dass die südosteuropäische Wirtschaftspolitik und insbesondere die Versuche, die Wirtschaftsstruktur zu verändern, auch ohne Anstieg der Bevölkerungszahlen erfolglos geblieben wären. So stellt sich z. B. die Frage, ob die Industrialisierung bei sinkenden oder gleich bleibenden Bevölkerungszahlen mit weniger Schwierigkeiten durchgeführt hätte werden können. Dafür erscheint durchaus denkbar, dass Wirtschafts- und Bevölkerungswissenschaftler in einem solchen Szenario von einer „Untervölkerung" der Region gesprochen hätten, die eine Industrialisierung verhindere.[1099] Sei es, dass Arbeitskräfte für die Industrialisierung fehlten oder der Abzug von Arbeitskräften aus der Landwirtschaft ein Sinken der landwirtschaftlichen Produktion verursachen würde. Für die südosteuropäischen Regierungen konnte das Argument der „agrarischen Übervölkerung" mehrere Funktionen ausüben: Strukturelle Schwächen und Fehler in der Wirtschaftspolitik, insbesondere der Landwirtschaftspolitik, konnten mit dem Verweis auf das hohe Bevölkerungswachstum verschleiert werden (Demographisierung der wirtschaftlichen und sozialen Probleme), aufgrund einer „versteckten Arbeitslosigkeit" konnte die von den Staatsführungen betriebene forcierte Industrialisierung oder die Heranziehung „überflüssiger Arbeitskräfte" für die Industrie oder zu öffentlichen Arbeiten gegen keine oder niedrige Entlohnung gerechtfertigt werden. In den Augen der südosteuropäischen Wirtschaftseliten wäre es am besten gewesen, dass die Bauernschaft den Großteil der Kapitalakkumulation für den durch ihre Vermehrung nötig gewordenen Aufbau der Industrie geschultert hätte, um anschließend in dieser als billige Arbeitskraft zu fungieren.

Auf deutscher Seite wurde zur Kenntnis genommen, dass die Industrialisierungsbestrebungen der südosteuropäischen Länder durch die Existenz einer „land-

---

1098 Cornateanu 1940, S. 16.

1099 Siehe am Beispiel der Türkei Stamati 1940, S. 301; Schechtman 1946, S. 488.

wirtschaftlichen Übervölkerung" angetrieben wurden. Die „Überzahl nicht voll beschäftigter Arbeitskräfte in der Landwirtschaft" zu vollwertig arbeitenden Gliedern der Volkswirtschaft zu machen wurde z. B. als das Ziel der bulgarischen Wirtschaftspolitik identifiziert.[1100] Dabei hatte die deutsche Seite den unerwünschten Autarkie- und Industrialisierungsbestrebungen der Balkanstaaten schon früh demographische Argumente entgegengesetzt. Alois Fischer sah 1925 neben anderen ungünstigen wirtschaftlichen Entwicklungen auf der Welt in den Autarkiebestrebungen der überwiegend agrarisch eingestellten Länder Südosteuropas eine Gefahr für die „übervölkerten" Staaten Westeuropas. Bei weiterem Fortschreiten dieser Entwicklungen könnte in Westeuropa „ein großer Teil der auf außenbedingter Tragfähigkeit beruhenden Bevölkerungen abbaureif werden".[1101]

Die Bestrebungen nach Modernisierung und Autarkie der südosteuropäischen Eliten ließen sich von ihrem Standpunkt aus gut mit dem Konzept der „agrarischen Übervölkerung" argumentieren. Der Verweis auf eine nötige „Absorbierung" des „ländlichen Bevölkerungsüberschusses" diente den Eliten als willkommenes Argument für die Industrialisierung ihrer Länder. Um die schleppende Industrialisierung Jugoslawiens zu rechtfertigen – die staatlichen Investitionen waren in den Jahren nach der Weltwirtschaftskrise stark zurückgegangen –, konnte die Dringlichkeit des „Bevölkerungsdrucks" jedoch wieder relativiert werden. So behauptete der jugoslawische Ministerpräsident Stojadinović, dass auch ein langsamerer Aufbau der Industrie die Möglichkeit einer Beschäftigung des kleinen Bevölkerungszuwachses erhöhe.[1102]

Die Industrialisierung galt als nationales Prestigeprojekt und sollte die Kluft zwischen dem niedrigen Industrialisierungsgrad der südosteuropäischen Länder und dem hohen Niveau ihrer westlichen Handelspartner überbrücken.[1103] Der Umstand, dass sich mit staatlich subventionierten Industriebetrieben schneller Gewinne erzielen ließen als mit Investitionen in die Landwirtschaft, in welcher man nicht mit schnellen Erfolgen rechnen konnte, war vermutlich auch ein Grund dafür, dass sich die meisten Befürworter der Industrialisierung unter den südosteuropäischen Eliten befanden. Die vom Staat getragene forcierte Industrialisierung förderte die Entstehung eines in enger Beziehung zum Staat stehenden, privilegierten Kreises Industrieller. Da dieser von staatlichen Konzessions- und Auftragsvergaben, Steuerbefreiungen und anderen Privilegien abhängig war, wurde der Korruption in staatlichen Behörden Tür und Tor geöffnet.[1104] Finanzieren sollten die Modernisierung durch Industrialisierung jedoch die südosteuropäischen Bauern, welche

1100 Hauptprobleme der bulgarischen Agrarpolitik 1941, S. 91.
1101 Fischer 1925, S. 855.
1102 Zitiert nach Pejić 1976, S. 263.
1103 Teichova 1974, S. 143.
1104 Daskalov 1998, S. 217.

durch hohe Steuern, auch auf Düngermittel und landwirtschaftliche Maschinen, überlastet wurden. Der größte Teil der Steuereinnahmen kam durch indirekte Steuern zustande: in den 1930er Jahren beliefen sich diese auf 64 % in Bulgarien, 66 % in Jugoslawien und 72 % in Rumänien. Durch die Protektionspolitik, die hohe Zölle auf Güter setzte, welche mit den einheimischen Industrieprodukten konkurrierten, mussten Bauern oft überhöhte Preise für minderwertige Erzeugnisse zahlen. Die meisten staatlichen Modernisierungsinitiativen in Südosteuropa waren schlecht durchdacht oder wurden unzulänglich durchgeführt, insbesondere die Förderung der einheimischen Industrie.[1105]

Vor allem Mitglieder der politischen Eliten Südosteuropas, welche als Wissenschaftler das „Bevölkerungsproblem" selbst mitkonstruiert hatten, nutzten das Konzept der „agrarischen Übervölkerung" zur Legitimation der südosteuropäischen Industrialisierungsbestrebungen. Otto Frangeš verfolgte diesen Zweck auch mit seinem Vortrag über „agrarische Übervölkerung" im Kieler Institut für Weltwirtschaft im Mai 1939, wohl im Bewusstsein, dass ein Großteil deutscher Wirtschaftsvertreter und Ökonomen der Industrialisierung Südosteuropas skeptisch gegenüber stand. Im Ausland fasse man die Industrialisierung Südosteuropas als „willkürliche, den politischen und strategischen Zielsetzungen dieser Staaten dienende Maßnahme auf, die direkt gegen das Interesse der mit ihnen im Güteraustausch stehenden Industriestaaten des Westens gerichtet sei." Dabei stelle sie auf wirtschaftspolitischem Gebiet den „geeignetsten Weg" dieser Staaten zur „Bekämpfung der Übervölkerung" dar.[1106] Ebenfalls im Mai 1939, zwei Monate nach Abschluss des deutsch-rumänischen Wirtschaftsabkommens, hielt Ion Răducanu, Mitglied des ständigen Landwirtschaftsrats in Rumänien, in einem Vortrag im Rahmen des XVII-ten Jahreskongresses der Deutschen Weltwirtschaftsgesellschaft im Auditorium Maximum der Universität Wien mit einem Seitenhieb auf die deutschen Großwirtschaftsraumpläne fest:

> Die Industrialisierung der südosteuropäischen Länder ist, angesichts ihrer starken landwirtschaftlichen Übervölkerung, sowie im Hinblick auf einen harmonischen Ausbau der nationalen Volkswirtschaften für sie ebenso unumgänglich notwendig, wie eine gewisse

1105 Mitrany 1951, S. 121–122; Jelavich/Jelavich 1965, S. 88; Daskalov 1998, S. 240.

1106 Frangeš 1939, S. 32. In ähnlicher Absicht hielt am gleichen Ort im März 1940 Georgi Svrakov, Ökonom an der Handelshochschule Varna, einen Vortrag: „Wie in allen Ländern mit großer Bevölkerungszunahme, so steht auch in Bulgarien naturgemäß die Industrialisierung im Vordergrund. […] Die erste Aufgabe muß es sein, einem Teil der überschüssigen landwirtschaftlichen Bevölkerung in der Industrie Beschäftigung zu verschaffen" (Swrakoff 1940, S. 7–8). Gleichzeitig war für Svrakov die „wirtschaftliche Schicksalsgemeinschaft" zwischen den Ländern Südosteuropas und Deutschland segensreich für die Entwicklung Bulgariens und für die Sicherung der Versorgung Deutschlands mit Agrarerzeugnissen (Swrakoff 1940, S. 24).

> Reagrarisierung Deutschlands aus bevölkerungspolitischen und wehrwirtschaftlichen Gründen berechtigt erscheint. Einem Kritiker unserer Industrialisierungsbestrebungen würden wir die Erkenntnisse eines *Friedrich List* entgegenhalten.[1107]

Die treibende Kraft hinter der Industrialisierung in Rumänien war neben dem König eine kleine Industrie- und Finanzelite mit engen Verbindungen zu den großen politischen Parteien, insbesondere zur PNL, welche die Schaffung einer modernen Industrie zu ihrem Hauptziel in der Nationsbildung gemacht hatte.[1108] Gezielte Kartellpolitik und hohe Preise für industrielle Erzeugnisse verhinderten neben der geringen Kaufkraft der Bevölkerung einen engeren Güteraustausch zwischen Stadt und Land. Wenn die Dörfer nicht zu einer Vertiefung der Industrialisierung beitragen konnten, so war andererseits auch die Nachfrage der Industrie hinsichtlich Arbeitskräfte und Rohprodukte im ländlichen Bereich kaum zu spüren.[1109] Virgil Madgearu, Wirtschaftsexperte der PNŢ in Rumänien,[1110] kritisierte 1930 das nach Autarkie strebende „neomerkantilistische, chauvinistische Wirtschaftssystem" in Rumänien in den zehn Jahren nach dem Ersten Weltkrieg. Die Förderung der Landwirtschaft wäre zugunsten der Chimäre einer forcierten Industrialisierung vernachlässigt worden.[1111] Jedoch war auch bei Madgearu und anderen Vertretern des Agrarismus in Rumänien die vollständige Industrialisierung die Idealvorstellung, weil dieser Wirtschaftssektor aus ihrer Sicht eine höhere Produktivität aufwies und größeren Wohlstand versprach.[1112] Darüber hinaus liege die Industrialisierung von Agrarstaaten im Wesen der universellen wirtschaftlichen Entwicklung. Die Industrialisierungspolitik der südosteuropäischen Staaten werde durch das Phänomen der „agrarischen Übervölkerung" diktiert. Weil Deutschland jene ablehne, sei auch die wirtschaftliche Zusammenarbeit mit Deutschland für die Länder Südosteuropas gar nicht so sehr von Vorteil. Dadurch, dass sich die südosteuropäischen Staaten zu Agrar-Industrieländern entwickelten, seien – anders als deutscherseits behauptet wurde – auch die wirtschaftlichen Ergänzungsmöglichkeiten nicht „perfekt". Darüber hinaus würden die südosteuropäischen Länder freie Devisen und Rohstoffe

---

1107 Răducanu 1939, S. 20–21. Der Nationalökonom Răducanu (1884–1964) hatte in Graz und Berlin studiert, war u. a. Finanz- und Infrastrukturminister und von 1930 bis 1940 Rektor der Handels- und Industrie-Hochschule in Bukarest.

1108 Hitchins 1992, S. 1069.

1109 Heinen 1986, S. 43.

1110 Madgearu (1887–1940) war der führende Theoretiker des Agrarismus in Rumänien hatte sich wiederholt mit Fragen der „agrarischen Übervölkerung" in Zusammenhang mit der Industrialisierung Rumäniens beschäftigt (siehe z.B. 1940, insb. S. 25–53). 1940 wurde er wegen seiner antifaschistischen Aktivitäten von der Eisernen Garde ermordet. Zu seinem Leben und Werk siehe u. a. Hitchins 2003 und Căpreanu 2004.

1111 Madgearu 1930, S. v–vi.

1112 Madgearu 1937, S. 71 und 75; ders. 1940, S. 150; Hitchins 1994, S. 328–333; David 2009, S. 210.

benötigen, welche sie im Tausch mit Deutschland nicht bekommen könnten. Allerdings hätte die überprotektionistische Industrialisierungspolitik – gekennzeichnet durch das auch außerhalb von Rumänien bekannt gewordene Schlagwort „prin noi inşine [durch uns selbst]" –, welche in keiner Verbindung zur Bauernschaft stand, den „ländlichen Bevölkerungsdruck" nur weiter vergrößert.[1113] Auf einer internationalen Konferenz in Paris wies Madgearu im Februar 1939 erneut mit Sorge auf die große wirtschaftliche Abhängigkeit Rumäniens von Deutschland hin.[1114] Aber auch Mihail Şerban, welcher den Anschluss Rumäniens an die deutsche Großraumwirtschaft befürwortete, widersprach der Ansicht, dass der Austausch von Getreide gegen Industrieerzeugnisse die natürliche Basis für die Wirtschaftsbeziehungen zwischen Südosteuropa und Deutschland war und sein sollte. Die Zukunft der rumänischen Nation lag ihm zufolge klarerweise in der Industrie. Nur sie könne nach der Intensivierung und Rationalisierung der Landwirtschaft den „agrarischen Bevölkerungsüberschuss" aufnehmen und eine möglichst dichte Bevölkerung, eine bedeutende Steuerkraft und eine autonome Kriegsmaschinerie nach westeuropäischem Vorbild schaffen.[1115]

Innerhalb der Balkanstaaten nahm Bulgarien eine kleine Sonderstellung ein, das Land wurde vergleichsweise intensiver bewirtschaftet. Im Gegensatz zur nationalsozialistischen Bevölkerungspolitik und den Modernisierungsbestrebungen in Rumänien und Jugoslawien zielte der von den bulgarischen Wirtschaftsplanern inszenierte Strukturwandel der Landwirtschaft nicht auf die Zerstörung der Subsistenzwirtschaft ab.[1116] Doch auch in Bulgarien erschuf die politische und wirtschaftliche Elite eine Industrie unter staatlicher Protektion und die Landwirtschaft musste sehr oft zu Gunsten der Industrie leiden.[1117] Der Protektionismus in der Industrie wurde wiederum mit demographischen Argumenten gerechtfertigt: wäre er ausgeblieben, hätte sich Dolinski zufolge eine noch größere Anzahl „überflüssiger" Bevölkerung in der Landwirtschaft angehäuft.[1118]

2.2 Vertreibung anderer Nationalitäten

Deportationen, Zwangsumsiedlungen und ethnische Säuberungen waren ein prägendes Merkmal der Politik im 20. Jahrhundert in Europa im Allgemeinen und

1113 Madgearu 1936, S. 918–920 und 1938, S. 7–11.

1114 Madgearu 1939, S. 6 und 34.

1115 Şerban 1944, S. 17–19. Zum ganzen Spektrum wirtschaftswissenschaftlichen Denkens im Rumänien der Zwischenkriegszeit siehe Harre 2009.

1116 Bohn 1995, S. 127. Zur Sonderstellung Bulgariens siehe Hoppe 1979.

1117 Iwanoff 1941, S. 9.

1118 Dolinski 1936, S. 82.

in Ost- und Südosteuropa im Speziellen.[1119] In diesem Bereich wird die Verflechtung zwischen wissenschaftlichen Expertisen und politischen Zielen besonders gut sichtbar. Wie bereits in der Diskussion zuvor in Russland wurden von den Wirtschafts- und Bevölkerungsexperten Umsiedlungen als Weg zur Lösung des Problems der „ländlichen Übervölkerung" begriffen. In Südosteuropa orientierten sich die Wissenschaftler aber auch an schon längere Zeit bestehenden Zielen seitens der Politik in Richtung einer Veränderung der ethnischen Zusammensetzung der Staaten zu Gunsten der Mehrheitsbevölkerung. Politiker konnten in diesen Bestrebungen wiederum auf das vermeintlich unpolitische, weil aus der Wissenschaft stammende und scheinbar lediglich die wirtschaftliche Sphäre betreffende Konzept der „agrarischen Übervölkerung" verweisen.

So wurde die seit den Balkankriegen von den südosteuropäischen Staaten verstärkt geförderte Aussiedlung muslimischer und türkischer Bevölkerungsteile in die Türkei[1120] auch mit der Erscheinung der „agrarischen Übervölkerung" untermauert. Jugoslawien versuchte nach dem Ersten Weltkrieg mittels Agrarreform und Kolonisierung der mehrheitlich muslimischen albanischen Minderheit in Mazedonien und im Kosovo die wirtschaftliche Grundlage zu entziehen und nichtmuslimische Bevölkerungsgruppen aus dem Rest des Lands anzusiedeln.[1121] In seinem berühmt-berüchtigten Memorandum über die Aussiedlung der albanischen Bevölkerung aus dem Kosovo führte 1937 der Belgrader Historiker und Politikberater Vasa Čubrilović (1897–1990) aus, welche anderen Bevölkerungsteile von der Vertreibung profitieren sollten. In erster Linie kam für ihn die arme Bauernschaft aus den „passiven" Regionen Jugoslawiens in Frage. So würde wegen der unfruchtbaren Fläche in Montenegro der überwiegende Teil der dortigen Bevölkerung in Armut leben, welche der Nährboden für sozialpolitische Bewegungen sei, die wiederum nicht nur unangenehm für staatliche Behörden, sondern auch

---

1119 Man denke an die ethnischen Säuberungen von 1923 in Griechenland, Bulgarien und der Türkei (siehe dazu u. a. Hirschon 2004 und Üngör 2011). Zu den revisionistischen Bestrebungen der deutschen Verbündeten in Südosteuropa während des Zweiten Weltkriegs siehe Cattaruzza/Dyroff/Langewiesche 2013. Einen Überblick über Deportation, Zwangsaussiedlung und ethnische Säuberung in Europa bieten Brandes/Sundhaussen/Troebst 2010.

1120 Siehe dazu Höpken 1996; Bandžović 2003 und 2005; Janjetović 2005, S. 62–72 und 326–331; Müller, Dietmar 2005, S. 466–469; Jovanović, Vladan 2006; Pezo 2009 und 2013.

1121 Giordano 2002, S. 464–465; Janjetović 2005, S. 331. Einen wichtigen Grund für das Scheitern dieses nationalistischen Projekts, sich diese Territorien „ethnisch anzueignen", sah Giordano in der hohen Geburtenrate der bäuerlichen Schichten und besonders der albanischen Agrarbevölkerung, welche die Bemühungen der jugoslawischen Regierung, die ethnische Struktur der Region zu verändern, stark beeinträchtigte. Andererseits hätte die Verbindung zwischen dem Bevölkerungswachstum, der Ankunft nichteinheimischer Kolonisten und der geringen Möglichkeit einer Migration ins In- und Ausland zum „besorgniserregenden Zustand ruraler Überbevölkerung" geführt (Giordano 2002, S. 475).

sehr gefährlich für Ruhe und Ordnung im Land seien. Das Verteilen von Nahrung und Pensionen würde in diesem Fall nicht helfen, einzig ihre Übersiedlung in die fruchtbaren Gebiete Kosovos würde Abhilfe schaffen.[1122]

1936 wurde die rumänisch-türkische Konvention über die Emigration der türkischen Bevölkerung der Dobrudscha unterzeichnet,[1123] welche als Vorlage für die jugoslawisch-türkische Konvention von 1938 galt. Milan Ristić, Leiter der Balkan-Abteilung des jugoslawischen Außenministeriums, führte im Sommer 1938 in Verhandlungen in Istanbul aus, dass die Aussiedlung der türkischen Bevölkerung für Jugoslawien auch eine sozioökonomische Notwendigkeit darstellte. In Jugoslawien existiere eine umfangreiche arme Landbevölkerung, die auf Zuteilung von Boden warte. Da ihre Versorgung eine große Last darstelle, hatte die Regierung beschlossen, ihr jenes Ackerland zuzuteilen, welches hinter den Türkei-Aussiedlern zurückbleiben würde. In der Türkei würde es wiederum viel Ackerfläche geben, welche niemand bebauen würde. Aus diesem Grund bräuchte die Türkei den Zuzug muslimischer Bevölkerung aus den Balkanstaaten.[1124] Abgesehen von den rassistischen Motiven über die Schaffung national-homogener Staatsbevölkerungen bemühte Ristić an dieser Stelle auch die Dichotomie „übervölkerter Raum" (Jugoslawien) und „leerer Raum" (Türkei). Ebenfalls interessant ist die Sichtweise des zur politischen Elite Jugoslawiens gehörenden Ristić, dass die arme Landbevölkerung dem jugoslawischen Staat zur Last fiel. Vor allem zeigt dieses Beispiel aber, wie südosteuropäische Politiker ihre eigentlich rein nationalpolitischen Ziele einer Homogenisierung der Staatsbevölkerung mit vermeintlichen wirtschafts- und bevölkerungspolitischen Zwängen verbanden, um die Notwendigkeit ihrer Maßnahmen hervorzustreichen.

1122 Čubrilović 1991 [1937], S. 115. Die Bedeutung dieses Memorandums wurde nach dem Kosovo-Krieg 1999 in seiner Bedeutung für die serbische Kosovo-Politik der 1990er Jahre überschätzt.

1123 Siehe dazu Schmidt-Rösler 1996.

1124 Ristić' Kollege im Außenministerium, der Diplomat und Schriftsteller Ivo Andrić, war im August 1938 der Ansicht, dass die Aussiedlung der türkischen Bevölkerung aus dem Süden Serbiens große Ackerflächen für die Unterbringung jugoslawischer Volksgenossen aus den passiven Gebieten (Montenegro, Dalmatien, Herzegowina, Lika) freimachen würden (Bandžović 2003, S. 224–226). Die türkischen Behörden unterzogen die Immigration aus Südosteuropa wiederum strikten Regulierungen (Pezo 2009, S. 89), obwohl sie laut Schechtman die „Untervölkerung" der Türkei als Motiv hinter der Repatriierungspolitik angegeben hatten. Viele Bergwerke und Fabriken könnten nicht die benötigte Zahl an Arbeitskräften bekommen. Allerdings hätten sich nach Schechtman die durch die „Untervölkerung" verursachten Schwierigkeiten durch die Repatriierung lediglich verschärft, da die neu Eingewanderten fast ausschließlich Bauern waren und weder gemessen an ihrer Zahl noch ihrer Berufsgruppe die Lücke füllen konnten, welche zwischen 1922 und 1926 die Aussiedlung der 1,2 Millionen griechischer Stadtbevölkerung hinterlassen hatte (Schechtman 1946, S. 488; vgl. Simpson 1939, S. 28).

Auf der anderen Seite hatten die Behörden in Belgrad mit wenig Erfolg die deutschen und ungarischen Minderheiten im Norden des Lands (Vojvodina) aufgefordert, an der Kolonisierung des Südens mitzuwirken. Mit der Ansiedlung von deutschen und ungarischen Bevölkerungsteilen im Süden des Lands hatte man sich in Belgrad gleich zwei Wirkungen erhofft: die Schwächung dieser Minderheiten in der Vojvodina und die Zurückdrängung der muslimischen Bevölkerung im Kosovo.[1125] In seiner Studie „Unser Bauernproblem" aus dem Jahr 1940 hatte Đuro Kopač, von 1921 bis 1924 Nachfolger von Frangeš als Chefredakteur des Zagreber *Gospodarski list*, seine Ausführungen über die „agrarische Übervölkerung" in Kroatien auf der Studie von Bićanić aufgebaut. Um in den ländlichen Gebieten Kroatiens neuen „Lebensraum" zu schaffen, schlug Kopač vor, die deutschen und ungarischen „Zugewanderten" in ihre Staaten zu „repatriieren".[1126]

Eugene Kulischer berichtete in einer 1943 während seiner Arbeit für die ILO entstandenen Studie über Bevölkerungsverschiebungen in Europa während des Zweiten Weltkriegs, dass in Südosteuropa Achsen-freundliche Staaten wie Ungarn und Bulgarien die Gelegenheit genutzt hatten, ihre wirtschaftliche und demographische Lage auf Kosten der besiegten Länder zu verbessern. In den von Bulgarien besetzten Gebieten Südserbiens und Vardarmazedoniens wurde Land von getöteter oder nach Serbien deportierter serbischer Bevölkerung von der bulgarischen Regierung unter bulgarischen Bauern aufgeteilt. Im Frühling 1942 plante die bulgarische Regierung die Ansiedlung von bulgarischen Bauern in den „bisher von Griechenland annektierten ägäischen Provinzen". Der stark von der Theorie Malthus' beeinflusste Kulischer führte die Motivation hinter den Aussiedlungen auf die „Übervölkerung" in den Ländern Südosteuropas zurück.[1127]

Tatsächlich boten die Grenzverschiebungen in Südosteuropa während des Zweiten Weltkriegs den Bevölkerungsexperten ein neues Betätigungsfeld, so untersuchten bulgarische Wissenschaftler die Möglichkeiten, welche die territorialen Zuwächse Bulgariens bei der Lösung des „Übervölkerungsproblems" bieten könnten. So wurden über 100.000 rumänische Männer, Frauen und Kinder gezwungen, ihre Heimat zu verlassen, als im September 1940 die bisher rumänische Süddobrudscha im Vertrag von Craiova Bulgarien zugesprochen wurde. Bereits im Oktober 1940 begrüßte der IG-Farben-Konzern die Deportationen als neue Möglichkeit,

---

1125 Janjetović 2005, S. 334–335; Bethke 2009, S. 592–593; vgl. Bookman 1997, S. 122.

1126 Kopač 1940, S. 15–16; zu den deutschen und ungarischen Minderheiten im Jugoslawien der Zwischenkriegszeit siehe u. a. Janjetović 2005 und Bethke 2009. Kopačs Ausführungen veranschaulichen darüber hinaus, dass die Vertreibung der Donauschwaben aus Jugoslawien nach dem Zweiten Weltkrieg nicht allein Produkt der kommunistischen Machtergreifung oder eine automatische Reaktion auf die Verbrechen der Deutschen während des Kriegs war, sondern ihren Hintergrund auch schon in der Zeit vor 1941 hatte (Bethke 2009, S. 592).

1127 Kulischer 1943, S. 77 und 80–82.

dort einen Teil der „landwirtschaftlichen Übervölkerung" Bulgariens unterzubringen.[1128] Der Jurist und Politiker Ivan Penakov (1883–1971) hatte sich bereits im Januar 1939 mit dem Hinweis auf die „Übervölkerung" Bulgariens für eine Rückgliederung der Süddobrudscha stark gemacht. Aus seiner Sicht war die Region seit jeher „Lebensraum des bulgarischen Volkes" und hatte Bulgaren aus „übervölkerten" Landesteilen absorbiert. Seit der Grenzänderung 1913 hätte sich die Rolle umgekehrt. Nun musste das ohnehin schon „übervölkerte" Bulgarien rund 50.000 bulgarische Flüchtlinge aus der Süddobrudscha aufnehmen.[1129] In seinem 1942 in deutscher Sprache publizierten Artikel „Die Bevölkerung der Süddobrudscha" verdeutlichte er seine Ansicht: Die Süddobrudscha sei in der Geschichte mehrmals „völlig entvölkert" worden. Das hätte die Süddobrudscha zu einer wirtschaftlichen Ergänzung für die bulgarische Bevölkerung der Osthänge des Balkangebirges gemacht, zu einer natürlichen Kornkammer für diese und einem Aufnahmebecken für den „Bevölkerungsüberschuss" aus diesem Gebiet.[1130] Doch nicht alle bulgarischen Ökonomen teilten diesen „Optimismus" in der Bevölkerungsfrage. Naiden Ikonomov identifizierte die Erschließung neuer ertragreicher Ländereien als das Kernproblem der Landwirtschaft Altbulgariens, dessen Schwierigkeiten sich auch auf die übrigen Wirtschaftszweige auswirken würden. Dennoch sah er in einer territorialen Vergrößerung keine Lösung für die „Übervölkerung." Die Ansiedlung besitzloser Bauern aus Altbulgarien in die ebene Dobrudscha, das gebirgige Mazedonien oder das mediterrane Thrakien würde eine schwere Belastung der Volkswirtschaft dieser Gebiete bedeuten, da die neu Angesiedelten weder die klimatischen noch die Arbeits- und Bodenverhältnisse kennen würden.[1131] Aus einer Selbstverständlichkeit heraus schrieb 1942 Stojan Stojanov über die Vertreibung anderer Nationalitäten aus Bulgarien:

1128 Rumänien siedelte seinerseits die rumänischen Vertriebenen im Rahmen einer „demographischen Strategie" in der Norddobrudscha und in der Bukowina an, wo zuvor jüdischer Besitz enteignet worden war und der Reichskommissar für die Festigung deutschen Volkstums Deutsche ausgesiedelt und in das annektierte Westpolen gebracht hatte (Aly/Heim 1991, S. 363; siehe Şandru 2003).

1129 Penakov 1939, S. 77–78.

1130 Penakoff 1942, S. 578.

1131 Ikonomoff 1942, S. 105. Andererseits vertrat Ikonomov die Ansicht, dass Bulgarien wegen seiner geographisch entlegenen und wirtschaftspolitisch isolierten Lage kaum die Aussicht gehabt hatte, die Förderung der bulgarischen Landwirtschaft durchführen zu können. Erst die Vergrößerung im Zweiten Weltkrieg (die Gewinnung der Verbindung mit dem Ägäischen Meer) und die Eingliederung Bulgariens in den europäischen Wirtschaftsgroßraum hätten dem Land eine Zukunft eröffnet, „welche die glückliche Bewältigung aller seiner sozialen und wirtschaftlichen Fortschrittsprobleme erhoffen lässt" (Ikonomoff 1942, S. 114).

> Die Anzahl der latenten Arbeitslosen in der Landwirtschaft wird mit etwa 800.000 angegeben. Die neubefreiten Gebiete werden keine Lösung der Arbeitslosenfrage bringen, da sie meist mit Bulgaren besiedelt sind, so dass hierin bloss die ägäische Provinz in Frage käme, deren Besiedlung jedoch von der Aussiedlung der dorthin 1918 eingewanderten Griechen abhängig ist.[1132]

Sotir Janev zufolge verfüge Großbulgarien mit dem Zuwachs der „neu angeschlossenen Gebiete" über die Möglichkeit, den durch die große Bevölkerungsdichte hervorgerufenen Landhunger der Bauernbevölkerung zu stillen und die mit zu wenig Land ausgestatteten Bauernfamilien mit ausreichendem Ackerboden zu versehen. Im Zusammenhang hiermit stehe die Frage der „Aussiedlung" der griechischen und serbischen Bevölkerung aus diesen Gebieten. In den Augen Janevs stellte jene ohnehin ein „fremdes Element" dar, das „sich auch wirtschaftlich nicht besonders betätigt hat." Ziel Großbulgariens sei es, seinen Grenzgürtel ausschließlich mit Bulgaren und Bulgarinnen zu besiedeln.[1133] Der bulgarischen Wirtschaftswissenschaftlerin Elisabeth Alexieva in ihrer 1944 an der Hochschule für Welthandel in Wien eingereichten Dissertation zufolge würden die im Zweiten Weltkrieg an Bulgarien „rückgegliederten Gebiete" (in erster Linie Vardarmazedonien und Westthrakien) die Vermehrung der besonders in den Dörfern zusammengedrängt lebenden bulgarischen Nation ermöglichen. In Folge werde der neue Mittelmeerstaat Anteil an allen Weltproblemen nehmen und zum Kulturträger Südosteuropas werden.[1134] Die Ausführungen Alexievas über die „Enge der Heimat" und eine „Kulturmission" erinnern stark an die Argumente aus Deutschland für die Expansion nach Osten und deuten auf die damals an der Hochschule für Welthandel herrschende Denkweise hin.

Während des Zweiten Weltkriegs wurden die jugoslawischen Landreformen im NDH, in den von Bulgarien besetzten Gebieten, in den von Ungarn annektierten Gebieten und in Teilen Zentralserbiens abgeschafft. In all diesen Gebieten wurden Familien, welche seit 1918 Land aus aufgeteilten Großgrundbesitzen erhalten hatten, enteignet und von ihren Höfen vertrieben, was zu großen Bevölkerungsverschiebungen führte.[1135] Mit dem Verweis auf die „Übervölkerung" wurden im NDH die Bemühungen, „das kroatische Land von den serbischen ‚Kriegsfreiwilligen' zu säubern, die durch die serbische Agrarreform 1921 in Kroatien angesiedelt worden waren", mit wirtschaftlichen Argumenten untermauert. Ihre Vertreibung und die Enteignung ihrer Landbesitze durch eine bereits im April 1941 erlassene

1132 Stojanov 1942, S. 158. Zu den Migrationen zwischen Bulgarien und Griechenland in der Zwischenkriegszeit siehe Dragostinova 2009 und 2011.

1133 Janew 1942, S. 196.

1134 Alexieva 1944., S. 257–259.

1135 Kulischer 1943, S. 79.

Gesetzesverordnung und die darauf folgende Ansiedlung von über 50.000 Kroaten und Kroatinnen bzw. 7.500 „meist sehr kinderreichen Familien" aus den „übervölkerten, passiven Gegenden Kroatiens" bezeichnete der den Ustaša nahe stehende Ökonom Bogumil Andrašević als „eine in der Tat große Leistung".[1136] Auch Lokalpolitiker machten sich im Zusammenhang mit den Vertreibungen und der damit eingehenden Neuordnung der wirtschaftlichen und sozialen Lage Gedanken über die „agrarische Übervölkerung" in ihren Gebieten. Im Juli 1941 bat der Bezirkschef von Brinje in der Lika in einem Brief die Staatsdirektion für wirtschaftliche Erneuerung (umgangssprachlich „Ponova", eine der hauptverantwortlichen Stellen für Vertreibungen im NDH) statt wohlhabender Bauern und Händlern lieber serbische Kleinbauern abzuschieben, da sein Bezirk unter „ländlicher Übervölkerung" leide. Sein Vorschlag sah vor, die ärmere serbische Bevölkerung in Eisenbahnwaggons nach Serbien zu transferieren.[1137] Die damals übliche Tarnsprache der „Aussiedlung" begriff im Rahmen dieser demographischen Neuordnung Kroatiens auch die Ermordung hunderttausender serbischer Männer, Frauen und Kinder mit ein. Tomislav Dulić bezeichnet die angenommene Existenz einer „überflüssigen Bevölkerung", die den Massenmord im NDH befeuerte, als „perfektes Beispiel" für den von Rubenstein hergestellten Zusammenhang von Überbevölkerungskonzept und physischer Vernichtung.[1138] In den damaligen Rahmenbedingungen konnte die fest verankerte Vorstellung eines „übervölkerten" Lands die Behörden tatsächlich zu noch radikaleren und schnelleren Maßnahmen motivieren.

Die Volkswirtschaftliche Abteilung der IG Farben erblickte in den Massakern der Ustaša einen konstruktiven Beitrag zur Lösung des Problems der starken „agrarischen Übervölkerung" in Teilen Kroatiens.[1139] Aus deutscher Perspektive erschwerte die heterogene ethnische Zusammensetzung in Südosteuropa ohnehin die Lösung des Problems der „agrarischen Übervölkerung" in diesem „übervölkischen Raum":[1140] „Vielfach hat man auf engstem Raum ein buntes Völkergemisch vor sich, wodurch eine einheitliche Planung und Beeinflussung des Bauerntums überaus erschwert wird."[1141] Noch 1944 schrieb Franz Thierfelder: „Kein Teil Europas widerstrebt so entschieden einer systematischen Ordnung und Aufgliederung wie die Balkanhalbinsel; keiner aber verlangt heute dringender nach beidem."[1142]

1136 Andrašević 1942, S. 323. Zu den Vertreibungen und Massenmorden an der nichtkroatischen Bevölkerung im NDH siehe Tomasevich 2001, S. 380–411 und Korb 2013, S. 169–256.

1137 Korb 2013, S. 215.

1138 Dulić 2005, S. 67.

1139 Aly/Heim 1991, S. 362–363.

1140 Petersen 1941.

1141 Seraphim, Hans-Jürgen 1942, S. 40.

1142 Retzlaff/Thierfelder 1944, S. 5.

Die Argumentation von Zwangsaussiedlungen oder der Unterstützung von Emigration von ethnischen Minderheiten mit vermeintlichen wirtschaftlichen oder demographischen Zwängen verfügte über eine starke Legitimationskraft und es war damit wahrscheinlicher bei einer mit „Bevölkerungsproblemen" beschäftigten internationalen Politik und Wissenschaft auf Verständnis zu stoßen als diese Maßnahmen mit dem Ziel einer nationalen Homogenisierung zu rechtfertigen. Wie Deutschland für seine Eroberungen im Osten nützten die südosteuropäischen Staaten ihre von Wenigen angezweifelte „Übervölkerung" als Legitimierung für die gewaltsame Gewinnung von neuem „Lebensraum". Der Gebrauch der Verbindung von demographischen und ökonomischen Entwicklungen zur minderheitenfeindlichen Stimmungsmache und Propagierung extremer Lösungen war und blieb in großen Teilen der Welt wegen seiner Einfachheit und Überzeugungskraft beliebt. Die Bedeutung des Konzepts in den wirtschaftlichen und sozialen Planungen lässt sich jedoch unterschiedlich bewerten. Während im Generalplan Ost „agrarische Übervölkerung" eine zentrale Rolle in den Vertreibungs- und Vernichtungsplänen der nationalsozialistischen Planer spielte, erschien sie in den Aussiedlungsplänen der südosteuropäischen Staaten neben der Geltendmachung „historischer Ansprüche" auf Territorien als willkommene, zusätzliche Legitimation. Das Konzept der „agrarischen Übervölkerung" diente den südosteuropäischen Eliten bis zum Zweiten Weltkrieg hingegen primär zur Untermauerung ihrer Modernisierungs- und Industrialisierungsbestrebungen.

3. Anglo-amerikanische Argumente zur Verhinderung von Emigration aus Südosteuropa

Indes beteuerten die Bevölkerungsexperten in Großbritannien und den USA in Übereinstimmung mit den Zielen ihrer Regierungen, die Zuwanderung zu beschränken, dass das Problem der „agrarischen Übervölkerung" nicht durch Emigration gelöst werden könne. Vor Beginn des Zweiten Weltkriegs hing für Doreen Warriner die Steigerung von Beschäftigung und Lebensstandard in Osteuropa noch hauptsächlich von der Möglichkeit ab, die Migration in die Überseeländer zu erhöhen. Ohne Migration schien es ihr unmöglich, dass unterstützende Maßnahmen wie z. B. die Verbesserung der Anbaumethoden die am dichtesten bevölkerten Regionen von ihrem „Bevölkerungsdruck" entlasten würden.[1143] Während des Kriegs deutete ein britischer Kollege darauf hin, dass eine Freizügigkeit von Kapital, Menschen und Gütern ungünstig für Westeuropa ausfallen würde, da das „Einströmen" von armen Arbeitssuchenden aus Osteuropa im Westen zu einer Absenkung

1143 Warriner 1938, S. 637.

des Pro-Kopf-Einkommens führen würde. Die Lösung für die „demographischen Schwierigkeiten" Osteuropas sollte deshalb weniger in der Emigration, sondern hauptsächlich in der Industrialisierung gesucht werden.[1144] Für Rosenstein-Rodan konnten Migration und Umsiedlung für die Lösung der Frage der „agrarischen Überschussbevölkerung" nicht in Betracht kommen, da sie in den Immigrationsgebieten (und in den Emigrationsgebieten) sehr viele Probleme schaffen würden.[1145]

Der von Notestein geleiteten Studie des Völkerbunds zufolge könne Emigration in den akutesten Phasen des Bevölkerungswachstums sofortige Abhilfe schaffen, indem sie Arbeitssuchende und „potenzielle Eltern" entferne. Allerdings lasse sich über die Bedeutung von Emigration als Lösung der „demographischen Probleme" Osteuropas in der Nachkriegszeit nur Spekulationen anstellen, da solche Bewegungen von der Abwesenheit politischer Barrieren abhingen.[1146] Die Forschenden um Notestein waren sich scheinbar sicher, dass Einreise- und Einwanderungsbestimmungen nach dem Krieg nicht gemildert werden würden. Völkerbundstudien problematisierten die „Bevölkerungsfrage" in Ost- und Südosteuropa mit dem Forschungsanreiz, wie größere Migrationsbewegungen in und aus Europa verhindert werden könnten, besonders in Hinblick auf die Planungen für die Zeit nach dem Zweiten Weltkrieg. Wenn sich US-amerikanische Wissenschaftler in vom Völkerbund in Auftrag gegebenen Bevölkerungsstudien mit dem Verweis auf die Existenz einer „agrarischen Übervölkerung" in der Region für die Industrialisierung dieser aussprachen, taten sie das nicht ohne Einfluss politischer Zielvorstellungen der USA und der westeuropäischen Staaten. So sollte in den Augen der Demographen vom Bevölkerungsbüro der Universität Princeton Migration von ländlichen Gebieten in Ost- und Südosteuropa in die Städte des jeweiligen Lands selbst stattfinden, eine Migration über Landesgrenzen hinaus erschien nicht wünschenswert.[1147]

Der Völkerbundstudie von Wilbert Moore zufolge war Emigration zwar ein schneller Weg zur Reduzierung der Zahl von „Nur-Konsumenten" und „überflüssigen Arbeitern", auf der anderen Seite ermöglichte sie vielleicht auch die Fortsetzung

1144 Suha 1942, S. 22–23 und 26. Für den einflussreichen britischen Ökonomen Lionel Robbins war es höchst unwahrscheinlich, dass die Bürger der reicheren Gebiete dazu bereit sein würden, ihre Einkommensquellen mit den Bürgern ärmerer Gebiete zu teilen (Robbins 1937, S. 66).

1145 Rosenstein-Rodan 1943, S. 202.

1146 Notestein [u.a.] 1944, S. 169; vgl. Kiser 1944, S. 121–122.

1147 Vgl. Moore 1945, S. 77. Der Genfer Universitätsprofessor für politische Ökonomie Edgar Milhaud (1873–1964) hatte sich im Auftrag des Völkerbunds bereits vor dem Krieg mit den wirtschaftlichen Grundlagen des Friedens beschäftigt. Für ihn stellte die „Übervölkerung" Mittel-, Ost- und Südosteuropas und die Schwierigkeiten dieser Länder, ihre „stetig anwachsenden Bevölkerungsüberschüsse" zu ernähren, eine Gefahr für den Frieden in Europa und der Welt dar. Diesen Ländern den Zugang zu internationalen Krediten zu gewähren, damit sie ihre Ernten steigern und ihre nationalen Industrien ausbauen, galt Milhaud als Bedingung für den Frieden (Milhaud 1938, S. 562 und 564).

hoher Geburtenraten, obwohl die Aussiedelnden größtenteils im fruchtbaren Alter waren. Auch würden Rückkehrende ihre Ersparnisse nicht nur dazu verwenden, landwirtschaftliche Schulden zurückzubezahlen, sondern auch um Grundstückspreise auf unwirtschaftliche Stufen zu bieten. Die Immigrationsländer – welche in der Zwischenkriegszeit ohnehin Hindernisse für die Einwanderung einrichteten – wären vor das Problem gestellt, nicht nur Menschen aus verschiedenen Kulturen zu „assimilieren", sondern auch Fremde mit begrenzten industriellen Fähigkeiten aus auf geringerer wirtschaftlicher Entwicklungsstufe stehenden Ländern in den Arbeitsprozess zu integrieren. Arbeiter, welche einen niedrigeren Lebensstandard unterhielten, würden die Sicherheit am Arbeitsmarkt gefährden.[1148] Auch in diesem Fall näherten sich die Wissenschaftler den politischen Zielen ihres Auftraggebers an, neue Flüchtlings- und Migrationsströme nach dem Krieg zu verhindern.[1149] In der Schlussbetrachtung seines Plans für den wirtschaftlichen Wiederaufbau Jugoslawiens aus dem Jahr 1946 hielt der Jugoslawien-Experte George Radin fest:

> The problem of over-populated areas is not new and has been receiving intensive study by governments, economists and social leaders on a scale never before attempted. The last two decades have witnessed many and various attacks on the rural problems of Eastern Europe that furnish a large mass of experience that can now be drawn upon for guidance. The age-old remedy of emigration offers less opportunity for a solution of over-population than it once did due to the widespread development of new lands throughout the world.[1150]

1148 Moore 1945, S. 119–120.

1149 Auf der Völkerbund-Versammlung von 1937 forderte der polnische Delegierte eine Rückkehr zur Freizügigkeit von vor 1914, um unterschiedliche Bevölkerungsdichten auszugleichen. Obwohl dieser Antrag nicht die Zustimmung reicherer Mitgliedsländer erhalten konnte, war er Anlass für einen erfolgreichen Vorschlag, dass ein Völkerbund-Komitee „demographische Probleme in seinen internationalen Aspekten" erforschen solle. Das in Folge im Januar 1939 gegründete Komitee war während des Kriegs im *Office of Population Research* der Universität Princeton untergebracht (Bashford 2008, S. 330–331).

1150 Radin 1946, S. 148.

V. Zusammenfassung der Forschungsergebnisse

Zusammenfassend lässt sich sagen, dass die Debatte über die „agrarische Übervölkerung“ Südosteuropas als Teil der historischen Prozesse der „Ökonomisierung des Lebens“ und der „Demographisierung“ wirtschaftlicher und sozialer Probleme zu verstehen ist. Sie stellte ein weiteres Kapitel im bereits von Malthus geprägten Bevölkerungs- und Entwicklungsdiskurs dar, welches auf den Debatten über die „agrarische Übervölkerung“ in Russland und über das „Bevölkerungsoptimum“ in Westeuropa beruhte und darauf konsequent aufbaute. Das Übervölkerungskonzept war demnach international fest verankert und wurde durch transnationalen Wissenstransfer weiter ausgebaut. Es stellt ein gutes Beispiel für das von Ludwik Fleck postulierte Beharrungsvermögen wissenschaftlicher Denkstile dar und belegt die Attraktivität von „Bevölkerungsproblemen“ in Wissenschaft und Politik. In wirtschaftswissenschaftlichen Kreisen waren die Schwierigkeiten und die „Rückständigkeit“ der südosteuropäischen Landwirtschaft gegenüber Nord- und Westeuropa bereits lange Zeit, bevor der Faktor „Bevölkerung“ in den Mittelpunkt der Betrachtung rückte, bekannt. Das Argument der Unterlegenheit der südosteuropäischen gegenüber der westeuropäischen Landwirtschaft hätten Wirtschaftswissenschaftler durchaus auch ohne Einbeziehung der Bevölkerung als entscheidenden Faktor darlegen können.

Über Grundannahmen des Überbevölkerungskonzepts wurde nicht diskutiert, als Erklärungsmodell war es fast vorbehaltlos akzeptiert. Die Folgen der Weltwirtschaftskrise verhalfen der Vorstellung einer „agrarischen Übervölkerung“ Ost- und Südosteuropas dann zum endgültigen Durchbruch, was darüber hinaus veranschaulicht, dass sich „Bevölkerungsprobleme“ insbesondere in Krisenzeiten großer Beachtung erfreuen. Deutsche Forscher begannen dabei nicht ohne Hintergedanken, sich mit der „agrarischen Übervölkerung“ Südosteuropas auseinanderzusetzen – ihr Interesse beruhte nicht zuletzt auf den wirtschaftspolitischen Interessen Deutschlands, denn es existierten handfeste deutsche Expansions- und Herrschaftsziele in der Region. Ende der 1930er Jahre hatte das Bild eines „übervölkerten“ Südostens schließlich das bis dahin koexistierende Bild eines „leeren“ Raums gänzlich verdrängt. Auf das imperialistische Vorhaben, Südosteuropa in die Einflusssphäre Deutschlands zu bringen, hatte dies jedoch keinen Einfluss. Je nach gerade dominierender Sichtweise auf die demographische Situation Südosteuropas wurde nur der Schwerpunkt anders gesetzt. Unabhängig davon, ob Südosteuropa als dünn besiedelt und schlecht bewirtschaftet oder als „agrarisch übervölkert“ galt, stets wurde die Zusammenarbeit bzw. Ergänzung mit dem „übervölkerten“ oder industrialisierten Deutschland als Lösung präsentiert.

Die in Anlehnung an Malthus und den Neomalthusianismus gewählte Bezeichnung „agrarische Übervölkerung“ als Hauptmerkmal der südosteuropäischen Landwirtschaft implizierte weitaus mehr als eine Diskussion über mangelnde Industrialisierung oder eine nötige landwirtschaftliche Intensivierung. Die Debatte wurde in sich überschneidenden Denkkollektiven u. a. von geopolitischen Überlegungen, rassistischen Denkweisen und eugenischen Vorstellungen begleitet. Die Flexibilität, sich in weiteren dominanten Diskursen zu verankern, trug wesentlich zum Erfolg des Neomalthusianismus bei. Charakteristisch für den Bevölkerungsdiskurs war die differenzierte Sicht auf Fertilität und Bevölkerungszahl: einerseits machten sich Wissenschaftler und Politiker über die Steigerung jener der eigenen Nation Sorgen, andererseits erschien jene der „Anderen“ stets überhöht zu sein. Darüber hinaus bestanden innerhalb des neomalthusianischen Paradigmas Unterschiede in den nationalen Denkweisen. Während britische und US-amerikanische Forscher eine reinere neomalthusianische Lehre verfolgten und auch Geburtenbeschränkung befürworteten, vertraten deutsche und südosteuropäische Wissenschaftler einen völkischen Malthusianismus und lehnten aus nationalistischen Überlegungen Geburtenkontrolle ab.

Die Attraktivität des Deutungsmusters lag wie einst bei Malthus darin, dass „Überbevölkerung“ wirtschaftliche Missstände auf quasi naturgesetzliche Weise erklärte und andere mögliche Ursachen für Armut und niedrige landwirtschaftliche Produktivität verdeckte. Das im Überbevölkerungskonzept innewohnende Zirkelargument, mit welchem „Rückständigkeit“ oder niedrige Produktivität durch „Überbevölkerung“ und diese wiederum durch erstere erklärt wurde, schadete der Dominanz der Denkfigur nicht. Ihre dominante Stellung über anderen Erklärungen für die ungünstige wirtschaftliche Lage in den südosteuropäischen Ländern verdankte die Idee der „agrarischen Übervölkerung“ u. a. auch dem Umstand, dass sie die messbare Bevölkerungszunahme mit der im Vergleich mit Nord- und Westeuropa niedrigen landwirtschaftlichen Produktivität in einen schwer zurückzuweisenden Kausalitätszusammenhang brachte. Dieser schien dermaßen überzeugend, dass andere mögliche Ursachen für die niedrige Produktivität einfach als weitere, die „Übervölkerung“ mitauslösende oder erschwerende Faktoren mit ins Übervölkerungskonzept aufgenommen wurden. Unterschiedliche Sichtweisen auf gesetzliche Maßnahmen konnten wiederum innerhalb eben dieses Erklärungsmodells geäußert werden. Da sie ihm nicht direkt zuwiderliefen, gewann es dadurch sogar an Wissenschaftlichkeit. Mit „Übervölkerung“ ließ sich nahezu die gesamte Bandbreite an wirtschaftlichen und sozialen Missständen in den ländlichen Gebieten erklären, denn für jede weitere Strukturschwäche, auch wenn sie völlig anderen Ursprungs gewesen sein mag (z. B. spärliche Verkehrsanbindungen, Defizite im Bildungssystem) und nicht gleich mit der „Übervölkerung“ in Verbindung gebracht werden konnte, bestand die Möglichkeit, zumindest als Hindernis für die Lösung des „Bevölkerungsproblems“ in das Konzept integriert zu werden.

Die Debatte über die „agrarische Übervölkerung“ Südosteuropas trat, wie sämtliche andere historische Diskussionen über „Überbevölkerung“ und „Überflüssige“, in Zeiten der Krise auf. Die politischen Verhältnisse in den Ländern waren instabil, die wirtschaftlichen Beziehungen zwischen den Staaten der Region zerrüttet. Die Weltwirtschaftskrise hatte in den auf den Agrarexport orientierten Ländern Südosteuropas mit schwach entwickeltem Industriesektor tiefe Spuren hinterlassen. Die bestehenden Wirtschaftsstrukturen konnten nicht zur gewünschten Entwicklung der sozioökonomischen Lage der Balkanstaaten nach dem Vorbild West- und Zentraleuropas führen, neue Strukturen waren noch nicht geschaffen worden. Die Weichen für makroökonomische Veränderungen (im Falle Südosteuropas für die Industrialisierung) waren erst Ende des 19. Jahrhunderts und mit erheblichen Problemen gestellt worden, sie hatten nur bescheidene Auswirkungen auf die Linderung der Armut der großen Masse der Bevölkerung, welche in der Landwirtschaft beschäftigt war. In malthusianischem Denkstil diagnostizierten Ökonomen das im Vergleich zu Westeuropa noch hohe Bevölkerungswachstum in den Ländern Südosteuropas als Kernproblem, um in Folge an politischen Zielen orientierte, wirtschaftliche und bevölkerungspolitische Maßnahmen zur Lösung des „Problems der agrarischen Übervölkerung“ zu arbeiten. Die politischen und wirtschaftlichen Eliten konnten wiederum auf das Konzept zurückgreifen, um ihre Ziele zu legitimieren. Für sie stand die nötige Maßnahme ohnehin schon fest, bevor die „Übervölkerung“ als die Industrialisierung zwingend machende Ursache konstruiert wurde. „Bevölkerungsprobleme“ konnten politischen Zielen dienende Antworten auf wirtschaftliche Probleme geben. Bei einer Kritik der Wirtschaftsstruktur und der bisherigen Wirtschaftspolitik und -planung hätte die Schuld hingegen bei der Führungselite der jeweiligen Länder gesucht werden können. Die Diskussion erweckt andererseits auch den Eindruck, dass die bestehenden Wirtschaftsstrukturen ohne das Bevölkerungswachstum hätten aufrecht bleiben können und die sich vermehrende Landbevölkerung selbst die Schuld an den nun nötig gewordenen Maßnahmen trug („Bevölkerungsdichte als Triebkraft der Wirtschaftspolitik“). Die Beibehaltung der überkommenen Strukturen ist jedoch schon allein im Lichte des Modernisierungswillens und der Orientierung der Eliten am Vorbild der westlichen Industriemodernisierung abwegig – zur „sozialen Rationalisierung“ gab es keine normalwissenschaftlich formulierbare Alternative. So ist es durchaus vorstellbar, dass bei einem stets gering gebliebenen Bevölkerungswachstum, Ökonomen und Politiker über „Untervölkerung“, d. h. fehlende Arbeitskräfte für die Industrialisierung, geklagt hätten.

Von Bedeutung ist der normative Charakter des Konzepts. Forschungen über die „agrarische Übervölkerung“ Südosteuropas beschrieben weniger tatsächliche Missstände, sondern zeigten vielmehr, wie eine Gesellschaft oder Volkswirtschaft beschaffen und organisiert sein sollte. Bereits der Vergleich der „unterentwickelten“ südosteuropäischen Landwirtschaft mit dem industrialisierten Agrarsektor

West- oder Nordeuropas lieferte den Wissenschaftlern die nötigen von der „Norm“ abweichenden Zahlen, um aus dem Erbe einer traditionellen Wirtschaftsform ein „Bevölkerungsproblem“ zu konstruieren. Der so z. B. mit dem Blick auf die dänische Landwirtschaft etablierte „Normal“- oder Idealzustand gab bereits die Richtung der gewünschten Entwicklung vor. Die Ursachenanalyse nahm die Lösungssuche vorweg, z. B. wenn von der extensiven Bewirtschaftung oder der fehlenden Industrialisierung als Gründe für die „Übervölkerung“ die Rede war. Indem Ökonomen und Bevölkerungsexperten die vermeintliche „Überbevölkerung“ Südosteuropas hervorhoben, nutzten sie die normative Kraft des Konzepts für ihre Argumentation. Konnten ihre politischen Zielsetzungen, ihr persönlicher Hintergrund und ihr inhaltlicher Schwerpunkt sich noch so sehr voneinander unterscheiden, so unterstrichen sie alle die Dringlichkeit ihrer verschieden motivierten Lösungsansätze mit dem Konzept der „agrarischen Übervölkerung“. Die Plausibilität ihrer Argumentation profitierte vom international verankerten und akzeptierten Überbevölkerungskonzept, letzteres konnte durch die intensive internationale Beachtung, die ihm zuteil wurde, seine ohnehin schon vorherrschende Position im Bevölkerungsdiskurs weiter ausbauen. Die Attraktivität des Konzepts lag auch in dessen Flexibilität. Durch seine wechselnden Definitionen und die unterschiedlichen Zugänge je nach inhaltlicher Schwerpunktsetzung und/oder Wissenschaftsdisziplin hatten die Wissenschaftler einigen Spielraum in der Zielrichtung ihrer Argumentation. Je nach Art der Problemanalyse konnte das Konzept der „agrarischen Übervölkerung“ Südosteuropas dazu verwendet werden, die Hebung oder die Senkung des Lebensstandards der dortigen Bevölkerung in den Mittelpunkt zu rücken, das kapitalistische System in den betroffenen Staaten stärker auszubauen oder zurückzudrängen, die Mechanisierung des landwirtschaftlichen Sektors voranzutreiben oder zu verlangsamen, etc.

In diesem Zusammenhang waren die jeweiligen Interessen der involvierten politischen Akteure ausschlaggebend. So wurde das Konzept tendenziös dazu verwendet, die zugedachte Rolle Südosteuropas im von Deutschland dominierten „Großwirtschaftsraum“ oder die von südosteuropäischen Eliten gewünschte Industrialisierung zu untermauern und zu legitimieren. Internationale Experten aus Wissenschaft, Politik und Wirtschaft verfolgten in Südosteuropa auch gegensätzliche Interessen, welche sich je nach persönlichem Hintergrund oder der Zugehörigkeit zu diversen wirtschaftlichen und politischen Kreisen, auch innerhalb desselben Lands anders gestalten konnten. Ihre divergierenden Strategien begründeten sie jedoch gleichermaßen mit der „agrarischen Übervölkerung“ Südosteuropas. In Deutschland reichte die Palette der Lösungsansätze von Industrialisierung über Intensivierung und Mechanisierung der Landwirtschaft bis hin zum Einsatz südosteuropäischer Wanderarbeiter in der deutschen Kriegswirtschaft. In Südosteuropa konnten die Akteure mit dem Konzept die Aufrechterhaltung des bestehenden Großgrundbesitzes, den Aufbau der Industrie oder die Vertreibung anderer Nationalitäten fordern.

In Publikationen aus dem englischsprachigen Raum überwog das Interesse, durch die regionale Industrialisierung die Länder von der Abhängigkeit zu Deutschland zu befreien und größere Migrationsströme zu verhindern.

Indem die beteiligten Wissenschaftler die wirtschaftsstrukturellen Schwächen der Region als demographisches Problem einstuften und wiederholt die herausragende Bedeutung von „Bevölkerungsproblemen" betonten, machten sie sich die Brisanz von „Bevölkerungsfragen" zu Nutzen und hoben die Bedeutung ihrer Forschungsarbeit hervor. Einige aus der *scientific community* positionierten sich erfolgreich als Experten an der Schnittstelle von Wissenschaft, Politik und Wirtschaft. Auf diese Weise fand ihr Expertenwissen Eingang in das politische und wirtschaftliche Denken, welches wiederum ihre Forschungen beeinflusste. „Bevölkerungsprobleme" verfügten in der Gesellschaft über größere Attraktivität und Dramatisierungspotenzial als „herkömmliche" wirtschaftliche Probleme. Dies beantwortet zum Teil auch die Frage, warum sich die Wissenschaftler im Fall der Diskussion über die „agrarische Übervölkerung" Südosteuropas bei all den beklagten Schwierigkeiten nicht auf handfest Beobachtbares wie Armut, Kapitalmangel, Bodenzersplitterung, einseitige Bodennutzung, extensive Bewirtschaftungsmethoden usw. beschränkten. Mitchell Ash folgend lässt sich das Verhältnis zwischen Wissenschaft und Politik in den Wirtschafts- und Bevölkerungsplanungen rund um die „agrarische Übervölkerung" Südosteuropas in den meisten Fällen als „gegenseitiges Voranbringen" beschreiben. Politiker wiesen auf das wissenschaftliche Konzept hin, um ihre wirtschaftspolitischen Zielsetzungen zu untermauern, Wissenschaftler orientierten sich an diesen Zielen, um die Bedeutung ihrer Forschungen und des Konzepts hervorzuheben. Wissenschaft und Politik benutzten sich gegenseitig als Ressourcen, welche ihnen ein wechselseitiges Voranbringen ihrer Interessen ermöglichte. Die Unterscheidung zwischen wissenschaftlicher Analyse und politischen Zielen, zwischen sozialpolitischen Ordnungsvorstellungen und tatsächlich bestehenden ökonomischen Tendenzen verschwand allmählich.

In der Analyse der Verflechtung zwischen Wissenschaft und Politik in der Diskussion über die „agrarische Übervölkerung" Südosteuropas war die simple *Cui bono*-Frage hilfreich. Die südosteuropäischen Machthaber stießen sich daran, dass die fortwährende Subsistenzwirtschaft keine Kapitalakkumulation zuließ. Gleichzeitig konnte das auf die Vermehrung der bäuerlichen Bevölkerung fokussierte Konzept von eigenen Verfehlungen in der Wirtschaftspolitik ablenken und die Industrialisierung als demographische Notwendigkeit erscheinen lassen. So wurde in südosteuropäischen Veröffentlichungen die Industrialisierung als *die* Lösung des „Bevölkerungsproblems" schlechthin gepriesen, da sie für die „Überflüssigen in der Landwirtschaft" Arbeitsplätze schaffen würde. Von der tatsächlich betriebenen Industrialisierungspolitik konnten in Südosteuropa neben ausländischen Investoren gerade die politischen und wirtschaftlichen Eliten profitierten, welche sich oftmals selbst wissenschaftlich mit der „Übervölkerungsfrage" beschäftigten.

Die einen höheren Lebensstandard implizierenden Arbeitsplätze blieben indes für die bäuerliche Bevölkerung aus: sie wurde vielmehr als billiges Menschenmaterial in der bestehenden Industrie oder für öffentliche Bauvorhaben herangezogen. Die protektionistische Industrialisierungspolitik belastete die Bauernschaft eher, da diese hohe Preise für die Industrieprodukte zahlen musste.

In den deutschen Publikationen drückte sich der Ärger darüber aus, dass die Volkswirtschaften Südosteuropas in ihrer bestehenden Form nur unzureichend ihrer Rolle als Lieferanten von Agrarprodukten und Abnehmer von Industrieerzeugnissen im „Großwirtschaftsraum" nachkommen konnten. Hier führte die agrarische Intensivierung und die Steigerung der landwirtschaftlichen Produktion die Liste der Lösungsstrategien für die „agrarische Übervölkerung" Südosteuropas an. Ob dies in der Praxis auch einen besseren Lebensstandard für die dortige Bauernschaft bedeutet hätte, ist zu bezweifeln, da in den deutschen Plänen die Steigerungen für den Export nach Deutschland vorgesehen waren, während die landwirtschaftliche Bevölkerung in Südosteuropa mit „Konsumeinschränkungen" rechnen musste – ganz zu schweigen von der geplanten Ausbeutung der südosteuropäischen Bevölkerung als Wanderarbeiter zum Vorteil der deutschen Kriegswirtschaft. Neben statistischen Erfassungen schlugen deutsche Ökonomen auch Lösungen vor. Die Zielvorgaben, für die ökonomische Maßnahmen gesucht wurden, liefen auf umfassende Produktivierung hinaus: kurzfristig für den Sieg des „Dritten Reichs" im Krieg, langfristig für den „Großwirtschaftsraum" unter deutscher Führung. Die Rollenverteilung zwischen Deutschland und den südosteuropäischen Ländern im Bereich der Wirtschaft sowie der Wissensproduktion zu „agrarischer Übervölkerung" ist ein treffendes Beispiel für die von Wallerstein beschriebene Beziehung zwischen Zentrum und Peripherie.

Die Dominanz politischer Interessen erklärt auch die gegensätzlichen Argumente, die nicht nur innerhalb des Diskurses, sondern oft auch innerhalb der Argumentation ein und desselben Autors, nicht selten auch innerhalb ein und derselben wissenschaftlichen Abhandlung sichtbar wurden. Während das neomalthusianische Paradigma Geburtenrückgang als Voraussetzung für Entwicklung und Wohlstand ansah, forderten Wissenschaftler und Politiker aus nationalistischen Motiven immer wieder eine Erhöhung der Geburtenrate ihrer eigenen Nation. Auch wurde die Emigration von Angehörigen der eigenen Nation zur Senkung der Bevölkerungszahl abgelehnt. In erster Linie wurde danach gesucht, wie der „überflüssige", „nur konsumierende" Bevölkerungsteil produktiv in der jeweiligen Volkswirtschaft eingesetzt werden konnte. Während sich die jeweiligen politischen Führungen die Analysen und Lösungsvorschläge der Bevölkerungswissenschaftler entsprechend ihrer Interessen und Bedürfnissen selektiv zu eigen machten, orientierten sich die Ökonomen in der Formulierung ihrer Lösungsvorschläge, z. B. bei der Ablehnung von Geburtenkontrolle und Emigration, ebenfalls an politischen Zielen.

Es ist festzuhalten, dass im internationalen Diskurs über die „agrarische Übervölkerung“ Südosteuropas vor allem makroökonomische Weichenstellungen argumentiert und wirtschaftspolitische Lösungsansätze vorgebracht wurden, obwohl diese vermutlich auch ohne den Hinweis auf eine „Überbevölkerung“ aktuell gewesen wären. Dies unterschied diese Diskussion über „Überbevölkerung“ jedoch von jener der „Dritten Welt“ nach 1945, in der bevölkerungspolitische Maßnahmen (vor allem Geburtenkontrolle) im Zentrum der angedachten Lösungsansätze standen. Dies ist aus dem historischen Kontext zu verstehen. Die südosteuropäischen Politiker waren im Rahmen der Nationsbildung an einer großen Bevölkerungszahl der eigenen Nation interessiert. Mit dem Hinweis auf die „agrarische Übervölkerung“ konnte jedoch die Emigration oder die Vertreibung anderer Nationalitäten gefordert werden. Auch das „Dritte Reich“ hatte nichts gegen eine große Bevölkerungszahl seiner südosteuropäischen Verbündeten, da den südosteuropäischen Bevölkerungen im Großwirtschaftraum eine Rolle als billige Arbeitskräfte und Konsumenten deutscher Industrieerzeugnisse zugedacht wurde.

Die südosteuropäischen Politiker und Ökonomen befürworteten eine Bevölkerungsvermehrung der eigenen Nation, nahmen die Bevölkerungszunahme in der als unproduktiv geltenden Landwirtschaft jedoch nicht mehr als Stimulans, sondern als Hindernis für die weitere wirtschaftliche Entwicklung wahr. Wie viele Menschen in einem Land oder Wirtschaftssektor als „überflüssig“ galten, hing von ihrer „Nützlichkeit“ bzw. „Verwendbarkeit“ in der jeweiligen Volkswirtschaft ab. Das Vorhandensein von vielen, weil dadurch billigeren Arbeitskräften, welche aus der Landwirtschaft herausgezogen werden konnten, wurde jedoch gleichzeitig als vorteilhaft gewertet. Die „überflüssige Bevölkerung“ müsste sich allerdings zunächst in der wegen ihr zu schaffenden Industrie als nützlich erweisen. Aufgrund der „versteckten Arbeitslosigkeit“ konnte die von den Staatsführungen betriebene forcierte Industrialisierung oder die Verwendung „überflüssiger Arbeitskräfte“ zu öffentlichen Arbeiten gegen keine oder niedrige Entlohnung gerechtfertigt werden. Auf die Interessen der bäuerlichen Bevölkerung selbst bräuchte man, da sie durch ihre Vermehrung die Industrialisierung selbst notwendig gemacht hatte, keine Rücksicht zu nehmen.

Die 1938 einsetzende verstärkte Publikationstätigkeit über die „agrarische Übervölkerung“ Südosteuropas folgte den politischen Ereignissen, gelten die Jahre 1938 bis 1941 doch als intensive Phase der Periode nationalsozialistischer Hegemonial- und Bündnispolitik in Südosteuropa. Die Beschäftigung mit dieser Frage erlebte 1942 trotz Konzentration auf die Ostfront einen weiteren Schub, als die Nahrungsmittelknappheit in Europa die Bedeutung der Balkanländer als Agrarproduzenten erhöhte. Die intensivierte Auseinandersetzung mit den demographischen Problemen Südosteuropas auf anglo-amerikanischer Seite ab 1938 ist als Reaktion auf die deutsche Hegemonialstellung in der Region zu sehen. Sie konnte ab 1943 im Zuge der auch mit der Beteiligung südosteuropäischer Wissenschaftler im Exil erstellten sozioökonomischen Nachkriegsplanungen die Deutungshoheit gewinnen. Als in dieser Zeit die großen demographischen Studien des Völkerbunds erschienen, hatte die Anzahl der Beiträge aus Deutschland bereits stark abgenommen. Je nach Veränderung des politischen oder wirtschaftlichen Kontexts konnte sich der Zweck der Instrumentalisierung des Konzepts, meist ausgedrückt durch die stärkere Betonung einer bestimmten Lösungsstrategie, verschieben. So wäre der von deutscher Seite Anfang 1940 geforderte Einsatz südosteuropäischer Wanderarbeiter in der deutschen Kriegswirtschaft vor 1936, in Zeiten hoher Arbeitslosigkeit in Deutschland, noch nicht in Betrachtung gezogen worden. In Südosteuropa kam es im Zweiten Weltkrieg zu einer Verschiebung der Gewichtung der Lösungsstrategien. So teilten rechte und faschistische Gruppen, welche durch die Unterstützung und den Einfluss Deutschlands in Südosteuropa an die Macht gekommen waren, die in Deutschland vorherrschende Ansicht für eine Verfestigung des agraren Charakters der Länder und einer landwirtschaftlichen Intensivierung.

Obwohl zu beobachten ist, dass sich die Debatte über die „agrarische Übervölkerung“ Südosteuropas im Zuge der Weltwirtschaftskrise intensivierte und nach dem Balkanfeldzug 1941 zum Teil radikalisierte, zeigte sie sich die in ihren Fundamenten nahezu unempfindlich gegenüber historisch-politischen Ereignissen (z. B. 1933, 1936 und 1938/39). Das ist zum einen darauf zurückzuführen, dass es sich um ein weiteres Kapitel eines auf internationaler Ebene unangefochtenen und tief verankerten bevölkerungswissenschaftlichen Paradigmas handelte, zum anderen darauf, dass die wirtschaftspolitischen Makrointeressen der staatlichen Akteure gleich blieben, bzw. einzelne Schlussfolgerungen aus dem Übervölkerungskonzept ihnen angepasst oder untergeordnet werden konnten. Die endgültige Verlagerung der bevölkerungswissenschaftlichen Betrachtung Südosteuropas (aus einem „untervölkerten“ wurde ein „übervölkertes“ Südosteuropa) ist lediglich als Wendung innerhalb des neomalthusianischen Paradigmas zu betrachten.

Die Diskussion über die „agrarische Übervölkerung“ Südosteuropas ist als konstituierendes Kapitel in der Disziplinbildung der Demographie zu betrachten. Dass sich viele Bevölkerungsexperten aus verschiedenen Disziplinen international gerne auf den den südosteuropäischen Fall bezogen und sich die Region so gut als Versuchsanordnung eignete, lag außer an bestehenden wirtschaftspolitischen Interessen in ihren verschiedenen Herkunftsländern auch an praktischen Gründen. Die Region war als Forschungsobjekt in Europa leicht zugänglich. Es existierte eine vergleichsweise gut ausgebaute Statistik, darüber hinaus publizierten Experten vor Ort in Deutsch oder Englisch über das Thema, aber auch einige Forscher in Deutschland und im anglo-amerikanischen Raum waren einer oder mehreren südosteuropäischen Sprachen mächtig. Nach dem Zweiten Weltkrieg erlebte das Überbevölkerungskonzept in seiner Anwendung auf die „Dritte Welt“ eine regelrechte Blütezeit. Untersuchungen über die wirtschaftliche und demographische Lage der sogenannten Entwicklungsländer bauten dabei vor allem auf den englischsprachigen Arbeiten über „agrarische Übervölkerung“ im Südosteuropa vor und während des Zweiten Weltkriegs, welches nun rückblickend als „Dritte Welt“ Europas bezeichnet wurde, auf. Wie zuvor war auch die Debatte über die „Bevölkerungsexplosion“ ab den 1950er Jahren eng mit den politischen und wirtschaftlichen Interessen der verschiedenen Akteure verwoben. Jedoch konnte bis heute statistisch kein negativer Zusammenhang zwischen Wirtschafts- und Bevölkerungswachstum nachgewiesen werden.

VI. Anhang

1. Abkürzungsverzeichnis

FAO	Food and Agriculture Organization
HSS	Hrvatska seljačka stranka [Kroatische Bauernpartei]
IfW	Institut für Weltwirtschaft
ILO	International Labour Organization
IUSIPP	International Union for the Scientific Investigation of Population Problems
Königreich SHS	Königreich der Serben, Kroaten und Slowenen
MWT	Mitteleuropäischer Wirtschaftstag
NDH	Nezavisna Država Hrvatska [Unabhängiger Staat Kroatien]
OPR	Office of Population Research
PNL	Partidul Național Liberal [Nationalliberale Partei]
PNȚ	Partidul Național Țărănesc [Nationale Bauernpartei]
RAG	Reichsarbeitsgemeinschaft für Raumforschung
SOEG	Südosteuropa-Gesellschaft
UNRRA	United Nations Relief and Rehabilitation Administration
UNRISD	United Nations Research Institute for Social Development

2. Unveröffentlichte Quellen

Bundesarchiv Berlin
Reichsfinanzministerium, BA R2/10382
Südosteuropa-Gesellschaft, BA R63

Institut für Zeitgeschichte Archiv München
Meldungen aus dem Reich, IfZ MA

Russisches staatliches Militärarchiv
Ehemaliges Sonderarchiv Moskau, Reichswirtschaftsministerium, RGVA 1458/29/140

Stiftung Rheinisch-Westfälisches Wirtschaftsarchiv zu Köln
Gutehoffnungshütte, RWWA Abt. 130 (GHH)

3. Veröffentlichte Literatur

3.1 Quellen

3.1.1 Dokumente und Statistik

Aufzeichnung von Carl Clodius vom 30. Mai 1940, in: Hass, Gerhart/Schumann, Wolfgang (Hrsg.): Anatomie der Aggression. Berlin 1972, S. 42–49
Aus dem Aktenvermerk von Franz Hasslacher vom 25. November 1942, in: Schumann, Wolfgang (Hrsg.): Griff nach Südosteuropa. Berlin 1973, S. 207
Aus dem Vortrag von Max Ilgner vom 2. September 1940, in: Hass, Gerhart/Schumann, Wolfgang (Hrsg.): Anatomie der Aggression. Berlin 1972, S. 91–99
Denkschrift Hitlers über die Aufgaben eines Vierjahresplans 1936, in: Vierteljahrshefte für Zeitgeschichte 3, 2/1955, S. 204–210
Deutsch-rumänisches Wirtschaftsabkommen vom 23. März 1939
Institut international d'agriculture: Compabilité agricole: recueil de statistiques pour 1929–1930 [Farm accountancy statistics for 1929–1930]. Rom 1933
Statistički godišnjak Kraljevine Jugoslavije 1937 [Statistisches Jahrbuch des Königreichs Jugoslawien]. Belgrad 1938
Statistisches Jahrbuch für das Deutsche Reich 1936. Berlin 1937

3.1.2 Romane, Reiseberichte und Essays

Adamic, Louis: The Native's Return. London 1934
Grimm, Hans: Volk ohne Raum. München 1926
Heinrichsbauer, A[ugust]: Eindrücke von einer Balkanreise im April/Mai 1940. Wien 1940
Thierfelder, Franz: Um die Seele des Balkans. Berlin 1940

3.1.3 Wissenschaftliche Arbeiten

Aereboe, Friedrich: Die landwirtschaftlichen Verhältnisse in Rußland, England, Italien und Serbien. Berlin 1916
Ahlgrimm, Franz: Die Landwirtschaft des südosteuropäischen Raumes. Wien 1939
Alexieva, Elisabeth: Industriepflanzen Bulgariens. Wien 1944
Alimăneştianu, Alexandru: Organizarea muncei rurale [Die Organisation der ländlichen Arbeit]. Bukarest 1927
Alimăneştianu, Alexandru: Problema braţelor de muncă [Das Problem der Arbeitskräfte]. Bukarest 1940
Anderson, Oskar N.: Struktur und Konjunktur der bulgarischen Volkswirtschaft. Jena 1938
Andrašević, Bogumil: Die Wirtschaftspolitik des Unabhängigen Staates Kroatien, in: Ostraum-Berichte NF, 3/1942, S. 317–339

Anev, Methodi: Die Zusammenlegung der Grundstücke in Bulgarien, in: Die Bulgarische Landwirtschaft. Berichte über Landwirtschaft NF, Sonderheft 157/1943, S. 36–38
Angell, Norman: Raw Materials, population pressure and war. Boston 1936
Aranicki, Fedor: Naš iseljenički problem [Unser Auswanderungsproblem], in: Letopis Matice Srpske 104, 1/1930, S. 42–50
Aranicki, Fedor: Stanje našeg iseljavanja i izgledi za emigraciju uopće [Die Lage unserer Auswanderung und Ausblicke auf die Emigration im Allgemeinen], in: Travica, Nebojša (Hrsg.): Iseljenička Nedjelja. Zagreb 1933, S. 15–20
Arbeitswissenschaftliches Institut der Deutschen Arbeitsfront (Hrsg.): Deutschland und Südosteuropa. Berlin 1940
Backe, Herbert: Um die Nahrungsfreiheit Europas. Leipzig 1942
Baecker, Dirk [u. a.]: „Die Überflüssigen". Ein Gespräch zwischen Dirk Baeker, Heinz Bude, Axel Honneth und Helmut Wiesenthal, in: Bude, Heinz/Willisch, Andreas (Hrsg.): Exklusion. Die Debatte über die „Überflüssigen". Frankfurt am Main 2008, S. 31–49
Bakardschiev, Theodor: Die Landbeschaffung in Bulgarien, in: Die Bulgarische Landwirtschaft. Berichte über Landwirtschaft NF, Sonderheft 157/1943, S. 31–35
Balás, Karl v.: Das Quantitätsproblem des Bevölkerungszuwachses und das Problem internationaler Verständigung darüber, in: Jahrbücher für Nationalökonomie und Statistik 144, 1936, S. 410–433
Balicki, Gerhard: Neue Züge der Agrarpolitik in Südosteuropa. Würzburg 1936
Ballerstedt, Kurt: Erbrecht, Erbsitten und Grundbesitzzersplitterung in Polen. Stuttgart 1939
Banu, G[eorge]: Landleben und die Tätigkeit der Landfrau. Beziehungen zwischen wirtschaftlicher und gesundheitlicher Lage der Landbevölkerung, in: XVIII. Internationaler Landwirtschaftskongress Dresden 6. bis 12. Juni 1939. Sektion VIII: Das Landleben und die Tätigkeit der Landfrau. Berlin 1939, S. 21–31
Banu, G[eorge]: Epikrise und Synthese der Gesundheitsprobleme der Landbevölkerung, in: Ders. (Hrsg.): Problemele sanitare ale populației rurale din România. Bukarest 1940, S. 1652–1783
Basch, Antonin: European Economic Regionalism, in: The American Economic Review 33, 1/1943, Supplement, Papers and Proceedings of the Fifty-fifth Annual Meeting of the American Economic Association, S. 408–419
Bebel, August: Die Frau und der Sozialismus. Berlin 1973 [1879]
Beehner, Lionel: The Effects of 'Youth Bulge' on Civil Conflicts. New York/Washington 2007, http://www.cfr.org/world/effects-youth-bulge-civil-conflicts/p13093
Belin, Ivo: Problem pasivnosti Dalmacije [Das Problem der Passivität Dalmatiens], in: Nova Evropa 25, 12/1932, S. 612–620
Bićanić, Rudolf: Hiperprodukcija inteligencije? [Hyperproduktion der Intelligenz?], in: Riječ 17.11.1931, S. 2–3
Bićanić, Rudolf: Kako živi narod. Život u pasivnim krajevima [Wie das Volk lebt. Das Leben in passiven Regionen]. Zagreb 1936

Bićanić, Rudolf: Ekonomska podloga hrvatskog pitanja [Die wirtschaftliche Grundlage der kroatischen Frage]. Zagreb 1938

Bićanić, Rudolf: Pogled iz svjetske perspektive i naša ekonomska orientacija [Betrachtung aus globaler Perspektive und unsere ökonomische Orientierung]. Zagreb 1939

Bićanić, Rudolf: Agrarna prenapučenost [Landwirtschaftliche Übervölkerung]. Zagreb 1940

Bićanić, Rudolf: Ekonomski faktor u porastu stanovništva [Der wirtschaftliche Faktor im Bevölkerungswachstum], in: Liječnički vjesnik 62, 11/1940, S. 1–12

Bićanić, Rudolf: Agricultural overpopulation, in: Yugoslav postwar reconstruction papers 1.3.1942, New York 1942

Bićanić, Rudolf: Central European Stability and Yugoslavia, in: Journal of Central European Affairs 3, 1/1943, S. 24–37

Bićanić, Rudolf: The Effects of War in Rural Yugoslavia, in: The Geographical Journal 103, 1–2/1944, S. 30–44

Bićanić, Rudolf: Agrarna prenapučenost [Agrarische Überbevölkerung], in: Sociologija sela 1, 2/1963, S. 3–21

Bićanić, Rudolf: Three concepts of agricultural over-population, in: Dixey, Roger (Hrsg.): International Explorations of Agricultural Economics. Ames 1964, S. 9–22

Bildstein, Konrad: Der Dr. Hellmuth-Plan. Seine Grundlagen und seine Entwicklung, in: Raumforschung und Raumordnung 2, 2/1938, S. 46–53

Bilimović, Aleksandar: Agrarna hiperpopulacija i njeno suzbijanje [Die agrarische Hyperpopulation und ihre Bekämpfung], in: Narodno blagostanje 10, 21/1938, S. 323–325 und 22/1938, S. 339–340

Bilimovič, Aleksandar: Agrarna struktura Jugoslavije in Slovenije v primeri z agrarno strukturo nekaterih drugih dežel [Die Agrarstruktur Jugoslawiens im Vergleich mit der Agrarstruktur einiger anderer Länder]. Ljubljana 1939

Bilimovič, Alexander: Die vergleichende Untersuchung von Agrarstrukturen, in: Weltwirtschaftliches Archiv 50, 3/1939, S. 493–522

Birch, Lionel: The Demand for colonies: Territorial expansion, overpopulation, and raw materials. London 1936

Black, J[ohn] D.: The Problem of Surplus Agricultural Population, in: International Journal of Agrarian Affairs 1, 1939, S. 7–24

Bladen, V[incent] W.: The Population Problem, in: The Canadian Journal of Economics and Political Science 5, 4/1939, S. 528–547

Boese, Franz: Geschichte des Vereins für Sozialpolitik 1872–1932. Berlin 1939

Borel, A[ndré]: Le problème du chômage et de la pénurie de main-d'œvre dans l'agriculture [Das Problem der Arbeitslosigkeit und des Mangels an Arbeitskraft in der Landwirtschaft], in: Annales de la Confédération Internationale de l'Agriculture 20, 1938, S. 208–283

Bouthoul, Gaston: Les différents aspects de l'équilibre démographique [Die verschiedenen Aspekte des Bevölkerungsgleichgewichts], in: Revue International de Sociologie 46, 3–4/1938, S. 119–129

Bowman, Isaiah: Introduction, in: Ders. (Hrsg.): Limits of Land Settlement. New York 1937, S. 1–5

Braunthal, Alfred: Von Mises on The Tragedy of European Labor: Comment, in: The American Economic Review 34, 1/1944, S. 121–123

Bräutigam, Otto: Die Landwirtschaft in der Sowjetunion. Berlin 1942

Brinkmann, Carl: Gruppenautarkie und Freihandel im südosteuropäischen Raum, in: Weltwirtschaftliches Archiv 36, 2/1932, S. 476–495

Brinkmann, Carl: Mihail Manoïlesco und die klassische Außenhandelstheorie, in: Weltwirtschaftliches Archiv 48, 2/1938, S. 273–287

Brinkmann, Carl: Das Problem der agraren Übervölkerung in Europa, in: Agrarpolitik – Betriebslehre: aktuelle Probleme. Der Forschungsdienst, Sonderheft Nr. 18. Neudamm 1943, S. 57–67

Bruckner, Josef: Wirtschaftspionier im Südosten, in: Volk im Osten 3, 12/1942, S. 52–56

Brunborg, Helge/Tabeau, Ewa/Urdal, Henrik (Hrsg.): The Demography of Armed Conflict. Berlin 2006

Brunner, Heinz: Biologische und soziologische Streiflichter auf das Südostdeutschtum, in: Nation und Staat 13, 11–12/1940, S. 362–371

Burgdörfer, Friedrich: Bevölkerungsstatistik, in: Elster, Ludwig (Hrsg.): Handwörterbuch der Staatswissenschaft, Ergänzungsband. Jena 1929, S. 99–134

Burgdörfer, Friedrich: Volk ohne Jugend. Berlin 1932

Burgdörfer, Friedrich: Geburtenrückgang bei Arm und Reich. Die Umkehrung der Wohlstandtheorie, in: Kardorff, Siegfried von/Schäffer, Hans/Briefs, Götz/Kroner, Hans (Hrsg.): Der internationale Kapitalismus und die Krise. Festschrift für Julius Wolf zum 20. April 1932. Stuttgart 1932, S. 122–132

Burgdörfer, Friedrich: Zurück zum Agrarstaat? Stadt und Land in volksbiologischer Betrachtung. Berlin 1933

Burgdörfer, Friedrich: Land ohne Bauern – Volk ohne Jugend, in: Odal 8, 8/1939, S. 635–648

Busch-Zantner, Richard: Bulgarien. Berlin 1943

Carr-Saunders, Alexander M.: The Population Problem. A Study in Human Evolution. Oxford 1922

Carr-Saunders, A[lexander] M.: World Population: Past Growth and Present Trends. Oxford 1936

Casper, Karl: Probleme der wirtschaftlichen Neuordnung Rumäniens, in: Wirtschaftsdienst 25, 48/1940, S. 982–985

Cattaruzza, Marina/Dyroff, Stefan/Langewiesche, Dieter (Hrsg.): Territorial revisionism and the allies of Germany in the Second World War: goals, expectations, practices. New York [u. a.] 2013

Celigoj, Eugen: Südslawische Auswanderung. Wien 1940

Christ, Raymond E.: The Peasant Problem in Yugoslavia, in: The Scientific Monthly 50, 5/1940, S. 385–402

Christiansen, Walter: Der Südosten in der europäischen Großraumwirtschaft, in: Wirtschaftsdienst 25–26, 1941, S. 518–521

Christoff, Theodor: Das heutige Bulgarien. Berlin 1930

Conze, Werner: Die ländliche Übervölkerung in Polen, in: Gusti, D[imitrie] (Hrsg.): Arbeiten des XIV. Internationalen Soziologen Kongresses, Abteilung B – Das Dorf, Bukarest 1940, S. 40–48

Cornăţeanu, N[icolae]: Studiul problemei tărăneşti [Das Studium des Bauernproblems], in: Ionescu-Şişeşti, G[heorghe] (Hrsg.): Probleme actuale de agricultură practică [Aktuelle Probleme der praktischen Landwirtschaft]. Bukarest 1934, S. 173–178

Cornăţeanu, N[icolae]: Cercetări asupra rentabilităţii agriculturii ţărăneşti [Forschungen über die Rentabilität der bäuerlichen Landwirtschaft]. Bukarest 1935

Cornateanu, N[icolae] D.: Der rumänische Bauer, in: Südosteuropa-Gesellschaft (Hrsg.): Agrarpolitische Vorträge der Südosteuropa-Gesellschaft. Wien 1940, S. 7–23

Cornaţeanu, N[icolae]: Rumänien im Krieg. Die Organisierung der Landwirtschaft. Bukarest 1942

Cromie, Leonard J.: Demographic questions: the peaceful solution of international problems (peaceful change). o.O. 1937

Čubrilović, Vasa: Iseljavanje Arnauta [Die Aussiedlung der Albaner], in: Čović, Bože (Hrsg.): Izvori velikosrpske agresije. Zagreb 1991 [1937], S. 106–124

Daitz, Werner: Das europäische Sittengesetz als Strukturgesetz der europäischen Großraumwirtschaft, in: Nationalsozialistische Monatshefte 13, 146/1942, S. 270–278

Danailov, Georgi: Izsledvanija vărhu demografijata na Bălgarija [Forschungen über die Demographie Bulgariens]. Sofia 1931

Danaillow, G[eorgi]: Die soziale und wirtschaftliche Struktur Bulgariens, in: Jahrbücher für Nationalökonomie und Statistik 145, 1937, S. 322–339

Dániel, Arnold: Regional Differences of Productivity in European Agriculture, in: The Review of Economic Studies 12, 1/1944–1945, S. 50–70

Darré, R. Walther: Bauerntum als Schrittmacher einer neuen Außenhandelsordnung, in: Internationale Agrar-Rundschau 2, 2/1939, S. 5–7

Darré, R. Walther: Neuordnung Europas, in: Internationale Agrar-Rundschau 3, 4/1940, S. 3–12

Das Bevölkerungsproblem in den Südostländern, in: Monatsberichte des Wiener Instituts für Wirtschaftsforschung 13, 11–12/1939, S. 279–285

Davis, Kingsley: The World Demographic Transition, in: Annals of the American Academy of Political and Social Science 237, 1945, S. 1–11

Delaisi, Francis: Les deux Europes [Die zwei Europa]. Paris 1929

Der bulgarische Landwirtschaftsminister Exz. Bagrjanov über Zukunftsaufgaben der Landwirtschaft Bulgariens, in: Internationale Agrar-Rundschau 3, 11/1940, S. 15–16

Der Zusammenbruch der britischen „Wirtschaftsoffensive“ in Südosteuropa, in: Monatsberichte des Wiener Instituts für Wirtschaftsforschung 14, 7–8/1940, S. 105–120

Deutschlands Arbeiterimport aus den Südoststaaten, in: Südost-Economist 1, 9/1939, S. 267–268

Didier, Friedrich: Europa arbeitet in Deutschland. Berlin 1943

Dolberg, Richard: Die Mitteleuropäische Wirtschaftstagung in Wien, in: Weltwirtschaftliches Archiv 23, 1/1926, S. 225–236

Dolinski, N[aum] V.: Doxodnost'ta na bălgarskoto zemledlie [Die Rentabilität der bulgarischen Landwirtschaft], in: Spisanie na Bălgarskoto Ikonomičesko Družestvo 27, 4/1928, S. 165–193

Dolinski, N[aum] W.: Über den Zusammenhang der Bevölkerungsvermehrung und der Intensität der Landwirtschaft in Bulgarien, in: Archiv für Sozialwissenschaft und Sozialpolitik 63, 3/1930, S. 608–624

Dolinski, N[aum] V.: Organizacijata na bălgarskoto zemledelsko stopanstvo [Organisation der bulgarischen Landwirtschaft]. Varna 1932

Dolinski, N[aum] V.: Die Beziehungen zwischen Landwirtschaft und Volkswirtschaft, in: Molloff, Janaki St. (Hrsg.): Die sozialökonomische Struktur der bulgarischen Landwirtschaft. Berlin 1936, S. 77–86

Dolinski, N[aum] V.: Osnovne teškoće bugarske poljoprivrede [Die Grundschwierigkeiten der bulgarischen Landwirtschaft], in: Ekonomist 3, 4/1937, S. 145–150

Đonović, Nikola: Zahtevi Crne Gore: privredni i politički [Die Forderungen Montenegros: wirtschaftliche und politische]. Belgrad 1936

Drescher, Leo: The New German Inheritance Law for Agriculture (Erbhofgesetz), in: Journal of Farm Economics 16, 1/1934, S. 149–151

Dublin, Louis I.: The Population Problem and World Depression. New York 1936

Duisberg, Carl: Abhandlungen, Vorträge und Reden aus den Jahren 1922 – 1933. Berlin 1933

Dumont, René: Les excédents démographiques de l'agriculture méditerranéenne. Italie et Espagne [Die demographischen Überschüsse der mediterranen Landwirtschaft. Italien und Spanien], in: Population 6, 4/1951, S. 587–600

Dubić, Slavoljub: Prilog istraživanju seljačkoga gospodarstva [Ein Beitrag zur Untersuchung der bäuerlichen Wirtschaft]. Križevci 1933

Dugački, Zvonimir: Demografijske i narodne prilike [Demographische und völkische Gegebenheiten], in: Ders. (Hrsg.): Zemljopis Hrvatske. Drugi svezak. Zagreb 1942, S. 619–638

Durand, E[dward] Dana: Agriculture in Eastern Europe, in: The Quarterly Journal of Economics 36, 2/1922, S. 169–196

East, Edward M.: Mankind at the crossroads. New York 1923

Egoroff, Pawel P.: Die Arbeit in der Landwirtschaft, in: Molloff, Janaki St. (Hrsg.): Die sozialökonomische Struktur der bulgarischen Landwirtschaft. Berlin 1936, S. 131–159

Ehrlich, Paul: Die Bevölkerungsbombe. München 1971 [1968]

Einzig, Paul: Bloodless invasion: German economic penetration into the Danubian states and the Balkans. London 1938

Erlich, Vera St.: Family in transition. A study of 300 Yugoslav villages. Princeton 1966 [1964]

Elster, Ludwig: Das Bevölkerungswesen, in: Elster, Ludwig/Weber, Adolf/Wieser, Friedrich (Hrsg.): Handwörterbuch der Staatswissenschaften, 4. Auflage, Band 2, Jena 1924, S. 735–825

Fairchild, Henry Pratt: International Migration, in: Annals of the American Academy of Political and Social Science 188, 1936, S. 290–296

Fassbender, Siegfried: Probleme des wirtschaftlichen Neubaus in Südosteuropa, in: Zeitschrift für Geopolitik 18, 11/1941, S. 612–622

Ferenczi, Imre: La crise des migrations et la population du globe [Die Migrationskrise und die Weltbevölkerung], in: Revue syndicale suisse 24, 1/1932, S. 11–19

Ferenczi, Imre: The synthetic optimum of population: an outline of an international demographic policy. Paris 1938

Ferenczi, Imre: Freedom from Want and International Population Policy, in: American Sociological Review 8, 5/1943, S. 537–542

Figatner, Milan: Die Reorganisation des Sanitätswesens im Bereiche des k. u. k. Militärgouvernements Serbien, in: Der Militärarzt 51, 2–3/1917, S. 35–40

Figenwald, Vladimir: Položaj seljaštva u staroj Jugoslaviji [Die Lage der Bauernschaft im alten Jugoslawien]. Zagreb 1952

Fischer, Alois: Zur Frage der Tragfähigkeit des Lebensraumes II, in: Zeitschrift für Geopolitik 2, 11/1925, S. 842–858

Fisher, A. G. B.: Nicholas Mirkovich (1915–1944), in: The Economic Journal 56, 223/1946, S. 510–511

Fišter, Milan: Kroatien und der europäische Wirtschaftsraum, in: Hamburger Monatshefte für auswärtige Politik 9, 11/1942, S. 936–941

Fleck, Ludwik: Entstehung und Entwicklung einer wissenschaftlichen Tatsache. Frankfurt am Main 1980 [1935]

Forrester, Viviane: Der Terror der Ökonomie. Wien 1997 [1996]

Foster, George M.: Peasant Society and the Image of Limited Good, in: American Anthropologist 67, 2/1965, S. 293–315

Frangeš, Otto von: Rezension zu Hollmann, A. H.: Agrarverfassung und Landwirtschaft Jugoslawiens, in: Weltwirtschaftliches Archiv 34, 2/1931, S. 227–229

Frangeš, Otto von: Die Bedeutung von Präferenzverträgen für die mitteleuropäische Industrie, in: Gürge, Wilhelm/Grotkopp, Wilhelm (Hrsg.): Großraumwirtschaft. Der Weg zur europäischen Einheit. Berlin 1931, S. 80–92

Frangeš, Otto: Landwirtschaft und Agrarpolitik in Jugoslawien, in: Beckmann, Fritz (Hrsg.) Deutsche Agrarpolitik im Rahmen der inneren und äußeren Wirtschaftspolitik. Ergänzungsteil Landwirtschaft und Agrarpolitik im Ausland: Verzeichnisse zum Gesamtwerk, Berlin 1932, S. 130–147

Frangeš, Otto: Die besonderen ökonomischen und sozialen Probleme der Agrarkrise in Jugoslavien. Berlin 1933

Frangeš, Otto: Möglichkeiten der Umorientierung des jugoslawischen Außenhandels, in: Weltwirtschaftliches Archiv 39/4, 1934, S. 445–489

Frangeš, Otto: Die sozialökonomische Struktur der jugoslawischen Landwirtschaft. Berlin 1937

Frangeš, Otto: L'industrialisation des pays agricoles du sud-est de l'Europe [Die Industrialisierung der Agrarländer Südosteuropas], in: Revue économique internationale 30, 3/1938, S. 27–77

Frangeš, Oto: Problem relativne prenapučenosti u Jugoslaviji [Das Problem der relativen Übervölkerung in Jugoslawien], in: Arhiv Ministarstva poljoprivrede 5, 11/1938, S. 3–46

Frangeš, Otto von: Die treibenden Kräfte der wirtschaftlichen Strukturwandlungen in Jugoslawien, in: Weltwirtschaftliches Archiv 48, 2/1938, S. 309–340

Frangeš, Otto von: Die Bevölkerungsdichte als Triebkraft der Wirtschaftspolitik der südosteuropäischen Bauernstaaten. Jena 1939

Frangeš, Otto: Die Verständigung zwischen Kroaten und Serben, in: Europäische Revue 15, 12/1939, S. 436–442

Frangeš, Otto von: Die Donaustaaten Südosteuropas und der deutsche Großwirtschaftsraum, in: Weltwirtschaftliches Archiv 53, 1941, S. 284–320

F[rangeš], O[tto]: K problemu prenapučenosti u Hrvatskoj [Zum Problem der Übervölkerung in Kroatien], in: Ekonomist 8, 1–2/1942, S. 1–10

F[rangeš], O[tto]: K problemu prenapučenosti u Hrvatskoj [Zum Problem der Übervölkerung in Kroatien], in: Ekonomist 8, 3–4/1942, S. 91–102

Frunzănescu, A[lexandru]: Munca omenească în actuala conjunctură agricolă [Die menschliche Arbeit in der aktuellen landwirtschaftlichen Konjunktur]. Bukarest 1935

Frunzănescu, A[lexandru]: Evoluția chestiunii agrare în România [Die Entwicklung der Agrarfrage in Rumänien]. Bukarest 1939

Frunzănescu, A./Dumitrașcu, Gh.: Munca omenească folosită în agricultura noastră [Die verwendete menschliche Arbeit in unserer Landwirtschaft]. Bukarest 1940

Frunzanescu, A[lexandru]: Die Verwendung des Überschusses der Landbevölkerung in Rumänien, in: Neue internationale Rundschau der Arbeit 4, 1943, S. 290–294

Funk, Walther: Die Länder des Südostens und die europäische Wirtschaftsgemeinschaft. Wien 1944

Gabriel, Siegfried L.: Zukunftsaufgaben südosteuropäischer Wirtschaftspolitik, in: Carstanjen, Helmut (Hrsg.): Deutschland und Südosteuropa. Graz 1942, S. 121–129

Gerdesmann, H.: Der landwirtschaftliche Umbruch in den Südoststaaten, in: Der Forschungsdienst 12, 1941, S. 472–475

Gerschenkron, A[lexander]: Rezension zu Dolinski, N. W.: Organisazijata na bolgarskoto semledelsko stopanstwo (Organisation der bulgarischen Landwirtschaft), in: Zeitschrift für Nationalökonomie 6, 1/1935, S. 132–133

Ghelmegeanu, Mihail: Producția agricolă și regimul agrar țărănesc [Die landwirtschaftliche Produktion und das bäuerliche Agrar-Regime]. Bukarest o.J.

Giljum, Mathias: Volk ohne Jugend – die Kernfrage unseres Volkes, in: Volkswart. Vierteljahrsschrift für deutsche Volkstumspflege in Südslavien 2, 1933, S. 2–12

Gini, Corrado: Die Probleme der internationalen Bevölkerungs- und Rohstoffverteilung. Jena 1937

Glass, D[avid] V.: The struggle for population. Oxford 1936

Goll, Hermine: Das jugoslawische Küstenland als Wirtschaftsraum. Berlin/Wien 1932

Golopenția, Anton: Starea culturală și economică a populației rurale din România [Die kulturelle und wirtschaftliche Lage der Landbevölkerung in Rumänien], in: Banu, G[eorge] (Hrsg.): Problemele sanitare ale populației rurale din România. Bukarest 1940, S. 212–263

Goranović, Maksim: Naš seoski posed i tehnika [Unser bäuerlicher Besitz und die Technik]. Belgrad 1938

Goranović, Maksim: Seljaci i zemlja [Die Bauern und das Land]. Belgrad 1938

Gross, Feliks: Peace Planning for Central and Eastern Europe, in: Annals of the American Academy of Political and Social Science 232, 1944, S. 169–176

Gross, Hermann: Südosteuropa: Bau und Entwicklung der Wirtschaft. Leipzig 1937

Gross, Hermann: Bevölkerung und Boden in Südosteuropa, in: Archiv für Bevölkerungswissenschaft und Bevölkerungspolitik 8, 3/1938, S. 180–186

Gross, Hermann: Die wirtschaftliche Bedeutung Südosteuropas für das Deutsche Reich. Stuttgart/Berlin 1938

Gross, Hermann: Rezension zu Wagemann, Ernst: Der neue Balkan. Altes Land – junge Wirtschaft, in: Jahrbücher für Nationalökonomie und Statistik 151, 1940, S. 121

Gross, Hermann: Bit i značaj gospodarstvene suradnje između Njemačke i Jugoistočne Europe [Wesen und Bedeutung der wirtschaftlichen Zusammenarbeit zwischen Deutschland und Südosteuropa], in: Ekonomist 7, 4–5–6/1941, S. 108–117

Gross, Hermann: Die Slowakei in der Grossraumwirtschaft Europas. Pressburg 1943

Grotkopp, Wilhelm: Handelspolitische Möglichkeiten und Notwendigkeiten, in: Gürge, Wilhelm/Grotkopp, Wilhelm (Hrsg.): Großraumwirtschaft. Der Weg zur europäischen Einheit. Berlin 1931, S. 29–50

Günther, Horst: Zum Problem der Arbeitskräfte in Jugoslawien, in: Ludat, Herbert (Hrsg.): Agrar-, Wirtschafts- und Sozialprobleme Mittel- und Osteuropas in Geschichte und Gegenwart. Wiesbaden 1965, S. 353–370

Gürge, Wilhelm: Der Aufbau Mittel- und Südosteuropas als wirtschaftliche Forderung, in: Gürge, Wilhelm/Grotkopp, Wilhelm (Hrsg.): Großraumwirtschaft. Der Weg zur europäischen Einheit. Berlin 1931, S. 11–28

Halpern, Joel M./Kerewsky Halpern, Barbara: A Serbian village in historical perspective. New York 1972

Hanč, Josef: Some Misconceptions about Central and Eastern Europe, in: Annals of the American Academy of Political and Social Science 232, 1944, S. 19–24

Hankins, Frank H.: Pressure of Population as a Cause of War, in: Annals of the American Academy of Political and Social Science 198, 1938, S. 101–108

Hantos, Elemér: Die Wirtschaftspolitik in Mitteleuropa, in: Weltwirtschaftliches Archiv 21, 1/1925, S. 135–151

Hantos, Elemér: Der Donauraum in der Weltwirtschaft, in: Weltwirtschaftliches Archiv 39, 2/1934, S. 256–315
Harmsen, Hans: Mitteleuropa und der slawische Osten als Gebiet bevölkerungspolitischer Spannungen, in: Volk und Reich 6, 1–2/1930, S. 64–70
Harmsen, Hans/Lohse, Franz (Hrsg.): Bevölkerungsfragen: Bericht des Internationalen Kongresses für Bevölkerungswissenschaft. München 1936
Harmsen, Hans: Der ländliche Volkskörper Rumäniens und seine Gesundheitsprobleme im Vergleich mit denen der angrenzenden Staaten des südosteuropäischen Raumes, in: Archiv für Bevölkerungswissenschaft und Bevölkerungspolitik 12, 1942, S. 154–172
Hassell, Ulrich von: Deutschlands wirtschaftliche Interessen und Aufgaben in Südosteuropa, in: Zeitschrift für Politik 31, 1941, S. 481–488
Hassinger, Hugo: Lebensraumfragen der Völker des europäischen Südostens, in: Dietzel, Karl Heinrich (Hrsg.): Lebensraumfragen europäischer Völker Band 1. Leipzig 1941, S. 588–613
Haucke, Kurt: Bulgarien: Land, Volk, Geschichte, Kultur, Wirtschaft. Bayreuth 1942
Haufe, Helmut: Deutsches Volkstum in der Bevölkerungsentwicklung des östlichen Mitteleuropa. Berlin/Stuttgart 1935
Haufe, Helmut: Die Wandlung der Volksordnung im rumänischen Altreich. Agrarverfassung und Bevölkerungsentwicklung im 19. u. 20. Jahrhundert. Stuttgart 1939
Hauptprobleme der bulgarischen Agrarpolitik, in: Monatsberichte des Wiener Instituts für Wirtschaftsforschung 15, 5–6/1941, S. 79–99
Hauptprobleme der türkischen Agrarpolitik, in: Monatsberichte des Wiener Instituts für Wirtschaftsforschung 15, 11–12/1941, S. 182–212
Haushofer, Karl: Grenzen in ihrer geographischen und politischen Bedeutung. Heidelberg [u. a.] 1939
Hebert, Walther Hermann: Revolution der europäischen Bauern. Berlin 1941
Hebert, Walther H.: Ziel, Handlung und Haltung in der europäischen Agrarpolitik, in: Internationale Agrar-Rundschau 5, 7/1942, S. 395–402
Hecke, Wilhelm: Die Verschiedenheit der deutschen und slawischen Volksvermehrung in Oesterreich. Stuttgart 1916
Heiratszwang in Bulgarien, in: Südost-Economist 5, 2/1943, S. 25
Herrschaft, Hans: Das Banat. Ein deutsches Siedlungsgebiet in Südosteuropa. Berlin 1942
Heymann, Egon: Balkan: Kriege, Bündnisse, Revolutionen. Berlin 1938
Hockl, Nikolaus H.: Die Krise des Banater schwäbischen Lebens, in: Banater Monatshefte 1, 9/1934, S. 264–267
Hoffmann, Michael: Die agrarische Uebervölkerung Russlands. Berlin 1932
Hoffmann, Walter: Südost-Europa. Jugoslawien – Bulgarien – Rumänien. Ein Querschnitt durch Politik, Kultur und Wirtschaft. Leipzig 1932
Hoffmann, Walter: Donauraum Völkerschicksal. Leipzig 1939
Hoffmann, Walter: Lebensraum oder Imperialismus. Eine wirtschaftspolitische Studie Südosteuropas. Berlin 1940

Hopper, Bruce: Population Factors in Soviet Siberia, in: Bowman, Isaiah (Hrsg.): Limits of Land Settlement. New York 1937, S. 89–118

Hollmann, [Anton]: Die Agrarreform in Rumänien, in: Berichte über Landwirtschaft 1, 1/1924, S. 39–55

Hollmann, Anton H.: Agrarverfassung und Landwirtschaft Jugoslawiens. Berlin 1931

Hribar, Alfons: Agrarna reforma [Die Agrarreform]. Zagreb 1924

Hribovschek, Ferdinand: Die Agrarreform in Jugoslawien. Graz 1930

Hubbard, Leonard E.: The economics of Soviet agriculture. London 1939

Hübener, Walter: Möglichkeiten der deutschen und europäischen Fettversorgung, in: Gesellschaft für europäische Wirtschaftsplanung und Grossraumwirtschaft (Hrsg.): Das neue Europa. Dresden 1941, S. 65–75

Hunke, Heinrich: Einführung, in: Verein Berliner Kaufleute und Industrieller/Wirtschaftshochschule Berlin (Hrsg.): Europäische Wirtschaftsgemeinschaft. Berlin 1942, S. 7–16

Ianculescu, C.: Surplusul populaţiunii ca limită a exportului agricol [Der Bevölkerungsüberschuss als Beschränkung des Agrarexports]. Bukarest 1934

Ianculescu, C.: Organizarea producţiunii agricole prin asociaţiuni rurale [Die Organisation der landwirtschaftlichen Produktion durch Agrargenossenschaften]. Bukarest o.J.

IfK: Der italienische Einfluß auf die Industriewirtschaft in Südosteuropa seit Kriegsbeginn. Wien 1943

IfW: Die Bedeutung der südosteuropäischen Getreidewirtschaft und ihre wehrwirtschaftliche Beurteilung. Zusammenfassender Bericht zu den Sonderberichten über die einzelnen südosteuropäischen Staaten. Kiel 1939

IfW: Die Ernährungswirtschaft, insbesondere die Bedeutung der Nahrungsmittelindustrie Jugoslawiens. Kiel 1940

Ikonomoff, Naiden: Bulgarische Landwirtschaft, in: Donaueuropa 2, 2/1942, S. 105–114

Ilešič, Svetozar: Agrarna prenaseljenost Slovenije [Die agrarische Übervölkerung in Slowenien], in: Tehnika in Gospodarstvo 6, 3–4/1940, S. 60–70

Ilgner, Max: Exportsteigerung durch Einschaltung in die Industrialisierung der Welt. Jena 1938

International Institute of Intellectual Co-operation (Hrsg.): Peaceful change: procedures, population, raw materials, colonies. Paris 1938

Ionescu, Radu: Die Juden in der rumänischen Volkswirtschaft. Leipzig 1941

Ionescu-Şişeşti, G[heorghe]: L'organisation et l'activité de l'Institut de Recherches Agronomiques de Roumanie de 1928 à 1936 [Organisation und Aktivität des Instituts für Agronomische Forschungen Rumäniens von 1928 bis 1936]. Bukarest 1937

Ionescu-Siseşti, G[heorghe]: Discursuri parlamentare. Sesiunea 7 martie – 19 aprilie 1940 [Parlamentarische Reden. Sitzungsperiode 7. März – 19. April 1940]. Bukarest 1940

Iovanović, V[ladimir]: Uzroci nazadka i uslovi napredka pol'ske privrede u Srbii [Ursachen der Rückständigkeit und Bedingungen des Fortschritts der Landwirtschaft in Serbien]. Belgrad 1858

Ipsen, G[unther]: Das Landvolk. Soziale Struktur, in: Petersen, Carl/Scheel, Otto/Ruth, Paul Hermann/Schwalm, Hans (Hrsg.): Handwörterbuch des Grenz- und Auslanddeutschtums. Erster Band. Breslau 1933, S. 37–52

Ipsen, G[unther]: Bevölkerungslehre, in: Petersen, Carl/Scheel, Otto/Ruth, Paul Hermann/Schwalm, Hans (Hrsg.): Handwörterbuch des Grenz- und Auslanddeutschtums. Erster Band. Breslau 1933, S. 425–463

Ipsen, Gunther: Agrarische Bevölkerung, in: Gusti, D[imitrie] (Hrsg.): Arbeiten des XIV. Internationalen Soziologen Kongresses, Abteilung B – Das Dorf, Bukarest 1940, S. 8–22

Ivšić, Milan: Les problèmes agraires en Yougoslavie [Die Agrarprobleme in Jugoslawien]. Paris 1926

Ivšić, Milan: Iseljeništvo kao naš ekonomski i socijalni problem [Die Auswanderung als unser ökonomisches und soziales Problem], in: Travica, Nebojša (Hrsg.): Iseljenička Nedjelja. Zagreb 1933, S. 73–80

Ivšić, Milan: Diljem sela [Das Dilemma des Dorfes]. Zagreb 1936

Ivšić, Milan: Nova Hrvatska – novi čovjek [Neues Kroatien – neuer Mensch], in: Hrvatska smotra 11, 6/1942, S. 369–377

Iwanoff, Christo Stojan: Die Agrarpolitik des bulgarischen Staates seit der Krise. Berlin 1941

Jaeger, Eugen: Die Bevölkerungsbewegung der Deutschen im Banat, in: Archiv für Bevölkerungswissenschaft und Bevölkerungspolitik 5, 2/1935, S. 114–122

Jaksch, Wenzel: Volk und Arbeiter. Deutschlands europäische Sendung. Bratislava 1936

Janew, Sotir: Großbulgarien, in: Volk und Reich 18, 4/1942, S. 195–197

Janovsky, Karl: Großdeutschland und der südosteuropäische Raum. o.O. 1940

Jászi, Oscar: The Economic Crisis in the Danubian States, in: Social Research 2, 1/1935, S. 98–116

Jeremić, Dušan M.: Problem nezaposlenosti i oskudice radne snage u poljoprivredi u svetu [Das Problem der Arbeitslosigkeit und des Mangels an Arbeitskraft in der Landwirtschaft auf der Welt], in: Radnička Zaštita 21, 3–5/1939, S. 49–56

Jovanović-Batut, M[ilan]: Prirodni priraſt stanovništva Srbije i njegov biotički značaj [Das natürliche Wachstum der Bevölkerung Serbiens und seine biotische Bedeutung]. Belgrad 1932

Jowanowitsch, Milutin: Die serbische Landwirtschaft. München 1906

Kaindl, Raimund Friedrich: Deutsche Siedlung im Osten. Stuttgart/Berlin 1915

Kantorovitz Gordon, M[yron]: Russia's Growing Population, in: Annals of the American Academy of Political and Social Science 237, 1945, S. 57–63

Kayser, Kurt: Westmontenegro. Eine kulturgeographische Darstellung. Stuttgart 1931

Keller, Karl: Bevölkerungslehre, in: Herre, Paul (Hrsg.): Politisches Handwörterbuch. Leipzig 1923, S. 228–232

Keller, Karl: Bevölkerung und Nahrungsspielraum in Deutschland, in: Allgemeines Statistisches Archiv 17, 1/1928, S. 1–36

Key, Helmer: Die Folgen der amerikanischen Einwanderungspolitik, in: Zeitschrift für Geopolitik 2, 4/1925, S. 261–271

Keynes, John Maynard: Die wirtschaftlichen Folgen des Friedensvertrages. München/Leipzig 1921 [1919]

Kiritzesco, Constantin: Le surpeuplement des Universités en Roumanie [Die Übervölkerung der Universitäten in Rumänien]. Bukarest 1935

Kirițescu, Constantin: Problema „educației dirijate". In legătură cu suprapopulația universitară și șomajul intelectual [Das Problem der „gelenkten Bildung". In Verbindung mit der universitären Übervölkerung und der intellektuellen Arbeitslosigkeit], in: Arhiva pentru știința și reforma socială 14, 1936, S. 848–911

Kirițescu, Constantin C.: Coordonatele umane ale industrializării in România [Die menschlichen Koordinaten der Industrialisierung in Rumänien]. Bukarest 1940

Kiser, Clyde V.: Implications of Population Trends for Postwar Policy, in: The Milbank Memorial Fund Quarterly 22, 2/1944, S. 111–130

Komadinić, Milan: Problem seljačkih dugova [Das Problem der bäuerlichen Schulden]. Belgrad 1934

Konstandinović, Nikola: Pitanje sitnih seoskih gazdinstava (seljačko pitanje) [Die Frage der kleinen ländlichen Betriebe (Bauernfrage)], in: Arhiv za pravne i društvene nauke 31, 1–2/1935, S. 103–111

Kopač, Gjuro: Naš seljački problem [Unser Bauernproblem]. Zagreb 1940

Korherr, Richard: Europäische Wanderungsströme, in: Der Wirtschaftsring 14, 9/1941, S. 210–213

Kosić, Mirko M.: Die soziologischen Grundlagen der Geburtenbeschränkung, in: Allgemeines Statistisches Archiv 10, 1917, S. 427–483

Kostić, L[aza] M.: Populacija vojvodinskih gradova posle rata [Die Bevölkerung der vojvodiner Städte nach dem Krieg], in: Margan, Vladimir (Hrsg.): Prva godišnjica Prvog kongresa vojvođanskih gradova. Pančevo 1925, S. 193–209

Kostić, Laza M.: Naš desetogodišnji populacioni bilans [Unsere zehnjährige Bevölkerungsbilanz], in: Savremena opština 10, 11–12/1935, S. 500–505

Krämer, Hans: Zwischenstaatliche Wirtschaftslenkung nach strukturellen Maßstäben, in: Zeitschrift für Geopolitik 16, 5/1939, S. 377–382

Krekić, Bogdan: Problem radničke nezaposlenosti u Jugoslaviji [Das Problem der Arbeitslosigkeit der Arbeiter in Jugoslawien]. Belgrad 1938

Krugmann, Robert-Werner: Südosteuropa und Grossdeutschland. Entwicklung und Zukunftsmöglichkeiten der Wirtschaftsbeziehungen. Breslau 1939

Kuczynski, R[obert] R[ené]: ‚Living-Space' and Population Problems. Oxford 1939

Kuhn, Thomas S.: Die Struktur wissenschaftlicher Revolutionen. Frankfurt am Main 2003 [1962]

Kukoleča, Stevan M.: Industrija Jugoslavije 1918–1938 [Die Industrie Jugoslawiens 1918–1938]. Belgrad 1941

Koulicher, Alexandre: La théorie des mouvements des peuples et la guerre civile en Russie [Die Theorie der Völkerbewegungen und der Bürgerkrieg in Russland], in: Revue International de Sociologie 32, 9–10/1924, S. 492–507

Kulischer, Alexander/Kulischer, Eugen: Kriegs- und Wanderzüge. Weltgeschichte als Völkerbewegung. Berlin 1932

Kulischer, Eugene M.: The displacement of population in Europe. Montreal 1943

Kulischer, Eugene M.: Jewish Migrations. Past Experiences and Post-War Prospects. New York 1943

Kunstler, Pavel: Kmetijske kulturne kategorije v Jugoslaviji [Die Kategorien landwirtschaftlicher Nutzfläche in Jugoslawien], in: Geografski vestnik 16, 1–4/1940, S. 105–111

Kurzweil, Heinz: Aufgaben der Bevölkerungspolitik in Österreich, in: Archiv für Bevölkerungswissenschaft und Bevölkerungspolitik 8, 1/1938, S. 52–58

Kurzweil, Heinz: Die Volkskraft der Südostvölker, in: Carstanjen, Helmut (Hrsg.): Deutschland und Südosteuropa. Graz 1942, S. 53–59

Kuschev, Dimitar: Die Landwirtschaft in Bulgarien, in: Südost-Economist 3, 22/1941, S. 411–412

Landwehr, Ottokar: Übervölkertes Land. Eine bevölkerungspolitische Studie über Gegenwart und Zukunft Europas. Wien/Leipzig 1923

Landwehr, Ottokar: Hunger: die Erschöpfungsjahre der Mittelmächte 1917/18. Wien 1931

Lang, Emil: Das Betriebsgrößenproblem in der Landwirtschaft, in: Schmollers Jahrbuch für Gesetzgebung, Verwaltung und Volkswirtschaft im Deutschen Reiche 68, 1/1944, S. 61–75

League of Nations: Nutrition. Final report of the mixed committee of the League of Nations on the relation of nutrition to health, agriculture and economic policy. Genf 1937

League of Nations: Europe's trade. A study of the trade of European countries with each other and with the rest of the world. Genf 1941

League of Nations: Economic stability in the post-war world. Genf 1945

Lehmann, Anton: Die ländlichen Wohlfahrtsgenossenschaften der Deutschen in Südslawien mit besonderer Berücksichtigung der sozialen, wirtschaftlichen, gesundheitlichen und biologischen Verhältnisse. Leipzig 1938

Leibrock, Otto: Der Südosten, Großdeutschland und das neue Europa. Berlin 1941

Lenoch, Ivo: Südslaviens überseeische Auswanderung. Split 1929

Lenin, Vladimir: Werke Band 1: 1893–1894. Berlin 1977

Lenz, Fritz: Die biologische Entwicklung der europäischen Völker, in: Zeitschrift für Politik 31, 1941, S. 597–608

Leon, Gh[eorghe] N.: Struktur und Entwicklungsmöglichkeiten der rumänischen Volkswirtschaft. Jena 1941

Leon, Gh[eorghe] N.: Rumänien im neuen Europa, in: Ostraum-Berichte NF, 1/1942, S. 62–68

Leon, Gh[eorghe] N.: Die wirtschaftlichen Grundlagen eines dauerhaften Friedens, in: Weltwirtschaftliches Archiv 55, 1942, S. 34–52

Leon, Gh[eorghe] N.: Der Begriff der Produktivität und die Zusammenarbeit zwischen Agrar- und Industrieländern, in: Weltwirtschaftliches Archiv 58, 1943, S. 434–449

Libkind, A[ron]: Agrarnoe perenaselenie i kollektivizacija derevni [Die agrarische Übervölkerung und die Kollektivierung der Dörfer]. Moskau 1931

List, Friedrich: Das nationale System der politischen Ökonomie. Basel 1959 [1841]

Lubny-Gercyk, Lev: Zemel'nyj vopros v svjazi s problemoj naselennosti [Die Landfrage in Bezug auf das Problem der Bevölkerungsdichte]. Moskau 1917

Lubny-Gercyk, Lev: Što takoe perenaselenie? [Was ist Übervölkerung?]. Moskau 1923

Lucas, Heinz: Die Deutsch-Rumänischen Wirtschaftsbeziehungen in neuerer Zeit. Würzburg 1940

Lundborg, Herman: Bevölkerungsfragen, Bauerntum und Rassenhygiene. Berlin 1934

Lorković, Mladen: Das Volk und das Land der Kroaten. Wien 1941 [1939]

Loveday, Alexander: Preface, in: Notestein, Frank [u. a.]: The Future Population of Europe and the Soviet Union. Genf 1944, S. 3–4

Lupan, Horia N.: Problema pulverizării proprietății țărănești [Das Problem der Pulverisierung des bäuerlichen Besitzes], in: Viața agricolă 25, 12/1934, S. 501–506

Macura, Miloš: Ekonomski sastav stanovništva [Die wirtschaftliche Zusammensetzung der Bevölkerung], in: Ekonomist 6, 2/1953, S. 3–37

Macura, Miloš: Rezension zu Myers, Paul F./Campbell, Arthur A.: The Population of Yugoslavia, in: Journal of the American Statistical Association 50, 272/1955, S. 1409–1411

Madgearu, Virgil: Rumania's new economic policy. London 1930

Madgearu, Virgil: Industrializare și reagrarizare [Industrialisierung und Reagrarisierung], in: Arhiva pentru știința și reforma socială 14, 1936, S. 918–930

Madgearu, Virgil: Curs de economie națională [Der Kurs der Volkswirtschaft]. Bukarest 1937

Madgearu, Virgil: Germania și sud-estul Europei [Deutschland und der Südosten Europas], in: Independența economică 21, 4–6/1938, S. 1–21

Madgearu, Virgil: La politique économique extérieure de la Roumanie (1927–1938) [Die Außenhandelspolitik Rumäniens (1927–1938)]. Paris 1939

Madgearu, Virgil N.: Evoluția economiei românești după războiul mondial [Die Entwicklung der rumänischen Wirtschaft nach dem Weltkrieg]. Bukarest 1940

Maelicke, Alfred: Fortschreitende Entjudung Europas, in: Die deutsche Volkswirtschaft 11, 33/1942, S. 1272–1276

Malthus, Thomas Robert: An essay on the principle of population as it effects the future improvement of society, in: Wrigley, E[dward] A./Souden, David (Hrsg.): The works of Thomas Robert Malthus. Volume 1. An essay on the principle of population: the first edition (1798) with introduction and bibliography. London 1986

Malthus, T[homas] R[obert]: An essay on the principle of population; or, a view of its past and present effects on human happiness, in: Winch, Donald (Hrsg.): T. R. Malthus. An essay on the principle of population. Selected and introduced by Donald Winch, using the text of the 1803 edition as prepared by Patricia James. Cambridge [u. a.] 1992

Manoïlesco, Mihaïl: Zusammenarbeit zwischen Ost- und Westeuropa auf neuer Grundlage, in: Weltwirtschaftliches Archiv 41, 2/1935, S. 154–173

Manoilescu, Mihail: Die nationalen Produktivkräfte und der Aussenhandel: Theorie des internationalen Warenaustausches, Berlin 1937 [1929]

Manoilescu, Mihail: Die drei Europa, in: Europäische Revue 15, 9/1939, S. 191–198

Manoilesco, Mihail: Das wirtschaftliche und soziale Dreieck der Agrarstaaten: die Stadt, das Dorf, das Ausland, in: Internationale Agrar-Rundschau 3, 6/1940, S. 3–15

Manoilescu, Mihail: Wirtschaftliche Verflechtung und gegenseitiges Verständnis zwischen Deutschland und Südosteuropa, in: Südosteuropa-Gesellschaft (Hrsg.): Südosteuropa Probleme. Wien 1940, S. 56–66

Manoilescu, Mihail: Rostul şi destinul burgheziei româneşti [Rolle und Schicksal des rumänischen Bürgertums]. Bukarest 1942

Manoilescu, Mihail: Die Wirtschaft Rumäniens im vereinten Europa, in: Volk und Reich 18, 2/1942, S. 67–84

Manoilescu, Mihail: Die sozialen und wirtschaftlichen Ungleichheiten zwischen West- und Südosteuropa und die Wege der Eingliederung des Südostens in den europäischen Großwirtschaftsraum, in: Ostraum-Berichte NF, 1/1943–44, S. 1–17

Manoïlesco, Mihaïl: Die sozialökonomische Struktur Südosteuropas, in: Weltwirtschaftliches Archiv 60, 1–2/1944, S. 1–22

Manoïlesco, Mihaïl: Probleme des Industrialisierungsprozesses in Südosteuropa, in: Weltwirtschaftliches Archiv 61, 1/1945, S. 1–12

Manoilescu, Mihail: Dictatul de la Viena. Memorii iulie august 1940 [Das Wiener Diktat. Memoiren Juli–August 1940]. Bukarest 1991 [1947]

Manuilă, Sabin: Les problèmes démographiques en Transylvanie [Die demographischen Probleme in Transsylvanien], in: Bolovan, Sorina/Bolovan, Ioan (Hrsg.): Studies on the Historical Demography of Romania. Cluj-Napoca 1992 [1934], S. 33–48

Manuila, S[abin]/Georgescu, D. C.: Die Bevölkerung Rumäniens. Wien 1940 [1938]

Manuilă, Sabin: Demografia rurală a României [Die ländliche Demographie Rumäniens], in: Banu, G[eorge] (Hrsg.): Problemele sanitare ale populaţiei rurale din România. Bukarest 1940, S. 145–170

Marković, Svetozar-Toza: Problemi poljoprivrednog radništva u Vojvodini [Die Probleme der landwirtschaftlichen Arbeiter in der Vojvodina]. Belgrad 1939

Marx, Karl/Engels, Friedrich: Das Kapital. Kritik der politischen Ökonomie. Berlin 1962 [1890]

Masleša, Veselin: Poljoprivreda [Die Landwirtschaft], in: Masleša, Veselin: Dela, Prva Knjiga. Sarajevo 1954 [1941], S. 39–66

Maßlow, Peter: Die Agrarfrage in Russland. Die bäuerliche Wirtschaftsform und die ländlichen Arbeiter. Stuttgart 1907

Matl, Josef: Die Agrarreform in Jugoslawien. Berlin 1927

Maučec, Matija: Prenaseljenost in sezonsko iseljevanje v Prekmurju [Die Übervölkerung und die saisonale Emigration im Übermurgebiet], in: Geografski vestnik 9, 1–4/1933, S. 107–117

Maull, Otto: Deutschland, Italien und Südosteuropa in ihren geographisch-geopolitischen Beziehungen, in: Schneefuss, Walter (Hrsg.): Des Reiches neue Nachbarn. Salzburg/Leipzig 1939, S. 9–94

McDougall, F[rank] L.: Economic Appeasement, in: Annals of Public and Cooperative Economics 14, 3/1938, S. 460–475

McMillen, Wheeler: Too many Farmers. New York 1929

Melik, Anton: Obljudenost Jugoslavije [Die Bevölkerung Jugoslawiens], in: Geografski vestnik 16, 1–4/1940, S. 88–104

Meyer, Konrad: Agrarprobleme des neuen Europa, in: Der Forschungsdienst 14, 1942, S. 113–131

Michaykoff, Dmitri: Der Geburtenrückgang in Bulgarien, in: Harmsen, Hans/Lohse, Franz (Hrsg.): Bevölkerungsfragen: Bericht des Internationalen Kongresses für Bevölkerungswissenschaft. München 1936, S. 142–146

Migration Problems, in: International Labour Review 36, 6/1937, S. 721–741

Mihailović, Kosta: Regional development, experiences and prospects in Eastern Europe. Paris/Den Haag 1972

Milbank Memorial Fund (Hrsg.): Demographic Studies of Selected Areas of Rapid Growth. Proceedings of the Round Table on Population Problems. New York 1944

Milhaud, Edgar: The economic reorganization of the world as a condition of political peace, in: Annals of Public and Cooperative Economics 14, 3/1938, S. 561–566

Minc, Lev E.: Die Agrarüberbevölkerung und der Arbeitsmarkt in der UdSSR, in: Merl, Stephan (Hrsg.): Sowjetmacht und Bauern. Dokumente zur Agrarpolitik und zur Entwicklung der Landwirtschaft während des „Kriegskommunismus“ und der Neuen Ökonomischen Politik. Berlin 1993 [1929], S. 270–276

Mirković, Mijo: The Land Question in Jugoslavia, in: The Slavonic and East European Review 14, 41/1936, S. 389–402

Mirković, Mijo: Industrijska politika [Industriepolitik]. Belgrad 1936

Mirković, Mijo: Suvremeni problemi poljoprivrede Jugoslavije [Zeitgenössische Probleme der Landwirtschaft Jugoslawiens], in: Društvo diplomiranih ekonomista i komercijalista u Zagrebu (Hrsg.): Spomenica I. Kongresa ekonomista Kraljevine Jugoslavije održanoga u Zagrebu od 19.-21. juna 1937. Zagreb 1937, S. 123–137

Mirković, Mijo: Agrarna politika [Agrarpolitik]. Belgrad 1940

Mirković, Nikola: Kretanje nataliteta u Jugoslaviji [Die Bewegung der Natalität in Jugoslawien], in: Ekonomsko-finansijski život 9, 95–96/1939, S. 33–41

Mirkowich, Nicholas: Die Bevölkerungsentwicklung Jugoslawiens und das Problem der agrarischen Übervölkerung, in: Weltwirtschaftliches Archiv 50, 1/1939, S. 98–144

Mises, Ludwig von: Nation, Staat und Wirtschaft. Wien/Leipzig 1919

Mises, Ludwig von: Rezension zu Sturmthal, Adolf: The Tragedy of European Labor, 1918–1939, in: The American Economic Review 33, 3/1943, S. 702–705

Mitrany, David: Economic development in S. E. Europe. London 1945

Moldovan, Roman E.: Suprapopularea rurală şi consecinţele ei [Die ländliche Übervölkerung und ihre Konsequenzen], in: Ţara de mâine 1, 5/1935, S. 76–78

Mombert, Paul: Die Gefahr einer Uebervölkerung für Deutschland. Tübingen 1919

Mombert, Paul: Übervölkerungserscheinungen in Westeuropa, in: Boese, Franz (Hrsg.): Krisis der Weltwirtschaft. Übervölkerung Westeuropas. Steuerüberwälzung. München/Leipzig 1926, S. 161–178

Mombert, Paul: Bevölkerungslehre. Jena 1929

Mombert, Paul: Ueber die geringe Zuverlässigkeit älterer Volkszählungen, in: Jahrbücher für Nationalökonomie und Statistik 139, 1933, S. 745–751

Montfort, Henri de: Le problème du surpeuplement agricole en Pologne depuis 1850 [Das Problem der agrarischen Übervölkerung in Polen seit 1850], in: Comité International des Sciences Historiques (Hrsg.): VIIIe Congrès International des Sciences Historiques Zurich 1938 : Communications présentées. Paris 1938, S. 404–405

Moore, Wilbert E.: Agricultural Population and Rural Economy in Eastern and Southern Europe, in: The Milbank Memorial Fund Quarterly 22, 3/1944, S. 279–299

Moore, Wilbert E.: Economic demography of Eastern and Southern Europe. Genf 1945

Morariu, Tiberiu: Entwicklung der Bevölkerungsdichtigkeit Siebenbürgens während der Jahre 1840–1930. Bukarest 1940

Morgan, O[ra] S.: Agriculture In Our National Policy – Discussion, in: The American Economic Review 16, 1/1936, Supplement, Papers and Proceedings of the Thirty-eighth Annual Meeting of the American Economic Association, S. 169–170

Moser, Helmuth: Die deutsche Wirtschaft und der Südosten. Reichenberg 1940

Most, Otto: Räume und Menschen, in: Weltwirtschaftliches Archiv 52, 2/1940, S. 224–250

Mrmolja, Zdenko: Über die Verteilung der Geburtenüberschüsse in deutschen und jugoslavischen Bezirken im Jahre 1930. München 1938

Müller, Josef: Die biologische Lage des deutschen Bauerntums: ein Beitrag zur Ergründung des Geburtenrückganges im Bauerntum. Leipzig 1938

Müller-Armack, Alfred: Zur Religionssoziologie des europäischen Ostens, in: Weltwirtschaftliches Archiv 61, 2/1945, S. 163–192

MWT: Zwischenbericht über laufende Arbeiten und Aufgaben. Berlin 1941

Nasta, M.: Tuberculoza în mediul rural [Tuberkulose im ländlichen Milieu], in: Banu, G[eorge] (Hrsg.): Problemele sanitare ale populației rurale din România. Bukarest 1940, S. 679–705

Naumann, Friedrich: Mitteleuropa. Berlin 1915

Nedelkovitch, Milorad: The part played by the agricultural countries of South-Eastern in the solution of the world-wide economic crisis, in: Annals of Public and Cooperative Economics 14, 3/1938, S. 531–537

Nefedov, G.: Zakon narodonaselenija i Rossija [Das Bevölkerungsgesetz und Russland]. Moršansk 1910

Neumann, Franz: Behemoth. Struktur und Praxis des Nationalsozialismus 1933–1944. Köln/Frankfurt am Main 1977 [1944]

Neunteufl, W[alter]: Die bevölkerungspolitische Lage der Steiermark im Kriege. Graz 1943

Notestein, Frank: Some Implications of Population Change for Post-War Europe, in: Proceedings of the American Philosophical Society 87, 2/1943, S. 165–174

Notestein, Frank [u. a.]: The Future Population of Europe and the Soviet Union. Genf 1944

Notestein, Frank: Population – The Long View, in: Schultz, Theodore W. (Hrsg.): Food for the World. Chicago 1945, S. 36–57

Novković, Bogdan: Uticaj iseljenika na ekonomski razvoj Jugoslavije [Der Einfluss der Auswanderer auf die wirtschatliche Entwicklung Jugoslawiens], in: Travica, Nebojša (Hrsg.): Iseljenička Nedjelja. Zagreb 1933, S. 55–72

Nyiri, Ladislaus: Die europäische Großraumwirtschaft: ein Versuch über das europäische Wirtschaftsproblem. Berlin 1936

Oberländer, Theodor: Übervölkerung in Ostmitteleuropa, in: Baltische Monatshefte 2, 7–8/1933, S. 375–382

Oberländer, Theodor: Die agrarische Überbevölkerung Polens. Berlin 1935

Oberländer, Theodor: Die ländliche Bevölkerungsfrage in Polen, in: Ostraum-Berichte 5, 1939, S. 43–67

Oberländer, Theodor: Die agrarische Überbevölkerung Ostmitteleuropas, in: Aubin, Hermann/Brunner, Otto/Kohte, Wolfgang/Papritz, Johannes (Hrsg.): Deutsche Ostforschung. Ergebnisse und Aufgaben seit dem ersten Weltkrieg. Zweiter Band. Leipzig 1943, S. 416–427

Obradovitsch, Sava: Zwischen Clearing und Devise: Probleme der Handelspolitik Jugoslawiens. Leipzig 1939

Oppenheimer, Franz: Das Bevölkerungsgesetz des T. R. Malthus und der neueren Nationalökonomie. Jena 1900

Oppenheimer, Franz: Aussprache, in: Boese, Franz (Hrsg.): Krisis der Weltwirtschaft. Übervölkerung Westeuropas. Steuerüberwälzung. München/Leipzig 1926, S. 222–232

Ortes, Giammaria: Riflessioni sulla popolazione delle nazioni per rapporto all'economia nazionale [Reflexionen über die Bevölkerung der Nationen in Relation zur Nationalökonomie]. o.O. 1790

Parsche, [Friedrich]: Die Aufgaben der kroatischen Landwirtschaft, in: Internationale Agrar-Rundschau 5, 9/1942, S. 527–530

Pasvolsky, Leo: Economic nationalism of the Danubian States. New York [u. a.] 1972 [1928]

Pătrăşcanu, Lucreţiu: Problemele de bază ale României [Grundprobleme Rumäniens]. Bukarest 1944

Penakov, Iv[an] St.: L'entente bulgaro-roumaine [Die bulgarisch-rumänische Entente]. Sofia 1939

Penakoff, Iwan S.: Die Bevölkerung der Süddobrudscha, in: Donaueuropa 2, 8/1942, S. 574–581

Penčev, P[etăr]: Raždaemostta v Bălgarija [Die Geburtenrate in Bulgarien], in: Trimesečno spisanie na Glavnata direkcija na statistika 1, 1/1929, S. 13–32

Penck, Albrecht: Das Hauptproblem der physischen Anthropogeographie, in: Zeitschrift für Geopolitik 2, 5/1925, S. 330–348

Petersen, Kurt: Die wirtschaftliche Gestaltung eines übervölkischen Raumes durch die deutsche Handels- und Wirtschaftspolitik. Dargestellt am Beispiel Südosteuropas. Göttingen 1941

Petrović, Aleksandar: Raspored radnog vremena u jednoj seoskoj porodici u Rušnju. Privreda i izdržavanje jedne seoske porodice [Arbeitszeitplan in einer dörflichen Familie in Rušanj. Wirtschaft und Unterhalt einer dörflichen Familie]. Belgrad 1934

Poletika, W[ladimir] von: Annullierte Volkszählung 1937 und Bevölkerungsstand in der Sowjetunion 1939, in: Allgemeines Statistisches Archiv 28, 3/1939, S. 322–356

Pfannschmidt, Martin: Europäische Raumplanung als Zukunftsaufgabe, in: Gesellschaft für europäische Wirtschaftsplanung und Grossraumwirtschaft (Hrsg.): Das neue Europa. Dresden 1941, S. 225–235

Picker, Henry: Hitlers Tischgespräche im Führerhauptquartier 1941–1942. Stuttgart 1963 [1951]

Pirc, Bojan: Da li suviše brzo rastemo? [Wachsen wir zu schnell?], in: Zdravlje 22, 12/1932, S. 253–255

Poniatowski, Jozef: Le Problème du surpeuplement dans l'agriculture polonaise [Das Problem der Übervölkerung in der polnischen Landwirtschaft], in: L'Est Européen Agricole 5, 17/1936, S. 21–60

Popović, Ratibor: Agrarna prenaseljenost Jugoslavije [Die agrarische Übervölkerung Jugoslawiens]. Belgrad 1940

Postnikov, Vladimir: Južnorusskoe krest'janskoe chozjajstvo [Die südrussische Bauernwirtschaft]. Moskau 1891

Pribram, K.: Edward Dana Durand, 1871–1960, in: Revue de l'Institut International de Statistique 28, 1–2/1960, S. 118–120

Predescu, Nicolae St.: Die Wirtschaftsstruktur Rumäniens in ihren Wesensmerkmalen und Entfaltungsmöglichkeiten. Dresden 1940

Predöhl, Andreas: Die praktischen Aufgaben der deutschen Wirtschaftswissenschaft und das Institut für Weltwirtschaft an der Universität Kiel, in: Deutschlands Erneuerung 24, 1/1940, S. 31–38

Predöhl, Andreas: Großraum, Autarkie und Weltwirtschaft, in: Gesellschaft für europäische Wirtschaftsplanung und Grossraumwirtschaft (Hrsg.): Das neue Europa. Dresden 1941, S. 158–166

Predöhl, Andreas: Das Institut für Weltwirtschaft an der Universität Kiel, in: Ostraum-Berichte NF, 1/1943–44, S. 102–114

Prokopovicz, S[ergej] N.: The Growth of Population in the U.S.S.R., in: Annals of Public and Cooperative Economics 16, 3/1940, S. 438–458

Proceedings of the international conference of Agricultural Economists: fifth conference. London 1939

Purić, Božidar: Naši Iseljenici [Unsere Auswanderer]. Belgrad 1929

Radin, George: Economic Reconstruction in Yugoslavia. A Practical Plan for the Balkans. New York 1946

Răducanu, Ion: Economia Sud-Estului european (Die weltwirtschaftliche Bedeutung des europäischen Südostens). Bukarest 1939

Râmneanţu, [Petru]/Oprea, [Gheorghe]: Micşorarea natalităţii în Banat [Abnahme der Natalität im Banat], in: Buletin eugenic şi biopolitic 3, 7–8/1929, S. 204–216

Râmneanţu, Petru: Măsuri de politică demografică şi politica demografică totalitară [Maßnahmen der Bevölkerungspolitik und totalitäre Bevölkerungspolitik], in: Buletin eugenic şi biopolitic 11, 1–3/1940, S. 29–52

Râmneanţu, Petru: Sânge şi glie [Blut und Heimat], in: Buletin eugenic şi biopolitic 14, 11–12/1943, S. 370–392

Ramneantzu, Peter: The Growth of the Population in Rumania, in: Population. Journal of the International Union for the Scientific Investigation of Population Problems 2, 1935, S. 108–110

Răsmeriţă, E./Tiriung, M.: Locuinţa rurală românească [Die ländliche Wohnung der Rumänen], in: Banu, G[eorge] (Hrsg.): Problemele sanitare ale populaţiei rurale din România. Bukarest 1940, S. 455–483

Reikoff, Zoni T.: Die Zersplitterung des Bodens in der bulgarischen Landwirtschaft und die Möglichkeiten zu ihrer Behebung auf der Grundlage der Gemeinschaftsarbeit sowie der Zusammenlegung von Streubesitz. Wien 1942

Reimers, Erich: Das neue Jugoslawien. Leipzig 1939

Reischle, Hermann: Der Kampf gegen die Landflucht, in: Donaueuropa 2, 2/1942, S. 100–104

Reithinger, Anton: Das europäische Agrarproblem, in: Europäische Revue 10, 8/1934, S. 551–554

Reithinger, Anton: Das europäische Bevölkerungsproblem, in: Europäische Revue 10, 9/1934, S. 607–611

Reithinger, Anton: Das wirtschaftliche Gesicht Europas. Stuttgart 1936

Reithinger, Anton: Wirtschaftsbeobachtung und Wirtschaftsordnung. Leipzig 1936

Reithinger, Anton: Frankreichs biologischer und wirtschaftlicher Selbstmord im Kriege Englands gegen Deutschland. Stuttgart/Berlin 1940

Reithinger Anton: Ekonomska snaga Velike Njemačke u miru i ratu [Die Wirtschaftskraft Großdeutschlands im Frieden und Krieg], in: Ekonomist 6, 2–3/1940, S. 49–53

Reithinger, Anton: Das Weltreich und die Achse. Stuttgart/Berlin 1941

Reithinger, Anton: Voraussetzungen und Größenordnungen der kontinentaleuropäischen Großraumwirtschaft, in: Deutsches Auslandwissenschaftliches Institut (Hrsg.): Probleme des europäischen Großwirtschaftsraumes. Berlin 1943, S. 9–31

Retzlaff, Erich/Thierfelder, Franz: Länder und Völker an der Donau. Wien 1944

Ristić, Teofan: Najamna radna snaga u našoj poljoprivredi [Die Lohnarbeiter in unserer Landwirtschaft], in: Ekonomsko-finansijski Život 9, 97/1939, S. 105–127

Robbins, Lionel: The optimum theory of population, in: Gregory, Theodor/Dalton, Hugh (Hrsg.): London Essays in Economics: In honour of Edwin Cannan. London 1927, S. 103–134

Robbins, Lionel: Economic Planning and International Order. London 1937

Robertson, C. J.: Population et agriculture; Le problème du surpeuplement rural [Population and Agriculture, with a Special Reference to Agricultural Overpopulation], in: Institut International d'Agriculture (Hrsg.): Documentation pour la Conférence Européenne de la Vie Rurale 1939. Rom 1939, S. 9–74

Roesle, Emil: Die Entwicklung der Bevölkerung in den Kulturstaaten in dem ersten Jahrzehnt dieses Jahrhunderts. Mit einem Rückblick auf die bisherige Entwicklung. (Fortsetzung.), in: Archiv für soziale Hygiene und Demographie 12, 2/1917, S. 165–213

Roloff, Hermann: Die Trockenlegung der Zuidersee, in: Westland 1, 1943–44, S. 32–37

Ronneberger, Franz: Der europäischen Neuordnung entgegen, in: Donaueuropa 2, 3/1942, S. 174–182

Ronneberger, Franz: Der politische Südosteuropabegriff, in: Reich, Volksordnung, Lebensraum 6, 1943, S. 53–107

Roosenschoon, C. F.: Zusammenhänge zwischen Bevölkerungsdichte und Betriebstypus in der niederländischen Landwirtschaft, in: Weltwirtschaftliches Archiv 60, 3/1944, S. 329–348

Ropp, Christoph Freiherr v. d.: Die Unterbewertung der Landwirtschaft im Nahen Südosten, in: Odal 8, 7/1939, S. 553–559

Rosenstein-Rodan, Paul: Problems of Industrialisation of Eastern and South-Eastern Europe, in: The Economic Journal 53, 210–211/1943, S. 202–211

Ross, Edward Alsworth: Standing room only? New York 1927

Roşu, Gheorghe: Die ländliche Übervölkerung Rumäniens als sozioökonomisches Problem. Berlin 1942

Rothmann, Michael: Die Getreidewirtschaft Rumäniens. Berlin 1940

Roucek, Joseph Slabey: Economic Geography of Greece, in: Economic Geography 11, 1/1935, S. 91–104

Roucek, Joseph S.: 'New' immigration: South European states. Albanian Americans, in Brown, Francis J./Roucek, Joseph S. (Hrsg.): Our Racial and National Minorities. Their History, Contributions, and Present Problems. New York 1937, S. 331–339

Royal Institute of International Affairs (Hrsg.): South-Eastern Europe: A Political and Economic Survey. London 1939

Royal Institute of International Affairs (Hrsg.): Agrarian problems from the Baltic to the Aegean. Discussion of a peasant programme. London 1944

Ruhe, Ernst: Südosteuropa – Reiskammer der Zukunft, in: Wirtschaftsdienst 28, 5/1943, S. 86–87

Ruhe, Ernst: Südosteuropas Beitrag zur Erzeugungsschlacht, in: Wirtschaftsdienst 28, 15–16/1943, S. 294–297

Rumäniens Bevölkerungsüberschuss, in: Südost-Economist 2, 7/1940, S. 110–111

Rus, Jože: Glavni statistički podaci o državi Srba, Hrvata i Slovenaca [Wichtigste statistische Angaben über den Staat der Serben, Kroaten und Slowenen]. Ljubljana 1920

Sagoroff, Slawtscho: Die Grundbesitzverhältnisse in Bulgarien, in: Molloff, Janaki St. (Hrsg.): Die sozialökonomische Struktur der bulgarischen Landwirtschaft. Berlin 1936, S. 87–96

Sanders, Irwin T.: Bulgarians and Southern Rural Whites in Contrast, in: Social Forces 19, 1/1940, S. 88–94
Sanger, Margaret (Hrsg.): Proceedings of the world population conference. London 1927
Sarrazin, Thilo: Deutschland schafft sich ab. Wie wir unser Land aufs Spiel setzen. München 2010
Sartorius von Waltershausen, A[ugust]: Geburtenrückgang und Weltwirtschaft, in: Kardorff, Siegfried von/Schäffer, Hans/Briefs, Götz/Kroner, Hans (Hrsg.): Der internationale Kapitalismus und die Krise. Festschrift für Julius Wolf zum 20. April 1932. Stuttgart 1932, S. 97–114
Sauvy, Alfred: Trois mondes, une planète [Drei Welten, ein Planet], in: L'Observateur 118, 14.8.1952, S. 14
Schacher, Gerhard: Der Balkan und seine wirtschaftlichen Kräfte. Stuttgart 1930
Schacher, Gerhard: Mitteleuropa und die westliche Welt. Prag 1936
Schacher, Gerhard: Germany pushes south-east. London 1938
Schacher, Gerhard: Uproot Junker Military Spirit, in: The Rotarian 64, 1/1944, S. 26–27
Schechtman, Joseph B.: European Population Transfers 1939–1945. New York 1946
Schmidt-Kehl, Ludwig: Der Mensch in der Rhön, in: Raumforschung und Raumordnung 2, 2/1938, S. 73–74
Schmitt, Carl: Völkerrechtliche Großraumordnung mit Interventionsverbot für raumfremde Mächte. Berlin 1939
Schneefuss, Walter: Politische Geographie Kroatiens. Graz 1944
Schmölders, Günter: Staat und Wirtschaft – und die Wissenschaft, in: Raumforschung und Raumordnung 4, 11–12/1940, S. 446–449
Schmoller, Gustav: Grundriß der Allgemeinen Volkswirtschaftslehre. Band 1. Leipzig 1900
Schörnig, Hans: Die Ursachen und Folgen des Geburtenrückganges bei den Deutschen im Rumänischen Banat. München 1939
Schulmeister, Otto: Werdende Großraumwirtschaft. Die Phasen ihrer Entwicklung in Südosteuropa. Berlin 1942
Schumacher, Rupert von: Der Südosten in der Konzeption Mitteleuropas I, in: Zeitschrift für Geopolitik 11, 3/1934, S. 156–176
Schumacher, Rupert von: Der Raum als Waffe. Berlin 1935
Schuster, Ernst: Industriepolitik im Großraum, in: Verein Deutscher Wirtschaftswissenschafter (Hrsg.): Europäische Grossraumwirtschaft. Leipzig 1942, S. 136–154
Seraphim, Hans-Jürgen: Die statistische Erfassung der landwirtschaftlichen Übervölkerung und Untervölkerung, in: Berichte über Landwirtschaft 13, 1930, S. 193–244
Seraphim, Hans-Jürgen: Die volkswirtschaftliche Bedeutung der Neuschaffung deutschen Bauerntums, in: Weltwirtschaftliches Archiv 40, 1/1934, S. 60–85
Seraphim, Hans-Jürgen: Rezension zu Oberländer, Theodor: Die agrarische Überbevölkerung Polens, in: Weltwirtschaftliches Archiv 44, 3/1936, S. 128–130
Seraphim, Hans-Jürgen: Die Einwirkungen der südosteuropäischen Agrarentwicklung auf die deutsche Volkswirtschaft, in: Ostraum-Berichte NF, 1/1942, S. 33–49

Seraphim, Hans-Jürgen: Die Eingliederung der Landwirtschaft des Donau- und Schwarzmeerraumes in die werdende kontinentaleuropäische Wirtschaftsgemeinschaft, in: Donaueuropa 2, 6/1942, S. 403–418

Seraphim, Hans-Jürgen: Deutsch-südosteuropäische Wirtschaftsgemeinschaft. Berlin 1943

Seraphim, Peter-Heinz: Wirkungen der Neustaatenbildung in Nachkriegseuropa auf Wirtschaftsstruktur und Wirtschaftsniveau, in: Weltwirtschaftliches Archiv 41, 3/1935, S. 385–402

Seraphim, Peter-Heinz: Die Judenfrage als Bevölkerungsproblem in Osteuropa, in: Archiv für Bevölkerungswissenschaft und Bevölkerungspolitik 9, 1939, S. 167–180

Seraphim, Peter-Heinz: Bevölkerungs- und wirtschaftspolitische Probleme einer europäischen Gesamtlösung der Judenfrage, in: Weltkampf 18, 1–2/1941, S. 43–51

Serban, Michael: Rumäniens Agrarverhältnisse. Wirtschafts- und sozialpolitische Untersuchungen. Berlin 1914

Şerban, Mihail: Suprapopulaţia agricolă şi viitorul economiei româneşti [Die agrarische Übervölkerung und das rumänische Wirtschaftsleben]. Bukarest 1933

Şerban, M[ihail]: Suprapopulaţia agricolă ca produs al mecanizării solului [Die agrarische Übervölkerung als Produkt der Mechanisierung des Bodens], in: Bultinul Academiei Inalte Studii Agronomice din Cluj 4, 1/1933, S. 1–10

Şerban, Mihail: Potenţialul de afirmare al Statului nostru agrar [Über die Behauptungsfähigkeit unseres Agrarstaates]. Bukarest 1944

Šešelj, Vojislav: Ideologija srpskog nacionalizma: naučno i publicističko delo prof. dr Laze M. Kostića [Die Ideologie des serbischen Nationalismus: das wissenschaftliche und publizistische Werk des Prof. Dr. Laza M. Kostić]. Belgrad 2002

Seton-Watson, Hugh: Eastern Europe between the Wars 1918–1941. London [u. a.] 1945

Silberkweit, Raja: Analyse und Kritik der Frage der russischen Agrarübervölkerung. Leipzig 1934

Simpson, John Hope: The Refugee Problem. London 1939

Simons, Julian L. (Hrsg.): The Economics of Population: Classical Writings. New Brunswick 1998

Sombart, Werner (Hrsg.): Volk und Raum. Hamburg/Berlin/Leipzig 1928

Sombart, Werner: Die Zukunft des Kapitalismus. Berlin 1932

Sombart, Werner: Vom Menschen. Berlin 1938

Société des Nations (Hrsg.): Conférence Européenne de la Vie Rurale. Yougoslavie [Europäische Konferenz des ländlichen Lebens. Jugoslawien]. Genf 1939

Société des Nations (Hrsg.): Conférence Européenne de la Vie Rurale. Bulgarie [Europäische Konferenz des ländlichen Lebens. Bulgarien]. Genf 1940

Šoštarić-Pisačić, Karlo v.: Aufgaben der kroatischen Landwirtschaft, in: Südost-Economist 3, 21/1941, S. 398

Šoštarić-Pisačić, Karlo v.: Die landwirtschaftliche Erzeugungsschlacht in Kroatien, in Südost Economist 3, 22/1941, S. 415–417

Spassitschew, Stefan: Oekonomische Grundlagen einer Balkanfoederation. Sofia 1934

Spassitschew, St[efan]: Grundlagen und Grenzen der bulgarischen Industrialisierung, in: Ostraum-Berichte NF, 1/1943–44, S. 17–26

Spengler, J[oseph] J.: Pareto on Population II, in: The Quarterly Journal of Economics 59, 1/1944, S. 107–133

Stamati, C[onstantin] von: Umsiedlungen auf dem Balkan und in Kleinasien, in: Nation und Staat 13, 9/1940, S. 294–302

Stamenovitch, Christa: L'émigration yougoslave (serbo-croato-slovène) [Die jugoslawische Emigration (serbo-kroato-slowenische)]. Paris 1930

Štampar, A[ndrija]: Politika o populaciji [Bevölkerungspolitik], in: Liječnički vjesnik 62, 11/1940, S. 1–10

Staniewicz, Witold: Das Agrarproblem Polens, in: Osteuropa 12, 7/1936–37, S. 433–444

Stojanov, Stojan P.: Novijat stopanski red i Bălgarija [Die neue Wirtschaftsordnung und Bulgarien], in: Spisanie na Bălgarskoto Ikonomičesko Družestvo 41, 3/1942, S. 137–158

Stoykovitch, Velimir N.: The Economic Position and Future of the Agriculture of Yugoslavia, in: Morgan, O[ra] S.: Agricultural Systems of Middle Europe. New York 1933, S. 353–405

Strasburger, Henryk: The Core of a Continent. Problems of Central and Eastern Europe. Philadelphia 1943

Struve, P[etr]: Kritičeskija zametki k voprosu ob ekonomičeskom razvitii Rossii [Kritische Beobachtungen der Frage über die wirtschaftliche Entwicklung Russlands]. St. Petersburg 1894

Struve, P. B./Zaitsev, K. I./ Dolinsky, N. V./Demosthenov, S. S.: Food supply in Russia during the World War. New Haven 1930

SOEG: Kroatiens Wirtschaftslage. Wien 1942

Suha, A.: Economic Problems of Eastern Europe and Federalism. Cambridge 1942

Surányi-Unger, Theo: Weltwirtschaft und Wehrwirtschaft. Jena 1942

Süßmilch, Johann Peter: Die göttliche Ordnung in den Veränderungen des menschlichen Geschlechts aus der Geburt, Tod, und Fortpflanzung desselben. Düsseldorf 2001 [1741]

Swrakoff, Georgi: Wirtschaftsstruktur und Außenhandel Bulgariens. Jena 1940

Taylor, Carl C.: Our Rural Population Debacle, in: The American Economic Review 16, 1/1926, Supplement, Papers and Proceedings of the Thirty-eighth Annual Meeting of the American Economic Association, S. 156–166

Thalheim, Karl C.: Die Bevölkerungsbewegung in Europa, in: Wirtschaftsdienst 16, 18/1931, S. 759–763

Thalheim, Karl C.: Industrialisierung, Wirtschaftsstruktur und Volksordnung in Südosteuropa, in: Ostraum-Berichte NF, 3/1942, S. 259–281

Thierfelder, Franz: Der Balkan im europäischen Raum. Berlin 1941

Thompson, Warren S.: Population, in: American Journal of Sociology 34, 6/1929, S. 959–975

Thompson, Warren S.: Population Problems. New York/London 1942

Tobin, Kathleen A. (Hrsg.): Politics and Population Control. A Documentary History. Westport 2004

Tomasevich, Jozo: Peasants, politics and economic change in Yugoslavia. Stanford/London 1955

Toscheff, Dako Ivan: Grundstückszusammenlegung und Siedlung in Bulgarien, in: Molloff, Janaki St. (Hrsg.): Die sozialökonomische Struktur der bulgarischen Landwirtschaft. Berlin 1936, S. 191–196

Toscheff, Dymko: Das bulgarische Bauerntum. Hamburg 1934

Totev, A[nastas]: Sravnitelno izučavane na bălgarskoto i iugoslovenskoto narodno stopanstvo [Vergleichende Studie der bulgarischen und jugoslawischen Volkswirtschaft]. Sofia 1940

Totev, A[nastas] Ju.: Săstojanieto na prenaselenost' vă našeto zemedelsko stopanstvo [Der Zustand der Übervölkerung in unserer Landwirtschaft], in: Spisanie na Bălgarskoto Ikonomičesko Družestvo 39, 6/1940, S. 353–384

Totev, Anastas Ü.: Landwirtschaftliche Übervölkerung und Entwicklung der landwirtschaftlichen Industrie in Bulgarien, in: Die Bulgarische Landwirtschaft. Berichte über Landwirtschaft NF, Sonderheft 157/1943, S. 25–30

Tracey, David: Urban Agriculture: Ideas and Designs for the New Food Revolution. Gabriola Island 2011

Tschajanow, Alexander: Die Lehre von der bäuerlichen Wirtschaft. Versuch einer Theorie der Familienwirtschaft im Landbau. Berlin 1923

Tschayanoff, Alexander: Zur Frage einer Theorie der nichtkapitalistischen Wirtschaftssysteme, in: Archiv für Sozialwissenschaft und Sozialpolitik 51, 1924, S. 577–613

Tschakaloff, Assen: Die Verschuldung der bulgarischen Landwirtschaft, in: Molloff, Janaki St. (Hrsg.): Die sozialökonomische Struktur der bulgarischen Landwirtschaft. Berlin 1936, S. 179–189

Tzonsaroff, Kyrill: Die Maschinisierung der bulgarischen Landwirtschaft in ihrem Zusammenhang mit der Agrarstruktur Bulgariens. Leipzig 1936

Ulmansky, Sava: Die Landwirtschaft Jugoslawiens und ihr Verhältnis zu Deutschland, in: Internationale Agrar-Rundschau 2, 5/1939, S. 5–10

Unemployment in Russia, 1917–1925, in: International Labour Review 14, 5/1926, S. 686–711

Ungern-Sternberg, Roderich von: Die französischen Kolonien. Berlin 1940

Ungern-Sternberg, Roderich von: Rezension zu Frangeš, Otto v., Die Bevölkerungsdichte als Triebkraft der Wirtschaftspolitik der südosteuropäischen Bauernstaaten, in: Jahrbücher für Nationalökonomie und Statistik 151, 1940, S. 616–617

United Nations Conference on Food and Agriculture: Final act and section reports. Hot Springs, Virginia, May 18 – June 3, 1943. Washington 1943

Valjavec, Fritz: Südosteuropa und Balkan, in: Südost-Forschungen 7, 1942, S. 1–8

Vancu, E[ugen]: Suprapopulațiune și morală [Übervölkerung und Moral], in: Revista economică 45, 34–35/1943, S. 184–186

Vidaković, Slobodan: Naši socijalni problemi [Unsere sozialen Probleme]. Belgrad 1932

vom Bruck, Fritz: Die Wirtschaftsstruktur Südosteuropas. Berlin 1938

Vrana, Gertrude: Die Leistungen der rumänischen Landwirtschaft von 1924–1938. Wien 1941

Vulcănescu, Mircea: Excedentul populației agricole și perspectivele gospodăriei țărănești [Der Überschusss der agrarischen Bevölkerung und die Perspektiven der bäuerlichen Wirtschaft], in: Sociologie românească 2, 2–3/1937, S. 95–100

Wagemann, Ernst: Der neue Balkan. Altes Land – junge Wirtschaft. Hamburg 1939

Wagemann, Ernst: Das Alternationsgesetz wachsender Bevölkerungsdichte, in: Vierteljahrshefte für Konjunkturforschung NF, 3–4/1941–42, S. 173–219

Wagner, Adolf: Grundlegung der politischen Ökonomie. Dritte wesentlich um-, theilweise ganz neu bearbeitete und stark erweiterte Auflage. Erster Theil: Grundlagen der Volkswirthschaft. Zweiter Halbband. Leipzig 1893

Waltscheff, Todor: Das Bevölkerungsproblem Bulgariens, in: Sozialökonomische Blätter 2, 13/1930, S. 99–104

Warming, Jens: Birth Control and Housing Problems, in: Harmsen, Hans/Lohse, Franz (Hrsg.): Bevölkerungsfragen: Bericht des Internationalen Kongresses für Bevölkerungswissenschaft. München 1936, S. 294–299

Warriner, Doreen: The Population Question in Eastern Europe, in: The Slavonic and East European Review 16, 48/1938, S. 629–637

Warriner, Doreen: Economics of peasant farming. London 1964 [1939]

Wâžarow, Penko: Die Bevölkerung Bulgariens, in: Molloff, Janaki St. (Hrsg.): Die sozialökonomische Struktur der bulgarischen Landwirtschaft. Berlin 1936, S. 49–66

Weigmann, Hans: Zur gegenwärtigen Problemlage der Wirtschaftsplanung, in: Archiv für Wirtschaftsplanung 1, 1/1941, S. 9–45

Whelpton, Pascal: The Population Prospect, in: Proceedings of the 3d International Conference of Agricultural Economists, London 1935, S. 250–263

Whipple, C[layton]/Toteff, A[nastas]: The Problem of Surplus Agricultural Population, in: International Journal of Agrarian Affairs 1/1939, S. 61–78

Whipple, C[layton] E./Toteff, A[nastas] U.: The problem of surplus agricultural population in peasant countries, in: Gusti, D[imitrie] (Hrsg.): Arbeiten des XIV. Internationalen Soziologen Kongresses, Abteilung B – Das Dorf, Bukarest 1940, S. 23–39

Whipple, C[layton] E./Totev, A[nastas] V.: Višak poljoprivrednoga pučanstva [Der Überschuss an landwirtschaftlicher Bevölkerung], in: Ekonomist 6, 7–8–9/1940, S. 335–347

Whipple, Clayton: Extension in the Balkans, in: Brunner, Edmund/Sanders, Irwin/Ensminger, Douglas (Hrsg.): Farmers of the World. The Development of Agricultural Extension. New York 1945, S. 101–116

Whright, Fergus: Population and Peace: A Survey of International Opinion on Claims for Relief from Population Pressure. Paris 1939

Wilkinson, Harold L.: The World Population Problem and a White Australia. London 1930

Wilmowsky, [Tilo] von: Die deutsche Wirtschaft fördert nationale Industriewirtschaften in Südosteuropa, in: Der deutsche Volkswirt, Die Wirtschaft im neuen Deutschland in Einzeldarstellungen 25, 10.5.1940, S. 43–46

Winkler, Wilhelm: Allgemeine Theorie des Bevölkerungswechsels, in: Elster, Ludwig/Weber, Adolf/Wieser, Friedrich (Hrsg.): Handwörterbuch der Staatswissenschaften, 4. Auflage, Band 2, Jena 1924, S. 633–655

Winkler, Wilhelm: Die Bevölkerungsfrage auf deutschen Volksboden, in: Boese, Franz (Hrsg.): Krisis der Weltwirtschaft. Übervölkerung Westeuropas. Steuerüberwälzung. München/Leipzig 1926, S. 179–213

Winkler, Wilhelm: Schlusswort, in: Boese, Franz (Hrsg.): Krisis der Weltwirtschaft. Übervölkerung Westeuropas. Steuerüberwälzung. München/Leipzig 1926, S. 263–265

Wirsing, Giselher: Zwischeneuropa und die deutsche Zukunft. Jena 1932

Wladigeroff, Theodor: Agrarverfassung und Agrarprobleme in Bulgarien, in: Berichte über Landwirtschaft 13, 1930, S. 650–718

Wolf, Julius: Nationalökonomie als exakte Wissenschaft. Leipzig 1908

Wolf, Julius: Der Geburtenrückgang: die Rationalisierung des Sexuallebens in unserer Zeit. Jena 1912

Wolter, Helmut: Zur Volksbiologie der deutschen Volksgruppen. Bevölkerungs- und Volkstumsfragen in Ost- und Südosteuropa, in: Nation und Staat 13, 3/1939, S. 82–96

Wright, Fergus Chalmers: Population and Peace. A Survey of International Opinion on Claims for Relief from Population Pressure. Paris 1939

Wüscht, Johann: Die bevölkerungspolitische Gefahrenlage der deutschen Volksgruppe in Südslawien, in: Archiv für Bevölkerungswissenschaft und Bevölkerungspolitik 6, 3/1936, S. 134–152

Wüscht, Johann: Wesen und Grundlagen der natürlichen Bevölkerungsbewegung in Jugoslawien, in: Archiv für Bevölkerungswissenschaft und Bevölkerungspolitik 8, 3/1938, S. 164–180

Young, Arthur: Travels, during the years 1787, 1788, and 1789. Undertaken more particularly with a view of ascertaining the cultivation, wealth, resources, and national prosperity of the Kingdom of France. London 1792

Zagorov, S[lavčo]: Văzproizveždaneto na naselenieto v Bălgarija [Die Reproduktion der Bevölkerung in Bulgarien]. Sofia 1934

Zavalani, Dalib: Die landwirtschaftlichen Verhältnisse Albaniens. Berlin 1937

Zečević, Sekula: Siromaštvo Jugoslavije. Predlog za uvođenje i organizaciju obavezne radne službe [Die Armut Jugoslawiens. Vorschlag für die Einführung und Organisierung eines verpflichtenden Arbeitsdienstes]. Belgrad 1936

Zeck, Hans F.: Die deutsche Wirtschaft und Südosteuropa. Leipzig/Berlin 1939

Zemaljski Savez Poljoprivrednih Radnika Jugoslavije u Novom Sadu: Položaj poljoprivrednih radnika u Vojvodini [Die Lage der landwirtschaftlichen Arbeiter in der Vojvodina]. Novi Sad 1937

Zeman, Z[byněk] A. B.: The Balkans and the Coming of War, in: Evans, R. J. W./Pogge von Strandmann, Hartmut (Hrsg.): The Coming of the First World War. Oxford [u. a.] 1988, S. 19–32

Živković, Ljubomir: Ljudsko društvo i rasna teorija [Die menschliche Gesellschaft und die Rassentheorie]. Zagreb 1937

Živanić, Jovan T.: Industrializacija naše zemlje s obzirom na poljoprivredu [Die Industrialisierung unseres Landes mit Berücksichtigung der Landwirtschaft], in: Udruženja ekonomista u Beogradu (Hrsg.): Spomenica II kongresa ekonomista Kraljevine Jugoslavije u Beogradu. Belgrad 1939, S. 58–67

Zoričić, Milovan: Statistika ratarske produkcije godina 1888–1892. u kraljevinah Hrvatskoj i Slavoniji. [Statistik der landwirthschaftlichen Production der Königreiche Kroatien und Slavonien in den Jahren 1888–1892]. Zagreb 1894

Zotschew, Theodor: Wirtschaftliche Entwicklung und gegenseitige Handelsbeziehungen der südosteuropäischen Staaten, in: Vogel, Rudolf (Hrsg.): Wirtschaftswissenschaftliche Südosteuropa Forschung. Südosteuropa Schriften Band 4, München 1963, S. 35–74

3.2 Sekundärliteratur

Achim, Viorel: The Romanian Population Exchange Project Elaborated by Sabin Manuilă in October 1941, in: Annali dell'Istituto Storico Italo-Germanico in Trento 27, 2001, S. 593–617

Achim, Viorel: Romanian-German Collaboration in Ethnopolitics: The Case of Sabin Manuilă, in: Haar, Ingo/Fahlbusch, Michael (Hrsg.): German scholars and ethnic cleansing, 1919–1945. New York 2006, S. 139–154

Achim, Viorel: Sabin Manuilă, in: Haar, Ingo/Fahlbusch, Michael (Hrsg.): Handbuch der völkischen Wissenschaften: Personen, Institutionen, Forschungsprogramme, Stiftungen. München 2008, S. 397–402

Ahonen, Pertti [u. a.]: People on the move. Forced population movements in Europe in the Second World War and its aftermath. Oxford/New York 2008

Aldcroft, Derek Howard: Europe's third world: the European periphery in the interwar years. Aldershot [u. a.] 2006

Aleksić, Dragan: Privreda Srbije u Drugom svetskom ratu [Die Wirtschaft Serbiens im Zweiten Weltkrieg]. Belgrad 2002

Aly, Götz/Heim, Susanne: Vordenker der Vernichtung. Auschwitz und die deutschen Pläne für eine neue europäische Ordnung. Hamburg 1991

Aly, Götz: Erwiderung auf Dan Diner, in: Vierteljahrshefte für Zeitgeschichte 41, 4/1993, S. 621–635

Aly, Götz: Macht-Geist-Wahn. Kontinuitäten deutschen Denkens. Berlin 1997

Aly, Götz: Theodor Schieder, Werner Conze oder Die Vorstufen der physischen Vernichtung, in: Schulze, Winfried/Oexle, Otto Gerhard (Hrsg.): Deutsche Historiker im Nationalsozialismus. Frankfurt am Main 1999, S. 163–182

Amrith, Sunil/Clavin, Patricia: Feeding the World: Connecting Europe and Asia, 1930–1945, in: Past and Present 218/2013, S. 29–50

Angelova, Milena: „Obrazcovo selo". Modernizacionnijat proekt za seloto v Bălgarija (1937–1944) [„Musterdorf". Ein Modernisierungsprojekt für das Dorf in Bulgarien (1937–1944)]. Blagoevgrad 2008

Antić, Ljubomir: Hrvati i Amerika [Die Kroaten und Amerika]. Zagreb 1992

Ash, Mitchell G.: Wissenschaft und Politik als Ressourcen für einander, in: vom Bruch, Rüdiger/Kaderas, Brigitte (Hrsg.): Wissenschaften und Wissenschaftspolitik. Bestandsaufnahmen zu Formationen, Brüchen und Kontinuitäten im Deutschland des 20. Jahrhunderts. Stuttgart 2002, S. 32–51

Ash, Mitchell G.: Wissenschaft und Politik. Eine Beziehungsgeschichte im 20. Jahrhundert, in: Archiv für Sozialgeschichte 50, 2011, S. 11–46

Ashworth, Lucian M.: David Mitrany and South-East Europe: The Balkan Key to World Peace, in: The Historical Review 2, 2005, S. 203–224

Ashworth, Lucian M.: Mapping a New world: Geography and the Interwar Study of International Relations, in: International Studies Quarterly 57, 1/2013, S. 138–149

Aufhauser, Elisabeth: Diskursfeld Bevölkerungspolitik. Zwischen „Menschenökonomie" und „Menschenrechten", in: Journal für Entwicklungspolitik 27, 1/2001, S. 7–28

Axenciuc, Victor: Evoluţia economică a României. Cercetări statistico-istorice 2: Agricultura 1859–1947 [Die wirtschaftliche Entwicklung Rumäniens. Statistisch-historische Forschungen 2: Die Landwirtschaft 1859–1947]. Bukarest 1996

Baatz, Ursula/Czaika, Mathias (Hrsg.): Wer nicht arbeiten will, soll auch nicht essen. Auf dem Weg zu einer globalen Gesellschaft der Überflüssigen? Hamburg 2018

Bade, Klaus J.: Europa in Bewegung. Migration vom späten 18. Jahrhundert bis zur Gegenwart. München 2000

Badea, Marin: The great Romanian peasant revolt of 1907. Bukarest 1991

Baletić, Zvonimir: How Keynes came to Croatia? In: Sharma, Soumitra (Hrsg.): John Maynard Keynes. Keynesianism into the twenty-first century. Cheltenham [u. a.] 1998, S. 263–267

Baloutzova, Svetla: Demography and Nation. Social Legislation and Population Policy in Bulgaria, 1918–1944. Budapest/New York 2011

Bandžović, Safet: Ratovi i demografska deosmanizacija Balkana (1912.–1941.) [Die Kriege und die demographische Deosmanisierung des Balkans (1912–1941)], in: Prilozi 32, 2003, S. 179–229

Bandžović, Safet: Iseljavanje muslimanskog stanovništva sa Balkana u Tursku između dva svjetska rata [Die Aussiedelung muslimischer Bevölkerung vom Balkan in die Türkei zwischen den zwei Weltkriegen], in: Saznanja 1/2005, S. 240–264

Barboza, Amalia: Karl Mannheim. Köln 2020 [2009]

Barlösius, Eva: Die Demographisierung des Gesellschaftlichen. Zur Bedeutung einer Repräsentationspraxis, in: Barlösius, Eva/Schiek, Daniela (Hrsg.): Demographisierung des Gesellschaftlichen. Wiesbaden 2007, S. 9–36

Barlow, Tani E.: Introduction: On „Colonial Modernity", in: Dies. (Hrsg.): Formations of Colonial Modernity in East Asia. Durham 1997, S. 1–20

Bartulin, Nevenko: The racial idea in the Independent State of Croatia. Leiden 2014

Bauman, Zygmunt: Moderne und Ambivalenz. Das Ende der Eindeutigkeit. Frankfurt am Main 1995 [1991]

Bauman, Zygmunt: Verworfenes Leben. Die Ausgegrenzten der Moderne. Hamburg 2005 [2004]

Bashford, Alison: Nation, Empire, Globe: The Spaces of Population Debate in the Interwar Years, in: Comparative Studies in Society and History 49, 1/2007, S. 170–201

Bashford, Alison: Population, Geopolitics, and International Organizations in the Mid Twentieth Century, in: Journal of World History 19, 3/2008, S. 327–347

Bashford, Alison: Global Population. History, Geopolitics, and Life on Earth. New York 2014

Batou, Jean/David, Thomas (Hrsg.): Uneven Development in Europe 1918–1939. Genf 1998

Bavaj, Riccardo: Intellectual History, in: Docupedia-Zeitgeschichte 2010, http://docupedia.de/zg/Intellectual_History

Bayerlein, Bernhard H./Hedeler, Wladislaw (Hrsg.): Georgi Dimitroff. Kommentare und Materialien zu den Tagebüchern 1933–1943. Berlin 2000

Beer, Mathias: Bevölkerungsumsiedlungen als Thema der westeuropäischen und amerikanischen Forschung des 20. Jahrhunderts. Entwicklungslinien, Phasen, Spezifika, in: Melville, Ralph/Pešek, Jiří/Scharf, Claus (Hrsg.): Zwangsmigrationen im mittleren und östlichen Europa. Völkerrecht – Konzeptionen – Praxis (1938–1950). Mainz 2007, S. 141–177

Beer, Mathias: Die deutsche Südosteuropa-Forschung zwischen Nationalsozialismus und Bundesrepublik: Kontinuität – Bruch – Neubeginn, in: Südosteuropa Mitteilungen 54, 4/2014, S. 28–45

Bengtsson, T[ommy]/Saito, O[samu] (Hrsg.): Population and Economy. From Hunger to Modern Economic Growth. New York 2000

Bensch, Margrit: Die „Blut und Boden"-Ideologie. Ein dritter Weg der Moderne. Berlin 1995

Benz, Wigbert: Der Hungerplan im „Unternehmen Barbarossa" 1941. Berlin 2011

Benz, Wigbert: Hans-Joachim Riecke, NS-Staatssekräter: vom Hungerplaner vor, zum „Welternährer" nach 1945. Berlin 2014

Benz, Wolfgang/Mihok, Brigitte (Hrsg.): Holocaust an der Peripherie: Judenpolitik und Judenmord in Rumänien und Transnistrien 1940–1944. Berlin 2009

Berend, Iván T./Ránki, György: Economic development in East-central Europe in the 19th and 20th centuries. New York [u. a.] 1974

Berend, Tibor Iván/Ránki, György: East Central Europe in the 19th and 20th centuries. Budapest 1977

Berend, I[ván] T[ibor]: Agriculture, in: Kaser, M[ichael] C[harles]/Radice, E[dward] A[lbert] (Hrsg.): The Economic History of Eastern Europe 1919–1975. Volume I. Economic structure and performance between the two wars. Oxford 1985, S. 148–209

Berend, Iván T./Ránki, György: Polen, Ungarn, Rumänien, Bulgarien und Albanien 1914–1980, in: Fischer, Wolfram (Hrsg.): Handbuch der Europäischen Wirtschafts- und Sozialgeschichte 6. Stuttgart 1987, S. 769–846

Bergami, Carol: L'Europe est ailleurs ! Technique européenne et politique nationale chez Francis Delaisi et Jean Monnet, in: Affinito, Michele/Migani, Guia/Wenkel, Christian

(Hrsg.): International Research Network of Young Historians of European Integration: Les deux Europes. Brüssel [u. a.] 2009, S. 119–132

Berghoff, Hartmut/Vogel, Jakob: Wirtschaftsgeschichte als Kulturgeschichte. Ansätze zur Bergung transdisziplinärer Synergiepotentiale, in: Dies. (Hrsg.): Wirtschaftsgeschichte als Kulturgeschichte. Dimensionen eines Perspektivenwechsels. Frankfurt am Main 2004, S. 9–41

Bergmann, Anna: Die verhütete Sexualität. Die Anfänge der modernen Geburtenkontrolle. Hamburg 1992

Berndt, Roswitha: Wirtschaftliche Mitteleuropapläne des deutschen Imperialismus (1926–1931). Zur Rolle des Mitteleuropäischen Wirtschaftstages und der Mitteleuropa-Institute in den imperialistischen deutschen Expansionsplänen, in: Wissenschaftliche Zeitschrift der Martin-Luther-Universität Halle-Wittenberg 14, 4/1965, S. 227–236

Bernstein, Henry: V.I. Lenin and A.V. Chayanov: looking back, looking forward, in: The Journal of Peasant Studies 36, 1/2009, S. 55–81

Bethke, Carl: Deutsche und ungarische Minderheiten in Kroatien und der Vojvodina 1918–1941. Identitätsentwürfe und ethnopolitische Mobilisierung. Wiesbaden 2009

Bideleux, Robert/Jeffries, Ian: A history of Eastern Europe: crisis and change. London [u. a.] 1998

Biltoft, Caroly N.: The Meek Shall Not Inherit the Earth: Nationalist Economies, Ethnic Minorities at the League of Nations, in: Kreutzmüller, Christoph/Wildt, Michael/Zimmermann, Moshe (Hrsg.): National economies: Volks-Wirtschaft, Racism and Economy in Europe between the Wars (1918–1939/45). Newcastle upon Tyne 2015, S. 138–154

Biondich, Mark: Stjepan Radić, the Croat Peasant Party, and the politics of mass mobilization, 1904–1928. Toronto [u. a.] 2000

Blackbourn, David: The Conquest of Nature. Water, Landscape and the Making of Modern Germany. London 2006

Blindow, Felix: Carl Schmitts Reichsordnung: Strategie für einen europäischen Großraum. Berlin 1999

Blomert, Reinhard/Esslinger, Hans Ulrich/Giovannini, Norbert (Hrsg.): Heidelberger Sozial- und Staatswissenschaften. Das Institut für Sozial- und Staatswissenschaften zwischen 1918 und 1958. Marburg 1997

Blomqvist, Anders E. B.: Economic Nationalizing in the Ethnic Borderlands of Hungary and Romania. Stockholm 2014

Bock, Gisela: Zwangssterilisation im Nationalsozialismus. Studien zur Rassenpolitik und Frauenpolitik. Opladen 1986

Bock, Gisela: Krankenmord, Judenmord und nationalsozialistische Rassenpolitik: Überlegungen zu einigen neueren Forschungshypothesen, in: Bajohr, Frank/Johe, Werner/Lohalm, Uwe (Hrsg.): Zivilisation und Barbarei. Die widersprüchlichen Potentiale der Moderne. Hamburg 1991, S. 285–306

Bodea, Gabriele: Socio-Demographical and Economic Aspects of Romanian Rural Areas and Agriculture between 1930–1939, in: Romanian Journal of Population Studies 4, Supplement/2011, S. 160–172

Bohn, Thomas M.: Bulgariens Rolle im „wirtschaftlichen" Ergänzungsraum. Hintergründe für den Beitritt zum Dreimächtepakt am 1. März 1941, in: Dieckmann, Christoph [u. a.] (Hrsg.): Besatzung und Bündnis. Deutsche Herrschaftsstrategien in Ost- und Südosteuropa. Berlin 1995, S. 111–138

Bokovoy, Melissa K.: Peasants and communists: politics and ideology in the Yugoslav countryside 1941–1953. Pittsburgh 1998

Bolovan, Sorina/Bolovan, Ioan: Inițiative românești privind problema schimbului de populație în primii ani ai celui de al doilea război mondial (1939–1941) [Rumänische Initiativen den Bevölkerungsaustausch betreffend in den ersten Jahren des Zweiten Weltkriegs (1939–1941)], in: Țîrău, Liviu/ Țărău, Virgiliu (Hrsg.): România și relațiile internaționale în secolul XX. Cluj-Napoca 2000, S. 90–116

Bömelburg, Hans-Jürgen: Das Osteuropa-Institut in Breslau 1930–1940. Wissenschaft, Propaganda und nationale Feindbilder in der Arbeit eines interdisziplinären Zentrums der Osteuropaforschung in Deutschland, in: Garleff, Michael (Hrsg.): Zwischen Konfrontation und Kompromiss. Oldenburger Symposium: „Interethnische Beziehungen in Ostmitteleuropa als historiographisches Problem der 1930er/1940er Jahre". München 1995, S. 47–72

Bongards, Martin Gerhard: Raumplanung als wissenschaftliche Disziplin im Nationalsozialismus. Marburg 2004

Bookman, Milica Zarkovic: The demographic struggle for power. The political economy of demographic engineering in the modern world. London/Portland 1997

Boserup, Ester: The Conditions of Agricultural Growth. London 1965

Botsch, Gideon: „Politische Wissenschaft" im Zweiten Weltkrieg. Die „Deutschen Auslandswissenschaften" im Einsatz 1940–1945. Paderborn 2006

Botz, Gerhard: Nationalsozialismus in Wien. Machtübernahme, Herrschaftssicherung, Radikalisierung 1938/39. Wien 2008

Brackett, James W.: The Evolution of Marxist Theories of Population: Marxism Recognizes the Population Problem, in: Demography 5, 1/1968, S. 158–173

Bramwell, Anna: Blood and soil. Richard Walther Darré and Hitler's "Green Party". Bourne End 1985

Brandes, Detlef: Von den Zaren adoptiert: die deutschen Kolonisten und die Balkansiedler in Neurußland und Bessarabien 1751–1914. München 1993

Brandes, Detlef/Sundhaussen, Holm/Troebst, Stefan (Hrsg.): Lexikon der Vertreibungen: Deportation, Zwangsaussiedlung und ethnische Säuberung im Europa des 20. Jahrhunderts. Wien [u. a.] 2010

Brandt, Karl: Management of agriculture and food in the German-occupied and other areas of fortress Europe. Stanford 1953

Brassley, Paul: International Trade in Agricultural Products, 1935–1955, in: Brassley, Paul/Segers, Yves/Van Molle, Leen (Hrsg.): War, Agriculture, and Food. Rural Europe from the 1930s to the 1950s. New York [u. a.] 2012, S. 33–54

Braudel, Fernand: The Mediterranean and the Mediterranean World in the Age of Philip II. London 1973 [1949]

Braudel, Fernand: L'identité de la France. Les hommes et les choses [Die Identität Frankreichs. Die Menschen und die Dinge]. Paris 1986

Brett, Daniel: Taking the Long View? Polish and Romanian Agrarianism in comparison, in: Müller, Dietmar/Harre, Angela (Hrsg.): Agrarian Property and Agrarianism in East Central Europe in the Nineteenth and Twentieth Centuries. Innsbruck [u. a.] 2010, S. 183–203

Briggs, Chris/Kitson, P[eter] M./Thompson, S[tephen] J. (Hrsg.): Population, welfare and economic change in Britain 1290–1834. Woodbridge 2014

Broszat, Martin: Deutschland-Ungarn-Rumänien: Entwicklung und Grundfaktoren nationalsozialistischer Hegemonial- und Bündnispolitik 1938–1941, in: Historische Zeitschrift 206, 1/1968, S. 45–96

Broucek, Peter (Hrsg.): Ein General im Zwielicht. Die Erinnerungen Edmund Glaises von Horstenau. Bd. 3. Deutscher Bevollmächtigter General in Kroatien und Zeuge des Untergangs des „Tausendjährigen Reiches". Wien [u. a.] 1988

Brustein, William I./King, Ryan D.: Balkan Anti-Semitism: The Cases of Bulgaria and Romania before the Holocaust, in: East European Politics and Societies 18, 3/2004, S. 430–454

Brüggemeier, Franz-Josef/Cioc, Mark/Zeller, Thomas (Hrsg): How green were the Nazis? Nature, Environment, and Nation in the Third Reich. Athens 2005

Bruisch, Katja: Historicizing Chaianov. Intellectual and scientific roots of the Theory of Peasant Economy, in: Agrarian Property and Agrarianism in East Central Europe in the Nineteenth and Twentieth Centuries. Innsbruck [u. a.] 2010, S. 96–113

Bruisch, Katja: Als das Dorf noch Zukunft war. Agrarismus und Expertise zwischen Zarenreich und Sowjetunion. Köln 2014

Brunnbauer, Ulf: Emigration aus Südosteuropa, 19.–21. Jahrhundert. Kontinuitäten, Brüche, Perspektiven, in: Brix, Emil/Suppan, Arnold/Vyslonzil, Elisabeth (Hrsg.): Südosteuropa. Traditionen als Macht. Wien/München 2007, S. 119–142

Brunnbauer, Ulf: Labour Emigration from the Yugoslav Region from the late 19th Century until the End of Socialism: Continuities and Changes, in: Brunnbauer, Ulf/Clewing, Konrad (Hrsg.): Transnational Societies, Transterritorial Politics. Migrations in the (Post-) Yugoslav Region 19th–21st Century. München 2009, S. 17–49

Bryant, Thomas: Friedrich Burgdörfer (1890–1967). Eine diskursbiographische Studie zur Geschichte der deutschen Demographie im 20. Jahrhundert. Stuttgart 2010

Bucur, Maria: Eugenics and Modernization in Interwar Romania. Pittsburgh 2002

Budde, Gunilla/Conrad, Sebastian/Janz, Oliver (Hrsg.): Transnationale Geschichte. Themen, Tendenzen und Theorien. Göttingen 2006

Bude, Heinz/Willisch, Andreas (Hrsg.): Exklusion. Die Debatte über die „Überflüssigen". Frankfurt am Main 2008

Burleigh, Michael: Germany turns eastwards. A study of Ostforschung in the Third Reich. Cambridge 1988

Bystrický, Valerián: Der Organisationspakt – der Höhepunkt der Integrationspläne der Kleinen Entente, in: Institut für Geschichte der Universität Graz, Abteilung Südosteuropäische Geschichte (Hrsg.): Wirtschafts- und Kulturbeziehungen zwischen dem Donau- und dem Balkanraum seit dem Wiener Kongreß. Graz 1991

Caldwell, John C.: Demographers' involvement in twentieth-century population policy: Continuity or discontinuity? In: Population Research and Policy Review 24, 2005, S. 359–385

Calic, Marie-Janine: Sozialgeschichte Serbiens 1815–1941. Der aufhaltsame Fortschritt während der Industrialisierung. München 1994

Calic, Marie-Janine: Bildung als Entwicklungsproblem in Jugoslawien (1918–1941), in: Reiter, Norbert/Sundhaussen, Holm (Hrsg.): Allgemeinbildung als Modernisierungsfaktor. Zur Geschichte der Elementarbildung in Südosteuropa von der Aufklärung bis zum Zweiten Weltkrieg. Berlin 1994, S. 103–126

Calic, Marie-Janine: Geschichte Jugoslawiens im 20. Jahrhundert. München 2010

Camiscioli, Elisa: Reproducing the French Race. Immigration, Intimacy, and Embodiment in the Early Twentieth Century. Durham 2009

Căpreanu, Ioan: Revoluția agrară și evoluția clasei țărănești: studii asupra operei lui Virgil Madgearu [Agrarrevolution und Entwicklung der Bauernklasse: Studien zum Werk von Virgil Madgearu]. Iași 2004

Cărbunaru, Florentina: Istorie intelectuală și cooperarea elitelor. Comisiile Ligii Națiunilor pentru Cooperare Intelectuală și România (1921–1939) [Geistesgeschichte und Kooperation der Eliten. Kommissionen des Völkerbunds für geistige Zusammenarbeit und Rumänien (1921–1939)], in: Anuarul Institutului de Istorie »George Barițiu« - Series Historica 52, 2013, S. 127–143

Casagrande, Thomas: Die volksdeutsche SS-Division „Prinz Eugen". Die Banater Schwaben und die nationalsozialistischen Kriegsverbrechen. Frankfurt am Main 2003

Case, Holly: Between states. The Transylvanian question and the European idea during World War II. Stanford 2009

Chalmers, Alan F.: Wege der Wissenschaft. Einführung in die Wissenschaftstheorie. Berlin [u. a.] 2007 [1976]

Charbit, Yves: Economic, Social and Demographic Thought in the XIXth Century. The Population Debate from Malthus to Marx. Dordrecht 2009

Chary, Frederick: The Bulgarian Jews and the Final Solution, 1940–1944. Pittsburgh 1972

Chase, Allan: The Legacy of Malthus. The Social Costs of the New Scientific Racism. New York 1977

Chiper, Ioan: România și Germania nazistă: relațiile romano-germane între comandamente politice si interese economice (ianuarie 1933 – martie 1938) [Rumänien und Nazi-Deutschland: rumänisch-deutsche Beziehungen zwischen politischen Notwendigkeiten und wirtschaftlichen Interessen (Januar 1933 – März 1938)]. Bukarest 2000

Chirot, Daniel/Ragin, Charles: The Market, Tradition and Peasant Rebellion: The Case of Romania in 1907, in: American Sociological Review 40, 4/1975, S. 428–444

Chirot, Daniel (Hrsg.): The Origins of Backwardness in Eastern Europe. Berkeley/Los Angeles/London 1989

Chirot, Daniel: Ideology, Reality, and Competing Models of Development in Eastern Europe Between the Two World Wars, in: East European Politics and Societies 3, 3/1989, S. 378–411

Chołuj, Bożena/Joerden, Jan C. (Hrsg.): Von der wissenschaftlichen Tatsache zur Wissensproduktion. Ludwik Fleck und seine Bedeutung für die Wissenschaft und Praxis. Frankfurt am Main [u. a.] 2007

Choplin, Gérard/Strickner, Alexandra/Trouvé, Aurélie (Hrsg.): Ernährungssouveränität: Für eine andere Agrar- und Lebensmittelpolitik in Europa. Wien 2011

Čizmić, Ivan: O iseljavanju iz Hrvatske u razdoblju 1880–1914 [Über die Auswanderung aus Kroatien im Zeitraum 1880–1914], in: Historijski Zbornik 27–28, 1974–75, S. 27–47

Clark, Christopher: The Sleepwalkers. How Europe Went to War in 1914. London 2012

Clavin, Patricia: Securing the World Economy. The Reinvention of the League of Nations, 1920–1946. Oxford 2013

Cohen, Deborah/O'Connor, Maura (Hrsg.): Comparison and history. Europe in cross-national perspective. New York [u. a.] 2004

Cole, Joshua: The power of large numbers: population, politics, and gender in nineteenth-century France. Ithaca 2000

Connelly, John: Nazis and Slavs: From Racial Theory to Racist Practice, in: Central European History 32, 1/1999, S. 1–33

Connelly, Matthew: Fatal misconception: the struggle to control world population. Cambridge 2008

Cook Andersen, Margaret: Regeneration through Empire. French Pronatalists and Colonial Settlement in the Third Republic. Lincoln [u. a.] 2015

Corni, Gustavo: Hitler and the peasants. Agrarian policy of the Third Reich, 1930–1939. New York [u. a.] 1990

Corni, Gustavo/Gies, Horst: „Blut und Boden". Rassenideologie und Agrarpolitik im Staat Hitlers. Idstein 1994

Corni, Gustavo/Gies, Horst: Brot, Butter, Kanonen. Die Ernährungswirtschaft in Deutschland unter der Dikatur Hitlers. Berlin 1997

Corni, Gustavo: Die Utopien des Faschismus: Ruralisierung und „neue Städte", in: Hardtwig, Wolfgang (Hrsg.): Utopie und politische Herrschaft im Europa der Zwischenkriegszeit. München 2003, S. 97–118

Cucerzan, Vasile-Mihai: Profesorul Mihai Şerban despre „Agronomia socială" [Professor Mihai Şerban über die „soziale Agronomie"]. Cluj-Napoca 2005

Čulinović, Ferdo: Jugoslavija između dva rata. Knjiga 2. Zagreb 1961

Cypher, James/Dietz, James: The process of economic development. London 2004 [1997]

Darrow, David: The Politics of Numbers. Zemstvo Land Assessment and the Conceptualization of Russia's Rural Economy, in: Russian Review 59, 1/2000, S. 52–75

Dafinger, Johannes: Student and Scholar Mobility between Nazi Germany and Southern/Southeastern Europe, in: Clara, Fernando/Ninhos, Cláudia (Hrsg.): Nazi Germany and Southern Europe, 1933–45: Science, Culture and Politics. London 2016, S. 52–67

Danilov, Viktor P.: Rural Russia under the new regime. Bloomington [u. a.] 1988 [1977]

Daskalov, Roumen: Ideas About and Reactions to Modernization in the Balkans, in: East European Quarterly 31, 2/1997, S. 141–180

Daskalov, Roumen: Development in the Balkan Periphery Prior to World War II: Some Reflections, in: Südost-Forschungen 57, 1998, S. 207–244

Daskalov, Rumen/Sundhaussen, Holm: Modernisierungsansätze, in: Hatschikjan, Magarditsch/Troebst, Stefan (Hrsg.): Südosteuropa: Gesellschaft, Politik, Wirtschaft, Kultur. Ein Handbuch. München 1999, S. 105–135

David, Thomas: Nationalisme économique et industrialisation: l'expérience des pays de l'Est (1789–1939) [Wirtschaftnationalismus und Industrialisierung: die Erfahrung der osteuropäischen Länder]. Genf 2009

Davies, R[obert] W./Wheatcroft, Stephen G.: The years of hunger. Soviet agriculture, 1931–1933. London 2004

Deák, István: How to Construct a Productive, Disciplined, Monoethnic Society. *The Dilemma of East Central European Governments, 1914–1956*, in: Weiner, Amir (Hrsg.): Landscaping the human garden. Twentieth-century population management in a comparative framework. Stanford 2003, S. 205–217

Dean, Mitchell: The Malthus Effect: population and the liberal government of life, in: Economy and Society 44, 1/2015, S. 18–39

de Gans, Henk A.: Population forecasting 1895–1945. The transition to modernity. Dordrecht 1999

Demeter, Márton: The World-Systemic Dynamics of Knowledge Production: The Distribution of Transnational Academic Capital in the Social Sciences, in: Journal of World-System Research 25, 1/2019, S. 111–144

Dengg, Sören: Deutschlands Austritt aus dem Völkerbund und Schachts „Neuer Plan“: zum Verhältnis von Außen- und Außenwirtschaftspolitik in der Übergangsphase von der Weimarer Republik zum Dritten Reich (1929–1934). Frankfurt am Main [u. a.] 1986

Despot, Andrea: Amerikas Weg auf den Balkan. Zur Genese der Beziehungen zwischen den USA und Südosteuropa 1820–1920. Wiesbaden 2010

Dieckmann, Christoph: Wirtschaftsforschung für den Großraum. Zur Theorie und Praxis des Kieler Instituts für Weltwirtschaft und des Hamburger Welt-Wirtschafts-Archivs im „Dritten Reich“, in: Aly, Götz [u. a.] (Hrsg.): Modelle für ein deutsches Europa. Ökonomie und Herrschaft im Großwirtschaftsraum, Berlin 1992, S. 146–198

Dieckmann, Christoph (Hrsg.): Kriegführung und Hunger 1939–1945: zum Verhältnis von militärischen, wirtschaftlichen und politischen Interessen. Göttingen 2015

Dieckmann, Irene/Krüger, Peter/Schoeps, Julius H. (Hrsg.): Geopolitik. Grenzgänge im Zeitgeist. Band 1: 1890 bis 1945. Potsdam 2000

Dieterich, Heinz: Ironien der Weltgeschichte: Strukturparallelen zwischen Nazi-Lebensraum und Erster/Dritter Welt heute, in: Höfer, Bruni/Dieterich, Heinz/Meyer, Klaus (Hrsg.): Das fünfhundertjährige Reich. Emanzipation und lateinamerikanische Identität 1492–1992. Bonn 1990, S. 69–147

Dimić, Ljubodrag: Kulturna politika i modernizacija jugoslovenskog društva 1918–1941 [Kulturpolitik und Modernisierung der jugoslawischen Gesellschaft 1918–1941], in: Perović, Latinka/Obradović, Marija/Stojanović, Dubravka (Hrsg.): Srbija u modernizacijskim procesima XX veka. Belgrad 1994, S. 181–209

Dimitrov, Teodor: Der griechisch-bulgarische und der griechisch-türkische Bevölkerungsaustausch in den zwanziger Jahren, in: Corsini, Umberto (Hrsg.): Die Minderheiten zwischen den beiden Weltkriegen. Berlin 1997, S. 175–196

Dimou, Augusta: Entangled paths towards modernity. Budapest/New York 2009

Dimou, Augusta: Towards a Social and Cultural History of Cooperative Associations in Interwar Bulgaria, in: Rutar, Sabine (Hrsg.): Beyond the Balkans. Toward an Inclusive History of Southeastern Europe. Wien [u. a.] 2014, S. 123–159

Djokić, Dejan: 'Leader' or 'devil'? Milan Stojadinović, Prime Minister of Yugoslavia (1935–39), and his ideology, in: Haynes, Rebecca (Hrsg.): In the shadow of Hitler. Personalities of the right in Central and Eastern Europe. London [u. a.], S. 153–168

Djordjević, Dimitrije: Agrarian Reforms in Post World War One Balkans – A Comparative Study, in: Balcanica 13–14, 1982–83, S. 255–269

Đorđević, Života: Zemljišni minimum i zemljišni maksimum kao ograničenje razvoja Srbije u novo doba [Das Bodenminimum und -maximum als Beschränkung der Entwicklung Serbiens in der Neuzeit], in: Perović, Latinka/Obradović, Marija/Stojanović, Dubravka (Hrsg.): Srbija u modernizacijskim procesima XX veka. Belgrad 1994, S. 113–121

Dogan, Mattei: Paradigms in the Social Sciences, in: Smeltser, J./Baltes, P. B. (Hrsg.): International Encyclopedia of the Social & Behavioral Sciences Vol. 16. Amsterdam 2001, S. 11023–11027

Dolan, Brian (Hrsg.): Malthus, medicine, & morality: 'Malthusianism' after 1798. Amsterdam/Atlanta 2000

Dragostinova, Theodora: Navigating Nationality in the Emigration of Minorities between Bulgaria and Greece 1919–1941, in: East European Politics and Societies 23, 2/2009, S. 185–212

Dragostinova, Theodora: Between two motherlands. Nationality and Emigration among the Greeks of Bulgaria, 1900–1949. Ithaca 2011

Drechsler, Karl/Dress, Hans/Hass, Gerhart: Europapläne des deutschen Imperialismus im zweiten Weltkrieg, in: Zeitschrift für Geschichtswissenschaft 19, 7/1971, S. 916–931

Drews, Joachim: Vom Soja-Anbau zum „Wohlthat"-Vertrag. Der ökonomische Anschluß Rumäniens an das Deutsche Reich, in: Dieckmann, Christoph [u. a.] (Hrsg.): Besatzung und Bündnis. Deutsche Herrschaftsstrategien in Ost- und Südosteuropa. Berlin 1995, S. 61–109

Drews, Joachim: Die „Nazi-Bohne“: Anbau, Verwendung und Auswirkung der Sojabohne im Deutschen Reich und Südosteuropa (1933–1945). Münster 2004

Drezgić, Rada: Demographic Nationalism in Historical Perspective, in: Sociologija 39, 3/1997, S. 367–381

Dulić, Tomislav: Utopias of Nation. Local mass killing in Bosnia and Herzegovina, 1941–42. Uppsala 2005

Dunkhase, Jan Eike: Werner Conze: ein deutscher Historiker im 20. Jahrhundert. Göttingen 2010

Durchhardt, Heinz: Die deutsche Europa-Publizistik des wilhelminischen Zeitalters vor der Herausforderung (Ost-)Asiens, in: Borodziej, Włodzimierz/Durchhardt, Heinz/Morawiec, Małgozata/Romsics, Ignác (Hrsg.): Option Europa. Deutsche, polnische und ungarische Europapläne des 19. und 20. Jahrhunderts. Band 1. Göttingen 2005, S. 205–214

Đurković, Miša (Hrsg.): Milan Stojadinović: politika u vreme globalnih lomova [Milan Stojadinović: Politik in Zeiten globaler Umbrüche]. Belgrad 2013

Đurović, Smiljana: Državna intervencija u industriji Jugoslavije 1918–1941 [Die Staatsintervention in der Industrie Jugoslawiens 1918–1941]. Belgrad 1986

Dutt, Carsten/Laube, Reinhard (Hrsg.): Zwischen Sprache und Geschichte. Zum Werk Reinhart Kosellecks. Göttingen 2013

Ebeling, Frank: Geopolitik: Karl Haushofer und seine Raumwissenschaft 1919–1945. Berlin 1994

Eberharter, Margit: Thomas S. Kuhns Paradigmenkonzept und die Sozialwissenschaften: Gibt es Paradigmen in den Sozialwissenschaften? Saarbrücken 2009

Ebi, Michael: Export um jeden Preis. Die deutsche Exportförderung von 1932–1938. Stuttgart 2004

Eckart, Wolfgang Uwe: Medizin in der NS-Diktatur. Ideologie, Praxis, Folgen. Wien [u. a.] 2012

Eggers, Michael/Rothe, Matthias (Hrsg.): Wissenschaftsgeschichte als Begriffsgeschichte. Terminologische Umbrüche im Entstehungsprozess der modernen Wissenschaften. Bielefeld 2009

Ehmer, Josef: Migration und Bevölkerung – Zur Kritik eines Erklärungsmodells, in: Tel Aviver Jahrbuch für deutsche Geschichte 27, 1998, S. 5–29

Ehmer, Josef: „Nationalsozialistische Bevölkerungspolitik“ in der neuen historischen Forschung, in: Rainer Mackensen (Hrsg.): Bevölkerungslehre und Bevölkerungspolitik im „Dritten Reich“. Opladen 2004, S. 21–44

Ehmer, Josef: Bevölkerungsgeschichte und historische Demographie 1800 – 2000. München 2004

Ehmer, Josef/Lausecker, Werner/Pinwinkler, Alexander (Hrsg.): Bevölkerungskonstruktionen in Geschichte, Sozialwissenschaften und Politiken des 20. Jahrhunderts. Transdisziplinäre und internationale Perspektiven. Köln 2006

Ehmer, Josef/Lausecker, Werner/Pinwinkler, Alexander: Editorial, in: Dies. (Hrsg.): Bevölkerungskonstruktionen in Geschichte, Sozialwissenschaften und Politiken des 20. Jahrhunderts. Transdisziplinäre und internationale Perspektiven. Köln 2006, S. 5–6

Ehmer, Josef/Ferdinand, Ursula/Reulecke, Jürgen (Hrsg.): Herausforderung Bevölkerung. Zu Entwicklungen des modernen Denkens über die Bevölkerung vor, im und nach dem „Dritten Reich". Wiesbaden 2007

Ehmer, Josef: Bevölkerungswissen und Demographie in der Wissensgesellschaft des 20. Jahrhunderts, in: Reulecke, Jürgen/Roelcke, Volker (Hrsg.): Wissenschaften im 20. Jahrhundert: Universitäten in der modernen Wissenschaftsgesellschaft. Stuttgart 2008, S. 149–167

Ehrlich, Isaac/Lui, Francis: The Problem of Population and Growth: A Review of the Literature from Malthus to Contemporary Models of Endogenous Population and Endogenous Growth, in: Journal of Economic Dynamics and Control 21, 1/1997, S. 205–242

Eichholtz, Dietrich: Deutsche Politik und rumänisches Öl (1938–1941). Eine Studie über Erdölimperialismus. Leipzig 2005

Eidelberg, Philip G.: The great Rumanian peasant revolt of 1907. Origins of a modern jacquerie. Leiden 1974

Eidenbenz, Mathias: „Blut und Boden" Zu Funktion und Genese der Metaphern des Agrarismus und Biologismus in der nationalsozialistischen Bauernpropaganda R. W. Darrés. Frankfurt am Main [u. a.] 1993

Eisenstadt, Shmuel N.: Die Vielfalt der Moderne. Weilerswist 2000

Elvert, Jürgen: Der Balkan und das Reich. Deutsche Südosteuropapläne zwischen den Weltkriegen, in: Elvert, Jürgen (Hrsg.): Der Balkan. Eine europäische Krisenregion in Geschichte und Gegenwart. Stuttgart 1997, S. 134–180

Elvert, Jürgen: Mitteleuropa! Deutsche Pläne zur europäischen Neuordnung (1918–1945). Stuttgart 1999

Elvert, Jürgen: Mitteleuropa im Urteil der nationalkonservativen Publizistik der Weimarer Republik, in: Durchhardt, Heinz/Németh, István (Hrsg.): Der Europa-Gedanke in Ungarn und Deutschland in der Zwischenkriegszeit. Mainz 2005, S. 127–142

Emmons, Terence/Vucinich, Wayne S. (Hrsg.): The Zemstvo in Russia. An experiment of local self-government. Cambridge 1982

Englert, Birgit/Gärber, Barbara (Hrsg.): Landgrabbing. Landnahmen in globaler und historischer Perspektive. Wien 2014

Esch, Michael G.: „Gesunde Verhältnisse". Deutsche und polnische Bevölkerungspolitik in Ostmitteleuropa 1939–1950. Marburg 1998

Etzemüller, Thomas: Sozialgeschichte als politische Geschichte: Werner Conze und die Neuorientierung der westdeutschen Geschichtswissenschaft nach 1945. München 2001

Etzemüller, Thomas: Ein ewigwährender Untergang. Der apokalyptische Bevölkerungsdiskurs im 20. Jahrhundert. Bielefeld 2007

Etzemüller, Thomas: Die Angst vor dem Abstieg – Malthus, Burgdörfer, Sarrazin: eine Ahnenreihe mit immer derselben Botschaft, in: Haller, Michael/Niggeschmidt, Martin (Hrsg.): Der Mythos vom Niedergang der Intelligenz. Wiesbaden 2012, S. 157–183

Eversley, David: Prognosen über die Welbevölkerung in der Vergangenheit: Lassen sich daraus Lehren für die Zukunft ziehen? In: Deutsche Welthungerhilfe (Hrsg.): Weltbevölkerung und Welternährung. Bonn 1994, S. 41–47

Exner, Gudrun/Kytir, Josef/Pinwinkler, Alexander: Bevölkerungswissenschaft in Österreich in der Zwischenkriegszeit (1918–1938): Personen, Institutionen, Diskurse. Wien [u. a.] 2004

Fahlbusch, Michael: Wissenschaft im Dienst der nationalsozialistischen Politik? Die „Volksdeutschen Forschungsgemeinschaften" von 1931–1945. Baden-Baden 1999

Fahlbusch, Michael: Im Dienste des Deutschtums in Südosteuropa: Ethnopolitische Berater als Tathelfer für Verbrechen gegen die Menschlichkeit, in: Beer, Mathias/Seewann, Gerhard (Hrsg.): Südostforschung im Schatten des Dritten Reiches. Institutionen – Inhalte – Personen. München 2004, S. 175–214

Fahlbusch, Michael/Haar, Ingo: Völkische Wissenschaften und Politikberatung, in: Dies. (Hrsg.): Völkische Wissenschaften und Politikberatung im 20. Jahrhundert. Expertise und „Neuordnung" Europas. Paderborn [u. a.] 2010, S. 9–38

Farquharson, John E.: The Plough and the Swastika. The NSDAP and Agriculture in Germany 1928–45. London/Beverly Hills 1976

Ferdinand, Ursula: Der Internationale Kongress für Bevölkerungswissenschaft 1935 in Berlin, in: Mitteilungen der Magnus-Hirschfeld-Gesellschaft 24–25/1997, S. 5–33

Ferdinand, Ursula: Das Malthusische Erbe. Münster 1999

Ferdinand, Ursula: Geburtenrückgangstheorien in der Nationalökonomie Deutschlands zwischen 1900 und 1930, in: Mackensen, Rainer (Hrsg.): Bevölkerungslehre und Bevölkerungspolitik vor 1933. Opladen 2002, S. 135–158

Ferdinand, Ursula: Bevölkerungswissenschaft und Rassismus: Die internationalen Bevölkerungskongresse der *International Union of the Scientific Investigation of Population Problems* (IUSIPP) als paradigmatische Foren, in: Rainer Mackensen (Hrsg.): Bevölkerungslehre und Bevölkerungspolitik im „Dritten Reich". Opladen 2004, S. 61–98

Ferdinand, Ursula: Die Debatte „Agrar- versus Industriestaat" und die Bevölkerungsfrage, in: Mackensen, Rainer/Reulecke, Jürgen (Hrsg.): Das Konstrukt „Bevölkerung" vor, im und nach dem „Dritten Reich". Wiesbaden 2005, S. 111–149

Ferdinand, Ursula: Zu Leben und Werk des Ökonomen Julius Wolf (1862–1937), in: Mackensen, Rainer/Reulecke, Jürgen (Hrsg.): Das Konstrukt „Bevölkerung" vor, im und nach dem „Dritten Reich". Wiesbaden 2005, S. 150–200

Ferdinand, Ursula: Geburtenrückgangstheorien und »Geburtenrückgangs-Gespenster« 1900–1930, in: Ehmer, Josef/Ferdinand, Ursula/Reulecke, Jürgen (Hrsg.): Herausforderung Bevölkerung. Zu Entwicklungen des modernen Denkens über die Bevölkerung vor, im und nach dem „Dritten Reich". Wiesbaden 2007, S. 77–98

Ferdinand, Ursula: Geburtenrückgangstheorien „um 1930" in Deutschland, in: Auth, Diana/Holland-Cunz, Barbara (Hrsg.): Grenzen der Bevölkerungspolitik. Strategien und Diskurse demographischer Steuerung. Opladen/Farmington Hills 2007, S. 19–36

Ferdinand, Ursula: Die kulturwissenschaftliche Sexualwissenschaft des Ökonomen Julius Wolf (1862–1937), in: Krassnitzer, Patrick/Overath, Petra (Hrsg.): Bevölkerungsfragen: Prozesse des Wissenstransfers in Deutschland und Frankreich (1870–1939). Köln/Weimar/Wien 2007, S. 81–106

Ferdinand, Ursula: Die NS-Bevölkerungswissenschaft und -politik im Spiegelbild des internationalen bevölkerungswissenschaftlichen Kongresses in Paris, in: Zeitschrift für Bevölkerungswissenschaft 32, 1–2/2007, S. 263–288

Ferdinand, Ursula: Der Geburtenrückgang als Herausforderung für die Bevölkerungswissenschaft in Deutschland, in: Mackensen, Rainer/Reulecke, Jürgen/Ehmer, Josef (Hrsg.): Ursprünge, Arten und Folgen des Konstrukts „Bevölkerung“ vor, im und nach dem „Dritten Reich“. Wiesbaden 2009, S. 229–290

Ferrara, Antonio: Eugene Kulischer, Joseph Schechtman and the Historiography of European Forced Migrations, in: Journal of Contemporary History 46, 4/2011, S. 715–740

Fertig, Georg: Does overpopulation explain emigration? The case of 18th century transatlantic migration from the Rhine lands. Berlin 1995

Fertig, Georg: Lokales Leben, atlantische Welt. Die Entscheidung zur Auswanderung vom Rhein nach Nordamerika im 18. Jahrhundert. Osnabrück 2000

Fisch, Stefan/Rudloff, Wilfries (Hrsg.): Experten und Politik. Wissenschaftliche Politikberatung in geschichtlicher Perspektive. Berlin 2004

Fischer, Charles C.: On the 'Stickiness' of the Economic Equilibrium Paradigm: Causes of Its Durability, in: American Journal of Economics and Sociology 52, 1/1993, S. 51–62

Fishta, Iliaz: Agrarproblem und Agrarreform im Albanien der Zwischenkriegszeit, in: Südostorschungen 59/60, 2000/2001, S. 387–422

Fitzgerald, Deborah: Every farm a factory. The industrial ideal in American agriculture. New Haven 2003

Föllmer, Moritz: Der „kranke Volkskörper“. Industrielle, hohe Beamte und der Diskurs der nationalen Regeneration in der Weimarer Republik, in: Geschichte und Gesellschaft 27, 1/2001, S. 41–67

Forclaz, Amalia Ribi: A New Target for International Social Reform: The International Labour Organization and Working and Living Conditions in Agriculture in the Inter War Years, in: Contemporary European History 20, 3/2011, S. 307–329

Freytag, Carl: „Die Tür zwischen Deutschland und dem Donauraum ist geöffnet“. Südosteuropa-Konzepte und die Positionierung des *Mitteleuropäischen Wirtschaftstag* nach dem „Anschluss“ Österreichs 1938, in: Sachse, Carola (Hrsg.): „Mitteleuropa“ und „Südosteuropa“ als Planungsraum. Wirtschafts- und kulturpolitische Expertisen im Zeitalter der Weltkriege. Göttingen 2010, S. 141–166

Freytag, Carl: Deutschlands „Drang nach Südosten“. Der Mitteleuropäische Wirtschaftstag und der „Ergänzungsraum Südosteuropa“ 1931–1945. Göttingen 2012

Frijtag Drabbe Künzel, Geraldien von: Hitler's Brudervolk. The Dutch and the colonization of occupied Eastern Europe, 1939–1945. New York [u. a.] 2015

Fuller, Steve: Being There with Thomas Kuhn: A Parable for Postmodern Times, in: History and Theory 31, 3/1992, S. 241–275

Gašić, Ranka: Students from Belgrade in Britain and Germany. A Case Study of Cross-Border University Education and the Elite Formation in Interwar Belgrade 1918–1941, in: Bieber, Florian/Heppner, Harlad (Hrsg.): Universities and Elite Formation in Central, Eastern and South Eastern Europe. Wien [u. a.] 2015, S. 71–90

Georgieva, Maria: Unternehmer, Staat und Politik: Zur Rolle der Wirtschaftselite in Bulgarien 1878–1941, in: Höpken, Wolfgang/Sundhaussen, Holm (Hrsg.): Eliten in Südosteuropa. Rolle, Kontinuitäten, Brüche in Geschichte und Gegenwart. München 1998, S. 105–128

Georgescu, Tudor: Ethnic minorities and the eugenic promise: the Transylvanian Saxon experiment with national renewal in inter-war Romania, in: European Review of History 17, 6/2010, S. 861–880

Gerhard, Gesine: Richard Walther Darré – Naturschützer oder „Rassenzüchter"? In: Radkau, Joachim/Uekötter, Frank (Hrsg.): Naturschutz und Nationalsozialismus. Frankfurt/New York 2003, S. 257–272

Gerhard, Gesine: Food and Genocide: Nazi Agrarian Politics in the Occupied Territories of the Soviet Union, in: Contemporary European History 18, 1/2009, S. 45–65

Gerlach, Christian: Die deutsche Agrarreform und die Bevölkerungspolitik in den besetzten sowjetischen Gebieten, in: Dieckmann, Christoph [u. a.] (Hrsg.): Besatzung und Bündnis. Deutsche Herrschaftsstrategien in Ost- und Südosteuropa. Berlin 1995, S. 9–60

Gerlach, Christian: Krieg, Ernährung, Völkermord. Forschungen zur deutschen Vernichtungspolitik im Zweiten Weltkrieg. Hamburg 1998

Gerlach, Christian: Kalkulierte Morde. Die deutsche Wirtschafts- und Vernichtungspolitik in Weißrußland 1941 bis 1944. Hamburg 1999

Gerschenkron, Alexander: Economic Backwardness in Historical Perspective. Cambridge 1962

Geulen, Christian: Plädoyer für eine Geschichte der Grundbegriffe des 20. Jahrhunderts, in: Zeithistorische Forschungen 7, 1/2010, S. 79–97

Gies, Horst: Die Rolle des Reichsnährstandes im nationalsozialistischen Herrschaftssystem, in: Hirschfeld, Gerhard/Kettenacker, Lothar (Hrsg.): Der „Führerstaat": Mythos und Realität. Studien zur Struktur und Politik des Dritten Reiches. Stuttgart 1981, S. 210–292

Gillen, Paul/Ghosh, Devleena: Colonialism and modernity. 2007

Giordano, Christian: Agrarreformen als Potenzial ethnischer Spannungen in Osteuropa: Das Beispiel Jugoslawiens, in: Bosshart-Pfluger, Catherine/Jung, Joseph/Metzger, Franziska (Hrsg.): Nation und Nationalismus in Europa. Kulturelle Konstruktion von Identitäten. Frauenfeld/Stuttgart/Wien 2002, S. 463–480

Giordano, Christian: Südosteuropa – eine Region eigener Art? In: Puttkamer, Joachim von (Hrsg.): Kulturelle Orientierungen und gesellschaftliche Ordnungsstrukturen in Südosteuropa. Wiesbaden 2010, S. 19–39

Glass, Hildrun/Helmedach, Andreas/Zervakis, Peter: Gesellschaft, in: Roth, Harald (Hrsg.): Studienhandbuch Östliches Europa. Band 1: Geschichte Ostmittel- und Südeuropa. Köln 1999, S. 33–43

Gloe, Markus: Planung für die deutsche Einheit: der Forschungsbeirat für Fragen der Wiedervereinigung Deutschlands 1952–1975. Wiesbaden 2005

Goldstein, Ivo: Židovi u Zagrebu 1918–1941 [Juden in Zagreb 1918–1941]. Zagreb 2004

Good, David F./Ma, Tongshu: The economic growth of Central and Eastern Europe in comparative perspective, 1870–1989, in: European Review of Economic History 3, 2/1999, S. 103–137

Gould, W. T. S.: Population and Development. Abingdon/New York 2009

Gradwohl-Schlacher, Karin: Literatur in der Steiermark 1938 – 1945, in: Baur, Uwe/Gradwohl-Schlacher, Karin: Literatur in Österreich 1938 – 1945. Handbuch eines literarischen Systems. Band 1: Steiermark. Wien/Köln/Weimar 2008, S. 27–40

Graf, Erich Otto/Mutter, Karl: Zur Rezeption des Werkes von Ludwik Fleck, in: Zeitschrift für philosophische Forschung 54, 2/2000, S. 274–288

Graf, Rüdiger/Priemel, Kim Christian: Zeitgeschichte in der Welt der Sozialwissenschaften. Legitimität und Originalität einer Disziplin, in: Vierteljahrshefte für Zeitgeschichte 59, 4/2011, S. 479–508

Grahovac, Petar: Rudolf Bićanić o seljaštvu, selu i poljoprivredi [Rudolf Bićanić über die Bauernschaft, das Dorf und die Landwirtschaft], in: Sociologija sela 37, 1999, S. 45–64

Grazia, Victoria de: Die Radikalisierung der Bevölkerungspolitik im faschistischen Italien: Mussolinis „Rassenstaat", in: Geschichte und Gesellschaft 26, 2/2000, S. 219–254

Graziosi, Andrea: The great Soviet peasant war: Bolsheviks and peasants, 1917–1933. Cambridge 1996

Grenzebach, William S.: Germany's informal empire in East-central Europe: German economic policy toward Yugoslavia and Rumania, 1933–1939. Stuttgart 1988

Grigg, David B.: Population growth and agrarian change. An historical perspective. London 1980

Griffin, Roger: Modernism and fascism. Basingstoke [u. a.] 2007

Gross, Stephen: Das *Mitteleuropa-Institut* in Dresden. Verknüpfung regionaler Wirtschaftsinteressen mit deutscher Auslandskulturpolitik in der Zwischenkriegszeit, in: Sachse, Carola (Hrsg.): „Mitteleuropa" und „Südosteuropa" als Planungsraum. Wirtschafts- und kulturpolitische Expertisen im Zeitalter der Weltkriege. Göttingen 2010, S. 115–140

Gross, Stephen G.: Export Empire. German Soft Power in Southeastern Europe, 1890–1945. Cambridge 2015

Grossmann, Atina: Reforming Sex. German Movement for Birth Control & Abortion Reform 1920–1950. New York [u. a.] 1995

Grünfelder, Anna Maria: Arbeitseinsatz für die Neuordnung Europas. Zivil- und ZwangsarbeiterInnen aus Jugoslawien in der „Ostmark" 1938/41–1945. Wien/Köln/Weimar 2010

Günzel, Karl: Die wirtschaftliche Entwicklung zwischen den Kriegen, in: Markert, Werner (Hrsg.): Jugoslawien. Köln/Graz 1954, S. 215–227

Günzel, Karl: Struktur und Bedeutung der Land- und Forstwirtschaft, in: Markert, Werner (Hrsg.): Jugoslawien. Köln/Graz 1954, S. 244–553

Gutberger, Jörg: Volk, Raum und Sozialstruktur: Sozialstruktur- und Sozialraumforschung im „Dritten Reich“. Münster 1996

Gutberger, Hansjörg: Bevölkerung, Ungleichheit, Auslese. Wiesbaden 2006

Haar, Ingo: Historiker im Nationalsozialismus. Deutsche Geschichtswissenschaft und der „Volkstumskampf“ im Osten. Göttingen 2000

Haar, Ingo: Der „Generalplan Ost“ als Forschungsproblem: Wissenslücken und Perspektiven, in: vom Bruch, Rüdiger/Kaderas, Brigitte (Hrsg.): Wissenschaften und Wissenschaftspolitik. Bestandsaufnahmen zu Formationen, Brüchen und Kontinuitäten im Deutschland des 20. Jahrhunderts. Stuttgart 2002, S. 362–368

Haar, Ingo: Ostforschung im Nationalsozialismus, in: Mackensen, Rainer (Hrsg.): Bevölkerungslehre und Bevölkerungspolitik im „Dritten Reich“. Opladen 2004, S. 219–240

Haar, Ingo: Bevölkerungspolitische Szenarien und bevölkerungswissenschaftliche Expertise im Nationalsozialismus – Die rassistische Konstruktion des Fremden und das „Grenz- und Auslandsdeutschtum“, in: Mackensen, Rainer/Reulecke, Jürgen (Hrsg.): Das Konstrukt „Bevölkerung“ vor, im und nach dem „Dritten Reich“. Wiesbaden 2005, S. 340–370

Haar, Ingo: German Ostforschung and Anti-Semitism, in: Haar, Ingo/Fahlbusch, Michael (Hrsg.): German scholars and ethnic cleansing, 1919–1945. New York 2006, S. 1–27

Haar, Ingo: Rassistische Differenzkonstruktionen und biopolitische Ordnungsinstrumente im besetzten Polen 1939–44. Raum- und Bevölkerungspolitik im Spannungsfeld zwischen örtlichen Zivilverwaltungen und zentralstaatlichen Führungsanspruch, in: John, Jürgen/Möller, Horst/Schaarschmidt, Thomas (Hrsg.): Die NS-Gaue. Regionale Mittelinstanzen im zentralistischen „Führerstaat“. München 2007, S. 105–122

Haar, Ingo: Bevölkerungs- und Raumordnungsexpertise und -politik in Polen 1938–1945: Nationalitäten-, Juden- und Umsiedlungspolitik zwischen „Assimilation“ und Genozid, in: Beer, Matthias/Beyrau, Dietrich/Rauh-Kühne, Cornelia (Hrsg.): Deutschsein als Grenzerfahrung. Minderheitenpolitik in Europa 1914–1950. Düsseldorf 2009, S. 35–59

Haar, Ingo: Bevölkerungspolitik im Generalgouvernement: Nationalitäten-, Juden- und Siedlungspolitik im Spannungsfeld regionaler und zentraler Initiativen, in: Młynarczyk, Jacek Andrzej/Böhler, Jochen (Hrsg.): Der Judenmord in den eingegliederten polnischen Gebieten 1939–1945. Osnabrück 2010, S. 281–306

Hachtmann, Rüdiger: Vernetzung um jeden Preis. Zum politischen Alltagshandeln der Generalverwaltung der Kaiser-Wilhelm-Gesellschaft im »Dritten Reich«, in: Maier, Helmut (Hrsg.): Gemeinschaftsforschung, Bevollmächtigte und der Wissenstransfer: die Rolle der Kaiser-Wilhelm-Gesellschaft im System kriegsrelevanter Forschung des Nationalsozialismus. Göttingen 2007, S. 77–152

Hacking, Ian: The taming of chance. Cambridge [u. a.] 1990

Hacking, Ian: Soziale Konstruktion beim Wort genommen, in: Vogel, Matthias/Wingert, Lutz (Hrsg.): Wissen zwischen Entdeckung und Konstruktion. Frankfurt am Main 2003, S. 23–54

Hacking, Ian: Paradigms, in: Richards, Robert J./Daston, Lorraine (Hrsg.): Kuhn's Structure of Scientific Revolutions at fifty. Chicago/London 2016, S. 96–112

Hahn, Sylvia: Historische Migrationsforschung. Frankfurt am Main 2011

Hamann, David: Gunther Ipsen in Leipzig. Die wissenschaftliche Biographie eines „Deutschen Soziologen" 1919–1933. Frankfurt am Main 2013

Hammel, E[ugene] A.: Demographic Constraints on the Formation of Traditional Balkan Households, in: Dumbarton Oaks Papers 44, 1990, S. 173–186

Hartmann, Betsy: Reproductive rights and wrongs: the global politics of population control. Boston 1995

Hartmann, Heinrich/Vogel, Jakob: Prognosen: Wissenschaftliche Praxis im öffentlichen Raum, in: Hartmann, Heinrich/Vogel, Jakob (Hrsg.): Zukunftswissen. Prognosen in Wirtschaft, Politik und Gesellschaft seit 1900. Frankfurt/New York 2010, S. 7–29

Hartmann, Heinrich/Unger, Corinna R.: Einleitung: Zur transnationalen Wissensgeschichte der Demografie, in: Berichte zur Wissenschaftsgeschichte 33, 3/2010, S. 235–245

Hartmann, Heinrich/Unger, Corinna R. (Hrsg.): A World of Populations. Transnational Perspectives on Demography in the Twentieth Century. New York 2014

Harre, Angela: Der rumänische Agrarismus. Zwischen Massenmobilisierung und geraubter Hoffnung, in: Jajeśniak-Quast, Dagmara [u. a.] (Hrsg.): Soziale Konflikte und nationale Grenzen in Ostmitteleuropa. Berlin 2006, S. 143–155

Harre, Angela: Mihail Manoilescu. Biografía de un economista nacional [Mihail Manoilescu. Biographie eines Nationalökonomens], in: EmpResas poLíticas 4, 5/2006, S. 71–86

Harre, Angela: Wege in die Moderne. Entwicklungsstrategien rumänischer Ökonomen im 19. und 20. Jahrhundert. Wiesbaden 2009

Harvey, David: Population, Resources, and the Ideology of Science, in: Economic Geography 50, 3/1974, S. 256–277

Harwood, Jonathan: National Styles in Science: Genetics in Germany and the United States between the World Wars, in: Isis 78, 3/1987, S. 390–414

Harwood, Jonathan: Europe's Green Revolution and Others Since. The Rise and Fall of Peasant-Friendly Plant Breeding. London 2012

Harzig, Christiane/Hoerder, Dirk: What is Migration History? New York 2009

Hass, Gerhart/Schumann, Wolfgang (Hrsg.): Anatomie der Aggression. Berlin 1972

Haupt, Heinz-Gerhard/Kocka, Jürgen (Hrsg.): Comparative and transnational history: Central European approaches and new perspectives. New York/Oxford 2009

Hausjell, Fritz: Otto Schulmeister 70: Materialien zur Vergangenheit, in: Medien und Zeit 1, 1–2/1986, S. 75–85

Hausleitner, Mariana: Die Rumänisierung der Bukowina. Die Durchsetzung des nationalstaatlichen Anspruchs Grossrumäniens 1918–1944. München 2001

Hausleitner, Mariana (Hrsg.): Rumänien und der Holocaust. Zu den Massenverbrechen in Transnistrien 1941–1944. Berlin 2001

Hausmann, Frank-Rutger: „Auch im Krieg schweigen die Musen nicht". Die deutschen wissenschaftlichen Institute im Zweiten Weltkrieg. Göttingen 2002 [2001]

Hecker, Hans: Die Tat und ihr Osteuropa-Bild 1909–1939. Köln 1974

Hehn, Paul N.: A Low Dishonest Decade. The Great Powers, Eastern Europe, and the Economic Origins of World War II, 1930–1941. New York/London 2002

Heim, Susanne/Aly, Götz: Sozialplanung und Völkermord. Thesen zur Herrschaftsrationalität der nationalsozialistischen Vernichtungspolitik, in: Schneider, Wolfgang (Hrsg.): „Vernichtungspolitik": eine Debatte über den Zusammenhang von Sozialpolitik und Genozid im nationalsozialistischen Deutschland. Hamburg 1991, S. 11–23

Heim, Susanne/Schaz, Ulrike: „Das Revolutionärste, was die Vereinigten Staaten je gemacht haben". Vom Aufstieg des Überbevölkerungsdogmas, in: Wichterich, Christa (Hrsg.): Menschen nach Maß. Bevölkerungspolitik in Nord und Süd. Göttingen 1994, S. 129–150

Heim, Susanne/Schaz, Ulrike: Berechnung und Beschwörung: Überbevölkerung – Kritik einer Debatte. Berlin 1996

Heim, Susanne: Kalorien, Kautschuk, Karrieren: Pflanzenzüchtung und landwirtschaftliche Forschung in Kaiser-Wilhelm-Instituten 1933 bis 1945. Göttingen 2003

Heinelt, Peer: Portrait eines Schreibtischtäters: Franz Ronneberger (1913–1999), in: Duchkowitsch, Wolfgang/Hausjell, Fritz/Semrad, Bernd (Hrsg.): Die Spirale des Schweigens. Zum Umgang mit der nationalsozialistischen Zeitungswissenschaft. Münster 2004, S. 193–217

Heinen, Armin: Die Legion „Erzengel Michael" in Rumänien: soziale Bewegung und politische Organisation; ein Beitrag zum Problem des internationalen Faschismus. München 1986

Heinen, Armin: Rumänien, der Holocaust und die Logik der Gewalt. München 2007

Heitmann, Klaus: Das Rumänenbild im deutschen Sprachraum 1775–1918. Köln/Wien 1985

Henßler, Patrick/Schmid, Josef: Bevölkerungswissenschaft im Werden: die geistigen Grundlagen der deutschen Bevölkerungssoziologie. Wiesbaden 2007

Henriksen, Ingrid: The contribution of agriculture to economic growth in Denmark, 1870–1939, in: Lains, Pedro/Pinilla, Vincente (Hrsg.): Agriculture and economic development in Europe since 1870. London [u. a.] 2009, S. 117–147

Heppner, Harald: Modernisierung der Politik als Strukturproblem in Südosteuropa, in: Österreichische Osthefte 37, 3/1995, S. 717–746

Herb, Guntram Henrik: Under the map of Germany: Nationalism and propaganda 1918–1945. London [u. a.] 1997

Herbert, Ulrich: Fremdarbeiter. Politik und Praxis des „Ausländer-Einsatzes" in der Kriegswirtschaft des Dritten Reiches. Berlin/Bonn 1985

Herbert, Ulrich: Der „Ausländereinsatz". Fremdarbeiter und Kriegsgefangene in Deutschland 1939–1945 – ein Überblick, in: Aly, Götz [u. a.] (Hrsg.): Herrenmensch und Arbeitsvölker. Ausländische Arbeiter und Deutsche 1939–1945. Berlin 1986, S. 13–54

Hilger, Susanne/Landwehr, Achim: Zur Einführung. Wirtschaft – Kultur – Geschichte: Stationen einer Annäherung, in: Dies. (Hrsg.): Wirtschaft – Kultur – Geschichte: Positionen und Perspektiven. Stuttgart 2011, S. 7–26

Hillgruber, Andreas: Hitler, König Carol und Marschall Antonescu. Die deutsch-rumänischen Beziehungen 1938–1944. Wiesbaden 1954

Hirschon, Renée (Hrsg.): Crossing the Aegean. An appraisal of the 1923 compulsory population exchange between Greece and Turkey. New York [u. a.] 2004

Hirte, Katrin: Die deutsche Agrarpolitik und Agrarökonomik. Entstehung und Wandel zweier ambivalenter Disziplinen. Wiesbaden 2019

Hitchins, Keith: Romania, in: The American Historical Review 97, 4/1992, S. 1064–1083

Hitchins, Keith: Rumania 1866–1947. Oxford 1994

Hitchins, Keith: The Identity of Romania. Bukarest 2003

Hodgson, Dennis: Demography as Social Science and Policy Science, in: Population and Development Review 9, 1/1983, S. 1–34

Hoensch, Jörg K.: Nationalsozialistische Europapläne im Zweiten Weltkrieg, in: Plaschka, Richard [u. a.] (Hrsg.): Mitteleuropa-Konzeptionen in der ersten Hälfte des 20. Jahrhunderts. Wien 1995, S. 307–325

Hoffmann, David L.: Mothers in the Motherland: Stalinist Pronatalism in Its Pan-European Context, in: Journal of Social History 34, 1/2000, S. 35–54

Hoffman, George: The Problem of the Underdeveloped Regions in Southeast Europe: A Comparative Analysis of Romania, Yugoslavia, and Greece, in: Annals of the Association of American Geographers 57, 4/1967, S. 637–666

Hollander, Ethan J.: The Final Solution in Bulgaria and Romania: A Comparative Perspective, in: East European Politics and Societies 22, 2/2008, S. 203–248

Hollmann, Michael [Bearb.]: Die Kabinettsprotokolle der Bundesregierung/Kabinettsausschuß für Wirtschaft Band 2: 1954–1955. München 2000

Holubec, Stanislaw/Borodziej, Włodzimierz /Puttkamer, Joachim von: Introduction, in: Dies. (Hrsg.): Mastery and Lost Illusions. Space and Time in the Modernization of Eastern and Central Europe. München 2014, S. 1–14

Höpfner, Hans-Paul: Deutsche Südosteuropapolitik in der Weimarer Republik. Frankfurt am Main [u. a.] 1983

Höpken, Wolfgang: Flucht vor dem Kreuz? Muslimische Emigration aus Südosteuropa nach dem Ende der Osmanischen Herrschaft (19./20. Jahrhundert), in: Ders. (Hrsg.): Zwangsmigrationen in Mittel- und Südosteuropa (Comparativ 6, 1/1996). Leipzig 1996, S. 1–24

Höpken, Wolfgang/Sundhaussen, Holm (Hrsg.): Eliten in Südosteuropa. Rolle, Kontinuitäten, Brüche in Geschichte und Gegenwart. München 1998

Höpken, Wolfgang: Die „fehlende Klasse"? Bürgertum in Südosteuropa im 19. und 20. Jahrhundert, in: Dahlmann, Dittmar/Kosanović, Milan/Gašić, Ranka/Ristović, Milan (Hrsg.): Clio im südosteuropäischen Diskurs. Bonn 2007, S. 77–117

Hopkins, Terence K./Wallerstein, Immanuel: Grundzüge der Entwicklung des modernen Weltsystems. Entwurf für ein Forschungsvorhaben, in: Senghaas, Dieter (Hrsg.): Kapitalistische Weltökonomie: Kontroversen über ihren Ursprung und ihre Entwicklungsdynamik. Frankfurt am Main 1979, S. 151–200

Hoppe, Hans-Joachim: Bulgarien, Hitlers eigenwilliger Verbündeter. Eine Fallstudie zur nationalsozialistischen Südosteuropapolitik. Stuttgart 1979

Hoptner, J[acob] B.: Yugoslavia in crisis 1934–1941. New York/London 1962
Hummel, Diana: Der Bevölkerungsdiskurs. Demographisches Wissen und politische Macht. Opladen 2000
Hüntelman, Axel C.: Statistics, nationhood and the state, in: The Population Knowledge Network (Hrsg.): Twentieth Century Population Thinking. London/New York 2016, S. 11–36
Hürter, Johannes: Die Wehrmacht vor Leningrad. Krieg und Besatzungspolitik der 18. Armee im Herbst und Winter 1941/42, in: Vierteljahrshefte für Zeitgeschichte 49, 3/2001, S. 377–440
Imbusch, Peter: „Überflüssige". Historische Deutungsmuster und potentielle Universalität eines Begriffs, in Bude, Heinz/Willisch, Andreas (Hrsg.): Exklusion. Die Debatte über die „Überflüssigen". Frankfurt am Main 2008, S. 195–212
Innerhofer, Ian: „Agrarische Übervölkerung" in Südosteuropa. Zur Konstruktion eines Problems bei Otto Frangeš und Rudolf Bićanić (1931–1941), in: Sachse, Carola (Hrsg.): „Mitteleuropa" und „Südosteuropa" als Planungsraum. Wirtschafts- und kulturpolitische Expertisen im Zeitalter der Weltkriege. Göttingen 2010, S. 262–289
Impekoven, Holger: Die Alexander von Humboldt-Stiftung und das Ausländerstudium in Deutschland 1925–1945. Göttingen 2013
Ipsen, Carl: Dictating demography. The problem of population in fascist Italy. New York 1996
Isić, Momčilo: Sitnoposedništvo kao kočnica ekonomske modernizacije Srbije u prvoj polovini XX veka [Der Kleinbesitz als Bremse der wirtschaftlichen Modernisierung Serbiens in der ersten Hälfte des 20. Jahrhunderts], in: Perović, Latinka/Obradović, Marija/Stojanović, Dubravka (Hrsg.): Srbija u modernizacijskim procesima XX veka. Belgrad 1994, S. 101–111
Isić, Momčilo: Seljaštvo u Srbiji 1918–1941. Knjiga prva: Socijalno-ekonomski položaj seljaštva, Tom drugi [Die Bauernschaft in Serbien 1918–1941. Erstes Buch: Die sozioökonomische Lage, Zweiter Band]. Belgrad 2001
Isić, Momčilo: Seljanka u Srbiji u prvoj polovini 20. veka [Die Bäuerin in Serbien in der ersten Hälfte des 20. Jahrhunderts]. Belgrad 2008
Isić, Momčilo: Seljaštvo u Srbiji 1918–1941. Knjiga 2: Prosvetno-kulturni i verski život [Die Bauernschaft in Serbien 1918–1941. Buch 2: Das bildungs-kulturelle und religiöse Leben]. Belgrad 2009
Ivanov, Martin: The Impact of the Great Depression on the Bulgarian Economy, in: Bulgarian Historical Review 32, 3–4/2004, S. 86–115
Ivanov, Martin/Tooze, Adam: Convergence or Decline on Europe's Southeastern Periphery? Agriculture, Population, and GNP in Bulgaria, 1892–1945, in: The Journal of Economic History 67, 2007, S. 672–703
Iyer, Samantha: Colonial Population and the Idea of Development, in: Comparative Studies in Society and History 55, 1/2013, S. 65–91

Jachertz, Ruth/Nützenadel, Alexander: Coping with hunger? Visions of a global food system, 1930–1960, in: Journal of Global History 6, 1/2011, S. 99–119

Jackson, Marvin R./Lampe, John R.: The Evidence of Industrial Growth in Southeastern Europe before the Second World War, in: East European Quarterly 16, 4/1983, S. 385–415

Jackson, Marvin R.: Agricultural Output in Southeastern Europe, 1910–1938, in: ACES Bulletin 24, 4/1982, S. 49–87

Jackson, Marvin R.: Comparing the Balkan Demographic Experience 1860 to 1970, in: The Journal of European Economic History 14, 2/1985, S. 223–272

Jakir, Aleksandar: Dalmatien zwischen den Weltkriegen. Agrarische und urbane Lebenswelt und das Scheitern der jugoslawischen Integration. München 1999

James, Patricia: Population Malthus: His Life and Times. London 1979

Janjetović, Zoran: Deca careva, pastorčad kraljeva. Nacionalne manjine u Jugoslaviji 1918–1941 [Emperor's Children, King's Stepchildren. National minorities in Yugoslavia 1918–1941]. Belgrad 2005

Janjetović, Zoran: Arbeitskräfterekrutierung und Zwangsarbeit im Militärverwaltungsgebiet Serbien 1941–1944, in: Dierl, Florian/Janjetović, Zoran/Linne, Karsten: Pflicht, Zwang und Gewalt. Essen 2013, S. 317–442

Janos, Andrew C.: East Central Europe in the Modern World. The Politics of the Borderlands from Pre- to Postcommunism. Stanford 2000

Janssen, Hauke: Nationalökonomie und Nationalsozialismus. Marburg 2009 [1998]

Jelavich, Charles/Jelavich, Barbara: The Balkans. New Jersey 1965

Johnson, D. Gale: Population, Food, and Knowledge, in: The American Economic Review 90, 1/2000, S. 1–14

Jones, Elizabeth Bright: Gender and Rural Modernity. Farm Women and the Politics of Labor in Germany, 1871–1933. Farnham/Burlington 2009

Jónsson, Guðmundur: The Impossible Dream. Transferring the Danish Agricultural Model to Iceland, in: Guirao, Fernando/ Lynch, France M. B./Ramírez Pérez, Sigfrido M. (Hrsg.): Alan S. Milward and a century of European change. New York [u. a.] 2012, S. 206–220

Jovanović, Vladan: Interministerijalna konferencija Kraljevine Jugoslavije o iseljenju "neslovenskog elementa u Tursku" (1935) [Interministerielle Konferenz des Königreichs Jugoslawien über die Aussiedlung "nichtslawischer Elemente in die Türkei" (1935)], in: Prilozi 35, 2006, S. 105–124

Jovanović, Žarko: Poljoprivreda Srbije u ratu 1941–1945 [Die Landwirtschaft Serbiens im Krieg 1941–1945], in: Perović, Latinka/Obradović, Marija/Stojanović, Dubravka (Hrsg.): Srbija u modernizacijskim procesima XX veka. Belgrad 1994, S. 143–150

Jureit, Ulrike: Das Ordnen von Räumen. Territorium und Lebensraum im 19. und 20. Jahrhundert. Hamburg 2012

Kahrs, Horst: Von der „Großraumwirtschaft" zur „Neuen Ordnung": Zur strategischen Orientierung der deutschen Eliten 1932–1943, in: Aly, Götz [u. a.] (Hrsg.): Modelle für ein deutsches Europa. Ökonomie und Herrschaft im Großwirtschaftsraum, Berlin 1992, S. 9–28

Kaiser, David E.: Economic diplomacy and the origins of the Second World War. Germany, Britain, France, and Eastern Europe, 1930–1939. Princeton 1980

Kaser, Karl: Familie und Verwandtschaft auf dem Balkan. Wien [u. a.] 1995

Kaser, Karl: Südosteuropäische Geschichte und Geschichtswissenschaft. Wien/Köln/Weimar 2002 [1990]

Kaser, Karl/Gramshammer-Hohl, Dagmar/Pichler, Robert (Hrsg.): Europa und die Grenzen im Kopf. Klagenfurt [u. a.] 2003

Kaser, Karl: Balkan und Naher Osten. Einführung in eine gemeinsame Geschichte. Wien [u. a.] 2011

Kasmi, Marenglen: Die deutsch-albanischen Beziehungen 1912–1939, in Zeitschrift für Balkanologie 49, 1/2013, S. 60–85

Kaupen-Haas, Heidrun/Saller, Christian (Hrsg.): Wissenschaftlicher Rassismus: Analysen einer Kontinuität in den Human- und Naturwissenschaften. Frankfurt am Main 1999

Kavas, Serap: Discourses of Demographic Change and Population Policies in Turkey in The Twentieth Century, in: Demográfia English Edition 57, 5/2014, S. 91–112

Kay, Alex J.: Exploitation, Resettlement, Mass Murder. Political and Economic Planning for German Occupation Policy in the Soviet Union, 1940–1941. New York/Oxford 2011 [2006]

Keiper, Gerhard/Kröger, Martin: Biographisches Handbuch des deutschen Auswärtigen Dienstes 1871–1945. Band 2: G-K. Paderborn [u. a.] 2005

Keyder, Caglar: The definition of a peripheral economy: Turkey 1923–1929. Cambridge 1981

Kegler, Karl R.: Ordnung aus dem Geist der Krise. Raumordnung als „Völkische Planwirtschaft“ nach 1933, in: Fahlbusch, Michael/Haar, Ingo (Hrsg.): Völkische Wissenschaften und Politikberatung im 20. Jahrhundert. Expertise und „Neuordnung“ Europas. Paderborn [u. a.] 2010, S. 119–136

Keyfitz, Nathan: The Social and Political Context of Population Forecasting, in: Alonso, William/Starr, Paul (Hrsg.): The Politics of Numbers. New York 1987, S. 235–258

Kiesewetter, Hubert: Julius Wolf 1862–1937 – zwischen Judentum und Nationalsozialismus: eine wissenschaftliche Biographie. Stuttgart 2008

Kisić-Kolanović, Nada: Mladen Lorković – ministar urotnik [Mladen Lorković – Minister Verschwörer]. Zagreb 1998

Kletzin, Birgit: Europa aus Rasse und Raum: die nationalsozialistische Idee der neuen Ordnung. Münster 2000

Klingemann, Carsten: Soziologie im Dritten Reich. Baden-Baden 1996

Klingemann, Carsten: Soziologie und Politik. Sozialwissenschaftliches Expertenwissen im Dritten Reich und in der frühen westdeutschen Nachkriegszeit. Wiesbaden 2009

Kolar-Dimitrijević, Mira: Nezaposlenost u Hrvatskoj od vremena velike svjetske krize i javni radovi [Unemployment in Croatia from the times of the great depression and public demanded public works], in: Ekonomska i ekohistorija 1, 1/2005, S. 101–114

Koljanin, Milan: Jevreji i antisemitizam u Kraljevini Jugoslaviji 1918–1941 [Juden und Antisemitismus im Königreich Jugoslawien 1918–1941]. Belgrad 2008

Kollmeier, Kathrin: Begriffsgeschichte und Historische Semantik, in: Docupedia-Zeitgeschichte 2012, http://docupedia.de/zg/kollmeier_begriffsgeschichte_v2_de_2012

Kopsidis, Michael/Fertig, Georg: Agrarwachstum und bäuerliche Ökonomie 1640–1880. Neue Ansätze zwischen Entwicklungsökonomie, historischer Anthropologie und Demographie, in: Zeitschrift für Agrargeschichte und Agrarsoziologie 52, 1/2004, S. 11–22

Korb, Alexander: Im Schatten des Weltkriegs. Massengewalt der Ustaša gegen Serben, Juden und Roma in Kroatien 1941–1945. Hamburg 2013

Korbuly, Deszö: Ungarn im wirtschaftlichen „Lebensraum" des Dritten Reiches, in: Der Donauraum 1–2/1975, S. 176–185

Körner, Heike: Carl Brinkmann. Eine wissenschaftsbiographische Skizze, in: Blomert, Reinhard/Esslinger, Hans Ulrich/Giovannini, Norbert (Hrsg.): Heidelberger Sozial- und Staatswissenschaften. Das Institut für Sozial- und Staatswissenschaften zwischen 1918 und 1958. Marburg 1997, S. 159–165

Koselleck, Reinhart: Einleitung, in: Koselleck, Reinhart/Conze, Werner/Brunner, Otto (Hrsg.): Geschichtliche Grundbegriffe. Historisches Lexikon zur politisch-sozialen Sprache in Deutschland. Band 1. Stuttgart 1972, S. XIII–XXVII

Kosinski, Leszek Antoni: Population Censuses in East-Central Europe in the Twentieth Century, in: East European Quarterly 5, 3/1971, S. 279–301

Köster, Roman: Die Wissenschaft der Außenseiter. Die Krise der Nationalökonomie in der Weimarer Republik. Göttingen 2011

Kott, Sandrine: Fighting the War or Preparing for Peace? The ILO during the Second World War, in: Journal of Modern European History 12, 3/2014, S. 359–376

Köymen, Oya: Charakter und Dynamik des Wandels in der türkischen Landwirtschaft zwischen den beiden Weltkriegen, in: Schatkowski Schilcher, Linda (Hrsg.): Der Nahe Osten in der Zwischenkriegszeit 1919–1939. Die Interdependenz von Politik, Wirtschaft und Ideologie. Stuttgart 1989, S. 203–221

Krassnitzer, Patrick/Overath, Petra (Hrsg.): Bevölkerungsfragen: Prozesse des Wissenstransfers in Deutschland und Frankreich (1870–1939). Köln/Weimar/Wien 2007

Kristinsson, Axel: Productivity and Population in Pre-Industrial Iceland, in: Sigurðsson, Ingi/Skaptason, Jón (Hrsg.): Aspects of Arctic and Sub-arctic history. Proceedings of the International Congress on the History of the Arctic and Sub-Arctic Region, Reykjavík, 18–21 June 1998, S. 270–278

Kröhnert, Steffen: Demografische Faktoren bei der Entstehung gewaltsamer Konflikte. Eine empirische Untersuchung für den Zeitraum von 1950 bis 2000, in: Zeitschrift für Soziologie 35, 2/2006, S. 120–143

Krüger, Peter: Wirtschaftliche Mitteleuropapläne in Deutschland zwischen den Weltkriegen, in: Plaschka, Richard [u. a.] (Hrsg.): Mitteleuropa-Konzeptionen in der ersten Hälfte des 20. Jahrhunderts. Wien 1995, S. 283–303

Kühl, Joachim: Föderationspläne im Donauraum und in Ostmitteleuropa. München 1958

Kühl, Stefan: Die Internationale der Rassisten. Aufstieg und Niedergang der internationalen Bewegung für Eugenik und Rassenhygiene im 20. Jahrhundert. Frankfurt am Main [u. a.] 1997

Kukoleča, Stevan: Analiza privrede Jugoslavije pred drugi svetski rat [Analyse der Wirtschaft Jugoslawiens vor dem Zweiten Weltkrieg]. Belgrad 1956

Labbé, Morgane: "Reproduction" as a New Demographic Issue in Interwar Poland, in: Hartmann, Heinrich/Unger, Corinna R. (Hrsg.): A World of Populations. Transnational Perspectives on Demography in the Twentieth Century. New York 2014, S. 36–57

Lains, Pedro: Southern European Economic Backwardness Revisited: The Role of Open Economy Forces in Portugal and the Balkans, 1870–1913, in: Scandinavian Economic History Review 50, 1/2002, S. 24–43

Lains, Pedro: The Burden of Backwardness. The Limits to Economic Growth in the European Periphery, 1830–1930, in: Guirao, Fernando [u. a.] (Hrsg.): Alan S. Milward and a century of European change. New York [u. a.] 2012, S. 221–239

Lakatos, Imre/Musgrave, Alan (Hrsg.): Kritik und Erkenntnisfortschritt. Braunschweig 1974 [1970]

Lampe, John R.: Unifying the Yugoslav Economy, 1918–1921: Misery and Early Misunderstandings, in: Dordević, Dimitrije (Hrsg.): The creation of Yugoslavia 1914–1918. Santa Barbara 1980, S. 139–156

Lampe, John R./Jackson, Marvin: Balkan economic history, 1550–1950. From Imperial Borderlands to Developing Nations. Bloomington 1982

Lampe, John R.: The Bulgarian Economy in the Twentieth Century. London/Sydney 1986

Lampe, John R.: Belated Balkan Modernization and the Consequences for Communist Power, 1918–1948, in: Schönfeld, Roland (Hrsg.): Industrialisierung und gesellschaftlicher Wandel in Südosteuropa. München 1989, S. 21–44

Lampe, John R.: Belated Modernization in Comparison: Development in Yugoslavia and Bulgaria to 1948, in: Augustinos, Gerasimos (Hrsg.): Diverse paths to modernity in southeastern Europe: Essays in national development. New York 1991, S. 33–55

Langthaler, Ernst: Landwirtschaft in der Globalisierung (1870–2000), in: Cerman, Markus/Steffelbauer, Ilja/Tost, Sven (Hrsg.): Agrarrevolutionen. Verhältnisse in der Landwirtschaft vom Neolithikum zur Globalisierung. Innsbruck [u. a.] 2008, S. 249–270

Langthaler, Ernst: Schlachtfelder. Alltägliches Wirtschaften in der nationalsozialistischen Agrargesellschaft 1938–1945. Wien/Köln/Weimar 2016

Laqua, Daniel: Transnational intellectual cooperation, the League of Nations, and the problem of order, in: Journal of Global History 6, 1/2011, S. 223–247

Lausecker, Werner: "Bevölkerung"/"Innovation"/Geschichtswissenschaften, in: Mackensen, Rainer/Reulecke, Jürgen (Hrsg.): Das Konstrukt „Bevölkerung" vor, im und nach dem „Dritten Reich". Wiesbaden 2005, S. 201–235

Lausecker, Werner: „Übervölkerungs"konstruktionen in der deutschen Bevölkerungsgeschichte und Paul Momberts Kritik 1933. Eine Fallstudie zur Produktion und Dekonstruktion wissenschaftlicher Mythen 1929–1976, in: Ehmer, Josef/Lausecker, Werner/

Pinwinkler, Alexander (Hrsg.): Bevölkerungskonstruktionen in Geschichte, Sozialwissenschaften und Politiken des 20. Jahrhunderts. Transdisziplinäre und internationale Perspektiven. Köln 2006, S. 131–147

Lausecker, Werner: Paul Mombert und die „Vordenker der Vernichtung". Eine Skizze zu Frage nach Zusammenhängen von „Bevölkerungs"konstruktionen und *Social Engineering* im Nationalsozialismus, in: Ehmer, Josef/Ferdinand, Ursula/Reulecke, Jürgen (Hrsg.): Herausforderung Bevölkerung. Zu Entwicklungen des modernen Denkens über die Bevölkerung vor, im und nach dem „Dritten Reich". Wiesbaden 2007, S. 333–340

Lehmann, Joachim: Herbert Backe – Technokrat und Agrarideologe, in: Smelser, Ronald/Syring, Enrico/ Zitelmann, Rainer (Hrsg.): Die braune Elite II. Darmstadt 1993, S. 1–12

Lehmkuhl, Ursula: Zeit und Raum als Kategorien der Umweltgeschichte, in: Hermann, Bernd (Hrsg.): Beiträge zum Göttinger Umwelthistorischen Kolloquium 2004–2006. Göttingen 2007, S. 117–140

Leendertz, Ariane: Ordnung schaffen. Deutsche Raumplanung im 20. Jahrhundert. Göttingen 2008

Leendertz, Ariane: Experten – Dynamiken zwischen Wissenschaft und Politik, in: Reinecke, Christiane/Mergel, Thomas: Das Soziale ordnen. Sozialwissenschaften und gesellschaftliche Ungleichheit im 20. Jahrhundert. Frankfurt am Main [u. a.] 2012, S. 337–369

Lengwiler, Martin: Vom Übervölkerungs- zum Überalterungsparadigma, in: Barlösius, Eva/Schiek, Daniela (Hrsg.): Demographisierung des Gesellschaftlichen. Wiesbaden 2007, S. 187–204

Lerp, Dörte: Imperiale Grenzräume. Bevölkerungspolitiken in Deutsch-Südwestafrika und den östlichen Provinzen Preußens 1884–1914. Frankfurt am Main 2016

Lévi-Strauss, Claude: Der Blick aus der Ferne. München 1985 [1983]

Lindner, Rolf: „Unterschicht". Eine Gespensterdebatte, in: Lindner, Rolf (Hrsg.): Unterschicht. Kulturwissenschaftliche Erkundungen der „Armen" in Geschichte und Gegenwart. Wien [u. a.] 2008, S. 9–17

Livezeanu, Irina: Cultural politics in Greater Romania. Ithaca [u. a.] 1995

Love, Joseph L.: Manoilescu, Prebisch, and the Thesis of Unequal Change, in: Rumanian Studies 5, 1980–1986, S. 125–133

Love, Joseph L.: Crafting the Third World. Theorizing Underdevelopment in Rumania and Brazil. Stanford 1996

Lucassen, Jan/Lucassen, Leo (Hrsg.): Migration, Migration History, History. Old Paradigms and New Perspectives. Bern 1997

Lucassen, Leo: Towards a Comparative History of Migration and Membership in Southeast Europe (1500–1900), in: Ethnologia Balkanica 13, 2009, S. 11–41

Lukač, Dušan: Treći Rajh i zemlje jugoistočne Evrope I, 1933–1936 [Das Dritte Reich und die Länder Südosteuropas I, 1933–1936]. Belgrad 1982

Lukač, Dušan: Treći Rajh i zemlje jugoistočne Evrope II, 1937–1941 [Das Dritte Reich und die Länder Südosteuropas II, 1937–1941]. Belgrad 1982

Lukač, Dušan: Treći Rajh i zemlje jugoistočne Evrope III, 1941–1945 [Das Dritte Reich und die Länder Südosteuropas III, 1941–1945]. Belgrad 1987

Lukas, Zdenek/Pöschl, Josef: Die Landwirtschaft des südöstlichen Donauraums und der Türkei, in: Osteuropa-Wirtschaft 52, 3/2007, S. 280–296

Luković, Jovica: Sozialismus als bäuerliche Zukunft. Ideologische Grundlagen des linken Agrarismus in Jugoslawien in der Zwischenkriegszeit, in: Müller, Dietmar/Harre, Angela (Hrsg.): Agrarian Property and Agrarianism in East Central Europe in the Nineteenth and Twentieth Centuries. Innsbruck [u. a.] 2010, S. 114–148

Lüthi, Barbara: Invading Bodies. Medizin und Immigration in den USA 1880–1920. Frankfurt am Main 2009

Maasen, Sabine/Weingart, Peter: Metaphors and the dynamics of knowledge. London/New York 2000

Mackenroth, Gerhard: Bevölkerungslehre: Theorie, Soziologie und Statistik der Bevölkerung. Berlin 1953

Mackensen, Rainer (Hrsg.): Bevölkerungsfragen auf Abwegen der Wissenschaften. Opladen 1998

Mackensen, Rainer (Hrsg.): Bevölkerungslehre und Bevölkerungspolitik vor 1933. Opladen 2002

Mackensen, Rainer (Hrsg.): Bevölkerungslehre und Bevölkerungspolitik im „Dritten Reich". Opladen 2004

Mackensen, Rainer/Reulecke, Jürgen (Hrsg.): Das Konstrukt „Bevölkerung" vor, im und nach dem „Dritten Reich". Wiesbaden 2005

Mackensen, Rainer (Hrsg.): Bevölkerungsforschung und Politik in Deutschland im 20. Jahrhundert. Wiesbaden 2006

Mackensen, Rainer/Reulecke, Jürgen/Ehmer, Josef (Hrsg.): Ursprünge, Arten und Folgen des Konstrukts „Bevölkerung" vor, im und nach dem „Dritten Reich": zur Geschichte der deutschen Bevölkerungswissenschaft. Wiesbaden 2009

Mai, Gunther: Die Agrarische Transition. Agrarische Gesellschaften in Europa und die Herausforderungen der industriellen Moderne im 19. und 20. Jahrhundert, in: Geschichte und Gesellschaft 33, 4/2007, S. 471–514

Mai, Uwe: „Rasse und Raum": Agrarpolitik, Sozial- und Raumplanung im NS-Staat. Paderborn 2002

Mai, Uwe: Die „Scholle" als „Blutsquell". Ländliche Siedlung als Sozial- und Rassenpolitik im nationalsozialistischen Deutschland 1933–1939, in: Langthaler, Ernst (Hrsg.): Reguliertes Land. Agrarpolitik in Deutschland, Österreich und der Schweiz 1930–1960. Innsbruck/Wien/Bozen 2005, S. 28–37

Mai, Uwe: „Neustrukturierung des deutschen Volkes". Wissenschaft und soziale Neuordnung im nationalsozialistischen Deutschland 1933–1945, in: Heinemann, Isabel/Wagner, Patrick (Hrsg.): Wissenschaft – Planung – Vertreibung: Neuordnungskonzepte und Umsiedlungspolitik im 20. Jahrhundert. Stuttgart 2006, S. 73–92

Malović, Ilija: Eugenika kao ideološki sastojak fašizma u Srbiji 1930-ih godina XX veka [Eugenics as Ideological Component of Fascism in Serbia in the 1930s], in: Sociologija 50, 1/2008, S. 79–96

Manning, Patrick: Migration in world history. New York [u. a.] 2005

Marjanen, Jani: Undermining Methodological Nationalism. Histoire croisée of Concepts as Transnational History, in: Albert, Mathias [u. a.] (Hrsg.): Transnational Political Spaces. Agents – Structures – Encounters. Frankfurt am Main 2009, S. 239–263

Markov, Georgi: Bălgaro-germanskite otnošenija 1931–1939 [Die bulgarisch-deutschen Beziehungen 1931–1939]. Sofia 1984

Mattl, Siegfried/Stuhlpfarrer, Karl: Angewandte Wissenschaft im Nationalsozialismus. Großraumphantasien, Geopolitik, Wissenschaftspolitik, in: Heiß, Gernot [u. a.] (Hrsg.): Willfährige Wissenschaft. Die Universität Wien 1938 bis 1945. Wien 1989, S. 283–301

Mayer, Martin: Elementarbildung in Jugoslawien (1918–1941). Ein Beitrag zur gesellschaftlichen Modernisierung. München 1995

Mazower, Mark: Der dunkle Kontinent. Europa im 20. Jahrhundert. Berlin 2000 [1998]

Medenica, Spasoje: Privredni Razvitak Crne Gore 1918–1941 [Die Wirtschaftsentwicklung Montenegros 1918–1941]. Podgorica 2007

Mehring, Reinhard: Carl Schmitt. Aufstieg und Fall. Eine Biographie. München 2009

Melegh, Attila: On the east-west slope. Globalization, nationalism, racism and discourses on Central and Eastern Europe. New York 2006

Melegh, Attila: Between Global and Local Hierarchies: Population Management in the First Half of the Twentieth Century, in: Demográfia English Edition 53, 5/2010, S. 51–77

Melegh, Attila: Historical Demography, in: Mishkova, Diana/Trencsényi, Balázs (Hrsg.): European Regions and Boundaries: A Conceptual History. New York/Oxford 2017, S. 300–321

Merl, Stephan: Bauern unter Stalin. Die Formierung des sowjetischen Kolchossystems 1930–1941. Berlin 1990

Mesner, Maria: Geburten/Kontrolle. Reproduktionspolitik im 20. Jahrhundert. Wien [u. a.] 2010

Mespoulet, Martine: Die Bevölkerung zählen und klassifizieren. Die demografischen Volkszählungen in der UdSSR (1920–1989), in: Overath, Petra (Hrsg): Die vergangene Zukunft Europas: Bevölkerungsforschung und -prognosen im 20. und 21. Jahrhundert. Köln/Weimar/Wien 2011, S. 269–295

Meusburger, Peter/Gregory, Derek/Suarsana, Laura (Hrsg.): Geographies of Knowledge and Power. Dordrecht [u. a.] 2015

Meyer, Henry Cord: Mitteleuropa in German thought and action 1815–1945. Den Haag 1955

Meyer, Henry Cord: Drang nach Osten. Fortunes of a slogan-concept in German-Slavic relations 1849–1990. Bern [u. a.] 1996

Middell, Matthias: Weltgeschichtsschreibung im Zeitalter der Verfachlichung und Professionalisierung. Das Leipziger Institut für Kultur- und Universalgeschichte 1890–1990. Bd. 2. Leipzig 2005

Milak, Enes: Italija i Jugoslavija 1931–1937 [Italien und Jugoslawien 1931–1937]. Belgrad 1987

Miletić, Aleksandar R.: (Extra-)Institutional Practises, Restrictions, and Corruption. Emigration Policy in the Kingdom of Serbs, Croats, and Slovenes (1918–1928), in: Brunnbauer, Ulf/Clewing, Konrad (Hrsg.): Transnational Societies, Transterritorial Politics. Migrations in the (Post-)Yugoslav Region 19th–21st Century. München 2009, S. 95–119

Milošević, Srđan: Identitetski vrednosni konzenzus: Kraljevina SHS kao „seljačka država" [Value Consensus on Identity: Kingdom of the Serbs, Croats and Slovenes as a "Peasant State"], in: Synthesis 1, 1/2009, S. 1–14

Milward, Alan S.: The Reichsmark Bloc and the International Economy, in: Hirschfeld, Gerhard/Kettenacker, Lothar (Hrsg.): Der „Führerstaat": Mythos und Realität. Studien zur Struktur und Politik des Dritten Reiches. Stuttgart 1981, S. 377–413

Mirković, Mijo: Ekonomska struktura Jugoslavije 1918–1941 [Die Wirtschaftsstruktur Jugoslawiens 1918–1941]. Zagreb 1950

Mirković, Mijo: Ekonomska historija Jugoslavije [Die Wirtschaftsgeschichte Jugoslawiens]. Zagreb 1968

Mitrany, David: Marx Against the Peasant. A Study in Social Dogmatism. Chapel Hill 1951

Mitrović, Andrej: Nacistička ideja velikog privrednog prostora i Jugoistočna Evropa (1940) [Die nationalsozialistische Idee des Großwirtschaftsraums in Südosteuropa (1940)], in: Zbornik Filozofskog fakulteta 11, 1/1970, S. 709–731

Mitrović, Andrej: Ergänzungswirtschaft. The Theory of an Integrated Economy Area of the Third Reich and Southeast Europe 1933–1941, in: Morača, Pero (Hrsg.): The Third Reich and Yugoslavia. Belgrad 1977, S. 7–45

Mokyr, Joel: Why Ireland starved: A quantitative and analytical history of the Irish economy, 1800–1850. London [u.a.] 1983

Mouzelis, Nicos: Greek and Bulgarian Peasants: Aspects of Their Sociopolitical Situation during the Interwar Period, in: Comparative Studies in Society and History 18, 1/1976, S. 85–105

Mouzelis, Nicos: Politics in the semi-periphery: early parliamentarism and late industrialisation in the Balkans and Latin America. Basingstoke 1986

Mukerjee, Madhusree: Churchill's secret war: the British Empire and the ravaging of India during World War II. New York 2010

Müller, Dietmar: Agrarpopulismus in Rumänien. Programmatik und Regierungspraxis der Bauernpartei und der Nationalbäuerlichen Partei Rumäniens in der Zwischenkriegszeit. St. Augustin 2001

Müller, Dietmar: Southeastern Europe as a Historical Meso-region: Constructing Space in Twentieth-Century German Historiography, in: European Review of History 10, 2/2003, S. 393–408

Müller, Dietmar: Staatsbürger auf Widerruf. Juden und Muslime als Alteritätspartner im rumänischen und serbischen Nationscode. Ethnonationale Staatsbürgerschaftskonzepte 1878–1941. Wiesbaden 2005

Müller, Dietmar: Landreformen, *Property rights* und ethnische Minderheiten. Ideen- und Institutionengeschichte nachholender Modernisierung und Staatsbildung in Rumänien und Jugoslawien 1918–1948, in: Krauss, Karl-Peter (Hrsg.): Agrarreformen und ethnodemographische Veränderungen. Südosteuropa vom ausgehenden 18. Jahrhundert bis in die Gegenwart. Stuttgart 2009, S. 207–234

Müller, Ernst/Schmieder, Falko: Begriffsgeschichte und historische Semantik. Berlin 2016

Müller, Rolf-Dieter: Der Manager der Kriegswirtschaft: Hans Kehrl: Ein Unternehmer in der Politik des „Dritten Reiches". Essen 1999

Müller, Thomas: Volk und Reich, in: Haar, Ingo/Fahlbusch, Michael (Hrsg.): Handbuch der völkischen Wissenschaften: Personen, Institutionen, Forschungsprogramme, Stiftungen. München 2008, S. 700–704

Müller, Thomas: Imaginierter Westen. Das Konzept des „deutschen Westraums" im völkischen Diskurs zwischen Politischer Romantik und Nationalsozialismus. Bielefeld 2009

Murgescu, Bogdan: The Social Fabric of Agrarian Political Success in Early Twentieth Century East-Central Europe. A Structured Comparison of Stjepan Radić, Antonín Švehla, Alexander Stambolijski and Ion Mihalache, in: Schultz, Helga/Harre, Angela (Hrsg.): Bauerngesellschaften auf dem Weg in die Moderne. Agrarismus in Ostmitteleuropa 1880 bis 1960. Wiesbaden 2010, S. 121–134

Muşat, Raluca: Prototypes for modern living: planning, sociology and the model village in inter-war Romania, in: Social History 40, 2/2015, S. 157–184

Nasarski, Gerlind: Osteuropavorstellungen in der konservativ-revolutionären Publizistik. Analyse der Zeitschrift „Deutsches Volkstum" 1917–1941. Bern/Frankfurt am Main 1974

Nash, Mary: Pronatalism and motherhood in Franco's Spain, in: Bock, Gisela/Thane, Pat (Hrsg.): Maternity and gender policies. Women and the rise of the European welfare states. New York 1994, S. 160–178

Nastasă-Matei, Irina: Studenți din România la universitățile străine în perioada 1919–1944 [Studierende aus Rumänien an ausländischen Universitäten in der Periode 1919–1944], in: Anuarul Institutului de Istorie »George Barițiu« - Series Historica 52, 2013, S. 82–94

Natter, Wolfgang: Umstrittene Konzepte: Raum und Volk bei Karl Haushofer und in der „Zeitschrift für Geopolitik", in: Middell, Matthias/Sommer, Ulrike (Hrsg.): Historische West- und Ostforschung in Zentraleuropa zwischen dem Ersten und dem Zweiten Weltkrieg Verflechtung und Vergleich. Leipzig 2004, S. 1–28

Nenezić, Zoran: Masoni u Jugoslaviji 1764–1980 [Freimaurer in Jugoslawien 1764–1980]. Belgrad 1988

Neun, Oliver: Zum Verhältnis von Ludwik Flecks und Karl Mannheims Wissenssoziologie, in: Endreß, Martin/Lichtblau, Klaus/Moebius, Stephan (Hrsg.): Zyklos 3. Jahrbuch für Theorie und Geschichte der Soziologie. Wiesbaden 2017, S. 71–89

Niculae, Vasile (Hrsg.): Doctrina ţărănistă în România. Antologie de texte [Die agraristische Doktrin in Rumänien. Eine Textsammlung]. Bukarest 1994

Nikolow, Sybilla: Die Nation als statistisches Kollektiv. Bevölkerungskonstruktionen im Kaiserreich und in der Weimarer Republik, in: Jessen, Ralph/Vogel, Jacob (Hrsg.): Wissenschaft und Nation in der europäischen Geschichte. Frankfurt am Main [u. a.] 2002, S. 235–259

Noël, Gilbert: La Société des Nations et les questions agricoles : géométrie variable et flexibilité [Der Völkerbund und die Agrarfragen: variable Geometrie und Flexibilität], in: Schirmann, Sylvain (Hrsg.): Organisations internationales et architectures européennes 1929–1939. Metz 2003, S. 345–366

Nörr, Knut Wolfgang/Schefold, Bertram/Tenbruck, Friedrich (Hrsg.): Geisteswissenschaften zwischen Kaiserreich und Republik: zur Entwicklung von Nationalökonomie, Rechtswissenschaft und Sozialwissenschaft im 20. Jahrhundert. Stuttgart 1994

Nützenadel, Alexander: Landwirtschaft, Staat und Autarkie. Agrarpolitik im faschistischen Italien (1922–1943). Tübingen 1997

O'Brien, D[enis] P.: The longevity of Adam Smiths vision: paradigms, research programmes and falsifiability in the history of economic thought, in: Scottish Journal of Political Economy 23, 2/1976, S. 133–151

O'Brien, John B.: F.L. McDougall and the Origins of the FAO, in: Australian Journal of Politics and History 46, 2/2000, S. 164–174

Oberkrome, Willi: Historiker im „Dritten Reich". Zum Stellenwert volkshistorischer Ansätze zwischen klassischer Politik und neuerer Sozialgeschichte, in: Geschichte in Wissenschaft und Unterricht 50, 1999, S. 74–98

Oberkrome, Willi: Volksgeschichte. Methodische Innovation und völkische Ideologisierung in der deutschen Geschichtswissenschaft 1918–1945. Göttingen 1993

Oberkrome, Willi: Ordnung und Autarkie. Die Geschichte der deutschen Landbauforschung, Agrarökonomie und ländlichen Sozialwissenschaft im Spiegel von Forschungsdienst und DFG (1920–1970). Stuttgart 2009

Offer, Avner: The First World War. An Agrarian Interpretation. Oxford 1989

Okey, Robin: Central Europe / Eastern Europe: Behind the Definitions, in: Past & Present 137, 1992, S. 102–133

Oişteanu, Andrei: Inventing the Jew. Antisemitic stereotypes in Romanian and other Central East-European cultures. Lincoln [u. a.] 2009 [2004]

Orlow, Dietrich: The Nazis in the Balkans. Pittsburgh 1968

O'Rourke, Kevin H.: Late Nineteenth-Century Denmark in an Irish Mirror. Land Tenure, Homogeneity, and the Roots of Danish Success, in: Campbell, John L./Hall, John A./Pedersen, Ove K. (Hrsg.): National Identity and the Varieties of Capitalism: The Danish Experience. Montreal 2006, S. 159–196

Osborne, Thomas/Rose, Nikolas: Populating sociology: Carr-Saunders and the problem of population, in: The Sociological Review 56, 4/2008, S. 552–578

Overath, Petra/Schmidt, Daniel (Hrsg.): Volks-(An)Ordnung. Einschließen, ausschließen, einteilen, aufteilen! Leipzig 2003 (Comparativ 13, 3/2003)

Overath, Petra (Hrsg): Die vergangene Zukunft Europas: Bevölkerungsforschung und -prognosen im 20. und 21. Jahrhundert. Köln/Weimar/Wien 2011

Overath, Petra: Bevölkerungsforschung transnational. Eine Skizze zu Interaktionen zwischen Wissenschaft und Politik am Beispiel der *International Union for the Scientific Study of Population*, in: Overath, Petra (Hrsg): Die vergangene Zukunft Europas: Bevölkerungsforschung und -prognosen im 20. und 21. Jahrhundert. Köln/Weimar/Wien 2011, S. 57–83

Palairet, Michael: The Balkan economies c. 1800–1914. Evolution without development. Cambridge [u. a.] 1997

Pamuk, Şevket: Agriculture and economic development in Turkey, 1870–2000, in: Lains, Pedro/Pinilla, Vincente (Hrsg.): Agriculture and economic development in Europe since 1870. London [u. a.] 2009, S. 375–396

Panu, Mihai A.: The concept of ethnic elite in the interwar Romanian eugenic discourse, in: Institutului de Istorie »George Barițiu« - Series Historica 51, 2012, S. 135–144

Patel, Kiran Klaus: „Soldaten der Arbeit“: Arbeitsdienste in Deutschland und den USA 1933–1945. Göttingen 2003

Pazos, García: Die Moralphilosophie John Stuart Mills: Utilitarismus. Marburg 2001

Pearton, Maurice: Oil and the Romanian state. Oxford 1971

Pejić, Lazar: Ekonomske ideje dr Milana Stojadinovića i balkanski privredni problemi [Die wirtschaftliche Einstellung Dr. Milan Stojadinovićs und die balkanischen Wirtschaftsprobleme], in: Balcanica 7, 1976, S. 241–268

Petersen, Hans-Christian: Bevölkerungsökonomie, Ostforschung, Politik: eine biographische Studie zu Peter-Heinz Seraphim (1902–1979). Osnabrück 2007

Petersen, Hans-Christian: Expertisen für die Praxis. Das Kieler Institut für Weltwirtschaft 1933 bis 1945, in: Cornelissen, Christoph/Mish, Carsten (Hrsg.): Wissenschaft an der Grenze. Die Universität Kiel im Nationalsozialismus. Essen 2009, S. 57–79

Petranović, Branko: Istorija Jugoslavije 1918–1988. Prva Knjiga: Kraljevina Jugoslavija 1914–1941 [Die Geschichte Jugoslawiens 1918–1988. Erstes Buch: Das Königreich Jugoslawien]. Belgrad 1988

Petrović, Nenad: Grad – Evropa – Demokratija: tri jahača apokalipse [Stadt – Europa – Demokratie: drei Reiter der Apokalypse], in: Nova srpska politička misao 9, 1–4/2004, S. 45–66

Petrović, Vladimir: Od borbe protiv bolesti do borbe za očuvanje rase [Vom Kampf gegen die Krankheit zum Kampf für den Erhalt der Rasse], in: Istorija 20. veka 26, 2/2008, S. 466–489

Petrović, Ljubomir: Socijalna politika u Kraljevini Jugoslaviji: Bilans jednog neuspeha [Sozialpolitik im Königreich Jugoslawien: Bilanz eines Misserfolgs], in: Istorija 20. veka 29, 2/2011, S. 119–132

Petzemas, Socrates D.: Agriculture and economic development in Greece, 1870–1973, in: Lains, Pedro/Pinilla, Vincente (Hrsg.): Agriculture and economic development in Europe since 1870. London [u. a.] 2009, S. 353–374

Petzina, Dietmar: Autarkiepolitik im Dritten Reich. Der nationalsozialistische Vierjahresplan. Stuttgart 1968

Pezo, Edvin: 'Re-Conquering' Space. Yugoslav Migration Policies and the Emigration of Non-Slavic Muslims to Turkey (1918–1941), in: Brunnbauer, Ulf/Clewing, Konrad (Hrsg.): Transnational Societies, Transterritorial Politics. Migrations in the (Post-)Yugoslav Region 19th-21st Century. München 2009, S. 73–94

Pezo, Edvin: Zwangsmigration in Friedenszeiten? Jugoslawische Migrationspolitik und die Auswanderung von Muslimen in die Türkei (1918 bis 1966). München 2013

Pinwinkler, Alexander: Wilhelm Winkler (1884–1984) eine Biographie: zur Geschichte der Statistik und Demographie in Österreich und Deutschland. Berlin 2003

Pinwinkler, Alexander: „Grenze" als soziales Konzept. Historisch-demographische Konstrukte des „Eigenen" und des „Fremden", in: Overath, Petra/Schmidt, Daniel (Hrsg.): Volks-(An)Ordnung. Einschließen, ausschließen, einteilen, aufteilen! Leipzig 2003 (Comparativ 13, 3/2003), S. 31–48

Pinwinkler, Alexander: Raimund Friedrich Kaindl. Geschichte und Volkskunde im Spannungsfeld zwischen Wissenschaft und Politik, in: Hruza, Karel Jan (Hrsg.): Österreichische Historiker 1900–1945. Wien/Köln/Weimar 2008, S. 125–154

Pinwinkler, Alexander: „Hier war die große Kulturgrenze, die die deutschen Soldaten nur zu deutlich fühlten ..." Albrecht Penck (1858–1945) und die deutsche „Volks- und Kulturbodenforschung", in: Österreich in Geschichte und Literatur 55, 2/2011, S. 180–191

Pinwinkler, Alexander: Historische Bevölkerungsforschungen. Deutschland und Österreich im 20. Jahrhundert. Göttingen 2014

Piskol, Joachim: Zur Entwicklung der außenpolitischen Nachkriegkonzeption der deutschen Monopolobourgeoisie 1943 bis 1945, in: Jahrbuch für Wirtschaftsgeschichte 2/1969, S. 329–345

Popescu, Gabriel/Constantin, Florentina: The Romanian Agriculture Cooperative Movement, from the Beginning to the Threshold of the Second World War, in: Theoretical and Applied Economics 513, 8/2007, S. 37–44

Pöpping, Dagmar: Giselher Wirsings „Zwischeneuropa". Ein deutsches Föderationsmodell zwischen Ost und West, in: Blomert, Reinhard/Esslinger, Hans Ulrich/Giovannini, Norbert (Hrsg.): Heidelberger Sozial- und Staatswissenschaften. Das Institut für Sozial- und Staatswissenschaften zwischen 1918 und 1958. Marburg 1997, S. 349–368

Portmann, Michael: 'Ethnic cleansing' in peacetime? Yugoslav/Serb colonization projects in Vojvodina in the twentieth century, in: Journal of Genocide Research 18, 4/2016, S. 47–462

Prehn, Ulrich: Die „Entgrenzung" des Deutschen Reiches. Europäische Raumordnungsentwürfe in der Zeitschrift *Volk und Reich* (1925–1944), in: Sachse, Carola (Hrsg.): „Mitteleuropa" und „Südosteuropa" als Planungsraum. Wirtschafts- und kulturpolitische Expertisen im Zeitalter der Weltkriege. Göttingen 2010, S. 169–196

Preparata, Guido Giacomo: The Malthusian physiognomy of Nazi economics, in: International Journal of Social Economics 31, 11–12/2004, S. 1014–1028

Preshlenova, Roumiana: Die Zusammenarbeit auf dem Balkan. Grenzen und Möglichkeiten aus bulgarischer Sicht, in: Brunnbauer, Ulf/Höpken, Wolfgang (Hrsg.): Transformationsprobleme Bulgariens im 19. und 20. Jahrhundert: historische und ethnologische Perspektiven. München 2007, S. 239–259

Preshlenova, Roumiana: Elitenbildung. Die *Südost-Stiftung des Mitteleuropäischen Wirtschaftstags Berlin an der Hochschule für Welthandel in Wien*, in: Sachse, Carola (Hrsg.): „Mitteleuropa" und „Südosteuropa" als Planungsraum. Wirtschafts- und kulturpolitische Expertisen im Zeitalter der Weltkriege. Göttingen 2010, S. 391–417

Promitzer, Christian: Austrian Images of the Slavs: From the Habsburg Monarchy to National Socialism, in: Godišnjak za društvenu istoriju 6, 3/1999, S. 197–220

Promitzer, Christian: Täterwissenschaft: Das Südostdeutsche Institut in Graz, in: Beer, Mathias/Seewann, Gerhard (Hrsg.): Südostforschung im Schatten des Dritten Reiches. Institutionen – Inhalte – Personen. München 2004, S. 93–113

Promitzer, Christian: Taking Care of the National Body: Eugenic Visions in Interwar Bulgaria, 1905–1940, in: Turda, Marius/Weindling, Paul (Hrsg.): Blood and Homeland: Eugenics and Racial Nationalism in Central and Southeast Europe, 1900–1940. Budapest/New York 2007, S. 224–252

Promitzer, Christian/Trubeta, Sevasti/Turda, Marius (Hrsg.): Health, Hygiene and Eugenics in Southeastern Europe to 1945. Budapest/New York 2011

Puschner, Uwe: Sozialdarwinismus als wissenschaftliches Konzept und politisches Programm, in: Hübinger, Gangolf (Hrsg.): Europäische Wissenschaftskulturen und politische Ordnungen in der Moderne (1890–1970). München 2014, S. 99–121

Quine, Maria Sophia: Population Politics in Twentieth-Century Europe. London/New York 1996

Radandt, Hans: Die IG Farbenindustrie AG und Südosteuropa bis 1938, in: Jahrbuch für Wirtschaftsgeschichte 3/1966, S. 146–195

Radandt, Hans: Berichte der Volkswirtschaftlichen Abteilung der IG Farbenindustrie AG über Südosteuropa, in: Jahrbuch für Wirtschaftsgeschichte 4/1966, S. 289–314

Radandt, Hans: Die IG Farbenindustrie AG und Südosteuropa 1938 bis zum Ende des zweiten Weltkrieges, in: Jahrbuch für Wirtschaftsgeschichte 1/1967, S. 77–146

Radu, Sorin/Schmitt, Oliver Jens (Hrsg.): Politics and Peasants in Interwar Romania. Perceptions, Mentalities, Propaganda. Cambridge 2017

Rainer, Bettina: Bevölkerungswachstum als globale Katastrophe. Apokalypse und Unsterblichkeit. Münster 2005

Ramsden, Edmund: Carving up Population Science: Eugenics, Demography and the Controversy over the 'Biological Law' of Population Growth, in: Social Studies of Science 32, 5–6/2002, S. 857–899

Randeria, Shalini: Globalisierung und Geschlechterfrage, in: Klingebiel, Ruth/Randeria, Shalini (Hrsg.): Globalisierung aus Frauensicht: Bilanzen und Visionen. Bonn 1998, S. 16–33

Randeria, Shalini: Malthus contra Condorcet. Bevölkerungspolitik, Gender und Kultur aus ethnologischer Perspektive, in: Historische Anthropologie 14, 1/2006, S. 30–48

Ránki, György: Economy and foreign policy: the struggle of the great powers for hegemony in die Danube valley, 1919–1939. Boulder 1983

Raphael, Lutz: Radikales Ordnungsdenken und die Organisation totalitärer Herrschaft: Weltanschauungseliten und Humanwissenschaftler im NS-Regime, in: Geschichte und Gesellschaft 27, 1/2001, S. 5–40

Raphael, Lutz: Sozialexperten in Deutschland zwischen konservativem Ordnungsdenken und rassistischer Utopie (1918–1945), in: Hardtwig, Wolfgang (Hrsg.): Utopie und politische Herrschaft im Europa der Zwischenkriegszeit. München 2003, S. 327–346

Raphael, Lutz: Embedding the Human and Social Sciences in Western Societies, 1880–1980: Reflections on Trends and Methods of Current Research, in: Brückweh, Kerstin [u. a.] (Hrsg.): Engineering society. The Role of the Human and Social Sciences in Modern Societies, 1880–1980. Basingstoke 2012, S. 41–56

Rathkolb, Oliver: Die Rechts- und Staatswissenschaftliche Fakultät der Universität Wien zwischen Antisemitismus, Deutschnationalismus und Nationalsozialismus 1938, davor und danach, in: Heiß, Gernot [u. a.] (Hrsg.): Willfährige Wissenschaft. Die Universität Wien 1938 bis 1945. Wien 1989, S. 197–232

Rauscher, Walter: Das Scheitern Mitteleuropas 1918–1939. Wien 2016

Reichert, Günter: Das Scheitern der Kleinen Entente. München 1971

Reinecke, Christiane: Demographische Krisenszenarien und statistische Expertise in der Weimarer Republik, in: Föllmer, Moritz (Hrsg.): Die Krise der Weimarer Republik: zur Kritik eines Deutungsmusters. Frankfurt am Main 2005, S. 209–240

Reinecke, Christiane: Grenzen der Freizügigkeit. Migrationskontrolle in Großbritannien und Deutschland, 1880–1930. München 2010

Reinecke, Christiane/Mergel, Thomas: Das Soziale ordnen. Sozialwissenschaften und gesellschaftliche Ungleichheit im 20. Jahrhundert. Frankfurt am Main [u. a.] 2012

Reinisch, Jessica: Internationalism in Relief: The Birth (and Death) of UNRRA, in: Past and Present 210, Suppl 6/2011, S. 254–289

Reisenberger, Brigitte: Landkonzentration und Land Grabbing in Osteuropa. Wien 2014

Remy, Steven: The Heidelberg myth. The Nazification and Denazification of a German University. Cambridge 2002

Riemenschneider, Michael: Die deutsche Wirtschaftspolitik gegenüber Ungarn 1933–1944. Frankfurt am Main 1987

Rissom, Renate: Fritz Lenz und die Rassenhygiene. Husum 1983

Ristović, Milan: Nemački „novi poredak“ i Jugoistočna Evropa 1940/41–1944/45 [Die deutsche „neue Ordnung“ und Südosteuropa 1940/41–1944/45]. Belgrad 1991

Ristović, Milan: The Birth of "Southeastern Europe" and the Death of "The Balkans", in: Thetis 2, 1995, S. 169–176

Ristović, Milan: General M. Nedić – Diktatur, Kollaboration und die patriarchalische Gesellschaft Serbiens 1941–1944, in: Oberländer, Erwin (Hrsg.): Autoritäre Regime in Ostmittel- und Südosteuropa 1919–44, Paderborn [u. a.] 2001, S. 633–687

Ristović, Milan: Rural 'anti-utopia' in the ideology of Serbian collaborationists in the Second World War, in: European Review of History 15, 2/2008, S. 179–192

Ristović, Milan: Weder Souveränität noch Industrialisierung. Die südosteuropäischen Länder in der „neuen Ordnung" – jugoslawische und deutsche Perspektiven (1940–1944), in: Sachse, Carola (Hrsg.): „Mitteleuropa" und „Südosteuropa" als Planungsraum. Wirtschafts- und kulturpolitische Expertisen im Zeitalter der Weltkriege. Göttingen 2010, S. 219–237

Ritschl, A[lbrecht] O.: Nazi Economic Imperialism and the Exploitation of the Small: Evidence from Germany's Secret Foreign Exchange Balances, 1938–1940, in: The Economic History Review 54, 2/2001, S. 324–345

Robionek, Bernd: Zwischen Anspruch und Wirklichkeit. Das deutsche Genossenschaftswesen in der Vojvodina (1922–1941), in: Jahrbuch des Bundesinstituts für Kultur und Geschichte der Deutschen im östlichen Europa 20, 2012, S. 519–527

Rosental, Paul-André: Géopolitique et État-providence. Le BIT et la politique mondiale des migrations dans l'entre-deux-guerres [Geopolitik und Wohlfahrtsstaat. Die ILO und die globale Migrationspolitik in der Zwischenkriegszeit], in: Annales. Histoire, Sciences Sociales 61, 1/2006, S. 99–134

Ross, Eric B.: The Malthus Factor. Poverty, Politics and Population in Capitalist Development. London/New York 1998

Rössler, Mechtild: Die Institutionalisierung einer neuen „Wissenschaft" im Nationalsozialismus: Raumforschung und Raumordnung 1935–1945, in: Geographische Zeitschrift 75, 3/1987, S. 177–194

Rössler, Mechtild: „Wissenschaft und Lebensraum". Geographische Ostforschung im Nationalsozialismus. Ein Beitrag zur Disziplingeschichte der Geographie. Berlin [u. a.] 1990

Rössler, Mechtild/Schleiermacher, Sabine (Hrsg.): Der „Generalplan Ost". Hauptlinien der nationalsozialistischen Planungs- und Vernichtungspolitik. Berlin 1993

Roth, Karl Heinz: Intelligenz und Sozialpolitik im „Dritten Reich": eine methodisch-historische Studie am Beispiel des Arbeitswissenschaftlichen Instituts der Deutschen Arbeitsfront. München [u. a.] 1993

Roth, Karl Heinz: Das Arbeitswissenschaftliche Institut der Deutschen Arbeitsfront und die Ostplanung, in: Rössler, Mechtild/Schleiermacher, Sabine (Hrsg.): Der „Generalplan Ost". Hauptlinien der nationalsozialistischen Planungs- und Vernichtungspolitik. Berlin 1993, S. 215–231

Roth, Karl-Heinz: Ökonomie und politische Macht: Die „Firma Hamburg" 1930–1945, in: Ebbinghaus, Angelika/Linne, Karsten (Hrsg.): Kein abgeschlossenes Kapitel: Hamburg im „Dritten Reich". Hamburg 1997, S. 15–176

Rubenstein, Richard L.: The Cunning of History. The Holocaust and the American Future. New York [u. a.] 1987

Sachse, Carola (Hrsg.): „Mitteleuropa“ und „Südosteuropa“ als Planungsraum. Wirtschafts- und kulturpolitische Expertisen im Zeitalter der Weltkriege. Göttingen 2010

Sachse, Carola: „Ehe von Schornstein und Pflug“. Utopische Elemente in den Raumvorstellungen des *Mitteleuropäischen Wirtschaftstags* in der Zwischenkriegszeit, in: Sachse, Carola (Hrsg.): „Mitteleuropa“ und „Südosteuropa“ als Planungsraum. Wirtschafts- und kulturpolitische Expertisen im Zeitalter der Weltkriege. Göttingen 2010, S. 49–86

Sachse, Carola: Revisited: Primat der Politik, Primat der Ökonomie, in: Frei, Norbert/Schanetzky, Tim (Hrsg.): Unternehmen im Nationalsozialismus. Zur Historisierung einer Forschungskonjunktur. Göttingen 2010, S. 48–61

Sălăgean, Marcela/Puşcaş, Vasile: Mihail Manoilescu – Economic Thought and Economic Reality, in: Anuarul Institutului de Istorie »George Bariţiu« - Series Historica 51, 2012, S. 325–336

Sandu, Traian: De l'antisémitisme au fascisme en Roumanie : naissance du Roumain nouveau régénéré par la révolution de droite [Vom Antisemitismus zum Faschismus in Rumänien: die Geburt des neuen Rumänen durch die Revolution von Rechts], in: Analele Universităţii Bucureşti Seria Ştiinţe politice 10, 2008, S. 32–46

Sandu, Traian: A Model of Fascism in European Agrarian Peripheries: the Romanian case, in: Müller, Dietmar/Harre, Angela (Hrsg.): Agrarian Property and Agrarianism in East Central Europe in the Nineteenth and Twentieth Centuries. Innsbruck [u. a.] 2010, S. 204–222

Săndulescu, Valentin: “Taming the Spirit”: Notes on the Shaping of the Legionary “New Man”, in: Sandu, Traian (Hrsg.): Vers un profil convergent des fascismes ? « Nouveau consensus » et religion politique en Europe centrale. Paris 2010, S. 207–216

Sarasin Philipp: Was ist Wissensgeschichte? In: Internationales Archiv für Sozialgeschichte der Deutschen Literatur 36, 1/2011, S. 159–172

Sattler, Friederike: Rezension zu: Spoerer, Mark; Streb, Jochen: Neue deutsche Wirtschaftsgeschichte des 20. Jahrhunderts. München 2013, in: H-Soz-Kult, 15.05.2015, http://www.hsozkult.de/publicationreview/id/rezbuecher-13075

Satzinger, Helga: Rasse, Gene und Geschlecht. Zur Konstituierung zentraler biologischer Begriffe bei Richard Goldschmidt und Fritz Lenz, 1916–1936. Berlin 2004

Saurer, Andreas: Modernisierung und Tradition: Das Rumänische Dorf 1918–1989. Sankt Augustin 2003

Schausberger, Norbert: Österreich und die deutsche Wirtschaftsexpansion nach dem Donauraum, in: Österreich in Geschichte und Literatur 16, 3/1972, S. 196–213

Schauz, Désirée: Wissenschaftsgeschichte und das Revival der Begriffsgeschichte, in: N.T.M. 23, 1–2/2015, S. 53–63

Schiefelbein, Dieter: Das „Institut zur Erforschung der Judenfrage Frankfurt am Main“. Vorgeschichte und Gründung 1935–1939. Frankfurt am Main 1993

Schirmann, Sylvain: Crise, coopération économique et financière entre États européens 1929–1933 [Krise, wirtschaftliche und finanzielle Kooperation zwischen den europäischen Staaten]. Paris 2000

Schlarp, Karl-Heinz: Wirtschaft und Besatzung in Serbien 1941–1944. Ein Beitrag zur nationalsozialistischen Wirtschaftspolitik in Südosteuropa. Stuttgart 1986

Schlarp, Karl-Heinz: Das Dresdner Mitteleuropa-Institut. Eine umstrittene Neugründung der deutschen Auslandskunde im Dienste der Wirtschaft (1925–1938), in: John, Uwe/Mazerath, Josef (Hrsg.): Landesgeschichte als Herausforderung und Programm. Stuttgart 1997, S. 659–680

Schlarp, Karl-Heinz: Ausbeutung der Kleinen: Serbien in der deutschen Kriegswirtschaft 1941–1944, in: Bähr, Johannes/Banken, Ralf (Hrsg.): Das Europa des „Dritten Reichs". Recht, Wirtschaft, Besatzung. Frankfurt am Main 2005, S. 187–215

Schleiermacher, Sabine: Sozialethik im Spannungsfeld von Sozial- und Rassenhygiene: der Mediziner Hans Harmsen im Centralausschuß für die Innere Mission. Husum 1998

Schleiermacher, Sabine: Experte und Lobbyist für Bevölkerungspolitik. Hans Harmsen in Weimarer Republik, Nationalsozialismus und Bundesrepublik, in: Fisch, Stefan/Rudloff, Wilfries (Hrsg.): Experten und Politik. Wissenschaftliche Politikberatung in geschichtlicher Perspektive. Berlin 2004, S. 211–238

Schlögel, Karl: Die Tektonik der Grenzen – Geopolitik 1900 bis 1930, in: Geyer, Michael/Lethen, Helmut/Musner, Lutz (Hrsg.): Zeitalter der Gewalt: Zur Geopolitik und Psychopolitik des Ersten Weltkriegs. Frankfurt am Main [u. a.] 2015, S. 39–66

Schmidt-Rösler, Andrea: Die Auswanderung der Türken aus der Dobrudscha in der Zwischenkriegszeit, in: Münchner Zeitschrift für Balkankunde 12, 10–11/1996, S. 125–162

Schmitt, Oliver Jens: Balkanforschung an der Universität Wien, in: Grandner, Margarete/König, Thomas (Hrsg.): Reichweiten und Außensichten. Die Universität Wien als Schnittstelle wissenschaftlicher Entwicklungen und gesellschaftlicher Umbrüche. Göttingen 2015, S. 61–98

Schmitter, Philippe C.: Reflections on Mihail Manoilescu and the political consequences of delayed-dependent development on the periphery of Western Europe, in: Jowitt, Kenneth (Hrsg.): Social Change in Romania, 1860–1940. Berkeley 1978, S. 117–139

Schneppen, Heinz: Generalkonsul a.D. Dr. Otto Bräutigam: Widerstand und Verstrickung. Eine quellenkritische Untersuchung, in: Zeitschrift für Geschichtswissenschaft 60, 4/2012, S. 301–330

Scholl, Stefan: Begrenzte Abhängigkeit. „Wirtschaft" und „Politik" im 20. Jahrhundert. Frankfurt am Main/New York 2015

Schönfeld, Roland: Die Balkanländer in der Weltwirtschaftskrise, in: Vierteljahrschrift für Sozial- und Wirtschaftsgeschichte 62, 1975, S. 179–213

Schönfeld, Roland: Zum hundertsten Geburtstag von Hermann Gross (1903–2002). Wirtschaftswissenschaftliche Südosteuropa-Forschung im Wandel der Zeiten, in: Südosteuropa Mitteilungen 43, 1/2003, S. 58–70

Schröder, Hans-Jürgen: Südosteuropa als „Informal Empire“ Deutschlands 1933–1939. Das Beispiel Jugoslawien, in: Jahrbücher für Geschichte Osteuropas 23, 1/1975, S. 70–96

Schröder, Hans-Jürgen: Machtpolitik und Ökonomie. Zur nationalsozialistischen Außenpolitik im Jahre 1938, in: Knipping, Franz/Müller, Klaus-Jürgen (Hrsg.): Machtbewußtsein in Deutschland am Vorabend des Zweiten Weltkrieges. Paderborn 1984, S. 211–222

Schultz, Hans-Dietrich: Raumkonstrukte der klassischen deutschsprachigen Geographie des 19./20. Jahrhunderts im Kontext ihrer Zeit. Ein Überblick, in: Geschichte und Gesellschaft 28, 3/2002, S. 343–377

Schultz, Hans-Dietrich/Natter, Wolfgang: Imagining *Mitteleuropa*: Conceptualisations of 'Its' Space In and Outside German Geography, in: European Review of History 10, 2/2003, S. 273–292

Schultz, Helga/Kubů, Eduard (Hrsg.): History and culture of economic nationalism in East Central Europe. Berlin 2006

Schultz, Helga: Conceptions and Constructions: East Central Europe in Economic History, in: Reill, Peter Hanns/Szelényi, Balázs A. (Hrsg.): Cores, peripheries, and globalization. Budapest/New York 2011, S. 113–125

Schumann, Wolfgang (Hrsg.): Griff nach Südosteuropa. Berlin 1973

Scott, James C.: The moral economy of the peasant. Rebellion and subsistence in Southeast Asia. New Haven [u. a.] 1976

Scott, James C.: Seeing like a state. How certain schemes to improve the human condition have failed. New Haven [u. a.] 1998

Sdrobiş, Dragoş: Elitele şi universitatea în România interbelică. Problema „şomajului intelectual" [Eliten und Universitäten im Rumänien der Zwischenkriegszeit. Das Problem der „intelektuellen Arbeitslosigkeit“], in: Anuarul Institutului de Istorie »George Bariţiu« - Series Historica 51, 2012, S. 255–285

Seckendorf, Martin (Hrsg.): Die Okkupationspolitik des deutschen Faschismus in Jugoslawien, Griechenland, Albanien, Italien und Ungarn (1941–1945). Berlin/Heidelberg 1992

Seckendorf, Martin: Nach dem Endsieg: Deutsche Nachkriegsplanungen für Griechenland 1940/41, in: Röhr, Werner/Berlekamp, Brigitte (Hrsg.): „Neuordnung Europas“. Berlin 1996, S. 47–57

Seckendorf, Martin: Der Mitteleuropäische Wirtschaftstag – Zentralstelle der Großwirtschaft zur Durchdringung Südosteuropas, in: Röhr, Werner/Berlekamp, Brigitte/Roth, Karl Heinz (Hrsg.): Der Krieg vor dem Krieg. Politik und Ökonomik der „friedlichen“ Aggressionen Deutschlands 1938/39. Hamburg 2001, S. 118–140

Seckendorf, Martin: Südosteuropa: Zielgebiet deutscher Expansion, in: Pätzold, Kurt/Schwarz, Erika (Hrsg.): Europa vor dem Abgrund. Das Jahr 1935 – Eine nicht genutzte Chance. Köln 2005, S. 129–143

Seewann, Gerhard: Das Südost-Institut 1930–1960, in: Beer, Mathias/Seewann, Gerhard (Hrsg.): Südostforschung im Schatten des Dritten Reiches. Institutionen – Inhalte – Personen. München 2004, S. 49–92

Seferiades, Seraphim: Small Rural Ownership, Subsistence Agriculture, and Peasant Protest in Interwar Greece: The Agrarian Question Recast, in: Journal of Modern Greek Studies 17, 2/1999, S. 277–323

Sen, Amartya: Die Menschenbombe. Ein globales Problem – Verblendung und Wirklichkeit, in: Lettre International 7, 27/1994, S. 6–13

Şerban, Stelu: The nation as religious utopia in the Romanian political establishment of the 1930s, in: Sandu, Traian (Hrsg.): Vers un profil convergent des fascismes ? « Nouveau consensus » et religion politique en Europe centrale. Paris 2010, S. 95–107

Siebert, Diana: Bäuerliche Alltagsstrategien in der belarussischen SSR (1921–1941). Stuttgart 1998

Smith, Jenny Leigh: Works in progress. Plans and realities on soviet farms, 1930–1963. New Haven [u. a.] 2014

Sokoll, Thomas: Historische Demographie und historische Sozialwissenschaft, in: Archiv für Sozialgeschichte 32, 1992, S. 405–425

Solomon, Susan Gross: The Soviet Legalization of Abortion in German Medical Discourse: A study of the Use of Selective Perceptions in Cross-Cultural Scientific Relations, in: Social Studies of Science 22, 3/1992, S. 455–485

Solonari, Vladimir: Purifying the Nation. Population Exchange and Ethnic Cleansing in Nazi-allied Romania. Washington 2010

Solonari, Vladimir: In the Shadow of Ethnic Nationalism. Racial Science in Romania, in: Weiss-Wendt, Anton/Yeomans, Rory (Hrsg.): Racial science in Hitler's new Europe, 1938–1945. Lincoln 2013, S. 259–286

Soriot, Annie: Optimum de production et optimum de population : l'analyse démographique d'Adolphe Landry [Produktionsoptimum und Bevölkerungsoptimum: die demographische Analyse von Adolphe Landry], in: Revue d'Histoire des Sciences Humaines 7, 2/2002, S. 157–179

Spang, Christian W.: Karl Haushofer und Japan. Die Rezeption seiner geopolitischen Theorien in der deutschen und japanischen Politik. München 2013

Speich Chassé, Daniel/Gugerli, David: Wissensgeschichte: eine Standortbestimmung, in: Traverse 19, 1/2012, S. 85 100

Speich Chassé, Daniel: Die „Dritte Welt" als Theorieeffekt. Ökonomisches Wissen und globale Differenz, in: Geschichte und Gesellschaft 41, 4/2015, S. 580–612

Spulber, Nicolas: The state and economic development in Eastern Europe. New York 1966

Stajić, Stevan: Nacionalni dohodak Jugoslavije 1923–1939. u stalnim i tekućim cenama [Das Nationaleinkommen Jugoslawiens 1923–1939. in konstanten und laufenden Preisen]. Belgrad 1959

Steinecke, Verena: Menschenökonomie. Der medizinische Diskurs über den Geburtenrückgang von 1911 bis 1931. Pfaffenweiler 1996

Steinert, Heinz: Die Diagnostik der Überflüssigen, in: Bude, Heinz/Willisch, Andreas (Hrsg.): Exklusion. Die Debatte über die „Überflüssigen". Frankfurt am Main 2008, S. 110–120

Steinweis, Alan E.: Antisemitic Scholarship in the Third Reich and the Case of Peter-Heinz Seraphim, in: Steinweis, Alan E./Rogers, Daniel E. (Hrsg.): The Impact of Nazism. New Perspectives on the Third Reich and its Legacy. Lincoln [u. a.] 2003, S. 68–80

Sterbling, Anton: Strukturfragen und Modernisierungsprobleme südosteuropäischer Gesellschaften. Hamburg 1993

Sterbling, Anton: Wege der Modernisierung und Konturen der Moderne im westlichen und östlichen Europa. Wiesbaden 2015

Stoehr, Irene: Von Max Sering zu Konrad Meyer – ein „machtergreifender" Generationswechsel in der Agrar- und Siedlungswissenschaft, in: Heim, Susanne (Hrsg.): Autarkie und Ostexpansion. Pflanzenzucht und Agrarforschung im Nationalsozialismus. Göttingen 2002, S. 57–90

Stoianovich, Traian: Balkan worlds. The first and last Europe. Armonk [u. a.] 1994

Stojkov, Todor: Opozicija u vreme šestojanuarske diktature 1929–1935 [Die Opposition in der Zeit der 6.-Januar-Diktatur 1929–1935]. Belgrad 1969

Stone, Glenn Davis: Malthus, Agribusiness and the Death of the Peasantry, in: Current Anthropology 42, 4/2001, S. 575–578

Strobl, Ingrid: Strange Fruit. Bevölkerungspolitik: Ideologien Ziele Methoden Widerstand. Berlin 1993 [1991]

Subotić, Dragan: Lazo M. Kostić kao pravni i politički pisac [Lazo M. Kostić als rechtswissenschaftlicher und politischer Autor], in: Arhiv za pravne i društvene nauke 2/1995, S. 251–262

Sundhaussen, Holm: Die Weltwirtschaftskrise im Donau-Balkan-Raum und ihre Bedeutung für den Wandel der deutschen Außenpolitik unter Brüning, in: Benz, Wolfgang/Graml, Hermann (Hrsg.): Aspekte deutscher Außenpolitik im 20. Jahrhundert. Stuttgart 1976, S. 121–164

Sundhaussen, Holm: Wirtschaftsgeschichte Kroatiens im nationalsozialistischen Großraum 1941–1945. Das Scheitern einer Ausbeutungsstrategie. Stuttgart 1983

Sundhaussen, Holm: Die Kleine Entente. Zu ihrer Rolle im Versailler System, in: Südosteuropa Mitteilungen 24, 1–2/1984, S. 17–34

Sundhaussen, Holm: Neue Literatur zu Problemen der Industrialisierung und der nachholenden Entwicklung in den Ländern der europäischen Peripherie, in: Südostforschungen 43, 1984, S. 287–303

Sundhaussen, Holm: Von der Politikgeschichte zur Gesellschaftsgeschichte: Defizite und Aufgaben einer historischen Balkanforschung, in: Südosteuropa Mitteilungen 28, 4/1988, S. 333–339

Sundhaussen, Holm: Die verpasste Agrarrevolution. Aspekte der Entwicklungsblockade in den Balkanländern vor 1945, in: Schönfeld, Roland (Hrsg.): Industrialisierung und gesellschaftlicher Wandel in Südosteuropa. München 1989, S. 45–60

Sundhaussen, Holm: Historische Statistik Serbiens 1834–1914. München 1989

Sundhaussen, Holm: Strukturelle Engpaßfaktoren der wirtschaftlichen Entwicklung Bulgariens von der Staatsgründung bis zum Beginn des zweiten Weltkrieges, in: Grothusen,

Klaus-Detlev (Hrsg.): 110 Jahre Wiedererrichtung des bulgarischen Staates 1878–1988. München 1990, S. 155–165

Sundhaussen, Holm: Die „Peripherisierungstheorie" zur Erklärung südosteuropäischer Geschichte, in: Hinrichs, Uwe (Hrsg.): Sprache in der Slavia und auf dem Balkan. Wiesbaden 1993, S. 277–288

Sundhaussen, Holm: Die „Modernisierung" der Balkanländer in vorsozialistischer Zeit: ein Missverständnis und seine Folgen, in: Gregori, Ilina/Schaser, Angelika (Hrsg.): Rumänien im Umbruch: Chancen und Probleme der europäischen Integration. Bochum 1993, S. 23–34

Sundhaussen, Holm: Alphabetisierung und Wirtschaftswachstum in den Balkanländern in historisch-komparativer Perspektive, in: Reiter, Norbert/Sundhaussen, Holm (Hrsg.): Allgemeinbildung als Modernisierungsfaktor. Zur Geschichte der Elementarbildung in Südosteuropa von der Aufklärung bis zum Zweiten Weltkrieg. Berlin 1994, S. 21–36

Sundhaussen, Holm: Der Ustascha-Staat: Anatomie eines Herrschaftssystems, in: Österreichische Osthefte 37, 2/1995, S. 497–533

Sundhaussen, Holm: Die Transformation des Dorfes und der Landwirtschaft im Balkanraum vom 19. Jahrhundert bis zum Zweiten Weltkrieg, in: Südosteuropa Mitteilungen 36, 4/1996, S. 319–335

Sundhaussen, Holm: Europa balcanica. Der Balkan als historischer Raum Europas, in: Geschichte und Gesellschaft 25, 4/1999, S. 626–653

Sundhaussen, Holm: Bevölkerungsentwicklung und Sozialstruktur, in: Hatschikjan, Magarditsch/Troebst, Stefan (Hrsg.): Südosteuropa: Gesellschaft, Politik, Wirtschaft, Kultur. Ein Handbuch. München 1999, S. 136–150

Sundhaussen, Holm: Improvisierte Ausbeutung - der Balkan unter deutscher Okkupation, in: Houwink ten Cate, Johannes/Otto, Gerhard (Hrsg.): Das organisierte Chaos. „Ämter-darwinismus" und „Gesinnungsethik": Determinanten nationalsozialistischer Besatzungsherrschaft. Berlin 1999, S. 55–75

Sundhaussen, Holm: Chancen und Grenzen zivilgesellschaftlichen Wandels: Die Balkanländer 1830–1940 als historisches Labor, in: Hildermeier, Manfred/Kocka, Jürgen/ Conrad, Christoph (Hrsg.): Europäische Zivilgesellschaft in Ost und West. Begriff, Geschichte, Chancen. Franfurt am Main 2000, S. 149–177

Sundhaussen, Holm: Der Balkan: Ein Plädoyer für Differenz, in: Geschichte und Gesellschaft 29, 4/2003, S. 608–624

Sundhaussen, Holm: Die Wiederentdeckung des Raums: Über Nutzen und Nachteil von Geschichtsregionen, in: Clewing, Konrad/Schmitt, Oliver Jens (Hrsg.): Südosteuropa. Von vormoderner Vielfalt und nationalstaatlicher Vereinheitlichung. München 2005, S. 13–33

Sundhaussen, Holm: Geschichte Serbiens 19.–21. Jahrhundert. Wien [u. a.] 2007

Sundhaussen, Holm: Von der Befreiung zur Marginalisierung der Bauern. Zwei Jahrhunderte Agrarreformen in Südosteuropa, in: Krauss, Karl-Peter (Hrsg.): Agrarreformen und ethnodemographische Veränderungen. Südosteuropa vom ausgehenden 18. Jahrhundert bis in die Gegenwart. Stuttgart 2009, S. 25–48

Sundhaussen, Holm: Wirtschaftsgeschichte Südosteuropas: Ist und Soll, in: Südostforschungen 69/70, 2010–2011, S. 431–440

Suppan, Arnold: Sozialstruktur und Gesellschaft im Donauraum zwischen den beiden Weltkriegen: Ein Vergleich zwischen der Tschechoslowakei, Ungarn, Österreich und Jugoslawien, in: East European Quarterly 24, 2/1990, S. 247–273

Šute, Ivica: Slogom slobodi! Gospodarska sloga 1935–1941. [Mit Eintracht zur Freiheit! Gospodarska sloga 1935–1941]. Zagreb 2010

Svatek, Petra: „Das südöstliche Europa als Forschungsraum." Wiener Raumforschung und „Lebensraumpolitik", in: Flachowsky, Sören/Hachtmann, Rüdiger/Schmaltz, Florian (Hrsg.): Ressourcenmobilisierung: Wissenschaftspolitik und Forschungspraxis im NS-Herrschaftssystem. Göttingen 2016, S. 82–120

Straus, Kenneth M.: Factory and community in Stalin's Russia. The making of an industrial working class. Pittsburgh 1997

Szöllösi-Janze, Margit: Der Wissenschaftler als Experte. Kooperationsverhältnisse von Staat, Militär, Wirtschaft und Wissenschaft, 1914–1933, in: Kaufmann, Doris (Hrsg.): Geschichte der Kaiser-Wilhelm-Gesellschaft. Bestandsaufnahmen und Perspektiven der Forschung. Band 1. Göttingen 2000, S. 46–64

Szöllösi-Janze, Margit: „Wir Wissenschaftler bauen mit" – Universitäten und Wissenschaft im Dritten Reich, in: Sösemann, Bernd (Hrsg.): Der Nationalsozialismus und die deutsche Gesellschaft. Einführung und Überblick. Stuttgart [u. a.] 2002, S. 155–171

Szöllösi-Janze, Margit: Wissensgesellschaft in Deutschland: Überlegungen zur Neubestimmung der deutschen Zeitgeschichte über Verwissenschaftlichungsprozesse, in: Geschichte und Gesellschaft 30, 2/2004, S. 277–313

Szöllösi-Janze, Margit: Politisierung der Wissenschaften – Verwissenschaftlichung der Politik. Wissenschaftliche Politikberatung zwischen Kaiserreich und Nationalsozialismus, in: Fisch, Stefan/Rudloff, Wilfries (Hrsg.): Experten und Politik. Wissenschaftliche Politikberatung in geschichtlicher Perspektive. Berlin 2004, S. 79–100

Szreter, Simon: The Idea of Demographic Transition and the Study of Fertility Change: A Critical Intellectual History, in: Population and Development Review 19, 4/1993, S. 659–701

Tauger, Mark B.: Entitlement, Shortage and the 1943 Bengal Famine: Another Look, in: The Journal of Peasant Studies 31, 1/2003, S. 45–72

Tauger, Mark B.: Soviet Peasants and Collectivization, 1930–39: Resistance and Adaptation, in: The Journal of Peasant Studies 31, 3–4/2004, 427–456

Teichert, Eckart: Autarkie und Großraumwirtschaft in Deutschland 1930–1939. Außenwirtschaftspolitische Konzeptionen zwischen Wirtschaftskrise und Zweitem Weltkrieg. München 1984

Teichova, Alice: Konzentrationstendenzen in der Industrie Mittelost- und Südosteuropas nach dem Ersten Weltkrieg, in: Mommsen, Hans/Petzina, Dietmar/Weisbrod, Bernd

(Hrsg.): Industrielles System und politische Entwicklung in der Weimarer Republik. Düsseldorf 1974, 135–153

Teichova, Alice: Kleinstaaten im Spannungsfeld der Großmächte: Wirtschaft und Politik in Mittel- und Südosteuropa in der Zwischenkriegszeit. Wien 1988

Teitelbaum, Michael S./Winter, Jay M.: The Fear of Population Decline. Orlando [u. a.] 1985

Théry, Franck: Construire l'Europe dans les années vingt. L'action de l'Union paneuropéenne sur la scène franco-allemande, 1924–1932 [Der Aufbau Europas in den Zwanziger Jahren. Die Tätigkeit der Paneuropa-Union auf der franko-deutschen Bühne]. Genf 1998

Thörner, Klaus: „Der ganze Südosten ist unser Hinterland". Deutsche Südosteuropapläne von 1840 bis 1945. Freiburg 2008

Thornton, Arland: The developmental paradigm, reading history sideways, and family change, in: Demography 38, 4/2001, S. 449–465

Thornton, Arland: Reading history sideways. The fallacy and enduring impact of the developmental paradigm on family life. Chicago [u. a.] 2005

Többe, Bianca: Bevölkerung und Entwicklung. Münster 2000

Todorova, Maria: Myth-making in European Family History: The Zadruga Revisited, in: East European Politics and Societies 4, 1/1989, S. 30–76

Todorova, Maria: Zum erkenntnistheoretischen Wert von Familienmodellen. Der Balkan und die ‚europäische Familie', in: Ehmer, Josef/Hareven, Tamara K./Wall, Richard (Hrsg.): Historische Familienforschung. Ergebnisse und Kontroversen. Franfurt/New York 1997, S. 283–300

Todorova, Maria: Imagining the Balkans. Oxford/New York 2009 [1997]

Todorova, Maria: Der Balkan als Analysekategorie: Grenzen, Raum, Zeit, in: Geschichte und Gesellschaft 28, 3/2002, S. 470–492

Tomasevich, Jozo: War and revolution in Yugoslavia, 1941–1945. Occupation and Collaboration. Stanford 2001

Tomašić, D[inko]: The Structure of Balkan Society, in: The American Journal of Sociology 52, 2/1946, S. 132–140

Tooze, Adam: Weimar's Statistical Economics: Ernst Wagemann, the Reich's Statistical Office, and the Institute for Business-Cycle Research, 1925–1933, in: The Economic History Review 52, 3/1999, S. 523–543

Tooze, Adam: Statistics and the German state, 1900–1945. The Making of Modern Economic Knowledge. Cambridge [u. a.] 2001

Tosi, Luciano: Alle origini della Fao. Le relazioni tra l'Istituto intenazionale di agricoltura e la Società delle Nazioni [An den Ursprüngen der FAO. Die Beziehungen zwischen dem Internationalen Institut für Landwirtschaft und dem Völkerbund]. Mailand 1989

Tosi, Luciano: The League of Nations, the International Institute of Agriculture and the Food Question, in: Petricioli, Marta/Cherubini, Donatella (Hrsg.): Pour la paix en Europe. Institutions et société civile dans l'entre-deux-guerres. Brüssel 2007, S. 117–138

Toye, John: Keynes on population. Oxford [u. a.] 2000

Trașcă, Ottmar/Gräf, Rudolf: Rumänien, Ungarn und die Minderheitenfrage zwischen Juli 1940 und August 1944, in: Melville, Ralph/Pešek, Jiří/Scharf, Claus (Hrsg.): Zwangsmigrationen im mittleren und östlichen Europa. Völkerrecht – Konzeptionen – Praxis (1938–1950). Mainz 2007, S. 259–308

Troebst, Stefan: Von den „Preußen des Balkans" zum „vergessenen Volk": Das deutsche Bulgarien-Bild, in: Études Balkaniques 40, 2/2004, S. 62–72

Troebst, Stefan: Der bessere Balkan. Projektionsflächen deutschen Revisionismusstrebens in der Zwischenkriegszeit, in: Thum, Gregor (Hrsg.): Traumland Osten. Deutsche Bilder vom östlichen Europa im 20. Jahrhundert. Göttingen 2006, S. 88–109

Troebst, Stefan: Rettung, Überleben oder Vernichtung? Geschichtspolitische Kontroversen über Bulgarien und den Holocaust, in: Südosteuropa 59, 1/2011, S. 97–127

Trubeta, Sevasti: Researching the Scientific Networks between Germany and Southeastern Europe Multiplex Scholarly Paths through Opportunity and Choice, in: Zeitschrift für Balkanologie 50, 1/2014, S. 80–98

Turda, Marius/Weindling, Paul (Hrsg.): Blood and Homeland: Eugenics and Racial Nationalism in Central and Southeast Europe, 1900–1940. Budapest/New York 2007

Turda, Marius: Modernism and eugenics. Basingstoke 2010

Turda, Marius (Hrsg.): The History of East-Central European Eugenics, 1900–1945. Sources and Commentaries. London/New York 2015

Turnell, Sean: F.L. McDougall: Éminence Grise of Australian Economic Diplomacy, in: Australian Economic History Review 40, 1/2000, S. 51–70

Turnock, David: The economy of East Central Europe, 1815–1989. Stages of transformation in a peripheral region. London 2006

Turnock, David: Aspects of independent Romania's economic history with particular reference to transition for EU accession. Aldershot 2007

Üngör, Uğur Ümit: The Making of Modern Turkey. Nation and State in Eastern Anatolia, 1913–1950. New York/Oxford 2011

Unger, Corinna R.: Agrarwissenschaftliche Expertise und ländliche Modernisierungsstrategien in der internationalen Entwicklungspolitik, 1920er bis 1980er Jahre, in: Geschichte und Gesellschaft 41, 4/2015, S. 552–579

Verdery, Katherine: Transylvanian Villagers. Three Centuries of Political, Economic, and Ethnic Change. Los Angeles/London 1983

Verdery, Katherine: Social Differentiation in the Transylvanian Countryside between the Two World Wars, in: Rumanian Studies 5, 1986, S. 84–104

Vienne, Florence: Der prognostizierte Volkstod. Friedrich Burgdörfer, Robert René Kuczynski und die Entwicklung demographischer Methoden vor und nach 1933, in: Fahlbusch, Michael/Haar, Ingo (Hrsg.): Völkische Wissenschaften und Politikberatung im 20. Jahrhundert. Expertise und „Neuordnung" Europas. Paderborn [u. a.] 2010, S. 251–272

Vinaver, Vuk: Svetska ekonomska kriza u Podunavlju i nemački prodor 1929–1934 [Die Weltwirtschaftskrise im Donauraum und die deutsche Durchdringung 1929–1934]. Belgrad 1987

Vincent, C. Paul: The Politics of Hunger. The Allied Blockade of Germany, 1915–1919. Athens 1985

Viola, Lynne [u. a.] (Hrsg.): The war against the peasantry, 1927–1930. The tragedy of the Soviet countryside. New Haven [u. a.] 2005

Vogel, Jakob: Von der Wissenschafts- zur Wissensgeschichte. Für eine Historisierung der „Wissensgesellschaft", in: Geschichte und Gesellschaft 30, 4/2004, S. 639–660

Völkl, Katrin: Zur Judenfeindlichkeit in Kroatien: Wieweit gab es Antisemitismus bis 1941? In: Südosteuropa 42, 1/1993, S. 59–77

Volkmann, Hans-Erich: Die NS-Wirtschaft in Vorbereitung des Krieges, in: Militärgeschichtliches Forschungsamt (Hrsg.): Das Deutsche Reich und der Zweite Weltkrieg. Band 1: Ursachen und Voraussetzungen der deutschen Kriegspolitik, Stuttgart 1979, S. 177–368

Volkmann, Hans-Erich: Landwirtschaft und Ernährung in Hitlers Europa 1939–45, in: Militärgeschichtliche Mitteilungen 1/1984, S. 9–74

Volkmann, Hans-Erich: Ökonomie und Expansion. Grundzüge der NS-Wirtschaftspolitik. München 2003

vom Brocke, Bernhard: Bevölkerungswissenschaft quo vadis? Möglichkeiten und Probleme einer Geschichte der Bevölkerungswissenschaft in Deutschland. Opladen 1998

Vučković, Mihailo: Poljoprivreda stare Jugoslavije [Die Landwirtschaft des alten Jugoslawiens], in: Dimitrijević, Sergije/Hasanagić, Edib/Marjanović, Jovan/Morača, Pero (Hrsg.): Iz istorije Jugoslavije 1918–1945. Belgrad 1958, S. 269–278

Vukčević, Risto: Privreda Jugoslavije u različitim društvenim sistemima [Die Wirtschaft Jugoslawiens in verschiedenen gesellschaftlichen Systemen]. Podgorica 1994

Wachs, Philipp-Christian: Der Fall Theodor Oberländer (1905–1998). Frankfurt am Main 2000

Waffenschmidt, Walter: Paul Mombert zum Gedenken, in: Zeitschrift für die gesamte Staatswissenschaft 114, 4/1958, S. 699–704

Walker, Thomas C.: The Perils of Paradigm Mentalities: Revisiting Kuhn, Lakatos, and Popper, in: Perspectives on Politics 8, 2/2010, S. 433–451

Wallerstein, Immanuel: The Modern World-System III. The Second Era of Great Expansion of the Capitalist World-Economy, 1730–1840s. New York [u. a.] 1989

Walters, E. Garrison: The other Europe. Eastern Europe to 1945. Syracuse 1988

Wargelin, Clifford: The Economic Collapse of Austro-Hungarian Dualism, 1914–1918, in: East European Quarterly 34, 3/2000, S. 261–288

Warriner, Doreen: Urban Thinkers and Peasant Policy in Yugoslavia, 1918–59, in: The Slavonic and East European Review 38, 90/1959, S. 59–81

Way, Wendy: A new idea each morning. How food and agriculture came together in one international organisation. Canberra 2013

Weber, Elisabeth: Economic Nationalism in Romania and its Impact on National Identities 1918–1944, in: Kreutzmüller, Christoph/Wildt, Michael/Zimmermann, Moshe (Hrsg.): National economies: Volks-Wirtschaft, Racism and Economy in Europe between the Wars (1918–1939/45). Newcastle upon Tyne 2015, S. 198–211

Wegmarshaus, Gert-Rüdiger: Vom Denkstil zum Paradigma: Zum Schicksal einer unzeitgemäßen Einsicht, in: Chołuj, Bożena/Joerden, Jan C. (Hrsg.): Von der wissenschaftlichen Tatsache zur Wissensproduktion. Ludwik Fleck und seine Bedeutung für die Wissenschaft und Praxis. Frankfurt am Main [u. a.] 2007, S. 49–63

Weikert, Aurelia: Zu viel oder zu wenig? Alte Ideen vom „besseren" Menschen und neue Reproduktionstechnologien, in: Journal für Entwicklungspolitik 27, 1/2001, S. 29–46

Weipert, Matthias: Nationaler Wiederaufstieg durch Bevölkerungspolitik. Demographiedebatten in der Weimarer Republik, in: Tel Aviver Jahrbuch für deutsche Geschichte 35, 2007, S. 128–144

Weindling, Paul: Fascism and Population in Comparative European Perspective, in: Population and Development Review 14, Supplement: Population and Resources in Western Intellectual Traditions 1988, S. 102–121

Wedekind, Michael: Wissenschaftsmilieus und Ethnopolitik im Rumänien der 1930/40er Jahre, in: Ehmer, Josef/Ferdinand, Ursula/Reulecke, Jürgen (Hrsg.): Herausforderung Bevölkerung: zu Entwicklungen des modernen Denkens über die Bevölkerung vor, im und nach dem „Dritten Reich". Wiesbaden 2007, S. 233–264

Wendt, Bernd Jürgen: England und der deutsche „Drang nach Südosten". Kapitalbeziehungen und Warenverkehr in Südosteuropa zwischen den Weltkriegen, in: Geiss, Imanuel/Wendt, Bernd Jürgen (Hrsg.): Deutschland in der Weltpolitik des 19. und 20. Jahrhunderts. Düsseldorf 1973, S. 483–512

Wendt, Bernd Jürgen: Südosteuropa in der nationalsozialistischen Großraumwirtschaft. Eine Antwort auf Alan S. Milward, in: Hirschfeld, Gerhard/Kettenacker, Lothar (Hrsg.): Der „Führerstaat": Mythos und Realität. Studien zur Struktur und Politik des Dritten Reiches. Stuttgart 1981, S. 414–427

Wichterich, Christa: Vom Kampf gegen die „Über"-Bevölkerung zur Industrialisierung der Menschenproduktion, in: Pauritsch, Gertrude/Frakele, Beate/List, Elisabeth (Hrsg.): Kinder machen. Strategien der Kontrolle weiblicher Fruchtbarkeit. Wien 1988, S. 233–246

Wien, Markus: Markt und Modernisierung. Deutsch-bulgarische Wirtschaftsbeziehungen 1918–1944 in ihren konzeptionellen Grundlagen. München 2007

Wien, Markus: Markt und Modernisierung. Grundprobleme und Konzepte bulgarischer Wirtschaftspolitik in der Zwischenkriegszeit, in: Brunnbauer, Ulf/Höpken, Wolfgang (Hrsg.): Transformationsprobleme Bulgariens im 19. und 20. Jahrhundert: historische und ethnologische Perspektiven. München 2007, S. 69–89

Wien, Markus: Selektive Wissensimporte. Die Beispielsdörfer des *Mitteleuropäischen Wirtschaftstags* im Kontext des bulgarischen landwirtschaftlichen Ausbildungswesens, in: Sachse, Carola (Hrsg.): „Mitteleuropa" und „Südosteuropa" als Planungsraum. Wirtschafts- und kulturpolitische Expertisen im Zeitalter der Weltkriege. Göttingen 2010, S. 340–362

Wilhelmy, Herbert: Hochbulgarien I. Die ländlichen Siedlungen und die bäuerliche Wirtschaft. Kiel 1935

Wilson, Craig Alan: Rehearsal for a United Nations: The Hot Springs Conference, in: Diplomatic History 4, 3/1980, S. 263–282

Wippermann, Wolfgang: Der „deutsche Drang nach Osten". Ideologie und Wirklichkeit eines politischen Schlagwortes. Darmstadt 1981

Wolter, Heike: „Volk ohne Raum" – Lebensraumvorstellungen im geopolitischen, literarischen und politischen Diskurs der Weimarer Republik. Münster [u. a.] 2003

Woodward, Susan L.: Socialist unemployment: the political economy of Yugoslavia 1945–1990. Princeton 1995

Wrigley, Edward A./Schofield, Roger S.: The Population History of England 1541–1871. A Reconstruction. London 1981

Wrigley, E[dward] A.: The Limits to Growth: Malthus and the Classical Economists, in: Population and Development Review 14, Supplement: Population and Resources in Western Intellectual Traditions 1988, S. 30–48

Yeoman, Rory: Urban Visions and Rural Utopias: Literature and the Building of a Nationalist Consensus in Croatia, 1924–1945, in: Ethnologia Balkanica 10, 2006, S. 109–140

Yeomans, Rory: Fighting the White Plague: Demography and Abortion in the Independent State of Croatia, in: Promitzer, Christian/Trubeta, Sevasti/Turda, Marius (Hrsg.): Health, Hygiene and Eugenics in Southeastern Europe to 1945. Budapest/New York 2011, S. 385–426

Zach, Krista/Zach, Cornelius R. (Hrsg.): Modernisierung auf Raten in Rumänien. Anspruch, Umsetzung, Wirkung. München 2004

Zarifi, Maria: Using Natural Sciences for Cultural Expansion: The National Socialist Agenda for the Balkans, in: The Historical Review 4, 2007, S. 199–233

Zimmermann, Klaus: Optimum Population: An Introduction, in: Zimmermann, Klaus (Hrsg.): Economic Theory of Optimal Population. Berlin 1989, S. 1–16

Zittel, Claus: Wissenskulturen, Wissensgeschichte und historische Epistemologie, in: Sandkühler, Hans Jörg (Hrsg.): Wissen. Wissenskulturen und die Kontextualität des Wissens. Frankfurt am Main/Wien [u. a.] 2014, S. 91–109

Zittel, Claus: Konstruktionsprobleme des Sozialkonstruktivismus, in: Sandkühler, Hans Jörg (Hrsg.): Wissen. Wissenskulturen und die Kontextualität des Wissens. Frankfurt am Main/Wien [u. a.] 2014, S. 111–136

Živkov, Sava: Agrarno zakonodavstvo Jugoslavije 1918–1941: socijalni osnovi [Die Agrargesetztgebung Jugoslawiens 1918: die sozialen Grundlagen]. Novi Sad 1976

Zotschew, Theodor: Die Industrialisierung Südosteuropas, in: Gülich, Wilhelm (Hrsg.): Südosteuropa-Jahrbuch 1, München 1957, S. 141–156

Zotschew, Theodor: Strukturwandel in Wirtschaft und Gesellschaft Südosteuropas. München 1972

Zuckerman-Itković, Boško: Funkcija protužidovske propagande zagrebačkih novina u Nezavisnoj Državi Hrvatskoj od travnja do srpnja 1941. godine [The Function of Anti-Semitic Propaganda in Zagreb Newspapers in the Independent State of Croatia from April to July 1941], in: Časopis za suvremenu povijest 38, 1/2006, S. 79–98

4. Tabellen- und Abbildungsverzeichnis

5. Personenverzeichnis

T

U

V

W

6. Danksagung

Mein herzlicher Dank gebührt Carola Sachse, außerdem Josef Ehmer, Mitchell Ash, Anselm Skuhra und Oliver Rathkolb. Susanne Heim und Carl Freytag danke ich auch insbesondere für die zur Verfügungstellung von Archivmaterialien (Ehemaliges Sonderarchiv Moskau bzw. Akten des MWT). Für den kollegialen Austausch während meiner Forschungsaufenthalte in Südosteuropa bedanke ich mich bei Milan Ristović in Belgrad, Bogdan Murgescu in Bukarest und Branko Bešlin in Novi Sad.